भारत के राष्ट्रपति

(खण्ड–2)

भारत के राष्ट्रपति

(खण्ड-2)

डॉ॰ सावित्री वशिष्ठ

प्रशांत पब्लिसिंग हाऊस
दिल्ली-110094

प्रथम संस्करण 2008

ISBN 978-81-906344-5-8

प्रकाशक

प्रशांत पब्लिसिंग हाऊस

सी-34, 28 फुटा रोड, गली नं॰ 3,
वेस्ट करावल नगर, दिल्ली-110094
फोन नं॰ 22963970, 9810396373

प्रशांत पब्लिसिंग हाऊस, सी-34, 28 फुटा रोड, गली नं॰ 3, वेस्ट करावल नगर, दिल्ली-110094 द्वारा प्रकाशित तथा हेमा टाईपोग्राफिक्स, नई दिल्ली-02 द्वारा शब्द संयोजन तथा नवभारत प्रिन्टिग प्रेस, दिल्ली द्वारा मुद्रित।

भूमिका

भारत सरकार का छोटे से छोटा काम भी राष्ट्रपति के नाम से होता है। चाहे कोई नियुक्ति करनी हो चाहे कोई ठेके का काम होना है, राष्ट्रपति के नाम से ही समाचार पत्रों में छपता है।

भारतीय सेना के सर्वोच्च कंमाडर राष्ट्रपति हैं और भारत सरकार उनकी प्रसन्नता पर बनती है तथा बिगड़ती है। जब किसी राज्य में राजनीतिज्ञों का तालमेल बिगड़ जाता है और सरकार बनाने की स्थिति में कोई राजनीतिक दल न हो तो राष्ट्रपति शासन लागू हो जाता है।

संविधान के हिसाब से भारत का राष्ट्रपति बहुत ही शक्तिशाली व्यक्ति होता है। परन्तु वास्तविकता यह है कि भारत के राष्ट्रपति के हाथ में कोई शक्ति नहीं है। उन्हें हर बात में भारत सरकार के गृह मंत्रालय के अनुसार चलना पड़ता है। इसका अर्थ यह हुआ कि वास्तविक सत्ता प्रधानमंत्री के हाथ में है। एक दो बार भारत के राष्ट्रपति की शक्तियों के बारे में प्रश्न उठाए गए परन्तु उसपर कोई गंभीर मंथन नहीं हुआ और न ही राष्ट्रपति की शक्ति को घटाया या बढ़ाया गया।

भारत की वर्तमान राष्ट्रपति श्रीमति प्रतिभा देवी सिंह पाटिल तेरहवीं राष्ट्रपति हैं। उन्हें मुख्यतया कांग्रेस दल का समर्थन प्राप्त था और दूसरे वाम दलों ने भी उनका समर्थन किया जिससे कि वे राष्ट्रपति बन पाईं। कुल मिलाकर भारत के राष्ट्रपति के पद पर काफी गंभीर, योग्य और शालीन व्यक्तियों को स्थापित किया गया। इसीलिए भारतीय राष्ट्रपति सभी देश वासियों के लिए आदर के पात्र रहे हैं। सभी राष्ट्रपतियों ने भारत सरकार और देश का गौरव बढ़ाया है।

भारत के प्रथम राष्ट्रपति डॉ॰ राजेन्द्र प्रसाद महान विधि विद्वान थे और एक महान राष्ट्रवादी गांधीवादी थे। वे दो अवधियों के लिए राष्ट्रपति रहे, 1950 से लेकर 1962 तक।

भारत के दूसरे राष्ट्रपति डॉ॰ सर्वपल्ली राधाकृष्णन थे। वे महान विद्वान थे और अन्तर्राष्ट्रीय स्तर के धर्म के विद्वान थे उन्होंने धर्म और दर्शन पर काफी पुस्तकें लिखी। वे सोवियत रूस में भारत के राजदूत भी रहे।

तीसरे राष्ट्रपति डॉ॰ ज़ाकिर हुसैन महान राष्ट्रवादी मुस्लिम राष्ट्रपति थे और वे गांधी जी की बुनियादी तालीम की रूप रेखा तैयार करवाने वाले विद्वान थे।

डॉ॰ ज़ाकिर हुसैन का निधन उनके कार्यकाल में हो गया था। श्री वी॰वी॰ गिरी राजनैतिक उथल-पुथल के बीच राष्ट्रपति बने थे और उससे पहले उपराष्ट्रपति के पद पर थे।

दूसरे मुस्लिम राष्ट्रपति श्री फखरूदीन अली अहमद थे। वे एक महान मुस्लिम नेता के रूप में उभरे थे तथा उनका भी अकस्मात कार्यकाल में निधन हो गया था।

इसके पश्चात् जनता पार्टी के प्रतिनिधि के रूप में डॉ॰ नीलम संजीव रेड्डी अगले राष्ट्रपति बने। डॉ॰ नीलम संजीव रेड्डी आंध्रा प्रदेश के लम्बे काल तक मुख्यमंत्री रह चुके थे।

कांग्रेस के निकटतम सहयोगी ज्ञानी जैलसिंह भी राष्ट्रपति के पद पर 1982 से 1987 तक आसीन रहे। ज्ञानी जैलसिंह के कार्यकाल में प्रधानमंत्री इंदिरा गांधी की हत्या हो थी। ज्ञानी जैलसिंह के पश्चात् 1987 में स्वामी आर॰ वैंकटरामन राष्ट्रपति पद पर आसीन हुए।

डॉ॰ वैंकटरामन के पश्चात् डॉ॰ शंकर दयाल शर्मा राष्ट्रपति बने। वे महान विद्वान थे और कांग्रेस के अध्यक्ष रह चुके थे। डॉ॰ शंकरदयाल शर्मा की अन्तरराष्ट्रीय स्तर की ख्याति थी।

डॉ॰ शंकरदयाल शर्मा के पश्चात् डॉ॰ के॰आर॰ नारायणन् राष्ट्रपति बने। वे एक महान दलित नेता भी थे।

इसके पश्चात् डा॰ ए॰पी॰जे॰ अब्दुल कलाम तीसरे मुस्लिम राष्ट्रपति बने और एक वैज्ञानिक होने के नाते उन्हें अच्छी ख्याति मिली।

वर्तमान राष्ट्रपति श्रीमति प्रतिभा पाटिल हैं। राष्ट्रपतियों की श्रृंखला में वे पहली महिला हैं। इस प्रकार यह विदित होता है कि भारत गणतंत्र के राष्ट्रपति के पद पर बड़े-बड़े महान योग्य विद्वान और उच्च कोटि के राजनीतिज्ञ आसीन रहे हैं। यह माला राष्ट्रपतियों की जीवनीयों तथा उनके भाषणों पर आधारित है।

—संपादिका

अनुक्रम

5

फ़खरुद्दीन अली अहमद

भारतीय गणतंत्र के पांचवें राष्ट्रपति फ़खरुद्दीन अली अहमद बने। उनका जन्म 13 मई, 1905 में हौजकाजी, पुरानी दिल्ली में हुआ था। इनकी ज़िन्दगी का सफर जे. ए. अहमद के घर से शुरू हुआ और राष्ट्रपति भवन में जाकर समाप्त हुआ। इनका जीवन संघर्षपूर्ण सफर और शिखर छूती सफलता की कहानी है।

फ़खरुद्दीन अली अहमद का जन्म एक सेना अधिकारी के यहाँ हुआ। इनके पिता जलनार अली सेना में भारतीय चिकित्सा सेवा के एक अधिकारी थे जिनका विवाह राकिया सुल्तान के साथ सन 1900 में हुआ था, फ़खरुद्दीन अली अहमद के बाबा मियां खलालुद्दीन अली असम के शिवसागर जिले के कचरिहट, गोलघार उपक्षेत्र में 'काजी' थे। प्रारम्भिक दिनों में जलनार असम में ही रहा करते थे और चिकित्सा का कार्य करते थे। लेकिन कुछ दिनों बाद वह दिल्ली आकर रहने लगे। लोहारू स्टेट, जो आजकल हरियाणा राज्य में पड़ता है, के नवाब जियाउद्दीन अहमद की प्रपौत्री राकिया सुल्तान से जलनार अली ने अपनी शादी दिल्ली में कर ली। धर्म निरपेक्ष, राष्ट्रीयता को प्रथम महत्त्व देने वाले परिवार की राकिया सुल्तान बहुत ही सुशील और सभ्य महिला थीं। उनका जीवन भारतीयता से ओत-प्रोत था। वह गंगा-जमुना संस्कृति को विकसित करने की पक्षधर थीं। ऐसे विशिष्ट गुणों से भरी-पूरी महिला के साथ जलनार ने शादी की थी।

मानव जन्म पाने पर मनुष्यता उसे अच्छे आचरण, सुन्दर वातावरण तथा शिक्षा-दीक्षा से मिलती है। अच्छी बुनियाद के लिए यह तीनों आवश्यक है। उस

जमाने में सभी वर्ग के लोग तो शिक्षा नहीं ले पाते थे लेकिन जो भी परिवार थोड़ा शिक्षा का महत्त्व जान चुका था वह अपने बच्चे को अच्छी से अच्छी शिक्षा दिलाना चाहता था। जलनार अली अच्छे विद्वान् थे, डाक्टर थे। जब गोण्डा में उनका स्थानान्तरण हो गया तो अपने बच्चे की प्रारम्भिक शिक्षा के लिए राजकीय प्राइमरी पाठशाला, गोण्डा में दाखिला करा दिया। प्राथमिक शिक्षा पूरी करने के बाद गवर्मेण्ट हाई स्कूल, गोण्डा में प्रवेश लेकर सातवीं तक पढ़े। जलनार अली का स्थानांतरण 1918 में दिल्ली के लिए हो गया। कर्नल जलनार अली ने परिवार सहित गोण्डा छोड़ दिया और फ़खरुद्दीन को गवर्मेण्ट हाई स्कूल दिल्ली में आठवीं में प्रवेश नहीं दिलाया बल्कि आगे की पढ़ाई के लिए लाहौर भेज दिया। सन् 1921 में हाई स्कूल (मैट्रिक) उन्होंने पंजाब यूनिवर्सिटी लाहौर से की। मैट्रिक करने के बाद उन्होंने सेंट स्टीफेन्स कॉलेज, दिल्ली में आगे की शिक्षा लेने के लिए दाखिला लिया। फ़खरुद्दीन यदि अपने जमाने में बहुत अच्छे छात्रों में नहीं रहे तो उनका प्रदर्शन बुरा भी न था।

जवानी के दिन होते कुछ स्वप्न भरे, इसमें जो दिमाग में नये-नये सपने जवां दिलों में आते हैं उसे वह साकार करना चाहता है। फ़खरुद्दीन अली के जवानी के दिन भी कुछ अनूठे थे। कुछ दोस्त उनको यूं पसन्द नहीं करते थे क्योंकि वह किसी भी विषय पर चर्चा करते-करते उस विषय में डूब जाया करते थे। वह चर्चाएँ करने में जितनी रुचि लेते थे उतनी ही रुचि खेलने में भी लेते थे। क्रिकेट व अन्य कई खेलों में उनकी विशेष रुची थी। जब कभी उनका पढ़ने से दिमाग उबता, वह खेलने में नहीं जुट जाया करते थे बल्कि खेलने की उनकी एक समय-सारणी होती थी। निश्चित समय पर अपने दोस्तों के साथ खेल मैदान में जाते थे और खेल से वापस आने पर कुछ नाश्ता करके पुनः पढ़ाई में जुट जाते थे। टेनिस, फुटबाल, गोल्फ के वह कॉलेज के दिनों में अच्छे दोस्तों के साथ खेल मैदान में जाते थे और खेल से वापस आने पर कुछ नाश्ता करके पुनः पढ़ाई में जुट जाते थे। टेनिस, फुटबाल, गोल्फ के वह कॉलेज के दिनों में अच्छे खिलाड़ी थे। फ़खरुद्दीन अली सन 1925 में उच्च शिक्षा (स्नातक) के लिए इंग्लैंड चले गये हालाँकि उनकी माँ उन्हें बहुत प्यार करती थीं, वह कभी अपने से जुदा नहीं देखना चाहती थीं लेकिन जलनार अली के अनुरोध पर फ़खरुद्दीन ब्रिटेन के लिए भेज दिये गये।

सेण्ट केथरिन, कॉलेज, केम्ब्रिज यूनिवर्सिटी में 1927 में उन्होंने प्रवेश लिया। सन् 1928 में उन्होंने इतिहास से स्नातक किया था कि उन्हें इनर टेम्पुल लंदन में कानून की शिक्षा के लिए आमंत्रित किया गया। वह स्वीकार करते हुए कानून में बैरिस्टर डिग्री प्राप्त कर भारत वापस आए। यद्यपि वह आई. सी. एस. परीक्षा भी उतीर्ण करना चाहते थे। उन्होंने कई वर्ष तक कानून की प्रैक्टिस न करके आई. सी. एस. पास करने के लिए प्रयास किया किन्तु दुर्भाग्य से वह बीमार पड़ गये और उन्हें आई. सी. एस. के सपने से मुख मोड़ना पड़ा। अन्ततः वह पंजाब हाई कोर्ट आकर मोहम्मद साफी, जो उनके पिता के अन्तरंग मित्रों में थे, के साथ प्रैक्टिस करने लगे। कर्नल जलनार अली ने कुछ दिन बाद फ़खरुद्दीन अली को असम जाकर अपनी पैतृक सम्पत्ति देखभाल करने की सलाह दी। असम आकर वे गोहाटी के असम हाईकोर्ट में स्वतः प्रैक्टिस करने लगे। वह यहाँ एक सफल वकील के रूप में स्थापित हुए। कुछ अरसा असम में गुजारने के बाद सर्वोच्च न्यायालय में भी उन्होंने कुछ साल बिताए।

सन 1925 में जब वे इंग्लैण्ड प्रवास में रहकर शिक्षा ले रहे थे, तभी उनकी मुलाकात पं. जवाहर लाल नेहरू से हुई। नेहरू से उन दिनों की मुलाकात व विचारों ने उन पर गहरा प्रभाव डाला था। सन् 1931 में उन्होंने कांग्रेस कमेटी की सदस्यता ले ली। पहले वह साधारण कार्यकर्ता रहे किन्तु साधारण सदस्य होते हुए भी एक सक्रिय कार्यकर्ता का रोल अदा करते थे। लार्ड बटलर जो फ़खरुद्दीन अली अहमद के अच्छे दोस्तें में से थे, वे भी जवाहर लाल से प्रभावित होकर कांग्रेस कमेटी की सदस्यता लेने का निर्णय लिया। जवाहर लाल से तो पहले से परिचय था लेकिन ज़नाब अहमद के कार्य इतने प्रभावी थे कि जल्द ही वह सुभाष चन्द्र बोस और अन्य कई शीर्ष नेताओं के दिलों में बस गये। पं. नेहरू की सलाह पर असम की विधान सभा में मुस्लिम सीट (सुरक्षित) पर वह चुनाव लड़े। सन् 1938 में 33 वर्ष की उम्र में उन्हें मुख्यमंत्री बारदोलोई की सरकार में वित्त मंत्री बनाया गया। वित्त मंत्री जैसे महत्त्वपूर्ण पद पर रहकर उन्होंने असम की जनता की सेवा की। वह 1936 से प्रदेश कांग्रेस कमेटी के (मात्र कुछ दिन छोड़कर) सदस्य रहे। वह मानव थे, उनमें मानवता का बास था, वह हिन्दू मुस्लिम में भेद नहीं समझते थे। मुस्लिम लीग के सहधर्मियों ने उन्हें अपना अनुसरण करने को कहा लेकिन उन्होंने मात्र इन्सानियत की परिभाषा सीखी थी। उनके पिता से उन्हें राष्ट्रीयता को सर्वोच्च स्थान देने की सीख मिली थी।

भारतीय राष्ट्रीय कांग्रेस की उन्हें सदस्यता बाद में मिली। पं. जवाहर लाल नेहरू ने फ़खरुद्दीन अली अहमद को केन्द्रीय लोक सभा की कार्यकारी परिषद के लिए नामित किया। इस प्रकार फ़खरुद्दीन अली अहमद पढ़ाई के दिनों से कांग्रेस से जुड़े और कांग्रेस के विभिन्न दायित्वों को प्रदेश व देश स्तर पर एक साधारण कार्यकर्ता से महत्त्वपूर्ण पदों पर आसीन होकर संचालित व प्रतिपादित किया।

जीवन में एक जीवन साथी के न होने से जीवन कुछ अधूरा-सा लगता है। समय पर जीवन साथी का मिलन निश्चय ही कुछ विशिष्टता प्रदान करता है। फ़खरुद्दीन अली अहमद 40 वर्ष की उम्र पर पहुँच चुके थे। 9 नवम्बर, 1945 को उन्होंने अपना जीवन साथी आविदा हैदर को चुना। आविदा हैदर मो. सुल्तान हैदर 'जोश', जो सिविल सेवा के सदस्य थे, की बेटी थीं। उनका जन्म हरदोई में हुआ था जो उ. प्र. राज्य में पड़ता था जो यू. पी. का एक जिला है। 17 जुलाई, 1923 को जन्मी बेगम आबिदा अलीगढ़ मुस्लिम विश्वविद्यालय से स्नातक थीं। जनाब फ़खरुद्दीन अली अहमद और बेगम आबिदा ने अपने जीवन में प्रेम से रहकर भारतीय दम्पति के आदर्श को दिखाया। इनके तीन बच्चे भी पैदा हुए-परवेज अहमद, बंदर दुरेज़ अहमद और एक पुत्री समीना। बेगम कलाप्रेमी थीं। बेगम व मियां की खूब पटती थी। यदि पत्नी भी अपने पति के कार्यों में सहयोग करती है तो पति को अबाध रूप में सफलताओं की सरबुलन्दी मिलती है। बेगम आबिदा उनको अत्यन्त प्रिय थीं क्योंकि वह केवल बीवी ही नहीं थी बल्कि वह दोस्त थीं सचेतक थीं, सहयोगी थीं, अच्छे-बुरे में सलाहकार थीं।

उन्होंने गोपीनाथ बारदोलोई सरकार में वित्त मंत्रालय के साथ राजस्व एवं श्रम मंत्रालय का भी दायित्व संभाला था। उन्होंने अपने मंत्रित्व काल में जादुई करिश्मा दिखाया था। लोगों के हितों को सर्वोपरि रखकर कार्य किया। करों में भारी छूट की जगह कारखानों पर कर, चाय-बागान पर कर तथा आम हड़ताल पर रोक, आदि कार्यों से असम प्रदेश की स्थिति काफी सुधर गयी। बारदोलोई सरकार में उन्हें बहुत ही ख्याति मिली। सन 1939 में आन्तरिक भेद व मशक्कत के कारण बारदोलाई ने त्याग-पत्र दे दिया। उस समय वह मुख्यमंत्री पद पर आसीन हुए। सन 1946 में विधान सभा के आम चुनाव में उन्हें हार का मुँह देखना पड़ा। किन्तु उनकी योग्यता को देखते हुए उनको वारदोलोई, जो उस

समय पुनः मुख्यमंत्री बनाए गए थे, ने महाधिवक्ता पद पर नियुक्त किया जहाँ उन्होंने सन 1952 तक कार्य किया। महाधिवक्ता पद से मुक्त होने के बाद उन्हें राज्य सभा के लिए चुन लिया गया। सन् 1955 में वकीलों के भारतीय संघ ने नेता के रूप में यू. एस. एस. आर. (U.S.S.R.) प्रतिनिधिमण्डल में गए। इसी प्रकार वह सन 1957 में संयुक्त राष्ट्र संगठन के कार्यक्रम में भाग लेने के लिए प्रतिनिधिमण्डल में सम्मिलित हुए।

फ़खरुद्दीन अली अहमद का जीवन काफी उतार-चढ़ाव का रहा। उन्होंने 1957 में पुनः असम राज्य की राजनीति करनी शुरू कर दी। वह इस बार भी केबिनेट में चुन लिए गये और उन्हें वित्त, कानून, एकता निर्माण, पंचायत और अन्य कुछ महत्त्वपूर्ण विभाग सौंपे गये। सन् 1962 में भी कुछ इसी तरह हुआ। सन् 1964 में उन्होंने हांगकांग, यू. एस.ए. और जापान आदि देशों की मंत्री के रूप में यात्राएं भी की। उनका नेहरू से अच्छा खासा संबंध था, उनके परिवार से प्रारम्भिक दिनों से ही नेहरू परिवार की अन्तरंगता थी। श्रीमती इन्दिरा गांधी खुद अली अहमद और बेगम आबिदा को बहुत पसन्द करती थी। वह केन्द्रीय कैबिनेट मंत्री बने। उस समय वह किसी भी सदन के सदस्य नहीं थे। उन्हें यह विश्वास था कि वह छः महीने में लोक सभा अथवा राज्य सभा, किसी न किसी सदन के सदस्य अवश्य चुन लिये जाएँगे। 14 नवम्बर, 1966 से 12 मार्च, 1967 तक वह शिक्षा मंत्रालय से संबद्ध रहे।

सन 1967 में लोकसभा का आम चुनाव हुआ। फ़खरुद्दीन अली अहमद ने असम की बारपेटा लोकसभा सीट से अपना परचा दाखिल किया। कांग्रेस पार्टी के ये उम्मीदवार रिकार्ड जीत दर्ज करके लोक सभा पहुँचे। श्रीमती इन्दिरा गांधी ने फ़खरुद्दीन अली अहमद को केबिनेट स्तर का मंत्री बनाया। इन्हें कम्पनी मामले का मंत्रालय मिला। उनकी इंदिरा व नेहरू में अद्भुत निष्ठा थी। अपने कर्त्तव्यों को निर्वहन करने की उनमें व्यापक क्षमता थी। इसलिए 24 जून, 1970 को एक मामूली फेरबदल में उन्हें औद्योगिक व कम्पनी कानून मामले से हटाकर कृषि और अन्य (भोजन) विभाग सौंपा गया। देश उन दिनों बहुत ही गरीबी में था और कारखानों के मामले में तो बहुत ही गरीब था। फ़खरुद्दीन अली अहमद ने अपने कार्यकाल के दौरान कम्पनी व औद्योगिक विकास में लचीले कानून बनाये जिससे देश में इंडस्ट्रीयल विकास तेज गति से हो सके और देश की

गरीबी दूर हो सके। जब वे कृषि मंत्री बने, तो उन्होंने खेत-खलिहान की बुनियादी जरूरतों का ध्यान आकृष्ट किया। देश उन दिनों गरीबी और भुखमरी से जूझ रहा था लेकिन कुशल प्रशासक के पद ग्रहण करने के बाद देश में कुछ अच्छा महसूस किया जाने लगा।

भारतीय संविधान में प्रत्येक पाँच वर्ष पर नये चुनाव कराने व नई सरकार बनाने का प्रावधान है जिसके अनुसार सन 1971 में पुनः चुनाव हुआ। वह पुनः बारपेटा से चुनाव में भारी मतों से जीतकर लोकसभा पहुँचे। यहां पर वे सन 1974 तक केन्द्रीय कैबिनेट मंत्री रहे। सन् 1969 में तो कांग्रेस में विघटन पैदा हो गया। वी.वी. गिरी के चुनाव को लेकर कांग्रेस में दो भाग होने के आसार हो गए। इस समय फ़खरुद्दीन साहब इंदिरा जी के साथ रहे। वह इंदिरा गांधी को एक पिता की हैसियत से सहयोग व संरक्षण देने के लिए कटिबद्ध थे। इसलिए उन्होंने कभी इन्दिरा जी का साथ नहीं छोड़ा। सन् 1969 से लेकर सन् 1973 तक विभिन्न देशों की यात्राएँ करके भारत को मजबूत बनाया। वह सन् 1970 में विश्व खाद्य संरक्षण संगठन (F.A.O.) की कांफ्रेस में विशेष अतिथि के रूप में आस्ट्रेलिया गए। उस समय वे खाद्य एवं कृषि मंत्री थे। उन्होंने 1971 व 1973 में भी रोम में खाद्य संरक्षण सत्र में प्रतिनिधिमण्डल का नेतृत्व किया। फ़खरुद्दीन साहब को गालिब की शायरी से बहुत प्रेम था। वह 'गालिब एसोसिएशन' से संबद्ध रहे। ज़नाब फखरुद्दीन अली उर्दू भाषा से अत्यंत प्यार करते थे। उन्हें गालिब बहुत पसंद थे। वह स्पष्टवादी थे। वह साफ शब्दों में कहते थे कि उर्दू केवल मियां की (मुस्लिम) जुबान नहीं है। इसे विश्व के विभिन्न भागों में जाना व समझा जाता है। उनका मत था कि उर्दू को भले ही मुस्लिम भाषा समझा जाए लेकिन विभिन्न देशों में बसे मुस्लिमों की भाषा अलग-अलग है। वह 'हिन्दुस्तानी' भाषा के समर्थक थे जिसमें हिन्दुस्तान के उत्थान की गुंजाइश हो। इसकी पहले ही चर्चा की जा चुकी है कि वह खेल प्रेमी थे, सच है। वह आसाम फुटबाल एसोसिएशन और आसाम क्रिकेट एसोसिएशन के उपाध्यक्ष और आल इण्डिया लॉन टेनिस एसोसिएशन के अध्यक्ष रहे। वह सामाजिक कार्यों में भी रुचि रखते थे। इसलिए बहुत से सामाजिक, सांस्कृतिक संगठनों से सम्बद्ध रहे।

सन् 1974 में वी.वी गिरि का कार्यकाल समाप्त हो रहा था। राष्ट्रपति भवन में नये राष्ट्रपति के रूप में कौन स्थापित हो, पूरे देश में राजनैतिक व आम जनता

में प्रश्न गूंजने लगा। श्रीमती इंदिरा गांधी ने जनाब फ़खरुद्दीन अली अहमद का राष्ट्रपति पद के लिए प्रस्ताव रखा। जीवन के हर पड़ाव पर जनाब अहमद सबके प्रिय थे। किसी ने इंदिरा जी के प्रस्ताव का विरोध नहीं किया। सर्वसम्मति से वह राष्ट्रपति पद के उम्मीदवार घोषित हुए। सन 1969 की बात थी। आज फ़खरुद्दीन साहब के लिए एक राय थी, एक स्वर था। जनाब अहमद के खिलाफ चुनाव मैदान में त्रिदेव चौधरी उतरे। चुनाव हुआ। त्रिदेव चौधरी ने 1,89, 196 मत प्राप्त किये जबकि फ़खरुद्दीन अली अहमद को 7,65,587 मत प्राप्त हुए। रिकार्ड जीत हासिल कर 20 अगस्त, 1974 को राष्ट्रपति भवन पहुँचे। फ़खरुद्दीन अली अहमद ने देश के शिखर पर पर आसीन होकर भी सादगी और ईमानदारी से अपने आपको बांधे रखा। वह राष्ट्रपति भवन में सबके लिए दरवाजे खुले रखने के पक्षधर थे। उन्होंने अपने राष्ट्रपतित्व काल में विभिन्न जलसों व विदेश से आये राजनीतिज्ञों, राजनयिकों से देश के सामूहिक विकास में योगदान देने का आह्वान किया। उन्होंने 1975 में इण्डोनेशिया, यूगोस्लाविया, इजिप्ट और सूडान की यात्राएं कीं और देश के कूटनीतिक व सामरिक महत्त्व को ध्यान में रखकर विदेशों में अपना पक्ष रखा। किंग फैसल, सऊदी अरब निवासियों के बीच वह उसी वर्ष गये। सन 1967 में वह ईरान और यू. ए. ई. पहुँचे। कुछ ही दिनों बाद मलेशिया फिलीपीन्स और बर्मा की भी उन्होंने यात्रा की। क्वालालंपुर (बर्मा) में वह बीमार हो गये और कुछ दिन वहाँ आराम व उपचार किया।

इनका राष्ट्रपतित्व काल काफी ऐतिहासिक रहा, चुनौतियाँ ही चुनौतियाँ सामने आती गईं। देश के ऊपर जब भीषण संकट मंडारने लगे तो ऐसे में प्रथम नागरिक होने के नाते सूझ-बूझ व निज विवेक से काम लेना पड़ता है। देश पर युद्ध थोप दिया गया था। संकटकालीन स्थिति में श्रीमती इंदिरा गांधी ने उन्हें इमरजेंसी लगाने का कैबिनेट से पारित प्रस्ताव सौंप दिया। फ़खरुदीन अली इस इमरजेंसी को लगाना नहीं चाहते थे किंतु न चाहते हुए भी 26 जून, 1975 को 354 पृष्ठों का (इमरजेंसी) आपातकालीन स्थिति का प्रस्ताव लागू करना पड़ा।

क्वालालंपुर (म्यांमार) में बीमार पड़ने पर वह अपनी सभी यात्राओं पर विराम लगाते हुए 10 फरवरी, 1977 को स्वदेश लौट आए। 11 फरवरी, 1977 को सुबह 8.52 बजे थे कि उन्हें धड़कनें कुछ बढ़ती सी लगीं। वह बाथरूम गए, वहीं हृदयगति रुकने से उनकी मृत्यु हो गई। हृदयगति अवरुद्ध होने से उनके

असमय अवसान से राष्ट्रपति भवन 1969 की भाँति पुनः चीत्कार व आँसुओं से भीग गया। राष्ट्रपति का शव राष्ट्रपति भवन में रखा गया था। हजारों की भीड़ जुटी। उनकी मृत्यु के बाद उनका हँसता हुआ शरीर मानो किसी शायर की यह पंक्तियाँ कह रहा हो--

"अब तुमसे रुख्सत होता हूँ, आओ अपने अमन को संभालो,
नए तराने छेड़ो, मेरे संघर्ष को अब नींद आती है।"

गमहीन आँसुओं में तत्कालीन प्रधान मंत्री श्रीमती इंदिरा गांधी ने उस पल कुछ भी कहने से इंकार कर दिया। फ़िराक 'गोरखपुरी' ने अपने बयां में कहा–

"हमसे क्या हो सका मोहब्बत में,
खैर तुमने तो बेवफाई की।"

फ़खरुद्दीन साहब का लोक-जीवन समाज में सम्मानित था; उनके संघर्ष और जनता के अगाध प्रेम इसके खुद गवाह हैं। बारपेटा लोक सभा क्षेत्र में इनकी मृत्यु से लोग गमगीन हो उठे। विभिन्न राजनेताओं ने इन्हें समवेत स्वरों में याद करते हुए सच्चे समाज सेवक, श्रेष्ठ स्वाधीनता सेनानी, सच्चे राष्ट्रभक्त, सादगी और सरलता की प्रतिमूर्ति, धर्मनिरपेक्ष शासन के पक्षधर, भारतीय गंगा-जमुना संस्कृति के पोषक, महान राजनीतिज्ञ, गरीबों व शोषितों का मसीहा तक सम्मान यात्रा निकाली गई और इस महान फरिश्ते का शरीर दफना दिया गया। इस अवसर पर 27 देशों के प्रतिनिधियों, फखरुद्दीन साहब के दोनों पुत्रों तथा देश के गणमान्य व्यक्तियों ने उपस्थित होकर उन्हें अंतिम विदाई दी।

फ़खरुद्दीन साहब का शरीर छूट गया लेकिन उनके विचार, उद्‌गार, आज भी ताजे हैं क्योंकि उनका विचार जनता की समस्याओं व उनके समाधान की तलाश के लिए मुखरित होते थे यथा संसद भवन में "गरीबी का हल थोड़े अर्से में नहीं निकाला जा सकता, लगातार कड़ी मेहनत और ज़िन्दगी के सभी शोबों में डिस्पिलिन से ही इसमें तब्दीली लाई जा सकती है।"

फ़खरुद्दीन अली अहमद का जीवन-चरित्र किसी आईने में हम देखते हैं कि उनका सम्पूर्ण जीवन दूसरों व देश की खातिर समर्पित रहा। व्यापकता को पाने वाला व्यक्ति हमेशा से ऊँची सोच व जन-सेवा में विश्वास करता था। बेगम आविदा हैदर, जो उनकी पत्नी थी, ने भी अपने जीवन का अमूल्य समय राष्ट्र

निर्माण में लगाया। उन्हें उनकी मृत्यु के पाँच साल बाद बरेली लोकसभा में पहुँचने का अवसर मिला। इस प्रकार उनकी जीवन संगिनी ने राष्ट्र-निर्माण में उनके अधूरे पड़े कार्यों को आगे बढ़ाया।

फ़खरुद्दीन के जीवन की कहानी नि:संदेह सबके लिए प्रेरणा स्रोत है। ऐसे जीवन व्यापक सपने संजोने, संघर्ष में साहस व आत्मबल दिखाने का प्रेरक संदेश देते हैं।

6

डॉ. नीलम संजीव रेड्डी

हम सभी जानते हैं कि उत्थान और पतन शाश्वत प्रक्रिया है। एक समाप्त होता है तो उसी के साथ दूसरे का प्रारम्भ होता है। जैसे दिन के बाद रात और रात के बाद दिन। कभी भी किसी एक का अस्तित्व इतिहास में नहीं मिलता। भारतीय इतिहास के पन्ने भी कुछ ऐसे ही परिदृश्य प्रस्तुत करते हैं। फ़खरुद्दीन अली अहमद के अवसान के बाद संजीव रेड्डी भारतीय गणराज्य के छठे राष्ट्रपति के रूप में स्थापित हुए। प्रकृति के शाश्वत नियम 'परिवर्तन' के अनुसार ही फखरुद्दीन अली अहमद द्वारा राष्ट्रपति स्थान रिक्त करने के बाद इस नए चेहरे ने स्थान लिया।

डॉ. नीलम संजीव रेड्डी का जन्म एक किसान परिवार में 19 मई, 1913 को हुआ। आंध्र प्रदेश के अनन्तपुर जनपद के इल्लूर गाँव को ऐसे उच्च नसीब वाले बालक को प्राप्त करने का सौभाग्य प्राप्त हुआ जिसने अपनी ज़िन्दगी में तमाम नाम, शोहरत को हासिल करके अपनी माटी की महत्ता को बढ़ाया। इनके पिता श्री चिनप्पा रेड्डी मूलत: किसान थे। खेती उनका प्रथम व्यवसाय था; ऐसा नहीं है कि उनकी पाविारिक स्थिति बहुत बुरी थी, उनके पास पैतृक सम्पत्ति थी। वह एक स्वाधीनता सेनानी थे। डॉ. रेड्डी की प्रारम्भिक शिक्षा पास के एक प्राथमिक विद्यालय से शुरू हुई। उन्होंने मैट्रिक थियोसोफिकल स्कूल, आड्यार से उत्तीर्ण की। इन्होंने आर्ट कॉलेज अनन्तपुर में आगे की शिक्षा ग्रहण की। डॉ. रेड्डी युवावस्था में ही बहुत ही क्रांतिकारी दिमाग के व्यक्ति थे। उनकी बचपन की नटखटता बहुत ही रचनात्मक थी जो युवापन में ऐसे निखरी

की वह परिवार, समाज व स्कूल कॉलेज में अपनी विशिष्ट छवि के रूप में जानी गई।

गुलाम भारतमाता के दर्द को उन दिनों कोई बच्चा सहन नहीं कर सकता था। सन 1931 में 18 वर्ष की आयु में भारत माता की आज़ादी का नशा रेड्डी के ज़ेहन में प्रवेश कर गया और पढ़ाई-लिखाई छोड़कर देश की आन-मान की रक्षा तथा पूर्ण स्वतंत्रता के लिए आज़ादी के आंदोलन में कूद पड़े। देश के स्वतंत्रता आंदोलन में सक्रिय भूमिका निभाने की उनमें अदम्य इच्छा थी। उन्होंने अपने ही क्षेत्र के कुछ नवयुवकों की क्रांतिकारी टीम बनाई और संघर्ष में जुट गए। वह सम्मान के भूखे नहीं थे किंतु सम्मान को खोना एक जुर्म भी समझते थे। उन्होंने टीम का कोई महत्त्वपूर्ण पद नहीं लिया लेकिन टीम के सम्मानित सदस्य बनकर आजादी की लड़ाई लड़ी। 'सत्याग्रह आंदोलन' जब शुरू हुआ तो वह खुलकर अंग्रेजों की ख़िलाफ़त करने लगे। उनकी सक्रिय भागीदारी ने गांधी और सरदार पटेल जैसे लोगों को आकर्षित किया। 'सत्याग्रह आंदोलन' में जब वे जेल भेज दिए गए तो वहाँ के अखबरों ने उन्हें 'एक सशक्त राष्ट्रभक्त' करार दिया जिससे उन्होंने बड़े नेताओं की नज़रों में जगह बना ली और अपनी सक्रियता से अंग्रेजों की नजरों में किरकिरी भी बन गए। इनकी सक्रिय भागीदारी ओर कर्तव्यपरायणता में निष्ठा को देखकर गांधी जी ने 'भारतीय राष्ट्रीय कांग्रेस' में सम्मिलित होने का सुझाव एक पत्र के माध्यम से दिया। गांधी जी के सुझाव को उन्होंने तहेदिल से स्वीकार किया और गांधी जी को पत्र लिखकर यह विश्वास जताया कि हम अपनी समस्त ऊर्जा को भारतीय राष्ट्रीय कांग्रेस और उसके उद्देश्यों को प्राप्त करने हेतु लगाने के लिए कृतसंकल्प हैं।

सन 1938 में डॉ. नीलम संजीव रेड्डी अपनी वाक्पटुता और मिलनसार गुणों के कारण अच्छी पहचान बना चुके थे। पच्चीस वर्ष में अपने आपको एक सक्षम नेतृत्व कर्ता के रूप में प्रस्तुत कर देना मायने रखता है। सन 1938 में उन्हें कांग्रेस कमेटी का प्रांतीय महासचिव बनाया गया। वे कांग्रेस कमेटी के लोकप्रिय नेता थे। उनके साफ सुथरे व्यक्तित्व ने कांग्रेस को मजबूती प्रदान की। महासचिव पद पर रहकर डॉ. रेड्डी ने कांग्रेस का चप्पे-चप्पे में इस प्रकार प्रभाव बनाकर स्थान दिलाया कि अंग्रेजों के रोंगटे खड़े हो गए। सन 1940 में एक आम जनसभा को संबोधित कर रहे थे कि उनको गिरफ्तार कर लिया गया। जेल में

भी वे शांत नहीं बैठे रहे। अपने साथी के गिरफ्तार साथियों से मीटिंग करते और आज़ादी को किसी भी तरह हासिल करने की तरकीबें ढूंढते रहते। कारागर से मुक्त होते ही उन्होंने अपना आंदोलन और तेज कर दिया और भारतमाता की मुक्ति के लिए नए दल तैयार करने के लिए गाँव-गाँव भ्रमण करने लगे।

भारतीय इतिहास में 'असहयोग आंदोलन' की एक अलग मिसाल रही है। इस देशव्यापी आंदोलन में अंग्रेजी सरकार ऐसे सक्रिय व्यक्ति को कैसे छोड़ सकती थी। उसे यह शक था कि यदि डॉ. रेड्डी को कहीं मुक्त रखा गया तो अनन्तपुर में आंदोलन जोर पकड़ लेगा। उनके निवास पर अंग्रेज सैनिकों ने रातों-रात घेरा डाल दिया। अंततः वह पकड़े गए और उन्हें कारागार भेज दिया गया। डॉ. रेड्डी ने कहा–"मुझे अकेले बन्द करके तुम हमारा कुछ नहीं बिगाड़ पाओगे क्योंकि राष्ट्र में अब आजादी मिलने के बाद ही शान्ति होगी।" उनकी जुबान से निकलती आवाज को कुचलने के लिए जब अंग्रेजों ने प्रयास किया तो पूरे अनन्तपुर में आग भड़क उठी। इस घटना पर कई जगह लाठी चार्ज हुए। उनको चाहने वाले बहुत से लोग बुरी तरह घायल हुए और कुछ ने अपनी जान तक गंवा दी। जब आन्दोलन कुछ ठंडा हुआ तो उन्हें छोड़ दिया गया।

अगस्त, 1942 में ही गुजरात में वह पार्टी के एक आन्दोलन में हिस्सा लेने पहुँचे। उन्हें पुनः गिरफ्तार कर कारागार भेज दिया गया। डॉ. रेड्डी ने अब यह महसूस कर लिया था कि बिना किराये का मकान हम बार-बार देखने जाते हैं। इस जेल में उनके साथ मद्रास के तत्कालीन मुख्यमंत्री व जाने-माने अधिवक्ता टी. प्रकाशम्, श्री सत्यमूर्ति, के. कामराज और वी.वी. गिरि भी उसी बंदीगृह में सन 1945 तक बंद रहे। यह अवसर उनके जीवन का श्रेष्ठ अवसर था जब उनको एक से बढ़कर एक दिग्गजों के साथ रहने का अवसर मिला। अमरावती बंदीगृह के यह कैदी चुप नहीं बैठते थे, यह सभी भारत में अमन-चैन और शान्ति की बात सोचते थे। के. कामराज ने डॉ. रेड्डी को एक बार जेल से भागने की सलाह दी लेकिन उनके सभी उपक्रम समाप्त हो गये जब जेलर ने इनकी बात का सुन लिया। डॉ. रेड्डी का अमरावती जेल के दिन बहुत ही हँसी-ठहाकों में गुजरे। अमरावती जेल में रहकर भी यह वरिष्ठ नेता गप्पें मारते, चुटकुले, हंसी-मजाक तथा शेरो-शायरी करते रहते थे। इतना ही नहीं नई-नई तरकीबें बनाते थे और आन्दोलन चलाने के लिए स्वतंत्रता सेनानियों को भेजा करते थे। सन 1946 में धीरे-धीरे सभी नेता छोड़ दिये गये।

सन 1946 में डॉ. रेड्डी मद्रास विधान सभा के लिए सदस्य चुने गये। सन 1946 के प्रथम चयन पर ही उनको विधान सभा का सचिव जैसा महत्त्वपूर्ण पद मिला। उन्होंने पूरे मनोयोग से अपने कार्यों को इस प्रकार निपटाया कि सदन में उनके कार्यों की प्रशंसा कांग्रेस कमेटी के लोगों ने तो की ही, भारतीय राष्ट्रीय कांग्रेस में भी उनका नाम लिया जाने लगा।

पूरे भारत के लिए 1947 का वर्ष अपार खुशियाँ लेकर आया। भारत ने कितनी कठिनाइयों, बलिदान व त्याग के बाद स्वतंत्र होने का सपना साकार होते देखा। ठीक वैसे ही जो अंग्रेजी कवि जॉन मैसीफील्ड ने अपनी कविता में व्यक्त किया था–

"मैंने देखा है:
पथरीली धरती पर फूल खिला करता है।"

आजाद भारत में पुन: सभी कांग्रेस शासित सरकारों को भंग कर पूरे देश में आम चुनाव की घोषणा हुई। डॉ. नीलम संजीव रेड्डी भी चुनाव लड़े और भारी मतों से जीत हासिल कर विधानसभा पहुँचे। वह अप्रैल, 1949 से 1951 तक संयुक्त प्रांत में मादक पदार्थ निषेध, आवास और वन विभाग के मंत्री रहे। जब आंध्र प्रदेश कांग्रेस कमेटी के अध्यक्ष पद के चुनाव की सरगरमी बढ़ी, तो श्री रेड्डी अध्यक्ष पद की होड़ से सम्मिलित हुए। विभिन्न विभागों में कैबिनेट मंत्री के रूप में उनके द्वारा समाजोत्थान के कई कार्य हुए। पूरे संयुक्त प्रांत में उनकी अमिट पहचान बनी किन्तु लोकप्रियता व पदलोलुपता को ध्यान में न रखकर कांग्रेस के अध्यक्ष पद के लिए प्रयास किया और मंत्री पद से त्याग-पत्र दे दिया। अन्तत: उन्होंने संयुक्त प्रांत के कांग्रेस कमेटी अध्यक्ष पद को सुशोभित किया। उन्होंने अध्यक्ष पद पर आसीन होते ही कांग्रेस के अंदर की खामियों को दूर करने के लिए कठोर कदम उठाए और पार्टी के साधारण कार्यकर्ता के सम्मान के लिए आवाज उठाई। उनके अध्यक्ष पद पर आसीन होने के बाद आंध्र में कांग्रेस की हालत बहुत ही अच्छी हो गयी।

मनुष्य को कितने पल का सुख मिला है, कोई नहीं जानता। अक्सर यही होता है। मनुष्य सुख की केवल अभिलाषा रखता है, दु:ख को दूरस्थ रखना चाहता है। मनुष्य को जबकि दु:ख व सुख में एक-सा होना चाहिए क्योंकि श्रीरामचरितमानस में गोस्वामी तुलसीदास ने स्पष्ट कहा है–"लाभ, हानि,

जीवन-मरण, यश-अपयश विधि हाथ'' लेकिन सुखमय व प्रसन्नचित दिन काटने वाले डॉ. नीलम संजीव रेड्डी के ऊपर जब दु:ख के दिन आए तो उसे रामचरितमानस के महामंत्र का ध्यान न रहा। हुआ यह था कि उनकी आँखों का एक ही तारा, तारा अर्थात् उनका पाँच वर्षीय पुत्र, एक मोटर दुर्घटना में मारा गया। पुत्र वियोग की यह घड़ी इनके राजनैतिक कैरियर के लिए विषयम थी। उन्होंने भगवान को अपने सारे सत्कर्मों के बाद भी इस तरह की चोट के लिए बहुत दोषी ठहराया। वे उसके गम में बहुत परेशान होकर एक टूटे हुए व्यक्ति बन चुके थे। वह मानसिक रूप से इतना परेशान हुए कि उन्होंने आंध्र प्रदेश कांग्रेस कमेटी के अध्यक्ष पद से त्याग पत्र दे दिया। पार्टी के भीतर भी लोग काफी दुखी थे। बहुत की कोशिशों के बाद उन्होंने अपना त्यागपत्र वापस लिया और सन 1952 में जब कुछ मन शांत हुआ तो पुन: राजनीति में सामान्य हुए।

वह सन 1952 में राज्य सभा के सदस्य बने किंतु सन 1953 में उन्होंने राज्य सभा से त्याग-पत्र देकर मद्रास में स्थापित टी. प्रकाशम् के नेतृत्व वाली सरकार में उप-मुख्यमंत्री का दायित्व संभाला। उन्हें राज्य सभा के सदस्य के रूप में यह लगा कि मैं इस उच्च सदन का सदस्य बनकर संकीर्णता में गोते लगाता रहूँगा। वह यह समझते थे कि इससे भी कहीं ज्यादा संयुक्त प्रांत मद्रास को मेरी आवश्यकता है। वह संयुक्त प्रांत में कांग्रेस विधायी दल के उपनेता भी रहे। उन्होंने अपने उप-मुख्यमंत्री पद के दायित्व के साथ कई विभागों में रचनात्मक कार्य किए। उन्होंने टी. प्रकाशम् का कदम-कदम पर साथ व सलाह दी। टी. प्रकाशम् के मुख्यमंत्री रहने बावजूद उनका पूरे सदन में अलग स्थान रहा वह सबको साथ लेकर चलते थे तथा नीतियाँ चाहे छोटी बननी हों या बड़ी, सबकी सलाह लेते थे। सन 1955 में विधान सभा का दुबारा चुनाव लड़कर विधान सभा में पहुँचे। इस बार वह फिर एक बार उप-मुख्यमंत्री बने। इस बार टी. प्रकाशम् के त्यागपत्र के बाद गोपाल रेड्डी के नेतृत्व में सरकार बनी थी। इनके भी नाम की चर्चा ने तूल पकड़ा लेकिन डॉ. रेड्डी ने कोई खास दिलचस्पी नहीं दिखाई। वह पूर्व की भाँति उप-मुख्यमंत्री बनकर संयुक्त प्रांत मद्रास के लोगों का दिल जीतने में सफल रहे।

राज्य पुनर्गठन अधिनियम के तहत आंध्र प्रदेश संयुक्त प्रांत मद्रास से अलग हो गया। नए राज्य की स्थापना के बाद डॉ. नीलम संजीव रेड्डी प्रथम मुख्यमंत्री

हुए। नया-नया बना था, चुनौतियाँ बहुत-सी थीं लेकिन डॉ. रेड्डी चुनौतियों का सामना करना बखबूी जानते थे। राज्य को विकास देना उनकी सर्वोच्च प्राथमिकता थी। नए उद्योग व नई नीतियों का निर्माण कर सबको संतुष्ट करना आसान बात न थी। वे आंध्र प्रदेश के सम्पूर्ण विकास में समर्पित हुए और राज्य को एक ही वर्ष में चमका दिया। सन 1959 तक वे सम्पूर्ण विकास में सतत प्रयासरत रहे लेकिन सन 1959 में ही एक बड़े दायित्व को संभालना आवश्यक हो गया। पं. जवाहरलाल नेहरू ने डॉ. रेड्डी को भारतीय राष्ट्रीय कांग्रेस का अध्यक्ष बनाना चाहा। उन्होंने स्वीकार कर लिया और मुख्यमंत्री पद से त्याग-पत्र दे दिया। उनके जीवन में एक व्यापक जिम्मेदारी आई। उन्होंने राष्ट्र निर्माण को सर्वोपरि रखते हुए अपना योगदान देना शुरू किया। डॉ. रेड्डी और पं. नेहरू ने समय-समय पर देश के विकास के लिए पार्टी व सरकार के बीच तालमेल करके भारतीय गणराज्य की लोकतांत्रिक परम्परा को सजीवता प्रदान की।

''चरन वै मधु विदन्ति अर्थात् केवल गतिशील रहने से ही, आगे बढ़ते रहने से ही हम जीवन में माधुर्यता ला सकते हैं। रचनात्मक प्रतिभा वाले व्यक्ति अपने पूर्वकाल से प्राप्त परम्परा को रूपान्तरित कर देते हैं। परम्परा कभी समाप्त नहीं होती, न उसका विकास कभी रुकता। वह परिवर्तन के लिए प्रस्तुत रहती है और उसका निर्माण सदा जारी रहता है-''भारतीय गणतंत्र के द्वितीय राष्ट्रपति डॉ. सर्वपल्ली राधाकृष्णन के शब्द। इन्हीं परम्पराओं के वाहक डॉ. नीलम संजीव रेड्डी भी थे। उन्होंने अध्यक्ष पद छोड़ कर गृह नगर वापस लौटते ही आंध्र प्रदेश के मुख्यमंत्री पद के दायित्व को पुनः संभाला। सन 1964 में आम चुनाव हुए। इस बार भी उन्हें राज्यपाल ने दो तिहाई बहुमत होने के कारण सरकार बनाने के लिए आमंत्रित किया उस समय वह विधान सभा में बहुमत दल के नेता थे। किंतु तत्कालीन लोक सभा के चुनाव से बनने वाली लालबहादुर शास्त्री सरकार ने उन्हें अपनी कैबिनेट में रखना चाहा। डॉ. रेड्डी ने अपने सहयोगी, योग्य एवं कर्मठ नेता को नई सरकार का दायित्व संभालने का जिम्मा सौंपा और विधायक दलन के नेता चयनित होने के बावजूद श्री ब्रह्मानन्द रेड्डी को नया नेता चुनवाकर मुख्यमंत्री बना दिया। डॉ. रेड्डी के मुख्यमंत्री काल में जनता ने गरीबी, बेरोजगारी और अन्य समस्या से निजात पाई। जिसका शासन अच्छा होता है, उसे लोकप्रियता भीख में नहीं मांगनी पड़ती। अतः अच्छे, स्वच्छ व भयमुक्त शासन के कारण उन्हें अच्छे लोकप्रियता भी मिली।

जून, 1964 में जब लालबहादुर शास्त्री भारत के प्रधानमंत्री बने तो डॉ. नीलम संजीव रेड्डी को स्टील एवं खनन मंत्री बनाया। डॉ. नीलम संजीव रेड्डी का पुरुषार्थ बहुत ही प्रभावी था। उन्होंने पुरुषार्थ को जिंदगी में सर्वोच्च माना इसलिए हमेशा आगे बढ़ते रहे। उन्होनें अपने कार्यकाल में खनन मजदूरों का पूरा ख्याल रखा। वह चाहते थे कि जो मेहनत करे उसे मजदूरी भी उचित मिलनी चाहिए। उन्होंने इस प्रस्ताव का कानून भी सदन में प्रस्तुत कर पास कराया। वह मंत्री अवश्य थे लेकिन किसी भी सदन की सदस्यता न रहने के कारण उन्हें छः माह में ही किसी न किसी सदन का सदस्य अवश्य बनना था। संयोगवश नवम्बर 1964 में राज्य सभा के मनोनीत सदस्य हो गए और तब स्वतंत्र रूप से देश के विकास व विस्तार में अपने मंत्रालय का चतुर्दिक विकास करते हुए योगदान देने लगे। सन 1966 में कांग्रेस का प्रतिनिधित्व लाल बहादुर शास्त्री की मृत्यु के बाद इंदिरा गांधी के हाथों में आया।

जब देश की बागडोर इंदिरा जी के हाथों में गई तो श्रीमती गांधी ने मंत्रिमण्डल में भारी फेरबदल किया। किंतु श्री रेड्डी को कैबिनेट मंत्री के रूप में कुछ और महत्त्वपूर्ण विभागों की जिम्मेदारियाँ सौंपी गई जिसमें यातायात, टूरिज़्म, जहाजरानी और उड्डयन विभाग सम्मिलित थे। सन 1967 में देश के अंदर पुनः लोकसभा का आम चुनाव हुआ। उन्होंने कांग्रेस के टिकट पर हिन्दूपुर लोक सभा सीट से अपना परचा दाखिल किया। लोक सभा में वे भारी मतों की रिकार्ड जीत से पहुँचे।। मार्च, 1967 में लोक सभा की सदस्यता ग्रहण करने के बाद, लोक सभा अध्यक्ष के चुनाव की बारी आई। डॉ. रेड्डी के आकर्षक व्यक्तित्व ने सबका ध्यान अपनी तरफ खींचा। मार्च, 1967 में उन्हें सर्वसम्मति से लोकसभा अध्यक्ष चुन लिया गया।

भारतीय लोकतंत्र में लोक सभा अध्यक्ष का स्थान बहुत की महत्त्वपूर्ण है। सदन की सारी गतिविधियों का सुचारु ढंग से संचालन करने की जिम्मेदारी उसी पर होती है। सारे विधेयकों पर ठीक ढंग से चर्चा कराना और आरोप-प्रत्यारोपों का सही मूल्यांकन करना/कराना लोक सभा के अध्यक्ष के लिए एक चुनौतीपूर्ण कार्य होता है। डॉ. रेड्डी बहुत ही योग्य, कर्मठ एवं अपने कार्यों को संचालित करने में प्रवीण थे। लोक सभा अध्यक्ष पद पर आसीन होने के बाद उन्होंने सदन की कार्यवाही निर्भीकरता से, पूरे साहस के साथ द्रुतगति से चलाई। प्रत्येक सत्र

में उनको बहुत ही झंझावातों का सामना करना पड़ा लेकिन उनकी मधुर व नम्र सभ्यता ने सबको सदन की गरिमा को बनाए रखन के लिए बाध्य किया। लोक सभा अध्यक्ष श्री रेड्डी के कार्यकाल में बहुत से विधेयक आए और समुचित चर्चा के बाद पास हुए। देश के विकास में निःसंदेह उनका महान योगदान रहा है। सदन की कार्यवाही की उनकी संचालन शैली से प्रभावित होने पर अमरीकी राष्ट्रपति रिचर्ड निक्सन से सन 1969 में भारत प्रवास के दौरान श्रीमती इंदिरा गांधी से कहा–"श्री नीलम संजीव रेड्डी वास्तव में योग्य व्यक्ति हैं। उन्होंने भारतीय सदन में अपनी योग्यता के बल पर शांतिपूर्ण ढंग से जो कार्यवाही पूर्ण की है, उसी की देन है कि लोकतांत्रिक परम्परा को प्रगति मिली है। मैंने यह देखा और महसूस किया।"

सन 1969 के मई महीने में भारतीय गणतंत्र ने अपने तीसरे राष्ट्रपति डॉ. ज़ाकिर हुसैन को खो दिया था। देश में नए राष्ट्रपति की तलाश शुरू हो गई। उस समय श्री वी.वी. गिरि भारतीय गणराज्य के उप-राष्ट्रपति थे। वी.वी गिरि चाहते थे कि उन्हें राष्ट्रपति पद पर चयनित कर लिया जाएँ वह राष्ट्रपति पद के सशक्त दावेदार थे। भारतीय राष्ट्रीय कांग्रेस में राष्ट्रपति पद के चयन के लिए बहुत बड़ा बवाल हो गया। पार्टी अंतर्द्वन्द्व की स्थिति में आ गई। भारतीय राष्ट्रीय कांग्रेस के राष्ट्रीय अध्यक्ष ने इंदिरा जी की ही सलाह पर नीलाम संजीव रेड्डी के नाम का चयन किया। किंतु श्रीमती गांधी को यह डर था कि कहीं यह व्यक्ति हमारे रास्ते में कोई अड़चन न पैदा कर दे इसलिए श्रीमती गांधी ने अपने विवेक व आत्मा की आवाज पर लोगों को मतदान करने का आह्वान कर दिया। वी.वी. गिरि निर्दलीय उम्मीदवार थे। कांग्रेस के अधिकांश सदस्यों ने श्री गिरि के पक्ष में मतदान कर दिया जिससे डॉ. नीलम संजीव रेड्डी को भारी हार का सामना करना पड़ा। वह श्री वी. वी. गिरी के 4,01,515 मतों के मुकाबले मात्र 3,13,548 मत हासिल कर सके। उनकी इस पराजय ने उनके दिल पर करारी चोटी दी। श्रीमती इंदिरा गांधी ने उन्हें लोक सभा अध्यक्ष पद के लिए पुनः नामित किया किंतु वह स्वाभिमानी थे। स्वाभिमान से वह बदले में कोई समझौता नहीं करते थे। उन्होंने लोक सभा अध्यक्ष बनने से इनकार कर दिया। इतना ही नहीं, उन्होंने राजनीति से सन्यास लेकर अपने गृहनगर आकर अपने खेत-खलिहान से जुड़ना बेहतर समझा। वे सपरिवार अनन्तपुर आकर रहने लगे।

जीवन के हर कदम पर मोड़ आते हैं। उनके जीवन का यह भी एक मोड़ था जो डॉ. रेड्डी देश की राजनीति और देश सेवा में गहन रुचि रखते थे। वही उससे नाता तोड़ कर बैठ गए। जरूर उनको किसी भारी सदमें ने ऐसा करने को बाध्य कर दिया होगा। एक बार पुत्र मोह था लेकिन इस बार कोई पारिवारिक मोह न था। इस बार स्वाभिमान पर अपने ही साथियों द्वारा किया गया प्रहार था।

जेहि अंचल दीपक दुरयौ, हन्यौ सो ताही गात:।
रहिमन अवसर के परै, मित्र शत्रु ह्वै जात।।

(रहिम)

उन्हें रहीम की उपर्युक्त उक्ति बहुत ही सच साबित हो रही थी। वह अपने परिवार में श्रीमती नागरथनम्मा तथा चारों बच्चों के साथ रहने लगे। यद्यपि जीवनभर सक्रिय रहा व्यक्ति कभी बैठ नहीं सकता लेकिन सब कुछ के बाद भी डॉ. रेड्डी अपने आपको एक परिवार की चारदीवारी में बांध चुके थे। वह संघर्ष की लम्बी कड़ी को अपनी जीवन शृंखला में बांधकर उच्च पद पर रहकर पुनः अपने गृहनगर वापस आ थे लेकिन अब उनका जीवन बिल्कुल साधारण बन गया था। भले ही राजा कुटी में जाकर रहने लगे, नीतिज्ञ दूरदेश में वास करे तथा पंडित एकांत में रहे लेकिन जिसको उस वट रूपी वृक्ष से छाया व खुशी मिली होगी, वह उससे मिलने के लिए उस तक अवश्य पहुँचेगा। डॉ. रेड्डी से भी लोग गृहनगर में प्रायः जाया करते थे। डॉ. रेड्डी उनसे बहुत ही साधारण रूप में मिलते और उनको संतुष्ट करने का भरसक प्रयास भी किया करते थे। ये उनमें विशेष गुण थे।

सन 1975 में अनन्तपुर में ही जनता पार्टी की तरफ से एक जलसा था। डॉ. रेड्डी उन दिनों अपने घर पर ही थे। जनता पार्टी के कार्यक्रम में जयप्रकाश नारायण जैसे लोग भाग लेने आ रहे थे। जनता पार्टी के वरिष्ठ नेताओं ने डॉ. रेड्डी से भी इसमें भाग लेने का अनुरोध किया। पहले तो उन्होंने इन्कार किया किंतु अपने चहेतों का मान रखने के लिए उनके आमंत्रण को स्वीकार कर लिया। उसी सभा में जयप्रकाश नारायण के साथ सभा-संबोधन के बाद जनता पार्टी में सम्मिलित हो गए।

मार्च, 1977 के आम चुनाव की घोषणा हुई। देश में जनता पार्टी की लहर ऐसी आई कि देश की राजनीति के इतिहास-भूगोल बदल गए। कांग्रेस पार्टी को

बुरी तरह पराजय का सामना करना पड़ा। जनता पार्टी के टिकट पर वह नाडियाल से लोक सभा चुनाव लड़े। वहाँ की जनता ने उन्हें अपना भारी समर्थन देकर सांसद के रूप में चुना। आंध्र प्रदेश से कांग्रेस के प्रतिनिधि जीत रहे थे, वही एक ऐसे व्यक्ति थे जो जनता पार्टी के टिकट से जीतकर लोक सभा पहुँचे। डॉ. रेड्डी के जनता पार्टी के टिकट से जीतकर लोक सभा पहुँचे। डॉ. रेड्डी के जनता पार्टी में सम्मिलित होने पर कांग्रेस खेमे में अवश्य ही दु:ख हुआ लेकिन जहाँ पर सम्मान न हो वहाँ पर अपमानित सदस्य होकर गिनती नहीं करानी चाहिए, ऐसा डॉ. रेड्डी का मानना था और तभी वह जनता पार्टी से जुड़े। सन 1977 में जब वह पुन: सर्व सम्मति से लोक सभा अध्यक्ष चुने गए और अपने पद पर आसीन हो सदन ही कार्यवाही का संचालन करने लगे तो लोक सभा सदस्यों में खुशी की कोई सीमा नहीं थी। उन्होंने पुन: अपनी मर्यादाओं के साथ सदन की श्रेष्ठ अध्यक्षता की और सबके द्वारा सराहे गए।

ऊँट किस करवट बैठे, कौन जानता है। जिस राष्ट्र ने दस वर्ष पहले राष्ट्रपति पद के उम्मीदवार को राष्ट्रपति पद पर पहुँचने से रोक दिया हो, वही राष्ट्र डॉ. नीलम संजीव रेड्डी को सर्वसम्मति से राष्ट्रपति पद के लिए चुनकर सम्मान सहित राष्ट्रपति भवन भेजेगा, अकल्पनीय था, कोई सोच भी नहीं सकता था। सन 1977 में डॉ. रेड्डी भारतीय गणराज्य के छठे राष्ट्रपति चुने गए। इस बार उनके खिलाफ कोई सदस्य चुनाव मैदान में नहीं था। अत: वह भारतीय गणराज्य के राष्ट्रपति पद पर निर्विरोध प्रतिस्थापित हुए।

25 जुलाई, 1977 की शुभ घड़ी आई। उन्होंने तत्कालीन मुख्य न्यायाधीश श्री एम. एच. बेग से पद व गोपनीयता की शपथ ग्रहण की तथा जनाब फ़खरुद्दीन अली अहमद की मृत्यु से खाली हुई सीट पर कार्यरत कार्यवाहक राष्ट्रपति तथा भारतीय गणराज्य के पांचवें उप-राष्ट्रपति श्री बसप्पा दसप्पा जत्ती (बी. डी. जत्ती) से कार्यभार ग्रहण किया। तोपों की सलामी व अन्य गारद के सम्मान के साथ उनका राष्ट्रपतित्व काल शुरू हुआ। भारतीय गणराज्य के इस राष्ट्रपति ने कई वर्ष पहले राष्ट्रपति भवन में पहुँचने का सपना सजाया था किंतु 25 जुलाई, 1977 को ही वह उस सर्वोच्च भवन में जाकर भारतीय गणराज्य के प्रथम नागरिक होने का गौरव प्राप्त कर सके।

लम्बे संघर्ष में इनकी जिंदगी को बहुत सारे मुकामों पर इन्हें परखा किंतु डॉ. रेडडी अपने असीम उत्साह एवं आत्मबल के साथ हर पायदान पर परीक्षा

उत्तीर्ण होते गए। उनका निखरा व्यक्तित्व सम्पूर्ण भारत में उनकी कर्त्तव्यपरायणता और देशभक्ति के लिए जाना गया। लोगों में उनका अटूट विश्वास था। उनके यशस्वी गुणों ने ही उन्हें महानता की पराकाष्ठा तक पहुँचाया। रेड्डी युवापन से ही सशक्त व्यक्तित्व के स्वामी थे।

जीवन में जब मनुष्य मुश्किलों व कठिनाइयों से गुजरता रहता है तो उसे बड़े पद पर आसीन होने का घमण्ड नहीं होता, वह और सरल हो जाता है। वह किसान परिवार से, गरीबी एवं विभिन्न खट्टी-मीठी परिस्थितियों के अनुभव से निकले व्यक्ति थे, इसलिए उनके अंदर सभी वर्गों के प्रति प्यार था। डॉ. रेड्डी को वैंकटेश्वर विश्वविद्यालय ने उनकी विद्वता पर डाक्टरेट की मानद उपाधि दी। यह उपाधि कानून विषय पर प्राप्त हुई थी। अपने जीवन में उन्होंने आत्मानुशासन, गुरुपूजा तथा आत्मसंयम का बहुत ही ख्याल रखा। यही कारण था कि उनकी विद्वता सम्पूर्ण जीवन में अच्छी बुनियाद पर महल की भांति स्थापित हुई। वह सर्वधर्म समभाव में विश्वास करते थे। यथा उनके भाषण का एक अंश–''न हम हिन्दू हैं न मुसलमान, हम इन्सान हैं। फिर हम में यह भेद क्यों कभी-कभी जागृत हो उठते हैं, चिंतन की बात है। जब हम चिंतन करेंगे और इन्सानियत की निगाह से इन्सान को ढूंढ़ेंगे तो यह भेद हमसे कोसों दूर जाता रहेगा।''

डॉ. रेड्डी के पास समय का अभाव सारी जिंदगी रहा लेकिन जब उन्हें समय मिलता तो वह अपने पुत्र व पुत्रियों में रम जाते थे। प्रथम पुत्र की मृत्यु के बाद उनको भगवत् कृपा से एक पुत्र और तीन पुत्रियाँ प्राप्त हुए। उनमें यह खासियत थी कि उन्होंने कभी भी पुत्र व पुत्रियों में भेद नहीं रखा। वह 'लड़की-लड़का एक समान' के पोषक थे। उन्होंने सबकी शिक्षा-दीक्षा के लिए समान व्यवस्था कर रखी थी। इनकी शादी 22 वर्ष की अवस्था में हुई थी। श्रीमती नागरथनम्मा एक कुशल गृहिणी, पतिव्रता तथा शिक्षित महिला थीं जिन्होंने डॉ. रेड्डी को सैदव सहयोग किया। डॉ. रेड्डी के विकास की वह धुरी थीं। जब उनके जीवन में दुखद अवसर आए तो उस समय श्रीमती नागरथनम्मा ने डॉ. रेड्डी को ज़िन्दगी जीने में बहुत ही सहयोग दिया। यद्यपि वह स्वयं दुःख में डूबी एक महिला थीं। श्रीमती नागरथनम्मा के साथ डॉ. रेड्डी ने जीवन के कई पतझड़ एवं बसंत देखे और एक सफल जीवन-यापन किया। एक लम्बी बीमारी के बाद डॉ. रेड्डी इक्कीसवीं सदी की दहलीज पर खड़े

भारत को छोड़कर जब हमसे बिछुड़े तो सारा देश उनके गम में डूब गया। उनकी मृत्यु पर राष्ट्रपति डॉ. शंकर दयाल शर्मा ने उनके व्यक्तित्व-कृतित्व को याद करते हुए कहा–''वे हमारे बीच से उठ गए लेकिन उनका कृत्य हमारा मार्गदर्शन करता रहेगा। आज से हम उनके अभाव का अहसास करेंगे। वे एक सच्चे देशभक्त, राष्ट्र निर्माता और स्वाधीनता सेनानी थे।''

डॉ. रेड्डी राष्ट्र सेवा में रुचि लेते थे, यह जगजाहिर है किंतु खेल व संगीत तथा लेखन भी उनकी विशेष रुचियों में रहा है। अमरावती जेल में के. कामराज, वी.वी. गिरि व सत्यमूर्ति आदि दिग्गजों के साथ उनके हंसने व लिखने के गुणों को विशेष रूप से देखा जा सकता है। मुस्कुराहट मनुष्य के व्यक्तित्व में चार-चांद लगा देती है, स्वभावतः वह एक प्रसन्नमुख व्यक्ति थे। साहित्य, संस्कृति और सभ्यता से अपार प्रेम था। वह आंचलिक भाषाओं की कद्र करते थे किंतु हिन्दी के सम्मान का उन्होंने सदा विशेष ध्यान दिया।

डॉ. रेड्डी अति विशिष्ट गुणों के स्वामी थे जो सम्पूर्ण मानव जगत को लम्बे समय तक सद्मार्ग दिखाते रहेंगे। यह कोई अतिश्योक्ति वाक्य नहीं लिखा गया है। यह परमसत्य शब्दों से बना वाक्य है। उनकी ही कलम से--

''आपरेशन से पहले मैं धूम्रपान का अभ्यस्त था, बहुत अधिक आदी। मैंने अपनी अंतिम सिगरेट उस समय पी जब मैं आपरेशन थियेटर ले जाया जा रहा था और तब से मैंने सिगरेट को स्पर्श नहीं किया है। मैं बिना किसी कठिनाई के अपनी आदत छोड़ सकता था। मुझे कभी-कभी आश्चर्य होता है कि मैं पहले धूम्रपान करता ही क्यों था। मैं अपने धूम्रपान-प्रेमी मित्रों को बताना चाहता हूँ कि यदि वे सचमुच इस हानिकारक और खर्चीली आदत को त्यागना चाहें तो ऐसा सरलता से कर सकते हैं।''

उन्होंने यह सीख तो राष्ट्रपति पद से मुक्त होने के कुछ वर्ष बाद सार्वजनिक की थी। वह आस्तिक थे। वह अपने गृह नगर के सुप्रसिद्ध वैंकटेशनाथ के पुजारी थे। 25 जुलाई, 1977 को जब वे राष्ट्रपति बने, उसके बाद जब उनका दिल्ली से बाहर का यात्राक्रम शुरू हुआ, तो वह था मद्रास (चेन्नई), जहाँ वह भगवान बैंकटेश्वर की अर्चना के लिए गए। यूँ तो उन्होंने राष्ट्रपति भवन से विदेशों की बहुत सी यात्राएं कीं लेकिन उनकी दूसरी यात्रा का पड़ाव था न्यूयार्क, जहाँ से

उनकी धूम्रपान जैसी बुरी आदत का त्याग हुआ। मोरारजी देसाई की समस्या से वह बहुत परेशान हुए लेकिन लोकनायक जयप्रकाश नारायण के वह बहुत ही प्रशंसक रहे। 24 जुलाई, 1982 को ज्ञानी जैल सिंह को अपनी जिम्मेदारी सौंपकर उन्होंने माननीय सांसदों से विदाई ली।

सादगी एवं संस्कृति के संरक्षक डॉ. रेड्डी के व्यक्तित्व एवं कृतित्व को हमारा नमन!

राष्ट्रपति के पद पर

फ़खरुद्दीन अली अहमद जो कि अगस्त 1974 में भारत के राष्ट्रपति निर्वाचित हुए थे, उनका स्वर्गवास सामान्य पांच वर्ष की अवधि समाप्त हाने से बहुत पहले फरवरी 1977 में हो गया। इसके पश्चात बी. डी. जत्ती, उपराष्ट्रपति ने कार्यकारी राष्ट्रपति का पद सम्भाला। केन्द्र में नवनिर्वाचित जनता सरकार को जिन समस्याओं को हल करना था, उनमें से एक राष्ट्रपति का निर्वाचन भी था।

मार्च 1977 में लोकसभा के लिए हुए निर्वाचन में, आंध्र प्रदेश से मैं एकमात्र विजयी उम्मीदवार था जो जनता दल के चिह्न पर जीता था। अपने चुनाव के कुछ दिनों बाद मैं सर्वसम्मति से लोक सभा का स्पीकर चुन लिया गया। मैं कांग्रेस पार्टी से अपना सम्बन्ध तोड़ चुका था और जनता पार्टी उस समय तक औपचारिक रूप से बन नहीं पाई थी। वह 1 मई 1977 को ही विधिवत बन पाई। इस प्रकार उस समय मुझे किसी पार्टी से अपना संबंध विच्छेद करने की आवश्यकता नहीं थी।

अप्रैल 1977 के प्रारम्भ में, जबकि भारत के राष्ट्रपति का निर्वाचन करने का प्रश्न सरकार के सामने था, मुझे हैदराबाद जाने का अवसर मिला। कुछ पत्रकारों ने मुझसे पूछा कि क्या मैं अपने को उस पद की उम्मीदवारी के लिए प्रस्तुत करूंगा। शायद प्रेस तथा जनता के लिए सन् 1969 के जग जाहिर विश्वासघात को दृष्टि में रखते हुए मेरे बारे में उस प्रकार विचार करना अस्वाभाविक नहीं था। तथापि मैंने यह स्पष्ट कर दिया कि मैं चुनाव नहीं लडूँगा। इसके साथ ही मैंने यह आशा प्रकट की कि जनता पार्टी, कांग्रेस और अन्य पार्टियां भारत के राष्ट्रपति पद के लिए सर्वसम्मति से उम्मीदवार चुनने में सफल होंगी।

जनता तथा कांग्रेस दोनों प्रमुख पार्टियों में से किसी का भी बहुमत राष्ट्रपति का निर्वाचन करने वाले मतदाताओं जो कि संसद के दोनों और राज्य की विधान सभाओं के सदस्य होते हैं, में नहीं था। जिन राज्यों में मार्च, 1977 के लोकसभा चुनावों में कांग्रेस पार्टी पराजित हो चुकी थी, उन राज्य विधान सभाओं को भंग कर दिया गया था और नये निर्वाचन जून 1977 में हुए थे। भंग होने से पूर्व इन विधान सभाओं में काँग्रेस पार्टी का भारी बहुमत था लेकिन जून 1977 के चुनावों में जनता पार्टी करीब उतने ही अधिक बहुमत से आयी। शासक जनता पार्टी के पक्ष में होते इस विकास के कारण वह कांग्रेस से अधिक मत पाने की शक्ति रखती थी तथापि राष्ट्रपति चुनाव में भाग लेने वाले मतदाताओं में उसका बहुमत नहीं था। जनता पार्टी तथा कांग्रेस के बाद, दो सबसे अधिक महत्त्वपूर्ण पार्टियां थीं–ऑल इंडिया अन्ना द्रविड़ मुनेत्र कज़गम (ए आई ए डी एम के) और कम्युनिस्ट पार्टी ऑफ इंडिया मार्क्सिसिस्ट (सी पी आई एम)। उनके पास पर्याप्त मतदान शक्ति थी। केन्द्र में जनता पार्टी कांग्रेस की सहायता की चिन्ता किए बिना अपने सहयोगी अकाली दल की मदद पर अपना उम्मीदवार खड़ा कर सकती थी। परंतु इस प्रकार की क्रिया खतरों से भरी थी। इसलिए बुद्धिमानीपूर्ण सलाह मशविरे के बाद यह तय पाया गया कि कांग्रेस तथा अन्य पार्टियों के साथ मिल बैठ कर सर्वसम्मति से निर्णय लिया जाय। उस समय भी जब शासक दल का निर्वाचक गणों में पर्याप्त बहुमत हो और उसके उम्मीदवार की सफलता निश्चित हो, यह बेहतर होता है कि वह मुख्य विरोधी पार्टियों और समूहों से सलाह लेकर उम्मीदवार चुने ताकि राष्ट्रपति जो कि पूरे राष्ट्र की चेतना का प्रतीक होता है, यदि सभी पाटियों और समूहों द्वारा सर्वसम्मति से नहीं तो कम से कम देश के अधिक से अधिक सम्भावित लोगों द्वारा चुना जा सके।

निजलिंगप्पा, कांग्रेस पार्टी में मेरे पूर्व सहकर्मी और जनता पार्टी की नींव डालने वालों में से एक, भारत के राष्ट्रपति पद के लिए होने वाले निर्वाचन में उम्मीदवार बनना चाहते थे। उन्होंने प्रधानमंत्री मोरारजी देसाई से इस संबंध में बातचीत की! तथापि प्रधानमंत्री ने उनको बताया कि चूंकि उपराष्ट्रपति के पद पर उसी राज्य और उसी समुदाय का व्यक्ति बी. डी. जत्ती पहले से है जिसके निजलिंगप्पा हैं, जनता पार्टी के लिए उनको अपना उम्मीदवार बनाना संभव नहीं होगा। इसके बाद निजलिंगप्पा मुझसे मिलने आये, जो कुछ घटित हुआ था मुझे

बताया और बंगलौर चले गए।

जुलाई 1977 की शुरूआत में प्रधानमंत्री मोरारजी देसाई ने राष्ट्रपति पद के लिए योग्य उम्मीदवार की खोज करना प्रारम्भ की। जनता पार्टी के पार्लियामेन्ट्री बोर्ड से विचार विमर्श करने के बाद ऐसा प्रतीत होता है कि उन्होंने कांग्रेस पार्टी और लोक सभा में विरोधी दल के नेता वाई. बी. चह्वाण से भी नामों की एक सूची पर, जिसमें श्रीमती रुक्मिणि अरुण्डेल का नाम सबसे ऊपर था सलाह की। सम्भवतया मोराजी देसाई और चह्वाण में श्रीमती अरुनडेल के नाम के चुनाव पर सहमति थी। जब उनकी पसंदगी के बारे में सभी को पता चला, दूसरों की प्रतिक्रिया उनसे बहुत विपरीत थी। दोनों नेताओं द्वारा चुने गए नामों से उत्पन्न असंतोष पार्टी की सीमाओं को पार कर गया। शासन करने वाली जनता पार्टी और विरोधी कांग्रेस पार्टी के सदस्यों ने अपनी भावनाओं को खुले-आम प्रकट किया।

सी पी आई एम ने भी अपनी अप्रसन्नता प्रकट की, उसने महसूस किया कि प्रधानमंत्री को जनता और कांग्रेस की सहमति से की गई पसन्द उसके सामने रखने के बजाय, उसे सलाह में शामिल करना चाहिए था। उसने स्पष्ट कर दिया कि अगर शासक दल ने आगे कारवाई की और श्रीमती अरुण्डेल को अपना उम्मीदवार बनाया, वह अपना उम्मीदवार खड़ा करने में संकोच नहीं करेगी। द्रविड़ मुनेत्र कजगम (डी एम के) और ए आई डी एम के ने भी प्रधान मंत्री द्वारा चुने उम्मीदवार के प्रति अपनी उत्साहहीनता दिखाई। अनेकों के विचार से केवल राष्ट्रीय महत्त्व का ऐसा व्यक्ति जिसे सार्वजनिक जीवन का बहुत लम्बा अनुभव हो राष्ट्रपति के उच्च पद के लिए चुना जाना चाहिए। उन्होंने महसूस किया कि श्रीमती अरुण्डेल इस आवश्यकता की पूर्ति नहीं करतीं।

अतः प्रधानमंत्री के लिए इस समस्या पर नए सिरे से विचार करना आवश्यक हो गया। यद्यपि जनता पार्टी के नेताओं द्वारा प्रारम्भ में दिए गए सुझावों में मेरा नाम नहीं आया था तथापि संसद के अनेकों सदस्यों, जनता पार्टी और कांग्रेस तथा अन्य विरोधी पार्टियों और समूहों के मन में मेरा नाम सर्वोपरि था। इस स्थिति में मैंने दोबारा एक प्रेस बयान जारी किया कि मैं उस समय तक निर्वाचन के लिए खड़ा नहीं होऊँगा जब तक कि मैं सभी पार्टियों द्वारा एक सर्वमान्य उम्मीदवार नहीं माना जाता। यह पूरी तरह स्पष्ट हो चुका था कि श्रीमती

रुक्मिणि अरुण्डेल का पक्ष लेने वालों का अभाव है और शासक दल के लिए उनकी उम्मीदवारी का समर्थन करते रहना बुद्धिमता नहीं होगी। मोरारजी ने श्रीमती अरुण्डेल का नाम प्रस्तावित करने से पूर्व उनकी सहमति ले ली थी जो कि उस समय यूरोप में कहीं थीं, लेकिन जब उनके नाम का विरोध बढ़ता गया, ऐसा जताया गया कि वह उम्मीदवार बनने की इच्छुक नहीं थीं। इस प्रश्न पर विस्तृत सहमति पाने की सम्भावना के लिए विभिन्न स्तरों पर विचार विनिमय किया गया।

प्रधानमंत्री ने नए सिरे से अपनी पार्टी के पार्लियामेन्ट्री बोर्ड से सलाह की। आम भावना यह थी कि मैं सबसे अधिक सहमति पाने वाला उम्मीदवार हूँगा, तथापि एक दूसरा नाम भी शामिल कर लिया गया। उसके बाद उन्होंने विरोधी पक्ष के नेता चह्वाण से विचार विमर्श किया। चह्वाण ने कहा कि उन्हें कांग्रेस पार्टी के सदस्यों की राय जानने के लिए कुछ और समय चाहिए।

कांग्रेस के कुछ प्रभावशाली सदस्य (जिनमें से अनेक संसद सदस्य नहीं थे।) सर्व सम्मति से राष्ट्रपति पद के लिए जनता पार्टी द्वारा समर्थित उम्मीदवार खड़ा करने के विचार से विरोध रखते थे। उनका तर्क ऐसा प्रतीत होता था कि कांग्रेस को अपनी स्वतंत्रता और अस्मिता पर बल देने के लिए अपना उम्मीदवार खड़ा करना चाहिए, चाहे उसके चुनाव जीतने की आशा कितनी ही कम हो। लेकिन इस दृष्टिकोण को सामान्य स्वीकृति नहीं मिली।

जब मैं 7 जुलाई 1977 को लोकसभा की अध्यक्षता कर रहा था, के. सी. पंत जो कि उस समय लोक सभा के सदस्य नहीं थे, ने कागज की एक पर्ची मेरे पास भेजी, जिसमें सूचित किया गया था कि कांग्रेस मेरी उम्मीदवारी के लिए सहमत हो गई है। जम्मू और काश्मीर के कर्णसिंह, जो कि विरोधी पार्टी के सामने वाली बेंच पर बैठे थे, उन्होंने भी इसी आशय की एक पर्ची मेरे पास भेजी। प्रधानमंत्री इन गतिविधियों को देख रहे थे और उन्होंने भी सूचना भेजी कि मेरा नाम जनता पार्टी के उम्मीदवार के रूप में उक्त पद के लिए चुना गया है। उसी दिन जनता पार्टी के जनरल सेक्रेटरी ने घोषणा की कि प्रधानमंत्री द्वारा जनता पार्टी के नेताओं से ली गयी सलाह में सभी नेताओं की सम्मति मेरे लिए थी। प्रधानमंत्री ने कांग्रेस, ए आई ए डी एम के, कम्युनिस्ट पार्टी ऑफ इंडिया,

फारवर्ड ब्लाक, अकाली दल, रेवोल्यूशनरी सोशलिस्ट पार्टी और मुस्लिम लीग के नेताओं से भी सलाह कर ली थी। संसद की इन सभी पार्टियों द्वारा मेरा पक्ष लेने की सम्मति से, राष्ट्रपति पद के लिए मेरा निर्वाचन वास्तव में निश्चित हो चुका था। मैंने टेलीफोन से डी एम के नेता एम. करुणानिधि से बात की और उन्होंने अपनी पार्टी द्वारा समर्थन देने का आश्वासन दिया।

उस दिन मध्याह्न भोजन की अवधि में, मैं मोरारजी देसाई से मिला और उन्हें अपना नाम राष्ट्रपति पद के उम्मीदवारों की सूची में शामिल करने के लिए धन्यवाद दिया। मैंने उन्हें बताया कि मैं अपने गृह नगर जाना चाहता हूँ और अपनी माँ का आशीर्वाद लेना चाहता हूँ। इस विचार से वह बहुत प्रसन्न हुए। बाद में, मैंने शाम को विरोधी पार्टी के अन्य नेताओं को भी उनके पूर्ण समर्थन के लिए धन्यवाद दिया। उसके बाद मैं अनन्तपुर अपनी माँ के दर्शन करने के लिए चल पड़ा। उनके साथ एक दिन व्यतीत करने के पश्चात मैं दिल्ली लौट आया। राष्ट्रपति पद के लिए कोई प्रतिद्वन्द्वी नहीं था, अतः मैं भारत के राष्ट्रपति पद के लिए निर्वाचित घोषित कर दिया गया।

मैंने भारत के राष्ट्रपति पद की अपनी शपथ 25 जुलाई 1977 को संसद के सेन्ट्रल हॉल में ली। भारत के मुख्य न्यायाधीश एम. एच. बेग द्वारा संविधान की धारा 60 के अन्तर्गत मुझे शपथ दिलाई गयी। मैंने अपने उद्घाटन भाषण में इस विषय पर प्रकाश डाला कि किस प्रकार जनता के विचार की शांतिपूर्ण पुष्टि द्वारा देश में एक परिवर्तन आया है जो कि मात्र राजनैतिक रूपान्तरण नहीं वरन् एक मौन क्रांति है। इस प्रकार उसने एक नए युग का प्रारम्भ किया है तथा शांतिपूर्ण परिवर्तन के पथ और अपनी प्रजातांत्रिक प्रणाली प्रति विश्वास के समर्पण को पुनः पुष्ट किया है। उसे आवश्यकता है एक नवी संतुलन की, आपसी समझौते की नयी भावना की जो कि केवल सच्ची समानता, और अधिक अवसरों की उपलब्धता तथा जनता के कमजोर वर्ग के लिए पहले से अधिक सहानुभूति की नई सीमाओं का अधिक विस्तार करने से ही लाई जा सकती है। देश की क्षेत्रीय, धार्मिक और भाषाई विभिन्नताओं के बीच एक आधारभूत एकता स्थित है। हमारा पूरा प्रयत्न होना चाहिए कि विभाजन करने वाली राजनीति से स्पष्ट रूप से दूर रहें और राष्ट्रीय ऊर्जा का उपयोग जनता का अधिक से अधिक कल्याण करने के लिए करें।

तिरुपति और मद्रास यात्रा

पद ग्रहण करने के बाद मैं शीघ्र से शीघ्र तिरुपति जाने और भगवान वेंकटेश्वर की पूजा करने का बहुत इच्छुक था लेकिन वह मैं स्वतंत्रता दिवस से पूर्व नहीं कर सकता। कुछ भी हो राष्ट्रपति बनने के बाद मेरी प्रथम यात्रा तिरुपति की थी।

तिरुमालाई और तिरुचनूर में परिवार सहित अपनी प्रार्थना भेंट करने के बाद मैं 18 अगस्त को मद्रास गया। वहां मैंने कामराज की प्रतिमा का अनावरण किया जो कि पैंतीस वर्षों से भी अधिक तमिलनाडु की विधान सभा कक्ष (चैम्बर) में मेरे मित्र और सहकर्मी रहे थे। कामराज से मेरा संबंध इतना लंबा रहा था और उनके प्रति मेरा स्नेह इतना महान था कि यह मेरे लिए बहुत सन्तोष की बात थी कि राष्ट्रपति बनने के बाद प्रथम जनसभा जिसमें मैंने भाग लिया उनकी स्मृति में आयोजित हुई थी। मैंने कामराज की राष्ट्र के लिए की गई निस्वार्थ और लंबी देशसेवा के प्रति श्रद्धांजलि अर्पित की। उनमें धन और सत्ता के लिए कोई आकर्षण नहीं था। उन्होंने एक स्वच्छ और सादा जीवन व्यतीत किया और अपने पीछे किसी प्रकार की भौतिक संपत्ति नहीं छोड़ गए। मद्रास का मुख्यमंत्री बनने के बाद भी उनकी जीवन शैली में कोई परिवर्तन नहीं आया था। जवाहरलाल नेहरू तथा दूसरों द्वारा कामराज को इंडियन नेशनल कांग्रेस का प्रेसीडेन्ट चुनना उनकी आन्तरिक अच्छाइयों और राष्ट्र के प्रति सेवा भावना से समर्पित होने का प्रमाण है। कामराज एक विनम्र व्यक्ति थे और अपनी सीमाओं को जानते थे। नेहरू जी के स्वर्गवास के बाद उन्होंने कुछ नेताओं के इस सुझाव को कि उन्हें प्रधानमंत्री बनना चाहिए, विनम्रतापूर्वक अस्वीकार कर दिया था। मुझे उस सभा में याद आया कि किसी प्रकार हमारे राजनैतिक कैरियर समानान्तर रूप से आगे बढ़े। जब वह तमिलानाडु कांग्रेस कमेटी के प्रेसीडेण्ट थे, मैं आंध्र प्रदेश कांग्रेस कमेटी का प्रेसीडेण्ट था। मेरा प्रथम बार आंध्र प्रदेश का मुख्य मंत्री बनना और उनका मद्रास का मुख्यमंत्री बनना लगभग साथ-साथ घटित हुआ। हम दोनों ही इंडियन नेशनल कांग्रेस के प्रेसीडेण्ट रहे थे। अपने भाषण में, मैंने इस बात का भी उल्लेख किया कि किस प्रकार हम दोनों बिना किसी तर्क वितर्क और कटुता के मद्रास तथा आंध्र प्रदेश के तिरुत्तानी और अन्य सीमा क्षेत्रों की समस्या को हल करने में सफल हुए थे। हम दोनों द्वारा प्रस्तावित समझौता दोनों राज्यों की

विधान सभाओं ने सर्वसम्मति से स्वीकार कर लिया था। कामराज और मैं अक्सर तिरुमलाई में मिला करते थे। दुर्भाग्यवश कुछ नेताओं को इन मुलाकातों के बारे में गलतफहमी हो गई। हमारी इन मुलाकातों का उद्देश्य राष्ट्रीय मुद्दों पर एक दूसरे के विचारों को जानना-समझना होता था। मैंने सभा में बताया कि किस प्रकार कामराज के जीवन के अन्तिम तीन महीनों में मैं उनसे कई बार मिला और वह देश की स्थिति से कितने दुखी थे। उनके स्वर्गवास के समय भी देश 'आपातस्थिति' (इमर्जेन्सी) लगी हुई थी। मैंने बताया कि किस प्रकार निषेधाज्ञा की अवहेलना करते हुए मैंने कामराज के निधन का समाचार सुनकर अनन्तपुर में शोकसभा आयोजित की और किस प्रकार इस सभा का समाचार किसी भी समाचार पत्र द्वारा प्रकाशित नहीं किया गया।

उसी दिन मद्रास में मेरा दूसरा कार्यक्रम था, ऐसा जिसमें भाग लेते हुए मैंने अपने को सम्मानित अनुभव किया। यह गांधी जी के पूर्णाकार चित्र का अनावरण करना था। मैंने सभा में बताया कि किस प्रकार देश को एक दूसरे महात्मा गांधी की आवश्यकता है जो हमारे अंदर स्वतंत्रता संग्राम के दिनों की स्वार्थहीन त्याग की भावना को पुन: प्रज्वलित कर सके।

अमरीका में मेरी अन्तिम सिगरेट

28 अगस्त 1977 को मद्रास और तिरूपति से वापस आने के बाद शीघ्र मैं ऑल इंडिया इंस्टीट्यूट ऑफ मेडिकल साइंसेज में,कुछ दांत औषधिजन्य मूर्छा (एनेस्थेसिया) में निकलवाने की प्राथमिकता पूरी करने के लिए अपना मेडिकल चेकअप करवाने गया1 इस अवसर पर डाक्टरों ने बाएं फेंफड़े के ऊपरी भाग में एक सिक्के के गोलाकार रूप पर घाव पाया1 डॉक्टरों के एक पेनल ने जिसमें डॉ० वी० रामालिंगास्वामी, डॉ० जे एस बजाज, डा० बी० भार्गव, डा० एन० गोपीनाथ, डा० डी० जे जस्सावाला और डॉ० ए० एस० रामकृष्णन थे, विस्तृत जांच पडताल तथा अध्ययन किया। पहले चार डाक्टर ऑल इंडिया इंस्टीट्यूट ऑफ मेडिकल साइंसेज के थे और भारत तथा विदेशों में अपने अपने क्षेत्र के विशेष के रूप में प्रख्यात थे। पांचवें बम्बई के प्रसिद्ध कैंसर विशेषज्ञ थे जिन्हें विशेष रूप से प्रधानमंत्री मोरारजी देसाई के स्पष्ट सुझाव पर बुलाया गया था1 पेनल के अन्तिम सदस्य मद्रास के प्रतिष्ठित सर्जन थे जो कि तीस वर्ष से भी अधिक से मेरे डाक्टर रहे थे। विस्तृत अध्ययन के बाद पेनल

का यह विचार बना कि घाव की सर्जरी करने के उदेश्य से तत्काल जांच करने के लिए थेराक्ट्रॉमी की जाये। सारी परिस्थितियों को ध्यान में रखते हुए पेनल इस निष्कर्ष पर आया कि न्यूयार्क का मेमोरियल हास्पिटल और सोलन केटेरिंग इंस्टीट्यूट इस केस को पूरी तरह संभालने के लिए सबसे उपयुक्त रहेगा।

मैंने डॉ० जस्सावाला से जानना चाहा कि क्या आवश्यक सर्जरी बम्बई में ही नहीं हो सकती1 उन्होंने उतर दिया कि भारत में सर्जरी सम्भव है लेकिन ऑपरेशन के बाद दी जाने वाली जो रेडियेशन सुविधायें भारत में उपलब्ध हैं वे उस दशा में पर्याप्त नहीं होंगी। यदि घाव कैंसरयुक्त और अधिक फैल चुका हुआ। पेनल के सभी डाक्टरों का यही मत था। वे सभी अनुभव करते थे कि मुझे सर्जरी तथा उसके बाद के आवश्यक उपचार के लिए अमरीका जाना चाहिए। उन्होंने इसी आशय की एक रिपोर्ट भी प्रस्तुत की।

इस रिपोर्ट के आधार पर सरकार ने वह समस्त प्रबन्ध करने का निर्णय लिया जो कि राष्ट्रपति के उपचार के लिए आवश्यक है। कैबिनेट सेक्रेटेरियेट द्वारा 30 अगस्त 1977 को जारी एक प्रेस विज्ञप्ति में मेडिकल रिपोर्ट का सारांश देते हुए कहा गया कि राष्ट्रपति जितना शीघ्र होगा भारत से चले जायेंगे और देश के लगभग एक माह तक बाहर रहेंगे।

उस दिन और उसके बाद वाले दिनों भी मैं पहले से निश्चित अपने सभी कार्यों को बाहर जाने से पूर्व तक पूरा करता रहा। मेरे द्वारा ऐसा न करने का कोई कारण नहीं था क्योंकि मुझे कोई भी शारीरिक कष्ट अनुभव नहीं हुआ था। सरकार ने शीघ्र मेरी अमरीका यात्रा तथा डाक्टरों के पेनल द्वारा अनुमोदित इंस्टीट्यूट में मेरा उपचार करवाने के सभी प्रबंध कर दिए। मैं चार सितम्बर, 1977 को अमरीका के लिए रवाना हुआ। मेरे साथ मेरी पत्नी तथा मेरा पुत्र डॉ० सुधीर रेड्डी, (जो कि कुछ सप्ताह पहले ही सर्जन का उच्च प्रशिक्षण लेकर अमरीका से आया था) थे। विमान पर चढ़ने से पूर्व मैंने अनेकों मित्रों और रिश्तेदारों से जो मुझे विदाई देने के लिए एयरपोर्ट पर एकत्रित हो गए थे, विदा ली। मुझे उस ऑपरेशन और उपचार के परिणाम की जो मैं शीघ्र लेने को बाध्य था, कतई चिन्ता नहीं थी। जिस समय मैंने देश से विदा ली, मैं हसंमुख और प्रसन्न मनोस्थिति में था। ऑपरेशन सफल रहा तथा पन्द्रह दिन के अंदर मुझे डाक्टरों से भारत वापस लौटने की अनुमति मिल गई। तब से मैं निरन्तर स्वस्थ

हूं। मोरारजी देसाई ने जिस समय मैं विदेश में था, मुझे लिखा था कि किसी भी अन्य वस्तु से अधिक यह मेरा साहस था जिसने मुझे इतना शीघ्र स्वास्थ्य लाभ करा दिया था। ऑपरेशन से पहले मैं धूम्रपान का अभ्यस्त था, बहुत अधिक आदी। मैंने अपनी अन्तिम सिगरेट उस समय पी जब मैं आपरेशन थियेटर ले जाया जा रहा था और तब से मैंने सिगरेट को स्पर्श नहीं किया है। मैं बिना किसी कठिनाई के अपनी आदत छोड़ सकता था। मुझे कभी-कभी आश्चर्य होता है कि मैं पहले धूम्रपान करता ही क्यों था? मैं अपने धूम्रपान प्रेमी मित्रों को बताना चाहता हूँ कि यदि वे सचमुच इस हानिकारक और खर्चीली आदत को त्यागना चाहें तो वे ऐसा सरलता से कर सकते हैं।

राष्ट्रपति भवन इतना विशाल क्यों?

राष्ट्र के नाम स्वतंत्रता दिवस के अपने प्रथम संदेश में मैंने भद्दे दिखावे और अनावश्यक तड़क-भड़क को हटाने पर बल दिया। मैंने कहा कि मैंने निश्चय किया है कि "राष्ट्रपति भवन को छोड़कर किसी सादा भवन में रहूं जो कि भारत के राष्ट्रपति के उच्च पद तथा सम्मान के विरुद्ध या निषिद्ध नहीं होगा।" मेरे निर्णय के अनुसार सरकार तथा मेरे सचिवालय के संबंधित अधिकारियों ने हैदराबाद हाउस को राष्ट्रपति निवास के रूप में प्रयोग करने की सम्भावना का परीक्षण किया। तथापि उन्होंने पाया कि वह भवन कस्तूरबा गांधी मार्ग की ऊँची इमारतों के बहुत निकट है तथा भारी आवागमन से भी दूर नहीं है और इसलिए किसी भी प्रकार उपयुक्त नहीं है। तब उन्होंने राष्ट्रपति इस्टेट के अंदर भवन सं० 1 और 2 बिलिंगडन क्रिसेन्ट पर विचार किया। यहाँ भी उन्होंने अनुभव किया कि अनेकों अतिरिक्त निर्माण तथा परिवर्तन करने होंगे उसके बाद ही वह राष्ट्रपति, उसके निजी स्टाफ और उसके ए डी सी आदि के रहने योग्य बन सकेगा। इसमें 1,25,00,000 रु० से अधिक का अनापरावर्ती व्यय तथा लगभग 10,00,000 रु० का वार्षिक परावर्ती व्यय आयेगा। राजकोष पर इतना भारी खर्च डालने की सम्भावना को देखते हुए मैंने यह विचार त्याग दिया। किसी साधारण भवन में जाने का मेरा एकमात्र उद्देश्य सादा जीवन व्यतीत करने का उदाहरण प्रस्तुत करने का था परन्तु यदि उसका परिणाम भरी अतिरिक्त व्यय आता था तो वह अपनाने योग्य नहीं था। इस सदंर्भ में सरोजनी नायडू द्वारा हंसी में कही गयी उक्ति किसी को भी स्मरण आ सकती है—कि गांधी जी को गरीब रखने के लिए राष्ट्र को काफी पैसा चुकाना पड़ता है।

इसके अतिरिक्त विलिंगडन क्रिसेन्ट एक व्यस्त मार्ग था जिस पर भारी आवागमन होता रहता था और ठीक सड़क के पार 'रिजं' था जिस पर घने वृक्ष लगे थे। यद्यपि वहाँ ऐसी कोई बात नहीं थी जिससे राष्ट्रपति के जीवन को खतरा हो सके तथापि शरारती तत्त्व राष्ट्रपति के लिए गलत स्थिति उत्पन्न कर सरकार को उलझन में डाल सकते थे। इन परिस्थितियों में यह विचार कि राष्ट्रपति भवन से किसी छोटे भवन में स्थानान्तरित हो जाये, त्याग दिया गया।

इस सदंर्भ में, यह संक्षेप में बताना उपयोगी होगा कि राष्ट्रपति भवन का कैसे और किन उद्देश्यों के लिए उपयोग होता है। यह एक विशाल भवन है। यह शायद अनेकों देशों के राज्याध्यक्षों के भवनों से भी बड़ा है। तथापि राष्ट्रपति अपने और परिवार के सदस्यों के लिए केवल कुछ यह छह कक्षों (कमरों) का उपयोग करता है, जिन्हें (फेमिली विंग) परिवार खंड कहते हैं। भवन का शेष भाग कार्यालय के विभिन्न कार्यों के लिए उपयोग में लाया जाता है। पहले, विभिन्न प्रकार के कक्ष विदेशों से आने वाले राज्याध्यक्षों, शासनाध्यक्षों और उनकी सहायक मंडली के सदस्यों के उपयोग के लिए अलग रखे जाते हैं। जैसा कि सभी जानते हैं विदेशी उच्च अधिकारियों का आगमन एक सामान्य बात है, विशेष रूप से अक्तूबर से मार्च माह तक। दूसरे, वहाँ विशाल कक्ष हैं जो कि विशेष अतिथियों के मनोरंजन कार्यक्रमों, औपचारिक सरकारी समारोहों जैसे नागरिक और सैनिक पद ग्रहण आयोजनों, राजदूतों द्वारा अपने अधिकृत सरकारी परिचय पत्र देने, मंत्रियों द्वारा शपथ ग्रहण का आयोजन करने हेतु संरक्षित हैं। राष्ट्रपति द्वारा सरकारी तथा गैर सरकारी प्रतिनिधि मंडलों से भेंट करने के लिए भी अलग कक्ष हैं। प्राय: भारतीय तथा विदेशी प्रतिनिधियों के मध्य होने वाले संधियों पर राष्ट्रपति भवन में ही हस्ताक्षर होते हैं। भारत आने वाले विदेशी राज्याध्यक्षों से भेंट करने के लिए प्रधानमंत्री भी राष्ट्रपति भवन आते हैं, इसके लिए भी कमरे सुरक्षित हैं। इसके अतिरिक्त राष्ट्रपति भवन में कैबिनेट सेक्रेटेरियेट, राष्ट्रपति का अपना कार्यालय और सेक्रेटेरियेट, राष्ट्रपति भवन के उपवनों तथा अचल संपत्ति की देखभाल रखने वाले विभाग भी स्थित हैं। यदि राष्ट्रपति दूसरे भवन में चला भी जाये तो व्यय में कोई कमी नहीं होगी क्योंकि राष्ट्रपति भवन को इन समस्त कार्यों के लिए बनाये रखना होगा।

इस प्रकार राष्ट्रपति भवन जनता का भवन है जिसे अच्छी दशा में बनाए रखना चाहिए। इसे जिन विभिन्न कार्यों के लिए प्रयोग में लाया जाता है, उसे

दृष्टि में रखते हुए इसको सुरुचिपूर्वक सुसज्जित करना चाहिए। इसमें मूलत: प्रश्न राज्य की गरिमा का है तथा इसे अच्छी दशा में रखने के विषय में किफायतशारी करना बुद्धिमानी नहीं होगी। इस भवन की अनेकों 'फिंटिग्स', गलीचे, फर्नीचर आदि पुराने हो चुके हैं और उनकी मरम्मत या नवीनीकरण करने की आवश्यकता है। अच्छा हो, यदि हम यह कार्य बिना देर किए प्रारम्भ कर दें, साथ ही इस भवन की आन्तरिक और बाहरी दशा इसकी फिटिंग्स, फर्नीचर और सजा-सज्जा पर भी निरन्तर ध्यान देते रहने की आवश्यकता है ताकि यह भवन उन सभी समारोहों के अनुरूप बन सके जो इसमें आयोजित होते हैं। मैं यहाँ जो विचार प्रकट कर रहा हूँ, वह आवश्यक परिवर्तनों सहित विभिन्न राज भवनों पर भी लागू होता है और इसके लिए पर्याप्त धनराशि की व्यवस्था करनी होगी।

विदेशों में राज्यकीय यात्राओं के दौरान, मुझे अनेकों देशों में इसी प्रकार के भवनों को अत्यन्त भव्य स्थिति में देखने का अवसर मिला है। समाजवादी देशों में भी भवनों के फर्नीचर, फिटिंग्स, साज-सज्जा और उनके रख-रखाव में किसी प्रकार की वांछित कमी नहीं छोड़ी जाती। विदेशी अतिथियों के रहने के लिए भवन कक्ष अलग रखे जाते हैं और सरकारी स्वागत के लिए प्रयोग किये जाने वाले विशाल कक्ष सर्वोत्तम रूप से 'फर्निश्ड' और सजे होते हैं; स्पष्ट है सार्वजनिक भवनों के रख-रखाव पर खर्चे में किसी प्रकार की कमी नहीं रखी जाती है।

जयप्रकाश नारायण से प्रेरणापूर्ण संपर्क

कभी सन् 1975 में, आपात स्थिति की घोषणा से कुछ पूर्व, जयप्रकाश नारायण ने हैदराबाद में एक सार्वजनिक सभा में भाषण दिया था। मैं उस समय हैदराबाद नगर में था। इसलिए मैं उस सभा में शामिल होने गया। मैं भीड़ में बैठा हुआ था कि मंच पर जे० पी० तथा अन्य लोगों के साथ बैठे हुए किसी व्यक्ति ने मुझे पहचान लिया और मेरी उपस्थिति के बारे में जे०पी० के कान में फुसफुसाया। वह मेरी ओर घूमे और मुस्कराते हुए मुझे मंच पर आने का आमंत्रण दिया। दूसरों की भी यही इच्छा मालूम पड़ रही थी इसलिए मैं वहां चला गया। तब जे० पी० ने मुझसे सभा को संबोधित करने के लिए कहा। यद्यपि मैंने कभी यह आशा नहीं की थी कि ऐसा करने के लिए कहा जायेगा, मैंने उनके अनुरोध का पालन किया। मैं मुख्य रूप से सार्वजनिक जीवन में जो पतन आ गया है उस पर बोला। मेरे भाषण को भली प्रकार सुना गया।

उस समय जे० पी० जिसे वह 'संपूर्ण क्रांति' कहा करते थे, के संबंध में अक्सर बोला करते थे। मुझे यह अवश्य स्वीकार करना चाहिए कि उनका इससे क्या आशय था, मैं पूरी तरह नहीं समझता था। जनता में विभिन्न अवसरों पर कहे गये उनके कथनों से मुझे यह ज्ञात होता था कि वे देश के राजनैतिक, सामाजिक और आर्थिक जीवन में दूरगामी प्रभाव डालने वाले परिवर्तन लाना चाहते थे। उन्होंने कहा था कि वे अधिक स्वच्छ राजनैतिक जीवन लाना चाहते थे। स्पष्ट था कि उन्होंने चुनाव प्रणाली में ऐसे सुधार करने का निश्चय कर लिया था जो हमारी विधान सभाओं को सच्चे रूप में जनता के दृष्टिकोण का प्रतिनिधित्व करने वाली बना सके। उनका विचार था कि विधायकों को मतदाताओं से धनिष्ठ संबंध बनाये रखने चाहिए और उनकी आवश्यकताओं तथा दृष्टिकोणों के प्रति अधिक उत्तरदायी होनी चाहिए। उनकी इच्छा थी कि कुछ परिस्थितियों में उन्हें विधान सभाओं से वापस बुला लेने की व्यवस्था होनी चाहिए। उन्होंने एक ऐसे सच्चे समानतावादी समाज की स्थापना के लिए आह्वान किया जिसमें जाति, समुदाय जैसी बातों पर आधारित अन्तर और ऊंच-नीच न हो और सभी को आर्थिक लाभों में समान भागीदारी मिले।

अपने भाषणों में दूसरे जिस विषय की वह प्राय: चर्चा करते थे, वह था दलहीन प्रजातंत्र।

मैं नहीं जानता कि कभी उन्होंने इस विषय पर अपने विचार विस्तार से रखे हों। तथापि कोई भी सैद्धांतिक रूप से उस रूपांतर का विरोध नहीं कर सकता था जिसे लाने का प्रयत्न वे कर रहे थे। मुझे प्राय: आश्चर्य होता था कि उनके मन में जिन सामाजिक और आर्थिक परिवर्तनों को लाने की इच्छा है, उनका स्वीकार करने तथा उनके लिए कार्य करने को क्या जनता वास्तव में तत्पर है!

उन्होंने मार्च 1977 के चुनावों में विरोधी पार्टियों को एकजुट संगठित कर कांग्रेस के विरुद्ध लोकसभा चुनाव लड़ने में जो एतिहासिक भूमिका निभायी वह लम्बे समय तक याद की जाती रहेगी। देश के इतिहास में उस क्षण एक ऐसी पार्टी की आवश्यकता थी जो कांग्रेस को सफलतापूर्वक चुनौती दे सके क्योंकि यदि इंदिरा गांधी के नेतृत्व में कांग्रेस पार्टी केन्द्र में सत्ताधीश हो जाती, वह और उनकी पार्टी यह दावा करती कि देश ने जून 1975 में लगाई गई आपातस्थिति

की स्वीकृति दे दी है। अपने कमजोर स्वास्थ्य पर ध्यान न देते हुए, उन्होंने विस्तृत यात्राएं कीं और आपातकाल के अंधकार पूर्ण दिनों के लिए उत्तरदायी लोगों के विरुद्ध जनमत को संगठित किया। यद्यपि जिस जनता पार्टी की उन्होंने नींव डाली थी वह अंत में बिखर गई तथापि इससे देश के संकटपूर्ण ऐतिहासिक क्षण में राजनैतिक जीवन को उनके द्वारा दिया गया योगदान धूमिल नहीं पड़ता।

जून 1977 या उसके आस-पास जबकि मैं लोकसभा का अध्यक्ष था, मैं एक सप्ताह के मध्यावकाश में जयप्रकाश नारायण से मिलने बम्बई जाना चाहता था जो कि अमरीका से अपना उपचार करवाने के बाद वापिस आये थे। मैंने विचार किया कि यह मुझे प्रधानमंत्री मोरारजी देसाई को सूचित कर देना चाहिए। उनकी प्रतिक्रिया जयप्रकाश नारायण के प्रति उतनी ही अनुदार थी जितनी कि उनके स्वयं के अनुपयुक्त। उन्होंने पूछा कि क्या जे०पी० को इतना अधिक महत्त्व देना मेरे लिये वास्तव में आवश्यक है। विरोधी पार्टियों को एक झंडे के नीचे लाने में जे०पी० की प्रमुख भूमिका को सभी मान चुके थे। यह भी सर्वविदित था कि देसाई को प्रधानमंत्री बनाने में जे०पी० का हाथ था। तथापि तीन महीने से भी कम की अल्प अवधि में, देसाई यह भूल चुके थे कि देश और वह स्वयं जे०पी० के कितने ऋणी हैं।

बार-बार दी जाने वाली 'डाइलिसस' से जे०पी० को अत्यधिक कष्ट होता था। उनके साथ बम्बई में हुई अपनी भेंट की अवधि में मुझे ऐसा अनुभव हुआ कि वे जीवित रहने की इच्छा त्याग चुके हैं। वास्तव में उन्होंने मुझ से कहा कि वे नहीं जानते कि परमात्मा ने उन्हें उस दशा में क्यों जीवित रखा हुआ है।

सन् 1979 के मध्य में जनता सरकार पर आये राजनैतिक संकट के समय जबकि जनता पार्टी के अनेकों सदस्य अनुभव करते थे कि उनकी (जे०पी०) सलाह उपयोगी हो सकती है, पार्टी के उच्च नेता ऐसा व्यवहार कर रहे थे मानो वह उनके किसी काम की नहीं।

कभी-कभी मैं यह अनुभव करता हूँ कि जे० पी० की राष्ट्र के लिए की गई निस्वार्थ और समर्पित सेवा को पर्याप्त मान्यता नहीं दी गयी। मुझे भली-भांति ज्ञात है कि प्रधानमंत्री की अध्यक्षता में एक जयप्रकाश नारायण स्मृति समिति है। मुझे उसकी गतिविधियों के बारे में कोई जानकारी नहीं लेकिन मैं आशा

करता हूं कि वह ऐसे साधन और रीतियां निकालेगी जिससे उनकी स्मृति को उचित रूप से निरन्तर बनाये रखा जाएँ

सन् 1978 के प्रथम छह माहों की अवधि में राष्ट्रपति के रूप में दो बार पटना जाने और वहाँ जे०पी० से भेंट करने का स्मरण कर मुझे प्रसन्नता होती है। इनमें से एक भेंट के दौरान उन्होंने मुझे अपने साथ रात्रि भोज के लिए आमंत्रित किया। उनके साथ कुछ समय व्यतीत करने को मै इतना उत्सुक था कि मैंने उनका आमंत्रण स्वीकार कर लिया और राज्यपाल से, जिन्होंने मेरे सम्मान में एक भोज का आयोजन किया था, अनुरोध किया कि वे मुझे भोज के बजाय सायं जलपान पार्टी दे। जे०पी० ने मुझ से एक अस्पताल की नींव रखने के लिए कहा जिसका नाम उनकी पत्नी और उनके नाम पर 'जयप्रभा' रखा गया था। मैंने अपनी पटना यात्रा के दौरान मई, 1978 में यह कार्य सम्पन्न कर दिया। मुझे यह भी स्मरण आता है कि उनके जन्म दिवस पर 80,00,000 रु० की राशि एकत्रित पर पटना में उनको भेंट की गई थी। यह धनराशि कुछ संगठनों को वितरित कर दी गई थी। मैं नहीं जानता कि उसका उपयोग किस प्रकार हुआ। यदि वह पूरी राशि या उसका कुछ भाग अब भी बिना किसी उपयोग के शेष पड़ा है तो उसे अस्पताल की योजना पर समुचित रूप से खर्च किया जा सकता है।

राजा जी के आदर्श

दिसम्बर 1978 के प्रारम्भ में मद्रास में आयोजित सी० राजगोपालाचारी की जन्म शताब्दी समारोह में मैंने बिना किसी पूर्व तैयारी के आशु भाषण दिया। अपने भाषण में, मैंने राजनीतिज्ञों से, विशेष रूप से जो उच्च पदों पर हैं यह अपील की कि वे सार्वजनिक जीवन में नैतिक मूल्यों को बनाये रखने के लिए राजा जी के उदाहरण का अनुकरण करें। मैंने बताया कि किस प्रकार राजाजी ने अपने पुत्र-पुत्रियों को सदैव अपने सार्वजनिक जीवन से दूर रखा तथा किस भांति उन्होंने जनता का सेवक होने के नाते किये जाने वाले अपने कर्तव्यों को प्रभावित करने के लिए अपने बच्चों को कभी अनुमति नहीं दी। मैंने यह भी संकेत किया कि किस प्रकार राजाजी ने पद पाने के लिए अपने सिद्धान्तों से कभी समझौता नहीं किया। मैंने कहा कि यद्यपि सार्वजनिक जीवन में मैं अनेकों से आयु में छोटा हूं तथापि मैं उनसे राजाजी के उदाहरण का अनुसरण करने की अपील करने की

स्वतन्त्रता ले रहा हूं। मैंने आगे कहा कि हम सभी को यह निश्चित कर लेना चाहिए कि हमारे बच्चे हमारे सार्वजनिक जीवन से अलग रहें। वास्तव में, मैं स्वतंत्र और स्पष्ट रूप से बोला परन्तु मेरा इरादा किसी पर लांछन लगाना नहीं था।

प्रधानमंत्री मोरारजी देसाई ने मेरे कथन पर अप्रसन्नता प्रकट की। उन्हें आश्चर्य हुआ कि देश में उस समय उच्च पदासीन व्यक्तियों के पुत्रों और रिश्तेदारों की गतिविधियों पर चल रहे विवाद के संदर्भ में, क्या इस प्रकार की उक्तियों की कोई आवश्यकता थी? उन्होंने अनुभव किया कि यदि मेरे मन में किसी विशेष का नाम नहीं था फिर भी लोग अपने तरीके से अर्थ निकालेंगे। उनका निश्चित मत था कि मेरा भाषण भारत के उस राष्ट्रपति पद के योग्य नहीं था। जिस पर मैं आसीन था।

मैंने उनको स्वतंत्रता संग्राम के दौरान अपने दोनों के लम्बे साथ और उसके बाद भी किस प्रकार मैं उन्हें सदैव बड़े भाई की भांति मानता रहा का स्मरण दिलाया। तथापि मैंने यह भी स्पष्ट किया कि राष्ट्रीय हित में व्यक्तिगत सम्बन्धों और कर्तव्यों का पालन करने में जनता के प्रति उत्तरदायित्व के मध्य अन्तर रखना आवश्यक होता है। मैंने जनता के बढ़ते हुए मोह भंग और भ्रम भंग का उल्लेख किया। हमने उनको दिये गये अपने वायदे पूरे करने और जनता की आशाओं के अनुरूप बनने में अयोग्यता दिखाई है। हमारे आदर्शों और कर्मों के बीच बहुत अन्तर है। यद्यपि यह अन्तर भूतकाल में भी था और यह मेरे विशिष्ट पूर्ववर्तियों को कष्टदायी हुआ था।

मैनें अपने पद के उत्तरदायित्वों और कर्तव्यों को पूरा करने के निश्चय की पुनः पुष्टि करते हुए कहा कि मैं सदैव प्रधानमंत्री को उनके कर्त्तव्यों का पालन करने में उत्साहित करता, सलाह देता तथा सावधान करता रहा हूं। मैंने उन्हें स्मरण दिलाया कि किस प्रकार मैं उनका ध्यान बार-बार उनके कुछ निकटवर्ती लोगों के व्यवहार की ओर तथा उनके कार्यो द्वारा प्रधान मंत्री की छवि और प्रतिष्ठा को होने वाली क्षति की ओर दिलाता रहा हूँ।

मैंने उन्हें देश के शासन प्रबन्ध की दिशाहीनता और जनता के कल्याणकारी कार्यक्रमों के कार्यान्वियन में होने वाली देरी को स्पष्ट किया। मैंने उन्हें याद दिलाया कि किस भांति मैंने अपने-आप संवैधानिक उत्तरदायित्व को दृष्टि में

रखते हुए विभिन्न महत्वपूर्ण विषयें पर अपनी सलाह दी। यह दुर्भाग्यपूर्ण था कि उन्होंने महत्वपूर्ण विषयों पर मुझे विचार विमर्श करना आवश्यक नहीं समझा और न उन्होंने उन विषयों के प्रगति के बारे में बाद में सूचित किया जिनके बारे में मैंने उनको पहले बताया अथवा ध्यान दिलाया था। मैंने उनसे कहा कि भारत के राष्ट्रपति और उसके प्रधान मंत्री के मध्य यह एक असामान्य सम्बन्धों की स्थिति है।

मैंने कुछ विशेष विषयों के संबंध में उन्हें पुनः स्मरण दिलाया जिनके अन्तर्गत मैंने उन्हें वी० शंकर एक रिटायर्ड ऑफीसर को अपना प्रधान सचिव (प्रिंसिपल सेक्रेटरी) नियुक्त करने से सावधान किया था। शंकर ने अपने रिटार्यमेण्ट के बाद दस वर्षों में अनेकों व्यापारिक हितों के साथ संबंध बना लिए थे। यद्यपि प्रधान मंत्री का प्रधान सचिव बनने के उपरान्त उन्होंने उन हितों से अपने औपचारिक संबंध वास्तव में तोड़ दिये थे तथापि जनता के मन में उनका लंबी अवधि तक व्यापारिक हितों से संबंध रखने की स्मृति शेष थी।

मैंने देसाई का ध्यान शंकर की ईरान यात्रा तथा विभिन्न मंत्रालयों से संबंधित विषयों में हस्तक्षेप करने से उत्पन्न विवादों की ओर दिलाया।

दूसरा विषय ईरान के शाह की भारत यात्रा थी। शाह ने अपनी यात्रा के दौरान व्यापारियों के एक समूह को विशेष महत्त्व देने का प्रयत्न किया था। उसके बाद शीघ्र शाह की बहन भारत आयी। उन्होंने यह जिद्द की कि उन्हें और उनके दल को राष्ट्रपति भवन में स्थान दिया जाय। तब प्रधान मंत्री के पुत्र कांति देसाई ने असाधारण परिस्थितियों में तेहरान की यात्रा की थी। इन सबसे प्रेस, संसद तथा अन्य स्थानों पर केवल आलोचना ही हो सकती थी। जब मोराजी देसाई स्वयं अमरीका की यात्रा पर जाते हुए दोबारा तेहरान जाने का विचार कर रहे थे मैंने इन ईरानी संबंधों पर अपनी अप्रसन्नता से उन्हें अवगत करा दिया था। मैंने उनसे इसके बाद कहा था कि अगर ईरान के शाह, अफगान की स्थिति पर उनसे वार्तालाप करने के इच्छुक हैं तो शाह को दिल्ली आना चाहिए। एक वर्ष से भी कम अवधि में भारत के प्रधान मंत्री द्वारा ईरान की दो बार यात्रा करना उनकी अपनी तथा भारत की महत्ता के अनुकूल नहीं है। इससे केवल उन विवादों को बल मिलेगा जो उनके प्रधान सचिव वी० शंकर और कांति देसाई की ईरान यात्राओं से उत्पन्न हुए हैं।

प्रधानमंत्री मरोरजी देसाई ने जुलाई 1977 अथवा उसके आस-पास आंध्र प्रदेश के मुख्यमंत्री वेंगला राव को एक पत्र लिखा था जिसमें उन्होंने चल्लापल्ली के राजा की कुछ भूमि को भूमि परिसीमन अधिनियम (लैंड सीलिंग एक्ट) से मुक्त करने के दावे का पक्ष लिया था। यह विषय पूर्ण रूप से राज्य सरकार के अधिकारों के अंतर्गत था। इसलिए मैंने देसाई को स्पष्ट किया कि प्रधानमंत्री के लिए वेंगला राव को इस बारे में पत्र लिखना उचित नहीं था। यह देखने पर कि वेंगला राव को राजा का अनुरोध मानने में संकोच था, देसाई ने कुछ समय बाद डॉ० चेन्ना रेड्डी को जो कि वेंगला राव के बाद मुख्यमंत्री बने थे, पत्र लिखा। मैंने देसाई से इस पत्र व्यवहार के बारे में कहा और उसे देखना चाहा। देसाई उन पत्रों को मुझे भेजने के अनिच्छुक थे। यद्यपि मैं इन कागजातों को मंगाकर देखने और अपने अनुरोध का उनसे पालन करवाने पर दृढ़ रहने में अपने संवैधानिक अधिकारों की सीमा में था, मैंने ऐसा नहीं किया क्योंकि मैं इसको विवाद का विषय नहीं बनाना चाहता था। बाद में डॉ० चेन्ना रेड्डी ने स्वयं उन कागजातों को राज्य विधान सभा में प्रस्तुत किया। उस स्थिति में, जब कि पत्र जनता के समुख लाये जा चुके थे, मैंने मोरारजी देसाई से उन्हें मंगवाया, उस समय उन्होंने मेरे अनुरोध का पालन किया।

एक बार आंध्र प्रदेश के मुख्यमंत्री वेंगला राव प्रधान मंत्री भवन में कांति देसाई से मिलने के बाद मुझसे भेंट करने आये। वेंगला राव के अनुसार कांति देसाई ने उनको सुझाव दिया था कि यदि वह उनके द्वारा बताये गए व्यक्ति को खदान का पट्टा दे दें, वह व्यक्ति उचित राशि देगा। जब मैंने मोरारजी देसाई को इस संबंध में बताया, उन्होंने यह कहते हुए कि वेंगला राव ने मुझसे अवश्य झूठ बोला होगा, इस विषय पर कोई ध्यान नहीं दिया। मैं स्वीकार करता हूँ कि मैं क्रोधित हो उठा, यहाँ तक कि मैंने उनसे कुछ उत्तेजना से पूछा कि क्या उनके विचार से केवल कांति देसाई एकमात्र सत्यवादी व्यक्ति है। घर जाने के बाद प्रधानमंत्री ने अवश्य अपने पुत्र से यह प्रश्न पूछा होगा क्योंकि उन्होंने यह बताने के लिए फोन किया कि मैंने जो कुछ कहा सत्य था।

अब मैंने उनको उस घटना की याद दिलायी। मैंने उनको यह भी बताया कि एक से अधिक अवसरों पर किस प्रकार मैंने यह स्पष्ट किया था कि उनके पुत्र के व्यापारिक सम्बन्धों और प्रधान मंत्री के सरकारी निवास पर दूसरे

व्यापारियों से भेंट करने से सरकार तथा उनकी प्रतिष्ठा को क्षति पहुंच रही है। मैंने अपने द्वारा उन्हें बार-बार दी गई चेतावनियों का ध्यान दिलाया कि उनके पुत्र के निकट और निरंतर व्यापारिक संबंध धीमे-धीमे राजनैतिक विवाद का मुख्य विषय बनता जा रहा है। मैंने अनुभव किया कि इन विषयों के बारे में उन्हें सावधान करके मैंने अपना संवैधानिक उत्तरदायित्व पूरा कर दिया था।

देसाई के निरस्त्रीकरण सम्मेलन के विशेष सत्र में जाने से ठीक पहले, मुझे उस वक्तव्य की एक प्रति मिली जिसे उस कांफ्रेस में देने का उन्होंने निर्णय लिया था। इस वक्तव्य में यह घोषणा भी सम्मिलित थी कि भारत परमाणु परीक्षणों को कभी नहीं करेगा। मैंने अनुभव किया कि हम आने वाले पूरे समय के लिए अपना अधिकार त्याग दें इसकी आवश्यकता नहीं थी। ऐसी घोषणा भावी सरकारों को ही केवल उलझन में नहीं डाल सकती वरन् देश के हितों को भी हानि पहुंचा सकती है। इसलिए मैंने उनको लंदन संदेश भिजवाया कि वह इस विषय पर पुनर्विचार करें। उन्होंने तथापि वापस लौटने पर इस विषय में मुझ से बातचीत करने का कष्ट नहीं किया और न अपने वक्तव्य में किसी प्रकार का परिवर्तन किया। मैंने उनको दोबारा अमरीकी दूतावास के एक अधिकारी द्वारा भारत द्वारा ब्रिटेन से 'जगुआर्स' (विमानों) को खरीदने के निर्णय की निन्दापूर्ण आलोचना के बारे में लिखा था, परंतु उन्होंने उसका उत्तर देने की परवाह नहीं की। मैनें उनका ध्यान इन सभी भूलों की ओर आकर्षित किया।

यह दिखाने के लिए कि किस प्रकार केवल उनके और देश के हित में पूरे विश्वास के साथ दी गयी सार्थक सलाहों की वह निरंतर उपेक्षा करते रहे मैंने उपर्युक्त सभी उदाहरणों को संक्षेप में दोहराया। मैंने उन्हें बताया कि जनता के सम्मुख दिए गए भाषण में मैंने तेजी के साथ गिरते और मिटते हुए नैतिक मूल्यों से उत्पन्न अपने मानसिक दुख को अभिव्यक्त किया था। उनको मैंने यह भी स्पष्ट कर दिया कि किसी प्रकार की राजनैतिक भूमिका निबाहने का मेरा कोई विचार नहीं है।

मोरारजी के प्रति निष्पक्षता रखते हुए मेरे लिए यह आवश्यक है कि पहले वर्णन किए गए सभी विषयों पर उनके दृष्टिकोण प्रस्तुत करूं।

देसाई का अपने प्रधान सचिव (प्रिंसिपल सेक्रेटरी) के पद पर ऐसे व्यक्ति को चाहना पूर्णत: उचित था जिसको वह एक लंबी अवधि से जानते थे, जिस

पर वह निर्भर कर सकते थे, एक ऐसा व्यक्ति जो अपनी योग्यता के लिए जाना जाता था और जिसकी योग्यता तथा स्तर ऐसा था जो प्रधान मंत्री के सचिवालय में आने वाली पेंचीदा समस्याओं को निपटा सकता था। शंकर में यह योग्यतायें थीं, उन्होंने उसका चयन कर लिया। नियुक्त होते ही शंकर ने उद्योग और व्यापार से अपने पूर्ववर्ती संबंध त्याग दिये, और उनके चयन पर कोई आपत्ति नहीं की जा सकती थी। मोरारजी जब प्रधान मंत्री बने उनके पुत्र कान्ति देसाई ने भी सभी व्यापारिक संबंध त्याग दिए थे और तभी वह उनके साथ रहने आये थे। उनका पुत्र निजी रूप से एक नागरिक था और जब तक वह अपने पिता की शासकीय स्थिति से कोई गैरकानूनी लाभ नहीं उठाता, उसे अपना जीवन अपनी रीति से व्यतीत करने का अधिकार था। उन्होंने याद दिलाया कि इस सिद्धांत की रूपरेखा दस वर्ष पूर्व श्रीमती इन्दिरा गांधी द्वारा लोकसभा में उस समय प्रस्तुत की गई थी जब यह प्रथम बार विचार के लिए उठा था। सदन ने इसको सही माना था, जो कि उनकी दृष्टि से उचित था। जहाँ तक वेंगला और कांति की आपसी बातचीत का प्रश्न है, मोरारजी देसाई ने बताया कि उस समय वह एक गंभीर दुर्घटना के बाद स्वास्थ्य लाभ कर रहे थे और उस समय की बात का बतंगड़ बनाना उचित नहीं। इसके अतिरिक्त उस समय अन्य लोग भी उपस्थित थे और कांति उनके सामने इस विषय की चर्चा नहीं छेड़ सकते थे। ईरान के संबंध में देसाई का तर्क था कि ईरान के शाह को अपने पक्ष में करने के लिए विशेष प्रयत्नों की, उनको भारत का समर्थन करने के लिए सहमत करने की, और पाकिस्तान के पक्षधर सलाहकारों के प्रभाव को निष्क्रीय करने की आवश्यकता है। उनका लक्ष्य भारत के आर्थिक और राजनैतिक लाभ के लिए शाह की मित्रता पाना था। पूर्ववर्ती सरकारों ने भी हक्सर और धर को ईरान के शाह को अपना मित्र बनाने के लिए भेजा था।

देसाई का तर्क था कि उन्होंने सरकार के परमाणु परीक्षण से संबंधित दृष्टिकोण की संसद के सम्मुख व्याख्या कर दी है। उस विषय पर उन्हें और कुछ नहीं कहना। उन्होंने बताया कि किस प्रकार विदेश मंत्रालय ने अमरीकी काउंसिल जनरल के 'जगुआर्स' की खरीद की आलोचना के मसले को निपटाया और कैसे राजनयिक ने उन शब्दों को जो उनके द्वारा कहे बताये गए थे, अस्वीकार कर दिया। उन्होंने मेरे भाषण पर अपनी अप्रसन्नता को पुनः प्रकट किया।

मुझे मोरारजी देसाई के उत्तर से कोई संतोष नहीं हुआ लेकिन इस विषय को आगे बढ़ाने में किसी प्रकार की बुद्धिमानी नहीं थी। यह कहा जाता है कि न्याय केवल किया ही नहीं जाना चाहिए वरन् न्याय होता हुआ भी दिखाई पड़ना चाहिए। इसी प्रकार सार्वजनिक जीवन में एक व्यक्ति को, विशेष रूप से उच्च पदासीन व्यक्ति और उसके निकटवर्ती साथियों को ईमानदार ही नहीं होना चाहिए वरन् उन्हें सभी के द्वारा ईमानदार माना जाना चाहिए। उस पर किसी प्रकार के संदेह का रंच मात्र दाग नहीं होना चाहिए।

वास्तव में मोरारजी देसाई अंग्रेज़ी की इस लोकोक्ति से अपरिचित थे–सीजर की पत्नी का सन्देह से परे होना आवश्यक है।

सन् 1989 का संवैधानिक संकट

सन् 1979 का अंतिम आधा वर्ष मेरे पांच वर्षीय राष्ट्रपति काल का सबसे महत्वपूर्ण समय था। 5 जुलाई 1979 से 14 जनवरी 1980 की अवधि में देश ने अनेकों महत्वपूर्ण घटनाओं का क्रम देखा; जनता सरकार का पतन, लोकदल नेता चरणसिंह के नेतृत्व में सरकार बनना (जो एक बार भी संसद के सम्मुख आये बिना इस्तीफा देने के लिए विवश हो गई थी), लोकसभा का भंग होना, लोकसभा के लिए मध्यावधि निर्वाचन होना और इन्दिरा गांधी का सत्ता में पुनः आना। मुझे ऐसे संवैधानिक प्रश्नों के परीक्षण का सामना और निर्णय करने पड़े थे जो मेरे पूर्ववर्तियों में से किसी को नहीं करने पड़े।

इस काल की घटनाओं का वर्णन करने से पूर्व क्या मैं विषयान्तर कर उन घटनाओं पर प्रकाश डाल सकता हूँ जो 1977 के आम चुनावों के बाद घटित हुई। उत्तरी राज्यों और दक्षिणी राज्यों के मतदाताओं के निर्णयों में आश्चर्यजनक अन्तर था। कांग्रेस पार्टी को उत्तर में पूरी तरह पराजय मिली। यद्यपि दक्षिण में सब कुछ मिलाकर उसकी स्थिति अच्छी रही। जनता पार्टी को लोकसभा में जबर्दस्त बहुमत प्राप्त हुआ और उसने जनता की लोकप्रियता प्राप्त करते हुए सत्ता ग्रहण की।

देश के लिए सन् 1978 का वर्ष सभी प्रकार से अच्छा प्रारम्भ हुआ। सरकार भाग्यशाली थी क्योंकि सन् 1977 में अच्छी मानसूनी वर्षा हुई थी और पर्याप्त खाद्यान्न था। सन् 1977-78 में विदेशी विनिमय की सुरक्षित राशि की स्थिति

बहुत ठीक थी और आर्थिक स्थिति ऊपर उठती दिखाई दे रही थी। देश में चारों ओर दिखाई देने वाली संतोषजनक स्थिति ने संभवतया शासक दल में आत्मसंतोष की मनोदशा उत्पन्न कर दी और उसके विभिन्न गुटों के अन्तर्विरोध अपने को प्रकट करने लगे। आंध्र प्रदेश और कर्नाटक की विधान सभाओं के आम चुनावों में, जो प्राय: कांग्रेस के मजबूत गढ़ समझे जाते हैं, पार्टी ने एक बार पुन: फरवरी 1978 में उल्लेखनीय सफलता का रिकार्ड बनाया और केन्द्र में जनता पार्टी के शासन के बावजूद पूर्ण बहुमत प्राप्त कर दिखा दिया कि जनता उन राज्यों में अपना प्रभाव बनाने में असफल रही है। उत्तरी राज्यों में सन् 1978 में हुए लोकसभा के तीन उपचुनावों में, केन्द्र में शासित जनता पार्टी की हार हुई। इससे यह दिखाई देने लगा कि जिस पार्टी ने लोकसभा के सन् 1977 में हुए आम चुनावों में पूर्ण विजय प्राप्त की थी, जब मतदाताओं पर उसका प्रभाव कम होना प्रारम्भ हो गया है। दक्षिण में कोई प्रगति न करने और उत्तर में अपना प्रभाव कम होने की चेतावनी पर जनता पार्टी ने कोई ध्यान नहीं दिया।

मोरारजी देसाई, जगजीवन राम और चरणसिंह जनता पार्टी के प्रमुख नेता थे जो लोकसभा में आम चुनाव जीतकर दोबारा आये। तीनों, संसद में जनता पार्टी के नेता और भारत के प्रधान मंत्री बनने के आकांक्षी थे। तथापि जयप्रकाश नारायण और जे०पी० कृपलानी के प्रयत्नों से मोरारजी देसाई को इसके योग्य समझा गया। देश के तत्कालीन वातावरण में जयप्रकाश नारायण की सलाह के विरुद्ध कोई खुलेआम नहीं जा सकता था। अत: मोरारजी देसाई जो कि संसद में जनता पार्टी के निर्वाचित नेता थे, सर्वसम्मति से प्रधान मंत्री चुने गये। मंत्रिमंडल तक बनाने में अवरोध आए, जगजीवन राम और उनके एक दो अनुयायियों ने प्रारम्भ में सरकार में सम्मिलित होने से मना कर दिया था। जगजीवन राम को अपने निर्णय पर पुन: विचार करने और अपने साथियों सहित सरकार में सम्मिलित होने के लिए जय प्रकाश नारायण के सशक्त निवेदन की आवश्यकता पड़ी। यह घटना पार्टी के उच्च नेताओं के उन खराब आपसी संबंधों का पूर्व प्रकटीकरण थी जो उसके शासनकाल में प्राय: बराबर रहे। उच्च नेताओं में आपसी कलह, चरणसिंह का मंत्रिमंडल से त्यागपत्र देना और उनके उसमें पुन: प्रवेश करने की रीति, तथा राजनारायण का मंत्रिमंडल से त्याग पत्र देना आदि से यह बहुत स्पष्ट हो चुका था कि जनता सरकार अपना पूरा कार्यकाल नहीं गुजार पायेगी। जनता पार्टी उन शक्तियों का सफलता से शिकार हो गई जो उसके विरुद्ध कार्य कर रही थीं।

भारत का राष्ट्रपति होने के नाते मेरा उपर्युक्त विवादों से कोई संबंध नहीं था। इन विषयों के बारे में मेरी सूचना के एकमात्र स्रोत समाचार-पत्र थे।

जब लोकसभा ने अपना मानसून सत्र प्रारम्भ किया। मैं उस समय भी हैदराबाद में था, लेकिन 10 जुलाई 1979 को दिल्ली लौट आया। विरोधी दल के नेता वाई०बी०चह्वाण ने 11 जुलाई को मोरारजी देसाई के नेतृत्व वाले मंत्रिमंडल के विरुद्ध अविश्वास का प्रस्ताव प्रस्तुत किया। राष्ट्रपति भवन के अध्ययन कक्ष (स्टडी) में बैठे हुए मैंने उनका भाषण सुना। वह मुझे पारम्परिकता से अधिक कुछ नहीं लगा। जनता का लोकसभा में पूर्ण बहुमत होने से उसे इस प्रस्ताव को मतों द्वारा गिराने में कोई कठिनाई नहीं होनी चाहिए थी। तथापि पार्टी में फूट डालने वाली शक्तियाँ क्रियाशील हो उठीं और राजनारायण द्वारा दिये गये नेतृत्व में उनके बाद सदस्यों का एक के बाद दूसरा समूह दल-बदल करने लगा। यह उल्लेख करना रोचक होगा कि कैबिनेट मिनिस्टर जार्ज फर्नांडीज ने, जिन्होनें 12 जुलाई को अविश्वास प्रस्ताव की बहस में हस्तक्षेप कर सरकार के पक्ष में लम्बा भाषण दिया और उसकी उपलब्धियों की सराहना की, उन्होंने दो दिन बाद अर्थात् 14 जुलाई को सरकार से इस्तीफा दे दिया।

15 जुलाई की देर शाम को प्रधान मंत्री मोरारजी देसाई मेरे पास आये और दो पत्र दिये। अपने प्रथम पत्र में उन्होंने कहा कि चार दिन पूर्व जिस समय लोक सभा में अविश्वास प्रस्ताव रखा गया था, सदन में जनता पार्टी का पूर्ण बहुमत था परन्तु अब ऐसा नहीं है। यद्यपि अब भी वह लोकसभा में एकमात्र सबसे बड़ी पार्टी है, देसाई ने आगे कहा कि वह अपना और अपने मंत्रिमंडल का त्यागपत्र देना उचित समझते हैं। उत्तर में मैंने कहा कि मैं त्यागपत्र स्वीकार कर रहा हूं परंतु उनसे और उनके सहकर्मियों से मेरा अनुरोध है कि जब तक नई सरकार नहीं बन जाती, वे अपने पद पर रहें।

अपने दूसरे पत्र में मोरारजी देसाई ने कहा था कि सदन में किसी भी पार्टी का बहुमत नहीं है और जिसको भी नई सरकार बनाने का कार्य दिया जाएगा उसे दूसरों का सहयोग लेना पड़ेगा। जिस जनता पार्टी के वह नेता हैं, वह अब भी लोक सभा में एकमात्र सबसे बड़ी पार्टी है और उसे स्थानापन्न मंत्रिमंडल को बनाने की संभावना के लिए प्रयत्न करने का अधिकार है। उन्होंने आगे जोड़ा ''इसलिए, मैं सलाह दूंगा कि उसे ऐसा करने के योग्य समझा जाएँ पार्टी का

नेता होने के नाते मैं अपने प्रयत्नों के परिणाम से आपको शीघ्र-से-शीघ्र सूचित करूंगा।" मैंने उन्हें तभी उत्तर दिया कि यदि उन्हें बहुमत की सहायता पाने का विश्वास है तो वैसा करने के लिए वह जो भी कार्य करना आवश्यक समझते हैं उसे करने और अविश्वास प्रस्ताव को हराने को स्वतंत्र है तथा उन्हें त्यागपत्र देने का कोई कारण नहीं। उनके त्यागपत्र से अविश्वास प्रस्ताव व्यर्थ हो जायेगा और वे लोकसभा में शक्ति परीक्षण से मुक्त हो जायेंगे। त्यागपत्र देने के तत्काल बाद सरकार बनाने के लिए आमंत्रण मांग कर वह समय और सहायता पाना चाहते थे। मैंने यह विचार किया कि जिस व्यक्ति ने सदन में अविश्वास प्रस्ताव का सामना करने के बजाय अभी-अभी अपना त्यागपत्र दिया है उसे दोबारा सरकार बनाने के लिए आमंत्रित करना अनुचित होगा।

आगामी दो दिनों में देश की सभी राजनैतिक विचारधाराओं और सम्मतियों का प्रतिनिधित्व करने वाले राजनैतिक पार्टियों के नेतागण मुझसे मिलने आये। मैंने उनके दृष्टिकोण और सलाहें सुनी। कुछ दूसरों से जो मुझसे व्यक्तिगत रूप से नहीं मिले उनके भी मुझे पत्र मिले।

हमारी संसद में इस प्रकार की स्थिति पहले कभी नहीं पैदा हुई थी और मेरे पास अनुकरण करने के लिए पूर्ववर्ती उदाहरण नहीं था। दूसरा कदम उठाने का निश्चय करने से पूर्व मैंने इस विषय पर अत्यन्त गहराई से विचार किया।

मोरारजी देसाई के नेतृत्ववाली जनता पार्टी उनकी अपनी स्वीकृति के अनुसार जिस समय 11 जुलाई को अविश्वास प्रस्ताव प्रस्तुत हुआ पूर्ण बहुमत में थी परन्तु जब 15 जुलाई को मोराजी देसाई ने त्यागपत्र दिया उस समय तक वह अपनी पहली वाली स्थिति खो चुकी थी। उत्तेजना के कोई भी कारण हों, पार्टी से बड़ी संख्या में सदस्यों ने दल-बदल कर लिया था जिससे वह सदन में अल्पसंख्यक में रह गई थी, यद्यपि वह जैसा कि देसाई का दावा था अब भी अकेली बहुमत वाली पार्टी हो सकती थी। जिस समय सदन में अविश्वास प्रस्ताव पर बहस चल रही थी, अनेकों सदस्यों ने जो अभी तक जनता पार्टी के सदस्य थे उससे त्यागपत्र ने दिया, इससे यह निष्कर्ष निकालना स्वाभाविक और उचित था कि अगर उस प्रस्ताव पर मतदान होता, वे सब सरकार के विरुद्ध अविश्वास प्रस्ताव के पक्ष में मतदान करते। मत्रिमंडल के त्यागपत्र के कारण प्रस्ताव पर मतदान होने की स्थिति नहीं आ पाई थी। यदि वह स्थिति आ जाती,

सरकार हरा दी जाती। वास्तव में यह स्थिति बहुत ही स्पष्ट हो चुकी थी और यही कारण था जिसने मोरारजी देसाई को त्यागपत्र देने के लिए प्रेरित किया। दूसरे शब्दों में जहाँ तक अविश्वास प्रस्ताव का संबंध है, सदन का बहुमत विरोधी पार्टी के नेता वाई०बी० चह्वाण का समर्थन करता और सरकार के विरुद्ध मतदान करता।

इन परिस्थितियों में, मैंने विचार किया कि विपक्ष के नेता वाई० बी० चह्वाण से सरकार बनाने के लिए कहा जाना चाहिए। अत: मैंने उन्हं 18 जुलाई की सांय को ऐसा करने के लिए निम्नलिखित शैली में आमंत्रित किया:

जैस कि आप जानते हैं पिछले कुछ दिनों मैंने आपसे तथा देश की सभी राजनैतिक विचारधाराओं का प्रतिनिधित्व करने वाली राजनैतिक पाटियों के नेताओं से विचार विनिमय किया। मेरी भली प्रकार विचार की गई सम्मति जोकि दूसरों के साथ हुई बातचीत से और भी पुष्टि हुई, वह यह है कि लोकसभा में प्रस्तुत किया और वही मोरारजी देसाई और उनके मंत्रिमंडल के त्यागपत्र का कारण बना, अत: यह आपका नैतिक कर्त्तव्य है कि वर्तमान काम चलाऊ (केयर टेकर) सरकार का स्थान लेने के लिए शीघ्र-से-शीघ्र एक सुगठित और स्थायी सरकार बनाने की सम्भावनाओं को खोजें। लोकसभा में मंत्रिमंडल के विरुद्ध अविश्वास का प्रस्ताव प्रस्तुत करते हुए आपके भाषण में राष्ट्र के प्रति आपकी कर्त्तव्य भावना का उल्लेख था। इसी कृतज्ञता को आगे निबाहने के लिए आप से अनुरोध करता हूँ कि विषय को उसके तर्क संगत निष्कर्ष पर लाने का प्रयत्न करें। निस्संदेह इस सम्भावना के लिए प्रयत्न करते हुए आप किसी-न-किसी रीति से उन सहकर्मियों और साथियों को अपने साथ लेने का ध्यान रखेंगे जो हमारी जनता के कल्याण और सुख से संबंधित राष्ट्रीय लक्ष्य और पृष्ठभूमि रखते हैं।

जब वे 18 जुलाई संध्या को मुझसे भेंट करने आये सरकार बनाने का प्रयत्न करने के लिए आमंत्रित करने का औपचारिक पत्र उनको दे दिया गया।

यह सामान्य रूप से एक नियम की भांति स्वीकार किया जाता है कि एक सरकार की हार और उसके त्यागपत्र पर विरोधी पार्टी को सरकार बनाने के लिए आमंत्रित किया जाता है। बहुत समय से यह परम्परा रही है और अब एक नियम

की भांति समझी जाती है। वर्तमान दृष्टान्त में यद्यपि सरकार को इस प्रकार से हराया नहीं गया था परन्तु मोरारजी देसाई के त्यागपत्र से ही यह स्पष्ट था कि यदि सरकार इस्तीफा नहीं देती, वह हरा दी जाती। यह स्थिति वास्तव में पार्टी की आन्तरिक फूट से उत्पन्न हुई थी न कि किसी सैद्धान्तिक नीति पर विवाद के कारण। इसके बावजूद मेरे मस्तिष्क में स्पष्ट था कि सर्वोत्तम उपयोगी तरीका विरोधी पार्टी के नेता को सरकार बनाने की सम्भावनाओं के प्रयत्न हेतु आमंत्रित करना था।

उस समय मोरारजी देसाई को उनकी सरकार के कुछ सदस्यों ने जो पत्र लिखे उनसे ऐसा प्रकट होता है कि यदि उन्होंने जनता पार्टी के नेता पद से त्याग पत्र दे दिया होता और उनके स्थान पर जगजीवनराम नेता बन जाते तो वह सदन में बहुमत पाने में सफल होते। इससे वे लोग भी पार्टी में वापस आ जाते जो उसे पहले छोड़कर चले गये थे। मैं महसूस करता हूं कि मेरा पार्टी के आन्तरिक मामलों में हस्तक्षेप करना उचित नहीं था और न मेरा इस अनुमान के आधार पर कार्य करना उचित था कि यदि दूसरा आदमी पार्टी का नेतृत्व सम्भालेगा तो वह बहुमत प्राप्त कर लेगी।

श्री वाई० बी० चह्वाण ने 22 जुलाई 1979 को मुझे पत्र द्वारा सूचित किया कि उन्होंने अपने विचारोंवाली पार्टियों को मिलाकर सरकार बनाने का प्रयत्न किया था परन्तु सफलता नहीं मिली। उन्होंने आगे लिखा कि तथापि हमारे प्रयत्नों के फलस्वरूप कुछ पार्टियों और समूहों में सामंजस्य उत्पन्न हो गया है जो मेरे विचार से एक स्थायी और मजबूत सरकार बनाने में समर्थ होगा। मुझे विश्वास है कि आप इसी नयी स्थिति पर विचार करेंगे और अपनी बुद्धिमत्तता से जो उचित समझेंगे वैसा करेंगे।

इसी बीच चरणसिंह ने मुझे लिखा कि वह एक स्थायी सरकार बनाने की स्थिति में हैं। उनको जनता (एस), कांग्रेस, बहुगुणा दल और समाजवादियों का एक दल अपना समर्थन देगा। उन्होंने आगे लिखा कि वामपंथी विरोधी दलों, अकाली पार्टी, और दूसरों ने अपना समर्थन देने का आश्वासन दिया है। उन्हें ऑल इंडिया अन्ना द्रविड़ मुनेत्र कज़गम से भी समर्थन मिलने की आशा है। उन्होंने कांग्रेस (आई) द्वारा जनता के सम्मुख स्पष्ट की गई स्थिति का भी संदर्भ दिया जिसके अनुसार वह किसी ऐसी सरकार का समर्थन नहीं करेगी जिसके

घटक आर० एस० एस० या जनसंघ हों। उन्होंने यह विश्वास प्रकट किया कि उनकी सरकार मजबूत और स्थायी होगी। उसी दिन चरणसिंह का दूसरा पत्र आया जिसमें वाई० बी० चह्वाण का पत्र संलग्न था। इस पत्र में चव्हाण ने उन्हें अपनी पार्टी का समर्थन देने का वायदा किया था। यह वायदा पार्टी की वर्किंग कमेटी में पारित प्रस्ताव के अनुसार था।

मैंने 18 जुलाई से 23 जुलाई की अवधि में संसद सदस्यों तथा अन्य लोगों के भी पत्र प्राप्त किये जिनमें तरह-तरह के सुझाव दिये गये थे।

इस स्थिति में एक ओर मेरे सम्मुख मोरारजी देसाई का दावा था कि जनता पार्टी अकेली सबसे बड़ी पार्टी है और उस पार्टी का नेता होने के नाते उन्हें ही सरकार बनाने के लिए आमन्त्रित किया जाना चाहिए। दूसरी ओर दूसरे दलों से टूटकर बनी नयी पार्टी जनता (एस) के नेता चरणसिंह थे जिन्हें कांग्रेस (एस) का लिखित में दिया गया समर्थन प्राप्त था। बहुगुणा दल ने अपने पत्र में मुझे लिखित रूप से चरणसिंह को अपना समर्थन देने की सूचना भेजी थी। इसके अतिरिक्त संसद के कुछ सदस्यों ने भी मुझे लिखा था कि वे चरणसिंह को समर्थन देंगे।

लेकिन इन सबसे यह स्पष्ट नहीं होता था कि उनमें से किसको लोकसभा में बहुमत मिलेगा और वह एक स्थायी सरकार निर्मित करने में सफल होगा। इसलिए मैंने उन दोनों से लिखित रूप में अपने समर्थकों के नामों की सूची देने को कहने का निर्णय किया। मैंने प्रत्येक को बता दिया कि मैं दूसरे से भी उसके समर्थकों की सूची मंगा रहा हूं। मैंने 23 जुलाई को उन दोनों को इस आशय के पत्र लिखे और दो दिन का समय दिया।

लगभग इसी समय एक राजनैतिक दल, कांग्रेस (आई) के नेता ने मुझे लिखा कि कुछ संविधान विशेषज्ञों के अनुसार अगर इंग्लैण्ड में मान्यता प्राप्त विरोधी पार्टी सरकार को हराने में सफल हो जाती है और फलस्वरूप सरकार को इस्तीफा देना पड़ता है तब विरोधी दल का यह कर्त्तव्य होता है। कि वह सरकार बनाये या महारानी को उसका कोई विकल्प बताये। चूंकि विरोधी पार्टी का नेता सरकार बनाने में अपनी असमर्थता प्रकट कर चुका था परन्तु उसने एक विकल्प सुझाया था,इसलिए मेरे लिए उस विकल्प को अपनाना आवश्यक था।

उसने आगे यह तर्क रखा था कि मोरारजी देसाई को जिन्हें अविश्वास प्रस्ताव के कारण त्यागपत्र देना पड़ा है, किसी भी परिस्थिति में सरकार बनाने का अवसर नहीं दिया जाना चाहिए क्योंकि यह एक ऐसे व्यक्ति को जो मतदान में हार चुका और पद से हट चुका है दोबारा प्रधानमंत्री बनाकर संसद में भेजने के समान होगा। यद्यपि कोई भी अपने पक्ष की पुष्टि के लिए संवैधानिक विशेषज्ञों की उक्ति को उद्धृत कर सकता है परन्तु उस समय ऐसा कुछ प्रतीत नहीं हो रहा था कि विरोधी नेता द्वारा जो विकल्प रखा गया है उससे एक स्थायी सरकार बन सकेगी और सदन में बहुमत का समर्थन प्राप्त कर सकेगी। परिस्थिति ऐसी थी कि दोनों नेताओं से अपने समर्थकों की विस्तृत सूचना प्राप्त किये बिना कोई निर्णय नहीं लिया जा सकता था।

एक भिन्न संदेश में 24 जुलाई को संसद के कांग्रेस (आई) नेता ने मुझे सूचित किया कि उनकी पार्टी ने चरणसिंह के नेतृत्व में बनने वाली सरकार को समर्थन देने का निर्णय लिया है।

जैसा कि पहले कहा जा चुका है, मैंने चरणसिंह और मोरारजी देसाई को दो दिन के अंदर अर्थात् 25 जुलाई तक अपने समर्थकों की सूची भेजन के लिए कहा था। यद्यपि मैंने अपने पत्र में समय के बारे में नहीं लिखा था, आपसी समझ यह थी कि वे 25 जुलाई को 4 बजे सायं तक अपनी सूचियां दे देंगे। 24 जुलाई की रात को मोरारजी देसाई ने मुझे फोन किया और मुझ से एक दिन के लिए समय बढ़ाने को कहा। मैंने उनको बताया कि मुझे समय बढ़ाने की स्वीकृति देना अनुचित होगा। 25 जुलाई की सुबह प्रधानमंत्री मोरारजी देसाई के विशेष सचिव (स्पेशल सेक्रेटरी) टोनपे ने मेरे सचिव माडप्पा को मोरारजी देसाई की ओर से टेलीफोन पर समय सीमा बढ़ाने का अनुरोध किया। मेरे निर्देशानुसार मेरे सचिव ने उसको सूचित किया कि पहले बताये गये कारणों के फलस्वरूप यह सम्भव नहीं होगा और मोरारजी देसाई को पूर्व निश्चित समय सीमा का पालन करना चाहिए। इसलिए यह कहना सही नहीं है कि मैं मोरारजी देसाई को अपने समर्थकों की सूची प्रस्तुत करने के लिए और अधिक समय देने के अपने आश्वासन से मुकर गया। मैंने मोरारजी देसाई को पहले से स्पष्ट कर दिया था कि मैं समय सीमा बढ़ाने के लिए उसी दशा में सहमत हूंगा जबकि दूसरी पार्टी भी यह चाहे अन्यथा नहीं। इन परिस्थितियों में किसी का यह शिकायत करना

कि इस विषय में मोरारजी देसाई को मैंने जो आश्वासन दिया था। उसका मैंने पालन नहीं किया निराधार होगा।

25 जुलाई को 4.05 बजे सायं राजनारायण अपने दो साथियों सहित आए और उन्होंने मेरे सचिव माडप्पा को चरणसिंह के समर्थकों की सूची दी, जबकि टोनपे, मोरारजी देसाई के विशेष सचिव ने 4.25 सांय को मोरारजी देसाई के समर्थकों की सूची दी। राजनारायण ने कुछ विषयों पर मुझसे मौखिक रूप से बातचीत की। उन्होंने एक पत्र भी दिया जिसमें उन बातों का सारांश था जो उन्होंने मुझसे की थी। उसके बाद चरणसिंह का पत्र आया जिसमें कहा गया था कि राष्ट्रपति के सचिव को मोरारजी देसाई द्वारा दी गई सूची में पुष्टि करने वाला कोई प्रमाण नहीं है। दोनों सूचियां दिये जाने के बाद उनकी पुष्टि में किसी भी प्रमाण को स्वीकृत नहीं किया जाना चाहिए। इस नियम का पालन न करने पर अनेकों गम्भीर उलझनें उत्पन्न हो जाएगी। दूसरे दिन यानी 26 जुलाई को मोरारजी देसाई ने मुझे एक पत्र लिखा जिसमें उन्होंने निम्नलिखित विषयों का उल्लेख किया था–

(अ) भारत की कम्युनिस्ट पार्टी ने कांग्रेस और जनता (एस) द्वारा बनाई जाने वाली किसी भी सरकार को पूरा समर्थन देने का वायदा नहीं किया है और वह संसद में विरोधी पार्टी के रूप में रहेगी और अपना रवैया नई सरकार की नीतियों तथा कार्यक्रमों के आधार पर निश्चित करेगी।

(ब) कांग्रेस (आई) ने चरणसिंह को केवल तत्कालीन समर्थन देने का वायदा किया है, स्थायी नहीं। इसके अर्थ यह हुए कि वह चरणसिंह की सरकार को प्रत्येक विषय के गुणों के आधार पर समर्थन देगी।

(स) चरणसिंह द्वारा कांग्रेस के पूरे समर्थन का दावा सही नहीं है क्योंकि जैसा कि समाचार-पत्रों में प्रकाशित हुआ है, पार्टी के केरल प्रदेश के सदस्य चरण सिंह को समर्थन नहीं देंगे।

(द) अकाली दल ने निष्पक्ष रहने का निर्णय लिया है। अत: यह नहीं सोचा जा सकता कि वे चरणसिंह का समर्थन करेंगे।

वह चाहते थे कि मैं अपना निर्णय लेने से पूर्व उपर्युक्त बातों को ध्यान में रखूं।

इसी दौरान संसद के कुछ सदस्यों ने मुझे लिखित रूप में सूचित किया कि उनकी इच्छा के विरुद्ध उनके नाम मोरारजी देसाई द्वारा प्रस्तुत की गई सूची में सम्मिलित किये गये हैं और उन्होंने वास्तव में चरणसिंह को समर्थन देने का निर्णय लिया है। इसी प्रकार कांग्रेस के पांच सदस्यों ने मुझे लिखकर सूचित किया कि उनकी पार्टी द्वारा चरणसिंह को समर्थन देने का निर्णय लिया है। एच०वी० कामथ तथा तीन अन्य ने एक सम्मिलित पत्र मुझे लिखा। इसमें उन्होंने यह तर्क प्रस्तुत किया कि चरणसिंह को समर्थन देने वालों में उन व्यक्तियों के बजाय जो एक सामान्य कार्यक्रम या नीति पर चलते हैं, दस विभिन्न मत वाले समूह हैं और ऐसे गठबन्धन से कोई भी मजबूत या स्थायी सरकार नहीं बन सकती। इसके विपरीत जनता पार्टी द्वारा दी गई सूची में 219 ऐसे सदस्य सम्मिलित हैं जो संसद के अंदर और बाहर एक गुट के रूप में एक समान नीति तथा कार्यक्रम के आधार पर कार्य करते हैं और पार्टी चरणसिंह की तुलना में कहीं कम बाहरी समर्थन पर आधारित है। उनकी मान्यता थी कि इन परिस्थितियों में सरकार बनाने के लिए जनता पार्टी को आमन्त्रित करना चाहिए। अन्य लोगों ने भी इसी प्रकार के विचार लिखे थे। मधु लिमये ने 26 जुलाई को मुझे लिखा कि कुछ लोगों ने पहले जनता पार्लियामेन्ट्री पार्टी से इस्तीफा दे दिया था पर बाद में उनको अपना निर्णय और समर्थन बदल कर मोरारजी को देने के लिये मना लिया गया। उन्होंने "संसद सदस्यों द्वारा अपना समर्थन एक के बाद दूसरे को, दोनों पक्षों को देने" और "राष्ट्रपति द्वारा उनको यह जानने के लिए बुलाना कि वे वास्तव में किस पक्ष की ओर है" पर अपना दुख प्रकट किया। उन्होंने आग्रह किया कि मैं शीघ्र से शीघ्र अपना निर्णय किसी पक्ष में ले लूं।

मैं भी चाहता था कि दोनों पक्षों द्वारा प्रस्तुत की गई सामग्री की शीघ्र से शीघ्र जांच कर ली जाये। राजनारायण ने सुझाव दिया कि दोनों पक्षों को एक दूसरे के समर्थकों की सूची दे दी जाये। मोरारजी देसाई के प्रतिनिधि ने भी इस सुझाव का समर्थन किया। मैंने वैसा ही किया। पुनः दोनों पक्षों के प्रतिनिधियों की स्वीकृति से मैंने उन लोगों के नाम काट दिये जो दोनों सूचियों में थे। मेरे सचिवालय तथा लोक सभा अधिकारियों की सहायता से दोनों सूचियों का सावधानी से निरीक्षण करने के उपरान्त मैं इस निष्कर्ष पर पहुंचा कि चरणसिंह की सूची में 24 का बहुमत है।

यह सुझाव भी दिया गया कि सदस्यों की बदलती हुई पार्टी भक्ति को दृष्टि में रखते हुए राष्ट्रपति के लिए यह उचित होगा कि वह यह निर्णय करने के लिए कि कौन सा सदस्य बहुमत रखता है, खुद लोकसभा के नाम अपना संदेश भेजें। लेकिन इस सुझाव में यह ठीक से नहीं बताया गया कि यह किस प्रकार किया जाय। यदि उक्त प्रक्रिया अपनाई जाती तो संसद सदस्यों के सम्मुख यह प्रश्न स्वाभाविक रूप से उठ खड़ा होता कि उनकी पसंद केवल चरणसिंह और मोरारजी तक ही सीमित है अथवा किसी तीसरे व्यक्ति द्वारा दावा करने पर उसे भी इसमें सम्मिलित कर लिया जायेगा। इस प्रकार की प्रक्रिया इससे पूर्व कभी नहीं अपनाई गई थी। मैं इस बात से पूरी तरह संतुष्ट था कि यह प्रक्रिया अनदेखी उलझनों को उत्पन्न कर सकती थी और इसीलिए मैं इस पर कोई विचार करने के लिए तैयार नहीं था।

उस समय कुछ आलोचकों ने यह तर्क दिया था कि दोनों नेताओं से अपने-अपने समर्थकों की सूचनी मांगने की प्रक्रिया को अपना कर, मैंने अपने उस सिद्धान्त को त्याग दिया जो सन् 1967-69 की अवधि में लोक सभा के अध्यक्ष (स्पीकर) रूप में मैंने पुष्ट किया था। स्मरणीय है कि उस समय कुछ राज्यों की सरकारों में बहुत अस्थायीत्व चल रहा था, विधान सभा के सदस्य प्राय: अपने दल बदल लिया करते थे। फलस्वरूप अनेकों अवसर ऐसे आते थे जब यह सन्देह उठता था कि कोई मुख्य मंत्री विधान सभा में बहुमत रखता है या खो चुका है। राज्यों के राज्यपाल (गवर्नर) को प्राय: ऐसे प्रश्नों का सामना करना पड़ता था। इसी पृष्ठभूमि में प्रिसाइडिंग ऑफीसर्स की तैतीसवीं कांफ्रेस अप्रैल, 1968 में हुई थी। लोकसभा का अध्यक्ष (स्पीकर) होने के नाते मैंने इस सभा की अध्यक्षता की थी। अपने अध्यक्षीय भाषण में मैंने कहा था:-

किसी भी परिस्थिति में यह निर्णय राज्यपाल (गर्वनर) पर नहीं छोड़ा जाना चाहिए कि कोई मुख्य मंत्री विधान सभा में बहुमत रखता है या नहीं, चाहे विधान सभा के सदस्य राज्यपाल को लिखकर ही क्यों न दें। इस विषय में निर्णय करने का परम अधिकार विधान सभा का ही है।

यह दोष लगाया जाता है कि मैंने भारत के राष्ट्रपति के रूप में जुलाई 1979 में, उन्हीं सिद्धान्तों की पूरी तरह उपेक्षा कर दी जिनकी मैंने लोकसभा के अध्यक्ष के रूप में सन् 1968 में तर्क द्वारा पुष्टि की थी। यह आलोचना स्थितियों के

उस स्पष्ट विभाजन पर ध्यान नहीं देती जिन पर मैंने सन् 1968 की कांफ्रेस में अपने अध्यक्षीय भाषण में प्रकाश डाला था और जिनका मुझे भारत का राष्ट्रपति होने के नाते सन् 1979 में सामना करना पड़ा। अपने अध्यक्षीय भाषण में मैं एक ऐसी स्थिति के बारे में विचार प्रकट कर रहा था जिसमें पहले से ही एक मुख्य मंत्री पद पर आसीन था। यदि उसके पद पर बने रहने के दावे को चुनौती इस तर्क पर दी जाती है कि वह विधान सभा में अपना बहुमत खो चुका है और राज्यपाल (गवर्नर) के सम्मुख यह मांग आती है कि वह उसे त्यागपत्र देने के लिए विवश करे अथवा त्यागपत्र देने से इंकार करने पर उसे हटा दे तो ऐसी स्थिति (गवर्नर) में राज्यपाल को क्या करना चाहिए? मैंने कहा था कि राज्यपाल को राज्य का सर्वोच्च पदाधिकारी होने के नाते अपने ऊपर यह निर्णय करने का उत्तरदायित्व नहीं लेना चाहिए कि वास्तव में मुख्यमंत्री राज्य विधान सभा में अपना बहुमत खो चुका है। मैंने सुझाव दिया था कि राज्यपाल को यह प्रश्न विधान सभा में ही हल होने के लिए छोड़ देना चाहिए। मेरा अब भी वही मत है लेकिन सन् 1979 में जो समस्या उठी वह भिन्न थी। मंत्रिमंडल त्यागपत्र दे चुका था और विरोधी नेता जिससे सरकार बनाने का प्रयत्न करने के लिए कहा गया था, उसने कुछ समय बाद ऐसा करने में अपनी असमर्थता प्रकट कर दी थी। उसने ऐसा करते हुए जिस विकल्प का संकेत दिया था, वह चाहे जिस भाषा शैली में था उसका अर्थ चरणसिंह को सरकार बनाने के लिए आमंत्रित करना था। दूसरी ओर त्यागपत्र दे चुका प्रधान मंत्री था जो सबसे बड़ी पार्टी का नेता होने के रूप में सरकार बनाने के अधिकार का दावा कर रहा था। संवैधानिक रूप से सरकार बनवाना मेरा कर्त्तव्य था। यह हर प्रकार से पूरी तरह मेरी जिम्मेवारी थी कि मैं उन दो विकल्पों में से किसको चुनूं, यह एक ऐसा उत्तरदायित्व था जो मैं संविधान द्वारा बनायी किसी संस्था को नहीं दे सकता था। मेरे द्वारा किया जाने वाला ऐसा कोई भी प्रयत्न अपने उत्तरदायित्व की अवहेलना करना होता।

अपने इस निर्णय के संबंध में मैंने एक बार कहा था कि मैंने अपनी अन्तर्तात्मा के निर्देश अनुसार कार्य किया था। कुछ लोगों ने मेरे इस वक्तव्य की आलोचना की और कहा कि मेरे निर्णय को मेरी अन्तर्तात्मा से नहीं वरन् संविधान से निर्देशित होना चाहिए था। मेरे वक्तव्य का अर्थ था कि निर्णय लेते हुए मैंने स्थिति पर निष्पक्ष और वस्तुगत दृष्टिकोण से विचार किया था और मेरे

ऊपर जो कर्त्तव्य छोड़ा गया था उसे मैंने अपनी सम्पूर्ण योग्यता और न्याय के साथ किया। उस समय भी और अब भी मै नहीं समझता कि मैंने कोई संविधान के विरुद्ध किया।

जैसा कि पहले कहा, मैंने पाया कि चरणसिंह को लोकसभा में मोरारजी देसाई से अधिक बहुमत प्राप्त था। इसलिए मैंने उन्हें सरकार बनाने के लिए 26 जुलाई को अपराह्न आने का संदेश भेजा। मैंने अपने संदेश में आगे लिखा–मुझे विश्वास है कि सर्वोच्च जनतांत्रिक परम्पराओं और स्वस्थ सहमति की स्थापना के हितों के अनुसार आप शीघ्रातिशीघ्र प्राप्त अवसर पर लोक सभा में अगस्त 1979 के तीसरे सप्ताह तक विश्वास मत प्राप्त करेंगे। इसके साथ ही मैंने मोरारजी देसाई को अपने निर्णय की सूचा दे दी।

28 जुलाई को मैंने चरणसिंह को प्रधानमंत्री पद तथा अन्य मंत्री को पद और गोपनीयता की शपथ दिलवाई। चह्वाण को छोड़कर कांग्रेस पार्टी के जो सदस्य शपथ ग्रहण समारोह में आने थे पार्टी में वैचारिक अन्तर पड़ जाने के कारण नहीं आये। पार्टी के मनोनीत सदस्यों को दूसरे दिन मंत्रिपद की शपथ दिलवाई गई। प्रधान मंत्री ने शीघ्र ही अपने मंत्रि मंडल का विस्तार करने की आवश्यकता अनुभव की और बाद में अतिरिक्त सदस्य मंत्रिमंडल में नियुक्ति किये गये। मंत्रिमंडल की सलाह पर मैंने 6 अगस्त को एक आदेश जारी कर संसद के दोनों सदनों को 20 अगस्त को आमंत्रित किया।

20 अगस्त और उसके बाद की घटनाओं का वर्णन करने से पूर्व मुझे उस विषय के बारे में बताना है जिसकी उस समय आलोचना की गई थी। जब मैंने चरणसिंह को सरकार बनाने के लिए आमंत्रित किया था, मैंने उनसे लोक सभा का सत्र शीघ्र बुलवाने की आवश्यकता पर बल दिया था ताकि चरणसिंह की सरकार विश्वास मत प्राप्त करे। मैं इससे पूर्व ही संदर्भित अंश दे चुका हूं। चरणसिंह को लोकसभा का सत्र शीघ्र बुलाने की सलाह को उनके द्वारा सरकार बनाने की एक शर्त का रूप माना और कुछ आलोचकों ने खुले आम मेरी इस सलाह देने के औचित्य पर अपना संदेह प्रकट किया। मेरा कथन है कि कोई भी शर्त थोपी नहीं जा सकती और वास्तव में उस सलाह का अर्थ किसी भी तरह शर्त नहीं था। संविधान के अनुसार मंत्रिमंडल केन्द्र में, सामूहिक रूप से लोक सभा के प्रति उत्तरदायी है, और राज्यों में विधान सभा के प्रति। राष्ट्रपति या राज्यपाल का किसी को सरकार बनाने के लिए आमंत्रित करते समय कुछ

भी अनुमान हो, प्रधानमंत्री या मुख्यमंत्री और उनके साथी अपने पद पर तभी तक रहने की आशा कर सकते हैं जब तक वे लोक सभा या विधान सभा में जैसा भी उदाहरण हो, बहुमत रखते हों। जब आम चुनावों के परिणाम स्वरूप कोई एक पार्टी अथवा पार्टियों का गठबंधन बहुमत प्राप्त करता है और उसका नेता प्रधानमंत्री या मुख्यमंत्री का पद धारण करता है तथा सरकार बनाता है, ऐसे में उसका सदन में बहुमत होने पर संदेह करने की, गंजाइश नहीं होती और स्थिति स्पष्ट होती है। तथापि चरणसिंह ने जिस परिस्थितियों में अपना पद ग्रहण किया और अपना जो भारी समर्थन दिखलाया उसको ध्यान में रखते हुए यह जानना आवश्यक था कि क्या वह लोकसभा में अपना बहुमत रखने में समर्थ रहेंगे। इसलिए मैंने उन्हें प्रारम्भ में ही लोकसभा का सत्र शीघ्र आमंत्रित करने की सलाह देना आवश्यक तथा उचित समझा।

लोक सभा सत्र के पहले दिन ही कांग्रेस (आई) ने, जो चरणसिंह के नेतृत्व में बनने वाली सरकार को समर्थन देने के लिए सहमत हो गई थी अपना समर्थन वापस लेने का निर्णय कर लिया। उसके बाद चरणसिंह ने विचारा कि अब सदन में बहुमत पाने की कोई आशा नहीं है। 20 अगस्त की सुबह हुई बैठक में चरण सिंह और उनकी कैबिनेट ने राष्ट्रपति को अपने त्यागपत्र देने तथा ''जनता से नया आदेश प्राप्त करने'' की सलाह देने का निर्णय लिया। इस प्रकार चरणसिंह और उनके मंत्रिमंडल ने संसद का एक बार भी सामना किए बिना त्यागपत्र दे दिया।

उसके बाद दो दिन तक मुझे अनेकों व्यक्ति भेंट करने आए। इनमें संसद के व्यक्तिगत सदस्यों और समूहों के नेताओं ने आगामी कदम उठाने के बादे में अपने अपने दृष्टिकोण और सलाहें प्रस्तुत कीं। इस विषय पर राजनीतिक पार्टियों के नेता और समूहों ने, वकीलों और पत्रकारों ने मुझे अपने विचार भेजे। मेरे सम्मुख सम्भावित विकल्प थे (अ) लोकसभा को भंग कर नये आम चुनावों का प्रबंध करूं (ब) विरोधी दल के नेता जगजीवन राम की सहायता से नयी सरकार बनवाने का प्रयत्न करूं।

इससे आगे का प्रश्न यह था कि यदि लोकसभा भंग कर दी जाती है और नये चुनाव करने का आदेश दिया जाता है तो उस संबंध में सरकार चलाने के लिए क्या प्रबंध किया जाय।

चरणसिंह के त्यागपत्र और आम चुनाव द्वारा जनादेश पाने का समाचार फैला, जगजीवन राम ने जो उस समय जनतापार्टी और लोक सभा में विरोधी दल के नेता बन गए थे मुझे 20 अगस्त को लिखा कि वह लोकसभा के बहुमत से समर्थित स्थायी सरकार बनाने की स्थिति में हैं और उन्हें सरकार बनाने के लिए आमंत्रित किया जाना चाहिए। उन्होंने लिखा कि यह प्रश्न कि चरणसिंह को लोक सभा में बहुमत प्राप्त था, सदैव संदेह युक्त रहा था और वास्तव में इसी कारण उन्हें मेरे द्वारा विश्वास मत प्राप्त करने की सलाह दी गई थी। उन्होंने स्पष्ट किया कि किस प्रकार चरणसिंह लोकसभा का एक बार भी सामना किए बिना बहुमत न होने के कारण त्यागपत्र देने को विवश हुए थे। उन्होंने तर्क दिया कि केवल वही मंत्रि मंडल जो लोक सभा में अपना बहुमत रखता हो, राष्ट्रपति को सलाह दे सकता है जिसका पालन करने के लिए राष्ट्रपति बाध्य होता है। चरणसिंह और उनके मंत्रियों द्वारा राष्ट्रपति को दी गई सलाह कि वे नए चुनाव करवाने का आदेश दें कोई महत्त्व नहीं रखती और उसकी उपेक्षा की जानी चाहिए। अन्त में उन्होंने अनुरोध किया कि उन्हें सरकार बनाने की अनुमति दी जानी चाहिए।

जनता पार्टी के प्रेसीडेण्ट चन्द्रशेखर, मोरारजी देसाई की मन्त्रिपरिषद (केबिनेट) के सदस्य मोहन धारिया तथा अन्य लोगों ने इस दृष्टिकोण के समर्थन में लिखा। लोकसभा के स्वतंत्र सदस्य मावलंकर, कांग्रेस पाटी के कुछ नेता जो चरणसिंह को समर्थन देने की अपनी पार्टी की नीति से असहमत थे और उसी विचार के पत्रकारों ने भी उसी दृष्टिकोण के अनुसार मुझे लियाा। उनका तर्क था कि उचित कार्य विधि यह होनी चाहिए थी कि मैं सरकार बनाने के लिए तत्कालीन विरोधी पक्ष के नेता जगजीवन राम को आमंत्रित करता जो लोकसभा में 200 से भी अधिक संख्या वाली सबसे बड़ी पार्टी के नेता थे क्योंकि जब मोरारजी देसाई ने 15 जुलाई को त्याग-पत्र दिया था उस समय विरोधी पक्ष के नेता चव्हाण को जिनके दल की सदस्य संख्या 75 थी, सरकार निर्माण करने के हेतु बुलाया गया था। लोकसभा के 102 सदस्यों के साथ कृष्णकांत ने जगजीवन राम के समर्थन में मुझे लियाा। अन्य तर्कों के अतिरिक्त उन्होंने लिखा था कि अगर जगजीवन राम को सरकार बनाने के लिए आमंत्रित किया गया तो देश के सभी पिछड़े वर्गों और अनुसूचित जातियों को महान् प्रसन्नता होगी।

जो लोग मेरे द्वारा दूसरा विकल्प अपनाने का आग्रह कर रहे थे उनके तर्कों को मैं क्रमशः दे चुका हूँ। अब मैं क्रमशः उन लोगों के तर्क दूंगा जिन्होंने दूसरा विकल्प प्रस्तुत किया था।

ऐसा करने से पूर्व में कुछ नए विकास पर प्रकाश डालना चाहता हूं जिसका वर्तमान संदर्भ में वर्णन करना रोचक रहेगा। एक राष्ट्रपति के नाते विकल्प सरकार बनाने की सम्भावना के लिए प्रयत्न करना मेरा कर्त्तव्य था। जगजीवनराम द्वारा कांग्रेस (आई) से समर्थन लेकर एक स्थायी सरकार बनाना सम्भव था। वास्तव में कांग्रेस (आई) ने कुछ शर्तों के साथ जगजीवन राम को समर्थन देने को कहा था। परंतु यह माना जाता है कि जगजीवन राम ने उन शर्तों को अस्वीकार कर दिया था। इसलिए वह विचार त्याग दिया गया था और कांग्रेस (आई) के नेता जब मुझसे मिले उन्होंने मुझसे लोकसभा भंग करने के लिए कहा। मैंने उनसे अपना दृष्टिकोण निम्नलिखत रूप में भेजने का आग्रह किया।

चरणसिंह की मंत्रिपरिषद के विधि मंत्री ने मुझे 20 अगस्त को ही बता दिया था कि लोकसभा के 532 सदस्यों में से 291 का बहुमत लोकसभा भंग करने के पक्ष में है; जिसमें जनता (एस) के 97 सदस्य, कांग्रेस (एस) के 75 कांग्रेस (आई) के 73 और कम्युनिस्ट पार्टी ऑफ इंडिया (मार्क्सवादी) के 22, ऑल इंडिया अन्ना द्रविड़ मुनेत्र कज़घम के 17 सदस्य सम्मिलित थे। उसी दिन मुझे कम्युनिस्ट पार्टी ऑफ इंडिया के महामंत्री (जनरल सेक्रेटरी) द्वारा भेजी गयी उनकी पार्टी द्वारा पारित प्रस्ताव की एक प्रति मिली जिसमें लोकसभा भंग कर नए मध्यावधि चुनाव करवाने का पक्ष लिया गया था। कम्युनिस्ट पार्टी ऑफ इंडिया (मार्क्सवादी) के महामंत्री ने भी मुझे अपनी पार्टी द्वारा पारित नए चुनाव करवाने का पक्ष लेने वाले प्रस्ताव की प्रति भेजी। संसद में कांग्रेस (आई) पार्टी के नेता ने 22 अगस्त को मुझे अन्य बातों के साथ यह भी सुझाव लिखा कि राष्ट्रपति को अपने विशेषाधिकार का प्रयोग करते हुए लोकसभा भंग कर देनी चाहिए। चरणसिंह स्वयं जनता (एस) के नेता थे। उनकी पार्टी की सहमति का इस संबंध में स्पष्ट रूप से अनुमान लगाया जा सकता था। कांग्रेस (एस) के प्रतिनिधि जो चरण सिंह के मंत्रीमंडल में थे उनकी सहमति उस सलाह में शामिल थी जो राष्ट्रपति को लोकसभा भंग करने हेतु दी गई थी। कांग्रेस (एस) के उन सदस्यों को छोड़कर जो पार्टी द्वारा चरणसिंह को समर्थन देने के प्रस्ताव

में शामिल नहीं हुए थे, शेष सबके द्वारा लोकसभा भंग करने की सहमति स्वतः स्वीकृत थी। ऑल इंडिया अन्ना द्रविड़ मुनेत्र कज़घम जो कि मंत्रिमंडल में शामिल थी, उसकी भी स्वीकृति लोकसभा भंग करने के पक्ष में स्वतः मानी जाने योग्य थी! इसके अतिरिक्त संसद के कुछ सदस्यों द्वारा भी सदन भंग करने के लिए पत्र भेजे गए थे। संसद के कुछ सदस्यों द्वारा हस्ताक्षरित साइक्लोस्टाइल्ड प्रतियां जिनमें लोकसभा भंग न करने का संदेश था भी प्राप्त हुई।

प्राप्त होने वाले विभिन्न विचारों और सम्मितियों से यह प्रकट होता था कि लोकसभा सदस्यों का बहुमत उसे भंग करने के पक्ष में था।

राजनीतिक पार्टियों और संसद सदस्यों के अतिरिक्त जनता के कुछ लोगों द्वारा भी सुझाव तथा सम्मितियां भेजी गयी थीं। इनके अनुसार जनता कुछ जन प्रतिनिधियों द्वारा पिछले सप्ताहों बार-बार अपनी पार्टी बदलने से दुखी थी। इसलिए वे चाहते थे कि चुनाव फिर से कराये जाएँ।

मुझे जनता पार्टी के नए नेता जगजीवनराम के इस दावे का परीक्षण करना था कि वह लोकसभा में बहुमत प्राप्त करने में सफल होंगे और उन्हें सरकार बनाने के लिए आमंत्रित किया जाना चाहिए। उस समय उनकी पार्टी की शक्ति कुल 538 सदस्यों में केवल 200 से कुछ ऊपर थी। कांग्रेस (आई) और जनता (एस) ने स्पष्ट रूप से जनता पार्टी द्वारा सरकार बनाये जाने का विरोध किया था। कांग्रेस (एस) भी इसी दृष्टिकोण की थी। दोनों कम्युनिस्ट पार्टियों द्वारा जनता पार्टी की सरकार का विरोध करते हुए लोकसभा भंग करने का आग्रह किया गया था। ऑल इंडिया अन्ना द्रविड़ मुनेत्र कज़घम और मुस्लिम लीग भी इसी दृष्टिकोण की थी। इसके अतिरिक्त संसद के कुछ सदस्यों ने मुझे लोकसभा भंग करने का सुझाव लिखकर भेजा था। इस तथ्यों और संख्याओं को दृष्टि में रखते हुए मैं इस निष्कर्ष पर पहुंचा कि दो सौ से कुछ अधिक के अपनी पार्टी सदस्यों की शक्ति से जगजीवनराम बहुमत समर्थित सरकार कठिनाई से भी नहीं बना सकते।

दूसरी महत्त्वपूर्ण बात यह थी कि एक माह से भी कम समय पूर्व जनता पार्टी ने स्पष्ट रूप से दिखा दिया था कि वह लोकसभा में बहुमत रखने का दावा नहीं कर सकती। यह सत्य था कि इस बीच एक भिन्न व्यक्ति ने पार्टी

का नेतृत्व संभाल लिया था परन्तु मैं अपने आपको इस बात से सन्तुष्ट नहीं कर सकता था कि नया नेता भी बहुमत का समर्थन जुटा पायेगा।

जब मोरारजी देसाई के द्वारा जुलाई में त्यागपत्र देने पर विरोध के नेता चह्वाण को सरकार बनाने के लिए आमंत्रित किया गया था, कुछ लोगों ने तर्क दिया था कि उसी के अनुरूप विरोधी पक्ष के नेता जगजीवनराम को चरणसिंह मंत्रिमंडल के द्वारा इस्तीफा देने पर सरकार बनाने के लिए आमंत्रित किया जाना चाहिए था। इस तर्क का सामना करने के लिए मुझे परिस्थितियों के एक पहलू पर ध्यान देना पड़ेगा। मान लीजिए कि अगर जगजीवनराम को सरकार बनाने के लिए आमंत्रित किया जाता और उनकी सरकार भी बहुमत प्राप्त न करने के कारण त्यागपत्र देने को विवश होती, जैसा की पूरी तरह सम्भव था, तो वैसी परिस्थिति में क्या कदम उठाया जाता है? क्या उस समय भी यह आवश्यक नहीं होता कि तत्कालीन विरोधी पक्ष के नेता को सरकार बनाने के लिए आमंत्रित किया जाय? स्पष्ट है कि यह एक कभी समाप्त न होने वाली प्रक्रिया होती।

मेरे सामने जितने विकल्प थे, उनके गुण दोषों के बारे में मैंने सावधानी पूर्वक विचार किया। स्थिति की वास्तविकता के केन्द्रीय तत्यों को मैं संक्षिप्त में प्रस्तुत करूंगा। सदस्यों द्वारा बड़ी संख्या में दल-बदल किए जाने के कारण जनता पार्टी अल्पमत में रह गयी थी और मोरारजी देसाई को त्यागपत्र देने के लिए विवश होना पड़ा था। आमंत्रित किए जाने पर विरोध पक्ष के नेता ने सरकार बनाने का प्रयत्न किया था पर असफल रहा था; तथापि उसने सलाह दी थी कि पार्टियों का ऐसा गुट उभर रहा था जो चरणसिंह के नेतृत्व में सरकार बना सकता है। मैंने त्यागपत्र दे चुके प्रधानमंत्री मोरारजी देसाई और चरणसिंह द्वारा प्रस्तुत प्रमाणों से अपने को संतुष्ट कर लिया कि चरणसिंह को बहुमत प्राप्त है। इसी के अनुसार मैंने चरणसिंह को सरकार बनाने के लिए आमंत्रित किया जो उन्होंने बनाई। वह शीघ्र ही त्यागपत्र देने को विवश हो गए क्योंकि एक महत्वपूर्ण समूह ने जिसने उन्हें समर्थन देने का वायदा किया था, अपना इरादा बदल दिया और एक माह से कम समय के अंदर उनका विरोध करना उचित समझने लगे। त्यागपत्र देते हुए चरणसिंह ने लोकसभा भंग करने की सलाह दी। इस प्रकार वे मुझे ऐसी स्थिति में छोड़ गए जिसमें मुझे पहले बनाए गए विकल्पों में से किसी एक को चुनना था।

जगजीवनराम को सरकार बनाने के विरोध में जो तर्क थे, उन्हें मैं पहले बता चुका हूँ। चरणसिंह सरकार द्वारा दी गई सलाह से स्पष्ट था कि जनता पार्टी को छोड़ सभी राजनैतिक पार्टियां लोकसभा को भंग करवाना चाहती थीं। इन परिस्थितियों में, मैं इस निर्णय पर पहुंचा कि देश के राजनैतिक गतिरोध को समाप्त करने का एकमात्र उपाय लोकसभा भंग करने के पक्ष में बहुमत द्वारा स्पष्ट रूप से प्रकट किए गए विचार को स्वीकार कर लेना है।

इसी के अनुसार मेरे आदेश पर 22 अगस्त की सुबह राष्ट्रपति भवन में कैबिनेट सेक्रेटरी, प्रधानमंत्री का सेक्रेटरी, राष्ट्रपति का सेक्रेटरी और अन्य उच्च अधिकारी लोकसभा भंग करने के आदेश का आवश्यक प्रारूप तैयार करने और इसके फलस्वरूप उत्पन्न होने वाली परिस्थितियों का प्रबंध करने हेतु एकत्रित हुए।

जिस समय उपर्युक्त अधिकारी कार्य में व्यस्त थे। मेरे आमंत्रण पर जनता पार्टी के जगजीवनराम और चन्द्रशेखर मुझसे मध्याह्न 11.30 बजे भेंट करने आए। मेरा विचार उनसे देश में चल रही राजनैतिक स्थिति पर बातचीत करने का था। वार्तालाप के दौरान जब दोनों नेताओं ने जगजीवनराम के सरकार बनाने के दावे पर बल दिया, मैंने उनसे पूछा कि क्या किसी दूसरी राजनैतिक पार्टी ने जगजीवनराम को समर्थन देने का वायदा किया है। जगजीवनराम ने उत्तर दिया अब कोई पार्टी शेष नहीं रही है, सब टूट चुकी हैं। अगर उन्हें सरकार बनाने के लिए आमंत्रित किया जाएगा, वह अपने समर्थकों की सूची प्रस्तुत करेंगे। मैंने उन्हें बताया कि क्या यही विधि नहीं थी जो मैंने इससे पूर्व अपनाई थी। मैंने उन्हें स्पष्ट रूप से बता दिया कि जनता पार्टी को छोड़कर शेष समस्त प्रमुख पार्टियों ने लिखित रूप में लोकसभा भंग कर नए निर्वाचन करवाने का आग्रह किया है। यह भेंट लगभग पन्द्रह मिनट तक चली। जगजीवनराम के पास मुझे बताने के लिए कोई नई बात नहीं थी। मैंने अनुभव किया कि मेरे जिस निर्णय के फलस्वरूप कार्यवाही प्रारम्भ हो चुकी है उसमें परिवर्तन की कोई आवश्यकता नहीं है। जब वे जा रहे थे, चन्द्रशेखर ने कहा कि वह मुझसे भेंट करने दोबारा आएंगे। मैंने उत्तर दिया कि जल्दी करने की कोई आवश्यकता नहीं है और उनका सदैव स्वागत है। ये शब्द जो मैंने सही भावना से कहे थे इनका अर्थ यह था कि उन्हें मुझसे दोबारा भेंट करने के लिए शीघ्रता करने की आवश्यकता नहीं

तथापि उनका सदैव स्वागत है। इससे मेरा आशय यह कदापि नहीं था कि मैं उस समय की राजनैतिक स्थिति पर कोई निर्णय लेने की जल्दी में नहीं हूं। दुर्भाग्यवश मेरे शब्दों का अर्थ गलत लगाया गया, जैसा कि भावी घटनाओं से ज्ञात होता है। मैं उन शब्दों से वैसा अर्थ निकालने की कभी कामना नहीं कर सकता था, जबकि मैंने पहले ही निर्णय ले लिया था और इससे भी आगे जबकि मैंने उच्च अधिकारियों को अपने निर्णय को कार्यान्वित करने का आदेश दे दिया था और वे आवश्यक 'नोटिफिकेशन्स्', प्रेस विज्ञप्ति और दूसरी सामग्री बनाना प्रारम्भ कर चुके थे।

अब उन घटनाओं पर विचार करते हुए आश्चर्य करता हूँ कि मैंने उन्हें आमंत्रित ही क्यों किया। सही भावना से कहे गए मेरे कुछ शब्दों को जो रूप दिया गया वह वास्तव में दुर्भाग्यपूर्ण था।

अपराह्न में एक प्रेस विज्ञप्ति प्रसारित की गई जिसमें बताया गया था कि भारत के राष्ट्रपति ने भारतीय संविधान की धारा 85 के खंड (क्लाज ii) के उपखंड (बी) के अन्तर्गत लोकसभा को भंग कर दिया है। इसमें यह भी बताया गया था कि नवम्बर-दिसम्बर 1979 की अवधि में निर्वाचन होंगे। चुनावों के लिए प्रस्तावित समय कार्यक्रम में यह ध्यान रखा जाएगा कि वे संविधान में अनुसूचित जातियों, अनुसूचित जनजातियों और एंग्लो-इंडियन समुदायों के लिए सुरक्षित 'सीट्स' के प्रावधानों की अवधि समाप्त होने से पूर्व किए जाएँ। जब तक चुनाव नहीं हो जाते और उनके आधार पर नई सरकार नहीं बन जाती चरणसिंह का मंत्रिमंडल अपना पद भार संभाले रहेगा। इस अवधि में सरकार ऐसे कोई निर्णय नहीं लेगी जो नवीन नीतियां शुरू करे या महत्त्वपूर्ण अंश में कोई नया व्यय करे अथवा मुख्य शासन या कार्यकारिणी संबंधी निर्णय ले। राष्ट्रीय हित में नियमित रूप से होने वाले कार्य को रुकने नहीं दिया जाएगा।

उस समय चरणसिंह मंत्रिमण्डल को चुनाव होने तक अपने पद पर बने रहने के संबंध में कुछ संशय प्रकट किया गया। संविधान के अनुसार राष्ट्रपति को उसके कार्यों में सलाह तथा सहायता देने के लिये एक मंत्रिमण्डल का होना आवश्यक है। संविधान के अनुसार राष्ट्रपति अन्य रीति से कार्य नहीं कर सकता। सबसे स्पष्ट बात उस समय तत्कालीन मंत्रिमण्डल को सरकार चलाने के लिये पद पर बनाये रखना था। मंत्रिमण्डल ने मुझे आश्वासन दिया कि चुनाव स्वतन्त्र,

सही और शांतिपूर्वक होंगे और मुझे आश्वासन पर सन्देह करने का कोई कारण नहीं दिखा।

मुझे विश्वास था चुनाव कमीशन तथा केन्द्र और राज्यों का शासन सभी स्तरों पर चुनावों को अनुशासित, शांतिपूर्ण और उचित रीति से करवाने का ध्यान रखेगा। इस घटना में यह विश्वास पूरी तरह न्यायुक्त था और लोक सभा के लिये 1979-80 शरद ऋतु में होने वाले चुनाव इतने अनुशासित, स्वतन्त्र, शांतिपूर्ण तथा उचित रीति से हुये जितने कि इससे पूर्व कभी हुए नही थे।

चुनावों के बाद जनवरी 1980 में इन्दिरा गांधी के प्रधान मंत्रित्व में नयी सरकार बनी। इससे वह राजनैतिक अस्थिरता जो देश में 1978 के अन्तिम आधे वर्ष में व्याप्त थी, समाप्त हो गई।

चरणसिंह से मतभेद

सन् 1979 अगस्त से दिसम्बर तक की अवधि में जबकि लोकसभा भंग कर दी गई और चरणसिंह अभिरक्षक (केयर टेकर) सरकार के प्रधान मंत्री थे, मेरे लिये यह आवश्यक था कि मैं सरकार को समय-समय पर नीतियों में कोई महत्त्वपूर्ण परिवर्तन न करने के लिये सलाह देता रहूं। यह सत्य है कि संविधान में किसी अभिरक्षक (केयरटेकर) सरकार का संदर्भ नहीं है, न वह पदभार संभालने वाली सरकार की शक्तियों पर चुनाव होने और उनके परिणामों के आधार पर सरकार बनने तक कोई पांबदियाँ लगाता है। जब अगस्त 1979 के अन्त में, मैंने लोक संभा भंग करने और चरणसिंह को अपने पद पर उस समय तक बने रहने का आदेश दिया था जब तक चुनाव होकर उनके आधार पर नई सरकार नहीं बन जाती, यह स्पष्ट रूप से समझ लिया गया था कि चरणसिंह की सरकार कोई ऐसा निर्णय नहीं लेगी जो नयी नीतियों का प्रारम्भ करे या जिन पर महत्त्वपूर्ण धनराशि व्यय हो अथवा जो महत्त्वपूर्ण शासकीय या कार्यकारिणी परिवर्तन से संबंधित हों। इसके अतिरिक्त वैसे भी एक बार जब संसद भंग हो जाती है, चुनाव आयोजित होने वाले होते हैं और चुनावों के बाद विधिवत सरकार बनने वाली होती है, यह एक स्थापित रीति है कि इस अवधि में कोई महत्त्वपूर्ण परिवर्तन नहीं किये जाते। नीतियों में ऐसे परिवर्तन जिनके दूरगामी परिणाम हों, चुनाव घोषणा पत्र का अंश होना चाहिये और उनके अनुसार जनता का आदेश प्राप्त करने के बाद ही कार्य किया जाना चाहिए।

इस विषय में चरणसिंह मंत्रिमण्डल द्वारा संघीय सरकार के नियंत्रण में होने वाली सेवाओं में पिछड़ी जातियों को संरक्षण देने का विचार एक महत्त्वपूर्ण नीति परिवर्तन का था। चुनावों द्वारा जनता का आदेश पाने से पूर्व इसे क्रियान्वित करने का कोई प्रयत्न नहीं किया जाना चाहिए था, यद्यपि एक संवैधानिक प्रावधान द्वारा सरकार को इस प्रकार का संरक्षण देने का अधिकार प्राप्त है। इस प्रकार का संरक्षण कुछ राज्यों में भी प्राप्त किया गया। परंतु इस विचार को शायद सरकार की अन्दरूनी विचार भिन्नता के कारण आगे नहीं बढ़ाया गया।

समय-समय पर चुनावों में सुधार करने के संबंध में जो विचार रखे गये हैं, उनमें से एक सरकारी कोष द्वारा उम्मीदवारों को चुनाव लड़ने के लिए आर्थिक सहायता देना है। यहाँ इस विचार के गुणों पर प्रकाश डालने का मेरा कोई विचार नहीं है। मैं यहाँ केवल इतना कहना चाहता हूं कि वह देश के निर्वाचन संबंधी कानून में एक मुख्य परिवर्तन था और उस पर जनता द्वारा पूरी तरह वाद-विवाद हो जाने के बाद उसे निर्वाचन कानून और प्रणाली के सम्पूर्ण सुधार के एक अंश रूप में लिया जाना चाहिए था। इसलिये जब चरणसिंह ने अध्यादेश जारी करवा कर यह विचार क्रियान्वित करवाना चाहा और वह भी जबकि चुनाव आयोग द्वारा चुनाव प्रक्रिया को प्रारम्भ किया जा चुका था और उम्मीदवारों के नाम आ चुके थे, मैंने उनकी नाराज़गी की हद तक प्रतिवाद किया। उन्होंने तर्क दिया कि उनकी सरकार विभिन्न कार्यों के लिये इस विशेष उद्देश्य की तुलना से कहीं अधिक बड़ी धनराशि खर्च कर रही है और उनकी इस पहल पर कोई आपत्ति नहीं होनी चाहिये। मैंने उनको समझाया कि इसमें व्यय की मात्रा का नहीं वरन् देश के निर्वाचन कानून में मुख्य परिवर्तन करने का प्रश्न महत्त्वपूर्ण है। उनकी सरकार को इसे नहीं लाना चाहिये और वह भी जबकि चुनाव प्रक्रिया प्रारम्भ हो चुकी हो। मैंने आगे कहा कि यदि उनकी सरकार नहीं मानी, मुझे सरकारी आदेश को रद्द ही नहीं करना पड़ेगा वरन् अन्य कठोर कार्यवाही भी करनी पड़ेगी। उन्होंने देख लिया कि उनके सामने उस विचार को त्यागने के अतिरिक्त कोई विकल्प नहीं है।

उस अवधि में दूसरा उदाहरण जिसमें मैंने दृढ़ता अपनायी, एक विदेशी पार्टी के साथ लम्बी अवधि का वाणिज्य संबंधी अनुबंध था। मैंने संबंधित मंत्री को सलाह दी कि वह चुनाव तक कोई निर्णय न लें।

एक दूसरा प्रस्ताव जिसके विरुद्ध उस अवधि में मैंने सलाह दी, न्यायिक नियुक्तियों से संबंधित था। दिसम्बर 1979 के अन्त में, वास्तव में माह के अंतिम सप्ताह में मुझ से उच्च न्यायाधीशों की नियुक्तियों पर अपनी सहमति देने के लिये कहा गया। जैसा कि सभी जानते हैं, जनवरी 1980 के प्रथम सप्ताह में देश में चुनाव होने वाले थे और चुनावों के परिणामों के आधार पर महीने के मध्य तक नई सरकार पदासीन होने वाली थी। उन परिस्थितियों में कोई भी नियुक्ति करना विरोधी आलोचना को आकर्षित करना था। अत: मैंने सरकार को उसके विरुद्ध अपनी सलाह दी। मेरी सलाह स्वीकार कर ली गई और वह प्रस्ताव त्याग दिया गया।

विदेश यात्राओं के प्रसंग

सोवियत रूस और बुलगेरिया में

राष्ट्रपति के पद पर तीन वर्ष कार्य करने के उपरान्त ही मैंने अपनी प्रथम सरकारी विदेश यात्रा की। मैं सितम्बर सन् 1977 में अमरीका अपना ऑपरेशन द्वारा उपचार करवाने गया था। सितम्बर 1980 के अन्त में, राष्ट्रपति पद धारण करने के तीन वर्ष से कुछ अधिक समय बाद मैं सोवियत यूनियन और बुलगेरिया की दो सप्ताह की राजकीय यात्रा पर चल दिया। इससे पूर्व मैंने दो बार केन्द्रीय सरकार के इस्पात मंत्रालय के कैबिनेट मंत्री के रूप में सन् 1965 में और लोक सभा अध्यक्ष रूप में सन् 1968 में यात्राएं की थीं और उस विशाल देश को कुछ देखा था। इससे दस वर्ष पूर्व सन् 1970 में वी०वी० गिरि ने राष्ट्रपति के नाते यात्रा की थी। यह सत्य है कि राष्ट्रपति के रूप में मेरी प्रथम विदेश यात्रा सोवियत यूनियन की थी, उस महत्व को दर्शाता है जो दोनों देश पारस्परिक मित्रता को देते हैं। यात्रा में अन्य लोगों के अतिरिक्त मेरी पत्नी तथा पेट्रोलियम मंत्रालय के केन्द्रीय मंत्री वीरेन्द्र पाटिल मेरे साथ थे। हम 29 सितम्बर 1980 को स्थानीय समय के अनुसार सायं 6 बजे मास्को पहुंचे (भारतीय मानक समय से लगभग ढाई घंटे पूर्व), हवाई अड्डे पर सोवियत प्रेसीडेण्ट लेयनाइड ब्रेझनेव, प्रधानमंत्री तिरवोनोव, विदेश मंत्री ए० ग्रोमीकोव और उनके उच्च साथियों ने हमारा स्वागत किया। हम क्रेमलिन में ठहरे।

दूसरी सुबह मैंने वी० आई० लेनिन के स्मारक और अज्ञात सिपाहियों के स्मारक पर पुष्पहार अर्पित किया। इसके पश्चात् सोवियत प्रेसीडेण्ट के साथ मेरी

लगभग सौ मिनटों तक विस्तृत वार्ता हुई। यह वार्ता झाड़-फानूसों और चमक-दमक से सुशोभित क्रेमलिन के विशाल कक्ष (हॉल) में हुई थी। दोनों पक्षों ने भारत सोवियत संबंधों के पहले से अधिक मजबूत हाने पर प्रसन्नता प्रकट की और सहमति प्रकट की कि दोनों पक्षों को अपने सौहार्दपूर्ण संबंधों का उपयोग विश्व शांति की बुद्धि में करना चाहिए। सोवियत पक्ष ने अपनी अफगानिस्तान संबंधी सर्वविदित स्थिति की पुष्टि की और दक्षिण तथा दक्षिण पश्चिमी एशिया से संबंधित विकास पर भारत की स्थिति और समझदारी की सराहना की। ब्रेझनेव ने भारत की तटस्थता नीति की बहुत प्रशंसा की।

सायं एक भोज में सोवियत प्रेसीडेण्ट ने कहा कि ईरान और ईराक को अपने विवाद मित्रता की भावना से हल करने चाहिए और जो विषय समझौते से शीघ्र हल न हो पाएं, उन्हें बाद में और अधिक उचित दिन हल करने के लिए छोड़ देना चाहिए। उन्होंने बिगड़ती हुई अन्तर्राष्ट्रीय स्थिति का भी जिक्र किया।

मैंने अपने उत्तर में बताया कि किस प्रकार विज्ञान और टेकनॉलाजी से एक एक ओर मानव जाति को अपार लाभ पहुँच रहा है, वहीं दूसरी ओर किस प्रकार इसने कुछ देशों को अपार विनाश करने वाले नए अस्त्रों का निर्माण करने की शक्ति प्रदान की है। मैंने कहा कि मुझे भय है कि विश्व शीतयुद्ध के नए युग की ओर बढ़ रहा है। मैंने आगे बताया कि इसके बावजूद भी भारत आशा करता है कि सद्‌बुद्धि की विजय होगी और वह मानवता की रक्षा करेगी। मैंने ब्रेझनेव द्वारा यूरोप में तनाव कम करने के प्रयत्नों की प्रशंसा की। मैंने बताया कि सोवियत यूनियन ने जिसे कठिनाई से एक पीढ़ी पूर्व द्वितीय विश्व युद्ध के दौरान बहुत अधिक कष्टों का सामान करना पड़ा था, आज देश के आर्थिक और सामाजिक पुनर्निर्माण के लिए अपने को समर्पित कर दिया है और इसलिए विश्वशान्ति के प्रति उसकी आस्था स्वाभाविक है। अन्त में मैंने भारत द्वारा यूनियन के साथ अपने सम्बन्धों को दिए जाने वाले महत्त्व पर बल दिया।

मास्को यात्रा के अन्त में, मैंने सोवियत वासियों को टेलीविजन के माध्यम से सम्बोधित किया। इसमें मैंने बताया कि सोवियत यूनियन के प्रेसीडेण्ट से हुई मेरी वार्ता सौहार्दपूर्ण तथा उन घनिष्ट संबंधों की विशेषताओं से पूर्णरही जो भारत और सोवियत संघ के मध्य हैं। मैंने घोषित किया कि दोनों देशों की आपसी मित्रता किसी के भी विरुद्ध नहीं हैं। हमारी सामाजिक और आर्थिक प्रणाली में

अन्तर होने के बावजूद, हमारे दोनों देशों में घनिष्ट सहयोग से कार्य करने की इच्छा है और इसमें हम विश्वशान्ति के महान और समान लक्ष्य से प्रेरित हुए हैं।

मैं यहाँ एक घटना का वर्णन करना चाहूँगा जिसने हमारी मास्को यात्रा के आनन्द को कम कर दिया। यह मेरे द्वारा प्रथम अक्तूबर को ब्रेझनेव के सम्मान में दिए जाने वाले रात्रि प्रीति भोजन में उनकी अनुपस्थिति से संबंधित थी। दूसरे दिन सोवियत विदेश मंत्री मुझसे भेंट करने आए और मेरे साथ करीब आधा घंटा गुजारा, और ब्रेझनेव की अनुपस्थिति के कारण बताते रहे। लेनिनग्राड को विदा होते समय प्रातःकाल ब्रेझनेव ने बिना पूर्व निश्चित कार्यक्रम के मेरे साथ लगभग चौथाई घंटे तक भेंट वार्ता की। वास्तव में, वह मुझे शान्त करने के लिए मेरे साथ हवाई अड्डे तक आए। रात्रि भोज में अपनी अनुपस्थिति के कारणों पर प्रकाश डालते हुए उन्होंने बताया कि उनको कुछ पूर्व निश्चित आवश्यक कार्य करने थे और उनके एक घनिष्ठ मित्र और सहकर्मी के यहाँ मृत्यु शोक हो गया था जिसमें उन्हें व्यस्त होना पड़ा। यह कारण सन्तोषजनक नहीं लगते थे। कुछ स्रोतों ने बताया कि सोवियत प्रेसीडेण्ट प्रायः आने वाले विदेशी अतिथियों द्वारा दी गई दावतों में उपस्थित नहीं होते। यह भी मुझे स्वीकार योग्य नहीं लगा क्योंकि अगर ऐसा होता, मास्को में स्थित हमारे दूतावास को इसकी जानकारी अवश्य होती और उसने मुझको सूचित कर दिया होता है। दूसरा कारण यह बताया गया था कि सोवियत नेता हमारी सरकारी वार्ता में मेरे इस कथन "अफगानिस्तान की बलशाली स्वतन्त्र जनता के प्रति हमारी मित्रता की भावना" पर नाराज हो गए थे। मुझे संदेह है कि अफगानिस्तान से संबंधित मेरे कथन में कोई ऐसी बात रही हो जो पहले ही सरकारी रूप से इस समस्या के प्रति भारतीय दृष्टिकोण में नहीं कहीं गई हो। विशेष रूप से उद्धृत उपर्युक्त शब्दों द्वारा कोई नाराजगी नहीं हो सकती।

सोवियत प्रसीडेण्ट ने जिन्हें रात्रि भोज में मुख्य अतिथि होना था, यह संदेश भिजवा दिया था कि वह नहीं आ सकेंगे, मैंने रात्रि भोजन में नहीं जाने का निर्णय किया। केन्द्रीय कैबिनेट मंत्री जो मेरे साथ गए थे, उन्होंने रात्रि भोज में आतिथेय की भूमिका निभाई।

तथापि इस घटना से हमारे दोनों देशों के आपसी संबंधों पर कोई प्रभावी नहीं पड़ा।

सोवियत राजधानी में अपने ठहरने की अवधि में मुझे मास्को राज्य विश्व विद्यालय ने डाक्टरेट की उपाधि से सम्मानित किया।

मैं 3 अक्तूबर को मास्को से लेनिनग्राड के लिए विदा हुआ। मास्को हवाई अड्डे पर ब्रेझनेव, ग्रोमीकोव और अन्य लोगों ने मुझे विदाई दी। लेनिनग्राड में, मेरा स्वागत लेनिनग्राड कम्युनिस्ट पार्टी के प्रथम सचिव तथा केन्द्रीय पोलितब्यूरो के सदस्य, गिओग्री रोमानोव ने किया। यहाँ के कार्यक्रम में अन्य कार्यों के अतिरिक्त लेनिनग्राड की रक्षा करने वालों के स्मृति स्थल पर पुष्पमाला अर्पित करना, स्मोलनी जाना जहाँ से लेनिन ने अपनी 1917 की क्रांति का प्रारम्भ किया था, लेनिन स्मृति संग्रहालय देखना था। रोमानोव ने मुझे यह स्थल दिखलाए।

मैं 5 अक्तूबर को वोल्गोग्राड (पहले स्टालिनग्राड) देखा। वहाँ लड़ी हुई भयानक लड़ाइयों और वहां के लोगों के वीरतापूर्ण बलिदान ने द्वितीय विश्व युद्ध का नक्शा बदल दिया था और नाज़ियों की पराजय का प्रारम्भ किया था। मैंने नगर के पांच लाख लोगों के वीरतापूर्ण युद्ध और अपनी मातृभूमि की रक्षा में उनके अनुपम बलिदान के प्रति अपनी श्रद्धांजलि अर्पित की। मैंने इससे पूर्व इस नगर का दर्शन यूनियन कैबिनेट मंत्री के रूप में किया था। मैंने ऐतिहासिक स्थलों को, जिनमें नगर के मध्य में स्थित स्तम्भ है, भी देखे। बाद में, मैं जियोजिया के तिविलिसी नगर गया, स्टालिन इसी रिपब्लिक का निवासी था।

मेरे सम्मान में 6 अक्तूबर को जियोजिया की संसद और मंत्रिपरिषद् ने एक रात्रि भोज दिया। रिपब्लिक की कम्युनस्टि पार्टी के प्रथम सचिव, प्रेसीडेण्ट तथा प्रधानमंत्री सहित अन्य नेताओं से भी मेरी भेंट हुई। मैंने जब एक सप्ताह अवधि की अपनी यात्रा समाप्त की उस समय देश के जन प्रचार माध्यमों द्वारा मेरे आगमन की दो भिन्न सामाजिक व्यवस्था और दृष्टिकोण वाले देशों के मध्य आपसी संबंधों तथा सहयोग के 'उज्ज्वल उदाहरण' के रूप में सराहना की गई।

7 अक्तूबर को मैं तिबलिसि से बुलगारिया की राजकीय यात्रा पर चल दिया। जैसे ही हम उस देश में पहुंचे, राष्ट्रपति के विमान की रक्षा के लिए बुलगारिया की वायु सेना के जेट्स विमान कुछ दूर तक चले। राजधानी नगर सोफिया पहुंचने पर मेरा स्वागत बुलगारिया के प्रेसीडेण्ट टोडोर झिवकोव, प्रधानमंत्री टोडोरोव तथा अन्य राज्यकीय अधिकारियों ने किया। हवाई अड्डे से

बोयाना, स्टेट रजिडेन्स तक के बीस मील लम्बे मार्ग में असाधारण संख्या में लोग हमारा हर्षपूर्ण स्वागत करने के लिए आए थे। स्टेट रजिडेन्स जाने के मार्ग में (मेयर) नगर महापार्षद ने नगर निवासियों तथा नगर शासन की ओर से मेरा स्वागत किया। सदभावना और स्वागत के प्रतीक रूप में मुझे नमक और मिर्च के चूर्ण के साथ रोटी का एक टुकड़ा खाने के लिए भेंट किया गया। किसी के साथ मिलकर रोटी खाना अच्छे साथी होने का पारम्परिक प्रतीक है।

बाद में मैंने झिवकोव और बुलगारिया के अन्य नेताओं के साथ अन्तर्राष्ट्रीय स्थिति तथा आपसी संबंधों पर एक घंटे से ऊपर तक वार्तालाप किया। दोनों पक्ष दूसरे युद्ध को छिड़ने से रोकने की परम आवश्यकता पर सहमत थे। उन्होंने कहा कि पूरे विश्व के लिए शान्ति एक अनिवार्य और तत्कालिक आवश्यक आवश्यकता है। बुलगारिया के नेताओं ने भारत की तटस्थ विदेश नीति की प्रशंसा की।

मैंने अपने सम्मान में दिए गए एक भोज में, संसार के लोगों से आर्थिक असमानता की समस्या को और अधिक राजनैतिक इच्छा शक्ति से हल करने का आग्रह किया।

दूसरे दिन मैंने गिओरगी दिमित्रोव का स्मारक देखा और पुष्पहार अर्पित किया। मैं राजनयिक मिशन के उच्च अधिकारियों से भी मिला और बुलगारिया में स्थित भारतीय राजदूत द्वारा दिए गए स्वागत समारोह में सम्मिलित हुआ। इसके बाद मैंने बुलगारिया के प्रेसीडेण्ट के सम्मान में एक रात्रि प्रीतिभोज दिया। इसके बाद के तीन दिनों की अवधि में मुझे स्टारा जागोरा और वर्ना के अनेकों दर्शनीय स्थल दिखलाए गए। मैं रविवार, 12 अक्तूबर को नई दिल्ली वापस लौट आया।

केन्या और ज़ाम्बिया यात्रा

नई दिल्ली से मैं केन्या और जाम्बिया की राजकीय यात्रा पर शनिवार 30 मई, 1981 को रवाना हुआ। इस बार मेरे साथ अन्य लोगों के अतिरिक्त रेलवे के केन्द्रीय मंत्री केदार पाण्डेय थे। मेरा स्वागत नैरोबी में जोमो केन्याटा अन्तर्राष्ट्रीय हवाई अड्डे पर केन्या के प्रेसीडेण्ट डेनियल अरप मोइ ने किया। हवाई अड्डे पर दिए गए अपने भाषण में मैंने कहा कि इस क्षेत्र के निरन्तर विकास के लिए पहली आवश्यकता सर्वोच्च स्तर पर दृष्टिकोणों का आपसी विनिमय करके तनाव कम करने की है। मैंने आगे कहा कि भारत और केन्या

राष्ट्र निर्माण के कार्य में एक दूसरे के अनुभवों से काफी लाभ उठा सकते हैं। विज्ञान और टेकनालॉजी के क्षेत्र में दोनों देशों के मध्य और अधिक सहयोग बढ़ाने का मैंने आग्रह किया।

बाद में, मैंने केन्या के प्रेसीडेण्ट के साथ आधे घंटे से भी अधिक समय तक वार्तालाप किया। प्रेसीडेण्ट मोइ ने भारत की तकनीकी प्रगति की प्रशंसा करते हुए अनुभव किया कि केन्या जैसा विकासोन्मुख देश आत्मनिर्भर होने के प्रयत्नों में भारत के अनुभव से लाभ उठा सकता है।

शाम को प्रेसीडेण्ट मोइ ने मेरे सम्मान में भोज दिया। इस अवसर पर अपने भाषण में उन्होंने सुझाव दिया कि तीसरी दुनिया के देशों को अपने स्रोतों को मानव उन्नति के लिए एक जुट करना चाहिए। उन्होंने आशा व्यक्त की कि दोनों देश अपने किसानों, अधिकारियों, व्यापारियों, वैज्ञानिकों और अन्य लोगों को एक दूसरे के देश में भेजेंगे ताकि दोनों देश अधिक निकट आ सकें जिससे टेकनालॉजी और व्यापारिक निवेश का स्थानान्तरण हो सके। उनके भाषण के उत्तर में, मैंने दोनों देशों के लिए विशेष महत्त्व के विभिन्न विषयों पर प्रकाश डाला। सन 1971 के संयुक्त राष्ट्र संघ (UN) के प्रस्ताव के बाद भी भारतीय सागर शांति क्षेत्र बनने से बहुत दूर है। इसके विपरीत, समुद्रतटवर्ती तथा पश्च स्थित राज्यों की घोषित इच्छाओं के विरुद्ध महाशक्तियों की सैन्यशक्तियों में वृद्धि हो रही है। मैंने संसार के विभिन्न भागों में बढ़ते हुए विश्वव्यापी आपसी विरोध के प्रति भारत की चिन्ता प्रकट की। मैंने कहा कि इस आपसी विरोध का प्रभाव भारतीय सागर और दक्षिणी पश्चिमी एशिया में भी अनुभव किया जा सकता है। दक्षिणी अफ्रीका के स्वतंत्रता आंदोलन, नामिबिया की स्वतन्त्रता तथा रंग भेद की अमानवीय प्रणाली के विरुद्ध संघर्ष करने के प्रति मैंने भारत के पूर्ण समर्थन को दोहराया। मैंने अफगानिस्तान की क्षेत्रीय अखंडता, प्रभुसत्ता और तटस्थ स्थिति को पूरा सम्मान दिये जाने का भी समर्थन किया। जहाँ तक पश्चिम एशिया का संबंध है, मैंने यह स्पष्ट कर दिया कि जब तक इज़रायल को समस्त अरब क्षेत्र से पीछे जाने के लिए विवश नहीं किया जाता, तब तक उचित और स्थायी शान्ति की कोई सम्भावना नहीं है।

दूसरे दिन रविवार था, मैं प्रसिद्ध मसाई मारा अभय वन देखने गया। यह नैरोबी के पश्चिम में 270 किलोमीटर दूर स्थित है। हम वन्य जीवन को देख

सके इसलिए हमारी मोटरकारों का दल सूखी लंबी घास से गुजरा। शेरों, हाथियों, जेबरा, जिर्राफ, जंगली भैंसों, दरियाइ घोड़ों का पता लगाने के लिए केन्या वायु सेना का एक विमान हमारे ऊपर नीचे उड़ान भर रहा था और ऊपर से रेडियो द्वारा हमारे मोटकार दल को दिशा निर्देशन दे रहा था।

इस प्रकार हमने वन्य जीवन को बहुत निकट से देखा और मैंने अपने मेजवान को इसके लिए धन्यवाद दिया। मुझे एक ही निराशा थी कि मैं चीता नहीं देख सका जिसके लिए वह प्रदेश पूरे विश्व में विख्यात है।

सोमवार पहली जून को मैं केन्या के स्वशासन वार्षिक मदाराका दिवस समारोह का विशेष अतिथि बना। केन्या के राष्ट्रपति ने संस्कृति, प्रतिभा और कुशलता के क्षेत्र में भारत और कन्या के मध्य सार्थक तथा क्रियात्मक सहयोग विकसित करने का निश्चय प्रकट किया। अधिकारिक औपचारिकता की चिन्ता न करते हुए उन्होंने मुझे वहां विशाल संख्या में उपस्थिति श्रोताओं को भाषण देने के लिए मंच पर आमंत्रित किया। हमने अपने भाषणों में नामिबिया से दक्षिणी अफ्रीका की तत्काल वापसी की और उस देश को स्वतंत्रता प्रदान करने की मांग की। हमने यह भी दोहराया कि किस प्रकार हमारे दोनों देशों ने रंग भेद की अमानवीय प्रणाली के विरुद्ध संघर्ष में साथ-साथ काम किया ताकि दक्षिणी अफ्रीका की जनता अपने मानवीय और राजनैतिक अधिकार प्राप्त कर सके।

उस दिन बाद में, भारतीय मूल के निवासियों द्वारा आयोजित एक कार्यक्रम में शामिल हुआ। मैंने उनको केन्या निवासियों की महत्त्वाकांक्षाओं और इच्छाओं के साथ एकात्म होने की सलाह दी।

मैंने 2 जून, मंगलवार को नैरोबी से ज़ाम्बिया की चार दिवसीय राज्यकीय यात्रा के लिए लुसाका प्रस्थान किया। विमान पर चढ़ने से पूर्व हवाई अड्डे पर दिए अपने संक्षिप्त भाषण में मैंने कहा कि स्वतंत्रता प्राप्ति के बाद केन्या द्वारा की गई औद्योगिक प्रगति से मैं प्रभावित हुआ हूं और हमारे दो देशों के बीच बढ़ता हुआ आर्थिक और तकनीकी सहयोग दोनों के लिए लाभदायक होगा।

ज़ाम्बिया की राजधानी पहुंचने पर मेरी अगवानी वहां के प्रेसीडेण्ट केनेथकुआन्डा, पार्टी के जनरल सेक्रेटरी हम्फ्री मुलेम्बा, प्रधानमंत्री नालूमिनो मुंडिया तथा अन्य ने की।

उस दिन सरकारी वार्तालाप से पूर्व मैंने उन लोगों के सम्मान में जिन्होंने ज़ाम्बिया के स्वतंत्रता संग्राम में अपना जीवन त्याग दिया था, स्वतंत्रता की मूर्ति पर पुष्पहार अर्पित किया।

सरकारी वार्तालाप के दौरान एक घंटे से भी अधिक समय तक आर्थिक विषय से संबंधी विस्तृत विनिमय हुआ। मैंने प्रेसीडेण्ट कॉण्डा (Kaunda) को बताया कि दक्षिणी अफ्रीका के पिउपिल्स ऑरगनाइजेशन (स्वापो) को दिल्ली में अपना कार्यालय स्थापित करने की अनुमति देना भारत की दक्षिणी अफ्रीका के स्वतंत्रता आन्दोलन को सहायता देने की नीति के अनुरूप है। मैंने ज़ाम्बिया के प्रेसीडेण्ट को आश्वासन दिया कि भारत उन सभी ठोस प्रस्तावों पर ध्यान देगा जो ज़ाम्बिया कृषि और ग्रामीण विकास तथा औद्योगिक विकास के क्षेत्र में करेगा। लगभग पांच हजार भारतीय विशेषज्ञ ज़ाम्बिया में पहले से ही कार्य कर रहे हैं। उस समय भी भारतीय रेलवे मंत्रालय का प्रतिनिधिमंडल वहाँ पर यह पता लगाने के लिए है कि ज़ाम्बिया में रेलवे के विकास में भारत किस प्रकार सर्वोत्तम रीति से सहायता कर सकता है। भारत और ज़ाम्बिया आर्थिक विकास में सहयोग के लिए एक ज्वाइन्ट कमीशन बनायेंगे।

दूसरे दिन मैं लुसाका से लगभग 350 किलोमीटर दूर किटबे की सम्पन्न तांबा खानों को देखने गया। किटवे में भारतीय मूल के अनेकों लोग हैं। नगर की लगभग सारी जनता हमारे स्वागत के लिए आई। वहाँ पहुँचने पर अपने स्वागत तथा मध्याह्न भोज में भाषण देते हुए मैंने दोनों देशों की आपसी और अन्तर्राष्ट्रीय विषयों की समानता के बारे में बताया। मैंने ज़ाम्बियावासियों को आश्वासन दिया कि जब भी आवश्यकता होगी उन्हें भारतीय विशेषज्ञ उनकी सम्पन्न धातुओं की संपत्ति का सदुपयोग करने में सहायता देने के लिए उपलब्ध रहेंगे।

भारतीय लोगों को संबोधित करते हुए मैंने कहा कि अन्तर्राष्ट्रीय समझदारी के लिए 1979 का जवाहरलाल नेहरू पुरस्कार अफ्रीका के स्वतंत्रता सेनानी नेल्सन मंडेला को प्रदान करना भारत का दक्षिणी अफ्रीका की जनता के उद्देश्य के प्रति दृढ़ वचनबद्धता का प्रतीक है। अनेकों वर्षों पूर्व महात्मा गांधी द्वारा उनके लिए संघर्ष करने का मैंने वर्णन किया। मैंने कहा कि भारत और ज़ाम्बिया दोनों के आदर्शों की समानता के कारण वे एक दूसरे के निकट हैं; दोनों देशों ने साम्राज्यवाद, उपनिवेशवाद और जाति भेदवाद के विरुद्ध संघर्ष किया और वे एक

ऐसे समाज की स्थापना का प्रयत्न करने में जुटे हैं जिसमें मनुष्य का मनुष्य द्वारा शोषण न हो और जो समानता तथा व्यक्ति की गरिमा पर आधारित हो। मैंने बताया कि गुटनिरपेक्षता की नीति विश्वशांति के लिए एक स्वतंत्र और सक्रिय शक्ति है। मैंने भारतीय मूल के निवासियों से आग्रह किया कि जिस देश को उन्होंने अपना लिया है उसके साथ एकात्मकता का भाव रखें और ज़ाम्बिया के राष्ट्रीय जीवन की मुख्य धारा में शामिल हो; उनकी सम्पन्नता जाम्बिया की सम्पन्नता से जुड़ी है। यह देखकर कि उनमें से अधिकांश व्यापार अथवा सार्वजनिक सेवा में लगे हैं, मैंने सुझाव दिया कि वे कृषि भी शुरू करें क्योंकि ज़ाम्बिया में कृषि विकास की विशाल संभावना है।

उसी दिन स्वापो (SWAPO) के प्रेसीडेण्ट मुझसे भेंट करने आए।

बृहस्पतिवार 4 जून को मैं लिविंगस्टन में 'विक्टोरिया फाल' देखने गया। यह लुसाका से 475 किलोमीटर दूर एक पर्यटन केन्द्र है। 'विक्टोरिया फाल' संसार के आश्चर्यों में से एक माना जाता है, यहाँ जाम्बेजी नदी का 1600 मीटर चौड़ा मुहाना सीधे सौ मीटर नीचे भूमि पर गिरता है।

शुक्रवार 5 जून को प्रेसीडेण्ट कॉण्डा ने मेरे सम्मान में रात्रि भोज दिया। मैंने इस अवसर पर कहा कि पूरे अन्तर्राष्ट्रीय समुदाय के लिए यह गहना चिन्ता का एक विषय है कि जिम्बावे में स्वतंत्रता का आलोक हो जाने के बाद भी दक्षिणी अफ्रीका के जातिभेद से शासित शेष क्षेत्रों में स्वतंत्रता की आशाओं को बुझाने के घृणित प्रयत्न किए जा रहे हैं। मैंने ज़ाम्बिया तथा दक्षिणी अफ्रीका का सामना करने वाले अन्य राज्यों और मुक्ति आंदोलनों को भारतीय जनता और सरकार द्वारा दिये जाने वाले समर्थन को दोहराया ताकि दक्षिण अफ्रीका और नामीबिया की बहुत समय से दमित जनता को स्वतंत्रता और मानव अधिकारों की प्राप्ति हो सके। मैंने इस विषय में संतोष प्रकट किया कि दोनों देश राष्ट्रमंडल, गुटनिरपेक्ष आंदोलन, संयुक्त राष्ट्र संघ और अन्य मंचों में घनिष्ठ सहयोग से कार्य कर रहे हैं, तथा आज की मुख्य आर्थिक, सामाजिक और राजनैतिक समस्याओं को हल करने एवम् विश्व तनाव को कम करने में अपना योगदान कर रहे हैं। जहाँ तक आपसी संबंधों का प्रश्न है, मैंने कहा कि भारत ज़ाम्बिया के हित से संबंधित प्रत्येक क्षेत्र उद्योग, कृषि, शिक्षा और कार्मिक प्रशिक्षण में अपने अनुभव और विशिष्ट ज्ञान का सहयोग देने के लिए तत्पर है।

शनिवार 6 जून को मैं घर वापिस चल दिया।

इंग्लैण्ड के प्रिन्स चार्ल्स का विवाहोत्सव

जून 1981 में विदेश मंत्रालय के माध्यम द्वारा मुझे 29 जुलाई 1981 को प्रिंस चार्ल्स के विवाह में सम्मिलित होने का निमंत्रण मिला। चूंकि यह निमंत्रण राज्य की अध्यक्षा इंग्लैंड की महारानी की ओर से सिंहासन के स्पष्ट उत्तराधिकारी अपने पुत्र के विवाह में भारत के राष्ट्राध्यक्ष को आमंत्रित करने के लिए था, मैंने सोचा कि मेरे लिये निमंत्रण स्वीकार करना और विवाह में सम्मिलित होने के लिए लंदन जाना उचित होगा।

इसी बीच मुझे अनौपचारिक रूप से यह सूचना मिली कि प्रधानमंत्री इंदिरा गांधी और उनके परिवार ने विवाह में सम्मिलित होने के लिए लंदन जाने की तैयारियां प्रारम्भ कर दी हैं। समाचार पत्रों में भी यह समाचार प्रकाशित हुआ। एक समाचार पत्र की रिपोर्ट में प्रधान मंत्री और उनके पारिवारिक सदस्यों की प्रस्तावित यात्रा के बारे में लिखते हुए जोड़ा गया था कि राष्ट्रपति को 'भी' आमंत्रित किया गया है।

यह विचित्र प्रतीत होता है कि मुझे भेजे गये निमंत्रण के संबंध में मुझसे बिल्कुल बातचीत नहीं की गई। उसे प्राप्त करने के बाद मैं पर्याप्त समय तक दिल्ली में था। मैं जब हैदराबाद में जून के माह में था, यह खबर समाचार पत्रों में प्रकाशित हुई थी। तब मैंने अपने सेक्रेटरी को आदेश दिया कि वह तत्काल दिल्ली जाये और सरकार के संबंधित अधिकारियों द्वारा मेरे शाही विवाह में सम्मिलित होने के लिए इंग्लैण्ड जाने का प्रबंध करवाये।

इस स्थिति में, विदेश मंत्रालय के मंत्री पी० वी० नरसिंहा राव हैदराबाद मुझसे मिलने आये। उनका उद्देश्य मुझे विवाह में शामिल न होने के लिए राजी करना था। जब उन्होंने बताया कि प्रधान मंत्री जाने का निश्चय कर चुकी हैं और सुझाव दिया कि मैं विवाह में सम्मिलित होने का अपना विचार त्याग दूं। मैंने उनको स्पष्ट रूप से बता दिया कि भारत में राज्य का अध्यक्ष होने के नाते मेरे लिए दूसरे राज्याध्यक्ष द्वारा भेजे अपने पुत्र के विवाह के निमंत्रण पर जाना सर्वथा उचित है। मैंने उन्हें बताया कि यह मात्र एक समारोह अवसर है जब प्रधानमंत्री को इंग्लैण्ड की सरकार के सदस्यों तथा अन्य राज्याध्यक्षों से कोई सार्थक वार्ता

करने का अवसर नहीं मिल पायेगा। इन परिस्थितियों में, मैंने कहा, प्रधान मंत्री का यूनाइटेड किंगडम (इंग्लैण्ड) जाने का वास्तव में कोई लाभ नहीं है। इसके बावजूद भी यदि वह जाना चाहती हैं तो वह भी जा सकती हैं। मैंने आगे बताया कि क्योंकि मैं पहले से जाने का निश्चय कर चुका था इसलिए मैंने अपने सेक्रेटरी को अपनी यात्रा के आवश्यक प्रबन्ध करने के लिए दिल्ली भेज दिया है।

तब मंत्री ने कहा कि प्रधानमंत्री और राष्ट्रपति का एक ही समय देश से बाहर रहना अनुचित होगा। मैंने उत्तर दिया कि लंदन जाने का मेरा निर्णय निश्चित है और जब मेरे लिए निमंत्रण भेज गया था, सरकार को मुझसे सलाह लेकर मेरी इंग्लैण्ड यात्रा के लिए प्रबंध करने चाहिए थे। यदि किसी कारणवश, यह विचार बन गया था कि मुझे इंग्लैण्ड नहीं जाना है, प्रधान मंत्री को इस विषय पर मुझ से व्यक्तिगत बातचीत करनी चाहिए थी। लेकिन सरकार ने पहले कोई कार्यवाही नहीं की थी और काफी समय बाद विदेश मंत्री मुझे जाने से रोकने का आग्रह करने आये थे। मैं इससे पूर्व कई बार इंग्लैण्ड हो आया था और मेरी दो या तीन दिन के लिए लंदन जाने की कोई बड़ी इच्छा नहीं है। मुझे दिए गए निमंत्रण को सरकार ने जिस साधारण रीति से लिया था, उसने मुझे दृढ़ स्थिति लेने के लिए विवश किया। यहाँ यह उल्लेख करना उचित होगा कि आस्ट्रेलिया के प्रधानमंत्री तथा गर्वनर जनरल दोनों ही इस विवाह में सम्मिलित होने के लिए काफी समय तक अपने देश से बाहर रहे।

सोमवार 27 जुलाई को मैं विवाह तथा अन्य समारोहों में शामिल होने के लिए लंदन गया और 1 अगस्त को भारत वापस आ गया।

मेरे लौटन के शीघ्र बाद एक समाचार पत्र में एक पक्षपातपूर्ण रिपोर्ट मेरी इंग्लैण्ड यात्रा को गलत रूप में प्रस्तुत करने के लिए प्रकाशित हुई। इस रिपोर्ट में बताया गया कि मेरी यात्रा पर सरकारी कोश से 50,00,000 रुपयों की राशि व्यय हुई और राष्ट्रपति पर सरकारी अधिकारियों तथा जन प्रचार माध्यमों द्वारा बहुत कम ध्यान दिया गया। अपनी यात्रा की पृष्ठभूमि जानने के कारण यह स्वाभाविक था कि यह मुझे किसी के द्वारा प्रेरित की गई रिपोर्ट लगी। मैंने अनुभव किया कि इस रिपोर्ट को सही करवाना आवश्यक है। अधिकांश धन एयरइंडिया के चार्टर्ड विमान पर हुआ था, जिसे मेरे लंदन में ठहरने के दौरान

कुछ दिनों के लिए वहां रुकना स्वाभाविक था। विमान को सुरक्षा की आवश्यकताओं के अनुसार रोका गया था। मैं अपने साथ न्यूनतम कर्मचारी ले गया था। अपने स्टाफ के उच्च सदस्यों सहित में लंदन के भारतीय उच्चायुक्त भवन में ठहरा था। हमारे ठहरने पर जो व्यय हुआ था वह किसी तरह से अधिक नहीं था। सरकार द्वारा मुझे उचित सम्मान दिया गया था और विवाह समारोह, महारानी द्वारा दिये भोज और प्रधान मंत्री द्वारा दिये मध्याह्न भोज पर मेरे साथ उचित एवं सम्मानपूर्ण व्यवहार किया गया था। यह कहना बिलकुल सच नहीं है कि जन प्रचार माध्यमों द्वारा मेरी उपेक्षा की गयी थी। मेरे संबंध में समाचार पत्रों, अन्य प्रचार माध्यमों में लिखा गया था और मेरा फोटोग्राफ कुछ दैनिक पत्रों में भी प्रकाशित हुआ था। मेरा इस प्रकार लिखना अहंकार प्रतीत हो सकता है परंतु गलत तथ्य को सही लिखने के लिए मैं विवश हूँ।

तथापि यह विदेश मंत्रालय ही था जिसने अनिच्छा से मेरी यात्रा का प्रबंध किया था, जैस कि वह राष्ट्रपति की सभी विदेश यात्राओं का प्रबंध करता है। अत: यह उस मंत्रालय का कार्य था कि वह इस बारे में सही स्थिति प्रेस को बताये या प्रेस नोट जारी करे। तथापि उसने क्योंकि ऐसा कोई कदम नहीं उठाया, मैंने अपने अधिकारियों को आदेश दिया कि वह तत्काल विदेश सचिव से इस संबंध में बात करें। फलस्वरूप उस मंत्रालय के एक प्रवक्ता ने अपनी दैनिक प्रेस बैठकों में शीघ्र ही स्थिति को स्पष्ट कर दिया। अन्य विषयों के साथ उसने यह भी स्पष्ट कर दिया कि उक्त प्रेस रिपोर्ट में यात्रा पर हुए व्यय को बहुत अधिक बताया गया था।

इण्डोनेशिया और श्रीलंका की राजकीय यात्राओं का स्थगन

अगस्त 1981 में मेरी इण्डोनेशिया और श्रीलंका की राजकीय यात्राओं की योजना उन दोनों देशों की सरकारों से सलाह लेकर बनाई गई थी, परन्तु यह बाद में विचित्र परिस्थितियों में स्थगित कर दी गई। इण्डोनेशिया की यात्रा के साथ ही उसके बाद मेरी श्रीलंका की यात्रा होनी थी।

सन् 1981 के जून माह में जबकि मैं हैदराबाद में था, प्रधानमंत्री ने मुझ-से फोन पर बात की और मुझे अपनी श्रीलंका यात्रा स्थगित करने की सलाह दी। उन्होंने मुझे बताया कि वह 'ऊर्जा के वैकल्पिक स्रोतों' पर आयोजित एक

अन्तर्राष्ट्रीय सम्मेलन में जाने का निर्णय कर चुकी हैं जो कि उसी अवधि में है जब कि मेरी प्रस्तावित श्रीलंका यात्रा है और उन्हें सलाह दी गई है कि परम्परा अनुसार राष्ट्रपति तथा प्रधानमंत्री दोनों एक ही समय में देश से बाहर नहीं रह सकते हैं। मैंने उन्हें बताया कि वह जिस परम्परा की बात कर रही हैं उसकी मुझे जानकारी नहीं है और हमारे लिए यह उचित नहीं होगा कि बहुत पहले से अतिथेय देश के साथ निश्चित की गयी यात्रा को स्थगित या रद्द कर दिया जाये। यदि कोई ऐसी परिस्थिति उत्पन्न होती है जिसमें मेरा स्वदेश लौटना आवश्यक हो जाये तो मैं श्रीलंका से विमान द्वारा एक घंटे के अंदर भारत लौट सकता हूं तथा मेरे द्वारा अपने कार्यक्रम के अनुसार चलने में कोई बड़ी आपत्ति नहीं उठायी जा सकती। इस पर प्रधानमंत्री बोलीं कि तामिलनाडु के एक संसद सदस्य ने उन्हें सलाह दी है कि ऐसे समय में जब उस देश में तमिल विरोधी दंगे हो रहे हैं राष्ट्रपति द्वारा श्रीलंका की यात्रा करना उचित नहीं होगा। मैंने उत्तर दिया कि उस संसद सदस्य को बहुत पहले से जानता हूं, कि मैं उसे सही निर्णय लेने वाला व्यक्ति नहीं समझता और उसने चाहे कितने सही इरादे से सलाह दी हो, हमें उस पर अधिक ध्यान देने की आवश्यकता नहीं। तथापि प्रधानमंत्री अपनी बात पर दृढ़ दिखाई दीं। अतः मैंने उनकी बात स्वीकार कर ली परन्तु मैंने यह भी साफ-साफ कह दिया कि यदि मेरी श्रीलंका यात्रा स्थगित होती है तो मैं इण्डोनेशिया भी नहीं जाऊंगा। मैंने तर्क दिया कि दोनों देशों की यात्रा एक समय में ही निश्चित हुई थी और एक के बाद दूसरे देश जाना था। यदि मेरी इण्डोनेशिया की यात्रा पूर्व कार्यक्रमानुसार होती है और उसके तत्काल बाद होने वाली श्रीलंका यात्रा नहीं होती, दूसरे देश को शिकायत करने का कारण मिल जायेगा। इसके अनुसार ही अगस्त 1981 में होने वाली मेरी इण्डोनेशिया और श्रीलंका की यात्रायें, दोनों ही स्थगित कर दी गईं।

विदेश मंत्रालय ने दोनों देशों की मेरी यात्राएं उस समय से बहुत पहले निश्चित की थीं, जबकि प्रधानमंत्री ने नैरोबी सम्मेलन में जाने का विचार भी नहीं किया था। नैरोबी सम्मेलन का विषय महत्त्वपूर्ण था, वह विशेष रूप से तकनीकी वाद-विवाद के उद्देश्य से था। सरकार के शीर्षस्थ अधिकारियों की उपस्थित की वहां आवश्यकता नहीं थी और यह इस तथ्य से स्पष्ट हो जाता है कि वहां केवल एक अन्य देश के शीर्षस्थ अधिकारी ही उपस्थित थे। मैं अब एक ऐसी उलझन भरी घटना का वर्णन करने जा रहा हूं जो मेरी श्री लंका यात्रा

स्थगन के फलस्वरूप उत्पन्न हो गई थी। जैसा कि मैंने पहले उल्लेख किया है कि मैं जुलाई 1981 के अंत में लंदन में प्रिंस चार्ल्स के विवाह समारोह में सम्मिलित होने गया था। श्रीलंका के राष्ट्रपति जयवर्धने भी वहीं थे। जब हम एक दूसरे से मिले उन्होंने मेरी श्रीलंका यात्रा के स्थगित किये जाने पर निराशा प्रकट की। मैंने उनको समझाया कि ऐसा इसलिए करना पड़ा क्योंकि प्रधानमंत्री को भी उसी समय देश से बाहर जाना था और हम दोनों एक ही समय में देश से बाहर नहीं रह सकते हैं अतः यह निर्णय लिया गया कि मैं देश में ही रहूं। मैंने उनको आश्वासन दिया कि मैं शीघ्र अवसर मिलते ही श्रीलंका यात्रा पर आऊंगा। दुर्भाग्यवश जबकि हम दोनों लंदन में ही थे, प्रधानमंत्री श्रीमती इन्दिरा गांधी ने श्रीनगर में कहा कि श्रीलंका में कुछ स्थानों पर तमिल विरोधी दंगों के कारण मेरी श्री लंका यात्रा को स्थगित करने का निर्णय लिया गया। कुछ समाचार पत्रों में प्रकाशित उनका यह वक्तव्य श्रीलंका के राष्ट्रपति को कहे गये कथन से इतना भिन्न था कि उसने मुझे बड़ी बेढंगी स्थिति में डाल दिया। मैं उनसे यही कह सकता था कि जहाँ तक मेरा संबंध है, मेरी यात्रा स्थगित होने का कारण वही है जो मैंने उन्हें पहले बताया था।

जब दोनों देशों की यात्रा स्थगित की गई थी, विदेश मंत्रालय के सेक्रेटरी गोनासाल्वस को उन देशों को इसका कारण बताने के लिए भेजा गया था। वह श्रीलंका के राष्ट्रपति से मिले थे और उनको बताया था कि मुझे अपनी यात्रा इसलिए स्थगित करनी पड़ी क्योंकि प्रधानमंत्री को भी उस समय एक आवश्यक सम्मेलन में जाना था और हम दोनों एक ही समय देश से बाहर नहीं रह सकते। इस प्रकार सरकारी स्पष्टीकरण भी मेरे द्वारा बताये गए कारण के अनुरूप ही था।

हमारे देश में यह दुर्भाग्य की बात है कि समय-समय पर हिन्दू-मुस्लिम दंगे होते रहते हैं। क्या हम किसी मुस्लिम देश के शीर्षस्थ अधिकारी का इन दंगों के आधार पर भारत यात्रा स्थगित करना उचित और सही कारण समझेंगे? इसका उत्तर स्पष्ट रूप से नकारात्मक है। प्रधानमंत्री का बयान वास्तव में दुर्भाग्यपूर्ण और दोनों देशों के बीच अच्छे संबंध बनाने वाला नहीं था। ठीक इसके बाद 1981 के अगस्त-अक्टूबर में, विदेश मंत्रालय ने मुझे शीघ्र नेपाल यात्रा पर जाने के लिए सहमत करने का प्रयत्न किया। उनका तर्क था कि नेपाल नरेश ने इस बात पर अपनी अप्रसन्नता प्रकट की है कि यद्यपि वे कई बार हाल

ही में भारत आये हैं, भारत के राष्ट्रपति इसके बदले में कभी नेपाल नहीं गये। मैंने विदेश मंत्रालय को कहा कि इण्डोनेशिया और श्रीलंका की यात्राएँ क्योंकि पहले स्थगित कर दी गई थीं, अतः अब मंत्रालय को तीनों देशों की यात्राओं का एक विस्तृत कार्यक्रम मेरे विचारार्थ बनाना चाहिए। इस सुझाव के फलस्वरूप ही मेरी दिसम्बर 1981 में इण्डोनेशिया और नेपाल की यात्राएं और फरवरी 1982 में श्री लंका की यात्रा हुई।

इण्डोनेशिया और नेपाल में

3 दिसम्बर 1981 की सुबह मैं इण्डोनेशिया के राष्ट्रपति के निमंत्रण पर वहां की राजकीय यात्रा के लिए चल दिया। मेरे साथ धर्मपत्नी के अतिरिक्त केन्द्रीय स्वास्थ्य मंत्री शंकरानन्द थे। प्रधानमंत्री उस देश की यात्रा सितम्बर 1981 में जब वह आस्ट्रेलिया जा रही थीं थोड़े समय के लिए कर चुकी थीं। मेरी यात्रा का उद्देश्य दोनों देशों के पारम्परिक और घनिष्ठ संबंधों को दृढ़ करना था। मुझसे पूर्व सन् 1976 में भारत के राष्ट्रपति इण्डोनेशिया की यात्रा पर गए थे।

जाकार्ता में हवाई अड्डे पर हमारी अगवानी राष्ट्रपति सुहार्तो और उनकी पत्नी ने की। यद्यपि आकाश पर बादल छाये थे फिर भी हमारे स्वागत के लिए भारी संख्या में लोग हवाई अड्डे पर उपस्थित थे। वहां पर पारंपरिक स्वागत करने के बाद हमें राज्यकीय अतिथि भवन में ले जाया गया।

मेरे सम्मान में ऐतिहासिक 'मेरदेका' महल में दिए गए भोज में राष्ट्रपति सुहार्तो ने कहा कि मेरी यात्रा भारत तथा इण्डोनेशिया की जनता के बीच स्थित मित्रता को प्रतिबिम्बित करती है। उन्होंने इसके बाद यह बताया कि हमारा संसार विभिन्न प्रकार की अनिश्चितताओं से भरा है और निर्गुट आन्दोलन के सिद्धांतों एवं आदर्शों को आगे बढ़ाना व पुनः मजबूत बनाना आवश्यक है। उन्होंने इस ओर भी ध्यान दिलाया कि किस प्रकार उस समय कुछ देश निर्गुटता के सिद्धांतों और आदर्शों से विचलित हो रहे हैं और किस प्रकार इसके फलस्वरूप निर्गुट आन्दोलन के सदस्य देशों के विचारों में मतभेद उत्पन्न होने से एकता के लिए संकट उत्पन्न हो रहा है। उन्होंने संतोष प्रकट किया भारत, इण्डोनेशिया तथा कुछ अन्य सदस्य देश निर्गुट आन्दोलन के मूल सिद्धांतों को साकार करने के लिए

प्रयत्न कर रहे हैं। उन्होंने कहा कि कुछ महीनों पूर्व भारत के प्रधानमंत्री की यात्रा तथा मेरी यात्रा इण्डोनेशिया और भारत के मध्य विभिन्न क्षेत्रों में आपसी सहयोग को और अधिक बढ़ाएगी। इण्डोनेशिया में सीमेंट और चीनी उद्योगों के निर्माण में भारत सरकार तथा भारत के निजी क्षेत्रों की भागीदारी आर्थिक क्षेत्रों में दोनों देशों के बढ़ते हुए अत्यन्त सक्रिय सहयोग का ठोस उदाहरण है।

उत्तर में, मैंने कहा कि महाशक्तियों की प्रतिद्वंद्विता के कारण हमारे क्षेत्र में नवीनतम अस्त्रों के भंडार बनने की संभावना है। मैंने अपने पड़ोसी देशों में नौसेना के जमाव की ओर संकेत करते हुए कहा कि हमारे क्षेत्र के देशों में सार्थक विचार-विमर्श और सहयोग ही सर्वोत्तम तरीका है जिससे इनको प्रभावहीन बनाया जा सकता है। हमारे दोनों देश अपने समीपस्थ सागरों में एक ही प्रकार की भूकेन्द्रिक समस्याओं का सामना कर रहे हैं। आपसी सहायता तथा घनिष्ठ आर्थिक सहयोग के संबंध में मैंने कहा—हमारे बढ़ते हुए द्विपक्षीय सहयोग से हमारे दोनों देश अब एक-दूसरे से ऊँची आशाएँ रखने के युग में आ गए हैं। वास्तव में हम प्रसन्न हैं कि आर्थिक और औद्योगिक विषयों में एक विस्तृत समझदारी हमारे दोनों देशों के बीच आ चुकी है और हमारे विशेषज्ञों ने उन क्षेत्रों का पता लगा लिया है जिनमें आपसी सहयोग की बहुत अच्छी संभावनाएं हैं।

दूसरे दिन इण्डोनेशिया के विदेश मंत्री से विभिन्न विषयों पर विचार-विमर्श हुआ। हमारे दोनों देश कंपूचिया के संबंध में मत विभिन्नता रखते थे, यह सभी को पता था। तथापि उन्होनें उचित ही कहा कि कुछ प्रश्नों पर हमारा मत वैभिन्नय होने से कोई हानि नहीं है। इससे हमारे आपसी मित्रतापूर्ण संबंधों में कोई अन्तर नहीं पड़ता।

भारतीय समुदाय के सदस्यों की एक सभा को सम्बोधित करते हुए मैंने बिगड़ती हुई अन्तर्राष्ट्रीय स्थिति और भारत के पड़ोस में शीत युद्ध के पुनः शुरू होने पर अपनी चिन्ता प्रकट की। हथियारों की होड़ को बढ़ने से रोकने और तनाव कम करने के लिए भारत द्वारा किए गए प्रयत्नों का उल्लेख किया। मैंने दोनों देशों के बीच वर्षों पुराने और विभिन्न संबंधों का स्मरण कराया, अनेकों भारतीयों ने इण्डोनेशिया को अपना घर बना लिया है और वहां की पत्र-पुष्पों से युक्त सुंदर संस्कृति को बनाने में अपना योग दिया है। इस संदर्भ में, मैंने इण्डोनेशिया में भारतीय लोगों की उपस्थिति और उनके द्वारा राष्ट्रीय

गतिविधियों के प्रत्येक क्षेत्र में भाग लेकर देश की उन्नति में सहयोग करने का भी उल्लेख किया।

अपने सम्मान में आयोजित एक नागरिक अभिनन्दन में मैं उन प्रयत्नों के बारे में बोला जो भारत और इण्डोनेशिया के मध्य सहयोग को बढ़ाने के लिए किए जा रहे थे। मैंने राष्ट्रपति सोहार्तो की भारत यात्रा को दोनों देशों के मध्य बढ़ते हुए मित्रतापूर्ण संबंधों का एक महान चिह्न बताया। मैंने इण्डोनेशिया की राजधानी जाकार्ता को शिक्षा, उद्योग और कला का एक स्पंदनशील केन्द्र बताया और कहा कि जिस गर्मजोशी से मेरा स्वागत और आतिथ्य हुआ है, वह इण्डोनेशिया की भारत मैत्री का एक प्रतीक है।

राष्ट्रपति सोहार्तो के साथ मैं तामान लघु इण्डोनेशिया इंडाह देखने गया। यह सुंदर इण्डोनेशिया को अत्यन्त लघु रूप में दिखलाने वाली स्थायी प्रदर्शनी है।

उस दिन प्रातःकाल मैंने कालिबाटा सैनिक समाधि पर युद्ध वीरों की स्मृति में पुष्पमाला अर्पित की।

5 दिसम्बर को मैंने बाली द्वीप प्रस्थान किया। मार्ग में, मैं प्रसिद्ध बोरोबुदुर मंदिर देखने के लिए जोगजाकार्ता गया। यह मंदिर बौद्ध स्थापत्य और मूर्तिकला के चमत्कार है। संसार को सैकड़ों वर्षों तक इनकी जानकारी नहीं हुई थी, परन्तु पिछली शताब्दी में इनको पुनः खोज निकाला गया। मुझे इस मंदिर की एक अनुकृति भेंट की गई।

बाली में, मेरा स्वागत गवर्नर तथा अन्य सरकारी अधिकारियों ने किया। इस टापू के दृश्यों के सौंदर्य से आकर्षित होकर दूर-दूर के पर्यटक यहाँ आते हैं, इसमें आश्चर्य नहीं। मैं भारत का दूसरा राष्ट्रपति था जिसने इस द्वीप की यात्रा की।

जब हम द्वीप के सबसे प्राचीन मंदिर पुरातामानाआयून मेनगुरी, जो कि हमारे ठहरने के स्थाम, पेरतामनिआ सागर तट कुटीर से 25 किलोमीटर दूर था पहुंचे, आस-पास के शहरों और गाँवों के हजारों लोग अपनी रंग-बिरंगी पोशाकों में मंदिर में हमारा स्वागत करने के लिए आए। उन्होंने मेरा इस प्रकार स्वागत किया जैसे मैं एक प्राचीन हिन्दू राजा हूं जो मंदिर तथा द्वीप की तीर्थ यात्रा पर आया है।

इण्डोनेशिया के द्वीपों में बाली एक ऐसा द्वीप है जिसमें सबसे अधिक जनसंख्या है। यद्यपि यह आकार में छोटा है, इसकी जनसंख्या लगभग 25 लाख है जो कि पूरी तरह हिन्दू है। यह जानना रुचिकर होगा कि इण्डोनेशिया की 90 प्रतिशत जनसंख्या इस्लाम धर्म को मानने वाली है। यह लोग हिन्दू तथा बौद्ध धर्म से और कुछ प्राचीन धार्मिक परम्पराओं एवं विश्वासों से अत्यधिक प्रभावित कहे जाते हैं।

भारत वापस आने पर मैंने हिन्दू संस्कृति पर कुछ पुस्तकें द्वीप के एक विश्वविद्यालय को जहाँ हिन्दू धर्म के बारे में अध्ययन किया जाता है भिजवा दीं।

दूसरे दिन मैं इण्डोनेशिया से नेपाल को रवाना हुआ। मुझे जाकार्ता हवाई अड्डे पर राष्ट्रपति सोहार्तो और उनकी पत्नी विदा देने आए। मैंने उन दोनों को भारत आने का आमंत्रण दिया जो उन्होंने स्वीकार कर लिया।

सोमवार 7 दिसम्बर को काठमांडु के त्रिभुवन हवाई अड्डे पहुंचने पर महाराजा वीरेन्द्र और महारानी ऐश्वर्या ने हमारी अगवानी की। हमारे विदेश मंत्री द्वारा उस देश की यात्रा करने के दस दिन के अंदर मेरे वहां जाने का उद्देश्य नेपालियों को भारत की उनके प्रति सदेच्छा और स्नेह की भावना से और अधिक आश्वस्त करना था। हवाई अड्डे से हमारे ठहराने के स्थान तक 6 किलोमीटर के मार्ग पर हर्ष से भरी हुई भीड़ थी।

हमारे पहुँचने के तत्काल बाद मैं पत्नी सहित महाराज और महारानी के साथ चाय-पान किया। इसके पश्चात् प्रधानमंत्री सूर्य बहादुर थापा से हमारी बातचीत हुई। इस वार्ता में हमारे दोनों देशों के राजदूतों और राजनयिकों ने हमें सहायता दी। रात में महाराजा वीरेन्द्र तथा महारानी ऐश्वर्या ने हमारे सम्मान में रात्रि भोज दिया।

इस रात्रि भोज में महाराजा वीरेन्द्र ने कहा कि प्राकृतिक साधनों से सम्पन्न होने के बावजूद भी भारत और नेपाल अपने को गरीबी के पंजे से मुक्त नहीं कर पाए हैं। उन्होंने आगे कहा कि किसी भी दूसरे देश की भांति नेपाल सम्मान और गौरव से रहना चाहता है और इसी लक्ष्य की पूर्ति के लिए उसने अपना मित्रता का हाथ सभी देशों की ओर बढ़ाया है, विशेष रूप से उनकी ओर जो

उसके क्षेत्र एवं पड़ोस में हैं। उन्होंने घोषित किया कि उनका देश ऐसा सहयोग चाहता है जिससे वह अपने साधनों का उपयोग करने की क्षमता प्राप्त कर सके। उन्होंने आगे कहा कि इस प्रयास में नेपाल को सहायता देने के लिए अनेकों देश आगे आए हैं, जिनमें से भारत अग्रणी है। उन्होंने बताया कि नेपाल और भारत के संबंधों की विशेषता आपस में अत्यधिक सद्‌भावना और सम्मान होना है और इसको दृष्टि में रखते हुए उन्हें अपने वर्तमान सहयोग के बंधनों को और अधिक मजबूत करना चाहिए। उन्होंने कहा कि कोई भी देश जिसने पंचशील की महान परंपराओं में अपने को विकसित किया है, इस विश्वास का नहीं हो सकता कि एक ही सम्पन्नता दूसरे की गरीबी के शोषण पर आधारित हो। तब उन्होंने अपने शांति क्षेत्र के विचार के बारे में बताय और कहा कि जहाँ तक पूरे एशिया और दक्षिणी एशिया के समीपवर्ती स्थानों का संबंध है, नेपाल जिस भी योगदान के योग्य था उसने दिया है। नेपाल किसी भी मूल्य पर अपने क्षेत्र में शांति रखने के लिए दृढ़ है और नेपाली जनता की यह हार्दिक इच्छा है जो नेपाल को एक शांति क्षेत्र की मान्यता से संबंधित प्रस्ताव में अभिव्यक्त हुई है।

मैंने अपने उत्तर में यह स्पष्ट कर दिया कि भारत नेपाल के विकास के लिये प्रतिबद्ध है और नेपाली जनता के कल्याण के प्रति उसका ध्यान उतना ही दढ़ है जितना कभी था। मैंने कहा कि यह सन्तोष का विषय है कि दोनों पक्षों ने जन साधनों का उद्देश्यपूर्ण उपयोग करने के लिए आपसी सहयोग की आवश्यकता का अनुभव किया है जो कि दोनों के हित में है। करनाली और पंचेश्वर जैसी परियोजनाओं से इस दिशा में एक अच्छी शुरूआत हो चुकी है। यह सही समय है जब हमें नेपाल से बहकर भारत जाने वाली मुख्य नदियों के जल का सदुपयोग करना चाहिये। ये परियोजनायें बाढ़ नियंत्रण, भूमि संरक्षण, सिंचाई और ऊर्जा उत्पादन के क्षेत्रों में अत्यधिक लाभ देने के अतिरिक्त उन क्षेत्रों के विकास का भी परिवर्तन स्रोत होंगी जो इनकी सीमा से बाहर हैं। मैंने आगे कहा कि राष्ट्रीय चेतना के अनुसार प्रत्येक देश को अपनी सरकार का रूप विकसित करना होता है और यह देखना होता है कि स्थायित्व तथा उन्नति करने का सबसे सही मार्ग क्या होगा। मैंने नेपाल के शांति क्षेत्र प्रस्ताव का जिक्र नहीं किया। दूसरे दिन पशुपतिनाथ मंदिर में पूजा करने और शहीदों की समाधि पर माल्यार्पण करने के बाद मैं 'सिटी हॉल' पहुँचा, जहाँ नागरिकों द्वारा स्वागत होना था। काठमांडु नगर पंचायत के महापौर (चेयरमेन) प्रेम बहादुर शाक्य ने बताया

कि ढाई हजार वर्ष पूर्व भगवान् बुद्ध का जन्म नेपाल में हुआ था। बुद्ध ने भारत में ज्ञान आलोक उपलब्ध किया और भारत को अपना कार्यक्षेत्र चुना।

मैंने अपने उत्तर में कहा कि भारत और नेपाल की जनता के मध्य मित्रता तथा बंधुत्व के बंधन सदैव से चले आ रहे हैं। यह बंधन भूगोल और इतिहास द्वारा निर्मित हुए हैं। भारत और नेपाल की जनता के बीच विस्तत आपसी संबंध है। दोनों देशों को मिली सांस्कृतिक विरासत भी समान है और उसने भारत और नेपाल के बीच अटूट मित्रता स्थापित की है। मैंने आगे बताया कि रामेश्वरम नेपाल का है और पशुपतिनाथ भारत का, तथा मैंने सुबह पशुपति नाथ मंदिर में दोनों देशों तथा उसके लोगों के लिए मित्रता तथा सम्पन्नता की प्रार्थना की है। हिमालय की नदियों का सदुपयोग करने पर मैंने बल दिया। ये नदियां प्रतिवर्ष लाखों लोगों की हानि तथा नाश करती है। इन्हें दोनों देशों की जनता की सम्पन्नता तथा संपत्ति के स्रोत के रूप में परिवर्तित किया जा सकता है। दोनों देशों का प्रमुख कार्य गरीबी तथा भूख को मिटाना और लोगों के जीवन स्तर में सुधार करना है। मैंने एकत्रित जन समुदाय को आश्वासन दिया कि दोनों देशों के बीच कभी कोई संघर्ष नहीं होगा और न इससे पहले भी कोई हुआ है।

नागरिक अभिनंदन में, प्रधानमंत्री सूर्य बहादुर थापा उपस्थित थे। इसके अतिरिक्त अनेक दूसरे देशों के राजनयिक तथा विशिष्ट नागरिक भी थे।

प्रधानमंत्री ने बाद में मेरे सम्मान में मध्याह्न भोज दिया।

नेपाल भारत मैत्री संघ ने 9 दिसम्बर को जनकपुर में मेरे सम्मान में एक स्वागत समारोह आयोजित किया। मैंने अपने भाषण में कहा कि भारत युद्ध का विचार तक नहीं कर सकता है क्योंकि सरकार तथा जनता द्वारा आर्थिक उन्नति के लिए पिछले पैंतीस वर्षों में किया गया कठोर परिश्रम का फल युद्ध होने पर उतने ही मिनटों में नष्ट हो जायेगा। भारत यह देखने का इच्छुक है कि उसके नेपाली भाई भी किसी संघर्ष में न पड़ें। अपने तैयार किये गये भाषण से हटकर मैंने आगे कहा कि मैं सुना है कि कुछ ऐसे विषय हैं जिनके संबंध में दोनों देशों के बीच विचार विमर्श होना चाहिये, ऐसा ही एक प्रस्ताव नेपाल को शांति क्षेत्र घोषित करने का है। मैंने महाराजा वीरेन्द्र और नेपाल के प्रधानमंत्री को भारत आने का आमंत्रण दिया है ताकि वे हमारे प्रधानमंत्री के साथ इस प्रस्ताव पर वार्तालाप कर सकें और सभी विषयों को संतोषजनक रूप से हल कर सकें।

इससे पूर्व पोखरा में 'एक्स सर्विस मेन' के सम्मेलन को संबोधित करते हुए मैंने कहा कि भारतीय सेना में गोरखाओं की सेवायें अमूल्य हैं। मैंने उनके उस उच्च युद्ध कौशल, वफादारी तथा कर्त्तव्य भक्ति की जिसके फलस्वरूप वह भारतीय सेनाओं में रहते हुए युद्ध करते हैं, प्रशंसा की। मैंने उन्हें विश्वास दिलाया कि हमारी सरकार हृदय से 'एक्स सर्विसमेन' और उन पर निर्भर रहने वालों का कल्याण चाहती है।

जनकपुर को जानकी की जन्मभूमि माना जाता है। यह भारतीय सीमा से आठ किलोमीटर दूर है। मैं इस नगर में गया और जानकी मंदिर में पूजा की। जनकपुर की मेरी यात्रा का हंसी में राजा दशरथ के बाद किसी भारतीय राज्याध्यक्ष की प्रथम यात्रा के रूप में वर्णन किया गया। राजा दशरथ वहां सीता को अपने पुत्र राम की वधू के रूप में लेने गये थे।

मैंने दस दिसम्बर को काठमाण्डु से नई दिल्ली प्रस्थान किया। मुझे विदाई देने के लिए हवाई अड्डे पर महाराजा वीरेन्द्र, महारानी ऐश्वर्या, प्रधान मंत्री तथा अन्य उच्च अधिकारी आये। उड़ान के दौरान मौसम इतना स्वच्छ और चमकीला था कि नई दिल्ली लौटने से पूर्व हमें मानसरोवर और कैलास पर्वत की शानदार झलक देखने को मिल गयी।

लंका का लावण्य

मंगलवार दो फरवरी 1982 को मैं दिल्ली से श्रीलंका की राजकीय यात्रा के लिए चला। मेरे साथ अन्य लोगों के अतिरिक्त मेरी पत्नी और केन्द्रीय सूचना तथा प्रसारण मंत्री वसंतसाठे थे। श्रीलंका की सरकार ने मुझे 4 फरवरी को अनुराधापुर में अपने राष्ट्रीय दिवस समारोह के मुख्य अतिथि रूप में आमंत्रित किया था। हम उस दिन मध्याह्न में पहुँचे। श्रीलंका के राष्ट्रपति जयवर्धने तथा उनकी पत्नी, उनके मंत्रिमण्डल और अन्य लोगों ने हमारी अगवानी की। मुगलबेरा नगाड़े बजाये गये और स्वागत के प्रतीक रूप में शंख ध्वनि की गई। हम हवाई अड्डे से बीस किलो मीटर दूर कोलम्बो में स्थिति राष्ट्रपति भवन पहुंचे। कहा जाता है कि उपनिवेशवादी दिनों में इस महल में ब्रिटिश गर्वनर जनरल निवास करता था। कोलम्बो में हमें यहीं ठहराया गया।

अपराह्न में श्रीलंका के राष्ट्रपति अनौपचारिक रूप से मिलने आये। मैंने बिना पूर्व कार्यक्रम के नगर का तथा कोलम्बो से कुछ मील दूर स्थिति जयवर्धनपुरा

का भ्रमण किया। जयवर्धनपुरा में एक नया शानदार भवन संसद के लिये बना है। परन्तु उसका औपचारिक रूप से उद्‌घाटन नहीं हुआ था।

राष्ट्रपति जयवर्धने ने मेरे स्वागत में एक भोज दिया। इस अवसर पर बोलते हुए उन्होंने कहा कि भारत ने श्रीलंका को जो सबसे बड़ा कोश दिया है, वह महात्मा गौतम बुद्ध का दर्शन है। भारत का सबसे महान पुत्र और उसका दर्शन आज तक श्रीलंका के अधिकांश लोगों के जीवन को प्रभावित कर रहा है। उन्होंने ध्यान दिलाया कि भारत और श्रीलंका की निकटता केवल एक भौगोलिक विषय नहीं है; यह इतिहास, संस्कृति और आध्यात्मिक मूल्यों की निकटता है। यह भूतकाल का सत्य था और वर्तमान का भी है। और तब उन्होंने कहा कि यह उचित ही है कि भारत के राष्ट्रपति उनके देश की स्वतंत्रता के वार्षिकोत्सव पर उपस्थित हुए है। श्रीलंका के स्वतंत्रता आंदोलन ने अंग्रेजी शासन के विरुद्ध छेड़े जाने वाल भारत के ऐतिहासिक स्वाधीनता संग्राम से प्रेरणा ली थी। राष्ट्रपति ने मेरे युवाकाल और उस समय मेरे द्वारा स्वतंत्रता आन्दोलन में निभायी गयी भूमिका तथा स्वतंत्रता के बाद मेरे द्वारा ग्रहण किये गए अनेक पदों का उल्लेख करके अपनी सदाशयता दिखलाई। उन्होंने कहा कि भारत की तरह उनके देश में उनकी पीढ़ी का शायद ही कोई ऐसा व्यक्ति हो जो महात्मा गांधी, जवाहरलाल नेहरू और भारतीय स्वतन्त्रता संग्राम के अन्य नेताओं से प्रभावित नहीं हुआ हो। उन्होंने प्रसन्नता के साथ उन महान पुत्रों के साथ अपने सम्पर्क और व्यक्तिगत संबंधों से उठाये गये लाभों का स्मरण किया। उन्होंने बतलाया कि किस प्रकार आकार और विस्तार में भारत से भिन्न होते हुए भी श्रीलंका और भारत अनेकों बातों में समान हैं जिसमें प्रजातंत्र प्रणली की सरकार के प्रति वचनबद्धता भी शामिल है। जबकि तीसरी दुनिया में जनतंत्र का प्रकाश एक के बाद दूसरे देश में बुझता जा रहा है, श्रीलंका और भारत जो कि अनेकों सामाजिक और सांस्कृतिक मूल्यों के सहभागी हैं अपनी स्वतंत्रता और प्रजातांत्रिक सर्वोच्च सत्ता बनाये हुए हैं। अन्तर्राष्ट्रीय स्थिति पर बोलते हुए उन्होंने कहा कि भारत और लंका की अनेकों समस्याओं के प्रति समान दृष्टि है। यह निर्गुट आन्दोलन को सफल बनाने के समान प्रयत्नों में प्रकट होती है। उन्होंने 1954 के कोलम्बो सम्मेलन का जिसमें उन्होंने भाग लिया था स्मरण किया। वह वास्तव में निर्गुट आन्दोलन राजनीतिक शब्दावली में आया। उन्होंने आगे कहा कि

भारत ने इस आंदोलन में सदैव महत्त्वपूर्ण भूमिका निभायी है और श्रीलंका की यह कामना है कि भारत को यह भूमिका निभाते रहना चाहिए।

उसके पश्चात बोलने के लिए मैं उठा। मैंने उन बंधनों का उल्लेख किया जो हमारे दोनों देशों के इतिहास, हमारी संस्कृति और वास्तव में हमारी जीवन पद्धति तक को प्रभावित करते हैं। मैंने कहा कि इस क्षेत्र में हमारे दोनों देशों ने जनतंत्र प्रणाली को अपनाया और लागू किया है; जनता जो कि अंततः सबसे शक्तिशाली है समय-समय पर अपनी सरकार निर्वाचित करती है और हम दोनों को अपने-अपने विभिन्न मत वाले समाज पर गर्व करना चाहिए। हमारे लोगों की विभिन्नता ने हमारी संस्कृति तथा परंपरा को सम्पन्न बनाया है। श्री लंका की राजनीतिक काया भारत से आने वाले लोगों द्वारा संपन्न बनी है। इन लोगों ने देश की आर्थिक उन्नति में सहयोग दिया है, इन्होंने देश की संपूर्ण सांस्कृतिक संपन्नता में अपना योग दिया। मैंने श्रोताओं को स्मरण दिलाया कि युद्ध की शिक्षाओं में निहित मूल सत्य हमारे दोनों देशों को कुछ सहनशीलता, कुछ अंश तक आपसी समझदारी और बुद्धिमत्तता सिखाता है जिससे हमें अपने समय की पेंचीदा समस्याओं को हल करने में अधिक सरलता होती है। उसके बाद मैंने सन् 1954 के कोलम्बो सम्मेलन में राष्ट्रपति जयवर्धने के संग का उल्लेख करते हुए कहा कि निर्गुट आंदोलन में श्रीलंका का योगदान अद्वितीय है। भारत तथा श्रीलंका को पहले से और अधिक घनिष्ठता के साथ निर्गुट आंदोलन के उद्देश्यों को पाने हेतु कार्य करना चाहिए, विशेष रूप से अपने पड़ोसी देशों में। मैंने आगे कहा कि इस वर्ष से भी पूर्व यह श्रीलंका था जिसने भारतीय सागर को शांति क्षेत्र स्वीकार करवाने में प्रमुख भूमिका निभाई थी। इस क्षेत्र में रहने वाले हम लोगों के लिए सागर में महाशक्तियों की बढ़ती हुई उपस्थिति स्पष्ट रूप से ऐसा विकास है जो संकट का सूचक है क्योंकि इससे दो महाशक्तियों के मध्य संघर्ष छिड़ने की स्थिति में हम उसके बीच पीसे जा सकते हैं। इन परिस्थितियों में सभी सागर तटीय राज्यों का स्पष्ट कर्तव्य है कि वे संयुक्त राष्ट्र संघ के हिन्द महासागर को शांति क्षेत्र मानने के प्रस्ताव की पालना पर अत्यधिक बल दें। क्षेत्रीय सहयोग के प्रश्न के संबंध में मैंने कहा कि यह कोई आकस्मिक नहीं था कि इस विषय पर प्रथम बैठक श्रीलंका की राजधानी में हुई। मैंने श्रोताओं को आश्वासन दिया कि हमारी सरकार दृढ़तापूर्वक और पूरी तरह क्षेत्रीय सहयोग के लिए वचनबद्ध है। इसमें हमारा यह विश्वास निहित है कि हममें से प्रत्येक

के कल्याण में सभी का कल्याण निहित है और हम केवल अपने ज्ञान, साधनों एवं विशिष्टताओं में परस्पर भागीदार बनकर अपने लोगों के उज्जवल भविष्य को निश्चित कर सकते हैं। मैंने ध्यान दिलाया कि भारत और श्रीलंका के संबंध अच्छे पड़ोसी होने का एक उदाहरण है। जिस रीति से हमने विभिन्न समस्याओं का सामना तथा हल करने का निश्चय किया वह हमारे दोनों देशों द्वारा द्विपक्षी संबंधों को रचनात्मक रीति से हल करने की वचनबद्धता का प्रमाण है। मैंने विश्वास प्रकट किया कि हमारे दोनों देश आपसी लाभ के लिए साथ-साथ कार्य करते रहेंगे और राष्ट्रपति जयवर्धने के नेतृत्व में भारत और श्रीलंका के संबंधों में निरंतर अभिवृद्धि होगी।

दूसरे दिन मैं एक स्पेशल ट्रेन द्वारा अनुराधापुर गया। यह सिलवेन खनिज के गांवों से गुजरती हुई 200 किलोमीटर से अधिक दूरी की यात्रा थी। अनुराधापुर सिंहल के बौद्धवाद की प्रथम राजधानी थी। श्रीलंका की अधिकांश भवन निर्माण कला के महत्वपूर्ण स्थान अपना विशिष्ट स्थान रखते हैं और भारत तथा श्रीलंका की युगों पुरानी मित्रता के प्रमाण हैं। मुझे सर्वप्रथम एक वृक्ष के समीप ले जाया गया जो कि सर्वाधिक पवित्र समझा जाता है। इसके चारों ओर रेलिंग लगी हुई थी। ऐसा विश्वास किया जाता है कि यह उत्तरी भारत के बोध गया में स्थित उस बोधि वृक्ष की शाखा से उगा है, जिस वृक्ष के नीचे बुद्ध ने ज्ञान प्राप्त किया था। यह भी विश्वास किया जाता है कि यह शाखा सम्राट अशोक की पुत्री लंका लाई थी। मैंने उपवनों, झीलों और प्रभावपूर्ण स्तूपों के इस नगर के अनेकों ऐतिहासिक स्थानों के दर्शन किए।

दूसरी सुबह मैं श्री लंका की स्वतंत्रता के चौंतीसवें वार्षिक समारोह में सम्मिलित हुआ और प्रभावोत्पादक सैनिक परेड देखी। सायं काल में एक सांस्कृतिक कार्यक्रम हुआ जिसमें देश की अनेकों प्रसिद्ध कला मंडलियों ने भाग लिया। अनुराधा पुर के छोटे से नगर में चारों ओर उत्सव के चिह्न दृष्टिगोचर हो रहे थे। देश के सभी भागों से लोग इस भव्य समारोह की धूमधाम को देखने के लिए एकत्रित हो गए थे।

5 फरवरी को मैं हेलीकॉप्टर से केन्डी नगर गया। उड़ते हुए मैंने उस समय निर्मित होते विक्टोरिया बांध को देखा। केन्डी पहुंचने पर मुझे रॉयल बोटेनिकल गार्डन, पेराडेनोवा में एक वृक्ष का पौधा लगाने के लिए आमंत्रित किया गया जो

मैंने सहर्ष आरोपित किया। उसके पश्चात् मेरा नागरिक अभिनंदन किया गया। इसके बाद भारतीय मूल के निवासियों द्वारा मेरा तथा पत्नी का 'क्वीन्स होटल' में स्वागत हुआ। केन्डी उस स्थान के रूप में प्रसिद्ध है जहाँ बुद्ध का दांत सुरक्षित रखा गया है। अपराह्न में श्री लंका के प्रेसीडेण्ट के साथ मैंने पवित्र पुरातन चिह्न के विशेष दर्शन के लिए डालाडा मालिगावा देखा। (देश भ्रमण पर आने वाले महत्त्वपूर्ण राज्याध्यक्षों के लिए पुरातन चिह्न को विशेष रूप से प्रदर्शित किया जाता है।) एक तीर्थयात्री के रूप में अपनी श्रद्धांजलि बुद्ध को भेंट करते हुए मुझे प्रसन्नता हुई और मैंने बौद्धमत तथा हिन्दूमत के बीच स्थित संबंधों का उल्लेख करते हुए एक संक्षिप्त भाषण दिया। शाम को मैं हेलीकॉप्टर से कोलम्बो लौट आया।

6 फरवरी को भारत श्रीलंका व्यापार, सांस्कृतिक और मैत्री संघ द्वारा मेरे सम्मान में स्वागत समारोह का आयोजन किया गया। इस अवसर पर अपने विचार प्रकट करते हुए मैंने कहा कि भारत और श्रीलंका दोनों अपने आर्थिक विकास के लिए अंतर्राष्ट्रीय शांति की अत्यधिक आवश्यकता अनुभव करते हैं और इसलिए उन्हें यह सुरक्षित करने के लिए कि वे हिन्द महासागर में उत्पन्न होने वाले किसी संघर्ष या तनाव के शिकार नहीं बने, साथ-साथ कार्य करना चाहिए। मैंने आगे कहा कि हिन्द महासागर को वास्तव में शांति क्षेत्र के रूप में मान्यता मिलनी चाहिए।

सायं काल मै कोलम्बो कार्पोरेशन, उसके सदस्यों और मेयर द्वारा दिए गए नागरिक अभिनंदन समारोह में बोलते हुए मैंने घोषणा की कि भारत जितना तकनीकी ज्ञान देने की क्षमता रखता है, उसे श्रीलंका को देने के लिए सदैव तैयार और इच्छुक रहेगा।

उसी संध्या को बाद में राष्ट्रपति जयवर्धने और उसकी पत्नी के साथ मैंने सपत्नीक नवम महापेराहेरा देखा। एक जुलूस निकाला गया जिसमें रथ पर बुद्ध की मूर्ति थी, इसमें देश के सैकड़ों नर्तकों ने भाग लिया।

तत्पश्चात् मैंने श्रीलंका के राष्ट्रपति के सम्मान में एक प्रीतिभोज होटल ओबेराय में दिया। वास्तव में यह मेरी लंका की राजकीय यात्रा की समाप्ति का चिह्न था। सात फरवरी की सुबह हमने दिल्ली प्रस्थान किया।

मेरी श्रीलंका की यात्रा से उत्पन्न दो मुख्य बातें हैं। जिनका यहाँ वर्णन करना आवश्यक है।

प्रथम श्रीलंका द्वारा अपनाई गई यह परंपरा है कि वहाँ देश में राष्ट्रीय दिवस समारोह क्रमशः विभिन्न स्थानों पर होता है। ऐसा करने के पीछे यह विचार है कि विभिन्न स्थानों की जनता को एक बार परेड देखने को मिल जाती है और उन्हें समारोहों के कार्यक्रमों में सम्मिलित होने के अवसर मिल जाते हैं।

श्रीलंका एक छोटा देश हे और राजधानी कोलम्बो देश के दूसरे छोर पर स्थित भाग से भी अधिक दूर नहीं है। इसके बावजूद वहाँ की सरकार ने ऐसी परंपरा का विकास किया है जिससे जनता को राष्ट्रीय दिवस समारोह देखने और उसमें शामिल होने का संतोष प्राप्त होता है। भारत श्रीलंका से कई गुना विशाल देश है, राजधानी किसी भी दृष्टि से केन्द्र में स्थित नहीं है। देश के अनेकों भागों के निवासियों को राजधानी देखने के लिए पर्याप्त धन और समय खर्च करना पड़ता है। इस प्रकार राजधानी में आयोजित होने वाले गणतंत्र दिवस समारोह की शोभा और दूर-दूर तक प्रसिद्ध प्रदर्शन को देखने का आनंद हमारी जनता के अधिकांश लोगों को नहीं मिल पाता। केवल वे लोग जो दिल्ली अथवा उसके आस पास रहते हैं, साल-दर-साल यह समारोह देखने की सुख सुविधा का लाभ उठाते हैं। निस्संदेह विभिन्न राज्यों में भी गणतंत्र दिवस समारोह आयोजित होते हैं परन्तु उनमें वह शान और शैली नहीं होती जो दिल्ली के समारोह में होती है। इसलिए मेरे दृष्टिकोण से यह समारोह विभिन्न राज्यों में क्रमशः आयोजित किया जा सकता है जिससे देश के भिन्न-भिन्न स्थानों के निवासियों को इसे देखने का अवसर मिल सके और राष्ट्रीय उत्सव में शामिल होने की भावना उत्पन्न हो सके। यह एक महत्वहीन विषय प्रतीत हो सकता है परन्तु इस प्रकार के छोटे-छोटे कार्य लोगों में राष्ट्रीय एकता की भावना उत्पन्न करने में अवश्य सहायता देते हैं।

दूसरा विषय मेरे विचार से श्रीलंका सरकार द्वारा भाषा के प्रश्न को महत्त्व देना है। मैंने पाया कि अनुराधापुर के सांस्कृतिक प्रदर्शन में सभी घोषणायें तीन भाषाओं–अंग्रेजी, सिंहली और तमिल में हो रही थीं। इसी प्रकार सरकार द्वारा मेरी यात्रा के बारे में जारी किये गये निर्देश और दूसरे पर्चे आदि सभी, जिन्हें देखने का अवसर मुझे मिला तीनों भाषाओं में मुद्रित थे। देश के किसी भी भाषा समूह

की उपेक्षा नहीं की गयी थी। इससे मैं अपने देश के तीन भाषा फार्मूले के बारे में घोषित उदासीनता के बारे में विचार करने लगा। काफी वाद-विवाद के बाद, जवाहर लाल नेहरू के समय में ही हमने निर्णय किया था कि बच्चों को उनकी मातृ भाषा, हिन्दी और अंग्रेजी पढ़ाई जानी चाहिए। हिन्दी भाषी राज्यों के बच्चों जिनकी मातृ भाषा हिन्दी है, से आशा की गई थी कि वे एक दूसरी आधुनिक भारतीय भाषा सीखेंगे। दुर्भाग्यवश यह फार्मूला कार्यान्वित नहीं हुआ। हिन्दी भाषी क्षेत्रों में बच्चे दसवीं कक्षा या उससे ऊपर तक भी केवल हिन्दी और थोड़ी सी अंग्रेजी सीखते हैं अथवा अंग्रेजी बिल्कुल नहीं सीखते। वे उन केन्द्रीय सेवाओं की प्रतियोगिताओं में जिनमें दसवी कक्षा न्यूनतम शिक्षा योग्यता है, बैठ सकते हैं। इसके विपरीत दक्षिणी राज्यों के बच्चों को हिन्दी और अंग्रेजी सीखनी पड़ती है, जिनमें से एक भी उनकी मातृ भाषा नहीं। वे हिन्दी भाषी राज्यों के उम्मीदवारों से समान धरातल पर प्रतियोगिता नहीं कर सकते। तीन भाषाई फार्मूले का पूरे देश में सफल क्रियान्वयन, हिन्दी को प्रयोग में लाने की कपटपूर्ण कोशिश किए बिना शासन में अंग्रेजी के उपयोग को जारी रखना, और केन्द्रीय तथा अखिल भारतीय सेवाओं में सभी स्तरों पर भर्ती होने के अवसरों की पूर्ण समानता होना राष्ट्रीय एकता को सुरक्षित रखने के लिए आवश्यक है। इस प्रकार का कोई संदेह होने की भावना नहीं होनी चाहिए कि हिन्दी बोलने वाले लोगों को भर्ती होने के स्तर पर कोई सुविधा होती है। इस भावना के लिए भी कोई गुंजाइश नहीं होनी चाहिए कि केन्द्रीय सरकार शासन में अंग्रेज़ी के स्थान पर हिन्दी बहुत शीघ्रता से ला रही है।

केन्द्रीय तथा राज्य सरकारों द्वारा माता-पिता की इस इच्छा पूर्ति को कि उनके बच्चे अंग्रेजी का व्यवहार करने का अच्छा ज्ञान प्राप्त कर लें, मान्यता न देना भी बुद्धिमानी नहीं होगी। यह इच्छा किसी मिथ्या अभिमान के कारण नहीं वरन इस वास्तविकता के कारण है कि अंग्रेजी का ज्ञान व्यक्ति को देश या विदेश में नौकरी पाने में अधिक सहायक होता है। भाषाई समस्या का कल्पनाहीन रीति से हल करने के दूरगामी परिणाम हो सकते हैं और अंततः यह देश की अखंडता के लिए संकट उत्पन्न कर सकती है।

आयरलैंड और यूगोस्लाविया में

3 मई, 1982 को मैं एक सप्ताह के लिए आयरलैंड और यूगोस्लाविया के

सरकारी दौरे पर गया। मेरे साथ जाने वाले अन्य व्यक्तियों के साथ जहाजरानी मंत्री वीरेन्द्र पाटिल भी थे। आयरलैंड के सरकारी दौरे पर जाने वाला मैं दूसरा भारतीय राष्ट्रपति था। मेरे से पहले सितम्बर, 1964 में डॉ० राधाकृष्णन् जा चुके थे। जब हमारा विमान आयरलैंड की सीमा पर पहुंचा तो वहाँ की वायुसेना के विमानों ने हमें संरक्षण दिया। हवाई अड्डे पर उतरने पर आयरलैंड के राष्ट्रपति डॉ० पैट्रिक हिलेरी ने हमारा स्वागत किया। प्रधानमंत्री चार्ल्स हेगे मंत्रिमंडल के अन्य सदस्य तथा डबिल्न नगर के मेयर भी वहाँ मौजूद थे। औपचारिक समारोह के बाद मैं आयरलैंड के राष्ट्रपति के साथ नगर की खूबसूरत सड़कों पर से एक लम्बे-चौड़े उद्यान में स्थित राष्ट्रपति के महल की ओर चला। उद्यान में मुझे एक पौधा लगाने के लिए आमंत्रित किया गया। आयरलैंड के राष्ट्रपति के साथ कुछ समय बिताने के बाद मैं अपने सहकारी दल के साथ बर्कले होटल चला गया, जहाँ हमारे ठहरने का प्रबंध किया गया था।

आयरलैंड के राष्ट्रपति ने उसी शाम मेरे सम्मान में सहभोज का आयोजन किया। उसमें केवल उच्च अधिकारी ही नहीं, भारी मात्रा में वे आयरलैंड वासी भी थे जो किसी समय भारत में रहकर विभिन्न क्षेत्रों में काम करते रहे थे। उनसे मिलकर मुझे प्रसन्नता हुई। उन लोगों में एक मिशनरी दम्पति भी थे जिन्होंने 25 वर्ष से अधिक मेरे प्रदेश आंध्र क्षेत्र में कार्य किया था। आयरलैंड के राष्ट्रपति ने अपने भाषण में दोनों देशों के युगों पुराने सहयोग का उल्लेख किया। उन्होंने कहा कि हमारे दोनों देशों के लोग स्वतंत्रता, लोकतंत्र और पूर्ण आजादी में आस्था रखते हैं। उन्होंने कहा कि आयरलैंड सदा से भारत से मैत्री बनाये रखेगा। सत्कार के लिए मैंने उनका धन्यवाद किया और दोनों देशों के बीच ऐतिहासिक और भावनात्मक मैत्रीपूर्ण संबंधों का उल्लेख किया और कहा कि हमारे दोनों देशों ने लगभग एक ही समय तक औपनिवेशिक शासन से मुक्ति के लिए संघर्ष किया है। मैंने इस बात का स्मरण कराया कि स्वतंत्रता के लिए सभी स्थानों पर संघर्ष करने वालों के लिए किस प्रकार आयरलैंड के देशभक्त एमन दी वेलरा प्रेरणा के स्रोत रहे। मैंने अन्तर्राष्ट्रीय स्थिति और आपसी सहयोग की प्रक्रिया के बिगड़ने के संबंध में चिंता प्रकट की। मैंने हिन्दमहासागर में तनाव बढ़ने की स्थिति पर भी प्रकाश डाला और यह आशा प्रकट की कि अन्य देश युद्ध की संभावनाओं को दूर करने और शांति क्षेत्र को बढ़ने में सहयोग देंगे। इसके साथ मैंने अन्तर्राष्ट्रीय आर्थिक व्यवस्था के संबंध में भी प्रकाश डाला। अन्ततः मैंने

इस बात पर विश्वास प्रकट किया कि भारत और आयरलैंड इन महत्वपूर्ण विषयों पर सहयोग करते रहेंगे।

अगले दिन शहीदों के स्मारक पर जाने का मेरा कार्यक्रम था। वहां आयरलैंड के रक्षामंत्री ने मेरी अगवानी की। मैंने आयरलैंड के देश-भक्तों, जिन्होंने देश की स्वतंत्रता के लिए अपना जीवन कुर्बान कर दिया था, के सम्मान में पुष्पांजलि अर्पित की।

मेरा दूसरा कार्यक्रम वहां के चैस्टर बैढी पुस्तकालय का दौरा था। मेरे साथ आयरलैंड की शिक्षामंत्री थीं। वह एक महिला ही थीं। उस समय भारत में भी एक महिला ही शिक्षामंत्री थी। कहा जाता है कि प्राचीन पांडुलिपियों का यह बहुत ही महत्वपूर्ण संग्रह है। इसलिए भी यह अद्‌भुत है कि यह सारा संग्रह एक अकेले व्यक्ति ने ही किया है।

मेरे सम्मान में दोपहर का भोज आयरलैंड के प्रधानमंत्री चार्ल्स हॉगी ने आयोजित किया। उस अवसर पर भाषण करते हुए आयरलैंड के प्रधानमंत्री ने तटस्थ आंदोलन की आधारशिला रखने वाले सदस्य के रूप में भारत की प्रशंसा की और कहा कि उनका देश भी न्यायपूर्ण अन्तर्राष्ट्रीय अर्थव्यवस्था स्थापित करने के प्रयत्न में भारत की सहायता के लिए तैयार है। उन्होंने कहा कि आयरलैंड के नेता और भारत के राष्ट्रपति ने विश्वव्यापी ज्वलंत विषयों पर जो विचार किया है उनमें दोनों के एक से विचार हैं। अपने उत्तर में मैंने आयरलैंड और भारत के संबंधों और भारतीय स्वतंत्रता आंदोलन में औपनिवेशिक शासन के प्रति संघर्ष में आयरलैंड के प्रभाव का उल्लेख किया। मैंने इस बात का भी उल्लेख किया कि अंग्रेजी भाषा जानने वाले भारतीयों को बर्नार्ड शॉ, जैम्सजायस, सैमुअलबेकर तथा अन्य आयरिश लेखकों की पुस्तकों में बहुत रुचि है। मैंने इस बात का उल्लेख किया कि स्वतंत्र होने पर भारत के सामने कितनी कठिनाईयां थीं, जिन्हें हमने किस प्रकार सुनियोजित ढंग से हल किया और उन्नति की। मैंने अपने देश को स्वतंत्रता, विकास और लोकतंत्र की दिशा में विश्वास के साथ आगे बढ़ने के लक्ष्य को दोहराया।

आयरलैंड निवास में अन्य कार्यक्रमों के साथ आयरलैंड विश्वविद्यालय द्वारा दीक्षांत समारोह का आयोजन करके मुझे डॉ० ऑफ लॉ की जो मानद डिग्री दी

गई उसका उल्लेख भी करना चाहूँगा। इस प्रकार का सम्मान प्राप्त करने वाला मैं तीसरा भारतीय था। मुझसे पहले जवाहरलाल नेहरू और डॉ० राधाकृष्णन को यह सम्मान दिया जा चुका था। मुझे इस बात की प्रसन्नता हुई की इन दो महान् व्यक्तियों के समान मुझे भी सम्मानित किया गया। इस संक्षिप्त समारोह में आयरलैंड के राष्ट्रपति भी उपस्थित थे।

डब्लिन के मेयर तथा नगरपालिका के सदस्यों ने दो शताब्दियों से चले आ रहे मेयर के सरकारी आवास में मेरा स्वागत किया।

मेरा एक और कार्यक्रम वहाँ के वसंतोत्सव में शामिल होना था जिसे डब्लिन की रॉयल सोसायटी प्रतिवर्ष आयोजित करती है। यह समारोह वहां के लोगों में बहुत लोकप्रिय है। जिस दिन प्रातःकाल मैं वहां गया, हजारों नर-नारी और बच्चे वहां घूम रहे थे और विभिन्न दुकानों पर चक्कर लगाते हुए आनन्द ले रहे थे। इस समारोह में मुख्य रूप से कृषि, बागवानी और पशुओं के विकास पर बल दिया गया था। इस भीड़-भड़ाके में मैंने बहुत आनन्द अनुभव किया। हमारा यह दौरा समाज के अतीत और वर्तमान के महत्वपूर्ण व्यक्तियों के साथ एक सहभोज के साथ समाप्त हुआ।

आयरलैंड के दौरे के पहले तीन दिन डब्लिन नगर में बीते। मेरे दौरे के अंतिम दिन अर्थात् 9 मई को यूगोस्लाविया से रवाना होने से पहले मुझे आयरलैंड के सुंदर और शांत देहात को देखने का अवसर भी मिला। मुझे बोयन घाटी के निकट न्यू ग्रोज नामक स्थान पर पुरातत्व संबंधी खुदाई देखने का अवसर भी मिला। यह स्थान डब्लिन से मोटर द्वारा एक घंटे की दूरी पर है। मैं ऐतिहासिक महत्व के सुप्रसिद्ध स्थान शिन्य महल भी गया। शियां पहाड़ी यहाँ से निकट ही है और प्रायः जिसके संबंध में कहा जाता है कि संत पैट्रिक ने पांचवीं शताब्दी में ईसाई मत की घोषणा इसी पहाड़ी से की थी। महत्वपूर्ण स्थानों को देखने के अतिरिक्त मुझे इस बात की प्रसन्नता है कि मेरे आयरिश मेहमान नवाजों ने उस दिन प्रातः काल का जो कार्यक्रम बनाया था। वह बहुत ही सोच-समझकर बनाया गया था जिससे मुझे डब्लिन के आसपास के सुंदर देहात को देखने का अवसर मिला।

मेरे इस दौरे को स्थानीय समाचारपत्रों ने प्रमुख स्थान दिया। वहाँ के सबसे अधिक छपने वाले दैनिक समाचार पत्र 'आयरिश टाइम्स' ने भारत और आयरलैंड के आपसी सदभावनापूर्ण संबंधों पर सम्पादकीय लिखा।

बृहस्पतिवार 6 मई की दोपहर बाद मैं बेलग्राड पहुंचा। वहां यूगोस्लाविया के राष्ट्रपति तथा उनके उच्च अधिकारी साथियों ने हमारा स्वागत किया। उसके बाद मैं उस व्हाइट पैलेस के लिए चला जहाँ किसी समय मार्शल टीटो रहा करते थे। यूगोस्लाविया दौरे का यह समय बहुत उपयुक्त था क्योंकि बसंत का आगमन हो चुका था। हमारी यात्रा के अंतिम दिन को छोड़कर मौसम बहुत अच्छा रहा और धूप निकली हुई थी। व्हाइट पैलेस के आसपास का दृश्य भी अच्छा था और वृक्ष, पौधे अपनी पूरी बहार में थे।

यूगोस्लाविया पहुँचने के फौरन बाद मैं मार्शल टीटो की समाधि पर पुष्पांजलि अर्पित करने गया। मेरा दूसरा कार्यक्रम यूगोस्लाविया के राष्ट्रपति तथा उनके सहायकों के साथ अन्तर्राष्ट्रीय स्थिति और गुटनिरपेक्ष आंदोलन की भूमिका के संबंध में विचार करना था। उसके बाद यूगोस्लाविया के राष्ट्रपति ने मेरे सम्मान में एक भोज का आयोजन किया। यूगोस्लाविया के राष्ट्रपति ने वहाँ भाषण में कहा कि फौरन ऐसे प्रयत्न किये जाने चाहिए कि तटस्थ राष्ट्रों के आपसी संघर्ष समाप्त हो और उनकी समस्याओं का समाधान पूर्णत: शांतिपूर्ण ढंग से करने के उपाय खोजे जायें। उन्होंने विशेष रूप से ईरान और इराक के आपसी युद्ध का उल्लेख किया। उन्होंने कहा कि आगामी सितम्बर मास में बगदाद में होने वाले तटस्थ राष्ट्रों के शिखर सम्मेलन को ध्यान में रखते हुए यह युद्ध फौरन बंद होना चाहिए। मैंने अपने उत्तर में उनकी बात से सहमति प्रकट की कि तटस्थ राष्ट्रों के आपसी संघर्ष समाप्त होने चाहिए। मैंने अपनी बात को अधिक जोर देते हुए कहा कि किसी भी समझौते के लिए पूर्णत: शांतिपूर्ण बातचीत होनी चाहिए। मैंने इस बात की ओर ध्यान दिलाया कि विभिन्न शक्ति गुटों में जो अन्तर्राष्ट्रीय तनाव और संघर्ष बढ़ रहा है इससे विश्व को आणविक सर्वनाश का खतरा है। इसलिए मैं चाहता हूँ कि तटस्थ राष्ट्रों के नेता सद्बुद्धि का प्रचार करें। मैंने यह स्पष्ट किया कि तटस्थ आंदोलन को प्रारम्भ करने वाले भारत और यूगोस्लाविया ने सदैव आपसी सहयोग और सद्भावना बढ़ाने का पक्ष लिया है। तटस्थ राष्ट्रों का यह कर्त्तव्य हो जाता है कि वे विकसित और विकासशील देशों को आपस में एक-दूसरे पर आश्रित रहने का विश्वास दिलायें। मैंने वस्तुओं और सेवाओं के आदान-प्रदान के संबंध में स्पष्ट और पक्षपातपूर्ण भेदभाव का उल्लेख किया और यह कहा कि इस प्रकार की बातें मानव समाज की शांति और प्रगति के मार्ग में रुकावट हैं। मैंने जवाहरलाल नेहरू और मार्शल टीटो के आपसी सहयोग और

तटस्थ आंदोलन के निर्माण में उनकी योगदान का स्मरण करवाया। मैंने स्पष्ट कहा कि भारत और यूगोस्लाविया में उनके बाद के नेताओं ने भी दोनों देशों की मैत्री के उन सूत्रों को दृढ़ किया है। मैंने यूगोस्लाविया की इस बात के लिए प्रशंसा की कि उसने आर्थिक और औद्योगिक संस्थानों में काम करने वालों को भागीदारी की भावना और उनके द्वारा प्रबंध संभालने की व्यवस्था की है। मैंने यह कहकर अपना भाषण समाप्त किया कि राष्ट्रपति टीटो ने अपने पीछे जो एक समृद्ध परम्परा छोड़ी है वह यूगोस्लाविया के नेताओं और जनता का हर क्षेत्र में मार्ग दर्शन करती रहेगी।

अगले दिन प्रात: काल मैं माउंट अवाला पर अज्ञात सैनिकों की समाधि पर फूल चढ़ाने गया। यह स्थान बेलग्राड से लगभग 16 किलोमीटर दूर है। यह समाधि पहाड़ी की चोटी पर स्थित है और वहां से नगर का सुंदर दृश्य देखा जा सकता है। उसके बाद बेलग्राड के मेयर तथा नगर-सभा ने मेरा नागरिक अभिनन्दन किया और नगर का एक स्वर्ण चिह्न भेंट किया। यह मेरे लिए एक और अवसर था जब मैंने मार्शल टीटो और जवाहरलाल नेहरू के तटस्थ राष्ट्रों और विश्व शांति के लिए किये गये योगदान की प्रशंसा की। मुझे इस बात का सौभाग्य प्राप्त हुआ था कि 1950 में मार्शल टीटो जब भारत के दौरे पर आये थे, तो हैदराबाद में आंध्र प्रदेश के मुख्यमंत्री के रूप में मैंने उनकी अगवानी की थी और मैंने उस प्रसन्नता का भी जिक्र किया कि यूगोस्लाविया के पहले दौरे में मैं मार्शल टीटो से मिला भी था। मैंने बेलग्राड और नई दिल्ली नगरों की समानता का भी जिक्र किया जहाँ पर पुरातन ऐतिहासिक स्मारक और आधुनिक भवन साथ-साथ दिखाई देते हैं जिनसे हमें एक नजर में सदियों पुरानी ऐतिहासिक परम्परा का ज्ञान होता है। मैंने द्वितीय विश्व युद्ध में बेलग्राड में हुए विनाश का भी जिक्र किया और कहा कि उसका आधुनिक राजधानी के रूप में पुनर्निर्माण यहाँ के निवासियों के उत्साह और दृढ़ धारणा का प्रतीक है।

मैंने नगर के फ्रैंडशिप पार्क में लाल ओक वृक्ष का पौधा भी लगाया। यह पार्क 14 हैक्टेयर में फैला हुआ है। विभिन्न देशों के महत्वपूर्ण व्यक्तियों ने यहाँ वृक्षारोपण किया है। शाम के समय यूगोस्लाविया के राष्ट्रपति से और आगे विचार-विमर्श हुआ और रात्रि भोज का आयोजन किया गया।

8 मई की प्रातः काल में बेलग्राड से बोसनिया हर्जेगोविना गणतंत्र की राजधानी सेराजीवो के लिए चला। राष्ट्रपति ने वहाँ पहुँचने पर मेरी अगवानी की। सेराजीवो अपने शीतकालीन खेलों के लिए प्रसिद्ध है और 1984 के ओलम्पिक के शीत ऋतु से संबंधित खेल वहाँ आयोजित होने वाले थे। मुझे वहां महत्वपूर्ण इंजीनियरिंग से संबंधित उद्योग दिखाए गए, जहाँ बहुत ही सूक्ष्म चीजों का निर्माण रूस तथा अन्य देशों को निर्यात के लिए किया जाता है।

यहाँ के विश्वविद्यालय ने मुझे डॉक्टर ऑफ साइंस की मानद डिग्री दी। कुछ समय पूर्व यह सम्मान मार्शल टीटो को दिया गया था। मुझे इस बात की प्रसन्नता हुई कि वही सम्मान जो एक सुप्रसिद्ध देश-भक्त स्वतंत्रता सेनानी और विश्व प्रसिद्ध कूटनीतिज्ञ को दिया गया था, उससे मुझे भी सम्मानित किया गया। जिस सभा में यह समारोह हुआ वह बहुत ही बढ़िया ढंग से सज्जित था। इस अवसर पर भाषण करते हुए मैंने भारत तथा अन्य विकासशील देशों से विज्ञान तथा तकनीकी क्षेत्र में प्रतिभा-पलायन का उल्लेख किया। मैंने यूगोस्लाविया की इस बात के लिए प्रशंसा की कि उसने शिक्षा प्रक्रिया को समाजवादी विकास की व्यापक प्रक्रिया से जोड़ दिया है। मैंने यूगोस्लाविया की प्रारंभिक शिक्षा व्यवस्था की भी प्रशंसा की जिससे बच्चों में अपने कर्त्तव्य और दायित्व को समझने की भावना उत्पन्न होती है। यह बात अनुकरणीय है। मैंने इस बात का भी उल्लेख किया कि वर्तमान की यह महत्वपूर्ण आवश्यकता है कि प्रत्येक व्यक्ति और देश को विश्वभर में फैले विज्ञान संबंधी उन्नत ज्ञान का पूर्ण लाभ प्राप्त हो।

मैंने राष्ट्रपति तथा वहाँ के अन्य महत्वपूर्ण प्रमुख अधिकारियों से अनेक विषयों पर विचार-विमर्श किया। उसके बाद मेरे सम्मान में दोपहर के भोजन का आयोजन किया गया।

दोपहर बाद मैं वहाँ के क्रांतिकारियों से संबंधित सुप्रसिद्ध भवन गया। वहां आस्ट्रो-हंगेरियन शासन के विरुद्ध प्रयुक्त की गई वस्तुओं का प्रदर्शन किया गया था। प्रथम विश्वयुद्ध के मूल में यहाँ की घटनाएं थीं। उसके भवन के पास ही बनी एक सौ साल पुरानी मस्जिद भी मैंने देखी। नगर की सड़कों पर दोनों ओर प्रसन्न भीड़ खड़ी थी। इस भीड़ से यह स्पष्ट दिखाई देता था कि यह पूर्व और पश्चिम का एक सुंदर मिश्रण है। उसके बाद हम एड्रियाटिक समुद्र तट पर बसे क्रोशिया गणतंत्र के स्पलित नगर के लिए विमान से रवाना हुए।

स्पलित में, मैं समुद्रतट स्थित उस मकान में गया जहाँ प्रायः मार्शल टीटो ठहरा करते थे। स्पति समुद्र तट बहुत प्रसिद्ध और लोकप्रिय है। नगर में अन्य दर्शनीय स्थान भी हैं। इनमें यूगोस्लाविया के सुप्रसिद्ध मूर्तिकार मैसतरोवीक द्वारा बनाई गई मूर्तियों की प्रदर्शनी और एक पुरातत्त्व संग्रहालय हैं।

अगले दिन नाव द्वारा स्थित त्रोगिर द्वीप नगर में जाने का कार्यक्रम था परंतु बादलों और वर्षा के कारण इसे छोड़ देना पड़ा। शाम को क्रोशियन राष्ट्रपति जिन्होंने मार्शल टीटो के साथ एकजुट होकर आक्रांताओं के विरुद्ध संघर्ष किया था–ने मेरे सम्मान में भोज का आयोजन किया। दोनों ओर से मार्शल टीटो और पंडित जवाहरलाल नेहरू की श्रद्धांजलि अर्पित की गई जिनकी दूर दृष्टि और कूटनीति के कारण गुटनिरपेक्ष आंदोलन की आधारशिला रखी जा सकी थी।

सोमवार 10 मई को मैं भारत के लिए रवाना हुआ।

सार्वजनिक समारोहः कुछ विचारणीय प्रश्न

मैं अगस्त 1981 के अन्त की अवधि में, सरदार वल्लभभाई पटेल की स्मृति में 31 अक्तूबर को 'सिटीजन काउन्सिल' नामक एक संस्था द्वारा आयोजित समारोह में भाग लेने तथा राष्ट्रीय एकता पर सरदार पटेल मेमोरियल लेक्चर देने के लिए सहमत हो गया। 'सिटीजन काउन्सिल' एक विशाल संस्था थी जिसमें दिल्ली के अनेकों प्रसिद्ध व्यक्ति शामिल थे। 31 अक्तूबर को होने वाला समारोह 'सिटीजन काउन्सिल' के एक छोटे से समूह 'सेलीब्रेशन कमेटी, सरदार पटेल जयन्ती समारोह' द्वारा आयोजित किया जाने वाला था। इसमें धर्मवीर, कंवर लाल गुप्ता और एक अन्य व्यक्ति थे। धर्मवीर जैसा कि सभी जानते हैं 'इंडियन सिविल सर्विस' के एक विशिष्ट सदस्य थे और अपनी लम्बी सेवा अवधि में वे अनेकों महत्त्वपूर्ण पदों, कैबिनेट सेक्रेटरी के पद पर भी रहे थे। वह उस समय पश्चिमी बंगाल के (गर्वनर) राज्यपाल थे जबकि राज्य एक राजनैतिक उथल-पुथल से गुजर रहा था और नाजुक संवैधानिक एवम् राजनैतिक विषयों पर निर्णय लेने थे। वह राज्य उनके राज्यपाल की अवधि के एक भाग में राष्ट्रपति शासन के अधीन था। कंवरलाल गुप्ता भारतीय जनता पार्टी के सदस्य थे और यह मैं जानता था।

अक्तूबर के मध्य या उसके आस-पास एक सर्वोच्च सरकारी अधिकारी ने मेरे प्रिंसिपल सेक्रेटरी से टेलीफोन पर बात की और जानकारी के लिए पूछा कि

क्या मैं उक्त समारोह में सम्मिलित होने के लिए सहमत हो गया हूँ। उसने आगे कहा कि समारोह में मेरे शामिल होने से उत्पन्न राजनैतिक उलझनों से सरकारी क्षेत्रों में कुछ अप्रसन्नता है। मेरे प्रिंसिपल सेक्रेटरी ने उसको बताया कि मैंने लगभग दो माह पूर्व उक्त समारोह में शामिल होना स्वीकार किया था, कि आयोजकों के राजनैतिक पार्टियों से संबंध राष्ट्रपति को समारोह में जाने से रोकने का कारण नहीं बनने चाहिए; कि समारोह का आयोजन राष्ट्र के एक विशिष्ट पुत्र सरदार पटेल के सम्मान में हो रहा है: कि धर्मवीर जैसे सेवा निवृत्त कैबिनेट सेक्रेटरी और पूर्ववर्ती राज्यपाल द्वारा समारोह को दिये जाने वाले सहयोग से यह पता चलता है कि समारोह राष्ट्रपति के स्तर योग्य होगा; और राष्ट्रपति के उसमें सम्मिलित होने से किसी प्रकार की आलोचना नहीं होनी चाहिए। उसने आगे कहा कि राष्ट्रपति कभी ऐसे समारोह में सम्मिलित होने को सहमत नहीं होंगे जब तक कि उन्हें यह विश्वास न हो कि इससे उनके पद की गरिमा कम नहीं होगी।

कुछ दिनों बाद कैबिनेट मिनिस्टर पी० शिवशंकर ने मेरे प्रिंसिपल सेक्रेटरी से उक्त विषय पर बात-चीत की। पहले अवसर की भांति उनको भी सारी पृष्ठ भूमि समझा दी गई। उनको सूचित किया गया कि क्योंकि यह कार्यक्रम लगभग दो माह पूर्व स्वीकार किया गया था, इस संबंध में इससे अधिक कहने के लिए कुछ नहीं था। मेरे प्रिंसिपल सेक्रेटरी ने बाद में मुझे सूचित किया कि कैबिनेट मिनिस्टर ने इस विषय पर अपनी आपत्ति तथा अप्रसन्नता प्रकट की है।

मैं नहीं जानता कि किसके कहने पर पहले उच्च अधिकारी ने और बाद में कैबिनेट मिनिस्टर ने मेरे प्रिंसिपल सेक्रेटरी से मुझे समारोह में भाग न लेने की कोशिश करने के स्पष्ट उद्देश्य से बातें की। यदि किसी का यह विचार था कि मुझे अपने कार्यक्रम को रद्द करने के लिए मनाया जा सकता है तो वह गलती कर रहा था। मैं नहीं सोचता कि इस विषय में प्रधानमंत्री किसी प्रकार से संबंधित रही हो। यह विचार जरूर उनकी व्यवस्था के किसी अत्यधिक द्वेषपूर्ण कार्यकर्ता आ रहा होगा जिसे यह नासमझी भरा विश्वास होगा कि समारोह के आयोजकों में से एक जो जनता पार्टी का था, वह इस आयोजन से राजनैतिक लाभ उठा सकता है। उन्होंने शायद यह विचार होगा कि यदि मेरा उसमें जाना रुकवा दिया जाय तो उन्हें प्रशंसा मिलेगी। यह धारणा पूर्णतः मूर्खता भरी थी। मेरे समारोह में भाग लेने में गलत या असाधारण क्या था? स्वतंत्रता संग्राम में

सरदार पटेल का योग और भारत को शक्तिशाली बनाने के उनके प्रयत्न निश्चित रूप से हमें उनके जन्मदिवस पर श्रद्धांजलि देने की आवश्यकता पर बल देते हैं। वह केवल एक सम्मेलन था जिसमें पार्टी की वफादारी से ऊपर उठ कर सारे राष्ट्र को उन्हें और उनकी देश सेवा को स्मरण करना चाहिए था। यदि सत्ताधारी पार्टी और सरकार में स्वयं कोई समारोह आयोजित करने की कल्पना शक्ति नहीं थी तो इसके लिए वे स्वयं दोषी थे। एक राष्ट्रपति के रूप में, मुझे कोई संदेह नहीं कि उस समारोह में जाना स्वीकार कर मैंने उसी प्रकार सही कार्य किया जिस प्रकार मुझसे पूर्ववर्ती राष्ट्रपतियों ने 'सिटीजन काउन्सिल' द्वारा आयोजित सरदार पटेल के जन्म दिवसों पर जाकर किया था।

मेरे भाषण का विषय राष्ट्रीय एकता था। इस अवसर पर मैंने जो भाषण दिया उसने बहुत ध्यान आकर्षित किया। यद्यपि इसे अधिकांश ने सराहा, कुछ आलोचना भी हुई। आलोचकों में सत्ताधारी पार्टी के कुछ सदस्य भी सम्मिलित थे। यह दूसरे दिन पूर्ण विस्तार से समाचार पत्रों में प्रकाशित हुआ और अंग्रेजी भाषा के अधिकांश राष्ट्रीय दैनिकों और कुछ साप्ताहिकों ने अपने संपादकीय में इस पर अपने विचार प्रकट किये। विषय के महत्व तथा इसने उस समय जो ध्यान आकर्षित किया दोनों ही कारणों से मैं उस पर यहाँ संक्षेप में लिखना उचित समझता हूँ।

मैंने अपने भाषण के परिचय वाले अंश में सरदार पटेल के साथ अपने संपर्कों का तथा राष्ट्र के प्रति उनकी स्वतंत्रता सेनानी और कैबिनेट मंत्री के रूप में की गई सेवाओं का वर्णन किया। मुझसे क्योंकि राष्ट्रीय एकता पर बोलने के लिए कहा गया था, मैंने कहा कि इस विषय पर सार्थक विचार करने के लिए, मेरे लिए राज्य-केन्द्र के संबंधों की समस्या की जांच करना आवश्यक है। इस विषय पर मैंने जो विचार प्रकट किए उन्होंने ही विरोध पूर्ण आलोचना को आकर्षित किया। मैंने बहुत अधिक फैली हुई इस भावना को प्रकट किया कि राज्य सरकारों को सामाजिक सेवाओं और विकास के विषयों पर जो उत्तरदायित्व दिए गए हैं उनके अनुरूप विस्तृत और लचीले राज्य कर के साधन उनके पास नहीं। मैंने यह भी कहा कि केन्द्र की रुझान विकास और शासन के अधिक से अधिक विषयों का उत्तरदायित्व स्वयं लेने की है जो कि विकेन्द्रीकरण के स्वीकृत सिद्धान्त के प्रभाव को घटाती है। केन्द्र के पास राज्य में उपलब्ध

सरकारी तंत्र से अधिक कुशल और भिन्न तंत्र नहीं है और न अनुभव यह बताता है कि केन्द्र ने राज्यों की तुलना में अधिक बुद्धिमानी, योग्यता या बाह्य तत्वों के प्रभाव से स्वतंत्रता प्रदर्शित की हो। राज्यों ने केन्द्र की इस प्रवृत्ति को कभी पसंद नहीं किया है कि वह अधिक से अधिक शक्ति लेता जाता है तथापि राजनैतिक और अन्य कारणों से उन्होंने अपनी इस भावना को प्रकट नहीं किया है। यदि इस प्रवृति को रोका नहीं गया तो राज्यों द्वारा अधिक स्वायत्तता और स्वतंत्रता की मांग कटुता के साथ उठायी जा सकती है। यह एक अवांच्छित विकास होगा। इसलिये मैंने तर्क दिया कि केन्द्र राज्यों के संबंधों की पूरी समस्या का नये सिरे से पिछले तीस वर्षों के अनुभवों के प्रकाश में अध्ययन होना चाहिए। प्रारम्भ में मैंने संविधान निर्मात्री सभा के वाद विवादों और केन्द्र तथा राज्यों के संबंधों पर राजामन्नार कमेटी रिपोर्ट का उल्लेख कर दिया था। स्वतंत्रता के बाद से देश को अपनी एकता से जो लाभ हुए हैं उनको बताने से भी मैं चूका नहीं था। देश में विभाजन करने वाली शक्तियों के विकास पर मैंने गंभीर अप्रसन्नता प्रकट की थी। मैंने जो कुछ कहा था उसमें वास्तव में नया कुछ नहीं था। मैंने स्वयं उन बातों को उससे पूर्व भी कहा था और वैसा ही दूसरों ने भी। इंडियन नेशनल कांग्रेस के प्रेसीडेण्ट रूप में, सन् 1960 के प्रारम्भ में कांग्रेस के 'प्लेनरी' सेशन में दिए गए मेरे भाषण का निम्नलिखित अंश मेरी पुष्टि करेगा:

एक प्रजातांत्रिक प्रणाली की प्राथमिक आवश्यकता यह है कि सरकार जनता की और जनता के लिए ही नहीं वरन् जनता के द्वारा भी होनी चाहिए। दूसरे शब्दों में, जनता जिसें सर्वोच्च सत्ता निहित है उसको अवश्य ही ऐसी स्थिति में होना चाहिए कि वह अपने आपको शासित कर सके।

सन्देह नहीं कि हमारे गांव में लड़ाई-झगड़े और विवाद होते हैं लेकिन लड़ाई-झगड़े और विवाद केवल गांवों में ही सामान्य नहीं।

एक बार जब जनता को बिना किसी प्रतिबंध के उत्तरदायित्व दे दिया जाता है, वह प्राय: अपने को उसके अनुकूल बना लेती है और मुझे विश्वास है कि वह अपने कर्तव्यों का पूरी तरह भली प्रकार पालन करेगी। और तभी हम इस देश में पूर्ण स्वतंत्रता ला सकते हैं। मुझे खुशी है कि आंध्र और राजस्थान ने यह महान प्रयोग प्रारम्भ कर दिया है जो कि अब एक वर्ष पुराना है और जो एक

उल्लेखनीय सफलता प्रमाणित हुआ है। मैं अवश्य आशा करता हूँ कि देश के दूसरे राज्य भी उनका अनुकरण करेंगे।

इस संबंध में कुछ दृष्टिकोण प्रकट किये गये हैं कि शक्ति के विकेन्द्रीकरण का अर्थ केवल राज्य से जिले और ग्राम स्तर तक नहीं परन्तु उसके अनुसार ही दिल्ली और राज्यों के मध्य भी होना चाहिए। हाल ही में वर्धा में हुए सर्वोदय सम्मेलन में कहा गया था कि जो स्वतंत्रता हमारे देश में आयी है वह नई दिल्ली में उसी प्रकार अटक कर रह गयी है जिस प्रकार गंगाजी भागीरथ के महान् प्रयत्नों से नीचे आने पर शिवजी की जटाओं में रह गयीं थीं और यह आवश्यक है कि शिवजी पुनः इस गंगा को अपने कानों से निकलने की अनुमति दें और उसे कुंआरी भूमि को उपजाऊ बनाने की आज्ञा दें। यह एक महत्त्वपूर्ण विषय है और यह सत्य है कि इस प्रकार के दृष्टिकोण प्रकट किये जा चुके हैं, यह बताता है कि लोगों के मस्तिष्क उस दिशा में विचार करने लगे हैं।

मेरे आलोचकों ने मेरे द्वारा अनुचित समय पर राज्यों को अधिक स्वायत्तता देने का तर्क दिये जाने का आरोप लगाया, एक ऐसे समय जबकि भारत सरकार के हाथों में आसाम में विदेशियों को लेकर उठे आंदोलन से बनी समस्या और खालिस्तान की मांग से निपटने की समस्या है। उन्हें यह विचित्र लगा कि मैंने राज्यों के लिए अधिक स्वायत्तता का तर्क ऐसे समारोह में दिया जो शक्तिशाली केन्द्र के समर्थक सरदार पटेल की स्मृति में मनाया जा रहा था। उन्होंने गलत रीति से यह धारणा बना ली थी कि शक्तिशाली केन्द्र का अर्थ दिल्ली में शक्ति का केन्द्रीकरण करने से है और राज्यों को अधिक स्वायत्तता देना केन्द्र को कमजोर करना होगा। उसके विपरीत मेरा विश्वास है कि केन्द्र राज्यों से उनकी पहल करने और निर्णय करने की शक्ति लेकर शक्तिशाली नहीं बनता; वह केवल तभी शक्तिशाली होता है जब राज्यों को अपनी प्रशासनिक और विकास की समस्याओं को स्वयं हल करने की क्षमता और स्वतंत्रता प्राप्त होती है। केन्द्र को मुख्य रूप से अपना समय तथा ध्यान अखिल भारतीय समस्याओं को हल करने में लगाना चाहिए।

उस समय जो दूसरी घटना हुई उसका वर्णन करने की भी आवश्यकता यहाँ है—

सरकार के उच्च अधिकारी ने (जिसके संबंध में पहले जिक्र आ चुका है) मेरे प्रिंसिपल सेक्रेटरी को बताया कि कुछ क्षेत्रों में मेरे द्वारा मध्य प्रदेश की बार-बार यात्रा करने पर कुछ बेचैनी है। वह जानना चाहता था कि क्या मैंने शीघ्र ही ग्वालियर यात्रा करने की योजना बनाई है और उसके तीन सप्ताह के अंदर रायपुर दोबारा जाने की? उसको बताया गया कि मैं नवम्बर के अंत में ग्वालियर जाने और वहाँ के स्थानीय बालिका स्कूल के रजत-जयंती समारोह में भाग लेने के लिए सहमत हो चुका हूँ। ग्वालियर का स्कूल ग्वालियर की राजमाता से संबंधित था। वह एक बहुत प्रतिष्ठित संस्था है और उसकी नींव का पत्थर भारत के प्रथम राष्ट्रपति डॉ० राजेन्द्र प्रसाद द्वारा रखा गया था और उसका उद्घाटन श्रीमति इन्दिरा गांधी द्वारा हुआ था। अपने राष्ट्रपति कार्यकाल में मेरी परंपरा प्राय: उन्हीं कार्यक्रमों में भाग लेने की सहमति देने की थी जिन्हें राज्य सरकार राष्ट्रपति के भाग लेने योग्य समझती थी। ऐसे सभी कार्यक्रमों में प्राय: राज्यपाल या मुख्यमंत्री अथवा दोनों ही सम्मिलित होते थे। इस घटना में मध्यप्रदेश के राज्यपाल और मुख्यमंत्री दोनों ने ग्वालियर स्कूल समारोह में भाग लिया और स्कूल की प्रशंसा में बोले। ग्वालियर की राजमाता के राजनैतिक संबंधों से मुझे कोई मतलब नहीं था। मेरे लिए उनका विरोधी दल का सदस्य होना ऐसा पर्याप्त कारण नहीं था जिसके आधार पर मैं एक ऐसे स्कूल के रजत जयंती समारोह में जाने से इंकार कर देता जिसका प्रारम्भ अच्छे तत्वाधान में हुआ था और जो अच्छी नीतियों पर चलने के लिए प्रसिद्ध था। ऐसे स्कूल के समारोह में मेरी उपस्थिति से किसी को गलतफहमी में पड़ने की आवश्यकता नहीं थी।

यह घटना महत्वहीन प्रतीत हो सकती है परन्तु मैंने यहाँ इसका वर्णन यह दिखलाने के लिए किया कि किस प्रकार प्रधानमंत्री कार्यालय के कुछ अधिकारियों ने स्पष्ट रूप से स्वयं अपने निर्णय के आधार पर मेरे सार्वजनिक कार्यक्रमों को नियंत्रित करने का प्रयत्न किया। यह कोशिश पूर्णत: गलत रीति से विचारी गई थी और मैं केवल यह आशा कर सकता हूँ कि यह प्रधानमंत्री की जानकारी अथवा सहमति से नहीं की गई थी। राष्ट्रपति किसी पार्टी का नहीं होता। किसी का यह विचारना कि राष्ट्रपति को केवल सत्ताधारी पार्टी द्वारा आयोजित समारोहों में ही भाग लेना चाहिए केवल बचपना मात्र है। यह अपनी इच्छानुसार किसी भी समारोह में जाने के लिए स्वतंत्र है और होना चाहिये। उसको केवल इस आधार पर निर्णय लेना चाहिए कि क्या समारोह उसके पद की गरिमा के अनुकूल है।

केन्द्र में सत्ता और निर्णय लेने की शक्ति के एकत्रीकरण हो जाने से राज्यों को जो क्षति हुई है वह केन्द्र और अधिकांश राज्यों में सत्तासीन कांग्रेस (आई) पार्टी की कार्य प्रणाली द्वारा देखी जा सकती है। राज्य की विधान सभापार्टी का नेता विधान सभा पार्टी के सदस्यों द्वारा नहीं वरन् हाई कमाण्ड या पार्टी नेता द्वारा चुना जाता है। जब इच्छानुकूल व्यक्ति मिल जाता है तब कुछ समय के लिए छांटे हुए ऐसे व्यक्ति का सदस्यों द्वारा चुनाव करने का आडम्बर किया जाता है। इससे कोई धोखे में नहीं आता, चुना गया प्रतिनिधि तक नहीं। इस प्रकार चुना व्यक्ति मुख्यमंत्री बनता है और राज्य में सरकार बनाता है। उसे न तो अपने मंत्रिमंडल (कैबिनेट) की शक्ति या निर्माण के संबंध में कोई स्वतन्त्रता होती और न मंत्रियों को विभाग देने के बारे में ही। यह रीति जनतांत्रिक प्रणाली के सभी विचारों के इतने प्रतिकूल है कि मैं अपने एक भाषण में उन्हें 'मनोनीत मुख्यमंत्री' कहने से स्वयं को रोक नहीं सका। (आशा के अनुरूप मेरी स्पष्ट आलोचना ने सत्ताधारी पार्टी के सदस्यों को नाराज कर दिया) उनमें से कुछ जनता में यह घोषित करते हुए लज्जित नहीं होते कि उनका पदासीन बने रहना पार्टी के विधान सभा सदस्यों या विधान सभा के विश्वास पर नहीं वरन् पार्टी प्रमुख पर निर्भर करता है। जनतंत्र की क्या विडंबना है! पार्टी अवश्य ही अपने विधायकों पर यह विश्वास कर सकती है कि वे अपने में सबसे उपयुक्त व्यक्ति को अपना नेता चुनेंगे। यदि वह उन पर विश्वास नहीं कर सकती तो यह उसके द्वारा चुनाव के लिए खड़े किये जाने वालों को मनोनीत करने की प्रणाली पर शंका उठाता है।

पहले जो कुछ होता था यह सब दुखद रूप से उसके विपरीत है। मुझे स्मरण आता है कि सन् 1946 में किस प्रकार टी० प्रकाशम ने मद्रास में कांग्रेस विधान सभा पार्टी का नेता बनने के लिए महात्मा गांधी तक की इच्छा के विरुद्ध, जो कि उस पद के लिए राजगोपालाचारी के पक्ष में थे, चुनाव लड़ा और जीता था। संयुक्त मद्रास राज्य से आंध्र के अलग होने के तुरंत बाद शेष बचे मद्रास राज्य की कांग्रेस विधान सभा पार्टी के नेतृत्व के लिए के० कामराज और सी० सुब्रामनियम के बीच निर्वाचन हुआ था। दिल्ली में पार्टी नेताओं द्वारा इस निर्वाचन को रोकने के लिए कोई प्रयत्न नहीं किया गया था। कामराज विजयी हुए और मुख्यमंत्री बने। उन्होंने अपनी मंत्रिपरिषद में सुब्रामनियम को ही नहीं

वरन् अन्य अनुभवी व्यक्तियों को भी लिया। आंध्र प्रदेश बनने पर मैंने स्वयं बी० गोपाल रेड्डी के विरुद्ध विधान सभा पार्टी के नेतृत्व के लिए चुनाव लड़ा और जीता था तथा मैं राज्य का प्रथम मुख्यमंत्री बना था। दिल्ली में पार्टी के नेताओं द्वारा इस चुनाव के प्रति किसी प्रकार की आपत्ति नहीं उठाई गई थी। जवाहरलाल नेहरू ने कहा था, 'जो भी निर्वाचित हुआ है, वह मेरा आदमी है।' चुनाव के बावजूद भी मैंने अपने मंत्रिमंडल में ऐसे कुछ लोगों को शामिल किया जिनके बारे में मुझे पता था कि उन्होंने मेरे विरुद्ध मतदान किया था। मुझे पार्टी को संगठित रखने में कोई कठिनाई नहीं हुई थी। जब मैंने गोपाल रेड्डी से मंत्रिपरिषद में शामिल होने का अनुरोध किया तो वह मान गये थे।

आज हम देखते हैं कि कांग्रेस (आई) के मनोनीत मुख्यमंत्री पार्टी को एकजुट रखने में कठिनाई अनुभव करते हैं। यह आश्चर्यजनक नहीं क्योंकि उन्हें पार्टी विधायकों का विश्वास पाने के कारण नहीं वरन् दिल्ली स्थिति पार्टी हाईकमांड का विश्वासपात्र होने के कारण अपना पद प्राप्त होता है। ये मुख्यमंत्री प्रशासन कार्य करने के लिए बैठा नहीं पाते क्योंकि मंत्रिमण्डल बनाना अपने आप में एक लम्बा कार्य है। मुख्यमंत्री के पदासीन होने के कुछ सप्ताहों के अंदर ही विरोधी अपना सिर उठाने लगते हैं और यह स्वाभाविक है कि मुख्यमंत्री का सारा समय अपने पद को बनाये रखने के प्रयत्नों में व्यतीत हो जाता है। पार्टी के छोटे-छोटे झगड़ों तथा पेंचीदा विवादों के बारे में, तथाकथित पार्टी हाई कमाण्ड अर्थात पार्टी नेता से बात करने हेतु जनता के खर्चे पर अनगिनत दिल्ली यात्राएं करनी पड़ती हैं। पार्टी नेता के रूप में प्रधानमंत्री का मुख्यमंत्रियों के चुनाव में गहरा लगाव और उन लोगों का अपने पद पर बने रहने के लिए प्रधानमंत्री पर पूरी तरह निर्भर रहना केवल उनकी निर्णय लेने की शक्ति और आत्मिक प्रेरणा को रोकता ही है।

मैं पार्टी की कार्य प्रणाली के संबंध में और अधिक कह सकता था परन्तु राष्ट्रपति के रूप में इससे मेरा कोई संबंध नहीं था। सामान्यत: यह जानना कि पार्टी किस प्रकार कार्य करती है जनता की रुचि का विषय नहीं होता। तथापि पार्टी की कार्य प्रणाली के विचित्र तरीकों और सब निर्णयों को करने की शक्ति का एक व्यक्ति के हाथों में एकत्रीकरण होने से प्रशासन को इतनी हानि हो चुकी है कि जनता को सत्ताधारी पार्टी के कार्यों पर ध्यान देना ही पड़ेगा। यह अत्यन्त

दुख का विषय है कि प्रधानमंत्री जिसको अपना ध्यान और समय देश की पेंचीदा आर्थिक स्थिति, कानून तथा व्यवस्था की गम्भीर समस्याओं और बाधाएँ डालने वाली अन्तर्राष्ट्रीय स्थितियों पर देना चाहिए, उसे पार्टी के छोटे-छोटे झगड़ों को निपटाने के लिए कहा जाये। यह कल्पना करना अवास्तविकता की अति है कि एक व्यक्ति चाहे वह कितना भी परिश्रमी तथा योग्य हो विभिन्न प्रकार की समस्याओं से पूर्ण भारत जैसे विशाल एवम् भिन्नतापूर्ण देश का प्रशासन चला सकता है। प्रशासन और पार्टी विषयों में विकेन्द्रीकरण तथा सच्ची जनतांत्रिक कार्यप्रणाली--केवल इनसे ही जनता को संतोष प्राप्त हो सकता है।

असम और दिल्ली दोहरे मानदण्ड

दिसम्बर 1979 में यह आवश्यक हो गया कि असम में राष्ट्रपति शासन लागू किया जाए क्योंकि मंत्रिमंडल अपना बहुमत खो चुका था। राष्ट्रपति शासन दिसम्बर, 1980 तक रहा और जब राष्ट्रपति शासन समाप्त किया गया तो श्रीमती तैमूर के नेतृत्व में कांग्रेस (आई) ने मंत्रिमंडल बनाया। यह मंत्रिमंडल जून, 1981 तक रहा फिर राज्य में दुबारा राष्ट्रपति शासन लागू किया गया। 30 जून, 1981 को हुई उस समय की घटनाओं के संबंध में यहाँ विचार की आवश्यकता नहीं है।

अक्तूबर, 1981 में मैं असम राज्य के दौर पर गया। शनिवार 24 अक्तूबर को मैं काजीरंगा में था और असम के राज्यपाल भी मेरे साथ थे। उस शाम को असम विधानसभा के सदस्यों का एक दल, जिसे वामपक्षी और लोकतांत्रिक संयुक्त दल कहा जाता था मुझसे मिला और मुझे एक मांग-पत्र दिया, जिसमें उन्होंने कहा था कि विधानसभा में उनका बहुमत है और वे सरकार बनाने की स्थिति में हैं। उन्होंने इस बात का भय प्रकट किया था कि उनके बहुमत में होने पर भी इस बात की संभावना है कि अल्पमत सरकार बनाई जाएगी। उसी शाम श्रीमती तैमूर भी मुझसे मिलीं और उन्होंने भी मुझे मांग-पत्र पेश किया जिसमें उन्होंने मांग की कि वे सबसे बड़ी पार्टी की नेता हैं इसलिए उन्हें मंत्रिमंडल बनाने का निमंत्रण दिया जाना चाहिए। इस सारे घटनाक्रम में असम के राज्यपाल मेरे साथ थे। इस मांग पत्र पेश करने वालों से मैंने कहा था कि संविधान अनुसार यह राज्यपाल का अधिकार होता है कि वह स्थिति का जायजा ले और विभिन्न दलों तथा संयुक्त पार्टियों की स्थिति का पता लगाए कि बहुमत का समर्थन

किसे प्राप्त है और किसके नेतृत्व में सरकार बनाने का अवसर दिया जाए, राज्यपाल ही स्थिति के अनुरूप इस बात की सिफारिश कर सकते हैं कि राष्ट्रपति शासन समाप्त किया जाएँ

13 जनवरी, 1982 के राज्यपाल की सिफारिश का राष्ट्रपति शासन समाप्त किया गया। उसी दिन केशवचन्द्र गोगोई के नेतृत्व में कांग्रेस (आई) मंत्रिमंडल बना। 17 फरवरी को वामपंथी और लोकतांत्रिक संयुक्त दल, जिसमें असम के दो पूर्व मुख्यमंत्री, शरतचन्द्र सिन्हा और गोपाल बारबोरा थे, मुझसे नई दिल्ली में मिले और मुझे एक स्मरण-पत्र दिया। जिसमें उन्होंने कहा था कि गर्वनर ने 119 सदस्यों वाले सदन में 62 सदस्यों के बहुमत वाले एक दल की उपेक्षा की है और उसे मंत्रिमंडल बनाने का अवसर न दे करके अल्पमत को मंत्रिमंडल बनाने का अवसर दिया है। उन्होंने शतरचन्द्र सिन्हा और राज्यपाल के मध्य हुए पत्र व्यवहार की प्रतियां भी मुझे दीं।

मेरे आदेश के अनुरूप मेरे सचिवालय ने यह सारे कागजात प्रधानमंत्री के सचिवालय को भेज दिए। उस समय इस बात का कोई लक्षण दिखाई नहीं देता था कि असम विधान सभा का अधिवेशन निकट भविष्य में बुलाया जाएगा। प्रधानमंत्री के सचिवालय को कागजात भेजते हुए मेरे आदेश के अनुरूप मेरे सचिवालय ने 18 फरवरी, 1982 को यह लिखा:

राष्ट्रपति की धारणा है कि मैमोरैंडम में किए गए दोषारोपणों पर विचार करने से कोई लाभ न होगा परन्तु यह उचित होगा कि विधानसभा का अधिवेशन जितनी जल्द संभव हो बुलाया जाए ताकि इस प्रश्न का निर्णय हो सकें कि जो मंत्रिमंडल बना है, बहुमत उसके साथ है या नहीं। इसके अतिरिक्त आगामी वर्ष का बजट भी शीघ्र पेश किया जाना है। इसलिए आवश्यक है कि अनुदान व एप्रोप्रियेशन आदि बिल मार्च की समाप्ति से पूर्व पारित कर दिए जायें। संवैधानिक आवश्यकता और सरकारी कार्य की पूर्ति के लिए यह आवश्यक है कि विधानसभा का सत्र जल्द-से-जल्द इस महीने के अंत तक अथवा अगले महीने के प्रारंभ में बुलाया जाएँ

8 मार्च को गृह मंत्रालय ने मेरे सचिवालय को यह सूचना दी कि असम विधानसभा की बैठक 17 मार्च को होगी और इस बात की सूचना प्रसारित कर दी गई है।

17 मार्च को विधानसभा का सामना किए बिना ही उस मंत्रिमंडल ने त्याग पत्र दे दिया। अगले दिन राज्यपाल ने मुझे एक रिपोर्ट भेजी और मुझे यह सुझाव दिया कि विधानसभा भंग करके राज्य में फिर से राष्ट्रपति शासन लागू किया जाएँ उनका तर्क था कि विधानसभा सदस्यों की अपनी पार्टी के प्रति आस्था बदल चुकी है और बहुत से सदस्यों का रुख बहुत ही लचीला अथवा अस्थिर है। इसलिए शासक दल और विपक्षी सदस्यों के संयुक्त दल के बहुमत का पता लगाना कठिन और बेइमानी होगा। इसलिए राज्य में किसी स्थाई सरकार के बनने की संभावना नहीं है।

केन्द्रीय सरकार ने असम राज्यपाल की सिफारिशों को स्वीकार कर लिया और धारा 356 के अनुसार राज्य में राष्ट्रपति शासन लागू करने का निर्णय ले लिया। उसने राज्य विधानसभा को भी भंग कर दिया।

मेरे विचार में गोगोई मंत्रिमंडल त्यागपत्र के बाद वामपंथी संयुक्त विधायक दल अथवा विपक्ष को सरकार बनाने का अवसर न देना गलती थी। विपक्ष के बहुमत के दावे का परीक्षण उन्हें मंत्रिमंडल बनाने का अवसर देकर ही किया जा सकता था। यह विधान सभा पर छोड़ दिया जाना चाहिए था कि वही इस बात का निर्णय करें कि उनका बहुमत है अथवा नहीं, या उनकी बात में कोई दम है या नहीं। यदि विपक्षी दल विधानसभा में अपना बहुमत सिद्ध न कर पाता तभी राज्यपाल को विधानसभा भंग करने की सिफारिश करनी चाहिए थी। विपक्ष को सरकार बनाने का अवसर न देना मेरे विचार में भयंकर गलती थी।

राज्यपाल की सिफारिशों को केन्द्रीय मंत्रिमंडल द्वारा स्वीकार किए जाने और राष्ट्रपति शासन लागू करने की सूचना 18 मार्च की शाम को मेरे सचिवालय पहुँची और अगले दिन प्रातःकाल यह कागजात मेरे सामने रखे गए। अत्यन्त अनिच्छापूर्वक मैंने राष्ट्रपति शासन घोषणा पर हस्ताक्षर कर दिए।

प्रातः काल प्रधानमंत्री को मुझसे मिलना था। मैंने इस अवसर का लाभ उठा कर बहुत स्पष्ट शब्दों के संबंध में अपने विचार उनके सामने प्रकट कर दिए। कांग्रेस (आई) को दो बार सरकार बनाने का अवसर दिया गया जब कि विधानसभा में वह बहुमत सिद्ध नहीं कर पाया। यह बात पहले प्रकट हो चुकी थी। विपक्षी दलों ने बहुमत दर्शाते हुए अपने समर्थकों की एक सूची पेश की

थी, उसे यह तर्क देकर रद्द कर दिया गया कि विधानसभा के सदस्य अपनी वफादारी बदलते रहते हैं। इससे मुझे इस बात का निश्चय हो गया कि यह घटना दोहरे मापदण्डों का उपयोग करने की सुनिश्चित प्रमाण थी। इसलिए मैंने असम की राजनैतिक गतिविधियों और दिल्ली मैट्रोपोलिटन कौंसिल के चुनावों के बार-बार स्थगित करने के प्रति अपनी अप्रसन्नता प्रकट कर दी (इस विषय के संबंध में इस पुस्तक में मैंने अन्य स्थान पर भी उल्लेख किया है)।

मैं चाहता तो इन दोनों मामलों के कागजात प्रधानमंत्री को यह कहकर लौटा देता कि मंत्रि-परिषद इस पर पुनः विचार करे, परंतु मैंने ऐसा नहीं किया क्योंकि मैं जानता था कि मंत्रिपरिषद् अपने पूर्व निर्णय पर स्थिर रहेगी और उस समय मंत्रिपरिषद की सलाह मानने के अतिरिक्त मेरे सामने कोई विकल्प न रहेगा। इसलिए पुनः विचार के लिए कागजात वापस भेजने से कोई लाभ न होता। इसके बदले मैंने यह सोचा कि यह अचछा है कि मैं अपने विचार और भावनाओं से व्यक्तिगत रूप में प्रधानमंत्री को अवगत करा दूं और ऐसा मैंने किया।

असम में विदेशियों के मामले का प्रश्न चार साल से हमारे सामने था। परंतु इसका कोई संतोषप्रद हल नहीं निकल रहा था। प्रधानमंत्री बार-बार इस समस्या के हल की खोज के लिए विपक्षी दलों से सहयोग की मांग कर रही थीं। संयुक्त विपक्षी दल को असम में सरकार बनाने का अवसर न देकर उनसे सहयोग की कामना केसे की जा सकती थी।

मार्च, 1980 में दिल्ली के उपराज्यपाल ने मुझे एक रिपोर्ट भेजी कि दिल्ली प्रशासनिक धारा 1966 के अधीन केन्द्र शासित प्रदेश दिल्ली में शासन चलाना असंभव है इसलिए उनका मत है कि दिल्ली मैट्रोपोलिटन कौंसिल को भंग कर दिया जाए और दिल्ली एडमिनिस्ट्रेशन एक्ट की कुछ धाराएँ स्थगित कर दी जाएँ। उनके अनुसार रिपोर्ट भेजने से पहले 33 महीने के समय में दिल्ली प्रशासन एक्ट की धाराओं का उल्लंघन किया गया है। उन्होंने यह भी कहा कि कार्यकारी कौंसिल ने अपना कार्य योग्यतापूर्वक पूरा नहीं किया और उसने अपने अधिकारों का प्रयोग प्रशासनिक तौर-तरीकों की अवहेलना द्वारा किया है। उन्होंने आगे कहा कि 1980 में दिल्ली मैट्रोपोलिटन क्षेत्र में हुए लोकसभा चुनावों ने यह दर्शा दिया है कि कार्यकारी परिषद में लोगों को विश्वास नहीं रहा है। उन्होंने इस बात की सिफारिश की कि लोगों को अपने नये प्रतिनिधि चुनने का अवसर

दिया जाएँ उपराज्यपाल की सिफारिशों का मुख्य कारण संभवत: अंतिम ही था, क्योंकि इस समय जिन राज्यों में जनता-पार्टी की सरकारें थीं वहाँ विधान सभाएं भंग कर दी गई थीं जबकि उन राज्यों में मध्यावधि चुनाव करवाए गए, परंतु दिल्ली मैट्रोपोलिटन के चुनाव नहीं हुए थे।

उपराज्यपाल की रिपोर्ट पर सरकार ने 21 मार्च, 1980 से 6 मास के लिए दिल्ली मैट्रोपोलिटन कौंसिल को भंग करने का निर्णय लिया। मैंने भी उसके अनुरूप आज्ञा दे दी। सितम्बर, 1980 में दूसरी बार 6 महीने के लिए राष्ट्रपति शासन की अवधि बढ़ाने के लिए कहा गया जिसके लिए तर्क यह दिया गया कि दस साल बाद होने वाली जनगणना में प्रशासन का ध्यान और समय लगेगा और इसलिए मैट्रोपोलिटन क्षेत्र की मतदाता सूचियों का भी संशोधन करना होगा। इसके साथ यह भी कहा गया कि दिल्ली के प्रशासन को सुचारू बनाने के प्रयत्न किए जा रहे हैं। फिर सरकार ने 6 महीने के लिए राष्ट्रपति शासन की अवधि बढ़ाई (20 सितम्बर, 1981 तक)। अगस्त 1981 में उपराज्यपाल ने राष्ट्रपति शासन की अवधि बढ़ाने की सिफारिश दोहराई, (20 मार्च, 1982 तक), उन्होंने इस बार यह तर्क दिया था कि केन्द्र शासित प्रदेश दिल्ली में सितम्बर और अक्तूबर में बाढ़ें आने की संभावना रहती हैं और अक्तूबर-नवम्बर में हिन्दू और मुसलमानों के बहुत से त्योहार भी पड़ते हैं, इसलिए सांप्रदायिक तनाव की संभावना भी हो सकती है। मैं समझता हूँ कि दिल्ली में प्राय: हर साल बाढ़ें आती हैं, त्योहार भी हर साल आते हैं और यह भी नहीं कहा जा सकता कि उनके कारण हर वर्ष अथवा हर स्थान पर सांप्रदायिक दंगे होते हैं। इस प्रकार की अशांति तो त्योहारों के अतिरिक्त भी हो सकती है। फरवरी 1981 में दिए गए तर्क भी बेबुनियाद थे। प्रशासन को यह पता था कि फरवरी, मार्च 1981 तक जनगणना होगी। इसलिए चुनाव या तो उससे पहले हो सकते थे या बाद में। मतदाता सूचियों का संशोधन एक स्थाई प्रक्रिया है, इस प्रकार राष्ट्रपति शासन की अवधि बढ़ाने के लिए दिए गए तर्क आधारहीन थे। केन्द्र सरकार ने उपराज्यपाल की सिफारिशों को स्वीकार कर लिया और 20 मार्च, 1982 तक राष्ट्रपति शासन बढ़ाने का निर्णय कर लिया। उन्हीं दिनों समाचार-पत्रों में यह समाचार छपा कि गृहमंत्रालय दिल्ली में जल्दी ही चुनाव कराने की योजना बना रही है। इन समाचारों को ध्यान में रखते हुए और यह सोचकर कि यह राष्ट्रपति

अवधि बढ़ाने का आखिरी अवसर होगा, मैंने इसे स्वीकार कर लिया। मेरी स्वीकृति की सूचना देते हुए मेरे सचिव ने गृहमंत्रालय को यह निर्देश भी दिया।

"अपनी सहमति व्यक्त करते हुए राष्ट्रपति का विचार है कि समाचार-पत्रों की रिपोर्ट के अनुसार गृह मंत्रालय जल्द ही चुनाव करवाना चाहता है, उनका यह विश्वास है कि चुनाव राष्ट्रपति शासन की इस अवधि से पूर्व हो जाने चाहिए और इस संबंध में आदेश जारी किया जाएँ"

मझे आश्चर्य और निराशा हुई कि उपराज्यपाल ने मार्च 1982 में 6 महीने के लिए राष्ट्रपति शासन की अवधि बढ़ाने के लिए फिर सुझाव भेजा। इस बार यह तर्क दिया गया था कि मतदाता सूचियों का संशोधन बड़े पैमाने पर चुनाव आयुक्त के आदेश पर इसलिए किया जा रहा है कि अनेक नई बस्तियां बनी हैं और लोग भारी तादाद में अपने पूर्व स्थानों से वहाँ चले गए हैं। इसके साथ ही केन्द्रीय शासित प्रदेश दिल्ली के प्रशासनिक ढांचे के निर्धारण के लिए कुछ योजनाओं पर विचार किया जा रहा है ताकि प्रशासन अधिक सुगठित रहे और अनेक प्रक्रियाएं बार-बार न दोहरानी पड़ें जिसके कारण इस केन्द्र शासित प्रदेश में अनेक विभागों का निर्माण करना पड़ा है। सरकार ने इस सुझाव को स्वीकार कर लिया और मेरे लिए इसे स्वीकार करने के अतिरिक्त कोई और चारा न था।

इस बात पर पुन: विचार किया जाए तो ऐसा प्रतीत होता है कि गृह मंत्रालय द्वारा सितम्बर 1981 तक चुनावों की आशा की झलक दी गई थी उसे उस रूप में नहीं मानना चाहिए था। उसका अभिप्राय केवल सरकार के मार्च 1982 तक राष्ट्रपति शासन की अवधि को बढ़ाने के प्रति की जा रही आलोचना को नरम करना था। इस बात पर विश्वास नहीं किया जा सकता कि मार्च 1980 से लेकर 1982 तक तो दो साल की अवधि में परिस्थितियाँ कभी भी चुनाव करवाने के उपयुक्त नहीं हुई। इसलिए यह आश्चर्य की बात नहीं है कि विपक्ष के राजनैतिक दल आक्रोश से भर उठे।

राष्ट्रपति, प्रधानमंत्री और विरोधी दल

प्रधानमंत्री और राष्ट्रपति को निश्चित अवधि पर आपसी विचार-विमर्श के लिए मिलना एक स्वस्थ परम्परा है, जिसमें प्रधानमंत्री राष्ट्रपति को देश की राजनैतिक और आर्थिक स्थिति के अतिरिक्त अन्य घटनाओं से परिचित कराते

हैं। मेरा विश्वास है कि ब्रिटेन के प्रधानमंत्री सप्ताह में एक बार वहाँ के शासक से नियमित रूप से मिलते हैं आपसी बातचीत का स्थान नोट या चिट्ठी-पत्री नहीं ले सकती। मोरारजी देसाई और इन्दिरा गांधी प्रायः मुझसे भेंट करते रहते थे। इन्दिरा जी की बजाय मोरारजी भेंट के लिए अधिक आते हैं। मैं यह समझता हूँ कि प्रधानमंत्री को नियमित रूप से राष्ट्रपति से मिलना एक परम्परा बन चुकी है ताकि सरकार और राष्ट्र के मुखिया में पूर्ण स्वतंत्र रूप से विचारों का आदान प्रदान हो सके। मुझे याद है इस तरह की भेंट-मुलाकातों में मैं मोरारजी देसाई पर यह बात प्रकट करता रहा कि असम और उत्तर-पूर्वी क्षेत्र के बीच में संचार साधनों को जल्दी-से-जल्दी विकसित किया जाये ताकि उस क्षेत्र को आने वाली बाढ़ों से होने वाली हानि से बचाया जा सके। मैं प्रशासनिक मामलों तथा हाई कोर्ट में रिक्त स्थानों को भरने, राज्यपालों की नियुक्ति तथा कानून और व्यवस्था की स्थिति आदि पर भी विचार-विमर्श करता रहा हूँ। मैं उनसे विदेश मेहमानों के दौरों और राष्ट्रपति तथा प्रधानमंत्री की विदेश यात्राओं के संबंध में भी विचार करता रहा।

इन्दिरा जी के काल में इस तरह को भेंट वार्ताओं में काफी कमी आई। इससे देश तथा विदेश में होने वाली महत्वपूर्ण घटनाओं का ज्ञान मुझे केवल समाचार पत्रों से ही हो पाता था। उदाहरण के रूप में विदेश मंत्रालय के सचिव के चीन दौरे का ज्ञान मुझे समाचार-पत्रों से ही हुआ और मुझे इस बात का भी पता नहीं लगा कि इस भेंट का क्या परिणाम निकला। इसमें संदेह नहीं कि प्रध ानमंत्री और मंत्रिपरिषद नीतियों का निर्धारण करते हैं और निर्णय लेते हैं, परन्तु यह भी आवश्यक है कि महत्वपूर्ण घटनाओं का विवरण राष्ट्रपति को दिया जाय ताकि, उन्हें उनका ज्ञान हो। इसलिए मैंने अपने प्रथम सचिव को दिसम्बर, 1981 में प्रधानमंत्री के मुख्य सचिव को एक पत्र लिखने के लिए कहा कि प्रधानमंत्री महत्वपूर्ण घटनाओं और उनके संबंध में सरकार के विचार से राष्ट्रपति को यथाशीघ्र कैसे सूचित कर सकते हैं। मैं समझता हूँ कि इस पत्र के बाद भारत-सरकार के कुछ मंत्री और सचिव महत्वपूर्ण विषयों की जानकारी के लिए मेरे पास आने लगे, परंतु यह प्रक्रिया बहुत थोड़े समय तक चली। परन्तु मैं यह कहूँगा कि प्रधानमंत्री कुछ समय बाद मुझसे भेंट करने आए। मेरा यह विचार है कि प्रमुख घटनाओं और उनके प्रति सरकार के दृष्टिकोण से राष्ट्रपति को अवगत कराना प्रधानमंत्री का कर्त्तव्य है। इसके लिए प्रधानमंत्री को राष्ट्रपति से

विचार-विमर्श के लिए उसी प्रकार मिलते रहना चाहिए जिस प्रकार ब्रिटेन के शासक से वहाँ के प्रधानमंत्री मिलते रहते हैं।

अपने राष्ट्रपति काल में, विशेष रूप से जनवरी 1980 में इन्दिरा जी के लौटने के बाद, मैंने विपक्ष और प्रधानमंत्री के बीच सम्पर्क बनाये रखने का प्रयत्न किया। मैंने कभी भी विपक्ष के सदस्यों को राष्ट्रहित के मामलों पर अपने विचार प्रकट करने के लिए भेंटवार्ता से इन्कार नहीं किया, उन्हें सदा मिलने का अवसर दिया। राज्य विधान सभाओं के विपक्षी सदस्य भी अनेक बार मुझसे मिलते रहे। मैंने इस पुस्तक में किसी अन्य स्थान पर असंख्य विपक्षी सदस्यों के मुझसे भेंट करने और सरकार बनाने के दावे का उल्लेख किया है। विपक्षी दलों के सदस्य दिल्ली मैट्रोपोलिटन कौंसिल के चुनावों के बार-बार स्थगित किए जाने के संबंध में भी मुझसे मिलते रहे और इस बात की ओर मेरा ध्यान दिलाते रहे।

नवम्बर, 1981 में गढ़वाल लोकसभा सीट का चुनाव स्थगित किए जाने से भी विपक्षी दलों में असंतोष था और इस संबंध में उनके प्रतिनिधियों ने मुझसे मुलाकात भी की। मेरा कहना है कि इस चुनाव के स्थगित किए जाने पर मुझे भी अप्रसन्नता अनुभव हुई। इसलिए मैंने इस संबंध में अपने विचार प्रधानमंत्री को पत्र द्वारा सूचित किए। इस पत्र में मैंने उनका ध्यान उन बातों और उनके परिणामों की ओर दिलाया जो उत्तर प्रदेश की राज्य सरकार कर रही थी।

मई, 1982 में चुनावों के संबंध में हरियाणा के राज्यपाल ने राज्य विधान सभा के संबंध में जो कुछ किया मेरे विचार में वह जल्दबाजी में उठाया गया गलत कदम था। इस संबंध में भी विपक्षी दलों के सदस्य मुझसे मिले और हस्तक्षेप के लिये प्रार्थना की। मैंने उन्हें अपने विचार प्रकट करने का पूर्ण अवसर दिया और अपने विचार भी उनको बताये परन्तु साथ ही मैंने अपनी सीमाओं का भी उल्लेख किया। उसके बाद मैंने इस संबंध में प्रधानमंत्री को पत्र लिखा और विचार करने के लिए आमंत्रित किया। मैंने इस संबंध में सही कदम उठाने और कार्यवाही करने का सुझाव भी दिया।

इन उदाहरणों से यह प्रकट होता है कि सत्ता दल का विपक्षी दलों के प्रति अनुचित असहिष्णुतापूर्ण रवैया था। सत्ता दल द्वारा प्रत्येक संभव उपायों से उन्हें सत्ता में आने से वंचित रखना यह प्रकट करता है कि लोकतांत्रिक मान्यताओं

के प्रति उनमें आदर की भावना नहीं रह गई और भविष्य में इससे हानि की संभावना है।

मुझे इस बात का अहसास था कि विपक्षी दलों के नेताओं से मेरा मिलना विशेष रूप से सत्ता पक्ष गलत समझ सकता है। समाचार पत्रों में भी इस बात का अनुमान लगाया जाने लगा था कि विभक्त विपक्ष को एकत्र करने का मैं केन्द्र बिन्दु बन जाऊंगा। निस्संदेह यह संभावनायें अवांछित थीं क्योंकि मैं राष्ट्रपति काल के अंतिम समय में दलगत राजनीति में नहीं पड़ना चाहता था। यदि मैं विपक्षी दलों से मिलकर सामयिक विषयों पर उनके विचार सुनना और जानना चाहता था तो ऐसा मैं इसलिए करता था कि मैं इसे लाभदायक समझता। मैं वे विचार प्रधानमंत्री तक पहुँचाना चाहता था और उसके साथ उनके संबंध में अपने विचार भी। इसमें संदेह नहीं कि विपक्षी सदस्य अपनी शिकायतें और विचार राज्य विधानसभाओं में प्रकट कर सकते थे और सुझाव दे सकते थे। ऐसा नहीं कि वे यह न समझते हों कि मैं उनकी शिकायतें दूर कर सकूँगा। उन्हें राष्ट्रपति के अधिकारों और सीमाओं का अच्छी तरह ज्ञान है परन्तु उनके लिए राष्ट्रपति एक ऐसा अधिकारी है जिसके समक्ष वे अपने विचार प्रकट कर सकें और इस प्रकार निराशा से बच सकें।

सार्वजनिक जीवन में भ्रष्टाचार

सामान्य जन-जीवन में भ्रष्टाचार की समस्या देश के अनेक लोगों के लिए चिन्ता का विषय रही है। मैं लम्बे अर्से तक कांग्रेस में रहा हूँ और अत्यन्त सामान्य स्थिति से दल की उच्चतम स्थिति तक पहुंचा हूँ। ग्रामीण कांग्रेस समिति के साधारण सदस्य से अखिल भारतीय कांग्रेस कमेटी के अध्यक्ष पद तक अनेक अवसरों पर चुनावों के लिए पार्टी को तैयार करने और संगठित करने के लिए मैं उत्तरदायी भी रहा हूँ। ऐसा राज्य स्तर और अखिल भारतीय स्तर तक करना पड़ा है। इसलिए मैं पूर्णतया परिचित हूँ कि चुनाव लड़ने के लिए धन की आवश्यकता होती है। कांग्रेस पार्टी से मेरे सहयोग के समय तक कुछ ही व्यक्ति थे जिन्हें पार्टी के लिए धन इकट्ठा करने का अधिकार दिया गया था। जितना धन इकट्ठा किया जाता था, वह विश्वसनीय रूप से पार्टी के हिसाब में जमा करवा दिया जाता था। पार्टी के दो प्रमुख अधिकारी संयुक्त रूप से बैंक से

संबंधित काम करते थे। धन संग्रह का कार्य पार्टी अथवा अध्यक्ष के नाम से सभी व्यक्ति नहीं कर सकते थे।

गत कुछ वर्षों में ऐसे कुछ उदाहरण देखने में आये हैं कि उच्च पदों के अधिकार सम्पन्न नेता मनमाने ढंग से धन इकट्ठा करने के लिए अपनी शक्ति का दुरुपयोग करते रहे हैं। इतना ही नहीं उन्होंने सरकारी मशीनरी का भी इस कार्य के लिए दुरुपयोग किया है। इस बात के लिए उन्होंने कई बार यह सफाई दी है कि व्यापारिक संघों, उद्योगों और दानियों से दान इकट्ठा किया है और यह धन स्वेच्छापूर्वक दिया गया है। अनेक बार उन्होंने इन बातों को भी अनावश्यक समझा और उन्होंने व्यापारियों, ठेकेदारों तथा अन्य लोगों से धन इकट्ठा किया और उसके बदले में इन 'दानियों' को सरकारी संरक्षण दिया गया। स्थिति यहाँ तक पहुंची कि पार्टी के लिए इस प्रकार धन इकट्ठा करना एक सामान्य बात समझी जाने लगी। इस बात का अनुमान कोई भी नहीं लगा सकता कि किस व्यक्ति ने किससे कितना धन एकत्रित किया। और इस बात के लिए भी आश्वस्त नहीं किया जा सकता कि वह रुपया जिस बात के लिए इकट्ठा किया गया उस ध्येय के लिए खर्च भी हुआ है या नहीं। वास्तव में जिस व्यक्ति और संगठन के लिए यह रुपया इकट्ठा किया गया है, वह धन संग्रह करने वालों पर किसी प्रकार का प्रतिबंध या दायित्व नहीं लगा सकता। इस प्रकार जनता का यह सोचना कि यह अधिकारों का दुरुपयोग है और इस बात को प्रत्येक व्यक्ति जानता है कि प्रमुख नेताओं को भी इन सब बातों का ज्ञान होता है, वे सब कुछ जानते हैं क्योंकि अनेक खुफिया एजेंसियों द्वारा उन्हें इन सब बातों का पता लगता रहता है। जब इस प्रकार की बातों पर कोई नियंत्रण नहीं रह पाता तो किसी को भी दोष देने का कोई लाभ नहीं रहता।

कुछ लोग इस बात का तर्क दे सकते हैं कि इस तरह के समाचार अतिशयोक्तिपूर्ण हैं और स्थिति इतनी भयावह नहीं है। वे यह भी कह सकते हैं कि विरोधी समाचार-पत्र एक सामान्य सी भूल को पार्टी और सरकार को बदनाम करने के लिए इतना अधिक उछालते हैं। यह भी कहा जाता है कि अनुत्तरदायी तत्त्व जनता में असंतोष फैलाने के लिए ऐसा करते हैं। कुछ लोग इससे आगे चलकर यह तर्क दे सकते हैं कि गैर-कानूनी ढंग से पैसा देने के लिए विवश किए जाने वाले व्यक्ति इस संबंध में शिकायत कर सकते हैं, परन्तु

ऐसा क्यों नहीं करते। प्रथम बात से स्पष्ट यह है कि उन्हें इस कार्य से कुछ नाम हुआ है। इसलिए वे संरक्षण देने वालों के विरुद्ध कोई शिकायत नहीं करना चाहते। दूसरी बात यह कि यदि वे उनके विरुद्ध शिकायत दर्ज कराते हैं तो भविष्य में उनके व्यापार के प्रति दुर्व्यवहार किए जाने की संभावना रहती है। वे इस बात की उचित ढंग से शिकायत तो नहीं करते परन्तु वे व्यक्तिगत रूप से एकांत में इन मामलों पर बात करने के हिचकिचाते भी नहीं। इस प्रकार जनता तथ्यों से परिचित हो सकती है। सामान्य जग-जीवन में भ्रष्टाचार इतने व्यापक रूप में है जिसके संबंध में सब जानते हैं। इस बात की उपेक्षा नहीं की जा सकती।

कुछ लोग ऐसे भी हैं जो यह तर्क देते हैं कि सत्ता पक्ष के लोग ही ऐसा नहीं करते वरन् विपक्षी भी अवसर प्राप्त होने पर इसी प्रकार का व्यवहार करते हैं। इस प्रकार की बातें व्यर्थ हैं। इन पर ध्यान देने की आवश्यकता नहीं। इस प्रकार के तर्क से मेरे इस सिद्धांत की पुष्टि ही होती है कि हमारे देश का राजनैतिक तानाबाना भ्रष्ट हो चुका है। देश को इस बात में कोई रुचि नहीं है कि सत्ता पक्ष और विपक्षी एक दूसरे पर दोषारोपण द्वारा कीचड़ उछालते रहें। देश के प्रबुद्ध व्यक्ति राजनीति के इन कारनामों को घृणा की दृष्टि से देखते हैं।

जनवरी, 1980 में इंदिरा जी द्वारा सत्ता संभालने के फौरन बाद मैंने इस विषय पर उनसे बातचीत की। मैंने पार्टी के कामों के लिए, विशेष रूप से धन के अनियंत्रित संग्रह पर रोक लगाने के लिए कहा। सत्ता में उनकी पार्टी का बहुमत था। अधिकांश राज्य विधानसभाओं में भी उनके दल का बहुमत था और उनकी सरकारें थी। इस प्रकार वह एक सुदृढ़ स्थिति में थी। मैंने उनसे कहा कि वे इस स्थिति का लाभ उठाकर इस बुराई से छुटकारा पाने का प्रयत्न कर सकती हैं। मुझे आशा थी कि वे अपनी सुदृढ़ स्थिति का उपयोग राजनीति को स्वच्छ बनाने में करेंगी। परंतु इस संबंध में कोई विशेष प्रगति नहीं हुई। स्पष्ट है उन्होंने इस बुराई की रोकथाम के लिए कोई प्रयत्न नहीं किया।

देशवासी इस बात से पूर्ण परिचित हैं कि ए० आर० अंतुले ने महाराष्ट्र के मुख्यमंत्री होते समय दो ट्रस्ट बनाये और उनके लिए धन इकट्ठा करने के लिए क्या-क्या तरीके अपनाये। इन बातों को याद करने में मुख्य मुद्दा इन ट्रस्टों का नियंत्रण व्यक्तिगत रूप से उनके हाथ में था, मुख्यमंत्री के रूप में सरकारी ढंग

पर नहीं। जब किसी उपभोक्ता वस्तु की कमी होती है तो उसके वितरण पर नियंत्रण करना ही पड़ता है। जबकि ये नियंत्रण भ्रष्टाचार के मुख्य कारण होते हैं। ऐसी स्थिति में सरकार का कर्त्तव्य होता है कि संबद्ध अधिकारियों के लिए निर्देशक सिद्धांत बनाये जायें और उन निर्देशक सिद्धांतों को लागू करने और उनकी देखभाल के लिए उच्चाधिकारी नियमित किए जाएँ। उच्च प्रशासनिक अधिकारियों तथा मंत्रियों के लिए सीमेंट अथवा कमी वाली उपभोक्ता वस्तुओं का वितरण स्वयं करना इतना आवश्यक नहीं जितना अन्य महत्वपूर्ण कार्यों की तरफ ध्यान देना। मुख्यमंत्री के लिए अपनी इच्छा से वितरण करने के लिए किसी चीज का कोटा निर्धारित करना, किसी सही सोच वाले व्यक्ति को उचित प्रतीत नहीं हो सकता। मुख्यमंत्री को भी ऐसी चीज के वितरण के लिए किसी उचित कसौटी का पालन करना आवश्यक है, केवल एक तरफा निर्णय करना उसके लिए उचित नहीं।

यदि इस सिद्धांत को स्वीकार किया जाता है तो मुख्यमंत्री के लिए अलग कोटा निर्धारित करने का कोई अर्थ नहीं रह जाता। मुख्यमंत्री द्वारा अपनी इच्छा से सीमेंट वितरण करने के लिए अलग कोटा निर्धारित करना उचित नहीं था। बम्बई उच्च न्यायालय का यह निष्कर्ष था कि सीमेंट की आपूर्ति और ट्रस्टों के लिए दान देने में कोई आपसी संबध है। ट्रस्ट का ध्येय कितना भी उच्च और आदर्श पूर्ण हो परन्तु सीमेंट वितरण करके ट्रस्टों के लिए धन इकट्ठा करना स्पष्ट रूप से अधिकारों का दुरुपयोग था। साध्य और साधनों के बीच की मर्यादा को हम व्यक्तिगत और जन-जीवन में उपेक्षित नहीं कर सकते।

मैं चीनी मिलों द्वारा इस शर्त पर रुपया इकट्ठा करने पर अधिक कुछ नहीं कहूँगा कि यह कारखाने गन्ने की आपूर्ति करने वाले लोगों को कम पेमेंट करके अपनी पूर्ति कर लेंगे। यह बात आपत्तिजनक थी। समाचार पत्रों से पता चला कि कारखाने को जो गन्ना दिया गया, कई मामलों में उसके दाम कम दिए गए। सीमेंट के बदले में धन प्राप्त करने की ओर लोगों का ध्यान गया और इस बात की आलोचना हुई। मुख्यमंत्री के रूप में अंतुले ने प्रदेश सरकार से दो करोड़ रुपया ट्रस्टों के लिए दिए जाने की बात अपने आप में अपूर्व है और इसका कोई उदाहरण नहीं, कठोर से कठोर शब्दों में इसकी आलोचना की जानी चाहिए। यदि यह बात चुनौती दिए बगैर चली जाती तो अन्य प्रदेशों के मुख्य मंत्रियों को जनता

के कोष से व्यक्तिगत ट्रस्टों के लिए रुपया हड़पने के लिए केसे रोका जा सकता था। जब कि वह रुपया व्यक्तिगत ट्रस्ट में होने पर उनका मुख्यमंत्री न रहने पर भी उनके अधीन रहता। ऐसी स्थिति में यह सही उत्तर नहीं है कि इन ट्रस्टों का ध्येय बहुत महान् था और इनके ट्रस्टी सुप्रसिद्ध व्यक्ति थे। सरकार जो रुपया खर्च करती है उसके लिए जनता के प्रतिनिधि उत्तरदायी होते हैं और वह सही ढंग से खर्च करना पड़ता है परन्तु यह बात इस प्रकार के ट्रस्टों के लिए कोई अर्थ नहीं रखती।

यह दुर्भाग्यपूर्ण है कि इस स्थिति से छुटकारा पाने के लिए और इन ट्रस्टों के नियंत्रण से अंतुले को अलग करने के लिए कोई कदम नहीं उठाया गया। मैंने इस सारी बात पर प्रधानमंत्री का ध्यान आकर्षित किया। परंतु मुझे दुख है कि स्थिति सुधारने के लिए कोई कदम नहीं उठाये गये।

स्वतंत्रता संग्राम के सेनानी

गांधी जी के दक्षिण अफ्रीका से लौटने के बाद कुछ वर्षों में ही देश की राजनीतिक गतिविधियों में महान् परिवर्तन आया। इससे पहले भारत की जनता राजनीतिक रूप से जागृत नहीं थी। गांधीजी ने भारतीय राष्ट्रीय कांग्रेस को देश की राष्ट्रीयता का एक प्रभावपूर्ण राजनीतिक साधन बनाया। वे राजनीतिक क्षितिज पर छा गये और उनके नेतृत्व में विदेशी शासन से मुक्ति की मांग जन आन्दोलन में बदल गई।

भारत के कोने-कोने से लाखों नर-नारियों ने गांधीजी द्वारा चलाये गये असहयोग, नमक सत्याग्रह तथा अन्य आन्दोलनों में भाग लिया। अनेक छात्रों ने अपनी पढ़ाई त्याग दी, अनेक व्यवसायियों ने उज्ज्वल भविष्य की ओर ध्यान न देकर गांधी जी के आंदोलन में भाग लेने के लिए सब कुछ त्याग दिया और लम्बी अवधि तक जेलों में बन्दी रहे। उनके पीछे उनके परिवारों की देखभाल के लिए कोई नहीं था। उनके बच्चे उपेक्षित रहे। अपना काम धन्धा छोड़ देने के कारण लोगों को केवल पैतृक आय से ही काम चलाना पड़ा। इस प्रक्रिया में अनेक परिवार निर्धन हो गये, परन्तु उन्हें इस बात का संतोष था कि उन्होंने देश की स्वाधीनता के लिए सब कुछ बलिदान करने के लिए देश के महान् नेता के आह्वान को स्वीकार किया है। जब वे लोग गांधी जी के सहयोग में आये उन्हें किसी प्रकार के पुरस्कार पाने का विचार नहीं था। उन्हें यह भी आशा नहीं

थी कि देश उनके जीवन काल में ही स्वतंत्र हो पायेगा। इनमें से अधिक व्यक्ति भारत के स्वतंत्र होने से पूर्व ही स्वर्ग सिधार गये और जो बहुत से भारत को स्वतंत्र देखने के लिए बचे वे बिना किसी मान्यता, पुरस्कार, सम्मान अथवा किसी प्रकार के पद की प्राप्ति के बिना स्वतंत्र भारत में रह रहे हैं। उन्हें जो पुरस्कार देश की स्वतंत्रता की रजत जयंती के अवसर पर दिये गये वह था एक ताम्र-पत्र और पेंशन।

मैं यह अनुभव करता हूँ कि जिन सब लोगों ने स्वाधीनता आंदोलन में भाग लिया और जो भारत के स्वतंत्र होने के समय जीवित थे, उन सबने किसी सत्ता अधिकार या कोई पद प्राप्त करने की इच्छा नहीं की। इन सबमें 1947 अथवा उसके बाद किसी पद को संभालने की न योग्यता थी और न साधन। हममें से कुछ लोगों का यह सौभाग्य भी था कि देश के स्वाधीन होने के समय हम जीवित थे और कुछ दशकों के बाद देश के शासन में हमें महत्व प्राप्त हुआ और उच्च पदों पर पहुंचे। हम स्वतंत्रता आंदोलन के अज्ञात देश-भक्तों के प्रति अकृतज्ञता के दोषी होंगे, यदि हम उनकी इस निस्वार्थ देश सेवा की भूरि-भूरि प्रशंसा अथवा सराहना न करें।

यहाँ मैं टी॰ प्रकाशम का उल्लेख किए बिना नहीं रह सकता जिन्हें तेलुगु भाषी लोग सम्मान से 'आंध्र केसरी' कहकर पुकारते थे। वे बैरिस्टर थे और उनकी प्रैक्टिस मद्रास में बहुत अच्छी चल रही थी। वे अपने व्यवसाय की उस स्थिति तक पहुंच गए थे जब उन्हें न्यायाधीश बनाये जाने की संभावनाएं हो गई थी। वे गांधी जी के आह्वान पर अपने उज्ज्वल भविष्य का बलिदान करके स्वतंत्रता आंदोलन में कूद पड़े। मद्रास में साइमन कमीशन के बहिष्कार के समय पुलिस की गोलियों के सामने उन्होंने अपना सीना अड़ा दिया था। उन्होंने मद्रास की अपनी सम्पत्ति से होने वाली आय से अंग्रेजी में 'स्वराज्य' नामक एक दैनिक निकाला। उन्होंने अपने परिवार के प्रति अपने उत्तरदायित्व का ध्यान न देकर अपना सारा समय, शक्ति और धन स्वतंत्रता के लक्ष्य के लिए अर्पित कर दिया। अविभक्त मद्रास और आंध्र में बहुत थोड़े समय के लिए वे रेवेन्यू मंत्री तथा मुख्यमंत्री रहे। इसके अतिरिक्त उन्होंने कभी कोई पद नहीं संभाला। 1957 में उनकी मृत्यु के समय उनके पास ऐसी कोई वस्तु नहीं थी, जिसे वह अपनी कह सकें। अपनी मृत्यु से लम्बे समय पूर्व से वे अपने मित्रों और प्रशंसकों द्वारा

की गयी सहायता से ही काम चलाते रहे। मैं उनके परिवार के अनेक सदस्यों को ज़ानता हूँ जो आज भी बड़ी कठिन परिस्थितियों में से गुजर रहे हैं। उनके संबंध में यह कहना सही है कि उन्होंने स्वतंत्रता की वेदी पर अपने आपको पूर्ण रूप से कुर्बान कर दिया।

मैं पहले ही निवेदन कर चुका हूँ कि इसी प्रकार का बलिदान करने वाले अन्य हजारों व्यक्ति होंगे जिन्हें हम नहीं जानते।

हम ऐसे अनेक व्यक्तियों के नाम जानते हैं जिन्होंने अपना उज्ज्वल भविष्य बलिदान करके बिना किसी पुरस्कार की आशा के स्वतन्त्रता आंदोलन में सहयोग दिया। आज भी उनके परिवार के सदस्यों को कठिन परिस्थितियों में देखा जा सकता है। इन्हें किसी प्रकार का कोई लाभ नहीं मिला, यद्यपि वे स्वतंत्रता आंदोलन में भाग लेने वाले प्रमुख व्यक्तियों के वंशज हैं।

जैसा कि पहले मैंने जिक्र किया है एक अर्सा पहले मैंने प्रधानमंत्री इन्दिरा गांधी को जन-जीवन में भ्रष्टाचार के संबंध में लिखा था कि किस प्रकार नेता लोग गलत ढंग से धन इकट्ठा करने के लिए अपनी स्थिति का दुरुपयोग करते हैं। और किस प्रकार हमारे प्रशासन में जनता का विश्वास कम होता जा रहा है। उन्होंने अपने उत्तर में लिखा था कि उनका परिवार सदा से भ्रष्टाचार के विरुद्ध रहा है और अपनी सांसारिक सम्पत्ति के बारे में उनके विचार सारे संसार को ज्ञात हैं। उनके पिता और दादा ने अपनी शानदार वकालत, अपना पुराना घर, सम्पत्ति और कोठ सब कुछ दान कर दिया था। प्रधानमंत्री ने लिखा था कि "यह बताना कोई आवश्यक नहीं कि मैंने अपना घर जिसे मैं बहुत प्यार करती थी, उसके आसपास की भूमि, पुस्तकें, कागज़ात तथा अन्य वस्तुओं के अमूल्य संग्रह को भी दान कर दिया है।" उन्होंने इस बात पर जोर दिया था कि मेरे पिछले रिकार्ड से भ्रष्टाचार के संबंध में मेरे विचार पूर्णतया स्पष्ट हैं। इसके उत्तर में मैंने लिखा कि मैं उनके पिता और दादा के भारतीय स्वतंत्रता आंदोलन में सहयोग से पूर्ण परिचित हूँ। मैंने उसके साथ यह भी लिखा कि महात्मा गांधी के नेतृत्व में सरदार बल्लभ भाई पटेल, राजाजी, राजेन्द्र बाबू और सुभाषचन्द्र बोस आदि ने स्वतन्त्रता आंदोलन में सम्मिलित होने के लिए अपना सब कुछ बलिदान कर दिया। जबकि उनके (इन्दिराजी) परिवार का देश के

वर्तमान इतिहास में प्रमुख स्थान है। हमें टी० प्रकाशम तथा अन्य देश के हजारों नर-नारियों को भी नहीं भूलना चाहिए और उसके बलिदान के लिए हमें उनका कृतज्ञ होना चाहिए ।मैंने यह भी लिखा कि इनलोगों के सम्पूर्ण रूप से स्वतन्त्रता आंदोलन में भाग लिए बिना देश स्वतंत्र नहीं हो सकता था। मैंने उन्हें स्मरण कराया कि उनमें से कितने लोगों ने अपनी सम्पत्ति बेचकर अपने परिवार का पालन किया है। केवल इतना ही नहीं कि वे अपने जीवन में कष्ट उठाते रहे परन्तु उनके परिवार के लोग आज भी भयंकर निर्धनता में जीवन बिता रहे हैं। मैंने उन्हें स्मरण कराया कि उन्हीं में से कुछ हम लोग आज भी जीवित हैं और उनके बलिदानों के कारण ही लाभ उठा रहे हैं।

जब मैंने देश में व्याप्त भ्रष्टाचार के संबंध में इन्दिराजी को लिखा तो वस्तुतः उस समय उनके दादा, पिता अथवा उनके द्वारा की गयी कुर्बानी को याद करवाने का कोई अवसर नहीं था। उनके परिवार अथवा किसी अन्य व्यक्ति द्वारा की गई कुर्बानियों का भ्रष्टाचार के प्रश्नों से कोई संबंध नहीं। वे प्रायः भारतीय स्वतंत्रता आन्दोलन में अपने परिवार द्वारा की गई कुर्बानियों का उल्लेख किया करती थीं। यह तो उनके लिए ही विचार की बात थी कि वे देश के लिए की गई उनके अथवा उनके परिवार द्वारा की गई कुर्बानी का जिक्र करें परन्तु उन्हें इस बात का भी स्मरण रखना चाहिए था कि उन्होंने अथवा उनके परिवार के अन्य सदस्यों ने केवल अपनी कुर्बानियों का ही नहीं वरन् हजारों अन्य व्यक्तियों की कुर्बानियों का भी प्रचुर लाभ उठाया है।

मैं बार-बार यह बात कह चुका हूँ कि मैंने अपने जीवन में जो भी सफलता प्राप्त की उसका कारण महात्मा जी का नेतृत्व था जिसमें यह योग्यता थी कि वे किसी को भी धूल से उड़ाकर एक मानव बना सकते ये। मुझे अपनी जवानी के दिनों में जवाहरलालजी की इस उक्ति से भी प्रेरणा मिली है कि, सफलता उन्हीं व्यक्तियों को मिलती है जो हौसला करके आगे बढ़ते हैं और काम करते हैं। वस्तुतः यह उक्ति मेरे जीवन के लिए आदर्श वाक्य रही है। मैं जवाहरलाल जी की दूर दृष्टि और भारत की समृद्धि के लिए उन्होंने जो सुदृढ़ आधार बनाए, मैं उनका बहुत प्रशंसक हूँ। परन्तु हमारे लिए ज्ञात और अज्ञात व्यक्तियों द्वारा भारत की स्वतंत्रता और आर्थिक प्रगति के लिए किए गए योगदान को भूल जाना अथवा कम करके देखना गलत होगा।

राष्ट्रपति और भारतीय रेडक्रास

भारतीय रेडक्रास सोसायटी अन्तर्राष्ट्रीय महत्त्व की एक प्रमुख संस्था है। संस्था के ध्येय काफी व्यापक है। इसके ध्येय में भारत तथा किसी भी अन्य देशों में युद्ध के कारण बीमार अथवा घायल हुए व्यक्तियों को सहायता पहुंचाना, सेना की सहायता लिए रेडक्रास डिपो की स्थापना, गर्भवती महिलाओं और बाल कल्याण के लिए भी कार्य करना, महामारियों, भूचालों, अकालों, बाढ़ों तथा अन्य विपदाओं में ग्रस्त लोगों के लिए अन्य सुविधाएं मुहैया करने के साथ-साथ कपड़े आदि देना भी है। यह अस्पतालों तथा अन्य स्वास्थ्य केन्द्रों की भी सहायता करता है। इस सोसायटी के कार्यो का निष्पादन इंडियन रेडक्रास सोसायटी नियम 20 के अधीन बनाए गए नियमों के अनुसार किया गया है। इन नियमों का निर्धारण रेडक्रास सोसायटी की व्यवस्थापक समिति करती है। भारत का राष्ट्रपति इस सोसायटी का अध्यक्ष होता है। वार्षिक जनरल मीटिंग में वही अन्य सदस्यों के अतिरिक्त सोसायटी के चेयरमैन को नामजद करता है।

सोसायटी की आम सभा की बैठक वार्षिक 1978 की 5-6 अप्रैल को होनी थी। 30 मार्च अर्थात् इस बैठक के एक सप्ताह पूर्व प्रधानमंत्री मोरारजी देसाई ने मुझे एक पत्र लिखा–

भारतीय रेडक्रास सोसायटी की संसद में तथा बाहर काफी आलोचना हुई है। हमें इस बात की काफी चिन्ता है। मैं समझता हूँ कि इसके कार्य को ठीक दिशा देने के लिए किसी हाईकोर्ट से सेवानिवृत्त न्यायाधीश के स्तर के एक स्वतंत्र व्यक्ति को जो यह उत्तरदायित्व संभाल सके, नियुक्त किया जाय। मैं वी० एम० श्री तारकुंडे, जिन्हें संभवतः आप भी जानते हैं–भारतीय रेडक्रास सोसायटी के अध्यक्ष के रूप में नियुक्ति की सिफारिश करता हूँ। श्री रंगनाथन ने अभी इस पद से त्यागपत्र दिया है।

न्यायाधीश तारकुंडे के संबंध में सिफारिश को स्वीकार करते हुए 3 अप्रैल को मैंने प्रधानमंत्री को लिखा कि मैंने इस विचार से इंडियन रेडक्रास सोसायटी के संविधान को देखने के लिए मंगाया है ताकि भारत के राष्ट्रपति को उससे अलग रखा जा सके। मैंने प्रधानमंत्री से प्रार्थना की कि वे इस विषय में अपनी राय मुझे दें।

प्रधानमंत्री ने 5 अप्रैल को अपना उत्तर मुझे भेजा। उन्होंने मेरे सुझाव का उत्तर देते हुए कहा कि भारत के राष्ट्रपति को सोसायटी के अध्यक्ष पद से अलग रहना चाहिए। उन्होंने यह भी लिखा कि सोसायटी की प्रबंध समिति को चाहिए कि वह रेडक्रास सोसायटी एक्ट 1920 की धारा 5 के नियमों को संशोधित करे। उन्होंने संभावना के अनुरूप यह भी कहा कि मैं नहीं चाहता कि आपकी पत्नी सोसायटी की महिला अध्यक्ष हो, ऐसी स्थिति में यह करना भी आवश्यक होगा। उनका विचार था कि चूंकि इस संस्था का प्रमुख व्यक्ति अध्यक्ष होता है, इसलिए उसकी नामजदगी सोसायटी के प्रेजिडेंट द्वारा होनी चाहिए और यह नियुक्ति सरकार के अधीन रहनी चाहिए। यदि आप सोसायटी के प्रेजिडेंट पद से मुक्त होना चाहते हैं तो सरकार को यह सोचना पड़ेगा कि मंत्रिमंडल का कौन-सा सदस्य अध्यक्ष की नामजदगी करे।

सोसायटी की प्रबंध समिति के अध्यक्ष बांग्लादेश के शरणार्थियों से संबंधित सहायता कार्यक्रमों पर संसद और समाचार-पत्रों में लगाए गए दोषारोपणों से बहुत चिन्तित थे। प्रबंध समिति ने निश्चय किया कि भारत सरकार के प्रमुख सतर्कता आयुक्त एम० जी० पिमपुटकर से यह प्रार्थना की जाए कि सोसायटी की कार्य पद्धति के संबंध में जो गंभीर आरोप लगाए गए हैं, उनकी छानबीन करें। पिमपुटकर ने रैडक्रास सोसायटी के विरुद्ध लगाए गए दोषारोपणों के संबंध में अपनी रिपोर्ट 9 अगस्त, 1979 को प्रधानमंत्री को दी।

जनवरी 1980 में केन्द्रीय सरकार के बदल जाने पर राष्ट्रपति ने प्रधानमंत्री के परामर्श पर 29 अप्रैल, 1980 को आम समिति की सभा में स्वास्थ्य और परिवार कल्याण मन्त्रालय के राज्यमंत्री एन० आर० लस्कर को रेडक्रास सोसायटी का अध्यक्ष नामजद कर दिया। एक नई प्रबंध समिति का निर्माण किया गया। इस समिति ने सोसायटी की कार्यप्रणाली पर लगाए गए आरोपों के संबंध में पिमपुटकर की रिपोर्ट पर विचार करने के लिए तीन सदस्यों की एक समिति नियुक्त की। तीन सदस्यीय इस समिति का निष्कर्ष था कि सोसायटी के विरुद्ध लगाए गए आरोप निराधार हैं। 17 फरवरी, 1981 को हुई बैठक में समिति की इस रिपोर्ट को कुछ स्पष्टीकरणों के साथ स्वीकार कर लिया। इस संबंध में एक विस्तृत प्रस्ताव भी पारित किया गया।

सोसायटी के प्रेजिडेंट के नाते राष्ट्रपति ने अपने सचिव को सोसायटी की प्रबंध समिति के लिए नामजद किया। 17 फरवरी, 1981 को हुई प्रबंध समिति

की बैठक में राष्ट्रपति के सचिव ने कहा कि तीन सदस्यीय समिति ने जो रिपोर्ट तैयार की है, वह अभी प्राप्त हुई है। उस पर अंतिम निर्णय लेने से पहले सदस्य रिपोर्ट का अध्ययन कर सकें, इसलिए प्रबंध समिति की बैठक एक सप्ताह बाद बुलाई जाएँ उन्होंने यह भी सुझाव दिया कि उस बैठक में वित्त सचिव (प्रबंध समिति के लिए राष्ट्रपति द्वारा नामजद एक और व्यक्ति जो सोसायटी का कोषाध्यक्ष भी होता था) भी उस बैठक में उपस्थित रहें ताकि उस पर विचार के लिए उनकी सहायता प्राप्त हो सके। उनका यह भी विचार था कि प्रस्ताव का जो विस्तृत मसौदा स्वीकार करने के लिए प्रचारित किया गया है, उसमें सोसायटी के पूर्व प्रेजिडेंट और प्रधानमंत्री का उल्लेख उचित नहीं। परंतु उनके यह सुझाव स्वीकृत नहीं हुए। राष्ट्रपति के सचिव द्वारा प्रार्थना करने पर भी इन बातों को रिकार्ड में भी सम्मिलित नहीं किया गया।

बाद में राष्ट्रपति के सचिव ने वित्त सचिव से इस बात पर विचार किया। वित्त सचिव इस बात से सहमत थे कि प्रबंध समिति ने जो प्रस्ताव स्वीकार किया वह उचित नहीं। उनका विचार था कि एक संक्षिप्त प्रस्ताव किसी भी संबद्ध व्यक्ति के उल्लेख के बिना तैयार किया जाएँ इस प्रस्ताव तथा 17 जनवरी, 1981 को हुई बैठक की कार्यवाही पर भी विचार किया जाएँ उनका विचार था कि अध्यक्ष प्रबंध समिति के सदस्यों को पूर्व प्रस्ताव के स्थान पर इस संक्षिप्त प्रस्ताव पर विचार के लिए परामर्श दें। मेरे सचिव ने इन सब बातों से मुझे सूचित किया और वित्त सचिव द्वारा सुझाए गए संक्षिप्त प्रस्ताव का मसौदा भी मुझे दिखाया। इस प्रस्तावित कार्यवाही पर मैंने अपनी सहमति प्रकट की।

इसके बाद मेरे सचिव सोसायटी के अध्यक्ष (राज्यमंत्री एन० आर० लस्कर) से मिले और उन्हें संशोधित प्रस्ताव का मसौदा दिया तथा उसे स्वीकार करने के लिए कहा।

श्री लस्कर 18 अप्रैल, 1981 को मुझसे मिले। मैंने उन्हें वित्त सचिव के संक्षिप्त प्रस्ताव के मसौदे को स्वीकार करने की आवश्यकता बताई। मेरा यह भी विचार था कि मंत्री महोदय इस मामले पर 24 अप्रैल, 1981 को होने वाली प्रबंध समिति की बैठक में विचार करें। परंतु वित्त सचिव द्वारा सुझाए गए संशोधित मसौदा पर विचार किये बिना ही प्रबंध समिति ने पूर्व पारित विस्तृत प्रस्ताव की ही पुष्टि कर दी।

मैं तो दो वर्ष पूर्व से इस निर्णय पर पहुँच चुका था कि मुझे इंडियन रेडक्रास सोसायटी तथा अन्य संबद्ध हिन्दू कुष्ठ निवारण संघ आदि संस्थाओं का अध्यक्ष नहीं रहना चाहिए। इंडियन रैडक्रास सोसायटी तथा उससे संबद्ध संस्थाओं से मेरे संबंध न रखने के निर्णय की सूचना सोसायटी के महामंत्री को 8 जून, 1981 को दे दी गयी थी। उन्होंने इसकी सूचना सोसायटी के अध्यक्ष को भेज दी। 10 जून, 1981 की शाम को सोसायटी के अध्यक्ष मुझसे मिलने आये। मैंने उनके सामने भी अपना निर्णय दोहराया। अगले दिन 11 जून 1981 को इंडियन रेडक्रास सोसायटी के महामंत्री को लिखित रूप में यह सूचना भेज दी गई कि सोसायटी के निरंतर असंतोषजनक ढंग से कार्य करने के कारण राष्ट्रपति सोसायटी तथा उससे संबद्ध संस्थाओं से किसी भी प्रकार का संबंध नहीं रखना चाहते। उनसे इसी बात की प्रार्थना की गई कि वे सोसायटी के नियमों में ऐसा आवश्यक संशोधन करें ताकि राष्ट्रपति और उनकी पत्नी का सोसायटी से किसी प्रकार का संबंध न रहे। नियम संबंधी किसी समस्या से बचने के लिए राष्ट्रपति ने इस बात की सूचना भी भेज दी कि चालू समय के लिए एन० आर० लस्कर सोसायटी के अध्यक्ष रह सकते हैं।

इस सूचना से इंडियन रेडक्रास सोसायटी के लिए यह संभव हो गया कि 11 जून, 1981 के लिए निश्चित की गई आम समिति की वार्षिक बैठक कर सके। मैंने प्रबंध समिति के सदस्यों को भी नामजद नहीं किया, जिनके नाम प्रधानमंत्री ने 10 जून, 1981 के अपने पत्र में मुझे सुझाये थे। 30 जून को प्रधानमंत्री मुझसे मिलीं। विचार के दौरान प्रधानमंत्री ने मुझसे कहा कि नामजद सदस्यों के बिना प्रबंध समिति काम करने में असमर्थ रहेगी। इसलिए मैंने उनके द्वारा सुझाये गये नामों की 1981-82 की प्रबंध समिति के लिए स्वीकृत दे दी।

इंडियन रेडक्रास सोसायटी के कार्यकारी महामंत्री ने अगले वर्ष के प्रारंभ में मेरे सचिव को यह सूचना दी कि मेरी इच्छाओं के अनुरूप तथा अन्य औपचारिकताएं पूरी करके नियमों में संशोधन कर दिया गया। उपराष्ट्रपति को सोसायटी का अध्यक्ष और उनकी पत्नी को सोसायटी की महिला अध्यक्ष बनाया गया।

इंडियन रेडक्रास सोसायटी स्वायत्त संस्था है। सरकार का इसके कार्य पर कोई विशेष नियंत्रण नहीं। यह ठीक है कि सोसायटी के अध्यक्ष (जो भी हाल

के समय तक भारत के राष्ट्रपति हुआ करते थे) प्रबंध समिति के सदस्यों और चेयरमैन को नामजद करते थे। इतने पर भी इसके प्रबंध समिति के सदस्यों और चेयरमैन को नामजद करते थे। इतने पर भी इसके प्रबंध में सरकार का कोई विशेष महत्त्व नहीं था। सरकार उसके कार्यों की देखभाल करने की स्थिति में भी न थी। इस स्थिति में राष्ट्रपति का सोसायटी का अध्यक्ष बने रहने में कोई तुक न थी क्योंकि उनके पास ऐसा कोई साधन नहीं था कि वे उसके संबंध में प्राप्त शिकायतों की जांच करवा सकें अथवा कोई आवश्यक सुधारात्मक कदम उठा सकें।

भारत के राष्ट्रपति का रेडक्रास सोसायटी के अध्यक्ष के नाते कर्त्तव्य के संबंध में भी मैं सहमत नहीं था। नियमों के अधीन सोसायटी का प्रेजीडेंट अध्यक्ष और प्रबंध समिति के कुछ सदस्यों की नामजदगी करता है। क्या ऐसी स्थिति में राष्ट्रपति को यह अधिकार है कि वह सोसायटी को नियुक्तियों और नामजदगियों के संबंध में अपने मंत्रिमंडल के परामर्श को स्वीकार करने के लिए कहा सकता है। इस संबंध में स्थिति अस्पष्ट है। परंतु निश्चय ही मैं समझा हूँ कि इस बात का उत्तर नकारात्मक है।इन्हीं सब बातों के कारण मैंने इंडियन रेडक्रास सोसायटी तथा उससे संबंधित संस्थाओं से अपने आपको अलग करने का निश्चय किया था।

विश्वविद्यालय और भारत का राष्ट्रपति

विश्वविद्यालयों से संबद्ध नियमों के अनुरूप भारत का राष्ट्रपति केन्द्र के अधीन विश्वविद्यालयों का 'विजिटर' होता है और राज्यपाल अपने प्रदेश में स्थित विश्वविद्यालयों के कुलपति होते हैं।

प्रश्न यह है कि क्या कोई राज्यपाल जो किसी विश्वविद्यालय का कुलपति भी है, जिसे संविधान की धारा 163 के अनुरूप अपने मंत्रिमंडल के परामर्श और सहायता से कार्य करना होता है, क्या वह कोई स्वतंत्र निर्णय भी ले सकता अथवा कार्य कर सकता है। इस प्रकार का प्रश्न पहली बार पूना और आंध्र विश्वविद्यालयों के संबंध में उठा। उस समय के महान्यायवादी का मत था कि कुलपति राज्यपाल की स्थिति में काम नहीं कर सकता, भले ही वह उस प्रदेश का राज्यपाल होता है। वह कुलपति के रूप में ही विश्वविद्यालयों के संबंध

में कोई निर्णय ले सकता है, राज्यपाल के रूप में नहीं। यही प्रश्न 1964 में सामने आया। इस अवसर पर महान्यायवादी ने देश के कुछ विश्वविद्यालयों पर लागू नियमों पर विचार का परामर्श दिया। इन नियमों में एक सामान्य बात का उन्होंने उल्लेख किया और कहा कि इन नियमों में कुलपति और सरकार पर काम का दायित्व सौंपा गया है। कुलपति विश्वविद्यालय का एक भाग होता है जब वह उसके संबंध में अपने कार्यों का पालन कर रहा होता है तो वह सरकार के मुखिया के रूप में नहीं, परंतु अपने दायित्व पर काम करता है।

कई बार यह विचार भी प्रकट किया गया है कि राज्यपाल को कुलपति इसलिए बनाया जाता है कि सरकारी नियंत्रण रहेगा। ऐसा असंभव है क्योंकि इस स्थिति में कुछ कार्यों के लिये प्रदेश सरकार को उत्तरदायी नहीं ठहराया जा सकता। राज्यपाल सामान्य रूप से विश्वविद्यालय का कुलपति होता है। वह उस पर सरकारी नियंत्रण को सुरक्षित रखने के लिये नहीं वरन् उसे सम्मान प्रदान के लिए है। इसलिए ऐसा विश्वास किया जाता है कि कुलपति अपने मंत्रियों और मंत्रियों के परामर्श और सहायता से काम करने के लिए बाध्य नहीं है क्योंकि विश्वविद्यालय को अपना प्रबंध करने के संबंध में स्वायत्त संस्था माना जाता है। और यदि कहीं सरकार को कुलपति के माध्यम से परोक्ष रूप से कुछ विश्वविद्यालयों पर अपना नियंत्रण रखने की चाह होती तो उसके लिए विशेष नियम की व्यवस्था की गई होती।

इलाहाबाद उच्च न्यायालय के समान बनारस हिन्दू विश्वविद्यालय के 'विजिटर' के कार्यों पर विचार का अवसर आया क्योंकि विश्वविद्यालय के एक कर्मचारी ने इस संबंध में अपील की थी। इलाहाबाद उच्च न्यायालय का कहना था कि भारत के राष्ट्रपति और 'विजिटर' का पद एक व्यक्ति में समाहित हो गया। भारत के राष्ट्रपति के रूप में वह अपने मंत्रियों के परामर्श को मानने के लिए बाध्य है और विश्वविद्यालय के 'विजिटर' के रूप में वह मंत्रियों के परामर्श को मानने के लिए बाध्य नहीं।

इस निर्णय के प्रभावों पर विचार करने की आवश्यकता है। राष्ट्रपति के रूप में मंत्रियों द्वारा दिए गए परामर्श पर जब वह कार्य करता है तो उसके कार्यों के प्रति दायित्व सरकार का होता है। अपने मंत्रियों के परामर्श पर कार्य करने की आवश्यकता न समझी जाए तो उसका दायित्व क्या होगा। ऐसी स्थिति में उसके

विवाद में फंस जाने की संभावना को भी ध्यान में रखना चाहिए। यह वांछनीय नहीं कि भारत के राष्ट्रपति को विश्वविद्यालय के 'विजिटर' के रूप में भी किसी भी विवाद में फंसाया जाएँ राष्ट्रपति के विश्वविद्यालय के 'विजिटर' के रूप में और अपनी सरकार से स्वतंत्र रहकर काम करने के कानूनी परिणामों पर सावधानी से विचार किया जाना चाहिए। इस संबंध में अधिकारिक निर्णय ही सदा के लिए इस विवाद को समाप्त कर सकती है।

7

ज्ञानी जैल सिंह

स्वभाव से सरल, व्यवहार से विनयशील, गुणों की खान तथा मानवता की प्रतिमूर्ति ज्ञानी जैल सिंह एक सच्चे राष्ट्र सेवक थे। लोक जीवन में स्वाधीनता सेनानी, पद दलितों के मसीहा, कांग्रेस के कुशल कार्यकर्ता एवं इन सबके साथ एक किसान के बेटा थे। समय की गति को पहचानने की उनमें दूरदर्शिता थी। ज्ञानी जी वाकई ज्ञानी थे। वह गुरुग्रंथ साहिब के साथ सभी धर्मों व धर्मशास्त्रों का आदर करते थे। इसलिए उनके बारे में यह स्पष्ट कहा जा सकता है कि वह सर्वधर्म स्वभाव में विश्वास करने वाले व्यक्ति थे। साधारण परिवार में जन्म लेकर भी असाधारण क्षमता से युक्त व्यक्ति विरले होते हैं। यह सत्य है कि धान की उपज पुवाल से आँकी जाती है किंतु मानव की असाधारण क्षमता का आकलन किसी ऐसे उपक्रम या युक्तियों से नहीं किया जा सकता कि उसकी सामर्थ्य थोड़ी है तो वह थोड़ा ही कुछ करने में सक्षम है। यथा ज्ञानी जैल सिंह को ही लें, उनके जीवन की कथा प्रेरणाप्रद है।

ज्ञानी जैल सिंह का जन्म पंजाब राज्य के फरीदकोट जनपद में स्थित संधवां नामक गांव में भाई किशन सिंह के घर में 5 मई, 1916 को हुआ। उनके पिता सरदार किशन सिंह 56 एकड़ जमीन के मालिक और अच्छे जमींदार थे। ज्ञानी जैल सिंह भाई किशन सिंह के सबसे छोटे बालक थे। इनके बड़े भाई जागीर सिंह व बीर सिंह थे तथा एक बहन जागीर कौर थी जो ज्ञानी जी से बड़ी थीं। परिवार में सबसे छोटा होना बहुत ही अच्छा होता है क्योंकि छोटे को सभी प्यार करते हैं, सभी दुलारते हैं। बवचन में इनका नाम जरनैल था। इनका

नामकरण पंजाबी पद्धति, गुरुग्रंथ साहिब के आधार पर रखा गया था। इनके जरनैल से जैल की कहानी कुछ इस तरह है।

जननी जनेषु एक जन पर उसे सुख कहाँ नसीब था। वास्तव में जो नसीब वाले होते हैं उन्हीं को अपने पूत के फलने-फलने देखने का अवसर मिलता है। ज्ञानी जी के जन्म के अभी मात्र नौ महीने हुए थे कि उनकी माँ इन्दी कौर इस दुनिया से विदा हो गई। इनका लालन-पालन दया कौर ने किया। यह दयाकौर सरदार किशन सिंह की प्रथम पत्नी थीं। किशन सिंह के तीन विवाह हुए थे। इसके पीछे भी तथ्य जुड़े हैं। किशन सिंह की प्रथम शादी दया कौर से हुई। काफी दिनों तक दया कौर को कोई संतान न हुई। दूसरी शादी उन्होंने पुत्र प्राप्ति की इच्छा से मरिया से की किंतु गौने (विदायी) से पूर्व उसका इंतकाल हो गया। तीसरी शादी उन्होंने तब इंदी कौर से की, जिससे चार बच्चे हुए। यह तीनों दया, मरिया और इन्दी सगी बहनें थीं। पंजाब की उन दिनों की परम्परा के अनुसार यदि लड़की शादी के बाद बच्चे नहीं जनती तो यदि उस परिवार में कोई अन्य लड़की हो तो उसकी शादी उसके पति के साथ कर दी जाती थी। सरदार पंजाब सिंह ने इन्हीं परम्पराओं के अनुसार किशन सिंह की बार-बार शादियाँ कीं। दया कौर ने जरनैल सिंह को इतना लाड़-प्यार दिया कि उन्हें माँ की कमी महसूस न हुई।

गाँव में शिक्षा का कोई प्रबंध नहीं था। कोट-कपूरा गाँव छः कोस दूर था जहाँ प्राथमिक विद्यालय था। छोटेपन में वह केसे पढ़ने जाते। उनके पिता भाई किशन सिंह ने गुरुद्वारे में ही तालीम दिलानी शुरू कर दी। 'पूत के पांव पालने में ही दीख जाते हैं' कहावत कोई गलत नहीं है; उन्होंने चंद दिनों में जपुजी जान लिया और कुछेक साल में उनको ग्ररुग्रंथ साहिब भी पढ़ना आ गया। भाई किशन सिंह, विचित्र क्षमता वाले बालक से अत्यंत प्रसन्न थे। कुशाग्र बुद्धि के बालक जरनैल को इतने से संतोष न था। अधिक से अधिक ज्ञानार्जन की ललक उनके मन को चंचल रखती। जिसे आवश्यकता होती है वह तलाश करता है। जरनैल ने गांव के पंडितों का साथ करना शुरू किया। जब यह महसूस होता है कि यह बालक वास्तव में कुछ अधिक जानने की इच्छा रखता है तो उसके सहयोग में भगवान भी आ पहुँचता है। ब्राह्मणों को यह लगा कि जरनैल सच में कुछ प्राप्त करना चाहता है, उनको सहयोग देना शुरू कर दिया। जरनैल ने गांव के पंडितों

से हिन्दी का अध्ययन किया। बाद में कुछ बड़ा होने पर सरदार किशन सिंह ने कोटकपूरा के मदरसे में दाखिला दिला दिया। यहाँ से उन्होंने उर्दू का अध्ययन किया।

'जैसे खाए अन्न, वैसा रहे मन।' जब वातावरण और अन्न धार्मिक होंगे तो संसर्ग में पलने वाला बच्चा अवश्य ही आध्यात्मिक होगा। बचपन से ही पिता के बहुत से गुणों से युक्त हुए जैसे गुरु ग्रंथ साहिब का नियमित अध्ययन कीर्तन, भजन वह बड़ों-बुजुर्गों का अभिवादन व सेवा। बचपन में उनको गीत-संगीत से अत्यंत लगाव था। उनका स्वभाव ही संगीत एवं सुर लहरियों में जैसे डुबकियां लगाकर जन्मा हो, अपने संगीत के लिए कम उम्र में ही उन्हें नाम व शोहरत हासिल हो गई थी। ऐसा नहीं था कि उनमें केवल फक्कड़पन हो और कुछ भी नहीं बल्कि उनको फावड़ा, हल चलाने से भी परहेज नहीं था। उन्हें बढ़ईगीरी और राजगीरी का भी अच्छा ज्ञान था वह पन्द्रह वर्ष की ही आयु में अपने खर्च के लिए अपने आपको सक्षम बनाने वाले बालक थे। उनको किसी के कन्धे पर बोझ बनकर रहना कतई पसन्द न था।

ज्ञानी जैल सिंह ने फरीदकोट से मिडिल सन 1930 में पास किया। उनको विशेष रुचि थी अपने धर्म के व्यापक प्रचार-प्रसार में। उन्होंने अपनी रुचि को जीवित ही नहीं किया बल्कि उसको शिखर पर पहुँचाने के लिए प्रवचन आदि करना भी प्रारम्भ कर दिया। धीरे-धीरे उनकी कद्र विशेष गुरुओं में होने लगी क्योंकि इनकी जुबान से निकलने प्रवचन के अमर शब्द लोगों के दिल जीतने में सक्षम थे। वे आंचलिक भाषा के मर्मज्ञ थे, साथ ही छूने की ललक सदैव थी। कहते हैं-'यत्नेन सिद्धिः' यत्न करने पर सिद्धि मिलती है। उन्होंने मनोयोग से गुरु ग्रंथ साहिब के अलौकिक तत्त्वों को जानने की कोशिश की जिससे वह आत्म परीक्षण कर तत्वक ज्ञानी बन गए।

23 मार्च, 1931 को भगत सिंह, राजगुरु तथा सुखदेव को फांसी हो गई। देश का इतिहास बलिदान से रंग जाने पर किसको नहीं झकझोर देगा। 16 वर्ष की अवस्था थी, नया खून फाँसी पर निर्ममता से लटकाए जाने की बात पर बौखला उठा। फिर क्या था, एक जवां दिल जहां अपने देश को समृद्ध करने के लिए खेती में पैदावार कई गुना बढ़ाता, अपने नए रोजगार व व्यवसाय को विकसित करता, वह क्रांति में कूद पड़ा। क्योंकि वह जान चुका था कि यह

मुल्क भी मेरा नहीं है, हम तो गुलाम हैं, इसलिए ज्ञानी जी ने स्वयं को सबसे पहले भारतमाता की आजादी के लिए समर्पित कर दिया।

सन 1932 में प्रधान कौर से श्री ज्ञानी जैल सिंह का विवाह हुआ। प्रधान कौर खमालसरा निवासी सरदार बुद्ध सिंह की पुत्री थी। सन 1936 में ज्ञानी जी को एक पुत्ररत्न की प्राप्ति हुई जिसका नाम जोगिन्दर सिंह रखा। सन 1938 में एक पुत्री भी हुई जिसका नाम जोगिन्दर कौर था। ज्ञानी जी शादी करने से दूर भाग रहे थे किंतु उनकी माँ दयाकौर ने उन्हें किसी तरह राजी करके विवाह कराया और ज्ञानी जी के जीवन को प्रधान कौर के साथ जोड़कर कुल को आगे बढ़ाया। दो बच्चों के पिता बनने के बाद जरनैल सिंह की पारिवारिक जिम्मेदारी बढ़ गई थी। परन्तु पत्नी प्रधान कौर ने अपने हिस्से की जिम्मेदारी अपने हिस्से रख ली। प्रधान कौर के असहयोग से इस क्रांतिकारी जरनैल सिंह का पैर पीछे नहीं हटा और उन्होंने जिम्मेदारीपूर्वक भारतीय क्रांति का पंजाब प्रांत के फरीदकोट क्षेत्र का अगुआ बनाकर स्वाधीनता का आंदोलन चलाया।

जरनैल सिंह धार्मिक प्रवृत्ति के आदमी थे। वह धर्म के प्रचार-प्रसार के लिए भी जाने जाते थे। धार्मिक मण्डलियों में अब यह जाकर नित नए क्रांतिकारी भी पैदा करने लगे। सन 1938 में ही कांग्रेस कमेटी की फरीदकोट शाखा की स्थापना हुई। इस शाखा के गठन में ज्ञानी जी की महत्त्वपूर्ण भूमिका होने के कारण वहां का राजा इन्हें अपना प्रधान शत्रु मानने लगा। इनकी बढ़ती लोकप्रियता ने स्थानीय प्रशासन को बहुत प्रभावित किया। फरीदकोट कांग्रेस कमेटी के अध्यक्ष बने जंगा सिंह तथा ज्ञानी जी सचिव। काजी अब्दुल्लाह तथा अमर सिंह क्रमशः उपाध्यक्ष और कोषाध्यक्ष थे।

क्रांति की लहर जब बिजली की भांति शरीर में दौड़ती है तो उस समय क्रांतिमन कुछ भी करने से थकता नहीं, हारता नहीं। एक मजेदार बात, सरकार ने कांग्रेस कमेटी को बैठकों व अन्य गतिविधियां चलाने पर रोक लगा दी। फरीदकोट रियासत को राजा से मुक्त कराने के उद्देश्य से जंगा सिंह एक बैठक करने वाले थे। बैठक हो तो केसे हो? कोई रास्ता नहीं था। ज्ञानी जी व जंगा सिंह बैठकर सोच ही रहे थे कि बैठक केसे हो? तब तक एक विचार आया। क्यों न एक अर्थी बनाई जाए और उस अर्थी को जलाने के बहाने नदी के तट पर मीटिंग कर ली जाए? विचार जच गया। अगले दिन ऐसा ही हुआ। एक

नकली अर्थी बनी, चार लोग उसे लेकर नदी की ओर चले। उस अर्थी के पीछे लगभग साठ-पैंसठ क्रांतिकारी। अरथी जब नदी पहुंची, सबने पहले चिता सजायी और उसमें आग लगाकर दो चार लोग अर्थी रस्म का ड्रामा करने लगे और विशिष्ट लोग बैठकर क्रांति में नई आग लगाने व अन्य मुद्दों पर बातचीत करने लगे। इस प्रकार मीटिंग सम्पन्न हुई और क्रांतिकारी अपना उद्देश्य पाने में सफल हुए।

पंडित जवाहर लाल नेहरू उन दिनों भारत के विभिन्न अंचलों में जाकर कांग्रेस को मजबूत करने में जुटे थे। सन 1939 में लुधियाना में भारतीय कांग्रेस के वरिष्ट नेता की हैसियत से आल इंडिया पीपुल्स कांफ्रेस के अधिवेशन में भाग लेने पहुंचे। जरनैल सिंह एवं उनके साथियों ने भी उस अधिवेशन में भाग लिया। फरीदकोट रियासत ने इसे गंभीरता से लिया। राजा ने मुख्य सचिव इन्दर सिंह को जरनैल पर कड़ी नजर रखने का आदेश दिया। सन 1939 में जून में फरीदकोट कांग्रेस कमेटी की बैठक हुई। बैठक की अध्यक्षता जरनैल सिंह का रहे थे। राजा ने हर सप्ताह बैठकें हुआ करेंगी।'' पुनः बैठक हुई तो ज्ञानी और उनके साथियों को गिरफ्तार का जेल भेज दिया गया। विरोध प्रदर्शन और प्रतिरोध क नारों से फरीदकोट रियासत गूंज उठी। जरनैल सिंह के घर की कुर्की की गई। परिवार को यातनाएं दी जाने लगीं। उनके लिए यह एक कठिन समय था लेकिन कहा गया है 'हिम्मते मर्दां, मर्दे खुदा।' जैल सिंह ने हंसते-हंसते सब कुछ स्वीकार कर लिया। जरनैल सिंह को काल-कोठरी में डाल दिया गया। उनकी माँ से मुलाकात हुई तो वह फूट-फूटकर रो पड़ीं। किंतु उन्हें अपने हिम्मती पुत्र पर फ़ख्र था। जरनैल सिंह ने अपनी माँ को पत्र लिखा। वह पत्र किसी तरह जेलर को मिल गया। उसको बहुत गुस्सा आया। जरनैल सिंह ने जेलर ने नाम पूछा, जवाब था-'जेल सिंह।'

"क्या मतलब?"
"मतलब जेल का शेर।"

डंडों की पिटाई जारी थी और इनका अक्खड़पन भी बौना न था। वह कहे जा रहे थे-"मैं शेर हूँ, शेर ही रहूंगा और शेर कभी गीदड़ों से नहीं डरते, चाहे वह जेल में ही क्यों न हों।"

शरीर लहू-लुहान था किंतु रोब बिलकुल शेर-सा, जेलर हारकर चला गया। यहीं से इनका नाम 'जरनैल' से 'जेल' हो गया। कालान्तर में इन्हें 'जैल' के नाम से जाना गया।

चार साल से भी अधिक दिनों का कारावास उनके स्वास्थ्य को लील गया। बाहर आने पर भी पुलिस की निगरानी में जीवन जी पाना कठिन हो गया। जैल सिंह ने बाबा नन्द सिंह की सहायता से अमृतसर के शहीद सिख मिशनरी में आगे की शिक्षा के लिए दाखिला ले लिया। पाठ्यक्रम को पूर्ण करने पर 'ज्ञानी' उपाधि से विभूषित हुए। यूँ तो ज्ञानी शब्द से शिक्षा का कोई भाष्य नहीं होता लेकिन दर्शन की विधिवत जानकारी रखने वाले को यह उपाधि ही जाती थी। 'ज्ञानी' डिग्री प्राप्त करने पर पुलिस की भी नजर कम हो गई।

8 अप्रैल, 1946 को पहली बार तिरंगा झण्डा फरीदकोट रियासत के एक नीम के पेड़ पर फहराने वाला था एक 12 वर्षीय किशोर चन्द्रशेखर और उसके कुछ साथी। पुलिस ने तुरंत चन्द्रशेखर को गिरफ्तार कर जेल भेज दिया। किंतु अगले दिन राजा के विरोध में एक भारी जुलूस निकला। जिसके संचालक थे ज्ञानी जैल सिंह। राजा ने चन्द्रशेखर को छोड़ने की जगह लाठी चार्ज करवाया जिससे आग भड़क उठी। राजा हरिन्दर सिंह के विरुद्ध वर्षों से जो अभियान चल रहा था, वह सफल हुआ। 27 मई, 1946 को नेहरू जी स्वयं फरीदकोट पहुँचे। नेहरू को राजा ने सीमा से बाहर रहने का ओदश दिया। ज्ञानी जैल सिंह ने अपने हजारों समर्थकों को वहीं रुकने का आदेश दिया और नेहरू जी को घोड़े पर बैठाकर राजा के दरबार में पहुंचे। राजा और नेहरू के बीच समझौता हुआ। समझौते में क्रांतिकारी कैदियों को रिहा करने का भी प्रस्ताव था। फरीदकोट की जनता के लिए यह समझौता सबसे बड़ी विजय थी। पं. नेहरू ने ज्ञानी जी के साहस और पराक्रम भरे व्यक्तित्व की प्रशंसा की।

सन 1947 में 15 अगस्त को देश स्वतंत्र हो गया किंतु फरीदकोट परतंत्रता की जंजीरों में जकड़ा रहा। ज्ञानी जैल सिंह कुछ राष्ट्रीय नेताओं से मिलने व अन्य कार्यों से दिल्ली आ गए। 30 जनवरी, 1948 को बिड़ला हाउस में जब महात्मा गांधी को गोली मारी गई तो ज्ञानी जी वहीं उपस्थित थे। प्रार्थना सभा से कुछ ही पल पहले महात्मा गांधी से पंजाब समस्या और फरीदकोट पर बात की थी। ज्ञानी जी गांधी जी को मरते देख बहुत दुखी हुए। फरीदकोट पहुँचते ही उन्होंने

जनता के सहयोग से समानान्तर सरकार की घोषणा की। ज्ञानी जैल सिंह इस सरकार के गवर्नर बने। गुरुबख्श की कैबिनेट में अरमनाथ, चेतन देव व जंगा सिंह शामिल हुए। गुरुबख्श सिंह सरकार ने सचिवालय पर कब्जा कर लिया। राजा ने अपनी सेना को आदेश दे दिया, लाठी चार्ज में कोई सौ लोग घायल हुए। 20 मार्च, 1948 को ज्ञानी जी जब जेल से छोड़े गए तो वे दिल्ली पहुँचे।

फरीदकोट की समानान्तरीय सरकार को व्यवस्थित करना ज्ञानी जैल सिंह के जीवन का सबसे खतरनाक साहस था। स्थिति और समय सापेक्ष नहीं थे। ऐसे समय में अधिकारों का पाना, दिलाना बहुत ही कठिन काम था। ज्ञानी जैल सिंह यह चाहते थे कि फरीदकोट के सामंती शासन का अंत हो। राजशाही व्यवस्था ध्वस्त हो। जनता का राज स्थापित हो, इसके लिए ज्ञानी जी पं. जवाहर लाल नेहरू व डॉ. पट्टाभि सीतारमैय्या से मिले। सरदार वल्लभभाई पटेल उस समय गृहमंत्री थे। रियासतों का सारा कार्य, गतिविधियों की सारी जानकारी पटेल के जिम्मे थी। ज्ञानी जी ने पटेल के समक्ष फरीदकोट की सारी स्थितियों का रखा। पटेल ने डॉ. पट्टाभि सीतारमैय्या को 27 मार्च, 1948 को फरीदकोट जांच के लिए भेजा। रिपोर्ट गृह मंत्रालय को मिली तो लार्ड माउण्ट बेटन ने यह सलाह दी कि देश में अन्य रियासतों के राजाओं से सलाह लेनी चाहिए। रियासती राजाओं की बैठक हुई। इसमें नवानगर, ग्वालियर, जाम साहिब और पटियाला के राजा सम्मिलित थे। अन्ततोगत्वा फरीदकोट रियासत की राजशाही समाप्त हो गई। यह विजय ज्ञानी जैल सिंह की नहीं थी, वह लोकतंत्र की विजय थी, मानवाधिकार की विजय थी।

सामंती साम्राज्य का अंत हो गया। जनता का राज्य स्थापित हुआ। जागीरों का विलय और कृषि मजदूरों की सामाजिक, आर्थिक अन्याय से मुक्ति अभियान में ज्ञानी जैल सिंह ने ऐतिहासिक सहयोग दिलवाया। अगस्त, 1948 में ज्ञान सिंह शेरवाला के मुख्यमंत्रित्व काल में कार्यकारी सरकार का गठन हुआ। ज्ञानी जैल सिंह कैबिनेट में शामिल हुए। 13 जनवरी, 1949 को पुनः सरकार बनी तो ज्ञानी जी आयकर और उत्पादन मंत्री बने।

भारत देश के प्रत्येक कोने में 1952 में नई सरकार के लिए आम चुनाव की घोषणा हुई। ज्ञानी जैल सिंह कृषि मंत्री बनाए गए किंतु आंतरिक मतभेदों के कारण कुछ ही दिनों में अपने पद से त्यागपत्र दे दिया। 5 मार्च, 1952 को पंजाब

में राष्ट्रपति शासन लागू हुआ। सन 1954 में मध्यावधि चुनाव हुए परन्तु ज्ञानी जी ने इस चुनाव में कोई दिलचस्पी नहीं दिखाई। 'खालसा सेवक' अमृतसर का दैनिक पत्र, जिसे ज्ञानी जी ने खरीद लिया और पत्रकारिता में उतर आए किंतु यह व्यवसाय उन्हें अच्छा न लगा। नेहरू जी ने इसी बीच पटियाला का दौरा किया और एक फेरबदल में 'पेप्सू' का अध्यक्ष ज्ञानी जैल सिंह को बना दिया। पेप्सू के अध्यक्ष के रूप में उन्होंने संगठन को मजबूत बनाया। 1 नवम्बर, 1956 को जब पेप्सू को एकीकृत किया गया तो ज्ञानी जी ने सभी किसानों और कार्यकर्ताओं के जीवन में एक नया अध्याय जोड़ा था।

सन 1956 में ज्ञानी जी राज्य सभा के लिए मनोनीत हुए। वह राज्य सभा के सदस्य के साथ पंजाब राज्य की कांग्रेस कमेटी के उपाध्यक्ष भी रहे। उन्होंने पार्टी के लोगों में सदा उत्साह भरा। पंजाब प्रांत में आम चुनाव हुआ तो ज्ञानी जी ने जी-तोड़ मेहनत करके पूरे कांग्रेस कार्यकर्ताओं के एकजुटता ऐसे प्रस्तुत की कि पंजाब में कांग्रेस पार्टी को भारी समर्थन मिला। सरदार केरा सिंह की सरकार गठित हुई। मंत्रिमण्डल में महत्त्वपूर्ण पद मिला। किंतु सन 1962 में भारत-चीन युद्ध हुआ तो त्याग-पत्र देकर वह देश की आन-बान की रक्षा के लिए जुट गए। सन 1962 से 1972 तक, 10 वर्षों का जीवन शोषण और अन्याय के खिलाफ समर्पित किया। सन 1972 के आम चुनाव में भारी विषमताओं के बीच कांग्रेस से दो तिहाई बहुमत के साथ सबसे बड़ी पार्टी रही। पंजाब के बच्चे-बच्चे की यह चाह थी कि ज्ञानी जी मुख्यमंत्री बने। विधानमंडल में भी यही निर्णय हुआ। सर्वसम्मति से ज्ञानी जैल सिंह को कांग्रेस विधायकों ने विधान मंडल दल का नेता चुना। ज्ञानी जी मुख्य मंत्री बन गए। काफी लोकप्रिय मुख्यमंत्री के रूप में प्रदेश का सामाजिक, राजनैतिक, सांस्कृतिक एवं आर्थिक विकास और संवर्धन किया। उनका कार्यकाल भयमुक्त शासन के लिए लोकप्रिय हुआ और गरीबों, दलितों, शोषितों तथा प्रत्येक वर्ग की सुरक्षा और संरक्षा के लिए समर्पित था। कृषि, धर्मनिरपेक्षता, औद्योगीकरण, लोक निर्माण, गरीबी उन्मूलन तथा महिलाओं की शिक्षा पर आधारित इनकी सरकार की नीतियाँ सबके हित के लिए तैयार की गई थीं। अपने मुख्यमंत्रित्व काल में ज्ञानी जी ने प्रदेश में तो लोकप्रियता हासिल कर ही ली, इसके साथ वह संजय गांधी व श्रीमती इंदिरा गांधी के भी चहेते बन गए थे।

देश में सन 1975 में आपातकाल लागू हुआ। देश में आपातकाल के बाद जनता पार्टी को अप्रत्याशित विजय मिली। पंजाब चुनाव से मुक्त था। ज्ञानी जी से मोरारजी देसाई सरकार ने त्याग-पत्र मांगा और पंजाब में चुनाव कराने के लिए कहाँ मुख्यमंत्री ज्ञानी जैल सिंह ने सीधे साफ शब्दों में ऐसा करने से इन्कार कर दिया। बी.डी. जत्ती कार्यवाहक राष्ट्रपति ने एक आदेश के तहत नौ राज्यों की कांग्रेस सरकार भंग की। इस प्रकार जब वहाँ राष्ट्रपति शासन लागू हो गया तो ज्ञानी जी विवश हो गए।

पंजाब प्रांत में नए चुनाव के बाद अकाली जनता संयुक्त मोर्चे की सरकार बनी। ज्ञानी जी ने इस हार की जिम्मेदारी अपने ऊपर ले ली। जनता संयुक्त मोर्चा ने उन पर कई मुकदमे किए और जेल भेजा। जाँच हुई, आदेश यह हुआ कि ज्ञानी जी की जमानत इसलिए मंजूर की जा रही है क्योंकि उन्होंने अपनी अर्जी में स्पष्ट किया है कि जाँच दल का वह साथ देंगे और जब तक उन पर से सारे मुकदमें हट नहीं जाते, वह देश से बाहर पलायन नहीं करेंगे। सन 1977 में ज्ञानी जी सारे आरोपों से मुक्त हो गए।

सन 1980 के चुनाव में कांग्रेस को दो तिहाई बहुमत के साथ केन्द्र में फिर वापस आई। 14 जनवरी, 1980 को ज्ञानी जी कांग्रेस सरकार के मंत्रिमंडल में गृह मंत्री बने। उन्होंने गृह मंत्रालय का कार्य बहुत ही अच्छे ढंग से किया। पूर्वोत्तर का आतंकवाद, जम्मू-कश्मीर का आतंकवाद तथा पंजाब के आतंकवाद को कुचलने में उनकी अहम भूमिका रही।

डॉ. नीलम संजीव रेड्डी. महामहिम राष्ट्रपति, भारत गणतंत्र का कार्यकाल समाप्त हो रहा था। देश में नए राष्ट्रपति की तलाश शुरू हुई। श्रीमती इंदिरा गांधी ने ज्ञानी जी का नाम प्रस्तावित किया। कांग्रेस में कुछ विरोधी स्वरों की सुगबुगाहट हुई, फिर आम सहमति प्रकट हुई। सन 1982 के इस चुनाव में ज्ञानी जी के मुख्य प्रतिद्वन्द्वी श्री हंसराज खन्ना थे। 2, 82, 665 के मुकाबले 7,54,113 मत हासिल कर श्री जैल सिंह विजयी हुई। इक्कीस तोपों की सलामी और गारद सम्मान के साथ ज्ञानी जी ने राष्ट्रपति पद की शपथ ली और डॉ. नीलम संजीव रेड्डी से कार्यभार ग्रहण किया।

ज्ञानी जैल सिंह को राष्ट्रपति पद पर नामित किए जाने के बाद से ही संधवा गांव में हर्ष व रौनक के झण्डे फहरने लगे थे। ज्ञानी जी के राष्ट्रपति पद

पर चयनित होने पर लोगों में तरह-तरह की प्रतिक्रियाएं हुई। कुछ लोगों ने उन्हें प्रधानमंत्री श्रीमती इंदिरा गांधी जी 'रबर स्टैम्प' की संज्ञा दे डाली किंतु ऐसा नहीं था, वह मंजे हुए राजनीतिक पंडित थे। उन्होंने अपने जीवन के 66 बसंत देखे थे, उन्हें जीवन का पर्याप्त अनुभव था।

राष्ट्रपतित्व काल में ज्ञानी जैल सिंह दो बार असमंजस में पड़े। एक, 31 अक्तूबर, 1984 को श्रीमती इंदिरा गांधी की हत्या के बाद उनके उतराधिकारी का चयन तथा दूसरा, 1984 की ही घटना 'आपरेशन ब्लू स्टार।' ज्ञानी जी ने श्री राजीव गांधी को प्रधानमंत्री की शपथ दिलाई। कांग्रेस में आंतरिक नाराजगी थी किंतु ज्ञानी जी के इस निर्णय को जनता ने सही कदम ठहराया। ठीक उसी प्रकार 'आपरेशन ब्लू स्टार' में भी वह सफल रहे। कुछ ने तो ज्ञानी जी से त्याग पत्र मांगना शुरू किया था लेकिन ज्ञानी जी अपने निर्णय पर अडिग रहे।

कालांतर में ज्ञानी जी और राजीव जी में मतभेद पैदा हो गए। ज्ञानी जी ने कुछ महीने तनाव में व्यतीत किए किंतु उन्हें कोई महाभियोग लगाकर पद से हटा नहीं सका। उनको सबसे प्यार मिला और उन्होंने भी पांच वर्ष का कार्यकाल भारत को बहुमुखी विकास करते हुए अपनी सूझ-बूझ के साथ पूरा कर लिया।

राष्ट्र के हितैषी ज्ञानी जैल सिंह को सन 1987 में ससम्मान राष्ट्रपति भवन से विदाई दी गई। उन्होंने अपने दायित्व को श्री रामास्वामी वेंकटरमण को सौंप कर 4, संर्कुलर रोड, नई दिल्ली के लिए प्रस्थान किया।

ज्ञानी जी और उनके पत्नी प्रधानकौर अपने सरकारी बंगले में रहते हुए समय-समय पर विभिन्न संस्थाओं व सरकार द्वारा आयोजित कार्यक्रमों में हिस्सा लेकर कार्यक्रमों की शोभा बढ़ाते रहे। सपरिवार रहते हुए ज्ञानी जैल सिंह ने भारत की दिशा व दशा सुधारने के लिए समय-समय पर सरकार को अपने विचारों से अवगत कराया। ऐसे सिद्ध पुरुष, सत्कर्म व धर्म को धारण करने वाले का नब्बे के दशक में जब इंतकाल हुआ तो सारा देश उनके गम में डूब गया। सन 2002 के मई माह में उनकी पत्नी भी इस जहां से विदा हो गई। प्रधान कौर की मृत्यु पर राष्ट्रपति एवं प्रधानमंत्री ने उन्हें श्रद्धांजलि दी।

व्यक्ति मर जाता है लेकिन व्यक्तित्व व कृतित्व नहीं मरते। बचपन से कुछ सीखने व पढ़ने की ललक थी, योग्यता के अभाव में भी उनके अभूतपूर्व

योगदान को सराहते हुए पंजाबी यूनीवर्सिटी ने ज्ञानी जैल सिंह को 17 जुलाई, 1987 को डी. लिट. से विभूषित किया। नश्वर संसार त्याग देने के बाद भी ज्ञानी जी का सतह से शिखर तक का व्यक्ति और कृतत्व आज भी लोगों के लिए प्रेरणादायक है।

इंसान

वैसे जीवन एक कला है–जो केवल जीने के लिए आते हैं, जीते हैं, चले जाते हैं। परन्तु यहाँ कुछ हस्तियाँ ऐसी भी आती हैं जो जाकर भी नहीं जातीं। उनका जीवन उनके लिए नहीं होता। वे दूसरों के लिए जीते हैं–दूसरों के लिए खाते जिंदा हैं, रहते हैं दूसरों के लिए। अपना उनका कुछ नहीं। कुछ नहीं होता उनका अपना।

परिवार में रहकर भी वे, अपने परिवार के लिए इतना कुछ नहीं करते। दूसरे उनके अपने होते हैं–उनके लिए वे कुछ करने को हर प्रकार से तैयार रहते हैं। उनका विश्वास दूसरों के लिए कुछ करना होता है। अपने लिए वह कुछ नहीं करना चाहते। परमार्थ में जितना उनका यकीन होता है, उतना खुदगर्जी और स्वार्थ में नहीं। वे दूसरों का कुछ करने में मजा लेते हैं।

परन्तु वे किसी को ग़ैर नहीं समझते। हर एक उनका अपना है। यह सब कुछ तब ही होता है जब उसमें त्याग की भावना हो। कुछ देने का पवित्र ख्याल हो–लेने का कुछ नहीं।

ऐसी विभूतियां ही व्यक्ति, समाज, देश और विश्व के लिए कुछ कर बैठती हैं। फिर वे ही महान कहलाने लगते हैं। उन पर ही महानता की छाप लग जाती है। उनका अपना फिर कुछ नहीं रह जाता। वे ग़ैरों के लिए जीते हैं–ग़ैरों के लिए मरते हैं। फिर उनके लिए कोई ग़ैर भी तो नहीं रह जाता। सब में उसको अपनापन दिखाई देता है। वह अपनापन ही उनको ऊँचे विचारों का इंसान बना देता है।

आज हर इंसान, इंसान नहीं। इंसान कभी-कभी पैदा होता है–हर बार नहीं। जब उसमें इंसानियत के गुण होते हैं, वह देवता होता है–पैग़म्बर होता है–मसीहा होता है।

जिस युग को इंसान की जरूरत होती है। इंसान खुद आ जाता है। उसी की लोग पूजा करने लगते हैं। इज्जत करने लगते हैं। सर पर उठा लेते हैं। उसके चरण चूमने लगते हैं। लेकिन वास्तव में इंसान हो।

आजादी लेने वालों ने आज़ादी ली। वे लोगों के हाथों में सौंप कर चले गए। इसको बनाए रखना या बिगाड़ देना उनके अपने बूते ही बात है। बलिदान और त्याग को खो देंगे, तो देश की स्वतन्त्रता उसके हाथ से खिसक जाएगी। इसको कायम रखने के लिए अपने को कुर्बान करना होगा। अपनी सभी स्वार्थी इच्छाओं को मारकर दूरों की इच्छा पूर्ति का ध्यान रखना होगा।

देश सेवा, समाज सेवा और व्यक्ति सेवा दरअसल ये सब तपस्या का एक ऐसा रूप है, जो अकेले एक शख्स को नहीं, जो इस तरफ लग जाता है, उन सबको फल देता है।

दाना खाक़ में मिलकर,
गुले गुजार होता है।

इंसान बनने के लिए अभिमान, घमण्ड और ग़रूर का त्याग करना पड़ता है। जिसमें जरा-भी दिखावापन होता है, उसका भेद बहुत जल्दी खुल जाता है। वह सफेद पोश अन्दर से नहीं होता, सिर्फ बाहर से–अंदर तो उसके स्याही है।

दिखावे से उसकी असलियत खत्म हो जाती है, जाहिरा: दिखावा रह जाता है। जो धोखा, छल और प्रवंचना है। इनसे बचाने के लिए, बहुत कुछ खोना पड़ता है। क्योंकि खोकर ही कुछ मिलता है। छीन कर नहीं।

जीवन के सौदे में देना ज्यादा: फायदेमन्द है, लेना कम। जो देने से पहले लेने की लालसा करते हैं, उन्हें मिलता कहाँ है? किसी वस्तु के लिए इच्छा मत करो–वह स्वयं तुम्हारे पास आ जाएगी। तुम कुछ लेने के लिए आगे बढ़ो, वह पीछे हट जाएगी।

माँग मत करो। खुद मिल जाएगा। मगर कुछ तो तुम्हें बलिदान करना ही होगा। बलिदान ही बड़ी भारी तपस्या है।

झोंपड़ी में रहने वाला व्यक्ति–ऊँचे विचार रखे यह बहुत बड़ी बात है। फिर

गर्ज को मन से निकाल देना कोई मामूली बात नहीं। इसके लिए भी बहुत कुछ बलिदान करना पड़ता है। ज्ञानी जैलसिंह इस पक्ष को लेकर आगे बढ़े।

देश के दीवानों-मस्तानों से प्रेरणा लेकर ज्ञानी जी ने उनके चरण चिह्नों पर चलकर आज़ादी का सफ़र शुरू किया। समाज-सेवा और देश सेवा का व्रत लेकर स्वतंत्रता संग्राम में कूद पड़े। जेल गए। जेल की तकलीफ़ें हँसते-हँसते सहीं। अंग्रेजों के जमाने में होने वाले हर जुल्म और शीतम को बर्दाश्त किया।

लेकिन वाह रे, ज्ञानी जी! आप ज़रा भी विचलित न हुए। देश भक्तों के साथ कंधे से कंधा मिलाकर गुलामी से लड़े। आपके आजादी के संकल्प ने विदेशियों को आखिर विदेश में भेज ही दिया। और देश में से गुलामी भाग गई—आजादी आ गई।

फरीदकोट की महाराजाशाही का आपने डटकर मुकाबला किया और अन्त में आजादी हासिल करके इंसानियत का सबूत दिया।

देश में होने वाले सुधारों पर आपकी नजर गई। समस्याएँ और मसले-आपने नज़दीक से देखे। इनको सुलझाने के लिए ज्ञानी जी बचकर केसे रह सकते थे। मैदान में कूदकर इनका हल करना शुरू कर दिया। हर परेशानी का हल आपने ढूंढना ही शुरू नहीं किया, बल्कि पूरी तरह उसका समाधान भी करने लगे।

ऐसे जुट गए इस सब के काम में, कि तन-मन और धन सब कुछ अर्पण कर दिया। धीरे-धीरे देश के सेवक से स्वामी बन गए। मंत्री से मुख्य मंत्री—और अब राष्ट्रपति।

संविधान की सुरक्षा आपका धर्म बन गया—

- सामाजिक असमानता का पाप—
- अछूत कहना एक कानूनी अपराध और दण्ड—
- प्रत्येक नागरिक को जीने का हक़—
- हरिजनों को हर प्रकार से समान-अधिकार—
- शिक्षा का हर वर्ग को समान-अधिकार—
- देश की आर्थिक-स्थिति में सुधार करना—
- बलात्कार का विनाश करने का निर्णय—

ज्ञानी जी के जीवनवृत्त से हमें जो शिक्षा मिलेगी, वह देश और समाज के हित के लिए होगी–ऐसी हमें आशा है।

प्रवेश

ज़िन्दगी का जिनको मिलता है सवाब,
मालिक उनका करता है पूरा ख्वाब...

भारत के राष्ट्रपति कार्यालय को सबसे पहले आज़ादी के बाद डॉ० राजेन्द्र प्रसाद ने संभाला। फिर तो परम्परा के नाते, डॉ० राधाकृष्णन, डॉ० ज़ाकिर हुसैन, वी०वी० गिरि, फख़रुद्दीन अली अहमद, संजीव रेड्डी आदि सँभालते रहे–और सातवां स्थान प्राप्त हुआ है ज्ञानी जैलसिंह को–

पैदा होता है कोई नूरे नज़र,
समझो पैग़म्बर कोई जनमा ग़रीब।

गरीब घर में ग़रीब बच्चे ने जन्म लिया सन् 1916 में। जन्म के साथ ही साथ उसको सख्त परिश्रम की आदत भी मिली। बढ़ा तो उसके कान में आज़ादी के अंकुरों ने जन्म लिया। देश की स्वतन्त्रता के लिए विद्रोह का क्रोध उसको बपौती में मिला। मन की आसा के संकल्प ने उसको साहस ही नहीं विश्वास भी दे दिया।

देश–भक्ति ने उसे चूमा कि,
भारत–मात ने सीना दे दिया।
भगतसिंह की मौत क्या आई,
इसे सब कुछ ही मिल गया।

देशभक्त भगतसिंह की मृत्यु के बालक जैलसिंह को देश की आज़ादी के लिए एक दिलदार पैग़ाम दे दिया। देश और समाज के लिए वफ़ादारी का परचम हृदय, हाथ और सिर पर जमा लिया।

बा़लक ने देश सेवा के सामने शिक्षा को एक जंजाल समझा। और इस दिखावट को उठाकर एक तरफ़ फेंक दिया।

आग न हो देश भक्ति की जहां,
ख़ाली इल्मो हुनू सब बेकार है।

उनके सामने कई प्रकार के व्यापार और कार्यों के लालच आए–कभी उसका मोह देश की उन्नति, देश की आज़ादी और देश की बहबूदी को छोड़कर कहीं भी नहीं गया। रात-दिन देश के लिए कुछ करने की धुन उसके दिमाग में कुलबुलाया करती थी। वह देश का मसीहा होने के साथ ही देश का पागल बालक भी था।

धन को इस बालक ने कभी महत्त्व नहीं दिया।

नेहरू और केरो के संपर्क में रहकर उनको अपने वर्ग का अगुवा समझा आपने। क्योंकि ये दोनों सुलझे हुए, अनुभवी और अच्छे मार्गदर्शक थे। उनकी शिक्षा-दीक्षा से आपने बहुत कुछ सीखा। इन दोनों नेताओं के स्कूल में रहकर अपने स्वभाव, मूड और बर्ताव को समाज के, देश के अनुकूल बना लिया। आपको ज्ञान और बुद्धि दोनों का भण्डार इन्हीं बुद्धिजीवियों से प्राप्त हुआ।

विद्वानों और शिक्षाशास्त्रियों की सोहबत ने आपको अशिक्षित नहीं रहने दिया। आपकी विद्वत्ता की कुण्डलिनी ऐसी जागृत हुई कि आप वास्तव में ज्ञानी बन गए। फरीदकोट राज्य में आपके सभी साथी मित्र आपकी इस सच्ची-शिक्षा के क़ायल हो गए–और दिन पर दिन आपकी प्रतिभा में चार चाँद लगने लगे। इतना होने पर भी आपको अपनी प्रशंसा और तारीफ़ से चिढ़ थी। वह झूठी चम्चेबाज़ी के हमेशा ख़िलाफ रहे। धीरे-धीरे आपकी नम्रता और मिलनसारी ने आपको राष्ट्र हितैषी बना दिया।

हर वक्त थी दिमाग़ में,
बस देश की लगन।
देश के हो प्यार में–
वह रहते थे मगन।

धीरे-धीरे उनको देश और समाज का भूत ऐसा सवार हुआ कि परिवार और घर के किसी काम में उनका मन नहीं लगता था। देशभक्ति की माला जपना ही आपका ध्येय बन गया था।

देश और जाति का प्रेम आपके हृदय में कूट-कूटकर भरा है। उर्दू और पंजाबी भाषाओं में देशभक्ति के दोहे और शेर कहकर अच्छे-से-अच्छे विरोधियों और दूसरी पार्टी के लोगों को चकित कर देते हैं–

जिसके दिल में देश का न प्यार हो,
केसे हो सकता किसी का यार वो।

किसी भी विरोधी या अपवादी को अपने मीठे प्यार भरे शब्द शायरी के रूप में सुनाकर अपना बना लेते हैं आप।

ज्ञानी जी 1947 अर्थात् आज़ादी के बाद कांग्रेस के विश्वास में आ गए और इसी संस्था के सदस्य रहकर जनता की सेवा में लग गए। इन्होंने लोगों की कष्टमय समस्यायें देखकर तन-मन से सेवा की।

अपने जीवन में इन्होंने अनेक प्रकार की हानियाँ ही नहीं, अपमान भी सहे–परन्तु लौह पुरुष की भाँति वह अडिग रहे। घबराकर सेवा-कार्य से भागे नहीं। चाहे लोगों ने आपको काफी हतोत्साहित किया, परंतु–

रंज का खूँगर हुआ इंसाँ,
तो मिट जाता हैं रंज।
मुश्किलें इतनी पड़ीं कि,
मुझ पे आसां हो गईं।

सबसे पहले आप अपने परिश्रम और विकट साहस–तथा जनता के सहयोग से विधान सभा के सदस्य चुने गए। इस नियुक्ति के पश्चात् आपने असहाय और गरीबों की अथक सेवा की। इससे आपके जीवन का विकास बहुत अधिक बढ़ गया। लोगों में वह एक विश्वसनीय नेता के रूप में जम गए। क्योंकि आपका उद्देश्य रहा है कि छोटा-बड़ा, ऊँच-नीच का विचार रखना मानव की कमजोरियाँ हैं। इस संसार में छोटा-सा बड़ा या ऊँच-नीच, अमीर-गरीब का ख्याल ही इंसान को इंसान नहीं रहने देता–

न कोई ऊँचा, न कोई नीचा,
हैं ये झूटे ढोंग।
इन लफड़ों में जो नहीं पड़ते,
वे हैं सच्चे सोंन।।

ज्ञानी जी के शुद्ध विचारों और पवित्र भावनाओं ने उनके हौसले को उन्नत किया। और वह अपने दृढ़ संकल्प को लेकर मंत्री के पद पर पहुँच गए।

उनके अभिभावकों और सहायकों ने उनको और भी आगे देखना पसंद किया और वह पंजाब के मुख्यमंत्री के पद पर आसीन हो गए। मोहताजों, गरीबों-निर्धनों के लिए उनके दरवाज़े हमेशा खुले रहते थे। वह किसी भी छोटे-बड़े व्यक्ति से हर समय मिलने के लिए तैयार रहते थे। उनके प्रेदश में यदि कोई संयोगवश घटना घटती तो आप तुरंत उसके लिए सतर्क हो जाते थे।

न्याय और इंसाफ आपकी छुट्टी में पड़े थे। वह अपने कार्यालय को अचानक छोड़कर चाहे जिस विभाग में जा धमकते थे। वह निर्भीक शासक थे।

किसी प्रकार का भ्रष्टाचार अपने राज्य में नहीं देख सकते थे। अपने अन्य मंत्रियों को भेजकर उनके विभागों के लिए उनको समय-समय पर उन्हें सतर्क करते थे। छोटी-से-छोटी ग़लती को बहुत बड़ा अपराध मानते थे ज्ञानी जी। यदि कोई जनता का व्यक्ति उनको टेलीफोन द्वारा उन्हें किसी प्रकार की घूस या रिश्वत की सूचना देता, तो आप तुरंत उसकी अपने अधिकारियों द्वारा छान-बीन कराते थे।

किसी भी छोटे-से-छोटे अपराधी, भ्रष्टाचारी या मुजरिम को बिना सज़ा या जुर्माने के नहीं छोड़ने देते थे। उनको इस बात से चिढ़ रही है कि वह किसी की सिफ़ारिश मानें। चाहे कोई उनका निजी रिश्तेदार हो या कोई गहरा मित्र। उनके सामने जाकर किसी की यह हिम्मत नहीं होती थी कि किसी दोषी की सिफारिश करके उसको नाजायज़ तौर से मुक्ति दिला दें।

इनके कार्यालय में विरोधी लोगों ने उनको हिलाने की काफ़ी कोशिश की और आपके ख़िलाफ़ काफ़ी ग़लत प्रचार किया। मगर आप तो इतने सख़्त शासक थे कि इनको नीचा दिखाना कोई ख़ाला जी का घर नहीं था।

इनके इतने शिक्षित न होने के चैलेंज, बड़े-से-बड़े बुद्धिजीवी भी नहीं दे सके। जब भी उनके सामने कोई महान मसला आ जाता, तो ज्ञानी जी कभी उससे विचलित न होते--न उनको इस पर अधिक सोच-विचार करना पड़ा। आनन-फानन में आप बड़ी-से-बड़ी समस्या को हल करके अपना फैसला दे देते थे। इनको कभी किसी अपने मंत्री या सचिव की सहायता लेने की आवश्यकता भी नहीं पड़ी।

ज्ञानीजी के अन्य कर्मचारियों तथा सहयोगियों को बड़ा आश्चर्य होता था, जब किसी भी बात को दो टूक फ़ैसला सुना देते वह–

यकहीं के सहारे चले वह हमेशा,
यकीं पर यकीं हो, था उनका मक़ौला।

किसी भी गहरे मामले पर ज्ञानी जी बहुत गहरा सोचते थे।

उन्होंने देखा कि इतने बड़े पंजाब में केवल एक विश्वविद्यालय पर्याप्त नहीं, तो आपने लोगों का परामर्श लेकर दूसरा 'गुरु नानक विश्वविद्यालय' कायम कराया। इससे पंजाब की जनता को काफ़ी लाभ पहुँचा। लोगों को इस नए रूप ने काफ़ी विकसित होने के लिए प्रेरित किया। विद्या के क्षेत्र में यह एक नवीन प्रयोग और उपयोग था।

सिख धर्म का आनन्द साहब एक पवित्र स्थान है। वहाँ तक पहुंचने के लिए कोई सुविधापूर्ण मार्ग नहीं था। धार्मिक लोगों ने आकर आपको एक सुझाव दिया–"अगर आनन्द साहब और स्वर्ण मन्दिर के बीच ऐसी सड़क बनवा दी जाए, कि दोनों पवित्र स्थानों पर जाने वाले यात्री आसानी से उन स्थानों पर यात्रा करने का लाभ उठा सकें।"

ज्ञानी जी को यह परामर्श बहुत ही उत्तम लगा और उन्होंने दोनों धार्मिक स्थानों के बीच सड़क बनवा दी। अकाली लोगों को यह सुविधा बहुत अच्छी लगी।

मज़हब नहीं सिखाता,
आपस में बैर करना।

वास्तव में यदि मनुष्य किसी के जीवन में उतर उसका सद्अध्ययन करे, तो इसमें दो राय नहीं कि उसके जीवन में अवश्य ही परिवर्तन आने लगता है। सहज से समर्पण को भी उन्नत मार्ग पर चलने के लिए प्रेरित करता है। लघु प्रारम्भ भी कभी-कभी महान अन्त बन जाता है। यही बात हमारे ज्ञानी जी पर लागू होती है–

न मशक़्क़त बुरी है,
न मेहनत बुरी है,
बुरे हैं वही–
जिनकी आदत बुरी है।

हर भारतीय को यह जानना ज़रूरी है, कि सच्ची देशभक्ति और सच्ची लगन मनुष्य को कहाँ से कहाँ पहुँचा देती है।

चाहे सुमेरु कू छार करे,
और छार कू चाहे सुमेरु बनाए।
दृढ़ संकल्प को माया अपरम्परा है...

जन्म-स्थान

होड़ जिसने की है इस ज़िन्दगी से,
उसी को पाया है हमने ज़िन्दा दिल।

ज्ञानी जैलसिंह का जन्म 5 मई सन् 1916 को संधवान ग्राम, जिला फरीदकोट में हुआ। आप सरदार किशनसिंह के कनिष्ठ पुत्र हैं। आप किसान के बेटे किसान हैं। पचास एकड़ ज़मीन को आप स्वयं जोतते थे।

उन दिनों पंजाब में उर्दू भाषा पढ़ाई जाती थी। स्कूल में तो आपको भेज दिया गया। परन्तु आपके मन में बचपन से भारत-माता के प्यार ने जन्म ले लिया था। देशभक्ति ने आपको स्कूल जाने से रोक दिया–कुछ दिन अक्षर ज्ञान होते-होते ही आपके मन में शिक्षा की ओर से अरुचि हो गई और देश, समाज और राष्ट्र-प्रेम की तालीम आपने ग्रहण करनी शुरू कर दी।

संभव है ज्ञानी जी के पिता सरदार जी ने पढ़ाई के लिए ज़ोर दिया हो, परन्तु देश-कल्याण की चाट लग गई हो, उसको इस रस को कौन दूर कर सकता था।

देश के इस इश्क ने, माशूक़ इसको दे दिया।
मातृभमि के लिए ही जिसका सब-कुछ लुट गया।

शिक्षा-दीक्षा

ज्ञानी जी निर्धन और पिछड़ी जाति के उच्च-विचारक व्यक्ति हैं। इनके पिता देहाती जनसंख्या में एक सीधे दस्तकार थे–परंतु अपनी ईमानदारी और नेकनीयती के बल पर पचास बीघे के ज़मींदार बने। गरीबों में रहते हुए वह खुश और आत्म संतोषी थे। इतना होने पर भी परोपकार की भावना से वह सम्पन्न थे। किसी ग्रामीण को अप्रसन्न करके अपना मनोरथ उन्होंने कभी सिद्ध नहीं किया।

माता-पिता

सरदार किशन सिंह की मृत्यु शीघ्र तब हो गई थी, जब ज्ञानी जी की आयु केवल छः वर्ष की थी। सरदार जी के मन में यह थोड़ा पश्चात्ताप रहा कि वह अपने होनहार पुत्र जैलसिंह को इतना शिक्षित न बना सके। किन्तु ज्ञानी जी को छत्रपति शिवाजी की भांति उनकी माता जी से पूर्ण शिक्षा मिली। नैतिक बल धार्मिक विचार, सामाजिक रहन-सहन एवं सेवा के व्रत उनको माताजी से ही मिले। उन्होंने अपने साक्षात्कार में स्वयं यह स्वीकार किया है-"कि जो कुछ भी आज मेरे पास शिक्षा-कला की धरोहर है, उसका सारा श्रेय मेरी पूज्या माँ को है। जितना भी मुझे उपदेश, नसीहत और सबक़ मिला है, वह सब उसी की मेहरबानी है।

मेरा मुझ में कुछ नहीं,
जो कुछ है सब तोर।

मैं जनता में जितना आगे आया हूँ या मुझे जितनी मशहूरी मिली है अथवा इस राजनीति में जो कुछ मुझे खींचकर लाया है वह सब इसी मातेश्वरी की कृपा है। सिर्फ़ उसका शुक्रिया अदा करने से इसका बदला नहीं उतर सकता। मैं अपने जिस्म की जूतियाँ बनाकर उस माँ को पहना दूँ, तब भी उसका अहसान मैं नहीं चुका सकता।

उसने मुझे-मेरे चरित्र, मेरे भविष्य को बनाने के लिए जो भी कुर्बानियां दी हैं, मैं सारी उम्र भी उसकी खिदमत करके उस कर्ज़ से मुक्त नहीं हो सकता।

मुझे अफ़सोस है-मेरी माँ बीमार थी। मैं पाँच वर्ष तक के लिए देश के शहीदों के साथ जेल में था। मैंने माँ की आख़िरी सेवा के लिए-उसके दर्शन के लिए पैरौल पर छूटने के लिए प्रार्थना की। परन्तु ज़ालिम अंग्रेज सरकार ने मुझे इजाजत नहीं दी। मेरी जेल अवधि पूरी होने में तीन महीने बाकी थे।

फ़रीदकोट के हाकिमों ने मुझे बार-बार अर्ज़ करने, दरख्वास्त देने पर भी पैरौल पर नहीं छोड़ा। वह मुझे इस शर्त पर छोड़ने को तैयार थे कि मैं उनसे माफ़ी मांगू। लेकिन-

एहसान नाखुदा का–
उठाए मेरी बला।
कश्ती खुदा पै छोड़ दूँ–
लगर को तोड़ दूँ।

मैं बज़िद हो गया। मरना मंजूर। मगर झुक कर मुल्क की, देश की, भारत माता की बेइज़्ज़ती बर्दाश्त केसे की जा सकती थी। मैंने साफ़ इंकार कर दिया। एक माँ जा रही है–लाखों, करोड़ें की माँ तो है,

"जान जाए, पर मान न जाए!"

इस घटना ने ज्ञानी जी की देशभक्ति के प्रति और भी दृढ़ और मज़बूत इरादा बना दिया। उनकी इस त्याग-तपस्या ने देश सेवा में उनको और भी संलग्न कर दिया। देश के गर्म नेताओं की चेष्टाओं और उनके दृढ़ संकल्पों ने ज्ञानी जी को और भी अधिक विद्रोही बना दिया।

देश की ओर

शहीद भगतसिंह, बी० के० दत्त, चन्द्रशेखर आज़ाद और विद्यार्थी जी के चरित्रों ने उनको ऐसा सचेत किया कि सोलह-सत्रह वर्ष की आयु होते हुए भी–वह विद्रोही बन गए। शहीदों की जीवनियों ने उनके चरित्र पर ऐसा प्रभाव डाला कि वह अपनी जन्मभूमि छोड़कर, अन्य देशभक्तों से मिलकर, देश स्वतन्त्रता की योजना में शामिल होने लगे।

बालक ज्ञानसिंह ने लाहौर के लाला लाजपतराय को अपना अगुवा नेता माना और उनके नक्शे-क़दम पर चलने के लिए–बाबा आत्मसिंह और बाबा ईश्वरसिंह के सम्पर्क में आए। उन्होंने मिलकर सारे पंजाब में आज़ादी के प्रचार और प्रसार के लिए एक बड़ी भारी मुहिम चलाई। इस लहर ने पंजाब में एक कोने से लेकर दूसरे कोने तक स्वतन्त्र होने के लिए आग लगा दी–और ये नारा गूँज उठा–

"...इन्क़लाब-ज़िंदाबाद,
ग़ैर सरकार हो बर्बाद।"

सन् 1937 में आज़ादी के दीवाने गाँव-गाँव, शहर-शहर में जाकर विदेशी वस्तुओं की होली जलाने लगे। ज्ञानी जी इन भड़कते हुए शोलों से दूर न रहे।

शहीदों के प्रति आपकी आँखों में आँसू आते रहे–शहीदों के माता-पिता के प्रति आपकी इतनी सहानुभूति उमड़ आई थी कि देश-प्रेमियों के पास जाकर उनसे तन-मन-धन की भीख मांगते और उनकी आदरपूर्वक सेवा करते।

ज्ञानी जी की स्थिति उन दिनों एक पागल दीवाने की तरह थीं। उनका मन और किसी काम में नहीं लगता था। चाहे उनके विरोधी लोग उनको नीचा दिखाने की कोशिश करते। बदनाम करते। मगर आपने कभी किसी की ज़रा भी परवाह नहीं की। वह देश के लिए ऊँचे हृदय से, गर्वपूर्वक, निडर होकर अपनी आज़ादी का उद्देश्य पूरा करने में लगे हुए थे।

परिवार

ज्ञानी जी की पत्नी एक साधारण किसान की बेटी थीं। उन्होंने अपने साथ जीवन में अनके प्रकार की कठिनाइयों और परेशानियों का सामना किया था। शायद ही भारत को किसी और नारी ने इतने कष्ट झेले हो। गरीबी उनके पचास वर्ष तक के जीवन में रही। परन्तु देशभक्ति पति के साथ परिवार में कंधे से कंधा मिलाकर रही! किसी कष्ट के लिए उसने उफ़ तक नहीं की। उसके मुखमण्डल पर आज भी झेली मुसीबतों के चिह्न अंकित हैं। जिन परिस्थितियों में उसने स्वयं को निकाला है, उसने कभी किसी के सामने प्रकट नहीं किया–वह स्वयं ही इस सब को झेलती रही।

ज्ञानी जी का एक पुत्र है–उसका नाम जोगिन्दर सिंह है। उसकी उम्र चव्वालीस-पैंतालीस वर्ष की है। अपने देशभक्त बाप को सहयोग देन की गर्ज़ से धरती की देख-भाल वही करता है।

उनकी तीन पुत्रियाँ हैं। सबसे बड़ी जोगिन्दर कौर, उससे छोटी का नाम है गुरदीप कौर और सबसे छोटी मंजीत कौर हैं।

सबसे बड़ी जोगिन्दर कौर अक्सर गाँव में ही रहना पसन्द करती है। उससे दो छोटी गुरदीप कौर और मंजीत कौर डॉक्टर हैं–ये दोनों समाज सेवा में यक़ीन रखती हैं। ज्ञानी जी का स्वयं का अपना अलग से अछूता व्यक्तित्व है। ऊँचा, क़द, भरा-पूरा चेहरा, उभरा शरीर, सुन्दर नम्र और मृदु भाषा। मिलनसारी स्वभाव। समय के पाबन्द। हँस मुख। अचकन-पायजामा धारी। पगड़ी बाँधे हुए चुस्त, हाज़िर जवाब।

शेरो-शायरी का इतना शौक़ कि किसी भी बात से पहले—आपके मुख से शायरी फूट पड़ती है। हर मौके़ महल को शेरों से खाली नहीं छोड़ते हैं आप। फिर हर मौक़ा आपके शेरों—लतिफ़ों का इन्तज़ार करता रहता है। उनके मित्र आपके बड़े भक्त हैं। शायद उन्होंने अपनी ज़िन्दगी में किसी को अपना दुश्मन नहीं बनाया।

वैसे अच्छा काम करने वाले लोगों के खिलाफ़ लोग बहुत जल्दी हो जाते हैं। या तो इसको वैमनस्य कहो, या जलोका वृत्ति। कुछ का शेवा ही खिलाफ़त करना बन जाता है। कुछ दूसरों को उन्नति करते देख नहीं सकते। कुछ हैं जिनकी आदत किसी की भी आलोचना या तंकीद करना हो जाती है।

धार्मिक भावना

ज्ञानी जी की आयु अठारह-बीस वर्ष की ही रही होगी। देश प्रेम के साथ-साथ उनमें धार्मिक विचार भी उमड़ने लगे। गुरुद्वारे तो जाते ही थे—सिक्ख धर्म, उसका इतिहास, उसकी संस्कृति, उसकी भाषा से शीघ्र ही परिचित हो गए। इतना ही नहीं, उन्होंने कु़रान शरीफ़ का दो बार पाठ कर डाला और पाक उसूलों को दिल में उतारा। साथ में गीता के अठारह अध्यायों को हृदयंगम किया। कर्मयोग पर आपकी अधिक आस्था रही, गीता की रीति-नीति को आपने बड़े करीब से पढ़ा। रामायण की अनेकों दोहे-चौपाइयाँ आपको कण्ठस्थ है। राम और भरत के चरित्रों ने आपको काफ़ी प्रभावित किया है।

आपके सामाजिक जीवन पर धार्मिक ग्रंथों और चर्चाओं ने बहुत असर डाला है। बात-बात पर धर्म और मज़हब की टिप्पणियाँ देकर अपने मित्रों को मंत्रमुग्ध कर देते हैं। इनको धर्म स्नातक कहा जाए तो शायद अत्युक्ति नहीं। इनकी पूज्य माता की कृपा इन पर बचपन से ही रही और उन्होंने ही आपको धर्म और समाज से परिचित कराया।

आप धर्म और जाति को भिन्न मानते हैं। जाति-पाँति के भेदभाव से नफ़रत करते हैं। उनका विश्वास है कि इंसान-इंसान में कोई अन्तर नहीं। चाहे वह भारत का रहने वाला हो या किसी विदेश का। हिन्दू, मुस्लिम-ईसाई या पारसी कोई और नहीं। सब एक ईश्वर-अल्लाह-गॉड की औलाद हैं। मालिक ने किसी को किसी जाति-मज़हब में बाँट कर नहीं भेजा। उसने सबको अशरफ़-उल

मख़्लूकात के घेरे में बांधा है। ये सब मज़हबाज़ी हमलोगों ने–खुदगर्जी के साए मैं तैयार की हैं। जो हमारे देश के लिए ख़तरनाक हैं–

जात-पाँत पूछै ना कोई।
हर को भजै सो हर को होई।

उनका कहना है कि "मैं उन बन्दों को प्यार करता हूँ, जो बन्दों को प्यार करते हैं।"

ज्ञानी जी को मौजूदा सामाजिक-जीवन पसंद है। वह गरीब और गिरे हुए तिनके को सबसे ज्यादा प्यार करते हैं। उनका अपना विचार है–"मैं खुद एक गरीब परिवार से ताल्लुक़ रखता हूँ। मुझे छोटे वर्ग के भाइयों से ज़्यादा लगाव है। मैं किसान का बेटा हूँ।"

पत्रकारः व्याख्याता

ज्ञानी जी, बहुत सुन्दर प्रवक्ता हैं। उनकी वाणी में रस है। किसी भी विषय पर जब बोलना प्रारम्भ करते हैं तो उस विषय की पूरी तरह से व्याख्या करके छोड़ते हैं। लिखे हुए प्रस्ताव को पढ़कर सुनाने में भी उनकी अलग से एक कला है। एक-एक शब्द, एक-एक वाक्य को तोड़कर इस प्रकार बोलते हैं कि साधारण-से-साधारण पढ़ा-लिखा भी उसको भली प्रकार समझ सकता है।

आपके बोलने की भाषा, बड़ी सरल और सर्व साधारण होती है। चाहे वह उर्दू ही क्यों न हो! अंग्रेजी भाषा जानते हुए भी–उसमें उनका पूरी तरह लगाव नहीं रहा। पंजाबी के पंडित हैं।

ज्ञानी जी, पत्रकार होने के नाते–पंजाबी भाषा में कलम के धनी रहे हैं। 'खालसा सेवक' साप्ताहिक पत्र के आपस सिद्धहस्त सम्पादक रहे हैं। कई वर्ष तक अपनी लेखनी से पत्र को जीवन देते रहे।

इस क्षेत्र में आप सम्पादक होने के साथ जोरदार सम्पादकीय लिखते, प्रफ़ शोधन करते, मौक़ा पड़ने पर विज्ञापन प्राप्त करने के लिए भी दौड़-धूप करते।

आप स्वयं अकेले ही यह सब कार्य पत्र को चलाने के लिए किया करते थे। फिर भी आप दो जून की रोटी नहीं जुटा पाते थे इसके द्वारा।

इतना सब कुछ झेलते-सहते, बर्दाश्त करते हुए भी देश भक्ति की लगन आपके साथ थी। इससे थककर कभी आप थके नहीं-घबराए नहीं-भागे नहीं।

गरीबी की घटना

सन् 1985 में, ज्ञानी जी को, काँग्रेस हाई कमांड ने किसी विशेष मन्त्रणा के लिए बुलाया था नई दिल्ली। उस समय भी आपकी गरीबी, आपकी आर्थिक दशा पर हावी थी।

एकदम दिल्ली में नए आदमी का आना। उसके ठहरने की व्यवस्था। शायद एकदम कठिन हो सकती है। जबकि कोई जान-पहचान न हो। यही बात आपके साथ भी घटी। तलाश करते हुए आपको स्टेशन के पास चाँदनी चौक में कहते हैं, छुन्ना मल की धर्मशाला में ठहरने का स्थान मिला।

सरदार पटेल गृह मंत्री से आपको मिलना था। फतेहपुरी से औरंगजेब रोड (सरदार पटेल का निवास स्थान) जाना था। इस युवक के पास टैक्सी में बैठकर जाने के पैसे कहाँ थे। येन केन प्रकारेण ज्ञानी जी ताँगा लेकर सरदार साहब के स्थान पर पहुँचे।

जब ज्ञानी जी पहुँचे, इनके मिलने का निश्चित समय निकल चुका था। सरदार पटेल समय की पाबंदी के मामले में अंग्रेजों से भी अधिक कड़े थे। दूसरे मिलने वाले उनसे मिलने अन्दर चले गए।

ज्ञानी जी, असमंजस में पड़ गए। पटेल जी से एकदम मिलने का समय प्राप्त करना कोई आसान काम नहीं था। ख़ैर, ज्यूँ-त्यूँ करके ज्ञानी जो को पाँच दिन बाद का समय मिलने के लिए नियत हुआ। न मालूम केसे ये पाँच दिन ज्ञानी जी ने काटे?

अपने समाज सेवा के लिए पद यात्रा को ही तरजीह दी। क्योंकि टैक्सी का किराया देना किसी छोटे से छोटे परिवहन को पैसे देना आपकी सामर्थ्य के बहार था उस समय आपके पास आर्थिक संकट इतना भारी था कि अपने बच्चों की शिक्षा को पूरी तरह नहीं चला सकते थे। ज्ञानी जी के कुछ रिश्तेदार-मित्र ही उनके बच्चों की शिक्षा का खर्च चलाते थे।

अपने साधारण जीवन में, चाहे उन्होंने कितने दु:खों को झेला! कितनी ही मुसीबतों का सामना करना पड़ा! कितने ही अपमानों को सहा। आपके ऊपर कितनी ही बुराइयाँ आईं। लोगों ने, साथियों ने, विरोधियों ने इलज़ामात लगाए–मगर आपने इन सबको हंसते-हंसते, दिल पर बिना किसी असर के, बेपरवाही के साथ उड़ा दिया। क्योंकि आपने इनकी बेकार की बातों पर कभी ध्यान ही नहीं दिया है।

आप कितने बड़े अपराध पर, दोष पर हँसते रहे आपका स्वभाव बड़ा विनोदी और व्यंग्यात्मक है। गहरी से गहरी, बड़ी से बड़ी बात को आप मज़ाक में टाल देते हैं–

कितना कोई बुरा कहे,
बुरा न मानिए–
कितनी ही बड़ी उलझन को–
उलझन न जानिए।

किसी भी बात को ज़्यादा सोचना, एक बीमारी है।

स्वभाव: मिलन सारी

ज्ञानी जी का स्वभाव बचपन से ही बड़ा मिलनसार और हरदिल अज़ीज़ है। कोई कितना ही कड़ा बोले-सख्त बोले, मगर आप हैं कि अपनी मीठे स्वभाव और लतीफ आदत से किसी को भी अपना बना लेते हैं। आप जब पंजाब में मंत्री पद पर थे, एक मिलिट्री के जनरल आप से मिलने के लिए आए। बोले–"आप यहाँ मंत्री बने बैठे हैं। आपके इस राज्य में कितना भ्रष्टाचार हो रहा है इसको रोकते क्यों नहीं? इसका मतलब है आप खुद इसमें शामिल हैं।" ज्ञानी जी ने मुस्कराकर मीठे शब्दों में जबाव दिया–"चौधरी साहब! इस भ्रष्टाचार में कोई बाहर का आदमी नहीं। हमारे भाई ही तो हैं। आपस के सहयोग से ही ये सब कुछ दूर हो सकता है।' वह जनरल साहब इस उत्तर से खुश नहीं हुए। उनको ज़रा क्रोध आ गया।

ज्ञानी जी ने उनको हाथ जोड़कर खामोश किया और बोले–

यही है फल्सफा आवागवन का,
जहाँ अजाम भी है, आग़ाज़ भी है।

इसी तरह जब आप जेल में थे तो वहाँ के जेलर ने बहुत केदियों को बुरा-भला कहा और सख्ती के साथ पीटा भी। ज्ञानी जी को इस घटना का पता चला। वह भी मौके पर पहुँच गए। विचारे कैदी गुम-सुम खड़े थे। कई उनमें से बड़बड़ा भी रहे थे। ज्ञानी जी ने उनसे कहा–

बरादर न घबराओ, इस जोर जुल्म से,
कुछ ही दिन और हैं, जालिम के क़हर के।

पंजाब की पंचायतों में एक बार आपसी विरोध हो गया। गांव की जनता में इस विरोध से खलबली मच गई। पंचायत के प्रति लोगों में अविश्वास फैलने की संभावना हो गई। गाँव के लोग घबराने लगे। ज्ञानी जी को इस बात का पता चला तो पंचायत अधिकारियों को बुलाकर इस झगड़े की पूरी रिपोर्ट ली। फिर बात की असलियत पर पहुँचकर उन्होंने सरपंचों से सम्पर्क स्थापित किया। उनसे उनकी बात ध्यानपूर्वक सुनी। फिर पंचायत और उसके सभी अधिकारियों के बीच मिलनसारी का व्यवहार स्थापित कराकर पंचायत को ठीक ढंग से जमाया। उसके पश्चात् पंचायत में कभी कोई गड़बड़ नहीं हुई। लोगों ने इस बिगड़ी हुई दशा को सुधरा हुआ जानकर ज्ञानी जी की मुक्त कण्ठ से प्रशंसा की।

देश की सेवा के लिए, हर तरह कुर्बान हो,
यही व्रत लेकर चलो तो देश का कल्याण हो।

हरिजन समस्या और अन्य वर्ग

पंजाब में कई बार हरिजन समस्या का भयंकर तूफान आया और जनता उससे परेशान हो गई। पंजाब के मंत्रीगण भी इस समस्या से विचलित हो गए। परंतु जब ज्ञानी जी ने इस पर ध्यान दिया तो वह कमर कसकर खड़े हो गए। हरिजन और दूसरे लोगों को अपने सामने बिठाया और उनको पूरी तरह समझाकर उनके इस कठिन प्रश्न को हल करके दोनों पक्षों को शांत कर दिया।

कुछ विरोधी पार्टी के लोगों ने हिन्दू, सिक्ख और हरिजनों में परस्पर तनाव पैदा करके पंजाब को बदनाम करने का प्रयत्न किया, परन्तु ज्ञानी जी की सद्व्यवहार नीति ने विरोधियों के दाँत खट्टे कर दिए। तीनों वर्गों के मन-मुटाव और तनाव को बड़ी बुद्धिमानी और चतुरता से हल कर दिया।

साहित्य में अभिरुचि

बचपन से ही ज्ञानी जी को साहित्य से प्यार था। इन्होंने जब अपनी पाठशालीय-शिक्षा समाप्त कर ली–तो उस समय से ही आपको फने-शायरी से लगाव हो गया। उर्दू भाषा आपको विरासत में मिली थी, क्योंकि वह दौर उर्दू-फारसी का था। आपके आस-पास विशेषकर फरीदकोट में उर्दू के काफी आलम फाज़िल उलमा रहते थे। उनकी सोहबत में बैठना कुदरतन था। आपकी कुशाग्र बुद्धि और उलुलज़मी ने आपको उर्दू का आशिक बना दिया। बिला तकुल्ललुफ़ आप उर्दू को शायरी की तरफ राग़िब हो गए।

जिसको चलने की रहे झौंक,
उसको कोई फिर रहे...टौंक?

ज्ञानी जी गुरुमुखी भाषा में सिक्ख धर्म, सिक्ख-इतिहास और सिक्ख साहित्य के माहिर हो गए। आप यह सब कुछ अध्ययन करने के पश्चात् 'ज्ञानी' अर्थात् स्नातक बन गए।

सिख धर्म का ज्ञान ज्ञानी जी को इतना वृहद हो गया कि यदि कोई भी महापंडित इस संदर्भ में चर्चा करें तो आप उसको उसी की रीति-नीति राजनीति के दायरे में समझा सकते हैं।

आप धर्मज्ञाता अवश्य हैं, परन्तु कट्टरता के विरोधी हैं। आपका कहना है सब धर्म और सब भाषाएँ अपने-अपने स्थानों पर महान हैं। किसी दूसरे धर्म का विरोध करना या उस पर टीका-टिप्पणी करना, नीचता का काम है। ईश्वर एक है और वह सब जगह मौजूद है।

भावात्मक एकता

ज्ञानी जी का कथन है कि मिलकर प्यार से रहना ही मनुष्यता है। जो आदमी प्यार और मोहब्बत से नहीं जीता, वह इंसान कहलाने का अधिकारी नहीं। हमें किसी को छोटा या नीच कहकर, उसे ठुकराना नहीं चाहिए। सब के साथ नम्रता और प्रेम का व्यवहार करना चाहिए।

बड़ा हुआ तो क्या हुआ, जैसे पेड़ खजूर।
पंछी को छाया नहीं, फल लागे अति दूर।

हमारे दिल में जब तक भावात्मक एकता, सबको बराबर समझना, सबके साथ एक सा बर्ताव करना, छोटे-बड़े का भाव मन से निकाल देना नहीं आएगा, हम कभी उपकारी या नेता नहीं बन सकते।

ठोकर अगर लग जाए किसी को,
उठाकर गले से लगा लो उसी को।

अगर परेशानियों, मुसीबतों से किसी का दिल नाउम्मीद हो चुका है–निराशा से उसको तोड़ दिया या उसमें सहनशीलता, और ताकते बर्दाश्त नहीं रही है, तो उसको हौसला दो, हिम्मत बंधाओ और उसको साहस रखने के लिए कहो।

गिरते हैं सहसवार ही,
मैदाने जंग में–
वह तिफ्ल क्या गिरेगा–
जो घुटनों के बल चले।

सदैव ऊँचे विचार रखना, आपका उद्देश्य और उसूल रहा है। आपके पास कोई विद्यार्थी परीक्षा में फेल होकर आया। आपने उसको हर तरह का हौसला देकर आगे बढ़ने के लिए उत्साहित किया। आपके साथी ज़मींदार या खेतिहर भाई भी निराश होकर, घबराकर ना उम्मीद होकर आए, तो उनकी भी हिम्मत बढ़ाकर उनकी हर प्रकार से सहायता की।

ज्ञानी जी खुद अपनी मेहनत और मशक्कत के बल-बूते पर ही ऊँचे रहे और दूसरों को भी हिम्मत दिलाकर, साहस दिखाकर आगे बढ़ने के लिए हौसला-अफ़जाई की।

ज्ञानी जी पुराने विचारों को साथ लेकर, उनमें आधुनिकता का रंग भरने वाले व्यक्ति हैं। वह पुराने विचारों को साथ लेकर, आगे बढ़कर समाज सेवा करने में विश्वास रखते हैं।

फरीदकोट में कांग्रेस की स्थापना

ज्ञानी जी ने सन् 1938 में ऑल इंडिया कांग्रेस की स्थापना फरीदकोट में की। यद्यपि महाराज फरीदकोट ने अंग्रेजों से डर कर अपनी रियासत में कांग्रेस की स्थापना पर पाबन्दी लगाई। ज्ञानी जी को नोटिस दिया। जेल भेजा। परंतु ज्ञानी

जी जैसे लौह-पुरुष ने अपनी हठधर्मी और हिम्मत के बल पर कांग्रेस वहां कायम कर दी। उन्होंने अपनी ताकत और हिम्मत से महाराजा का चैलेंज स्वीकार किया। चाहे ज्ञानी जी के साथ महाराज ने एक दुश्मनी का बर्ताव भी किया, आपको हर तरह की तकलीफ़ें दीं, परन्तु आप अपने प्रोग्राम के अनुसार कांग्रेस की मोटिंग करते। बेशक उनकी सभा या मीटिंग में काफी गड़बड़ मचाई जाती, मगर आपने हर परेशानी और मुसीबत का सामना किया और कांग्रेस के हर कार्यक्रम को कामयाब बनाया।

महाराजा ने ज्ञानी जी को जेल में रखकर बहुत तंग किया। एकांत में रखा। (Condemned cell) गंदी से गंदी कोठरी में आप को रखा गया।

जेल में

जेल में आपको 14 घण्टे, 18 घण्टे काम पर लगाया जाता था। डण्डा बेड़ी से आपको अंधेरी तंग कोठरी में रखा गया। आपको कातने के लिए खद्दर दिया गया था। आटा पीसने के लिए 17 किलो ग्राम गेहूँ दिए जाते थे। जब भी आप चक्की पीसते-पीसते पसीनों से तर हो जाते, थक जाते, जमीन पर गिर जाते, तो फिर भी आपके हाथ-पाँवों में डण्डा-बेड़ी और लोहे की हथकड़ी-बेड़ी डाल दी जाती थी। होश आने पर फिर आपको चक्की पीसने और खड्डी पर कपड़ा कातने के लिए भेज दिया जाता था। आपको ज़रा भी चैन से नहीं बैठने दिया जाता था।

महाराजा फरीदकोट ज्ञानी जी को एक बहुत बड़ा अपराधी मानते थे। आपके ऊपर बीसों धाराएँ लगाई हुई थीं। न तो आप दिन में आराम से बैठ सकते थे, न रात को चैन से सो सकते थे। कितने ही कष्ट और दु:ख पड़ने पर भी ज्ञानी जी ने न तो जेलर से न जेल के किसी अधिकारी से अपने बुरे बर्ताव की शिकायत की हर तकलीफ को आप हंसते-हंसते सहते रहे। महाराज ने आप को विद्रोही ठहराया! आपके साथ बुरे से बुरा बर्ताव किया, परन्तु खूबी यह कि ज्ञानी जी ने जरा उफ़ तक भी की हो। न आपने कभी भी अपने मिलने वाले इष्ट मित्रों, साथियों, दोस्तों से कोई अपनी परेशानी की बात कही, उनका कहना है–

मुश्किलों को झेल कर
आसान कर दो,
फिर तो वे मुश्किलें
मुश्किल नहीं।

जब महाराज, या जेल के ऑफीसर आप पर नाराज होते तो ज़्यादा से ज़्यादा सख्त काम ज्ञानो जी को देते थे। मारपीट के साथ-साथ, बुरी तरह धमकियां भी देते हैं। आपके साथ और भी राजनैतिक कैदी थे, उनके साथ इन्हें भी कोल्हू में जोत दिया जाता था। इन चार-पांचों को मिलकर चार-पांच घानी तेल निकालना पड़ता था। यदि तेल निकालते समय आप थक जाते तो वहां के सिपाही इनमें कोड़ों-डण्डों की मार लगाते थे। लेकिन ज्ञानी जी जरा भी आह नहीं भरते थे। प्रतिदिन आप मशक्कत का काम बड़ी खुशी से करते थे। आपके और साथी अगर जेल में कोई शरारत करते तो उसकी सजा ज्ञानी जी को भी उनके साथ भुगतनी पड़ती थी।

जेल में कुरान

ज्ञानी जी को किसी धर्म-सम्प्रदाय या भाषा से कोई नफ़रत नहीं। आप सब धर्मों सब धर्मों और भाषाओं का श्रद्धापूर्वक आदर करते हैं। आप जेल में जब कभी फुर्सत पाते तो आप वेदान्त की पुस्तक का अध्ययन करते या विचार सागर नामक धर्मग्रन्थ को पढ़ते और इन पर अपने जेल के कैदी साथियों से विचार-विमर्श के साथ, चर्चा भी करते। क्योंकि राष्ट्रीयता और धर्म चर्चा आपकी छुट्टी में पड़े थे। आपके पिताजी धार्मिक व्यक्ति थे।

आपके साथ जेल में एक मौलवी साहब थे, जो बुनकर कैदी थे। आप उर्दू जानते तो थे, मगर उसमें अधिक जानकारी प्राप्त करने के लिए आपने उन मौलवी साहब का सहारा लिया। फिर उन से ज़्यादा रस्मो-रिवाज बढ़ जाने पर आपने उनसे कुरान पढ़नी शुरू की। कुरान पढ़ते-पढ़ते इस पर आपका काफी उबूर हासिल हो गया।

गांधी जी से प्रभावित

भारत में स्वतंत्रता आंदोलन बड़े जोरों पर था। सारे देश में आग लगी हुई थी। चूंची-बच्चा अंग्रेजी हुकूमत के खिलाफ था। देश की गली-गली, कूंचे-कूंचे में इंकलाब जिन्दाबाद' का नारा तिरंगे झण्डे के साथ गूंज रहा था। भारत की नारी भी आज़ादी के मैदान में आ चुकी थीं। दक्षिण भारत की कोकिला सरोजनी नायडू, दिल्ली सत्यवती, भीमो बाई कमला नेहरू, प्रियदर्शिनी इंदिरा आदि उस आग-धुएँ के दिनों में अपनी जानें हथेली पर लिए देश के लोगों को जगाने के लिए घूम रही थीं।

गाँव, नगर, शहर में गांधी जी का आंदोलन बड़े जोरों में चल रहा था। 1942 सत्याग्रह का जमाना था। ''अंग्रेजो भारत छोड़ो'' का नारा गांधी जी के मुँह से निकल कर देश के लिए वरदान बन चुका था। ज्ञानी जी उन दिनों जेल में पड़े हुए भी इन सब खबरों से परिचित थे। उनके मन में देश के लिए (जेल में पड़े हुए भी) आग भड़क रही थी। गांधी जी के सत्याग्रह आंदोलन में कूदने के लिए उनका दिल फड़फड़ा रहा था। जेलों में कई बार भूख हड़ताल आंदोलन सफल हो चुका था—क्योंकि जेलों में गंदे से गंदा, खराब से खराब रेत मिट्टी मिला सड़ा खाना दिया जाता था। बहुत जेलों में तो स्लो पॉयजन के रूप में पिसा हुआ शीशा राजनैतिक केदियों की रोटियों में मिलाया जाता था।

जब ज्ञानी जी 1943 में फरीदकोट जेल से मुक्त किए गए, तो आपके दिल में गांधी जी के प्रति बड़ी सहानुभूति और प्रेम था। आप इससे प्रभावित हुए बिना न रह सके और आंदोलन में कूद पड़े। ज्ञानी जी ने सत्याग्रह आंदोलन का पवित्र कार्य अपने रियासत में शुरू किया। महाराजा ज्ञानी जी से और भी अधिक नाराज हो गया। और आप पर काफी पाबन्दियां लगा दीं। मगर ज्ञानी जी इन झूठी बातों में कब आने वाले थे। वह सत्याग्रह करने के लिए फरीदकोट में अग्रणीय होकर खड़े हो गए। कितनी ही यातनाएं सही परन्तु गांधी जी का प्रभाव उन पर काफी पड़ चुका था।

जवाहरलाल नहेरू से भेंट

अब ज्ञानी जी महात्मा गांधी की योजना से पूरी तरह परिचित हो चुके थे। साथ में उन पर देश भक्ति का रंग भी पूरी तरह से चढ़ चुका था। हर कीमत पर वह देश के लिए मर मिटने के लिए आमादा थे। सन् 1913 में जब यह अमृतसर गए तो वहाँ सिख धर्म के प्रचारक रूप में कार्यरत रहे। परंतु जलियाँ-वाले बाग की दिल दहलाने वाली घटना उनके दिल में घर कर चुकी थी। यह बात ज्ञानी जी के मन में इतनी घर कर गई कि वहाँ से खालसा-सेवक के सम्पादन का कार्य छोड़ कर फिर अपनी रियासत फरीदकोट को देश भक्ति के रंग में रंगने के लिए पहुँच गए। वहाँ जनता पर अंग्रेजों और अंग्रेजों के पिट्ठुओं द्वारा किया गया अत्याचार और जुल्म उनसे सहन न हो सका।

आपने देश भक्ति का आंदोलन फिर चलाना शुरू कर दिया। महात्मा गांधी का सत्याग्रह उनके मन का एक टीस बन गया। बहुत सफलता और ज़ोरों

के साथ आपने यह आंदोलन फरीदकोट में चलाया। महाराज इस असह्य आंदोलन से घबरा गए परंतु ज्ञानी जी ने जनता की नस-नस में 'भारत छोड़ो' की फूंक भर दी थी।

रियासत के एजेन्ट ने महाराज को बहुत दबाया। और साथ ही गांधी जी के इस सत्याग्रह को असफल बनाने के लिए काफी प्रयत्न किए लेकिन ज्ञानी जी का वह कुछ न बिगाड़ सके। सारी जनता तिरंगे झण्डे के नीचे आ गई। महाराज ने अपना जुल्म-सितम जनता पर पूरी तरह ढाना शुरू किया—मगर

मर्ज़ बढ़ता गया,
ज्यूँ-ज्यूँ दवा की।

ज्ञानी जी ने महाराज के इस अत्याचार की ज़रा भी परवाह नहीं की। तिरंगा घर-घर, दुकान और सरकारी भवनों पर लगाने का निश्चय कर लिया—और इसकी तरकीब को पूरा करने के लिए अपने साथ पंडित जवाहर लाल नेहरू को रियासत में बुलाकर इसकी रस्म बड़ी शानो-शौकत से पूरी की। इससे ज्ञानी जी नेहरू जी के अधिक सम्पर्क में आ गए।

नारी-बलात्कारः हरिजन समया

ज्ञानी जी 1979-90 में जब यूनियन होम मिनिस्टर थे तो उनके सामने पहले तो हरिजनों पर देश में हुए अत्याचार की समस्या आई, इसके लिए आपने गांव-नगर शहर की पुलिस को दोषी ठहराया। उन्होंने कहा, जितना अत्याचार लोग हरिजनों पर नहीं करते, उतना पुलिस और अखबार वाले अपने प्रचार के द्वारा उनके इस मसले को उठाकर करते हैं।

सबसे ज्यादा हमारी पुलिस इसलिए दोषी है, कि वह साधारण से मामले को स्वयं हल कर सकती है। जब किसी गांव के हरिजनों पर वहाँ के लोग जुल्म करें जैसे अपने कुओं पर पानी न भरने दें या छुआछूत को लेकर झगड़ा करें। इन बातों को दो पक्षों को सामने बिठाकर, प्यार से, या धमका कर दूर कर सकते हैं।

अगर पुलिस चाहे तो अपराधों को पूरी तरह दण्ड दिला सकती है क्योंकि कोई भी गांव या शहर का व्यक्ति अपराधी करार दिए जाने के पश्चात् इतनी हिम्मत नहीं कर सकता, कि बार-बार हरिजनों के साथ छेड़खानी करे।

साथ में प्रेस को भी यह चाहिए कि वह साधारण-सी बात को बढ़ा-चढ़ा कर अखबारों में प्रकाशित न करें, इससे पब्लिक में भ्रामक प्रचार होता है।

ज्ञानी जी ने दोनों भवनों के सदस्यों के सामने ये समस्या रखते हुए कहा कि हमें शर्म आनी चाहिए। जिस हरिजन जाति से हम इतना घनिष्ट सम्पर्क रखते हैं, वह हमारे कितने काम आती है यह जाति-मगर हम हैं कि आए दिन कोई न कोई नई समस्या हरिजनों के साथ कर बैठते हैं। हरिजन कोई गैर नहीं हमारे ही भारत देश की एक जाति विशेष है। इस जाति के बिना हमारी खेती, हमारी दस्तकारी, हमारे और बहुतेरे परिश्रम से किए जाने वाले काम नहीं हो सकते। और हम इस जाति के साथ अन्याय करते हैं। इस जाति पर अत्याचार करते हैं। हमको धिक्कार है।

बलात्कार की घटनाओं से ज्ञानी जी का मन विचलित हो गया। वह समझते थे कि देश में इस तरह की वारदातों से भारत के माथे पर कलंक का टीका लगता था। वह फ़रीदकोट से अमृतसर तक इस बलात्कार की समस्या के उन्मूलन में लग गए। प्रदेश के हजारों लोग आपके सहयोगी और कन्धे से कन्धा मिला कर काम करने के लिए तैयार हो गए, आप उच्चाधिकारी होने के नाते, आपने कानून का आश्रय भी लिया और साथ में समाज की भिन्न संस्थाओं ने भी आपको पूरा समर्थन दिया।

बलात्कार के साथ ही उस क्षेत्र में हरिजन समस्या भी उनके सामने आई। आपने इस प्रश्न को भी देश और समाज के लिए एक अभिशाप समझ कर इधर भी आपने अपनी पूरी शक्ति लगाई। हरिजन और अनुसूचित जाति के लोगों के घर जाकर उनकी तकलीफों को स्वयं जाकर सुना और प्रयोगात्मक दृष्टि से आपने उसको असलीजामा पहनाया।

जहाँ जिस गांव या नगर में हरिजनों के साथ कोई अनुचित व्यवहार होता या उनको गलत तरीके से दबाया जाता अथवा उनको हेय दृष्टि से देख कर उसके साथ दुर्व्यवहार किया जाता, ज्ञानी जी दूसरे पक्ष के लोगों को जाकर समझाते और उनका आपस में सद्भावना के साथ फैसला कराते।

ज्ञानी जी पर हरिजन सेवा का इतना ऊँचा प्रभाव पड़ चुका था कि वह ज़रा भी किसी कमज़ोर वर्ग पर कोई अत्याचारों की बात सुनते तो खुद उस मौके पर

जाकर उसका पूरी तरह अध्ययन करते, उस घटना या दुर्घटना का समाधान कराते। अपने साथी अधिकारियों को भी यह परामर्श देते रहते थे कि वर्ग या जाति पर कोई किसी प्रकार का बुरा बर्ताव न होने पाए। न कोई जाति या वर्ग दूसरे पर किसी प्रकार का दबाव डाल कर ग़लत तरह बर्ताव करे।

राजा को शिकस्त

जब ज्ञानी जी राजा सरकार के विरुद्ध होकर फरीदकोट में 1000 स्वयंसेवकों को साथ लेकर आंदोलन करने पर उतारू हो गए, तो राजा सरकार ने ज्ञानी जी को दोषी ठहरा दिया और इनको धमकी दी कि उनको जीप से बाँध कर कुचल दिया जाएगा। वास्तव में दृढ़ विश्वासी ज्ञानी जी ने अपना आंदोलन यह सुनकर और भी तेज कर दिया। राजा के जुल्म और शीतम की परवाह न करके अपने संकल्प पर डटे रहे। उनके साथियों ने भी उनको पूरी तन्देही से सहयोग दिया। ज्ञानी जी के इस कठोर संकल्प से राजा झुक गए और अपनी धमकी और ज्ञानी जी को गलियों में जीप द्वारा घसीटने और उनके हर प्रकार के कष्टों से हैरानी करने की धारणा राजा ने त्याग दी और उनका हृदय पिघल गया। इस प्रकार राजा को अपने किए पर पछताना पड़ा और उसकी शिकस्त हुई।

ज्ञानी जी कैबिनेट के मेम्बर

सन् 1947 के बाद फरीदकोट रियासत को पैप्सू में मिला दिया गया। इस क्षेत्र को पटियाला और ईस्ट पंजाब यूनियन में मिला दिया गया। ज्ञानी जी फिर इस कैबिनेट के सदस्य नियुक्त कर दिए गए।

जब आपने मज़दूरों, छोटे ज़मींदारों और किराएदारों के साथ होते हुए जुल्म बेइंसाफ की नज़दीक से देखा तो आपको बड़ा दु:ख हुआ...और आपने माल और कृषि विभागों के मंत्री बनकर उनमें सामाजिक और आर्थिक सुधार किए।

उन दिनो जों किसान या ज़मींदार जिस भूमि को बोता या जोतता था, उसको ही हिस्सेदार बनाने का कार्य भी आपने ही उस क्षेत्र में लागू कराया। साथ में जो अत्याचार किराएदारों के साथ मालिक करते थे, उनमें भी सुधार आपने ही कराए।

भूमि संरक्षण और बिस्वेदारी का आंदोलन सबसे पहले भारत में ज्ञानी जी ने पैप्सू में ही शुरू कराया था। भूमि मालिकों को बेदखल कराने का कार्य भी सबसे पहले इस इलाके में ही हुआ।

पैप्सू को पंजाब प्रान्त में मिलाने का महत्त्वपूर्ण कार्य ज्ञानी जी ने सन् 1956 में बड़ी दरियादिली से कराया। उन्हीं दिनों चुनाव में आप राज्य-सभा के सदस्य बनाए गए। साथ में पंजाब प्रदेश कमेटी के वरिष्ठ उप-प्रधान भी चुने गए।

सन् 1962 के विधान और राज्य सभाओं के चुनाव में कांग्रेस के आम चुनावों में आपने बड़े संघर्षों का सामना किया। उन दिनों चीन ने भारत पर धोखे के साथ आक्रमण किया। प्रतापसिंह केरो उन दिनों मुख्यमंत्री थे। उनकी मृत्यु हुई तब ज्ञानी जी वहाँ के मंत्री थे।

ज्ञानी जी का स्वर्ण अवसर आरम्भ

सन् 1972 में कांग्रेस की कार्यकारिणी कमेटी ने ज्ञानी जी को एक योग्य और ईमानदार शासक समझ कर पंजाब के मुख्यमंत्री के पद पर आसीन कर दिया। आपने अपने इस काल में पंजाब को सम्पन्न, स्थिर, शक्तिशाली, ऐक्या और मजबूत प्रदेश बना दिया। उन दिनों पंजाब को जिन संघर्षों और समस्याओं का सामना करना पड़ रहा था, ज्ञानी जी ने अपनी कुशलता और गम्भीरता के बल पर पंजाब को शान्तिमय बना दिया। वहाँ के लोग जिस स्वप्न को लेकर आशा बांध बैठे थे, उससे भी अधिक कार्य ज्ञानी जी जैसे शासक ने अपने समय में लोगों के लिए कर दिखाया। पंजाबियों के लिए यह समर्पण कार्य जिस आत्मीयता से ज्ञानी जी ने किया था, वह भुलाया नहीं जा सकता। इसके होते हुए, पंजाब में किसी प्रकार की अराजकता नहीं आ पाई।

सुधार-कार्य

ज्ञानी जी ने अपने मुख्य मंत्री काल में सन् 1972 से 1977 तक जो सुधार तथा कल्याण कार्य किए, वे अत्यन्त महत्त्वपूर्ण होने के साथ-साथ उल्लेखनीय भी हैं–

- उखड़े हुए और असंतुष्ट सिखों को आश्वासन और सहानुभूति के साथ प्रसन्न रखा।
- साथ ही अन्य धर्मावलम्बी तथा अन्य जाति के लोगों के साथ पूर्ण सहयोग और संतोष का व्यवहार।

- अमृतसर में गुरु नानक देव विश्वविद्यालय की स्थापना।
- 400 किलो मीटर में स्थिति सभी गुरुद्वारों को एक श्रृंखला में बाँधकर हाईवे को गुरु गोविन्द सिंह मार्ग का नाम दिया।
- पंजाब में एक दर्जन से भी अधिक बसें, अस्पतालों को रजिस्टर्ड कराकर सिख संतों के नाम पर चालू कराया।
- चण्डीगढ़ के बाहर एक छोटे से नगर को गुरु गोविन्दसिंह के पुत्र के नाम से अंकित कराया।
- पंजाब को हरा-भरा बनाने के साथ ही आपने वहाँ हजारों उद्योगों से इस प्रदेश को सम्पन्न करा दिया।
- पंजाब में हुए शहीदों और देशभक्तों के स्मृति चिह्न बनाए रखे-तथा उनके लिए पेंशन का प्रबंध कराया।
- पंजाब के सभी लोगों को एकता और देशभक्ति की माला में पिरोए रखा।
- सभी स्वतंत्रता सेनानियों को आदर दिए जाने की परम्परा आपने डाली।
- छोटी सड़कें जी०टी० रोड़ से मिलाई गईं।
- आपके समय में जितने लोग समाजसेवी, देशभक्त, विद्वान, कवि (शायर) साहित्यिक, आचार्य, प्रसिद्ध गायक, ज्योतिषी, वैद्य, धर्मावलम्बी बिना किसी रंग, जाति-पाँति के भेद के उनको सम्मान दिया गया।

पंजाब में कवि सम्मेलनों, मुशायरों और साहित्यिक सांस्कृतिक समारोहों के अलावा जितने धार्मिक और सामाजिक उत्सव होते थे, ज्ञानी जी उन सब में लोगों के साथ मिलकर उनको संयुक्त रूप से मनाते थे। आपने कभी अपने को पंजाब का मुख्य मंत्री समझ कर किसी पर न तो रौब ही झाड़ा, न कभी अनुचित रूप से किसी पर कोई धौंस ही जमाई। जनता के एक साधारण व्यक्ति की भाँति उनके साथ कंधे से कंधा मिलाकर पूरी तरह मदद की। ज्ञानी जी ने कभी अपने आपको महान या बड़ा समझ कर किसी के दिल को ठेस नहीं पहुँचाई। किसी व्यक्ति की किसी भी समय कोई समस्या आई, उसी समय आपने उस पर

विचार करके, उसको सुलझाने का प्रयत्न किया। किसी को भी कोई परामर्श उनसे लेना होता, बिना किसी झिझक के उनसे मिलने के लिए चला जाता। कोई रोक-टोक उनसे मिलने के लिए नहीं थी।

उनका दरवाजा हर गरीब, अमीर, मोहताज, दुःखी के लिए खुला था।

बड़े आदमी वाली बू ज्ञानी जी में कभी भी नहीं रही। वह हर छोटे-बड़े के साथ बड़े प्यार और तपाक के साथ मिलते थे। किसी से घृणा या नफ़रत करने का प्रश्न ही नहीं आता।

एक बार उनके दरबान ने एक गरीब किसान को उनसे मिलने के लिए मना कर दिया। ज्ञानी जी किसी काम से बाहर निकले। उन्होंने अपने दरवाजे पर उसको खड़ा देखकर पूछा–'आप किसलिए खड़े हैं?''

उस किसान ने कहा–''मैं आपसे मिलना चाहता हूँ। लेकिन आपके चौकीदार ने मुझे आपसे मिलने के लिए घुसने नहीं दिया। मुझ पर एक ज़मींदार ने जुल्म किया है। मुझसे सौ की जगह पर एक हजार रुपए पर अंगूठा धोखे से लगवा लिया।

ज्ञानी जी ने पहले तो अपने चौकीदार को धमकाया। फिर उस ज़मींदार को अपने सामने बुलाकर सच-सच पूछा, तो उसने हाथ जोड़कर अपनी ग़लती स्वीकार की।

पंजाब में अधिक उपज

ज्ञानी जी के 1972 के समय में, पंजाब की उपज बहुत ही प्रभावशाली हुई–इसको हम यदि हरा-भरा आंदोलन कहें, तो कोई आश्चर्य को बात नहीं। क्योंकि उस समय--

- गेहूँ बाजरा, जौ, चना, मकई, गन्ना, तिलहन (दालें) कृषि तकनीक की दृष्टि से इतनी उन्नति हुई कि हैरानी है।
- लाखों आदमियों को सहूलियत के साथ दूध मिला। वहाँ दूध की डेयरी स्थापना ने छोटे-छोटे बच्चों को दूध उपलब्ध कराया। रोगियों, बीमारों तथा अस्पतालों में पूरी तरह से दूध पहुँचाया गया।

- जिन पिछड़ी जाति, अनुसूचित जाति के लोगों को रोजगार नहीं मिलता था, उनके लिए मुर्गाखाना पिगरी (सूअर पालना) मत्स्य पालन (मछली पालन (का कार्य शुरू हुए)।

- छोटे जमींदार, या हरिजनों को मुफ्त गाय, भैंस, बकरी आदि देकर उन्हें काम पर लगाया गया।

- जिन गाँव के लोगों के पास, न तो धरती थी न कोई मज़दूरी का काम ही था, उनको आर्थिक सहायता देकर उनके लिए छोटे-छोटे रोज़गार शुरू कराए।

- जो लोग गांव में रहते, शराब, गांजा, सुल्फा, चरस पीते अर्थात् जो किन्हीं सोहबतों से खराब हो गए थे, उनमें सुधार लाने के लिए उनके स्वास्थ्य को कायम रखने के लिए कल्याण केन्द्रों में भेजकर उनके सुधार कराए गए, उनकी नशीली चीजें छुड़ाने के प्रयत्न किए गए।

- विशेष कर अल्पसंख्यक सिपाही, नौकरी से अवकाश प्राप्त युद्ध से लौटे, बूढ़े अपाहिज बच्चों, स्त्रियों (विधवाओं) को यथावत-सहायता देकर, उन्हें काम पर लगाया गया उनके लिए समाज शिक्षा केन्द्र खुलवाए गए। जैसे–

  (i) प्रौढ़ शिक्षा।

  (ii) समाज कल्याण।

  (iii) समाज-शिक्षा केन्द्र।

  (iv) स्त्री शिक्षा तथा शिल्प, दस्तकारी केन्द्र।

  (v) बच्चों के लिए प्राथमिक शिक्षा विद्यालय।

- खेतों में डालने के लिए खादों के स्टोर, कोआपरेटिव संस्थाएँ स्थापित कीं।

- उपज को बढ़ाने के लिए उन्नत बीजों का प्रबन्ध किया गया।

- हरिजनों के लिए कानूनी परामर्शदाता समिति बनाई गई।

विरोधी पक्ष से निडर

केन्द्र में ज्ञानी जी तीस महीने तक विरोधी दल के बीच एक वीर और निर्भीक नेता की भाँति कार्य करते रहे। आपने कभी अपने विरोध को महत्त्व नहीं दिया। अपने मन में जरा भी किसी के बुरा-भला कहने से, ग्लानि न आने दी।

आपका जीवन का उद्देश्य रहा है "जितना एक सख्श खिलाफत के बीच रहकर ही खुशी-खुर्रम रह सकता है, उतना अपने खुशामदी या तारीफ करने वाले दोस्तों के साथ रहकर नहीं। जिन्दगी मुश्किलों में रहकर ही सुनहरी बनती है। जो मुसीबतों को मुसीबत समझेगा वह कभी अपनी जिन्दगी में कामयाब नहीं हो सकता। सोना आग में रहकर ही परखा जाता है।"

ज्ञानी जी ने कठिनाइयों, तकलीफों, परेशानियों और मुसीबतों को कभी अपने सामने नहीं आने दिया। न वह इनसे घबरा कर इनके आगे झुके बल्कि हँसते-हँसते इन्हें अपनी आगोश में जगह दी। 1977 के मध्य में पंजाब से एक चुनाव लड़ा। जो केन्द्रीय सरकार के अधीन था। आपके अनेक विपक्षी (आपके विरोध में) ग़लत प्रचार और प्रसार करते रहे—मगर क्या मजाल कि ज्ञानी जी ज़रा भी हिलें।

यह चुनाव होशियारपुर क्षेत्र से था। ज्ञानी जी इसमें विजयी हुए—इसमें आपको 125000 वोट प्राप्त हुए—और 1980 में यूनियन होम मिनिस्टर बन गए। आपने बड़ी निडरता से कार्य भार संभाला।

जि़न्दगी जि़न्दादिली का नाम है।
मुर्दादिल क्या खा़क जिया करते हैं।।

हर मामले में ज्ञानी जी ने अपने क़दम आगे बढ़ाए। कभी पीछे क़दम हटाना उन्होंने सीखा नहीं। आपके साथी भी आपके लिए भी यही कहा करते हैं—

जो भी क़दम बढ़ा लिया,
बढ़ा लिया—बढ़ा लिया।

असम समस्या और ज्ञानी जी

असम में, बाहर से आए लोगों को लेकर एक संघर्ष है। यह बात एक बहुत बड़ी समस्या का रूप ले चुकी है। असम के लोग नहीं चाहते कि वहाँ बाहर

से आए व्यक्ति रह कर उनकी आर्थिक, सामाजिक और सांस्कृतिक स्थितियों को कमजोर बना दें। उनका यह विश्वास है कि जो असम के मूल निवासी हैं, वे ही यहाँ रहें। वे ही यहाँ के सुख का सुख उठाएँ। अधिक लोग जो असम में आ बसे हैं, वे हैं पड़ोसी पश्चिम बंगाल के लोग। इन्हीं लोगों को असम वाले विदेशी कहते हैं। वैसे भारत सबकी भूमि है। भारत की भूमि का कोई भी अंश किसी भी भारतीय के लिए हक़ीकी है। परन्तु असम के भाई, इसको परमार्थ की दृष्टि से न देखकर स्वार्थ की दृष्टि से देखते हैं।

इस संघर्ष को मिटाने के लिए असम सरकार ने स्वयं बड़े प्रयत्न किए हैं, कि यहाँ पूरी तरह शान्ति और सुरक्षा रहे–जो बाहर से आए व्यक्ति हैं उनकी हिफाज़त के लिए भी सरकार ने काफी प्रयत्न किए हैं। परन्तु कुछ मूल असम के निवासी अपने स्वार्थ को मूल में रखकर इतने जुनूनी बन गए हैं कि वह अपनी हठ को नहीं छोड़ना चाहते।

चाहे इस जद्दोजेहद में हज़ारों व्यक्ति मर चुके, हजारों घर बारी, बेघर-बार के हो चुके। जान माल की काफी हानि हो चुकी। विद्यार्थीगण तो इस में इतने अग्रसर और अग्रणी हो चुके हैं, कि अपनी शिक्षा-दीक्षा को तिलाञ्जलि दे चुके हैं। असम की शिक्षा-संस्थाएँ, कॉलेज विश्वविद्यालय आदि सब तहस-नहस हो गए हैं।

मई-जून 1980 में ज्ञानी जी को असम की समस्या सुलझाने का भार सौंपा गया। क्योंकि श्रीमती इन्दिरा गांधी ने इनको निष्पक्ष जानकर यह काभ सौंपा।

आपने असम की समस्या का पहले नज़दीक से अध्ययन किया।

ज्ञानी जी ने असम के उत्तेजित लोगों से जाकर वार्ता की और उनसे कहा–"भारत सरकार आपकी इस बाहर से आई जनता के संबंध में वार्तालाप करने को तैयार है।"

परंतु असम के कुछ ज़िद्दी टाइप लोगों ने इस राय पर ज़रा भी ध्यान नहीं दिया। अपनी हठ पर जमे रहे क्योंकि उनका काम केवल हिंसक है। उसका निश्चय और विश्वास मार-धाड़, तोड़-फोड़ और सरकारी, ग़ैर सरकारी भवनों सामानों को हानि पहुँचाना है। यदि वे लोग शान्तिपूर्वक इस संघर्ष का हल करना चाहें, तो कोई भी कठिन कार्य नहीं–

रखते हैं जो यक़ीन सिर्फ
क़तल गिरी पर,
अमन से उनका है वास्ता क्या!

ज्ञानी जी अपने जीवन में शांत और अमन से रहे हैं। वह इस हिंसा के मामले में न तो विश्वास रखते हैं, न इसको सुलझाने पर यक़ीन है। फिर असम की रिपोर्ट दें तो क्या! फिर भी उन्होंने इस समस्या को हल करने के लिए अपने कई सुझाव दिए–

(i) सरकारी नौकर इस आंदोलन में भाग न लें।

(ii) वहाँ का शासन भी वहाँ के आंदोलनकारी लोगों के हाथ में है, जो वहाँ के शासक हैं।

(iii) राष्ट्रपति की आज्ञा का उल्लंघन करने वाले सरकारी नौकरों को नौकरियों से अलग कर दिया जाए।

(iv) जितने भी विरोधी पक्ष वाले उन्हें समर्थन दे रहे हैं, या देते हैं उन्हें अपराधी ठहरा कर असम से निकाल दिया जाए।

(v) विद्यार्थियों को इस आंदोलन में भाग न लेने के लिए घोषणा कीजिए।

(vi) सरकार को चाहिए कि जिन असमी लोगों को बंद किया हुआ है, उनमें से आंदोलनकारियों को छोड़कर सबको मुक्त कर दिया जाए।

(vii) इनमें जो सरकारी नौकर हैं उनके खिलाफ कार्यवाही की जाए।

(viii) अन्य अर्ध-सरकारी संस्थाओं के कर्मचारियों पर भी मुकद्दमा चलाया जाए।

परन्तु इन सब लोगों के साथ सहानुभूति का व्यवहार किया जाए।

ज्ञानी जी का कहना है कि असम के इस जहद पर देश का लाखों रुपया खर्च हो रहा है–जिसका कोई महत्त्व नहीं।

ज्ञानी जी ने असम की सारी स्थिति को ध्यान में रखते हुए कहा–"मिज़ोरम नेशनल फ्रंट के लीडर कहते हैं कि असम को काट कर अलग कर दें। इससे वहाँ की समस्या खत्म हो जाएगी परंतु यह भारत के लिए असम्भव है।

ज्ञानी जी की शंका-समाधान में रुचि

देश में, जिन समस्याओं को लेकर, विरोधी दलों द्वारा शंकाएँ उठाई जा रही हैं, उन सबके प्रति ज्ञानी जी जागरूक हैं–खालिस्तान बनाने के लिए सिखों का मुतालबा–ज्ञानी जी ने अनेक भाषणों में यह सिद्ध किया है कि सिखों ने जो यह मांग की है, यह एक भ्रम है। देश के हित में यह प्रश्न हानि का द्योतक है। उन्होंने अपने अनेक वक्तव्यों में यह साफ बता दिया है कि इस आंदोलन से देश में अनेक उठी समस्याओं का समाधान होना कठिन हो जाएगा। अतः इस जरा से प्रश्न को आंदोलन का रुप देकर देश को कमज़ोर न बनाया जाए।

आज हम जातिवाद सम्प्रदाय और भाषावाद को लेकर अनेक प्रकार के जहाद उठाते हैं। लोगों में भ्रम फैलाकर उनको प्रगति और प्रयास से विलग करते हैं। सब ही एक ईश्वर, एक करतार की औलाद हैं–भिन्नता हमने पैदा की है। हम अलग-अलग सम्प्रदाय में बँटते हैं। मालिक ने स्त्री और पुरुष दो ही जातियाँ उत्पन्न की हैं। इसी प्रकार भाषा का विवाद लेकर हम आपस में विरोध उत्पन्न करते हैं। किसी भी भाषा को लिखने-पढ़ने, बोलने का सबको अधिकार है। कोई भाषा किसी की थाती नहीं। विरासत नहीं।

चीन के तेंतीसवें स्थापना दिवस पर वहाँ की पीपल्स रिपब्लिक पार्टी को सन् 1982 में ज्ञानी जी ने एक शुभकामना में ये शब्द अंकित किए थे–"भारत और चीन को अपने आपसी संबंध मानवीय ढंग से सतत बनाए रखना चाहिए। फिर अपने-अपने देशों को उन्नत और प्रगतिशील बनाने के लिए, प्रयत्नशील रहना चाहिए। हम दो सरकार अलग अवश्य हैं, किन्तु हमारे मैत्री संबंधों में किसी प्रकार प्रत्यान्तर नहीं आना चाहिए। हमें प्रत्येक दिशा में मिल-जुलकर, आगे बढ़ना है। भावी प्रगति ही हमारे उद्देश्यों को सफलता प्रदान करेगी। हम भारत की जनता की ओर से चीन के इस पवित्र अवसर पर अपनी शुभकामनाएँ अर्पित करते हैं। साथ में गर्मजोशी के साथ आपकी सहनुभूति और मैत्री की कद्र करते हैं। साथ में हम आशा करते हैं कि ये संबंध सदैव बने रहें।

ज्ञानी जी जब अपनी स्वास्थ्य-चिकित्सा और चैक-अप के लिए यू. एस. गए तो आपके साथ आपके पुत्र जागीरसिंह, पुत्री मनजीत कौर, भतीजा मनमोहनसिंह उनके निजी मंत्री ए. सी. बन्द्योपाध्याय और विशेष लेखक आई. एस. बिन्द्रा थे। यू. एस. के राष्ट्रपति श्री रोनल्ड रीगन ने आपका बड़ा भव्य स्वागत किया। ज्ञानी जी ने वहां के वरिष्ठ नागरिकों से मिल कर भारत के संबंध में परिचय दिया। भारत की साहित्य, संस्कृति, उद्योगों, प्रगतियों के विषय में पूर्ण रूप से चर्चा की।

सन् 1979-80 में गृहमंत्री के पद पर रहते हुए, अपने रहस्यमय विश्वास के प्रति अडिग रहे। ज्ञानी जी इन्टैलिजैंस ब्यूरो, सी. बी. आई. को बड़ी तन्मयता से संभाले रहे। पर्सनल डिपार्टमेंट को भी आप ने इस खुश असलूबी से निभाया कि आज तक उनकी प्रशंसा हो रही है। इस सेवा के अन्तर्गत भी आपके सामने बहुत ही भयंकर समस्याएं आईं। परन्तु आपने किसी शंका को बढ़ने नहीं दिया, बल्कि उसके समाधान करने में आपने अपने सहयोगियों को पूरा समर्थन दिया।

कश्मीर समस्या को लेकर भी कुछ लोगों की ओर से आपके सामने चर्चाएं आईं। ज्ञानी जी ने अपने सुझाव में बताया कि वहाँ के लोगों को शान्ति बनाए रखना चाहिए। यदि संयोगवश कोई बात शंका के रूप में आएगी, तो बड़ी सुविधापूर्वक इसका समाधान कर लिया जाएगा। हमारा देश शांतिप्रिय है।

मणिपुर के मुख्यमंत्री की ओर से भी असम के बारे में चर्चा आई। ज्ञानी जी ने अपने शान्तिप्रिय स्वभाव को जरा भी विचालित नहीं होने दिया। अपितु उन्होंने मुख्यमंत्री जी को यह कहकर आश्वासन दिया कि श्रीमती इन्दिरा गांधी की आँखों से देश की कोई बात छुपी नहीं है। वह यहाँ की प्रत्येक शंका का समाधान बड़े शान्तिप्रिय ढंग से कर सकेंगी। हमें अपने-अपने प्रदेशों में शान्ति बनाए रखना चाहिए। असम की घटनाएँ अप्रिय हैं। उनका आन्दोलन स्वस्थ नहीं है।

असम में दो आन्दोलनकारी संस्थाएँ ए. ए. जी. एस. पी. (ऑल-असम गण संग्राम परिषद) और ए. ए. एस. यू. (ऑल असम स्टूडेंट्स-यूनियन हैं–जिनमें असम में बसे बाहर के लोगों के प्रति आक्रोश हैं। ज्ञानी जी के अनुसार भारत सरकार इसका शीघ्र ही फैसला करेगी।

पिछड़ी जाति के अल्पसंख्यक लोगों पर भी देश में रोष चलते देखकर ज्ञानी जी के मन में क्षोभ है। उनका कहना है कि भारत मैत्री और शान्ति का देश है। यहाँ चींटी से हाथी तक प्रत्येक जीवन को रहने का अधिकार है। बहुसंख्यक सुख शान्ति से रहते हैं, वहाँ कम संख्या के लोगों को भी रहने का हक़ है। उनको भी हर प्रकार की सुख-सुविधा मिलनी चाहिए। यह नहीं होना चाहिए कि देश में जो बड़ी-संख्या में रहने वाले लोग हैं, वे उन पर अत्याचार करें। उनको कष्ट दें। ये अत्याचार होना भारत देश की नीति के विरुद्ध है।

ज्ञानी जी के जीवन का यह महत्त्वपूर्ण उद्देश्य रहा है कि वह अन्याय और अत्याचार दोनों सहन नहीं करते। वे इसी रीति नीति के बल पर राजनीति में कूद पड़े। चाहे इस आग-धुएँ के संघर्ष में उन्हें काफी कष्ट उठाने पड़े। परन्तु आपने इस राजनीति के आन्दोलन को अपने जीवन का एक मोटो बना लिया।

संघर्ष नहीं यदि जीवन में,
वह जीवन निश्चय-नीरस है।

(i) सबसे अधिक महत्त्वपूर्ण कार्य तो ज्ञानी जी ने यह किया कि अपने परामर्श द्वारा असम के लोगों पर जो जुर्माने किए गए थे या उनके माल को जब्त कर लिया गया था या कुछ आन्दोलनकारियों ने उनको लूट-पाटकर हानि पहुँचाई थी, वह सब कुछ आपने उन्हें वापस कराने के लिए सिफारिश की।

(ii) जो लोग व्यर्थ में अपराधी ठहरा दिए गए थे, उन पर लगाए गए दोष, अपराध या केस चाल थे, उन सबको भी मुक्त कराने का समर्थन किया। असम के निरपराधी सरकारी नौकर–जिनको वहाँ के आंदोलन में–अनुचित रूप में पकड़ लिया गया थ या उन पर आरोप लगाकर, उनकी नौकरियाँ छूट गई थीं। निश्चय रूप से जो भी सरकारी कर्मचारी असम-आंदोलन से दूर रहे थे, उन्हें अपराधों से मुक्त कराने के लॉ और ऑर्डर के अधीन निरपराधी करार देकर, फिर से उन्हें सरकारी नौकरियाँ मिल जाने के लिए ज्ञानी जी ने सिफारिश की।

पैप्सू और पंजाब में जब भूमिधरों (जमींदारों) ने कब्जा किया हुआ था। गरीब लोगों के हित मृतक हो रहे थे। ज्ञानी जी ने कहा–''उन दिनों मैं यूनियन

होम-मिनिस्टर था। उस समय का महाराजा फरीदकोट बहुत ही जालिम और हठी था। उसने भूमि सुधार के नाम से एक नया झगड़ा मेरी जान को खड़ा कर दिया परन्तु मैं जेल गया। मार सही, परेशानियाँ उठाई। लेकिन मैं अपने काम से हिला नहीं। साथ में यह कहना भी मैं भूलूंगा नहीं कि, उस समय की दूसरी रियासतें भी भूमि सुधार को लागू करने को तैयार नहीं थी। अनुसूचित या गरीब हरिजनों के पास लड़ने के लिए पैसा नहीं। धन कहाँ से आता। न मालूम कैसे फण्ड इकट्ठे किए गए। परन्तु मैं कहने से नहीं चूकूँगा कि जनता ने मेरा बहुत साथ दिया। अगर उन लोगों का मुझे समर्थन नहीं मिलता तो मैं कुछ भी नहीं कर सकता था।

ज्ञानी जी का कहना था–"स्वतन्त्रता के बाद देश में तीन प्रकार की शंकाएँ उठी हैं–(i) शिक्षा के क्षेत्र में कुछ जवानों का ग्रुप ऐसा है, जो वास्तव में देश में वास्तविक-शिक्षा का हामी है जो कि चाहता है कि देश में ऐसी शिक्षा हो, जिसको ग्रहण करने के पश्चात् नौकरी की ओर भागना न पड़े। चाहे वह सहकारी संस्था के रूप में कार्य-प्रणाली हो। (ii) तीस वर्ष की आजादी में नया प्रगतिशील पक्ष कहता है, देश को उन्नत करने के लिए यहाँ की जनता को अपने सामाजिक, आर्थिक, औद्योगिक स्तर को उन्नत करना होगा। इससे ही देश में प्रगति आ सकती है। (iii) युवकों का तीसरा पक्ष अपने निश्चय को इस प्रकार व्यक्त करता है कि केवल आर्थिक स्तर के बढ़ने से ही देश की सब समस्याएं-शंकाएँ और अभाव दूर किए जा सकते हैं। इस विषय में आपका कहना है, तब तक हम इन तीनों कठिनाइयों को एक जगह लेकर, इन पर विचार नहीं करेंगे, हम अपने कर्त्तव्य को सफल करने में असमर्थ रहेंगे। क्योंकि सबसे पहले देश में बिखरी हुई एकता को एकजुट नहीं कर लेंगे, हम आगे बढ़ने में कामयाब हो ही नहीं सकते। संघ में शक्ति है।

ज्ञानी जी की पत्रकारों से बातचीत

एक पत्रकार के पूछने पर ज्ञानी जी ने कहा–मैं एक गाँव का रहने वाला देहाती हूँ। मैं पूरी तरह से बहुत शिक्षित भी नहीं हूँ। न मुझमें शिक्षा-दीक्षा का ज्ञान ही है। हाँ, मैं गीता, रामायण, कुरान, बाइबिल आदि धार्मिक पुस्तकें पढ़ता रहता हूँ। इन्हीं में मेरा बहुत विश्वास है। मैं शहर और शहर के वातावरण से बहुत कुछ परिचित नहीं हूँ–

खुद इल्मदार नहीं,
मगर आलिमों की कद्र करता हूँ।
आदमी हूँ, आदमी को प्यार करता हूँ।

मेरा देश एक पिछड़ा देश था, मगर कुछ पिछले नेताओं की मेहनत, बलिदानी और रहबरी से यह आगे बढ़ रहा है। तीस बरस से इसमें दूसरे देशों के साथ बराबरी करने का हौसला आया है। हमारे देश का हरेक बच्चा गर्व करता है कि वह एक स्वतंत्र देश का निवासी है। अंग्रेजों के शासन ने हमें अपाहिज बना दिया था। मगर अब हम अपनी हिम्मत के बल पर उन्नति की तरफ बढ़े चले जा रहे हैं।

हम अपने संविधान पर विश्वास रखते हुए, कह सकते हैं, अपने संविधान का विश्वास ही हमें भविष्य में प्रगतिशील बना देगा। हम आर्थिक और सामाजिक दिशा में दिनों-दिन उन्नति करेंगे।

सैंकड़ों वर्षों की गुलामी कोई एकदम थोड़े ही दूर हो सकती है—वैसे पिछले तीस वर्षों में हमने बहुत सी बड़ी-बड़ी समस्याओं को हल कर लिया है। फिर भी हमारे देश में बहुत ऐसे संघर्ष हैं, जिनको सुलझाने के लिए कमर कसकर तैयार रहना होगा। भारत में अभी बहुत कुछ ऐसी चर्चाएं हैं, जिनको हल करने में हमें बड़ी कठिनाइयों का सामना करना है, करेंगे।

पत्रकार ने देशभक्ति के लिए लाने पर पूछा तो ज्ञानी जी ने बताया—''देश भक्ति केवल जबान से कहने पर नहीं करी जा सकती। हमारे बुजुर्ग साथी महात्मा गांधी, जवाहरलाल नेहरू, पटेल तथा मेरे पीछे हुए छः राष्ट्रपति आदि एक एकता के उदाहरण हैं जिन्होंने इस आज़ादी को लाने के लिए कितनी यातनाएँ, कितने कष्ट, कितनी परेशानियां उठाई। और आज हम आजाद हैं। चाहे सरदार भगतसिंह, सुखदेव, बी० के० दत्त, बिस्मिल गर्म दल के नेता थे। शहीद हुए मगर उनका भी बड़ा योगदान है हमारी आज़ादी को लाने में।

अब आपके प्रश्न का उत्तर थोड़े शब्दों में यही है कि हम चाहे भारत में अलग-अलग पक्ष के हैं, अलग-अलग पार्टियों में बँटे—परन्तु जहाँ देशभक्ति की एकता का प्रश्न आता है, हम एक रहेंगे तब ही हमारा देश एकता में बँधकर हर प्रकार की समस्याओं को चुटकियों में हल कर लेगा। फिर उन कठिन प्रश्नों के

सुलझाने में हमें कोई दिक्कत भी नहीं आएगी। हम हर मुसीबत को हंसते-हंसते सहन करके, हल कर लेंगे।

देश में होने वाली हर भलाई के लिए विरोध बुरा नहीं। वह विरोध सुधार का एक साधन है परन्तु केवल विरोध के लिए विरोध करना देश के हित के लिए खतरनाक और हानिकारक है। हमें इसी बात को मद्देनजर रखते हुए अपने देश में एकता लानी है।

देश में एकता का न होना सबसे बड़ा युद्ध है। सबसे बड़ी लड़ाई है। हमारे विपक्ष के नेता जो हमें विरोधी दिखाई देते हैं, वे हमारे हितैषी हैं। हमारे मार्ग दर्शक साथी हैं। हमें उन पर स्वाभिमान है।

पत्रकार के अगले प्रश्न का उत्तर देते हुए ज्ञानी जी ने बताया–

"देश में शान्ति बनाए रखना सबसे बड़ा कार्य है। जिस देश में या उसकी जनता में संतोष और शान्ति नहीं–तो यह समझना चाहिए कि वह देश युद्धपूर्ण है। घर की लड़ाई है।

बाहर के युद्ध को तो येन केन प्रकारेण समाप्त किया जा सकता है–उसमें जन-धन की ही हानि होती है, किन्तु देश में अशान्ति हो तो वह देश, वह घर बर्बाद हो जाता है–ये सब विनाश के संयोग हैं।

यदि देश में शान्ति होगी तो हम दूसरे देशों में अपना महान अस्तित्व स्थापित कर सकते हैं। दूसरे देश हमारे व्यापार में विश्वास रखेंगे। हमारी एकता और शान्ति से सारे राष्ट्र में सुख शान्ति क़ायम रहेगी।

भारत महात्मा गांधी और महात्मा बुद्ध का देश है–यहाँ शान्ति से ही देश में सम्पन्नता विराजेगी।"

पत्रकार के अगले प्रश्न के उत्तर में ज्ञानी जी ने कहा–

"ठीक है विदेशी नीतियाँ कहीं-कहीं की स्वतन्त्रता में बाधक पड़ती हैं, किन्तु जब हम अपने संविधान और उसके अनुसार चलने में समर्थ हैं, तो दूसरी नीतियां हमें अपने निश्चय से डिगा नहीं सकती। ठीक है देश में कुछ विद्रोही भावनाएँ इससे पनपने का भय है लेकिन देशभक्ति में जब एकता है और जनता

का इस एकता में अटूट विश्वास है, तो फिर विदेशी विरोधी नीतियाँ हमारा कुछ नहीं बिगाड़ सकती।

विदेश में हमारा कोई विरोधी नहीं है। फिर हम किसी से व्यर्थ में विरोध करना अच्छा भी नहीं समझते।"

मुसख्खर करो प्यार से हर इक को,
तो फिर अख तिलाफी रहेगी कहाँ?

मेल-मिलाप और प्यार इतने बड़े हथियार हैं कि इनके होते हुए कोई हमलावर हो ही नहीं सकता।

सबसे ज़्यादा हमें अपने आर्थिक स्वतन्त्रता को मजबूत बनाना है। उसके लिए हमें नई-नई योजनाएँ और नए उद्देश्य और धारणाएँ मजबूत करनी होंगी। इसके लिए हमारे प्रिय नेता जवाहरलाल नेहरू ने एक बार कहा था कि सामाजिक और आर्थिक प्रगतियों को बलशाली बनाने के लिए अपने देश में ईमानदारी, मेहनत और विश्वास को लाना होगा। उन्होंने पंचवर्षीय योजना बनाकर हमरी अनेक समस्याओं को हल किया। उन्होंने बताया कि हमें देश को उन्नत करने के लिए कई ऐसे मार्ग हैं, जिन पर चलकर गरीबी, भुखमरी, बेरोजगारी और बीमारी तथा अपने रहन-सहन के ढंग को बदल सकते हैं। हमें भोजन, कपड़े, मकान, शिक्षा और स्वास्थ्य प्राप्त करने के लिए बहुत कुछ बलिदानियाँ देनी होंगी।

ज्ञानी जी ने हमारे देश की तरक्की के लिए बताया-

राष्ट्र को मजबूत बनने के लिए सबसे पहले जनता के स्वास्थ्य के लिए बढ़िया चिकित्सा का प्रबंध कराओ।

किसी भी देश में जितनी अधिक से अधिक दस्तकारियाँ, रोजगार होंगे, वह देश उतना ही स्वावलम्बी होगा।

ज्ञानी जी ने अपने एक भाषण में कहा-

भारत की संस्कृति और सभ्यता संसार में सबसे उत्तम और मानने योग्य है। हमारी प्राचीन सभ्यता के बल पर ही, नवीन सभ्यता ने जन्म लिया है।

हमारे पूर्वजों ने हमें अपने अनुभव, त्याग-तपस्या आदि दान में दी हैं-उन्हीं के सहारे आज हम सारी दुनिया में ऊँन्चे और महान कहलाते हैं।

भारत की संस्कृति और सभ्यता के साथ हमारे धर्म और जातियाँ जुड़ी हैं। इसी आधार पर हमारी भाषाएँ हैं। हमें चाहिए कि शुद्ध संस्कृति अपनाकर–न तो जाति धर्म पर हमें लड़ना चाहिए और न इनके साथ भाषाओं का विरोध ही करना चाहिए।

जाति–धर्म और सम्प्रदाय हमारी विरोधी जड़ें हैं इन्हीं के कारण हम आपस में लड़ते–झगड़ते हैं। इसीलिए हमें धर्म निरपेक्ष रहना चाहिए।

हमारा राष्ट्र स्वयं में एक ज्वलन्त उदाहरण है एकता का। हमें अपने देश के इस गौरव को नहीं खोना चाहिए। हमारी यह पवित्र धारणा होनी चाहिए कि भारतीय-संस्कृति और सभ्यता को बल देकर इसको उन्नत करना चाहिए।

सारे भारत में रहने वालों को मिलकर त्योहार उत्सव मनाने चाहिए। इनके लिए हमें कोई जाति भेदभाव नहीं रखना चाहिए। हमें अपने को और आगे लाने के लिए अध्यात्मक और सांस्कृतिक विषयों पर अध्ययन करके आदर्श बनाना चाहिए। इससे हमारे राष्ट्र की जड़ें मजबूत होंगी। हमारी नींव में राष्ट्रीयता की भावनाएं जागृत होंगी। फिर हममें देशभक्ति की एकता व्याप्त होगी। हमें अपने मन से संकोच की वृत्ति को निकाल देना चाहिए।

ज्ञानी जी की अपाहिजों के लिए सहानुभूति

ज्ञानी जी को अब अंधे–अपाहिजों को पीटने की सूचना मिली, उनको बहुत ही दुःख हुआ। क्योंकि आपने गृहमंत्री होते हुए हरिजनों, अनुसूचित जाति तथा पिछड़े वर्ग पर किए गये अत्याचार पर भी भारी क्षोभ प्रकट किया था। बल्कि आपने उन पर आर्डर और लॉ के अधीन एक्शन लेने के लिए जोर दिया था। यहाँ तक कि गाँवों या नगरों में जो इसके अपराधी पाए गये थे, उन्हें सजा देने के लिए भी दोषी ठहराया गया था।

इसी प्रकार अंधे या अपाहिजों के लिए भी आपने निजी तौर पर उनके प्रति सहानुभूति ही प्रकट नहीं की अपितु उनको आर्थिक सहायता देने के लिए भी आपने पूरी तरह सिफारिश की। और कहा कि भविष्य में किसी अपाहिज के साथ कोई अनुचित व्यवहार न किया जाए। जिन सिपाहियों या व्यक्तियों ने उनके साथ ऐसा दुर्व्यवहार किया उनको क्षमा न करने के लिए भी घोषणा करा दी।

ज्ञानी जी को गरीब वर्ग के लोगों से विशेषकर बहुत ही हमदर्दी और प्यार है। आप जनता के किसी भी पिछड़ी जाति के व्यक्ति को दुःखी और कष्ट में नहीं देख सकते। यही आपकी प्रकृति और स्वभाव है।

यदि कोई परेशान आदमी आपके पास आकर अपने दुःख-दर्द की कहानी सुनाता है या चर्चा करने लगता है, आपका मोम सा दिल तुरंत पिघल जाता है।

अगर आपको किसी स्त्री जाति पर किए गये अत्याचार या जुल्म का जरा भी पता चल जाए तो आपका दिल फौरन क्रोध से उबल जाता है। स्त्री या कोई युवती या किसी असहाय अनाथ पर कोई जुल्म या अत्याचार की बात हो, तो आपको ज़रा भी सहन नहीं। आपमें देशभक्ति और समाज के प्रति अहसास कूट-कूट कर भरा है। अत्याचार बर्दाश्त करने का आप में माद्दाह नहीं।

प्रभाव घटना

इसमें दो राय नहीं कि ज्ञानी जी के जीवन पर बहुत से लोगों का प्रभाव पड़ा–

- सन् 1937 में सरदार भगतसिंह भारत के शहीदे महान।
- बी० के० दत्त बंगाल का देशभक्त युवक।
- दो क्रांतिकारी, जिन्होंने अंग्रेजों के दिलों को हिला दिया था–बाबा ईशरसिंह तथा बाबा आत्मसिंह।
- रामायण, गीता, गुरुग्रंथ साहब, कुरान आदि धार्मिक ग्रन्थों ने आप पर काफ़ी गहरा प्रभाव डाला।
- ऑल इण्डिया कांग्रेस के उद्देश्यों द्वारा।
- अत्याचारी अधिकारियों से।
- जेल को यातनाओं और दुर्व्यवस्था द्वारा।
- पैप्सू को घटनाएं।
- किसानों-मजदूरों के तनाव।

- 1956 में पैप्सू पंजाब के साथ मिल जाने पर।
- ज्ञानी जी का सबसे पहले राजनीति में स्वर्ण युग चीफ मिनिस्टर पंजाब बनने के साथ हुआ।
- आप देशभक्त होने के साथ कृषि और व्यापार के कुशल व्यक्ति हैं।
- किसी की जाति-धर्म में हस्तक्षेप न करना आपकी नीति है।
- ज्ञानी जी के पंजाब विकास के संबंध में यह कहा जा सकता है, कि आपने पंजाब को सम्पन्न किया, एकता में बांध कर शक्ति और सद्‌गति प्रदान कराने में पूरी तरह सहयोग किया।
- अकालियों की बड़ी से बड़ी समस्या को सादे ढंग से सुलझाने में काफी प्रयत्नशील रहे।
- 1972 में पंजाब की हर प्रकार से विकसित उन्नति हुई और पंजाब में बहुत प्रकार के रोजगार स्थापित हो गए।
- हरिजन समस्या का आप पर इतना गहरा असर पड़ा है कि इनको जितना अधिक से अधिक सुविधा दिलाई जा सकती थी, आपने किया।
- विशेषकर गाँव या नगर में अल्पसंख्यक, सिपाही, रिटायर्ड, जो काम छोड़कर घर बैठे हैं, युद्ध से प्रभावित लोग, बूढ़े आयु के, अपाहिज बच्चे-स्त्रियों को पूरी तरह मदद की।
- पंजाब के किसी जिले में कोई तकलीफ होती या कहीं कोई ग़लत बात पर झगड़ा हो, या कोई घरेलू या बाहर की समस्या हों, आपने अपने प्यार से सबका समाधान किया।

ज्ञानी जी की विदेश यात्रा

1. ज्ञानी जी राष्ट्रपति बन जाने के पश्चात् 30 सितम्बर सन् 1982 को यू० एस० के अस्पताल टैक्सा हाई इंस्टीट्यूट में चैक अप कराने गए।
2. ज्ञानी जी जेनेवा में लगभग एक रात रुके। फिर न्यूयार्क के लिए प्रातःकाल चलकर हाउस्टन में दोपहर पहुँच गए। वहाँ जाकर चाय-नाश्ता लिया।
3. आप टैक्सा इंस्टीट्यट में दूसरे दिन ही मुआयने के लिए दाखिल हो गए।

4. वहाँ के विशेषज्ञ डाक्टरों की काफी जांच के बाद आपका ऑपरेशन हो गया।

   - डाक्टर डेंटन कूले (विश्व प्रसिद्ध) सर्जन ने ज्ञानी जी को पूरी देख भाल के साथ रखा। ऑप्रेशन के बाद एक और स्पेशल कक्ष है, जहाँ दूसरी हर तरह की जांच और देखभाल की जाती है।
   - वहाँ के डॉल्स एम० डो० एस० ने ज्ञानी जी को थोड़े समय के लिए वहाँ का नागरिक क़रार दे दिया गया था।
   - टैक्सा के अन्य महान नागरिक तथा प्रसिद्ध रईस ज्ञानी जी से मिलने आए। उनको शीघ्र स्वस्थ हो जाने की शुभकामनाएं अर्पित कीं। वहाँ के ले० गवर्नर ने भी ज्ञानी जी को बड़े विशाल हृदय के साथ विदाई दी।
   - ज्ञानी जी ने अपने यात्रा के अन्तर्गत अनेक नेताओं और राजनीतिज्ञों से मिले।
   - आपने परिवार के लोगों के साथ सुरक्षित भारत लौट कर चले आए।

राष्ट्रपति

महान व्यक्तियों के संस्कार महान होते हैं। कमल कीचड़ में उत्पन्न होकर कितना आदर-सम्मान पाता है। जीवन की सारी कष्टमयी थकावट उनकी सेवा में निहित रहती है।

मुझको मेरा कुछ नहीं
जो सब कुछ है तोर।

महान लोग अपनी जीत को भी हार मानते हैं और हार को भी जीत। उनके भाग्य उनके सत्कर्मों से बदलते हैं। उनको कोई कितना ही बुरा-भला कहे, उन पर दोष लगाए, बदनाम करे परंतु महान बनने वाले व्यक्ति अपनी धुन के पक्का होते हैं। उनका अपनी सेवा, अपना संकल्प, अपना ध्येय पूरा करने की लगन लगी रहती है।

आपने अपनी बल-बुद्धि के आधार पर राष्ट्रपति का पद प्राप्त किया। जब 25 जुलाई 1982 को आपने राष्ट्रपति पद के लिए शपथ ग्रहण की तब आपने बड़े नम्र और मधुर स्वर में यह कहा था- ''मुझे संदेह है कि मैं इतने बड़े राष्ट्र

का राष्ट्रपति बनकर इसकी सेवा निभा भी सकूंगा कि नहीं? यह बहुत ही महान कार्य है!''

इंदिरा गांधी ने आपको बहुत ही भावभीनी शुभकामनाएं भेजी थीं। उन्होंने आपके संबंध में बताया था कि–''ज्ञानी जी अपने जीवन के अधिक काल तक देश भक्त, समाज भक्त और सच्चे साथी रहे हैं। वह भारत के संविधान में दी गई, हमारी विकास और प्रयत्नपूर्ण समस्याओं का समाधान और इनको हल करने में हमारे पूर्ण रूप से पथ प्रदर्शक बनकर हमें देश को उन्नत करने के जो उपाय होंगे, वे अपने अनुभव के आधार पर हमें बताएंगे।''

ज्ञानी जी ने शपथ के पश्चात हमें आश्वासन दिया था–''मैं देश की सेवा के लिए अपने को अर्पित करता हूँ। अपना फर्ज और धर्म समझ कर ही भारत और भारत में रहने वाले जितने भी सम्प्रदाय हैं, सबको एक समझूंगा। मेरी तरफ से कोई भेद-भाव नहीं होगा।

उन्होंने राष्ट्रपति बन जाने के बाद कहा था–''मैं नहीं समझता कि मुझसे पहले छः और राष्ट्रपति जितना अच्छा कार्य करके चले गए–मैं उतना भी कर सकूंगा या नहीं।'' बाद में उन्होंने बताया–''यह मेरी जीत नहीं, यह सब लोगों की जीत है। क्योंकि मैं उनमें से एक नागरिक हूँ।''

आपने राष्ट्रपति बन जाने के बाद ही, वास्तव में धर्म निरपेक्षता दिखाई–पहले तो वह बंगला साहब गुरुद्वारा गए, बाद में गोल मार्कीट के गिरिजा घर में, उसके बाद निजामुद्दीन मस्जिद में–अंत में हनुमान मंदिर में धार्मिक श्रद्धा के साथ गए।

ज्ञानी जी के प्रति लोगों ने काफी आदर सूचित बातें कहीं मगर उन्होंने हाथ जोड़ कर कहा–''यह सब मालिक की कृपा है। मैं तो बन्दों का सेवक हूँ। मैं अपनी जनता का बहुत-बहुत आभारी हूँ। जिन्होंने चुनकर मुझे राष्ट्रपति बना दिया। मैं उस ईश्वर से प्रार्थना करता हूँ और उससे मांगता हूँ–मुझे कार्य करने की शक्ति दे। मुझमें बुद्धि दे–मैं महान कार्य करने में समर्थ बन सकूँ।'' आगे आपने सीधे शब्दों में बताया–''मैं एक छोटे से देहात का रहने वाला हूँ। मैं शहरी वातावरण में नहीं पला हूँ। मेरा रहना-सहना, खाना-पीना, सब कुछ ही तो साधारण है। अंग्रेज जब भारत को छोड़ कर गए तो उस समय हम हर प्रकार से लुटे-पिटे गुलाम थे। उनके जाने के बाद तीस वर्षों में हमने अपने देश के विकास के लिए शिक्षा, कृषि, शिल्प, व्यापार, दस्तकारी आदि में काफी उन्नति

की है।'' आगे ज्ञानी जी ने कहा हमारा देश पिछड़ा हुआ कहलाता था। संसार के और देशों में हमारा कोई अस्तित्व नहीं था।

भारतीय लोगों को विदेश में जाने के बाद अब बड़े आदर और सम्मान की दृष्टि से देखा जाता है। पहले हम परतंत्र थे और अब हम स्वतंत्र हैं। बाहर के देशों में हमारी आवाज सुनी जाती है।

''माना हमारे देश में आर्थिक, सामाजिक, सांस्कृतिक, बेरोजगारी आदि समस्या इतनी प्रबल है कि उसके बिना हल हुए हम अपना स्तर विदेशों की भांति ऊँचा नहीं कर सकते। हमारे देश में सच्चे देशभक्त बहुत कम हैं। देश संभालने के लिए नवयुवकों को आगे आना चाहिए। मैं समझता हूँ–हमने जितनी बलिदानियां देश को आजाद कराने में दी थीं, उनसे भी कहीं अधिक देश को बनाने में खर्च होंगी। तब कहीं हमारा देश अन्य देशों के समान बनने में समर्थ होगा।''

अपने विचारों को प्रकट करते समय आपने इस बात पर सबसे अधिक बल दिया–

''हमारे देश के नेताओं या देशभक्तों में एकता नाम की चीज नहीं है। भारत में स्वतंत्रता को बनाए रखने वाले नेताओं की बड़ी आवश्यकता है। हमें राजनैतिक वातावरण बनाने के लिए भारत के घर-घर में जाकर उन्हें देश के लिए तैयार करना होगा। जब तक हमारे समाज में परिवर्तन नहीं लाया जाएगा, लोगों का विश्वास हमारी नेतागिरी में बिलकुल नहीं होगा। यदि कहीं हमारे संविधान में कोई ऐसी त्रुटि हो, तो महान नेताओं को इस ओर तुरंत ध्यान देना चाहिए। हमारे देश के आचार्य, विद्वान-शिक्षक, वैज्ञानिक आदि को चाहिए कि वे अपने देश के लिए ऐसा परिवेश तैयार करें, जिससे हमारे देश की कमियाँ, त्रुटियाँ, समस्याओं को बैठकर हल कर लें।''

किसी के पूछने पर ज्ञानी जी ने उत्तर दिया–''जनता में देशभक्ति लाने के नए प्रकार की जागृति, नए प्रकार की चेतना के साथ, आपस में मिल बैठ कर एकता के साथ अपने विचारों को स्थिर करें। यदि कोई बात आलोचना की है, उस पर पूर्ण रूप से विचार किया जाए। जब तक हमारे साथ जनता का 60 % प्रतिशत परिवेश नहीं होगा, हममें न तो विकास आएगा, न चेतना के साथ हम

किसी कार्य को सम्पूर्णता के साथ समाप्त कर सकेंगे। हमारा सबसे बड़ा कर्त्तव्य, धर्म या लक्ष्य कमजोर वर्ग को उन्नत करना है।''

जनता के लोगों ने जब ज्ञानी जी को रोका तो उनको 71428 के अंतर से वोट प्राप्त हुए। ज्ञानी ने सुनकर कहा–''मैं जनता के लोगों को किन शब्दों में धन्यवाद दूँ। उनका आभार मानूँ मुझ जैसे व्यक्ति को इतने अधिक वोटो से जिताना उन्हीं का काम है। मुझे कहाँ संयोग था कि मैं भारत जैसे देश का, उसके गणतंत्र का राष्ट्रपति बन सकूंगा। मैं भारत का आज सातवां राष्ट्रपति चुना गया हूँ।

''मैं चाहता हूँ कि मैं जनता के दिलोदिमाग में देशभक्ति के साथ, उनके देश के विकास और उन्नति की भावना भर दूँ। दूसरी रियासतों के लोग, उनके धर्म, उनकी जातियाँ उनकी विभिन्न भाषाएँ–एकता धारण करके देश को ऊँचा उठाकर, इनमें स्नेह, प्यार, सहानुभूति और एकता पैदा करें। हमें चाहिए राष्ट्र के निर्माणों के कार्यों में पूरी तरह योग देकर देश से बेरोजगारी, गरीबी और आर्थिक अभाव को दूर करें।

हमें जो काम दूसरों से मिलकर कराने हैं या जिन कामों में जनता के कुशल कार्यकर्त्ताओं की जरूरत है, हमें प्यार मोहब्बत से उनसे काम करा लेने जरूरी हैं।

वह काम क्या,
होके अधूरा रह जाए,
हिम्मत करे इंसां तो,
क्या हो न जाए।

परंतु हिम्मत और हौसला पक्का लेकर चलें, तो आप यकीन रखिए हम कभी किसी के न तो मोहताज रहेंगे, न किसी देश के सामने हाथ पसारेंगे।'

देश में तो भ्रातृत्व होना ही चाहिए–इसके अतिरिक्त हमें विदेशों में जाकर भी पड़ोसियों के साथ-साथ भाईपन का होना अत्यन्त आवश्यक है।

भारत और भारत के नेताओं में आपाधापी नहीं। न तो हम अपने देश में किसी को घुसने देंगे–और न हम और दूसरे देश पर व्यर्थ हमला करें। हम तो शान्तिप्रिय देश के वासी हैं। देश की इज्जत हमारी इज्जत है–

मुल्क के लिए जियो,
मुल्क के लिए मरो।
जितना जो भी कर सको,
मुल्क के लिए करो।

अंग्रजों के समय की जनता और आज की जनता में पर्याप्त अन्तर हो गया है। यह मानना ग़लत नहीं है, कि पहले हममें गुलामी या परतंत्रता के भाव थे। हममें नीचे झुकने-दूसरों की हाँ में हाँ मिलाने और स्वार्थ रखने के सिवा कुछ नहीं रहा है।

हमको नए तरह का वातावरण स्थापित करके नए विचार से जनता को नई प्रणाली से परिचित कराना होगा। विकास के लिए काम है, वे सब जनता की ओर से जनता के लिए उभरने चाहिए।

देश की योजनाएं–सरकारी कर्मचारी करेगा, तो उसमें उसका अपना अहम और स्वार्थ छुपा होगा फिर योजना को समय पर पूरी न कर कोई न कोई ही बहाना लगाकर आगे के लिए उसकी तिथि बढ़ा दी जाएगी। वह छोटी सी योजना खत्म न होकर, वह आगे बढ़ने का नाम नहीं लेती।

आप काज-महाकाज वाली लोकोक्ति को जब तक हम कार्यान्वित नहीं करेंगे, तो उस योजना को ठीक समय तक केसे पूरा कर सकते हैं।

किसी नई योजना, परिवेश को साथ में ले चलने के लिए, हमें कठिनाइयाँ तो बहुत उठानी पड़ती हैं परन्तु यह आवश्यक है कि जनता के और लोगों के लिए यह एक ठोस योजना के रूप में आगे आ जाती है और उससे लाभ ही लाभ मिलते हैं।

फिर इससे अधिक गिरी हुई दशा तो हमारे अन्तर्राष्ट्रीय देशों की हैं। वहाँ तो स्वार्थ ने उन्हें इतना घेर लिया है कि पानी, बिजली पेट्रोल की समस्यायें उन्हें हर वक्त घेरे रहती है। हमारे भारत में, कुछ भी हो, सब प्रकार से शान्ति है--और आत्म विश्वास है।

बेशक, आज हमारे देश की परीक्षा है। देश में किसी प्रकार की वस्तुओं की उपज में कोई कमी नहीं। हाँ, यह जरूरी है कि सरकार और जनता, जब तक सहयोग के साथ कार्य नहीं करेंगे देश में साधारण उन्नति भी नहीं आ सकती।

हमारी सीमाओं पर हमारी रक्षक-फौजों ने पूरी तरह से कब्जा जमाया हुआ है। हमारी सीमा ढीली नहीं। कोई भी देशद्रोही हमारी सीमा को खराब नहीं कर सकता। यह बात जरूर प्रश्न उठाने योग्य है कि एकता का भाव हमारे देश में कम है।

हमारे देश में उद्योगों का विकास इतनी तेजी से बढ़ रहा है कि दिन पर दिन उन्नति होती जा रही है। उद्देश्य की पूर्ति के लिए हमारे देश के बड़े से बड़े नेता अपने कार्यों में संलग्न हैं।

हम चाहते हैं कि विदेश के मुल्क जब मित्रता का हाथ बढ़ाते हैं, तो उनको भारत को पूरी तरह से साथ देना चाहिए। भारत में नई से नई स्फूर्ति, नई से नई योजना राज बन रही है– और वे सब कार्यान्वित हो रही हैं। ऐसा हमें आशा है, थोड़े दिनो में ही देश उन्नत होकर आगे बढ़ेगा।

हमारी अन्तर्जातीय संबंध

भारतीय शांति में विश्वास करने वाले लोग हैं। हम दूसरे देश के लोगों से भी यह आशा रखते हैं कि वे भी मिलजुल कर शांति और संतोष के साथ अपने विकास की ओर बढते जाएं भारत में घर की फूट के कारण एकता नहीं हो पाती–

हमें ऐसे ठोस मार्गों को अपनाना चाहिए, जिससे हमारा राष्ट्र किसी प्रकार के विरोधी मामले में न पड़े। अगर हम अपने उद्देश्यों, अपने संकल्पों से हट जाएँगे तो फिर अपने देश के लिए कुछ नहीं कर सकते।

आपस के सहयोग और कार्यशीलता के कारण ही हम अपनी कार्यप्रणाली को शक्तिशाली बना सकते हैं।

देश में प्रतिदिन मारधाड़, तोड़-फोड़ और लड़ाई-झगड़ा और हड़ताल का वातावरण बना रहेगा, तो इनसे देश में न तो शासन न्यायकारी होगा, न प्रशासन को ही बन मिलेगा। यदि देश के किसी भी क्षेत्र में जरा अराजकता फैली तो देश का ढांचा बिगड़ना शुरू हो जाता है।

एक इन्सानः एक राष्ट्रपति

ज्ञानी जी जैलसिंह पीछे हैं–पहले वह एक इन्सान हैं। आप सबसे बेहतर इन्सान, सबसे बेहतर नेकनियत–सबसे बेहतर आदर्शवान् मानव हैं।

आपको चरित्र की सीमा में आँका जाए, तो सहनशील, सत्यवादी विश्वप्रिय, समानता का पुजारी, स्वतन्त्रता का सेवक, बलिदानी का हामी, विश्व मैत्री प्रिय और भाग्यशाली हैं।

जहाँ आप एक सफल राजनीतिज्ञ, सम्पादक, स्वतन्त्रता सेनानी और योद्धा हैं, वहाँ आप एक व्यंग्यप्रिय और त्यागी हैं। परन्तु जितने आप प्रसन्न बदन और हँसोकड़े हैं, उतने आप कुशल शासक और कड़े न्यायाधीश भी हैं।

आप 66 वर्ष के प्रौढ़ होते हुए भी प्यार की गर्मी भरे युवक भी हैं।

यह ज्ञानी जी में एक विशेष गुण है कि किसी भी क्षेत्र में आपका विरोधी कुछ भी कहे—परन्तु आप पहले तो उनकी बातों को हंसकर उड़ा देते हैं। अगर विरोधी और अधिक उबल जाए तो आप उसको स्नेह से गले लगा लेते हैं!

इतनी ही नहीं, कभी-कभी आपके मित्र और साथी आपसे किसी विषय पर बातचीत करते हैं, तो ज्ञानी जी उनमें से किसी को नीचा दिखाना पसंद नहीं करते—न किसी को मुँह पर, या पीठ पीछे ही विरोधी चर्चा को बनाए रखते—बल्कि हर टॉपिक को बदलकर, उन्हें किसी तरह भी नाराज करना पसंद नहीं करते। जहाँ जरा भी माहौल बिगड़ने को हुआ कि आप अपने मज़ाकिया स्वभाव से वातावरण को खुशगवार और आनन्दमय बना लेते हैं।

किसी को नाराज करना आपकी आदत में शामिल नहीं। अपने किसी भी हमजोली को हमेशा खशोखुर्रम बनाए रखना आपकी खसलत है—

उनको आता है प्यार पर गुस्सा,
हमको गुस्से पे प्यार आता है।

घर या बाहर आपसे कोई नाराज़ नहीं होता। खुश रहना आपका जादू है।

ज्ञानी जी जेल में रहे। वहाँ के सभी कर्मचारी जिनमें वहाँ के जेलर तथा और अधिकारी भी शामिल थे—और कैदियों की तरह रहते हुए भी आपसे किसी ने अशोभनीय बर्ताव नहीं किया। वहाँ के परिवेश में भी आपका मिजाज हंसी-मजाक का रहा।

बात-बात में आप नए से नए और कठिन से कठिन मसले को चुटकियों में हल कर देते हैं। कितनी ही बड़ी राजनैतिक समस्या को ज्ञानी जी पल भर में हल करने की क्षमता रखते हैं।

वह कौन-सा उकदा है–
जो वा हो नहीं सकता।
हिम्मत करे इन्सान तो,
क्या हो नहीं सकता।।

आप जिस पद पर भी रहे–आपके सहयोगी, साथी या मित्र आपसे प्रसन्न रहे। क्योंकि आपको शेरोशायरी का काफी शौक है। आप बात-बात में शेरों की बौछार कर देते हैं। किसी भी माहौल को बिगड़ने नहीं देते। हरदिलअजीज की आपका स्वभाव है। जीवन में जिसके पास हरेक की खुश रखने का जादू होता है, वह न तो कभी उदास रह सकता है, न कभी उसके पास गमो आलम आ सकते हैं।

खुश नसीबी, नसीब से मिलती,
न नसीबी खुश, तो खुश नसीब कहाँ।

ज्ञानी जो पहले अपनी सिक्खजाति के बहुत बड़े और प्रसिद्ध प्रचारक थे। उन्होंने ही यह नारा बुलन्द किया था–

राज करेगा खालसा,
केसरिया के नीचे।

परंतु देश की बदलती हुई हालत को ज्ञानी जी ने पढ़ कर, जाति या सम्प्रदायवाद को छोड़कर देशवाद की प्रधानता दी। आप उस हवा को छोड़कर कांग्रेसी तिरंगे के नीचे आ खड़े हुए। आपके विचारों में भारतीयता के साथ-साथ विश्व-मैत्री पथ आ समाया।

ज्ञानी जी के गांव के अनेक साथियों ने आपके भविष्य के लिए शुभकामनायें की थीं। एक बड़ी आयु की सिख स्त्री ने आपके लिए कहा था–"ज्ञानी! तुम दुनिया के एक बहुत बड़े आदमी होंगे। लेकिन उस वक्त हमको भूल जाओगे!"

इस पर ज्ञानी जी ने उस आदरणीय गाँव की भोली बुढ़िया को उत्तर दिया था–

''बेबे जी! आप यह सपने में भी न सोचना। तुम्हारा ज्ञानी ऐसा बच्चा नहीं है। आपने मुझे प्यार दिया है। यह आपका प्यार बड़ा अनमोल और बेशकीमती है इसे भुलाया नहीं जा सकता।

एक पुराना सिख साधु–जो गाँव के बाहर पीपल के पेड़ के नीचे बैठा रहता था। वह ज्ञानी जी को आता देखकर चिल्ला कर कहता था:

''इक दिन तुसी बादशाहों दे बादशाह बणनगे।''

वास्तव में आज ज्ञानी जी महान व्यक्तियों की गणना में हैं। दुनिया में आपको लोग समय पुत्र के नाम से पुकारते हैं।

आपके कुछ विरोधी आपको कम्युनिस्ट के नाम से बुलाते थे, मगर आपका ध्येय कुछ और ही था–अन्त में आपने देश की सबसे बड़ी संस्था में प्रवेश ले लिया। और इसी के माध्यम से आपको राष्ट्रपति पद पर सुभोभित किया गया है।

जब कभी ज्ञानी जी अपने परिवार में बैठते हैं तो वह कहा करते हैं–''जिन्दगी के मोड़ों पर कुछ पता नहीं कब -किधर कहाँ मुड़ जाए! क्या जीवन में उस व्यक्ति को वह सब मिल जाता है जिसकी लालसा कभी सच्चे मन से करता है। मैंने तो गुरु के नाम पर कभी अरदास की थी।

क्या पता किस लम्हे,
क्या कुछ हो गया।
ख्वाब में भी न था, पता–
क्या कुछ हो गया।।

ज्ञानी जी के होते हुए, एक ऐसा पक्ष पंजाब में उभरकर आया था जो देश में अशान्ति भड़काकर, भारत के टुकड़े करने पर उतारू हुआ–वह खालिस्तान के नाम से सिक्खों को साथ लेकर चला। सिक्ख ऐजूकेशनल कान्फ्रेंस एक तार्किक राजनीतिक पार्टी चण्डीगढ़ में स्थापित होकर, अमेरिकी नागरिकों ने इसको पोषित करने का विचार किया। इसके लिए अनेक प्रस्ताव पास किए गए।

इन समारोहों में यह कहा गया कि सिख जाति सबसे अलग एक जाति है। इसको भी अलग से एक राज्य (प्रदेश) सौंप दिया जाए। एस० जी० पी० सी० सभा शिरोमणि अकाली दल ने सिर्फ सिख धर्म के प्रसार और प्रचार के लिए बनाई थी।

विदेशी पक्ष ने ही सिक्खों में खालिस्तान मांगने की फूँक भरी। ज्ञानी जी ने अपने विचारों को स्पष्टता देते हुए कहा–

"मैं इस प्रकार के राजनैतिक पचड़े में पड़ने के लिए तैयार नहीं। क्योंकि इस नारे में देशभक्ति नहीं है, यह केवल स्वार्थ से ओतप्रोत है। मैं इस एस० जी० पी० सी० को बड़ी इज्जत की दृष्टि से देखता हूँ–मैं इस संस्था के साथ था। हमें अपने देश के पिछले इतिहास को देखकर, यह सोचना चाहिए कि भारत में अब ग़ैर शासक नहीं। अपने भाई ही भारत की देखभाल करने वाले हैं। आज सिक्ख धर्म का बोलबाला सारे संसार में एक वीर जाति के रूप में है। साथ में यह बात किसी से छुपी नहीं कि इस जाति के शहीदों ने देश के लिए क्या नहीं किया। अपना घर फूंका। अपना घर बर्बाद किया। जो कठिनाइयाँ देशभक्तों को उठानी पड़ती हैं, उनमें से लगभग सभी कठिनाइयां भारत की और जातियों के साथ सिखों ने भी तो उठाई है।

अब अलग पार्टी खड़ी करके देश को दूसरी ओर ले जाने की चेष्टा करने के बजाय–यदि यह पार्टी संकल्प के साथ, यहाँ की आर्थिक, सामाजिक और नैतिक समस्याओं को सुलझाने में देश के सहायक बन जाए, तो देश का कितना बड़ा काम पूरा हो सकता है।

आज समय की समस्या सबसे बड़ी समस्या हमारे सामने खड़ी है। यदि यह एस० जी० पी० सी० पार्टी पूरे सहयोग के साथ काम करे तो देश का एक बहुत बड़ा काम हो जाय। देश में कुछ गद्दारों और देशद्रोहियों के द्वारा महंगाई कमर तोड़ रही है। गरीब तबका भूखों मर रहा है। मध्यवर्ग भी रुक-रुक कर सांस ले रहा है, इस महंगाई के कारण आशा है यह पार्टी देश की बढ़ती हुई समस्याओं को सुलझाने में हमारे नेताओं का हाथ बटाएगी।"

सिख अकाली दल को धार्मिक व्यवस्था से आगे नहीं बढ़ना चाहिए। राष्ट्र के हित के लिए ही खालसा पंथ अपना बलिदान देता आया है, भारत के

निवासियों के लिए।

सिख विचार धारा के अनुसार

- गुरुद्वारों की देखभाल करना–
- गुरु-पूजा करना–
- गुरु के उपदेशों पर चलना–
- प्राणिमात्र की सेवा करना–
- धर्म से पीछे न हटना–

धर्म और राजनीति को मिला देने से किसी जाति-धर्म का उद्देश्य बदल जाता है। धर्म के लिए पवित्र विचार रख कर ही कोई उद्देश्य की पूर्ति कर सकता है।

धार्मिक संस्था राजनीति में प्रवेश उसके अन्तर्राष्ट्रीय स्तर में बाधक होता है। क्योंकि धर्म निश्चित रूप से एक पवित्र और पावन जन्म है, उसको राजनीति के साथ रखने से तंग विचारधारा का द्योतक बन जाता है। फिर सिख धर्म भारत के वीरों की एक ऐसी सुदृढ़-सुव्यवस्थित टोली है, जो समय-समय पर, पीड़ित-दुखित या जिन पर जुल्म-सितम और अन्याय किया गया हो, उनकी यह रक्षक है।

इसमें कोई दो राय नहीं कि पंजाब और पंजाब के नागरिक भारत से अलग नहीं हैं। कोई धर्म किसी भी सीमा से बंधा नहीं है। धर्म एक ऐसी स्वतन्त्र धारा है, जो देश-विदेशों के किसी कोने में जाकर बढ़ सकता है। चाहे वह गाँव है, नगर है, शहर है, देश है, राष्ट्र है, विश्व है। धर्म को जो लोग एक सीमा में बांधकर रखते हैं, उनके विचार संकुचित हैं।

सिख धर्म गुरुओं की देन है। गुरु नानक अकेले सिखों के नहीं थे। उनकी आध्यात्मिक शक्ति एक कोठरी में बन्द नहीं हो सकती--वह तो संसार के चप्पे-चप्पे पर विद्यमान है–फैली हुई है।

हमें यह भी नहीं समझ लेना चाहिए कि उनका धर्मज्ञान केवल भारतीयों के लिए ही सुरक्षित है–नहीं। वह धर्म संसार की सभी जातियों सम्प्रदायों में

समाया हुआ है। परंतु सिख धर्म में किसी प्रकार का भी भेदभाव नहीं। इसके दरवाजे सबके लिए खुले हैं–गुरु गोविन्द सिंह ने प्यार किया था पांच प्यारों (पंज प्यारे) को ही देखिए–

(i) भाई दयासिंह–लाहौर से आए
(ii) भाई धर्मसिंह–हस्तिनापुर से

- भाई मखनसिंह–बिदर से (कर्नाटक)
- भाई हिम्मतसिंह–जगन्नाथपुरी (उड़ीसा) से

गुरु हरगोविन्द ने तख्त (शासन) संभाला, परंतु हरमंदिर स्वर्ण गुरुद्वारे के बाहर–इसका नाम रखा गया अकाल तख्त (जिसकी कभी मृत्यु) न हो।

ज्ञानी जी भारत के प्रथम पंजाबी राष्ट्रपति हैं–जिन्होंने अपनी जिन्दगी में देश सेवा के लिए बहुत काफी कुर्बानियाँ दी हैं। पिछले 35 सालों में आपने अपनी बलिदानी और देशभक्ति की बुनियाद पर ही, यह राष्ट्रपति का पद हासिल किया है। उन्होंने एक बार पत्रकारों के बीच में खड़े होकर कहा था–''यह ईश्वर का दिया वरदान है।'' इसके साथ आपने अपने मित्रों, साथियों का सहयोग लेने के लिए सबको विश्वास दिलाया–

''मैं अपना फर्ज अपना लक्ष्य, जो मुझे दिया गया है भारतीय संविधान के अनुसार देश के यश, मान और गौरव को बनाए रखूंगा। मैं जानता हूँ, आज मेरे देश को जो गौरव प्राप्त है वे मेरे पिछले साथी राष्ट्रपतियों तथा देश के पिता महात्मा गांधी, जवाहरलाल नेहरू, सरदार पटेल, मौलाना अब्दुल कलाम आज़ाद, लाल बहादुर शास्त्री आदि महान नेताओं की देन है । मेरी देश के प्रति श्रद्धा और निष्ठा है।''

रहे हैं बल्कि एक बड़ी साज़िश के तहत जन-जन को भुलाया भी जा रहा है।

अल्लाह करे! लड़कियों को यह बरकत नसीब हो!
हैदराबाद : कुल हिंद उर्दू-तालीमी कमेटी : इंदिरा प्रियदर्शनी कालेज के अध्यापकों का सम्मान : सायं : 22 जुलाई 1985

कालेज के द्वार पर राष्ट्रपति जी का भव्य स्वागत हुआ है। मुख्य द्वार से अंदर हाल तक का सारा ही मार्ग रंग-बिरंगे चौकों से सजाया गया है।

हाल के भीतरी द्वार पर कालेज की छात्राएँ विभिन्न प्रांतीय वेशों में सुसज्जित खड़ी हैं। हाथों में गुलाब-गेंदे की मालाएँ! उल्लासपूर्ण स्वागत की तैयारी में! उत्सुकता में! कार्यक्रम आरंभ हुआ।

कौमी तराना : सारे जहाँ से अच्छा हिंदुस्तां हमारा...

आज बहुत से लोग एक ही जुबान से जिन्नाह को कोसते हैं और इकबाल की तारीफ करते हैं।

कितना ना-मुनासिब है! गैर-वाजिब है!

अपने जीवन के आरंभ में इकबाल कितने ही मुल्कपरस्त रहे हों! पर पाकिस्तान की पैदाइश में उनकी तहरीरों का कितना हाथ रहा है? यह सब जानते हैं। उसके इस तराने को आज कौमी तराना कहना वाजिब होगा? इससे बदबू आती है उसकी तंग, जहनीयत की। उसकी फिरकापरस्ती की। उसकी हिंदुस्तान-द्रोही भूमिका की। उस हिंदुस्तान की तकसीम में उसका पूरा हाथ रहा है जिसके उसने तराने गाए हैं।

पाशा ने जो स्वागती तकरीर की है उसमें मुल्कपरस्ती की नहीं उर्दू-परस्ती की बू आ रही है। वह बार-बार एक ही बात को दोहरा रहा है : हम सभी जुबानों का अहतराम करते हैं।

पर हिंदी का एक शब्द भी कहीं दिखाई नहीं पड़ रहा। जबकि अँग्रेज़ी, तेलगू के साथ-साथ उर्दू का ही वहाँ पर बोलबाला है।

वहाँ भी गुलाब-गेंदे की नुमाईश थी। ज्ञानी जी आज फिर प्रदर्शन के लिए, फूलों के यूं ज़िबह किए जाने पर मन ही मन पशेमान हो रहे हैं। यह मैं जान गया हूँ। उन्हें गुलाब के लिए उठ पड़े हैं : उन्होंने वहाँ की अध्यापिकाओं को सम्मानित किया। फिर बोले—परिवार में एक लड़की भी पढ़ जाए तो सारा परिवार पढ़ जाता है। एक पूरी पीढ़ी पढ़ जाती है। बच्चे माँ से ज़्यादा सीखते हैं। एक माँ बड़ा उस्ताद साबित होती है, बाप की निस्बत। बेशक शिक्षा का स्तर गिरा हो। पर लड़कियों में यह स्तर बढ़ा है। वे आगे आ रही हैं। हर मैदान में बाजी मार रही हैं। मरहले पार कर रही हैं। ऐसे ही होता रहा तो एक दिन आएगा, सीटें लड़कों के लिए रिज़र्व करनी पड़ेंगी :

अल्लाह करे! लड़कियों को यह बरकत नसीब हो!
अपने हिंदी का गौरव बढ़ाया है :
हिंदी आवश्यक है देश की एकता के लिए
हैदराबाद : राज भवन : हिंदी लेखक मंडल : सायं : 22 जुलाई, 1985

दोपहर ही डॉ. 'कमल' का फोन आया।

–''हम सायं राष्ट्रपति जी से मिलने आ रहे हैं। आप हमारे साथ रहें।''

शाम को वे निश्चित समय पर आ गए।

साथ थे :

श्री सत्यनारायण गुप्त, सदस्य राजभाषा समिति।

श्री हरनामसिंह 'प्रवासी'।

श्री पांडुरंग दुलगे।

डॉ. सलीम।

उन्होंने ज्ञानी जी के आगे आंध्र में हिंदी अध्ययन-अध्यापन की समस्याएँ रखीं।

वर्तमान सरकार हिंदी के प्रति जो अनुचित रवैया अपना रही है, अपनी नीतियों में जो परिवर्तन कर रही है तथा उनसे हिंदी के बारे में जो व्यावहारिक कठिनाइयाँ संभावित हैं–इन सबके बारे में सविस्तार बातें होती रहीं।

ज्ञानी जी बोले :

–''यह ठीक है कि केंद्र हिंदी को किसी पर उसकी इच्छा के विरुद्ध आरोपित नहीं करना चाहता। परंतु साथ-साथ हम सबको यह वास्तविकता नहीं भूलनी चाहिए कि हिंदी के बिना यह देश जुड़ नहीं सकता। हिंदी राष्ट्रीय अखंडता और विकास के लिए निहायत ही ज़रूरी है।

यह गलतफहमी भी दूर करनी होगी कि हिंदी के विकास से प्रांतीय भाषाओं का विकास रुक जाएगा।

हिंदी-उर्दू में क्या अंतर है! यह रेखा खींचना मुश्किल है। हिंदी कहाँ उर्दू होने लगती है! और उर्दू कहाँ हिंदी बनने लगती है! यह बताना कठिन काम है। फर्क है तो इनके हिमायतियों के दिलों में है।

लिपि का अंतर तो है। पर उसे विशेष अंतर नहीं पड़ता है।

पंजाबी के लिए गुरुमुखी-लिपि तो है ही, परशियन का इस्तेमाल भी होता है। देवनागरी का प्रयोग भी होता है। इससे पंजाबी के विकास में तो कोई अंतर नहीं आया है। हाँ भाषा के नाम पर कमाई करने वालों की तजारत में अवश्य अंतर आया होगा।''

इस बिंदु पर मैंने कहा :

—अपने एक उपन्यास : 'बयान एक गधे का' में यही बात रखा है। मैंने बारहा कहा है कि उर्दू हिंदी की ही एक शैली है। इस पर हिंदी वालों ने मेरा विरोध ही नहीं किया, बल्कि फतवा दे डाला कि मुझे हिंदी आती ही नहीं है।

—हिंदी के विकास से उर्दू का विकास अपने आप हो जाएगा। ऐसे ही उर्दू की तरक्की हिंदी की ही तरक्की है। जब तक ऐसा नहीं सोचेंगे, तब तक ऐसे भाषाई मसले दरपेश आते ही रहेंगे।

डॉ. पांचाल ने अपनी बात को दक्किनी के संदर्भ में स्पष्ट किया :

—अब आप इसे हिंदी कहें! उर्दू कहें! कुछ भी कहें! वह दक्किनी ही रहेगी।

डॉ. कमल बोले:

—हैदराबाद में दोनों जबानें एक नेक हमसाये की तरह फलफूल रही हैं।

--बोलने वाला केवल दक्किनी बोलता है। दक्किनी लिखता है। लिपि से कोई खास फर्क नहीं पड़ता है :

मैंने स्थिति को और स्पष्ट किया :

—पंजाब में मध्ययुग का सारा हिंदी साहित्य, क्या गुरु काव्य, क्या राम-कृष्ण काव्य, क्या रीति-नीति काव्य, क्या वीर-काव्य और प्रशस्तिमूलक काव्य—सब का सब गुरुमुखी लिपि में लिखा गया है।

जायसी की अवधी! उसकी लिपि परशियन रही है। क्या वह हिंदी नहीं रही है? हम उसे हिंदी नहीं मानेंगे?

बात घूम कर पुनः वर्तमान प्रांतीय सरकार की हिंदी-विरोधी नीति के बारे में होने लगी :

ज्ञानी जी बोले :

–आप कोई मैमोरेंडम लाए हैं तो दे जाइए! मैं इस बारे में पूरे कंसर्न से बात करूँगा। एक बात के बारे में आप यकीन रखें–यह देश ज़्यादा देर तक हिंदी की उपेक्षा नहीं कर सकता है। हिंदी इस देश की गंगाधारा है। गंगाजल है! मैं अपनी हर बात में, अपनी तकरीरों में हिंदी बोलता हूँ!

–आपने राष्ट्रपति पद से हिंदी का गौरव बढ़ाया है। हिंदी-अहिंदी भाषी प्रदेशों में, और देश से बाहर हिंदी में बोल कर हिंदी का माथा ऊँचा किया है। बीच में एक सवाल उठा :

–यह कहना, रोज़मर्राह बोलना–हिंदी भाषी-अहिंदी भाषी, मेरे ख्याल में न केवल गलत ही है बल्कि देश की एकता के हित में भी नहीं जाता है। इससे रोज़ हमें गलत संस्कार मिल रहे हैं। हिंदी-विरोध बढ़ रहा है।

–तमिल भाषी, तेलगू भाषी...अहिंदी भाषी करार देकर हमने देश के एक हिस्से को हमेशा के लिए हिंदी से दूर किया है। उसके विरोध में खड़ा किया है। राष्ट्रीय एकता की नीतियाँ बनाते समय ऐसी बातों का विशेष ध्यान रखना चाहिए था...

ज्ञानी जी ने बात को समापन दिया :

–कुछ दिन पहले मैंने कहा है–भाषा का जुनून, धर्म के जुनून और ज़हर से कहीं ज्यादा खतरनाक है। हमें इसके बारे में सावधान रहना होगा।

मेरे करतार! मैं शामिल नहीं हूँ इस गुनाह में मुझे मुआफ करना!

हैदराबाद : राज भवन : सायं की सैर : 22 जुलाई, 1985

सायं की सैर।

वही लान। राज्यपाल निवास के सामने वाले, वही बारादरी।

चारों ओर देव-मूर्तियाँ! देव-प्रतिमाएँ!

ज्ञानी जी प्रातः हुए सूफी-सम्मेलन के बारे में बात कर रहे थे। मैंने पूछा:

–क्या ऐसे आयोजन वाकई कौमी एकता लाने में मददगार साबित हो सकते हैं! आम आदमी को इनसे क्या दिशा मिल सकती है? सिवाय इसके कि यह सम्मेलन अखबारों की चंद छोटी-बड़ी सुर्खियों में सिमट कर रह जाएँगे!

—तालाब में एक कंकरी भी फेंको! असर तो होगा ही! कुछ पानी हिलेगा! लहरें उठेंगी।

—और कंकर पानी की तह में डूब कर बैठ जाएगा...

—ऐसे ही एक दिन जब पानी में उबाल आएगा तो ये कंकर! संस्कार रूप में बैठे कंकर बाहर आएँगे! सो इनका असर यूँ ही मायल तो नहीं हो जाता! हाँ इनके पीछे ईमानदारी का जज़बा होना लाज़मी है।

—मैं सोचता हूँ! इस सम्मेलन में हिंदी की उपेक्षा जानबूझ कर की गई है। वह इरादतन और शरारतन की गई है...कौमी एकता की बात हो! और हिंदी गायब हो!

—मेरा हिंदी में बोलना भी चंद लोगों को अखरता रहा है...

पर मैं समझता हूँ कि अगर इस देश के साथ बात करनी है तो वह हिंदी में होगी। अँग्रेज़ी में बात तो हम करते हैं। पर तब क्या हम पूरे देश से संवाद जोड़ पाते हैं? हाँ मीडियास पर हमारी तस्वीर रहती है, यह आवाज़ गूँजती रहती है। बस और कुछ नहीं। तुम्हारी नागार्जुन की यात्रा कैसी रही?

मैंने अपने अनुभव सुनाए : म्यूज़ियम की मूर्तियों को छूकर ऐसे लगा जैसे मैं उन रचनाकारों के हाथों को छू रहा हूँ। वे हाथ! जो छैनी-हथोड़ा लिए शिलाएँ तराश रहे थे। मुझमें उनकी वह रचनात्मक संवेदना साकार होने लगी थी जिसमें उन मूर्तियों के रूप-रंग-आकार की कल्पना साकार हुई होगी...मेरे कानों में अनगढ़ शिलाएँ तराशने की आवाज़ें आ रही थीं। मैं देख रहा था कि उन शिलाओं में से धीरे-धीरे मूर्तियों का जन्म हो रहा है। उनका आकार प्रकट हो रहा है। बड़ा ही दिव्य अनुभव था।

ज्ञानी जी पास ही लान की एक मूर्ति की ओर देखने लगे थे। उसे छूआ। एक क्षण के लिए आँखें बंद कर लीं। फिर बोले :

—वाकई! मैं एक पल के लिए एक हो गया था इस मूर्ति के अनाम रचनाकार से! बड़ा सुख मिल रहा था। लग रहा था कि मैं रचना के उस पल का कोई चश्मदीदगवाह हूँ। मूर्ति के चरणों में कोई श्रद्धालु गुलाब का फूल चढ़ा गया था। ज्ञानी जी ने उसे उठाया। पंखुड़ियों को सहलाया : बोले :

—आज सुबह के सम्मेलन में इतने फूलों को ज़िबह किया गया!

वह भी सूफी सम्मेलन में। मंच पर जैसे गेंदा-गुलाब के मुर्दा जिस्म पड़े थे। वह तौहीन थी फूलों की। मैं तो इनकी इबादत करता हूँ! कैसे रखता इन पर पैर! तब दिल में दुआ कर रहा था—मेरे करतार! मुझे बख्शना इस गुनाह के लिए। मैं शामिल नहीं हूँ इसमें।

इसे माशूका बना कर सर न चढ़ाओ!
बीवी बनाकर वश में रखो
हैदराबाद : सिकंदराबाद क्लाथ-मर्चेन्ट-एसोशिएशन समारोह :
सायं : 23 जुलाई, 1985

सिकंदराबाद क्लाथ-मार्केट--एसोशिएशन, सिकंदराबाद।
एसोसिएशन के प्रधान श्री सोम वेंक्टेश्वर का सम्मान समारोह।
भयंकर बारिश के कारण कार्यक्रम आधा घंटा देर से आरंभ हुआ।
नगर का वासुकी हाल :

फूल मालाओं से संपूर्ण मंच, उसका अग्र भाग, पूरी की पूरी पीठिका, पार्श्व—सब के सब लदे पड़े थे। द्वार पर फूल-मालाएँ। हाथों में फूल-मालाएँ। हाथों में फूल-मालाएँ। दीवारों पर फूल-मालाएँ। सर्वत्र मालाएँ ही मालाएँ!

कहीं सुना था :
कितने गुलशन वीरान हुए होंगे
यह महफिल सजाने को!

ज्ञानी जी आए। साथ में डॉ. शंकरदयाल शर्मा राज्यपाल थे। आज वे धोती-कुर्ते में थे। इसमें वे अधिक मौलिक और शालीन लग रहे थे।

दोनों को विपुलाकार मालाएँ भेंट की गईं। वे गले-गले तक गोया डूब रहे हों।

गुलाब-गेंदा-मौल श्री-कलियाँ ही कलियाँ!
मैं ज्ञानी जी की मनःस्थिति समझ रहा था।
फूलों का दिलदार! और सामने फूलों की लाशें! मुर्दा जिस्म!
निर्जीव बदन! प्राण-शून्य देहें!

कहर का आलम था एक गुल-परस्त के लिए! गुलदादा के लिए।
एक दिन वे एक गुलाब को तोड़ते-तोड़ते रुक गए थे। बोले!
—गुलों पै हक्क तो गुलची का है। हम तो बागबानी को रह गए।
वही बागबां देख रहा है अपने सामने उजड़े हुए बागों को।
यह नज़ाराए कयामत था उनके लिए।
इससे बढ़कर कयामत का दिन और क्या होगा?
राज्यपाल राष्ट्रपति जी का स्वागत कर रहे हैं :

मैं इस राज्य का प्रथम नागरिक होने के नाते भारत के प्रथम नागरिक का स्वागत करता हूँ...ब्राह्मण हूँ। सो याचना करता हूँ! अपने लिए नहीं! सब के लिए! आज किसी सार्वजनिक कल्याण के प्रोजेक्ट की घोषणा हो जाए इस क्लाथ एसोशिएशन की ओर से।

डॉ. पांचाल मेरे पास बैठे थे। मैंने उनके कान में कहा :

—बस इतना ही एलान कर दें कि हम कपड़ा-फरोश आज से अपनी दुकानों पर ग्राहकों के कपड़े नहीं उतारा करेंगे! हम कपड़ा फरोख्त ही करेंगे! हज्जाम नहीं बनेंगे!

स्वागत भाषण हुए। एक दूसरे के अभिनंदन किए गए। तालियाँ पिटीं। और आरंभ हुआ ज्ञानी जी का भाषण :

—माया संतन की बैरिन है। इसे माशूका बनाकर सर न चढ़ाओ! बीवी बनाकर वश में रखो! माया का बंटवारा हो बारिश की तरह, चांदनी की तरह, हवा पानी की तरह।

वह अपने वक्त का कारूं बादशाह था। बड़ा ही कंजूस
हैदराबाद : निजाम का महल : फलकनुमा : सायं की सैर : 23 जुलाई, 1985

निज़ाम का महल : फलाकनुमा :
इससे पहले—सालारजंग म्यूज़ियम : एक व्यक्ति द्वारा किया गया ज़खीरा।
दुर्लभ, वेश-कीमती, नायाब, बेनज़ीर, लासानी चीज़ों का एक अमर ज़खीरा।

रंग-चित्र, तैल-चित्र, संगमरमर की तराशी हुई महीन कला की मूर्तियाँ। मूर्तिकला के बेहतरीन नमूने। पुराने बिल्लौरी बर्तन, हथियार, औज़ार। और न जाने क्या क्या? ऐसा ही कुछ निज़ाम के महल में था।

हम चले राजभवन से। मूसा नदी के पार किया। बड़ा बाज़ार जाता है चार मीनार की बगल से। शुरू मे बाज़ार सुंदर है। पर आगे चलकर निहायत ही गंदा हो उठा है। तंग। नाहमवार। और महल के करीब तो कच्चा हो गया है। अपने पटियाला का मोती महल, शीशमहल–ये सब कई हज़ार गुना बेहतर हैं इससे! सुंदर और विशाल हैं इससे रजवाड़ाशाली समाप्त होने के कई सालों बाद भी उनकी राजन्य गरिमा बनी हुई हैं। महल में वहीं अय्याशी का समान! ऐशो-इशरत की चीज़ों की भरमार।

विलास के विपुल साधन।

संगमरमर की सीढ़ियों पर औरतों के नग्न बुत! उनके सर पर रोशन होने वाली शमाएँ।

रंग-कक्ष विदेशी चित्रकारों की नंगी पेंटिंग से भरे पड़े।

अपनी देशी रियासतें अच्छी मंडी रही हैं ऐसी कला की।

एक कक्ष में एक बड़ी पेंटिंग। एक महिला खड़ी है। आप जिस भी कोण से उसे देखें, लगेगा कि वह एकटक आपका ही दीदार कर रही है। शर्बत पी रही है आपके हुस्न का। आप झट शर्मा जाएँगे। पर चित्र की वह महिला! जी! नहीं! वह नहीं शर्माएगी! पुराने पर्दे, बैड, पलंग, दस्तरखान, मेज़, क्राकरी, दीवान, कुर्सियाँ, और जंगली पशुओं के सर, खालें।

किसी और द्वारा मारे गए शेर पर खड़े निज़ाम की फोटो। वह बड़े ही रोब से बहादुरी की मुद्रा में खड़ा है, शेर पर एक टांग रखकर। हाथ में बंदूक लिए हुए।

मैंने सरकारी गाइड से पूछा :

–क्या सचमुच निज़ाम इतना बहादुर था यह शेर वाकई उसने मारा होगा?

–जी! जी!

वह मुस्कुरा कर रह गया।

मुझे जवाब मिल गया था।

शाम की सैर के वक्त ज्ञानी जी से बात हुई, बोले :

–निज़ाम तो बहुत ही कंजूस माना जाता था। कहते हैं वह अपने वक्त का दूसरा कंजूस था।

—पर यह अपना गुज़र टोपियाँ बना कर नहीं किया करता था।

—केसे बादशाह रहे होंगे वे! सरकारी खज़ाने से एक टका तक नहीं लेते थे अपने खर्च के लिए।

—फिर भी आवाम का खून चूसने से बाज़ नहीं आते थे। मासूमों की खून-रेज़ियाँ। सरेआम कत्ल। दूसरे धर्मों के लोगों की बेरहम सरकशी। अपने खुदा के नाम पर यह केसी इबादत थी?

बिरला मंदिर : भगवान वेंकटेश्वर का :
चट्टानों पर खिला एक श्वेत कमल
हैदराबाद : दूरदर्शन-आकाशवाणी में : तथा...पूरा दिन : 23 जुलाई, 1985

कल को प्रस्थान है देहली के लिए : 10-15 : प्रातः की।

मि. चटर्जी का फोन आ गया है :

—कल सुबह आठ बजे लगेज-कलैक्शन होगा सर!

आज सारा दिन व्यस्तता का है।

डॉ. पांचाल आए : बोले :

—न तो कोई आकाशवाणी से ही आया है और न दूरदर्शन से ही। आए हैं तो कुछ रिकार्डिंग हो जाती।

झट दूरदर्शन और आकाशवाणी निदेशकों से फोन पर संपर्क किया। और रिकार्डिंग तय हो गई।

—अब आप यहीं बैठकर अपने आलेख तैयार कर लें।

—आप!

—मैं तो सब जमा-खर्च जुआनी ही करता आया हूँ। आप ठहरे बड़े साहित्यकार। आपको तो वहाँ आलेख देने होंगे।

डॉ. पांचाल की शराफत! झट अपने को बड़ा साहित्यकार मानकर आलेख तैयार करने में जुट गए। डॉ. कमल भी साथ थे। मैं उनसे बतियाता रहा।

—आप भी चलिएगा हमारे साथ दूरदर्शन केंद्र में।

—मैं क्या करूँगा वहाँ!

—आपसे प्रोग्राम कंपियर करवा लेंगे!

–बात हो गई है!

–और कमल जी! बोल देंगे कंपियर हमारा होगा।

तय वक्त पर हम दूरदर्शन केंद्र पहुँच गए।

निदेशक अतीव सज्जन पुरुष थे। मैंने फोन पर ही कह दिया था–हमारे पास समय नहीं के बराबर है। तुरंत बाद हमें आकाशवाणी जाना है।

हम वहाँ गए। निदेशक महोदय ने सामने वाले कमरे में पहले से ही सेट तैयार करवा छोड़ा था। लाइट, कैमरा मैन, सब व्यवस्थित था। हमें जाकर केवल बैठना ही था। रिकार्डिंग में देर नहीं लगी। डॉ. कमल ने कंपियरिंग की। मैंने आंध्र प्रदेश, नागार्जुन, विशाखापतनम के बारे में अपने प्रभाव प्रस्तुत किए। डॉ. पांचाल ने अपना आलेख प्रस्तुत किया दक्किनी हिंदी के बारे में।

दोपहर का भोजन हमने एक साथ किया।

फिर गए आकाशवाणी-केंद्र में।

वहाँ हिंदी के प्रोड्यूसर तैयार बैठे थे।

मैंने कविता-पाठ किया।

डॉ. पांचाल ने अपना आलेख प्रस्तुत किया।

बड़े साहित्यकारों की बड़ी बातें।

हिंदी प्रोड्यूसर की एक समस्या थी। वे संभवतः बंगाली थे। इससे पूर्व बस्तर के आस-पास आकाशवाणी के किसी केंद्र में थे। उन्होंने वहाँ शायद किसी निम्नवर्ग की स्थानीय महिला से विवाह कर लिया। बस इसी बात पर उनका तबादला हो गया। बीवी वहीं पर। मियाँ यहाँ।

डॉ. कमल के वे परिचित थे। वे बोले :

–"इनका कुछ करवाइए! राष्ट्रपति जी से कहकर इनकी बीवी का तबादला करवाएँ!"

–मैंने डॉ. पांचाल की ओर इशारा किया :

–"तरीका मैं बताए देता हूँ। अमल डॉ. पांचाल करवा दें। बात बन जाएगी। फौरन से पेश्तर।

ज्ञानी जी जब पंजाब के मुख्य मंत्री थे तब उन्होंने अंतर्जातीय विवाहों को बड़ा प्रोत्साहन दिया था। कई हजार नकद के इनाम, साथ-साथ या एक ही जगह पर नौकरी का इंतज़ाम।

उन दिनों कुछ ऐसे विवाह हुए थे जिनमें लड़कियाँ तो उच्च वर्ग की थीं और लड़के निम्न वर्ग के।

यही हवाला देकर राष्ट्रपति के नाम उनसे हमने एक अर्ज़ी ले ली। शाम को उन्हें राजभवन के हाल में एक सांस्कृतिक कार्यक्रम आयोजित किया जाने वाला था।

'नटराज नृत्य निकेतन'
रंगारंग कार्यक्रम प्रस्तुत करने वाला था।
इधर बारिश का भी ज़ोर था।
पर वह दंपति आ गई।

ज्ञानी जी कार्यक्रम देखने के लिए जा ह। रहे थे कि हमने उस दंपत्ति को उनके आगे खड़ा कर दिया।

मैंने कहा :

–काश, आप आज राष्ट्रपति के साथ-साथ इस प्रांत के मुख्यमंत्री भी होते।

–यह केसे होता?

–नहीं हुआ है तभी तो यह गजब हो गया है।

–क्या हुआ है! आसमान वहीं नज़र आ रहा है! ज़मीन में कोई हरकत नहीं लग रही है। फिर ऐसा क्या हो गया है?

अब माजरा बयान करने के लिए डॉ. पांचाल ने उस नवल जोड़ी को आगे कर दिया। ज्ञानी जी ने सब सुना। बोले :

–अच्छा होता आपने यह विवाह पंजाब में किया होता! मेरे मुख्यमंत्री होते किया होता?

–मैं भी तो यही कह रहा था।

–हाँ!

–और उन्होंने फौरन ही उस पर कारवाई करने के आर्डर कर दिए। कुछ दिनों बाद पत्र आया कि उस 'कपल' का काम हो गया है। वे आभारी हैं।

हमने विदा ली उस शाम के कार्यक्रम से।
हमें अभी कई काम करने थे।
आंध्र की हिंदी साहित्य अकादमी जाना था।
विरला द्वारा बनाया गया भगवान वैंकटेश्वर का मंदिर पुनः देखना था।

एक बार नगर की परिक्रमा लेनी थी।

तीनों ही एक ही गाड़ी में निकल पड़े।

बिरला मंदिर!

हैदराबादी चट्टानों पर खिला हुआ श्वेत कमल!

काली नीली चट्टानें। सागर की लहरों जैसी उठती-बैठती चट्टानें!

नील लहरों से खिल उठा श्वेत-शुभ्र कमल!

भगवान वैंकटेश्वर का शयन कमल!

श्वेत संगमरमर का एक भव्यातिभव्य मंदिर।

कई सौ सीढ़ियाँ चढ़कर! मंडपों, द्वारों को पार कर मुख्य मंदिर का रूप अतीव महिमावान है। जैसे हैदराबाद की किसी एक चोटी पर स्थाई रूप में श्वेत बादलों की बस्ती बस गई हो!

रात के समय जब उसमें दिव्य प्रकाश व्यवस्था होती है तब मानो कोई इंद्रपुरी! नहीं! नहीं साक्षात बैकुंठ अवतरित हो जाता है वहाँ पर।

मानो हैदराबाद अपनी धर्मांध कट्टरता पर पश्चाताप कर रहा हो!

हैदराबाद का उदरामना शासन!

कहीं पर कोई प्राचीन मंदिर नहीं मिलेगा आपको!

हमने आचमन लिया! पंच-गव्य का आचमन! कर्पूर-केशर-चंदन-मिश्री-मिश्रित आचमन!

तुलसीदल से युक्त आचमन!

मन में मंत्र गूंजने लगा है!

–अकाल मृत्यु सर्व-व्याधि हरणं...विष्णु चरणोदकं पीत्वा पुनर्जन्में न विद्यते. ..नारियल का प्रसाद! माथे से लगाकर स्वीकार किया।

यह प्रसाद नहीं! संस्कृति का, दर्शन का अनुदान है मेरे लिए...

हम सीढ़ियाँ उतरकर आ गए हैं कार के पास :

डॉ. पांचाल ने अनुरोध किया है :

–सीधे अकादमी जाना है।

कुछ मोड़ और कुछ लंबी सड़कें पार कर कार पार्क हो गई अकादमी के कार्यालय के आगे?

अकादमी की चेयरमैन! नहीं! नहीं! वह महिला कुर्सी पर ही मौन हो गई?
कैसी विसंगति है इन पद-नामों की?
महिला और चेयरमैन!
चेयरमैन श्रीमती इंदिरा देवी धनराज।
और डायरेक्टर श्री ओमप्रकाश निर्मल!

जब वे 'कल्पना' के संपादकीय में थे, तब से ही परिचित रहे हैं। मिले अभी हैं इन्हीं दिनों।

श्रीमती धनराज हमें अकादमी के महत्त्वपूर्ण प्रकाशनों की प्रतियाँ भेंट कर रही हैं। गर्मागर्म कॉफी और फिर उनसे विदा!

डॉ. कमल बोले :

—अब कहाँ!

—केवल एक चक्कर उस्मानिया विश्वविद्यालय का। साथ ही नगर-परिक्रमा हो जाएगी आती बार...

ऐसे ही हुआ। वापसी में हुसैन सागर के तट पर रुके थोड़ी देर के लिए। फिर डॉ. कमल को छोड़ा आकाशवाणी केंद्र में। वे अपना स्कूटर वहीं छोड़ आए थे।

रात काफी गहरा चुकी थी। यातायात कम हो रहा था। वे अपना स्कूटर बाहर ले आ थे।

वे भावभीनी विदा दे रहे थे हमें...हम दक्किन वाले दिल बिछाते हैं...
मैं भी भाव-विगलित हो रहा था। केवल इतना ही कह पाया।
अनुबंध होगी औरों के लिए! दोस्ती अपने लिए संबंध होती है...
और विदा! हैदराबाद को! इन सुनसान सड़कों को! भवनों को!
कल प्रातः ही चले जाएँगे! फिर आने का स्वप्न लेकर!

अब हम जा सकते हैं न एक घर से दूसरे घर जा रहा हूँ।
हैदराबाद : राज भवन : देहली के लिए प्रस्थान : प्रातः 9 बजे
24 जुलाई, 1985

हैदराबाद। राष्ट्रपति का दूसरा निवास स्थान माना जाता है।
दस दिन का प्रवास। देहली जाने की तैयारियाँ हो रही हैं।
सामान तो बहुत पहले ही एयरपोर्ट चला गया।

फिर भी अभी बहुत कुछ है समेटने को। सभी व्यस्त हैं अपने-अपने में। कोई रह न जाए! कुछ छूट न जाए!

दस दिन तक जो सेवक दिन-रात हमारी सुविधाओं का ध्यान रखते रहे हैं, वे सबके सब उदास लग रहे हैं। इतने दिन रहे! तो उत्सव रहा। अब जा रहे हैं तो सब सूना-सा हो जाएगा।

उन सबसे भावभीनी विदा लेकर मैं नीचे आ गया हूँ!

अभी नीचे आया ही था कि कार ड्राइवर राजेश्वर आ गया। उसने नमस्कार किया। इतने दिन, केवल दिन ही नहीं रात भी, रात-रात भर वह मेरे साथ रहा। आपने असुविधा में रहकर भी मुझे सुविधा में रखा। वह भी उदास हो रहा है।

—साहिब जी! कोई भूल-चूक हो गई हो! कमी रह गई हो! तो माफ करना हमारे कूं!

मेरा दिल भारी हो रहा है। बस आगे बढ़कर उसका कंधा थपथपा रहा हूँ।

राजेश्वर जाने लगा तो मुहम्मद इकबाल आ गया। वह मेरे साथ नागार्जुन गया था गाड़ी लेकर।

—सलाम बोलने कूं आया हूँ! बड़ी इज्जत दी हमें! बड़ा प्यार दिया हमारे कूं!

—उमर दराज़ हो! खुदा तुम्हें आसूदगी बख्शें!

—हमारे कूं याद रखिएगा साहिब!

—अल्लाहताला सलामत रखें आप दोनों कूं!

मेरे 'कूं' बोलने पर वे मंद-मंद मुस्कुराने लगते हैं। दिलों का बोझ कुछ हल्का होने लगता है।

कारें अपने-अपने क्रम के अनुसार लग चुकी हैं।

ज्ञानी जी बाहर बरामदे में आकर वहाँ के अधिकारियों से मिल रहे हैं।

कैबिनेट की एक महिला-मंत्री और हैदराबाद की महिला कलक्टर आ गई हैं। वे इस निवास के दौरान ज्ञानी जी के परिवार के साथ रही हैं।

–अब हम जा सकते हैं न?

राष्ट्रपति स्वयं आज्ञा ले रहे हैं।

–मैं जा कहाँ रहा हूँ। केवल कुछ दिनों के लिए दूसरे घर में जा रहा हूँ। फिर आ जाऊँगा तब तक के लिए यह घर आपके हवाले।

सभी संवेदित हो रहे हैं।

ज्ञानी जी कार में बैठने से पहले सभी परिचारकों, सेवकों से मिल रहे हैं।

लॉन में कुछ ग्रुप बना कर उन्हें बिठा दिया गया। राष्ट्रपति उनमें बारी-बारी जाकर बठ रहे हैं, और फोटो खिंचवा रहे हैं।

अब वे सभी से मिल रहे हैं। उनकी पीठ थपथपा रहे हैं।

यही उनका पुरस्करण है। वे प्रसन्न हैं। इससे बढ़कर और पुरस्कार क्या होगा?

अब कारें वहीं आ रही हैं। ज्ञानी जी अपनी कार में बैठ गए हैं।

धूप चमकने लगी है। और कारें सरक कर राजभवन के गेट से बाहर आ रही हैं।

अब कारों का कारवां हैदराबाद को सड़कों पर दौड़ा जा रहा है।

हैदराबाद का एयरपोर्ट!

यान तैयार खड़ा है।

उसमें सीढ़ी पहले से ही लगी हुई है।

सब अपने-अपने स्थान पर विराज रहे हैं।

मैंने गेस्ट-कक्ष में इस बार अपनी सीट बदल ली है। अब की इस ओर से अपनी पुण्यधरा का दर्शन करूँगा।

इस बार साथ में राज्यपाल शंकर दयाल शर्मा और उनकी सुपुत्री तथा दामाद भी जा रहे हैं। साथ में उनकी एक प्यारी सी बिटिया भी है।

यान उड़ने लगा है।

हैदराबाद! उसके चट्टानी फैलाव! हुसैन सागर, बिरला मंदिर, सबके सब धरती में अपना-अपना आकार खोने लगे हैं।

लगभग उन्हीं दृश्यों-परिदृश्यों की आवृत्ति होने लगी है।

जैसे वी.सी.आर. में कोई रील रिवाइंड की जा रही हो।

नीचे के बादल देहली की ओर जा रहे हैं।

ऊपर वाले देहली से सागर की ओर जा रहे हैं।

गोया चारों ओर आग लगी हो और दमकल के दस्ते आपाधापी में इधर-उधर बेतहाशा भागे जा रहे हों!

बादल का एक टुकड़ा! सागर की ओर जा रहा टुकड़ा यान में मेरी खिड़की को थपथपा रहा है। मैं उससे संवाद रचना करने लगा हूँ :

—कहो भाई! सुरखरू हो आए!

पंजाब के मैंदानों में, पहाड़ों पर इतना पानी उंड़ेल आए!

बाढ़ ही बाढ़! पानी ही पानी!

भइया जी! विवेक से काम लो!

बादल गहरा रहे हैं। चारों ओर फैल रहे हैं।

मुझे पंत की बादल कविता का स्मरण होने लगा है।

धीरे-धीरे संशय से उठ! बढ़ अपयश से चारों ओर!

बादल गहरा रहे हैं। संशय से गहरा रहे हैं।

पर यान! संधान-निष्ठ यान उन्हें चीरता हुआ! रुई की तरह धुनता हुआ अंततः उनसे बाहर निकल आया है।

देहली आने वाली है।

लैंडिंग के लिए यान विराम में आने लगा है।

एम. आई. जी. की कालोनियाँ! डिब्बेनुमा मकानात! उनके उभार धरती में से उगने लगे हैं।

गोया देहली की ज़मीन में ऐसे मकानात की फसल उग आई हो।

यान नीचे! और नीचे होने लगा है। आहिस्ता-आहिस्ता जैसे वह सीढ़ियाँ उतर रहा हो?

वृक्षों में से उनके आकार निकलने लग पड़े हैं। रेखाओं सी सड़कों में जान आ रही है।

बिखरे शीशे के टुकड़ों से जलाशयों की नीलिमा स्पष्ट होने लगी है।

एक ही झटके में यान पालम की पट्टी पर भागने लगा है।

दिल्ली की ज़मीन!

कितना आकर्षण है दिल्ली में!

ज्ञानी जी यान से उतर कर सबका स्वागत ले रहे हैं।

राष्ट्रपति भवन की कारें! पूरा अमला खड़ा है प्रतीक्षा में।

पालम से बाहर निकलकर हम राष्ट्रपति भवन की ओर आ रहे हैं।

वहाँ पहुँचकर मैं अपने रूम में आता हूँ।

टाइगर-गैस्ट-रूम!

एक तरह से लग रहा है घर ही लौट आया हूँ।

तुरंत पटियाला फोन करता हूँ घर में।

–हलो! हाँ! आ गया हूँ। रात ही चल पड़ूंगा। सुबह आप सबके जगने से पहले घर में हूँगा।

ज्ञानी जी से विदा लेने गया।

बोले :

–तुम्हारा काम काफी हो गया होगा।

अब 14 अगस्त के समारोह में आ जाना। और मैटर मिल जाएगा।

–अब तो कई बार आना होगा! बहती धारा से पानी लेने के लिए।

मैं रात ही जा रहा हूँ।

–ठीक है।

अभिवादन दिया! आज्ञा ली!

बस स्टैंड जाने के लिए गाड़ी आ गई थी नार्थ कोर्ट में।

जा रहा हूँ। रात के सूने में देहली की सड़कों को लंबी-लंबी सांसों से सर करती कार जा रही है मुख्य बस स्टैंड की ओर।

सोच रहा हूँ :

–दक्किन घूमकर दिल्ली आए!

पर इतना सहेज लिया है ज्ञानी जी की अंतरंगता को कि उसे अब अपनी रचनाशीलता में रूपांतरित करने के लिए कई-कई प्राणायामिक समाधियों की आवश्यकता पड़ेगी। चाहता हूँ मेरे ये साक्षात्कार मेरी रचना-प्रक्रिया का हिस्सा बन जाएँ!

तभी यह अनुष्ठान पूर्ण हो सकेगा।

नहीं चाहता संस्मरणों का तथ्यात्मक निरूपण!

उन्हें जीवंत प्रस्तुति देनी है!

एक प्राणवान रंग-रूपांतरण देना है।

तभी ये संस्मरण उनके जीवन के आंतरिक वर्चस्व को रूपायित कर पाएँगे!

यह एक कठिन चुनौती है मेरे रचनाधर्म के लिए।

लक्षद्वीप के निमंत्रण :
सागर में फैले छोटे-छोटे भारत बुला रहे हैं मुझे
राष्ट्रपति भवन : देहली से प्रस्थान : कोचीन के लिए : 17 अक्तूबर, 1985, प्रात: 9 बजे

राष्ट्रपति-भवन के नार्थ-कोर्ट से कारों का कारवां चल पड़ा है।

राष्ट्रपति केरल-कोचीन, बंगलोर, मैसूर तथा लक्ष्य द्वीपों की यात्रा पर जा रहे हैं।

यान ने पालम हवाई रन-वे से ठीक सवा-नौ पर उड़ान भरी।

देखते ही देखते यान हवा में हवा होने लगा है।

आज आकाश स्वच्छ नील-निर्मल है।

आषाढ़ी आकाश! भाद्रपदी आकाश!

विद्रोही और आतंकवादी था।

परंतु

आश्विनी आकाश नील सागर सा प्रशांत है।

जैसे अब उनसे कोई शांति अनुबंध हस्ताक्षरित हो गया हो!

दूर क्षितिजकारों में श्वेतिमा है।

श्वेत सांपों सी क्षीर-दुग्ध-धाराएँ!

तरल-रजत स्रोत-प्रवाह हो जैसे!

नीचे जलकुण्ड, जलाशय पिघली चांदी के लबालब भरे पात्र से लग रहे हैं! बेशुमान श्यामधाराएँ! सूखे नदी-नाले! जगह--जगह सूख परतें, असंख्य दरारें! गर्मी में तपा धरती का गोलक अब आश्विनी शीत के पहले ही स्पर्श से दरक गया है जगह-जगह से। तरेरें पड़ गई हैं यहाँ, वहाँ। गर्जे कि जगह-जगह।

कांस्य कुंभ सी धरा! कांच पात्र सी धरती! चटख गई है!

सूखे-अधसूखे जलाशय!

रिस रहे सैपटिक से। बरसाती मच्छरों ने ज़मीन को काट खाया है।

जगह-जगह उसके जिस्म पर चगत्ते उभर आए हैं।

घाटियों की अंधेरी वादियों से बह रहीं बेशुमार छोटी-बड़ी सर्पीली श्याम-धाराएँ नागिन से केंडुली मारकर पसर रही वह एक बड़ी जलधारा!

किसी चट्टान की ओट में जैसे अभी-अभी उस नागिन ने अपने अण्डे फोड़े हों!

सपोलियों सी अति क्षीण चंचल धाराएँ कुलबुला रही हों!

क्षितिज की हेमिल श्वेतिमा! सूर्य रश्मियों से चमक रहे स्वर्ण-हिम-श्रृंग!

पूरे का पूरा प्राच्य दिदत! पूर्वी आंचल!

अनंत क्षीर सागर सा लगने लगा है!

अनंत शेष-शायी भगवान का मुकुट प्रदीप्त होने लगा है।

असंख्या वैदूर्य मणियों! कौसतुभ मणियों की दिव्य तरल-आभा फैल रही हो!

बड़े-बड़े जलाशयों में विसर्जन पा रही हैं छोटी-छोटी जल-धाराएँ!

विलय के पर्व पर वे असंख्य लघु धाराओं में बंट गई हैं!

उनका प्रसार बढ़ गया है!

मानो शेषनाग ने अपना फन तान लिया हो!

अब यह जलाशय वसुधा सा लग रहा है!

शेष ने अपने फण पर वसुधा को! पुण्य धरा को धारण कर लिया हो!
अपने प्रत्येक फण पर उसका बोझ ले लिया हो!

यान दक्किन के पठारों को पारकर अब पश्चिमी घाट की ओर बढ़ रहा है।

दूर से लग रहा यह श्यामल पठार!
किसी क्लिनिक में लाइट के आगे कोई 'एक्सरे-शीट' हो!
'रिब्स' सी हरी-हरी काली काली और गहरी नील धाराएँ!
'गिल्टस' से धरती के बड़े-बड़े उभार!
बादलों के छोटे-छोटे श्वेत खंड!
गोया पड़ गया हो जगह-जगह 'स्पाट्स' किसी बुरी बीमारी के।
उस ओर पतंगों से उड़ रहे बाल-मेघ-खण्ड!
बाल-मेघों के समूह जैसे एक टांग पर 'लेज़ियम' प्रदर्शन कर रहे हों!
बरसात के बाद काई के जंगल उग आए हों!
श्वेत-शैवाल लहलहा रहे हों!
रूई के अंबारों से यहाँ वहाँ धरे बादल!
सूरत की बंदरगाह सा लग रहा है आकाश का वह कोना!
बादल फैल रहे हैं तीनों ही आयामों में!
नीचे ज़मीन की गहराईयाँ! समतल सी हो रही उठाने टीलों की।
गोलाईयाँ चोटियों की, चट्टानों की।
दिशाओं का अनंत प्रसार!
ऊपर आकाश की नीलाईयाँ!
यान से बाहर का परिदृश्य!
गोया देख रहा हूँ कोई 3-डाइमैनशन-मूवी
सारा ही क्षेत्र एक कोलाज़ पेंटिंग सा बन गया है!
काली अंधेरी गहर्रायाँ! उजली-पीली चट्टानें! मटमैली उठानें!

नीले हरे-गहरे में डूबे वृक्षों के झुंडों के झुंड!
वादियों के भूरे-भूरे सलेटी, बादामी फैलाव!
जलाशयों के ताज़ा ताज़ा तैल-स्पाट्स!
जल-रंगों के गहरे स्पर्श!
'कोलाज़-पेंटिंग' का केनवस टंगा है स्टैंड पर।
बनकर अभी अभी!...
कोचीन पर उड़ रहा है यान!
जलधाराओं की सीधी, लंबी, समानांतर पट्टियाँ!
हरे पीले चावल के खेतों में झूम रहे नारियल के पेड़!
स्वागत के लिए बिछे हैं पलक-पांवड़े केरल के!
साथ-साथ सजा दिए गए हैं बेशुमार गमले छोटे-छोटे पौधों के!
केरल का यह हरित भू-खंड!
फैला है मघई पान के पत्ते सा! हो रहा है पीला! ज़रद कोनों से!
हल्की-हल्की धूप लग रही है!
कटी सुपारी से पड़े हैं वे चट्टानी भू-खण्ड! शैल शिला-खण्ड!
हरे खेत! कथई रंगी छत्तों मकानों की!
ज़रदे से फैले बादलों के टुकड़े ही टुकड़े!
पश्चिमी तट की श्रृंखलाओं में बसा केरल भू-खंड!
मघई-पान का एक बीड़ा सा लग रहा है!
चारों ही ओर सागर-नीलिमा प्रसार!
पूर्व में सिमट रहे हैं उजले-उनसे बादल!
झांक रहा सुबह का सूर्य बिंब!
जैसे जंगी जहाज़ी बेड़ा जा रहा हो मार पर!
नौ-सेना की टुकड़ियाँ खड़ी हैं दक्ष-सावधान मुद्रा में!
आकाश में हो रहा है ध्वजारोहण!

केरल-कोचीन! हवाई पट्टी!

यान लैण्ड होने को है! लगा है नीचे उतरने!

यकायक मानसून का रोमिल-स्नेहिल बादलों का समूह घेर रहा है यान को!

दे रहे हों एक प्यार भरा गर्मागर्म कंठाश्लेष

श्वेत गणवेशधारी बादलों का एक दल खड़ा है पोर्ट पर

पेश करने को 'गार्ड-आव-आनर।'

तराशे नारियलों के छितरा रहे झुंड के झुंड।

पंक्तियों में खड़े हैं स्कूल के शिशु!

पहने हरी वर्दियाँ! हाथों के लिए झंडियाँ!

हिला रहे हैं स्वागत को!

केरल! कोचीन! एरनकुलम! अरण्यकुलम!

पश्चिमी तट की श्यामल शिलाएँ! हरित नीले शैल!

हरे पीले खेत, सघन नारियल कुंज! नील जल-धाराएँ!

अंधेरी चोटियों पर टिके, थकेहारे, उत्तर से लौटे श्वेत मानसूनी जैन-मुनियों से—बादल!

चतुर्मासी एकांत—विश्राम कर रहे हों शैल निर्जनों में!

यान ठीक साढ़े बारह बजे कोचीन में लैण्ड किया।

कोचीन! अरण्यकुलम!

कुलम! अर्थात तालाब! बड़ा जलाशय!

कोचीन! कुचिन! टापू! व्यापार केंद्र!

यहाँ एक महाबली-वामन-मंदिर है।

त्रिलोकी—त्रिविक्रम वामन का। संपूर्ण पृथ्वी को तीन पगों में मापने वाले भगवान वामन का! बलि राजा! असुरराज का भगवान वामन के साथ प्रतिष्ठापन! पूजन! यही है भारतीय संस्कृति की महिमावान मुद्रा!

विजयदशमी के दिन राम के साथ-साथ रावण का पूजन भी होता है।

सप्त चिरंजीवों में बलि, अश्वत्थामा, विभीषण की वंदना भी होता है।

चिर वंदनीय है मेरे देश की संस्कृति!

मानव की पूर्ण गरिमा का सम्मान करने वाली संस्कृति।

कोचीन में ही प्रथम शताब्दी में सैंट टाम्स-संत थाम्स आए थे।

भगवान ईसा मसीह का करुणा का संदेश देने के लिए।

प्रणम्या हो गई है यह पुण्य धरा भगवान श्री शंकराचार्य के अवतरण से।

पास ही पिरया नदी के किनारे! इला नदी के किनारे एक ग्राम के कालड़ी। यहीं भगवान श्री शंकर का जन्म हुआ था।

यहीं से उस मंत्र-द्रष्टा ने राष्ट्र की एकता का संकल्प धारण किया था।

समग्र देश को एकात्मता के सूत्र में पिरो डाला था। उसे उसकी मूल अस्मिता से सम्पन्न किया था!

यहीं उस संन्यासी ने अपनी माँ के पुनीत शरीर को अग्निदाह दिया था।

चिता में नहीं।

पूरे घर को ही अग्नि दे दी थी। और ऐसे कर दिया था माँ का संस्कार!

वह राष्ट्र सेवी संपूर्ण राष्ट्र से ही एक प्राण हो गया था!

स्वयं राष्ट्र हो गया था!

यान से नीचे उतरते ही इस पुनीत धरा की रज का माथे पर अनुलेपन करता हूँ!

मस्तक में समग्र देश की एकता का चिंतन स्फुरण पाने लगता है!

कैसे होगा दमन इस राष्ट्रघाती, विद्रोही, विघटनवादी, पृथ्वकतावादी गुटों का!

जगद्गुरु शंकर पुनः आओ! इस देश को एक कर जाओ!

हमें बोध दे जाओ! यह देश एक है! आसेतु हिमाचल एक है!

काश्मीर से! अमरनाथ से लक्ष्यद्वीप तक एक है! कन्याकुमारी तक एक है।

कोचीन एयर पोर्ट पर राष्ट्रपति का भव्य स्वागत हुआ।

हम कारों से सर्किट हाउस जा रहे हैं।

सर्किट हाउस! वहाँ लंच! थोड़ा विश्राम!

लक्षद्वीप के लिए यहाँ दो दल बन गए हैं।

कोचीन बंदरगाह से तमीन जंगी जहाज़ जा रहे हैं।

तारा गिरि! विद्या गिरि! शक्ति!

एक जहाज है सुरक्षा के लिए! एक अन्य है मार्ग दर्शक के लिए।

राष्ट्रपति तारा गिरि में जाएँगे!

प्रेस वाले शक्ति में रहेंगे!

और विद्या गिरि में प्रोटोकल के अन्य सदस्य रहेंगे!

मुझे स्थान मिला है शक्ति में।

यहाँ दो दल बन गए हैं।

एक अभी जाएगा नौसेना के जहाज़ों से!

तीनों ही शिप एक साथ रवाना होने वाले हैं।

परंतु राष्ट्रपति विश्राम करेंगे!

वे दो घण्टे बाद आएँगे! उड़ाने लेंगे हैलिकोप्टर से और ड्राप किया जाएगा उनके शिप पर। वे विश्राम भी कर लेंगे और बाद में कुछ समय पूर्व चल चुके शिप को भी हैलीकोप्टर द्वारा पकड़ लेंगे!

लंच के बाद हम कारों से जेटी पर आ रहे हैं।

सागर तट से एक लंबा पुल पार किया है। हमने शिप तक जाने के लिए।

शक्ति शिप इस समय मुख्य सागर में नहीं है। वह झील में है। पर वह है तो सागर का ही भाग। पानी कम गहरा है।

शिप में मुझे कमांडर अपने केबिन में बड़े ही आदर और आत्मीयता से ठहराता है।

सामान वहाँ जा रहा है। मैं डैक पर आ जाता हूँ।

शिप चल पड़ा है। बहुत ही धीमे धीमे!

पीला पानी गहरा होने लगा है।

बंदरगाहों की अपनी हदबंदियाँ! निशानेदेहियाँ!

शिप उन्हें पार कर रहा है।

पीला पानी हरा और फिर नीला होने लगा है। और अब वह काला पड़ने लगा है।

सूर्यास्त होने को है।

मैं डैक पर आ गया हूँ। मेरे साथ कोचीन विश्वविद्यालय के हिंदी के प्रोफेसर डॉ. श्री रमण नायर हैं।

सामने से हैलिकाप्टर आ रहा है। रूस का बना हुआ किश्तीनुमा हैलिकाप्टर!

इस हैलिकाप्टर में राष्ट्रपति आ रहे हैं।

कितनी सावधानी से तारागिरि शिप पर लैण्ड कर गया है।

सूर्य बिंब अपनी अरुणिमा छोड़ रहा है। वह धीरे-धीरे मद्धिम पड़ने लगा है।

सोनिल पानी काला हो रहा है!

जैसे पिघले सोने में सिक्के का खोट मिला हुआ हो!

चतुर्थी का बांका चंद्रमा उदित हो रहा है।

आकाश नीला-धुला हुआ सा है। उग रहे तारे! नील मणियों से तारे!

चंद्रकांत मणियों से उज्वल तारागण! प्रदीप्त नक्षत्र!

कोचीन का तट बहुत दूर पड़ गया है! नारियल वृक्षों के झुण्ड लुप्त हो गए हैं।

डॉ. रमण नायर से बातें होने लगी हैं कोचीन के मंदिरों के बारे में। वे बोले :

–यहाँ कोचीन में एक देव-साधना है! एकाकी!

–मैं समझा नहीं!

–यहाँ केरल के मंदिरों में कृष्ण सर्वथा अकेले हैं। शिव भी, राम भी! उनके संग न राधा हैं, न पार्वती हैं और न सीता ही हैं!

—तो क्या यहाँ युगलोपासना बिल्कुल ही नहीं है?

—हाँ! युगलोपासना तो नहीं है पर...

—पर क्या?

—राधा, पार्वती, सीता को वैसे पूर्ण मान्यता है! मंदिरों में प्रतिष्ठापना नहीं।

डिनर लेकर पुनः डैक पर आ गया हूँ।

रात का गर्जता चीखता, चिघाड़ता सागर!

वक्ष-विदीर्ण करता हुआ सागर!

ऊपर तारक-जड़ित आकाश ! उनके ऊपर काला गहरा आकाश।

अंधेरी दिशाएँ ! ऐसी दिशाएँ जिनका कोई बोध नहीं है इस समय!

सागर की खारी, प्रिय लावणी हवाएँ!

शक्ति-शिप के एक ओर विंध्य गिरि! दूसरी ओर तारा गिरि!

उनमें से छन छनकर आ रही मंद-मंद लौ!

पर एक संकल्प है!

अंधकार में निरंतर ही बढ़ते रहने का!

बहुत पहले सुने एक गीत की पंक्ति रह रहकर गंध सी गमक रही है :

पथ भूल न जाना पथिक कहीं!
इस घोर अंधेरी वेला में! जब दिशा बोध मिट जाएगा!
पथ भूल न जाना पथिक कहीं!

प्रणाम बंधु! अब सोना है! जाता हूँ!

रात को आँख खुली। समय देखा। तीन बजे हैं।

कैसा होगा सागर इस समय! चलकर देखा जाए!

बड़े सम्मोहन भरे हैं सागर के निमंत्रण! आज लहरों में निमंत्रण!

केबिन से बाहर आ गया हूँ।

बाहर सब शांत है।

ऊपर डैक पर आ गया हूँ। वहीं कुर्सी पड़ी है। उसे खेंच लेता हूँ।

वैसे ही दिशाओं के सागर का आर्तनाद! लहरों का रुदन!

अंधकार से आतंकित लहरें! चीत्कार कर रही हैं।

–सोए नहीं बंधु!

हल्की-हल्की किरणें! मचल रही लहरें! 'प्रसाद' का 'आंसू' अपने छात्रकाल के वे दिन-दिन, रात रात भर हास्टल की छत्त पर 'आँसू' के पदों का गायन! रतजगा! तब न तो सागर देखा था, न उसकी ऐसे मचलती लहरें ही। फिर भो मन के पटल पर एक सागर बिंब प्रत्यक्ष हो जाया करता था :

परिचय राका जल निधि का जैसे होता हिमकर से!
ऊपर से किरणें आतीं मिलती हैं गले लहर से!

दूर अन्य जहाज़ों के द्वीप! जैसे सागर में मसालें जल रही हों!

नमकीन हवाएँ अलसाने लगी हैं। नींद का झोंका आने लगा है।

लौट आता हूँ अपने केबिन में!

अब जाग खुली तो जाना कि पाँच बज चुके हैं।

पुनः बाहर आ गया हूँ डैक पर।

अंधकार के छंटने का आभास होने लगा है।

आतंकित लहरों में विजय का संगीत है।

आज के कार्यक्रम में समय निकालकर राष्ट्रपति जी को ये अनुभव सुनाऊँगा।

'कामायनी' की यह पंक्तियाँ बिंबवान बन रही हैं :

...उधर पराजित काल रात्रि भी जल में अंतर्निहित हुई...वह दूर 'कवरत्तिद्वीप' है।

रात भर पानी में चले। प्रातः हुआ अपने ही देश में आ गए।

अपने देश से अपने ही देश में। सागर के बीच अपने देश के द्वीपों में?

मुख्य लैंड और इन द्वीपों के बीच सागर है तो क्या?

परसों मुगल गार्डन के सायं की सैर के समय ज्ञानी जी से इस यात्रा के बारे में बात हुई :

बोले :

–वहाँ जरूर जाना है। राष्ट्रपति वहाँ न आए! तो कैसा राष्ट्रपति। वे राष्ट्र के अभिन्न अंग हैं। मुझे वहाँ के जन-जन से मिलना है जाकर। वे समझे कि

वे भी मुख्य-लैंड का हिस्सा हैं। बीच में छोटा सा सागर का भाग है तो क्या? पानी आदमी की तकसीम नहीं करता! जल देवता है! देवता सबको जोड़ता है। मैंने कई बार ख़्वाबों में देखा! मैं वहाँ जा रहा हूँ। वहाँ के वासी मुझे निमंत्रण भेज रहे हैं। तट पर खड़े स्वागत को बाँहे फैलाएँ...''

सो अब हम जा रहे हैं। जल देवता के माध्यम से अपने ही देश में।

इस ताल का पानी पीकर आपकी बिरादरी में शामिल हो गया हूँ। कवरत्ति द्वीप जाते हुए : सागर में सूर्योदय : 18 अक्तूबर, 1985

सूर्योदय होने लगा है।

सागर के भीतर ही संवेदना के लाल लाल कनेर-पुष्प खिल रहे हों जैसे!

पूर्व में एक काला मेघ-खण्ड छाया हुआ था। जैसे ग्रहण वेला हो! वह गहराता गया।

परंतु सहसा वे काले स्तंभ चीर कर एक स्वर्णिम अग्नि गोलक प्रकट हुआ है।

हिरण्यगर्भ से हिरण्य-पिंड उदित हुआ है!

अनंत भगवान की अनंत शयन-शैया!

अदृश्य अनंत का दृश्य आसन!

कमल-पुष्पों का आसन! कोटि कमल-पांखुड़ियों का आसन!

मन में उत्प्रेक्षण होने लगा है :

नहीं! नहीं! यह सागर नहीं है!

यह कमल-सागर है! स्वर्णकांत गैरिक विभा से प्रदीप्त सागर!

मैं किरणपान करने लगा हूँ! किरणों का अंजुलिपान!

किरणों की अंजुलियाँ भर-भर अर्ध्यदान दे रहा हूँ!

—त्वदीयं! तुभ्यं! समर्पये!

दोपहर में सागर सागर नहीं रह जाता है!

आकाश के मध्य में सूर्य का रथ!

पूर्ण सूर्य-बिंब है अब सागर!

सूर्य के आकार का सागर!

सूर्य उतर आया है सागर में स्नान के लिए! निर्वस्त्र सूर्य!

जैसे हम सागर में नहीं!

सूर्य पर उतर आए हों!

लहरों पर आँख नहीं जमती! वे चुंधियाने लगी हैं!

अरे! रेरेरे! क्या कर रहे हो!

सूर्य स्नान कर रहा है! उसे ऐसे मत देखो! आंखे जल जाएँगी! दृष्टि जाती रहेगी। लहर लहर में सूर्य है! जैसे प्रत्येक घट में सूर्य प्रतिबिंबित होता है! ऐसे ही प्रत्येक लहर में सूर्य उतर आया है! प्रत्येक लहर अपने में एक पूर्ण सूर्य है।

जैसे रश्मियों का रास-मंडल हो!

इक इक लहर! इक इक सूर्य!

यह जानना कठिन है! सूर्य आकाश में है या सागर में! असली सूर्य कौन सा है?

क्षीर सागर! परंतु उबलता हुआ क्षीर-सागर! दुग्ध-सागर!

जिस मार्ग से पोत जा रहा है, वहाँ सागर फटा फटा जा रहा है।

पानी उबल उबल कर! उफन उफन कर उठ रहा है पूरे वेग से!

शिप कवरत्ति-द्वीप पहुँच गया है।

कवरत्ति! लक्षद्वीप-समूह का एक द्वीप!

परंतु वहाँ के उथले तट पर वह नहीं जाएगा।

अब वह उस द्वीप की परिक्रमाएँ लेने लगा है। शिप से उतरकर हम जाएँगे "हैलिकोप्टर" से सभास्थल में।

राष्ट्रपति के शिप से हैलिकाप्टर उड़ने लगे हैं। अग्रिम पार्टियाँ जा रही हैं।

हम भी अपनी शिप के "हैली-पैड" पर जा गए हैं।

बासंती रंग की 'सेफ्टी-बैल्ट' ही हमें पहना दी गई है। जैसे केसरी-बाणा हो बलिदानियों का। वाकई सागर के ऊपर आकाश में उड़ना, हथेली पर सर

रख कर जाने के बराबर है। अभी हाल ही में 'कनिष्क-यान' के क्रैश से उतर कर यान-यात्राएँ आतंकमय होने लगी हैं!

'गैरकि-सेफ्टी बेल्ट' पहने हम गेरवे-चीवरधारी बौद्ध-भिक्षुओं से लग रहे हैं। जैसे हम अशोक के पुत्र महेन्द्र के साथ जल-पोत में आए हों 'धम्य-प्रचार' के लिए! 'शांति-विटप' साथ में लिए! आरोपित करेंगे उसे इन द्वीपों में, उसकी शाखाएँ प्रशाखाएँ! भारत ने ऐसी ही दिग्-विजय की है। हाथ में शस्त्र लेकर नहीं। शांति-विटप लेकर! करुणा-कलश लेकर!

हैलीकाप्टर का 'रोटर' गर्ज उठा है! हम बंध चुके हैं अपनी सीटों से।

हैली-पैड से उठते ही 'रोटर' ने बादलों के एक लघु-खंड को रुई सा धुन दिया है!

उसकी चिंदियाँ सागर के तट पर छितरा रही हैं।

नीचे सागर है! नीले ईरानी कालीन सा!

या मखमली दूब है हरी-हरी नीली-नीली! एक विशाल सब्ज़ाज़ार!

हम उड़ने लगे हैं 'कवरत्ति-द्वीप' पर। वह एक हरे स्टाप सा लग रहा था।

अब उसका आकार उभर रहा है।

श्वेत कोरल-रेत का एक गोलाकार हाशिया खिंचा है द्वीप के चारों ओर।

सागर की 'ग्रीन-बैल्ट' ने उसे हरा-हरा शेड दे दिया है।

सागर तट पर, 'कवरत्ति' के तट पर हैलीकाप्टर उतर आया है।

धरती का रेतीला सोना कण कण हो उड़ा जा रहा है।

स्वागत के लिए द्वीप-वासियों का समूह जमा हो चुका है।

एक 'नट-मंडल' है तैयार है स्वागत गान के लिए।

काले शरीर! किंतु उनमें ग़ज़ब की फुर्ती! सर पर गुलाबी पटके! तन पर सफेद बुनाइनें! घुटनों तक भगवे रंगों की धोतियाँ। हाथों में नकली खड़ग-ढाल। इनके परिचालन से वे नृत्य प्रस्तुत करेंगे :

—'परिचाकली—नृत्य।'—'खड़ग-ढाल-नृत्य।'

पेय! विशुद्ध नारियल जल का। एक कोने में स्वागत-कक्ष बना है। वहाँ

एक मेज पर सजे हैं तराशे हुए कच्चे नारियल। हरे-पीले-गेरवे रंगों के। राष्ट्रपति जैसे ही अपने 'हैलिकाप्टर' से नीचे आए उनके स्वागत में 'खड़्ग-ढाल' नृत्य आरंभ हो गया है।

एक समताल पर अद्‌भुत लोक-नृत्य ! नर्तन-कला श्रछजु-सहज स्वरूप।

कवरत्ति-द्वीप।

सागर-तट से सभास्थल तक दोनों ओर तोरण मालाएँ! नारियल-पत्रों के बंदनवार। और लगे हुए हैं नारियल के पेड़! वे चिर-स्थाई मुद्रा में स्कूल के बच्चों से खड़े हैं सबका स्वागत-कराने के लिए।

सभा स्थल : पूरा द्वीप जमा हो गया है। छोटा सा द्वीप। कुछ हज़ार की आबादी। मुख्य सड़कें पक्की।

सभा-स्थल में स्वागत के लिए नृत्य होने लगा है :

—'कोलकली-नृत्य'—।

गीत के बोल हैं :

—स्वागतं! ओतुने स्वागतं! स्वागतं ओतुने!

संपूज्य इंडिने प्रेसिडैंटिने! स्वागतं! स्वागतं!

ओतुने स्वागतं! स्वागतं ओतुने!...

'कोल-कली' में डंडा-छड़ी का नृत्य है। 'परिचा-कली' में खड़्गढाल का। राष्ट्रपति ने अपने भाषण में स्थानीय बोली का रंग दिया। सभाजन ने तालियों से आकाश को हिला दिया। सागर लहरों ने अपनी भाषा के संबोधन से अपने को जुड़ा हुआ अनुभव किया होगा।

बोली : अपने मछुआरों की! जन जन की! सागर-गीतों की! सागर-गीतों की! नित्य के संवादों की राष्ट्रपति जन जन को संबोधित कर रहे हैं।

—प्रियपटा! सहोदरी मारे! सहोदरन मारे!

प्यारी बहनो! प्यारे भाईयो!

'सहोदर' कैसा प्रिय संबोधन है! सगे भाई-बहनों!

संस्कृत-संस्कृति का प्रभाव कहाँ कहाँ तक फैला है?

राष्ट्रपति का भाषण चल रहा है...

–यह कितनी खुशी की बात है। यहाँ कोई चोरी चकारी नहीं। कोई क्राइम नहीं! मुख्यलैंड के वासियों को यह बात इस लैंड के, इस द्वीप के लोगों से सीखनी चाहिए...करतल-निनाद में कार्यक्रम का समापन होता है।

'इंदिरा गांधी साहित्य कला अकादमी'

वहाँ 'कवरतित' की महिलाएँ आई हैं। प्रमुख महिला मंडल की सदस्याएँ।

मुसलिम महिलाएँ। विशुद्ध भारतीय वेश-भूषा। धोती-टीका। उनमें से एक राष्ट्रपति जी से अपने स्थानीय समस्याओं पर चर्चा कर रही है :

–हमारे यहाँ मुख्य लैंड का कलचर ही है ज्यादातर। बहुत पहले, आरंभ में यहाँ मुख्यलैंड की महिलाएँ आई थीं। उनके साथ ही मुख्यलैंड का कलचर भी आ गया था। तब से उसका प्रचार-प्रसार हो रहा है यहाँ पर।

–आप कैसे अनुभव करती हैं यहाँ...

–हर वक्त अपने देश की मुख्य-धरती से जुड़ा हुआ!

एक पत्रकार ने उन दिनों बहुचलित पर्सनस-ला के संदर्भ में पूछा :

–सुप्रीमकोर्ट का फैसला, जो हाल ही में शाहबानों के केस में हुआ है, उसके बारे में आपके महिला-मंडल की क्या प्रतिक्रिया है?

–नो प्राब्लम! एकदम कोई समस्या नहीं!

राष्ट्रपति वापस आ रहे हैं। सागर-तट के हैली-पैड की ओर।

कारों का, अधिकांशतः जीपों का फ्लीट सहसा रुक जाता है।

राष्ट्रपति अपनी कार से उतर कर नारियल झोंपड़ों में जा रहे हैं।

बच्चों से हिल-मिल रहे हैं। एक को उठाकर उनसे संबोधन जोड़ रहे हैं।

भाषा का संबोधन नहीं! आँखों में उमड़ आई संवेदना की भाषा का संबोधन।

जिन बाहों ने उसे उठाया है, उनमें जग आया ममता का संबोधन। बच्चा जान गया है उसे। मन ही मन पढ़ चुका है उसे। और एकदम आत्मीय अनुभव कर रहा है उस ममतामती गोद में।

राष्ट्र का धन! देश का सरमाया! राष्ट्रपति की झोली में।

हम कितने मालामाल हैं! कितने समृद्ध हैं! वृद्धों-वृद्धाओं से मिल रहे हैं जो उनकी सभा में नहीं आ सके थे।

—मैं आप आया हूँ आपसे मिलने! आपसे मिले बिना मेरी यात्रा पूर्ण नहीं होने की।

स्थानीय एम.पी. इस संवाद को उनकी भाषा में समझा रहा है।

वह रहा एक कच्चा ताल।

यहीं से इन घरों के वासी जल लेते हैं।

राष्ट्रपति उनकी कच्ची सीढ़ियाँ उतर गए हैं। स्वयं अंजुली भरकर पानी पी रहे हैं।

—पानी का रिश्ता सब से बड़ा रिश्ता! किसी को बिरादरी से निकालना हो तो दे दो सज़ा उसे हुक्का पानी बंद करने की।

इस ताल का पानी पी कर मैं हमेशा की लिए यहाँ के जन जन से जुड़ गया हूँ।

यहाँ की बिरादरी में शामिल हो गया हूँ!

राष्ट्रपति एक पल के लिए आँखें बंद कर खड़े रहते हैं।

मानों उनके भीतर 'यक्ष-युधिष्ठिर-संवाद' चल रहा हो!

पानी जीवन है एक अंजुलि स्वच्छ जल पीने का अधिकार सबका है। उन्होंने आदेश दिया :

—ताल पक्का हो।

कारों का कारवां पुनः चल पड़ता है। वैसे ही हम अपने अपने-अपने शिप पर हैलिकाप्टर से लौट आते हैं।

शिप परिक्रमा ले रहे हैं कवरत्ती द्वीप की। चलते शिप पर हमारा हैलिकाप्टर लैंड कर गया है। और वह अपनी पूर्ण गति से चल पड़ा है अगले पड़ाव के लिए।

आज रात वैसे ही शिप में।

कल प्रातः ही अगले द्वीप : 'अंदरोट' पहुँच जाएँगे।

सूर्यास्त होने को है।

—रवि हुआ अस्त...

और अभी बाकी है अपनी यात्रा के कई पड़ाव।
सूर्य को विसर्जन दे रहा हूँ :

बेटी। नमाज़ पढ़ लेती हो?
हज़रत कितने निकाह किए हैं आपने?
अंदरोट द्वीप : 19 अक्तूबर, 1985

रात भर शिप चलता रहा।

प्रातः ही हम 'अंदरोट' द्वीप के निकट पहुँच गए थे।

डॉ. नायर ने जगाया : अनुरोध था एक बार, बार-बार सागर में सूर्योदय दर्शन का।

उनके साथ बाहर आया। डेक पर हम आसन जमा कर बैठ गए।

सूर्योदय में अभी देर है। पर उसके क्षिप्र रथ की आहट सुनाई पड़ रही है।

आकाश मार्ग रथाश्वों के खुरों और तीव्रगामी रथ-चक्रों से कांप रहा है। पूर्व में लाल-धूलि उड़ रही है।

दूर 'अंदरोट' इस प्रातःकालीन विभा में दीप्त हो रहा है।

जैसे स्वर्ण लंका हो!

आज पुनः आकाश में एक बड़ा काला बादल आ गया है। सूर्योदय तो हो चुका है, परंतु उसका हमें पता नहीं चल सका। बस जान गए हैं कि इस काले बादल के पीछे एक लाल गोला है।

सूर्योदय नहीं देख पाए।

कोई बात नहीं, अभी कई प्रातःकाल देखने हैं सागर के।

पूरे साढ़े सात बजे हमें आना है 'हैली-पैड' पर। वैसे ही 'हैलीकाप्टर' से उड़ान लेनी है 'अंदरोट' के लिए।

ऐसे ही हुआ।

हम 'हेलीकाप्टर' पर केसरी बाना पहने उड़े जा रहे हैं।

–'अंदरोट'–के चारों ओर वैसा ही एक श्वेत गोल-चक्र है, कोरल-रेत का।

वैसी ही एक 'ग्रीन-बैल्ट' है, 'लागून' की।

'अंदरोट' के घरों पर से 'हैलीकाप्टर' उड़ा जा रहा है।

यहाँ के नारियल के पेड़ अधिक हरे–ताज़ा और सघन लग रहे हैं।

सागर तट के 'हैली-पैड' के निकट ही लाल-टाट बिछाया गया है। वह सीधा स्वागतकक्ष में जाता है। वहाँ ताज़ा नारियलों के ढेर के ढेर। तराशे हुए।

जैसे उनके आधे सर कलम किए हुए हों!

राष्ट्रपति का विशेष हैलीकाप्टर 'सी-किंग' उतर रहा है।

इस द्वीप के नट तैयार खड़े हैं स्वागत–नृत्य के लिए।

–'परिचाकली-नृत्य'–

नर्तकों की तिरंगी वेश-भूषा।

केसरी पटके! सफेद बनियान, और हरी धोती।

हाथों पर गुलाबी रिबन, और लाल बाने।

हाथों में नकली तलवारें और ढालें।

नर्तक नृत्य प्रस्तुत कर रहे हैं। गीत–गायन भी कर रहे हैं :

: भारत नारिल-यंगम, भासुर पारिल-तिङ्म...

–पूर्ण भारत में! सारे ही देश में शांति-गान हो!

राष्ट्रपति उन नर्तकों में चले जाते हैं। एक से तलवार-ढाल लेकर आप भी उनके साथ वैसी ही नृत्य-मुद्राएँ बनाने लगते हैं।

नर्तक जैसे पुरस्कृत हो गए हों राष्ट्रपति की इस साझेदारी से।

वहाँ से सभा-स्थल की ओर जा रहे हैं।

वैसे ही नारियल के पत्तों के तोरण-बंदनवार, मालाएँ।

भाषण-स्थल के आगे वैसे ही नर्तक जुड़े हैं। राष्ट्रपति के आगमन पर वे अपना नर्तन-गायन आरंभ कर देते हैं।

यह है :

–'डंडा–नृत्य'।

गीत हिंदी में है :

–भारत जननी एक है! सारी जनता एक है!
भारत देश हमारा है! यही हमारा नारा है!

राष्ट्रपति जी ने मुझे संकेत किया :

–इसे नोट कर लो!

फिर वे उन नर्तकों में चले गए। डंडे लेकर बजाने लगे। साथ में वहाँ के एम.पी. मिस्टर सैयद थे। राष्ट्रपति उनसे बोले :

–ऐसे डंडे तुम भी बजा लेते हो!

–नहीं सर!

–केसे एम.पी. हो! यहाँ की जनता के! राजनीति के डंडे बजाते हो! उनकी मार बुरी...

–डरता हूँ। उनकी पिटाई से। बड़ी सख्त मार होती है उनकी...

औपचारिक स्वागत गानों और परिचयों के बाद राष्ट्रपति जी ने अपना भाषण दिया। शुरू में तो वे आलेख से बोले, परंतु कुछ समय बाद आरंभ हो गया खुला भाषण। अपने भाषण का समारंभ उन्होंने स्थानीय बोली में किया :

–प्रिय पटा नाटू गारे . प्रिय देशवासियों :

आपका यह द्वीप भले ही मुख्यलैंड से दूर हो। परंतु हमारे दिलों से दूर नहीं। मैं जानता हूँ आपकी आबादी बढ़ रही है। इस जज़ीरे की जगह कम पड़ने लगी है। मत समझना कि स्थान कम पड़ गया है। सारा भारत आपका घर है.

तालियों का ज्वार आ गया था उस द्वीप में!

अवश्य ही सागर ने एकबार तो सोचा होगा–कहाँ से आया है यह ज्वार?

–अंदरोट के गैस्ट हाउस में ही कुछ महिलाएँ आ गई थीं मिलने के लिए।

भारतीय वेश-भूषा। माथे पर टीके। कानों में बाले और अन्य भारतीय आभूषण।

राष्ट्रपति जी ने एक से पूछा :

–बेटी! नमाज़ पढ़ती हो?

–हाँ!

–सूरा फातहा पढ़ लेती हो!

—जी!

—सुनाओ तो!

वह सुनाने लगती है।

—शाबाश बेटी! खुदा तुम्हें बरकत दे! नियामतों से दामन भर दे!

उन्होंने एक और महिला से पूछा :

—बेटी! कितने बच्चे हैं तुम्हारे?

वह तो शर्मा गई। एक ने कहा :

—पाँच...

—अल्लाह! उमर दराज़ करे सब को!

वहीं गेस्ट हाउस में भेंट के लिए आ गई—'शरीअत समारक्षण समिति'।

उन दिनों बड़ा शोर था शाहबानों के केस में सुप्रीमकोर्ट के फैसले के बारे में! यह समिति उस निर्णय के विरुद्ध अपना रोष व्यक्त करने आई थी। उनके दुभाषिये ने उनके विचार प्रस्तुत किए। राष्ट्रपति जी ने सब गौर से सुनने के बाद अपना संवाद जोड़ा :

—कुरान! पाक कुरान में चार शादियों तक की इजाज़त है। बशर्ते कि आदमी में तौफीक हो! हैसियत हो! कुव्वत हो! सब को बराबर का इंसाफ देने की नेक-नियती हो! और खानगी जरूरत हो!

आपमें से कितने हैं जिन्होंने पाक कुरान का वह सूरा पढ़ा है?

इस सवाल पर खामोशी छा गई।

—कितने हैं जो मुकद्दस कुरान और इस शरह को जानते हैं।

सब की गर्दनें झुक रही थीं।

राष्ट्रपति जी ने एक बुजुर्ग से सवाल किया :

—हज़रत आपकी उमर क्या है?

—जनाब बहत्तर साल।

—'कितने निकाह किए हैं?'

—'चार!'

—पहला कब किया था?

—पंद्रह साल की उमर में।

—चौथा निकाह कब किया था?

—जी सत्तर साल की उमर में।

—चारों बीवियों ज़िंदा हैं?

—खुदा के फज़ल से सब ज़िंदा हैं।

—किसी को तलाक तो नहीं दिया है?

—जी नहीं!

—सत्तर साल की उमर में जिस नेक खातून से निकाह किया है उसकी उमर?

—जी बाईस साल!

—खुदा की रहमत से बच्चे कितने हैं?

—सत्रह लड़के और नौ लड़कियाँ!

—खुदाबंद करीम की निआमतों का सब मज़ा ले रहे हैं न?

--जी! मेहर है उस परवरदिगार की! सब ज़िंदा हैं! खुदा उन्हें ता-कयामत ज़िंदगी अता फरमाए!

—उमरदराज हो उन सब की। तूल उमर हो आपकी भी!

—हरेक के हिस्से में जायदाद कितनी आई है?

—जी हर फरजन्द के नाम तीन पेड़ नारियल के और हर दुखतर के नाम एक पेड़...

—अब हज़रत! आप फैसला आप पर!

आपकी न हैसियत है! न खानगी ज़रूरत है! न जिस्मानी कुव्वत है आपमें!

न आप में सब को बराबरी का इन्साफ देने की नेकनियती है!

पाक कुर्आन की खिलाफवर्जी कौन कर रहा है?

दुभाषिया बोला:

—हज़रत फरमा रहे हैं कि हमें इन बातों का इल्म नहीं! चार शादियाँ करना जायज़ है हमारे लिए! इस पर कोई भी पाबंदी या इसमें कोई भी मुदाखलत शरह के खिलाफ है! हम इसे बरदाश्त नहीं करेंगे!

राष्ट्रपति जी ने हँसते हुए कहा :

मियाँ! खातिरजमा रखें! इत्मिनान से रहें। आपकी अर्ज़ी हमारे पास आ गई है। हम हमदर्दी से गौर करेंगे! हिदायत कर देंगे सरकार को। आइंदा ऐसा कोई कानून न बनाए!... जो आप जैसे बुजुर्ग को परेशान करे, आपके शादी के हक में मुदाखलत करे!

—इंशा-अल्ला! आपको खुशियाँ ही खुशियाँ मिलें!

वह वफ़द हँसी-हँसी गया।

अंदरोट में एक कदीम टांब है :

—'अब्दुल्ला-टांब'—

राष्ट्रपतिजी अपना खिराजे—अकीदत पेश करने के लिए वहाँ जा रहे हैं।

रास्ते में 'अंदरोट यूथ क्लब' के मेंबर स्वागत करते हैं। उनसे बे-तक्कलुत बातें होने लगती हैं।

—कोई लेडी मैंबर है आपके क्लब की!

—नहीं जी।

—तो कैसा यूथ क्लब है आपका यह?

—'अब्दुल्ल टांब'—

अब्दुल्ला नाम का कोई खुदा-दोस्त फकीर, दरवेश आया था इस जज़ीरे में।

यह सात सौ साल पहले की बात है।

उसने इस द्वीप में इस्लाम का प्रचार किया था।

उसकी आमद की याद में! मुतबर्रक याद में यह मकबरा बनाया गया है।

इसमें ज्यादातर काम लकड़ी का है। वह भी सात सौ साल पुरानी बताई जाती है। राष्ट्रपति जी मकबरे के अंदर जाते हैं। वहाँ अपनी अकीदत के फूल चढ़ाते हैं।

मकबरे के साथ ही ईदगाह भी है।

वहाँ हर जुमे को नमाज़ अदा होती है। जज़ीरे के ज्यादातर मुसलमान बिरादर यहाँ आते हैं। एकसाथ मिलकर पाक नमाज़ अदा करते हैं।

इमाम बता रहे हैं :

–इस मकबरे की लकड़ी तो मेर-लैंड से आई थी। पर कारीगर इसी जज़ीरे के थे। इस्लाम कुल-मखलूकात की बहबूदगी का सबक देता है! खुदा से दुआ करो!

दुनिया में अमन कायम रहे! हिंदुस्तान में, अपने मुल्क में अमन रहे!

वह है तो हम सब हैं! उसकी बेहतरी में हम सब की बेहतरी है...

वापिस आ रहे हैं सागर तट के 'हैलीपैड' की ओर।

रास्ते में कारें रुक जाती हैं।

राष्ट्रपति अपनी कार से उतर कर सड़क के एक ओर बने कच्चे मकानों की ओर आ रहे हैं। वहाँ एक कुएँ पर जाकर रुक गए हैं। पुरानी बावली पर कुँआ उठाया गया है। साथ ही पंप भी लगा हुआ है।

राष्ट्रपति जी उस पर हाथ आज़माते हैं। वह कई दिनों से इस्तेमाल नहीं हुआ होगा। पानी नहीं आ रहा है उसमें :

साथ ही रस्सी बाल्टी भी पड़ी है।

राष्ट्रपति उसे उठाकर कुँए में डालने लगते हैं।

इतने में एक सेवक पंप में पानी डालकर उसे चलाने लगता है। कुछ ही हाथ मारने के बाद उसमें पानी आने लगता है। पर राष्ट्रपति जी कुएँ से बाल्टी में पानी निकाल चुके हैं। अब पीने को हैं। कैसे पीएँ? कुछ लोग गिलास लेने के लिए इधर-उधर भाग उठे हैं :

पर राष्ट्रपति जी अपनी ओक से (अंजुली से) ही पानी पीने लगे हैं।

जा भरकर पीने के बाद एक सांस! तृप्ति की सांस ले कर बोले :

–यह है असला पानी! यहाँ का खाया है तो पानी भी यहाँ का ही पीओ!

अभी तक नकली पानी पीते रहे! जो इस ज़मीन का नहीं था।

अन्न यहाँ का और जल कहीं और का! भला यह क्या बात हुई!

अन्न-जल एक ही जगह का होना चाहिए!

राष्ट्रपति जी सामने एक बूढ़े के पास जा रहे हैं। उसकी बीनाई कमज़ोर है।

दुभाषिया उसे बता रहा है।

—सदरे हिंद आए हैं तेरे दरवाज़े पर! तुम्हारी खैरियत जानने!

राष्ट्रपति जी पूछते हैं :

—कितने बच्चे हैं?

—जी सोलह!

—सोलह!

—हाँ! दस लड़के। छह लड़कियाँ।

—इतना कुनबा! गुज़र केसे होती है?

—खुदा की बरकत से!

—एम. पी. साहब! आबादी कम करें!

मि. सैयद, एम.पी. हँस रहे हैं। आँखें बोल रही हैं :

—क्यों कम करें साहिब। यह तो हमारा वोट-बैंक है!

राष्ट्रपति जी कई घरों में गए : सब को हाथ जोड़े। दुआ-सलाम किया।

जैसे वह एक-एक व्यक्ति में संपूर्ण राष्ट्र के दर्शन कर रहा हो!

हैलीकाप्टर से हम अपने शिप पर आ गए हैं।

शिप चला जा रहा है अगले द्वीप की ओर।

दुआ की कोई भाषा नहीं होती : वह दिलों की बोली होती है।

कदामथ द्वीप : सायं 4 बजे : 19.10.85

अंदरोट से चला शिप 'कदामथ' में साढ़े-तीन बजे बाद दोपहर पहुँच गया है।

शिप गहरे सागर में ही द्वीप परिक्रमाएँ ले रहा है।

अब वैसे ही 'हैलीकाप्टर' से द्वीप में जाएँगे।

शिप के 'हैलीपैड' पर हम आ गए हैं। केसरी सुरक्षा-पेटी पहन ली है। एक ही मिनट में गुर्रा कर 'हैलीकाप्टर' उड़न छू होने लगा है :

नीचे सागर की लहरों का काश्मीरी कालीन बिछा है।

'कदामथ-द्वीप' पर उड़ रहे हैं हम लोग।

मयूर! मोर जैसा यह द्वीप।

पूर्वी तट पर कोई सौ फुट की हरी बेल्ट है लागून की...उसके साथ ही कोरल की सफेद रेत का एक दायरा है द्वीप के चारों ओर।

जैसे दोनों ही द्वीप कवच-कुंडल! उसे सागर की थपेड़ों से बचाए हुए हों उसके पीछे अपनी मर्यादा में चिघाड़ता सागर। नील सागर। बीच-बीच में नील-हरित छायाएँ। एक और सर्पाकार जलधारा। जैसे मोर नर्तन कर रहा हो पैरों में नाग दबोचे हुए। और अहने चंद्रिल पंख फैलाए हुए। पंख! नारियल की लहराती शाखाओं के पंख। मन में एक अस्वीकार उठने लगा है।

नहीं! नहीं! नहीं!

यह 'कदामथ' द्वीप नहीं है!

यह कार्तिकेय का वाहन मोर है!

लगता है अपने विवाह के प्रसंग में वह भगवान शंकर-पार्वती से रूठ कर यहीं कहीं नारियल के सघन-कुंजों में छिप बैठा है।

—'कदामथ' के सागरतट के निकट बने 'हैलीपैड' पर हमारा हैलीकाप्टर लैंड कर रहा है। साथ ही स्वागत के लिए कक्ष बना हुआ है। निकट ही सभा-मंच भी है। मुख्य द्वार पर भव्य तैलचित्र लगे हैं। रक्त-कमल और विशाल नील मत्स्य। यहाँ तीन नृत्य-गायन प्रस्तुत किए गए।

नर्तकों का वैसा ही पारंपरिक वेश। वैसी ही भूषा।

राष्ट्रपति जी के आगमन पर एक-एक कर ये नृत्य प्रस्तुत किए जा रहे हैं।

परिचाकली-नृत्य :

नर्तकों के हाथों में खड्ग-ढाल हैं। उन्हें लहराते हुए वे गा रहे हैं :

—सुआगतं! सुआगतं! औतुनयंङल।

आपका मधुर मधुर स्वागत है! शुभागमन हो आपका।

आटमकली-नृत्य :

नर्तकों का एक दल आगे आकर अपना नृत्य प्रस्तुत कर रहा है। साथ में डंडावादन और गीत-गायन भी होने लगा है :

–कनेकनीय कौदुग मणिये! काडगमे पोकावेंडे!

चिंगार! पुंकाविले! त्रिवर्ण पूविले!

: ओ सुंदर प्रिय! मधुर प्रिय!

जंगल में मत जाओ प्रिय! मत जाओ!

ईश्वर की मंगलशीषों से है प्रिय!

तुम्हारे सभी काम सफलता का अभिषेक पाएँ!

प्रिय मत जाओ! मधुर प्रिय मत जाओ!

सफलता तुम्हें यही तिलक देगी!

नर्तकों का दूसरा दल मंच के आगे आ गया है। वह भी एक साथ डंडा वादन और गीत-गायन कर रहा है।

–चिंगार पुंकाविले त्रिवर्ण पूतविले!

–आदि पोटियवन! एकल अरू लाले!

पुगल पैंटावर ओवोलामा!

: प्रिय! मधुर! सुंदर! मत जाओ! मत जाओ प्राण!

मेरी देह के उपवन में कमल-केशर महक रहे हैं!

प्राण मत जाओ!

मेरी देह का रोम रोम अग्नि-स्फुलिंग बन आया है!

प्रिय! प्राण! प्राणों के चिर प्राण मत जाओ!

त्रिवर्णी पुष्प! तीन रंगों के देह-कुसुम खिल आए हैं!

तुम्हें निमंत्रण दे रहे हैं! आओ प्रिय! आओ प्राण!

इस रम्य देह-वाटिका में रमण करो!

मैं अभिसारों के लिए निमंत्रित करती हूँ! प्राण मत जाओ

ईश्वर की अपारदया से तुम्हें सार सफलता मिले!

प्राण प्रिय! सुंदर! मधुर मत जाओ!

मैंने बाद मैं डॉ. नायर से इन गीतों का जब अर्थ जाना तो रोम-रोम संवेदित हो उठा। एक मैथिली कोकिल है इन गीतों में! कोई जयदेव-विद्यापति है इनमें!

कोई अनाम सुंदर अपनी विरह-व्यथा भर रही है इनमें।

उस समय भले ही गीत के बोल सुने थे, परंतु तब भी उनमें इतना सम्मोहन था कि प्राणों में एक 'रणन-क्वणन' होने लगा था।

भाषा में कुछ ऐसे शब्द थे जो ऐसे लग रहा था कि किसी कांस्य कटोरे में स्वर्ण-मुद्राएँ रणन कर रही हों!

राष्ट्रपति जी ने अपने भाषण का समारंभ वैसे ही स्थानीय भाषा के संबोधन से किया। अपार करतल ध्वनियों से पंडाल गूंज उठा।

—आप सागर के मध्य में रहते हैं। आपका हृदय भी वैसा विशाल है।

दुनिया में एक ही धर्म के पैरोकार कभी नहीं हो सकते।

अल्ला की इबादत के रास्ते मुख्तलिफ रहे हैं।

अल्लाताला के वली-पीर-पैगंबर आते हैं। उसी स्थान की बोली में, वहाँ के जन-जन की बोली में अल्ला का पैगाम दे जाते हैं।

भाषा इन्सान का इन्सान से जोड़ती है, तोड़ती नहीं। जज़बात को कुचलती नहीं याद रखिए! दुआ की कोई भाषा नहीं होती। कोई जुबान नहीं होती। दिल का सच्चा जज़बा ही दुआ की बोली है। प्रार्थना की भाषा है।

भाषण के बाद राष्ट्रपति जन सभा में लोगों से मिलने चले गए।

प्रेस वालों के कैमरे राष्ट्रपति पर ही फोकस हो रहे थे। इस पर उन्होंने आपत्ति की।

—अरे भई! मेरी फोटो की खींचोगे या इनकी भी।

सच्चा राष्ट्र तो इन सब से बनता है।

—कदामथ—द्वीप से विदा लेकर हैलिकाप्टर द्वारा हम सब अपने शिप पर लौट आए। और शिप रवाना हो रहा है। अगले पड़ाव के लिए।

'सलामवालेकुम! वालेकुल्लसलाम
बाप नहीं माँ का नाम दर्ज है कागज़ों पर
मिन्नीकाय द्वीप : प्रातः 20 अक्तूबर, 1985

मिन्नीकाय द्वीप!

कदामथ द्वीप के बाद अगला द्वीप।

वहाँ से रात के चले हुए हम बीस की प्रातः 'मिन्नीकाय' पहुँचे।

रात शिप-मार्ग से चंद कि.मी. दूरी पर 'आमीन-द्वीप' था। शिप उसके पास से गुजर गया। हमने केवल इतना ही जाना। रात के गहरी तारीकी में एक बड़ा स्याह धब्बा दिखाई पड़ रहा है। कहीं-कहीं कोई विरल द्वीप-लौ टिमटिमा जाती है।

प्रातः उठा मन ललचा उठा। सागर-दर्शन और सूर्योदय-दर्शन के लिए।

डैक पर चला आया।

प्राची में केशरीवन खिल आए थे।

किंशुक-पलाश-वन रंग बिखेर रहे थे।

सूर्यागमन के लिए गंध-पराग-पुष्पों की भव्य चौक-रचना हो चुकी थी।

आओ! देवता! आओ!

आवाह्यामी! आवाह्यामी! आवाह्यामी! आवाहनं न जानामि!

सूर्यदेव प्रकट हो रहे हैं! किरण-मुकुट! अरुण-मुख! रश्मि-रंजित भाल! किरण-कवच! किरण-कुंडल! किरण-मालाएँ! किरण-पट! किरण-वेश-भूषा!

सब किरण ही किरण!

किरण-पुंज! किरण-कलश! किरण-घट!

इस किरण-बिंब में सूर्यदेव को प्रत्यक्ष अनुभव कर रहा हूँ!

मेरे ऊपर किरणें पड़ रही हैं। किरण-स्नान कर रहा हूँ!

जैसे सूर्य अपने किरण कमण्डल से मुझे किरणासंचित कर रहा हो!

मैं किरण हो रहा हूँ! रोम-रोम किरण होने लगे हैं!

शिरा-शिरा, पोर-पोर में किरण-ज्वार जगने लगा है।

एक किरण-ऊर्जा जग गई है।

मेरा रचनाधर्म किरणोष्म हो गया है!

सूर्यदेव! नमामीहं! नमामीहं! नमामीहं!

प्रणमोतस्मि दिवाकर:!

शिप के 'हैलीपैड' से 'हैलीकाप्टर' एक ही झटके में उड़ा है। दूसरे ही क्षण वह आकाश में ऊँचा उठ गया।

नीचे 'मिन्नीकाय' का नील सागर!

चुभ रही किरणों के सरकंडे! वन्य-घास के नुकीले स्पर्श!

सागर के हरे-नीले ईरानी कालीन पर आज नए-नए डिज़ाइन बन रहे हैं।

सागर के अपने रंग!

हैलीकाप्टर 'मिन्नीकाय' द्वीप पर उड़ रहा है।

–मिन्नीकाय!

एक लंबा तन्वांग द्वीप।

शिरो भाग, द्वीप की मुख्य धरा से कटा हुआ लग रहा है।

चरण भाग ऐसे मानो दो युगल चरण विश्राम मुद्रा में एक दूसरे पर पड़े हों!

कटि भाग! जिम्ह, विरल, क्षीण!

कोरल-राक्स, चट्टानों का एक लंबा–'रीफ'–एक तरह की हद्दबंदी!

उसके साथ-साथ, हरा, साफ, पारदर्शी लागून! एक किलोमीटर की चौड़ाई का।

कोरल रेत के, दूधिया हाशिये पर हरे, तोतई रंगों का लागून!

मानो हरितांचल अस्त-व्यस्त दशा में मंद समीरण से उड़ रहा हो!

मन में पुन: उत्प्रेक्षाएँ जगने लगी हैं!

नहीं! नहीं! नहीं! यह 'मिन्नीकाय–द्वीप' नहीं है!

जैसे कोई गौरांग सुंदरी सोई हो!

अलस, रति-श्रांत, भुज-निपीलित, परिरंभ-चूर!

अर्ध-विवृत मुख! निष्क्रांत सा! निष्प्रभ सा!

और वह रेशमी, कौशेय आंचल! हरा तोतई आंचल सरक-सरक जा रहा हो अन्य अंगों से! माथे से, चरणों से, देह-अंगों से! देह-पुष्पों से! वक्ष-विल्वों से!

कितनी स्वच्छ संवेदनाएँ जगा गया है यह द्वीपदर्शन!

कितना समृद्ध कर गया है मेरे साक्षात्कारों को!

द्वीप तट पर स्वागत द्वार बने हैं।

मत्स्य युगलों के तैल चित्र!

सागरपुत्रों के! धीवरों के! मछुआरों के चित्र! कांधे पर जाल! मछलियाँ!

सागर-कन्याओं के सरों पर नारियल की टोकरियाँ।

मन में महाभारत के पन्ने उड़ने लगते हैं। पर्व के पर्व! उनके पृष्ठ खुलने लगते हैं।

ऐसे ही किसी सागर के निर्जन में भगवान पराशर ने धीवर सुंदरी सत्यवती का साक्षात्कार किया होगा। उसकी देह-गंध से नासिक-रंध्र मचल उठे होंगे। उनका रोम रोम खिल आया होगा। पुकार उठा होगा :

—मत्स्त्यगंधा! मत्स्त्यगंधा! कहाँ हो! कहाँ हो!

ऐसे ही सागर के किसी रेतीले तट पर उस मत्स्त्यगंधा ने समर्पण किया होगा!

और इस देश की रचनाशीलता को एक 'व्यास' मिला होगा!

किसी द्वीप में विसर्जित व्यास! कृष्णवर्णी बालक! कृष्ण-द्वीपायन! पराशर-पुत्र!

इस मत्स्यगंधा, धीवर-बालिका ने कितना दिया भारतीय वाङमय को!

यह रेत कितना सरस हो उठा है !

इस मिट्टी ने कितना उर्वरशील बनाया है मेरे देश की अक्षय-परंपरा को!

इस द्वीप में वन्य शोभा को एक और सम्मोहक मुद्रा ने कील दिया।

कवरत्ती, अंदरोट, कदामथ, सभी द्वीपों में नारियल का ही एकछत्र साम्राज्य

देखा है। परंतु इस द्वीप में मुख्य लैंड के कुछ अन्य पेड़-पौधे मिले हैं देखने को! उन्हें देख कर जैसे अपनी पुण्य-भूमि के प्रमुख भाग के दर्शन कर लिए हों! वह सामने झूम रहा है नीम का पेड़ सागर तट पर! खारे जल के निकट नीम का पेड़!

—बंधु! तुम यहाँ! सागर की खारी हवाओं से तेरा कड़वा कसैला मिज़ाज कुछ दुरुस्त हुआ है मेरे यार!

देखा! निबोलियों का रंग-काला। जैसे काले काले अंगूरों के गुच्छे लटक रहे हों। एक निंबोला तोड़ी! मुँह में डोली। ओह! कड़वी!

जैसे नीम का पेड़ कह रहा हो :

—दोस्त! रंग बदल गया है! पर तबीयत वही है!

वह सामने केले का पेड़ बाहें उछाल-उछाल कर बुला रहा है।

जैसे आत्मीय बंधु हो!

साथ ही सोनजूही खिली है।

—अरी! तू! यहाँ! कब आना हुआ? कहीं अपहरण तो नहीं हुआ है? पर प्रसन्न लग रही हो! बहिना! रसो-बसो! इस मिट्टी में अपने को रोप दो! मुख्य धरा के रंग उसकी गंध यहाँ खिला दो!

प्रसन्न रहो!

—अरे पपीते! बच्चा जी! आप कब आ गए यहाँ? शायद सोनजूही के साथ आए हो! अब स्थाई रूप में बस जाओ यहाँ पर। अपने और संगी-साथियों को भी बुला लो यहाँ! पूरी बिरादरी बस जाए तो कहना ही क्या!

एक क्यारे में नीम, केला, सोनजूही और पपीता!

मन में पुनः उत्प्रेक्षा कौंध गई हैं। छोड़ गई अपने शत-शत बिंब!

एक मंगल वेदिका सजी है।

कोरल के श्वेत-शुभ्र रेत के चौक! पूजन स्थलियाँ! नवग्रह मंडप! हवन-मंडप! केले खड़े हैं वेदिका स्तंभों से! तोरण-द्वारों से!

परिणय की भांवरें पड़ रही हैं।

नारियल! विष्णु रूप वर के साथ!

वधु! सोनजूही! परिणीता! सोनजूही!

पपीता-भाई परिणय संस्कार संपन्न करवा रहा है। लाजाहोम के साथ बहना को सप्तपदियाँ दिला रहा है!

पूरा मंडप भरा है। वन्य संपदाओं से! वनस्पतियों से।

कैसे है यह परिणय संस्कार! मंगल गठ-बंधन! भांवर-उत्सव! आनंद पूर्व! मित्रो! बंधु! कहना! शुभाशीष! मंगलाशीष! अभिषेक स्वीकार करो! मेरी यह पुष्प-वर्षा तुम्हें प्रलयान्त सौभाग्यवती रहने का आशीर्वाद दे रही है।

आप मुख्यधरा के प्रतिनिधि हैं इस द्वीप में? समृद्ध कर दो इसे!

मैं संवेदित हो उठा हूँ! जैसे अभी-अभी एक कन्यादान किया हो!

अपनी दुहित्री को विदा किया हो!

इस द्वीप का यह साक्षात्कार!

एक ही पल में

कितना कुछ उंडेल गया है मुझमें!

कितना कुछ उलीच कर ले गया है मुझसे!

मेरे साथी नहीं जान पा रहे हैं!

मैंने एक कन्या को विदा किया है!

उऋृण हुआ अनुभव कर रहा हूँ।

पर एक ऋृण शेष है अभी!

राष्ट्रपति के हेलीकाप्टर के आने में अभी देर है।

क्यों न ऋृण-मुक्त हो लूँ।

दूर चला जा रहा हूँ सागर तट के साथ-साथ। किसी एकांत की खोज में हूँ।

असंख्य शल-शिलाएँ।

एक वस्त्र हो जाता हूँ।

सागर के लावणी जल का आचमन कर रहा हूँ।

जलांजलियाँ दे रहा हूँ। पितुश्री को! मातुश्री को! पितामह को! प्रपितामह को!

महा-प्रपितामह को! उनसे भी आगे तक! अन्य बंधुओं को।

सागर में उनके साक्षात्कार कर रहा हूँ!

जैसे अपने छोटे-छोटे जलयानों में वे आ गया हों!

कितनी दिव्य-शक्ति है मंत्रों के आवाहन में!

एक मंत्रोच्चार! और प्रत्यक्ष हो जाते हैं पितृदेव! कुलदेव!

राष्ट्रपति जा रहे हैं सभा मंडप की ओर।

मैं अपने इस पितृ-तर्पण से! यज्ञ-कर्म से मुक्त होकर वहाँ आ गया हूँ।

राष्ट्रपति सभा को संबोधित कर रहे हैं।

—आपके इस जज़ीरे का तारीखी महत्व है। यहाँ कभी मारकोपोलो आए थे। इब्त भी आए थे।

मुझे बताया गया है यह महिला प्रधान द्वीप है। पिता से बढ़कर माँ का दर्जा है। सब जायदाद-मकान, वगैरह उस के नाम रहते हैं। बाप की जगह माँ का नाम रहता है कागजों में। आपने औरत को उसका सही मुकाम दिया है। यह आदर्श महान है। आपके चारों ओर एक खारा सागर है। पर एक मीठा सागर भी है। वह है आपके अंदर! आपके दिलों में। आप अपने देश की मुख्य लैंड पर आएँ! सबको सिखाएँ केसे रहा जाता है प्यार-मुहब्बत से!...

सलामालेकुम!

आपने जवाब नहीं दिया। सब बोलो वालेकुल्लसलाम!

सभा के प्रत्येक कंठ से एक निनाद गूंज उठा :

—वालेकुल्लसलाम!

राष्ट्रपति समापन के बाद पुनः लोगों की भीड़ में चले जाते हैं। उनसे मिल रहे हैं जैसे सारा ही राष्ट्र उनमें विलय पा रहा हो!

एक बच्चा उठा लिया है। उससे संवाद जोड़ा जा रहा है :

—क्या नाम है तुम्हारा?

—यूसुफ।

—पिता का नाम?

—इब्राहीम।

—माँ का नाम?

—फातिमा।

लिख कर दिखाओ! बालक फौरन ही ज़मीन पर बैठ गया। वहीं मेटा डाला। लिख डाला :

—यूसुफ वालिदा फातिमा...

एक विकलांग युवक आ गया है।

इसी साल उसे राष्ट्रीय पुरस्कार मिला है। उसकी एक टांग बिल्कुल बेकार है।

पिछले साल देहली में उसे बुलाया गया था पुरस्कार के लिए।

—मैंने आपके हाथों इनाम लिया था।

वह अपना चित्र दिखा रहा है।

—अब कैसा महसूस करते हो!

—एक टांग नहीं तो क्या! दो हाथ हैं! इन से चलूँगा। मैं समुद्र में दूर-दूर तक तैर आता हूँ! इन दो हाथों से! इस एक टांग से!

—तुम एक दिन आसमान की बुलंदियों को छूओगे!

पहाड़ों की चोटियाँ सर कर लोगे! धरती पर मंज़िलों पर मंज़िलें! कामयाबी की मंज़िलें तय कर लोगे! बस हिम्मत न हारना!

हिम्मते मरदां! मददे खुदा!

'मिन्नीकाय' का 'लाइट हाउस'।

—कुतुबमीनार से भी ऊँचा है यह।

डॉ. पांचाल ने बताया।

दोनों और गर्जता चिंघाड़ता सागर! फेनिल लहरों का आर्त-क्रंदन!

भयंकर चट्टानें!

जलपोतों के मार्गदर्शन के लिए इसका निर्माण ई. सन् 1885 में हुआ :

वह समय जब देश गुलामी के अंधकार में मार्ग खोज रहा था। इसी साल देव में आज़ादी के जागरण का जयघोष हुआ था। कितना साम्य है। इस द्वीप-स्तंभ की रचना और इस जयघोष उद्घोषणा में।

'मिन्नीकाय द्वीप' की ओर से एक रंगारंग कार्यक्रम राष्ट्रपति के स्वागत में–

नर्तक, संख्या में तेरह। वेश पूर्व द्वीपों के नर्तकों से भिन्न।

लाल-लाल सुथनियाँ, पहुँचे ज़रीदार, सफेद कमर-वस्त्र ज़रीदार। केश सुगंधित, हरे, लाल परांदों में। सफेद बनियानें, सर पर सुनहरी झालरों वाले रेशमी रूमान। उनमें सजी नाज़बों की कलगियाँ, नारियल के मुकुटनुमा पत्ते।

ढोल पर एक ज़ोर की थाप पड़ी। कई मृदंग एक साथ ही धमक उठे।

और नर्तन आरंभ हो गया।

–चंडाकली-नृत्य।

नृत्य में एक सहजता है। लोकजीव की सहजता! कहीं कोई बनावटीपन नहीं। जैसे यह नृत्य लोकजीवन का एक उल्लासमय सद्य विकसित पुष्प हो!

यह एक न्यौता था।

सुर-ताल और अंग-मुद्राओं के रंगमय प्रदर्शन का।

एक-एक चरण ताल पर मन में कई-कई रंगों के वन्य-कुसुम खिल खिल जाते थे।

एक दिव्य वानस्पतिक गंध!

एक सजह रंग-गंध!

एक सहज रंग-गंध!

जैसे किसी रंगोत्सव से रंगों की धूलि उड़ रही हो।

रंग-पर्व समाप्त हुआ।

राष्ट्रपति अपने स्थान से उठकर सभाजन के पास जा रहे हैं। बड़े बुजुर्गों से बाहें खोलकर मिल रहे हैं।

—मैं यहाँ बोलने के लिए नहीं आप से मिलने आया हूँ!

हम सब अपने-अपने शिप पर लौट आते हैं।

सांझ उतरने वाली है। हम लौट रहे हैं अब कोचीन की ओर। कल सवेरे पहुँच पाएँगे

वहाँ रात भर का सफर।

सागर में इस समय पाँच जलपोत तैर रहे हैं :

—ब्रह्मपुत्र, विजय, विंध्य गिरि, तारा गिरि, शक्ति।

मनोरम परिदृश्य है।

पीछे लहलहा रहा नील सागर! प्रशांत सागर।

अस्त्यमान सूर्य। अरुणिम विभा से प्रदीप्त, किंतु पल पल बुझ रहा, मंद पड़ रहा सूर्य!

जल सेना, स्थल सेना, नभ सेना के सर्वोच्च कमांडर : राष्ट्रपति।

उन्हें सागर-लहरों के आंगन से सैनिक-अभिवादन देने की तैयारी हो रही है। जलपोतों पर सभी अधिकारी, सैनिक, कर्मचारी अपने-अपने श्वेत गणवेश में 'आराम' मुद्रा में खड़े हैं।

शिप-कमांडर लाउडस्पीकर से आदेश दे रहे हैं।

चारों ही शिप एक पंक्ति में तैरने लगे हैं। उनके डैक पर सैनिक गणवेश में खड़े हैं।

सामने से राष्ट्रपति का शिप जा रहा है। वे अपने शिप में एक ऊँचे मंच पर सलामी लेने की मुद्रा में खड़े हैं।

लाउडस्पीकर से आदेश हो रहे हैं। जिस भी शिप के आगे से राष्ट्रपति का शिप गुज़र रहा है, उसके सैनिक आदेश मिलते ही 'दक्ष' मुद्रा में आकर सलामी दे रहे हैं। अब जलपोत अपनी पूर्व फारमेशन में आने लगे हैं।

तीन जलपोत समानांतर चले जा रहे हैं।

जल को चीरते हुए। जैसे वे लहरों को रुई की तरह धुन रहे हों!

उनके पीछे झाग ही झाग! फेनिल लहरें! जल्द ही अपने पूर्व नील रंगों में बदलती हुई।

लग रहा है जैसे तारकोल की ताजा बनी हुई सड़कें हों। समतल! हमवार!

ऐसे भी लग रहा है, नीले-हरे मखमली घास पर बड़े कट्टर चल रहे हों!

उनके पीछे साफ-साफ रास्ता बनता चला जा रहा है।

परिदृश्य अंधकार में डूबने की तैयारी में है।

सूर्यास्त हो रहा है।

हेम-कुंभ सागर में ही लीन हो रहा है।

अब केवल डूब चुके सूर्य की लालिमा ही है।

जैसे अभी-अभी सूर्य की हत्या हो गई हो! पश्चिम रक्त-रंजित हो उठा हो!

रात देर तक डॉ. नागर के साथ डैक पर बैठा रहा।

–आप तो सागर में ही रहते हैं। इधर भारत के प्रांतों की यात्रा में कैसा अनुभव करते हैं आप?

–जो नहीं देख है, उसका एक आकर्षण तो रहता ही है।

–हमें धरती का आकर्षण रहता है। अपनी रेल यात्राओं में मैं ऐसे ही प्रफुल्ल अनुभव करता हूँ, जैसे आप इस सागर यात्रा में कर रहे हैं।

फिर कविता गायन होता रहा।

उधर शिप में एक कार्यक्रम चल रहा है।

रंगारंग कार्यक्रम!

शिप के अधिकारी, अन्य सैनिक अपने अतिथियों के मनोरंजन के लिए इसे प्रस्तुत कर रहे हैं। एक नाटिका–'मुत्तू स्वामी' देख हर आए हैं यहाँ।

हास्य, कहकहों से भरपूर आयोजन।

पर मैं विदा लेना चाहता हूँ सागर पर उतर आई इस रात्रि से, इन लहरों से, इस सागर संगीत से।

लहरों का सामूहिक गायन, एकांत गायन!

कई रातें बिताई हैं सागर-बंधु तेरे साथ।

पूर्व जन्मों के पुण्य!

पुनः मिलेंगे, पुण्य शेष रहे तो!

अब विदा दो!

पर, सागर तो मेरी अंतिम नियति है। सब की ही, सिर्फ मेरे अकेले की ही क्या?

इसी में विलय पाना है। कहीं भी समाऊँ मिट्टी में। कुछ अंश तो बहेगा किसी न किसी नदी में। उसकी लहरों पर गाता हुआ आऊँगा तुम्हारे पास सागर बंधु! गीता का एक श्लोक मन के किसी कोने में सोए दार्शनिक को जगा रहा है–

यथा नदीनां बहवोअम्ब वेगाः
समुद्रमेवाभिमुखा द्रवन्ति...

सार धरती एक है। रज-कण एक समान हैं।

कहीं मिलें! क्या अंतर पड़ता है?

पर कहीं इन श्वेत कोरल-कणों में मिल जाएँ! कोरल-रेत में विलय पा जाएँ!

सागर में आएँ! और उसकी सफेद रेत में एक प्राण हो जाएँ!

कल ही की तो बात है।

ज्ञानी जी का साथ–'अंदरोट' के बीच पर घूम रहा था।

वहाँ के रेस्ट हाउस में भोजन के बाद दोपहर में ही हम निकल आए थे बीच की ओर।

वे बोले :

–चलो! चुपके से हो आते हैं। फिर समय नहीं मिलेगा! मैं तरस जाता हूँ अकेले घूमने के लिए! सुना है यहाँ का सागर तट बड़ा ही मनभावन है!

–जी...

और हम आ गए। चुपके चुपके पीछे चल पड़े 'प्रोटोकल' के सदस्य एक दूरी बनाए हुए।

सागर के किनारे कोरल-पत्थरों के ढेर! चट्टानों के अवशेष!

जैसे एक-एक पत्थर किसी-न-किसी कलाकृति का अनुपम नमूना हो!

इन्हें तराशा है सागर की लहरों ने।

ज्ञानी जी ने कई पत्थरों का उठाया। दो चार हाथ में ले लिए।

हम सफेद रेत पर, गीली-ठंडी नमकीन रेत पर, नंगे पैर चले जा रहे थे। ज्ञानी जी ने मुट्ठी भर सूखी रेत उठाई। बोले :

—प्रकृति का करिश्मा देखो! यहाँ के लोगों का रंग कितना काला है। परंतु दिल उतना ही उजला, साफ और कोरल रेत की तरह सफेद है।

—इधर अपने बंबई, कलकत्ता के बीच की रेत काली है।

—महानगरों की माया! बनावटीपन! वहाँ रेत काली है। लोगों के खून का रंग सफेद हो रहा है। यह भी कुदरत का ही एक करिश्मा है!

यही दर्शन इस समय मुझ पर सवार है।

धरती माँ की उजली गोद! बड़े उजले कर्मों से मिलती है!

सागर बंधु! आऊँगा तेरी गोद में आऊँगा!

स्वयं आऊँ! या माँ गंगा लाए!

तू मेरी अंतिम नियति है।

'इंदिरम्मा के बाद आप ही हैं राजीव के पिता : उस पर ऐसे ही कृपा बनाए रहिएगा

लघु-द्वीप से कोचीन : आगे बंगलूर : 21 अक्तूबर, 1985

रात भर शिप चलता रहा।

प्रातः सवा छह बजे उठे। डॉ. नायर बोले :

—कोचीन आने वाला है। चलो सूर्य-दर्शन कर आएँ!

हम बाहर आए। अभी सूर्योदय में देर थी। परंतु उसके स्वागत में सागर पर पावड़े बिछने लगे थे। जैसे उसे 'रेडकारपैट-वैलकम' दिया जाने वाला हो!

—वह देख रहे हैं न! कोचीन का तट है वह!

—हाँ! कुछ धुंधले धब्बे उभरने लगे हैं।

हम आठ बजे तक किनारे लग जाएँगे।

अचानक पूर्व में काले-काले बादल घिर आए।

—अब संभवत: हम सूर्योदय नहीं देख पाएँगे!

—सागर दर्शन तो कर ही रहे हैं। और सूर्योदय तो होगा ही। हम न देख पाएँ तो अलग बात है...

वापिस केबिन में आ गए।

सामान पैक करने में लग गए।

पुन: बाहर आए। अब कोचीन का तट, दृश्य-परिदृश्य साफ नज़र आने लगे थे।

अपनी धरती! देश की मुख्य-धरा! कितना आकर्षण है उसमें?

ठीक आठ बजे शक्ति जलपोत कोचीन के तट पर लग गया।

नौ-सैनिकों को एक पूरा दल उसे बांधने में लग गया है।

लेडर गिराई जाने लगी है। सामान उतारने की पूरी व्यवस्था हो चुकी है। पोत से उतर कर हम जेटी पर आए हैं। वहाँ से पुन: वही काठ का लंबा पुल पार कर बंदरगाह-एरिया से बाहर आ रहे हैं।

वहाँ कारों का एक लंबा फ्लीट हमारी प्रतीक्षा में है।

सीधे कोचीन ऐयरपोर्ट आते हैं।

हवाई-यान तैयार खड़ा है।

पर अभी देर है राष्ट्रपति जी के पहुँचने में।

ठीक दस-पैंतालीस पर राष्ट्रपति आए।

यान ने उड़ान भर ली बंगलूर की दिशा में केरल-कोचीन के रम्य दृश्यों को पार कर यान अब बंगलूर-कर्नाटक के आकाश में हवा से बातें कर रहा था। बातें क्या? एक लंबा संवाद! परिसंवाद! एक लंबी कविता। अपने मित्र डॉ. नरेन्द्रमोहन की एक कविता-पुस्तक : 'कविता कहीं खत्म नहीं होती, आज बड़ी सार्थक लग रही है।

एक कविता मेरे अंदर जन्म ले रही है।

—कविता जन्म लेती है? कविता आती है? कविता होती है?

इस पर विवाद हो सकता है। पर यह निर्विवाद है कि मेरे अंदर कुछ होने लगा है।

चारों ओर काली श्याम तिकोनी बौनी पहाड़ियाँ!

दाएँ-बाएँ, आगे-पीछे, समानांतर!

एक लंबा सिलसिला!

कहीं-कहीं, बीच-बीच में हमवार! समतल सी!

जलाशयों के मटमैले धब्बे!

नंगी, गरीब, फटेहाल चोटियाँ!

दूर नीचे बहुत नीचे नई-नई आबादियाँ!

जैसे माचिसों के ढेर के ढेर!

सूखने डाले हों धूप में!

सरकारी कोठियाँ! उजली काली, लाल-पीली बस्तियाँ!

जैसे चीटियों के दल के दल निकल आए हों!

मुँह में चावल के कण लिए जा रहे हों कतारों में!

यान उतर रहा है बंगलूर एयरपोर्ट के रन-वे पर।

वहाँ राज्यपाल और मुख्यमंत्री ने भव्य स्वागत किया।

और सीधे पहुँच गए हम राजभवन में।

दोपहर का भोजन और विश्राम।

सायं राष्ट्रपति जी तैयार होकर आ गए हैं बाहर। मिलने वाले आ रहे हैं।

एक सरदार जी और उनकी श्रीमती जी, साथ में एक कर्नाटकी कपल आए हैं।

कर्नाटकी महिला निवेदन कर रही है :

—दुर्गा पूजा का प्रसाद लें!

—दुर्गा-पूजा शुभ हो आपके लिए!

आप ही हैं राजीव के पिता...इंदिरम्मा के बाद...

राष्ट्रपति चुपचाप सुन रहे हैं।

–संकट की घड़ियों में आपने उसके सर पर हाथ रखा है। हाथ पकड़ा है। अब ऐसे ही कृपा बनाए रखें!

--आप बे-फिक्र रहें!

आज सायं ही एक संगीत भवन में कार्यक्रम है।

'चौवढेयाहाल'–(चौविधियाँ हाल)

वहाँ पहुँचते ही मुख्य द्वार वेद-मंत्रीच्चार से राष्ट्रपति जी का स्वागत होने लगा है। ग्यारह वेद-पाठी। शिखा-सूत्रधारी। चंदन-अनुलिप्त दिव्य ललाट। अधो-वस्त्रधारी।

शुद्ध-शाश्वत ब्राह्मणत्व!

स्वागत के लिए हाथों में पीपल–कांस्य कलश, रजत-थाल। पूजन सामग्री से भरे। कर्नाटक संगीत। शहनाई वादन हो रहा है।

अंग-अंग दीप्त गोरांग कन्याएँ! अप्सराएँ उतर आई हों आकाश से!

पर्वतों से गंधर्व-सुंदरियाँ आ गई हों हाथों में कलश लिए।

आ गई हों सर्वांग सुंदर किन्नरियाँ! यक्षिणियाँ!

चंदन की अगरु-गंध, दीप, रूप-शिखाएँ या दीप शिखाएँ!

कोरे कोरे कलशों सा कोरा कौमार्य!

अक्षत सौंदर्य!

माल्यार्पण! दीपार्चन!

गणनायक का! गणपति का! गण-देवता का!

यही है तो अपनी संस्कृति की गरिमा।

कोई भी मांगलिक अनुष्ठान हो!

सर्व प्रथम पूजन!

गणाधिपति का! गणदेवता का!

एक गौर कन्या ने राष्ट्रपति जी पर रजत गुलाबदानी से जल-गंध-वर्षा की है।

गुलाबप्रिय ज्ञानी जी गुलाब गंध-वर्षा में गुलाब से प्रफुल्ल हो उठे हैं।

मंच रचना अतीव अभिजात प्रकार की है।

पार्श्व में विशाल कमल की तेलानुकृति।

दोनों ही ओर लंबे-लंबे पीतल के स्वर्णिम दीपाधार!

एक मंच के मध्य में। ज्योति-प्रज्वलन के लिए।

स्वागत-स्तवन हो रहा है :

—सर्व कलयाणकरं शिवं! सर्व मंगलकरं! सर्व शिवमंय!

राष्ट्रपति जी ने दीप-प्रज्वलन के बाद पुरस्कार वितरण किया।

अपने भाषण को उन्होंने जीवंत बना दिया। वे अपने आलेख से हट कर वैसे ही खुलकर जन-जन से संवद-रचना करने लग पड़े :

आपके नगर का यह 'वायलनाकार' भवन, शिल्प की एक सुंदर रचना है।

इस संगीत की सेवा होगी। उसका प्रचार-प्रसार होगा!

वायलन भले ही विदेशी वाद्य-यंत्र है। पर हमने उसे संगीत के अनुसार ढाल लिया है। इस देश की यही विशेषता है। हमने अपने रोशनदान-खिड़कियाँ खुली रखी है। हर दिशा से सेहतमन्द हवा आए।

संगीत शास्त्र है। इसमें गज़ब का जादू है।

अकबर बादशाह की बेटी हुस्नबानो संगीतकार तानसेन के इश्क में मुबतिला हो गई। वह उसके हुस्न और इल्मे मौसीकी के फन की दीवानी थी।

बादशाह सलामत को पता चला। तानसेन को तलब किया गया। उसने अपने इश्क को कबूल कर लिया।

और उसे मिली सज़ाए मौत।

शाही हुकुम हो गया :

इसे हाथी के पैरों तले रौंदवाया जाए! ता मौत! जब तक इसकी मौत वाकिआ नहीं हो जाती।

उससे आखिरी ख्वाहिश पूछी गई।

मैं मौत से पहले गाना चाहता हूँ।

उसने क्या सम्मोहन भरा गायन किया। हाथी मस्त हो गया। भूल गया कि उसे रौदना है तानसेन को।

मौत टल गई।

मगर हुस्नबानो!

वह इससे पहले ही खुदकुशी कर चुकी थी। उसका हलफ था :

मैं अपने महबूब से पहले ही मौत को गले लगा लूँगी।

पंजाब में इसी बानो के नाम पर एक कस्बा है आज भी।

बानू–बानौर–बानूर–बनूड़।

पटियाला से चंडीगढ़ रोड पर।

पर बहुत कम लोग जानते हैं तारीख और संगीत के इस वाकये को।

संगीत, गायन, नर्तन, इससे प्रभु–चरणों में लगन लगती है।

तुलसी, सूर, मीरा, कबीर, नानक सब के सब संगीत के ज़रिए अपने–अपने इष्टदेव से जुड़े हैं।

आप इस संस्था को पालिटिक्स से बचाएँ।

ये अहले सियासत! न तेरे न मेरे!

एक बात से दुःख हुआ है। आप सब हिंदी जानते हैं। समझते हैं।

फिर यह अंग्रेज़ी किसके लिए बोली गई!

किसके लिए उसका इस्तेमाल किया गया?

कार्यक्रम का समापन हो रहा था।

इस पर तुर्रा यह कि राष्ट्रपति जी के इतना कहने के बावजूद भी बाकी का कार्यक्रम अँग्रेज़ी में ही संपन्न हुआ।

हाय रे मेरे गूंगे देश! कब तू गौरव अनुभव करेगा अपनी बोलियाँ बोलने में!

हिंदी हो! प्रांतीय भाषाएँ हों!

ये हमारे गौरव के मानबिंदु हैं।

सायं बंगलूर के राज भवन के लान में घूमते हुए पुनः इसी विषय पर चर्चा होने लगी :

—हम अँग्रेज़ी के इतने गुलाम क्यों बन गए हैं। दुनिया के ज्यादातर मुल्क अपनी-अपनी ज़बानों मे तरक्की कर रहे हैं। साइंस, टैक्नालोजी, मेडिकल साइंस! कानून, सब में उन्होंने बिना अँग्रेज़ी के उन्नति की है :

न तो हम हिंदी को ही उसका आदर दे पाए हैं। न सूबाई भाषाओं को उनका सही दर्जा ही दिला सकें।

अब इस मसले को भी राजनीति के साथ हमेशा के लिए बांध दिया गया है।

—हिंदी का जितना समर्थन राष्ट्रपति के रूप में आपने किया है, वह हिंदी के लिए गौरव की बात है। सारा ही हिंदी-जगत आपके प्रति इस सेवा के लिए श्रद्धानत है! आपने हिंदी के सर्वत्र प्रयोग से इसकी गौरव-गरिमा को बढ़ाया है।

देश की असली संस्कृति दक्षिण में है : दिल्ली और आगरा में नहीं

बंगलूर से मैसूर को : 22 अक्तूबर, 1985

प्रातः साढ़े-छह बजे ज्ञानी जी बंगलूर राज भवन के लान में सैर के लिए गए।

लान के भीतरी द्वार पर सिंहों की दो पूर्णाकार आकृतियाँ, रजत-रंगी प्रतिमाएँ पुराकालीन अवशेषों से मिली भित्तियों को सजाया गया है। उन पर कोई-न-कोई देव प्रतिमा बनी हुई है।

लान की ओर जाते हुए पोर्च में यक्ष-यक्षिणी और गणेश की! काले पत्थरों में बनी प्रतिमाएँ। बात होने लगी है संगीत के बारे में। वे बोले :

—सुना गया है संगीत से। खास-खास रागों से ला-इलाज बीमारियों तक का इलाज होता आया है।

—उनका आज वैज्ञानिक परीक्षा ज़रूरी है।

—ठीक है! होना चाहिए! एक बात और पता चली है। सांप पर संगीत का कोई असर नहीं होता! किसी ने बताया कि सांप का बीन पर मस्त होना गलत है। उसके कान ही नही होते!

—साँप के कान नहीं होते! कोई आज तो पता नहीं चला यह! उसे तो सदियों पहले ही घोषित किया गया है कि वह 'चक्षु-श्रवा' है। यानी कि वह आँखों से सुनता है।

—इस बात पर तो कोई बहस नहीं कि संगीत से बिलों में छिपे साँप मर जाते हैं या काबू में आ जाते हैं। मन के रोग ठीक हो जाते हैं।

इसीलिए धर्म में संगीत की महिमा रही है।

मैसूर जाने का समय होने लगा था।

राष्ट्रपति तो कुछ देर बाद हैलीकॉप्टर से जाएँगे वहाँ।

परंतु अन्य सभी कारों से जा रहे हैं।

मुझे पूछा गया। मैंने कार से जाना ही प्रिय समझा। सुना था बंगलूर से मैसूर तक का मार्ग बड़ा ही मोहक है। रास्ते में प्राचीन मंदिर और कई अन्य स्थल हैं। 'हैलीकॉप्टर' से जाने पर इन सब को कहाँ देख पाऊँगा! उसकी नीलाईयाँ। बहुत देख ली हैं। उड़ने पर सारे ही आकाश एक जैसे।

ये दुर्गा-पूजन के दिन थे।

बंगलूर! सारा ही कर्नाटक पूजन में समर्पित था।

नगर की सज्जा अतीव भव्य, मनोरम, सम्मोहन-पूर्ण होने लगी थी।

बसों, कारों को डोलियों की तरह सजाया गया था।

हर बस एक पालकी लग रही थी।

हर कार एक डोली लग रही थी। 'उत्सव-शिविका' लग रही थी।

फूल ही फूल! गेंदा-गुलाब, मोतिया।

मालाएँ ही मालाएँ! केले के पत्ते! नारियल के पत्ते!

जैसे मैसूर तक का सारा मार्ग देव-बारात के स्वागत में खड़ा हो!

मार्ग में एक स्थान पर हम कोक लेने के लिए रुके।

हरे-हरे, पीले-पीले नारियलों के ढेर के ढेर।

पास ही एक आधा कच्चा-पक्का सिनेमाहाल था।

पिक्चर लगी थी—'शोले' : शोलापुरी ड्राइवर बोला :

—साहिब! यह पिक्चर यहाँ कई सालों से लगी है।

—कई सालों से? ऐसी क्या बात है?

—साहिब! इसकी शूटिंग यहीं हुई थी। वह देख रहे हैं आप चट्टानों के घेरे।

वहीं सैट लगा था पूरा का पूरा। वहीं आसपास गाँव बना था। वह ऊँची मस्जिद की मीनारें! हमने खुद उसमें काम किया है।

—अच्छा क्या रोल था तुम्हारा?

—साहिब जी! जब गब्बर अपने पिटे हुए साथियों को एक-एक कर मारता है, तब हम भी पीछे की कतार में खड़े थे।

—दर्शक बन कर!

—नहीं साहिब जी! डाकू बन कर।

'तेरा क्या होगा कालिया?' उसी सीन का संवाद था।

कैसे यह एक पिक्चर यहाँ के जनमानस में बस गई है!

आगे एक विशाल बुर्ज खड़ा था लाट के रूप में।

कार रुकवाई।

यह हनुमान बुर्ज था। पास ही उनकी एक विशाल मूर्ति भी मन्दिर में।

इधर के मंदिरों की शुचिता, स्वच्छता मन में स्वतः ही पावनता का संचार कर जाती है। मन में श्रद्धा के अंकुर उगने लगते हैं।

नत शिर हुआ देव-प्रतिमा के आगे :

—मनोजव मारुततुल्य वेगं! जितेन्द्रिय...वातात्मजं वानर-यूथ मुख्यं!

श्री रामदूत शिरसं नमामी!...शरणं प्रपद्ये!

हे सूर्यव्रती! सूर्यमुखी! मैं आज तक इस मिथ को नहीं जान पाया। यह कौन सा सूर्य था! तुम्हारा! जटायु का! संपाती का, वह सूर्यव्रत कौन सा था?

क्यों कटी तुम्हारी हनु! जले जटायु के पंख! भस्म हुआ संपाती?

कैसा था तुम्हारा वह सूर्य-साक्षात्कार? तुम्हारी सूर्य-यात्रा?

हे मृत्युंजयी! मुझे दृष्टि दो! तुम्हारी सूर्य-यात्राओं का मर्म जान सकूँ! उसे

अपने रचनाधर्म से जोड़ सकूँ।

मार्ग में और कई ऐतिहासिक स्थान आए।

श्रीरंगपुरम का मंदिर, टीपू सुल्तान का किला, टीपू-मस्जिद, साई बाबा का एक आश्रम।

–साहिब! यह रोड गई है वृंदावन गार्डन को।

–कितनी दूर होगी यहाँ से?

–कोई तीस किलोमीटर।

–मैसूर के अपने आवास से?

–कोई तीस के लगभग।

मैसूर में हमारे आवास की व्यवस्था की गई थी–

"ललिता पैलेस" में।

यहाँ पहले वायसराय का निवास था।

महल में राजन्य वैभव अब भी वैसे ही बना हुआ था। उसकी सज्जा। प्रबंध, व्यवस्था में वही तौर-तरीके थे।

'आरकिआलोजी-म्यूज़ियम सेंटिनरी सैलिबरेशन'

'पुरातत्व-संग्राहलय का शताब्दी समारोह।'

आयोजन स्थल था–"क्राफोर्ड-हाल।"

एक छतरीनुमा गुंबद वाला विशाल हाल।

यहाँ मुख्य द्वार पर विभाग के पंडित वर्ग ने अपनी पारंपरिक वेश-भूषा वेद-मंत्रोच्चार से राष्ट्रपति जी का स्वागत किया।

गौरांग कन्याओं ने! गज-दंत सी कन्याओं ने पुष्पार्चना की!

माल्यार्पण किया! दीपार्चन किया।

मंच पर कर्नाटक संगीत का गायन-वादन हो रहा था।

दो कन्याओं ने मंगल गायन से स्वागत किया :

–पीतांबरं कर विराजित शंख-चक्रं!...

हे मुरली! जय मुरली! श्री धर-वर-मुरली! मनमोहन मुरली!...

दीप प्रज्वलन!

कैसी सांस्कृतिक गंध-गरिमा हैं इधर के आयोजनों में।

कोई भी आयोजन हो!

वह एक मांगलिक अनुष्ठान की शुचित लिए रहता है।

आयोजन मन में आस्था-निष्ठा के अक्षत चढ़ा जाता है।

राष्ट्रपति जी ने अपने भाषण में यहाँ भी पूर्व लिखित आलेख को एक ओर कर दिया। वे हिंदी में बोले :

–हम अपनी सांस्कृतिक विरासत को न भूलें। पर उस पर दंभ कर अपने को अकर्मण्य भी न बना लें! बीते की खोज करें! वर्तमान में उसे स्थान दें। भविष्य के लिए उससे प्रेरणा लें!

बस खोज में लगे रहें। अपने अतीत की खोज! अपने आप की खोज!

और अपने को नई पीढ़ी से जोड़े रहें! यह 'गैप'–अंतराल नहीं आना चाहिए!

एक बार यह पुल टूट गया तो बड़ी गहरी खाई पड़ जाएगी। सदियों तक उसे भरा नहीं जाएगा!

–भारत की असली संस्कृति आपके प्रदेश में है। इधर दक्षिण के प्रदेशों में है। वह दिल्ली और आगरा में नहीं है!

–यही हैं हमारे प्रेरणा-केंद्र! प्रेरणा-स्त्रोत!

–शाम को मैसूर सिंह-सभा के कुछ सदस्य आ गए। वे बता रहे थे :

–यहाँ कुल तीस सिख परिवार हैं। सिंधियों का गुरुद्वारा है। पंजाबी सिखों का नहीं है।

–यहाँ सब शांत रहा न?

–एकदम शांत! कोई ट्रबल नहीं हुई।

–यह अच्छी बात है...

–जी! मेरा एक साढू मारा गया दिल्ली में। उसकी बरसी आने वाली है...

–कितने मासूमों की बरसी मनाओगे! पंजाब में! पंजाब से बाहर! अब भी

यह सिलसिला बंद नहीं हो रहा है पंजाब में! कोई खुलकर उसकी निंदा करने का साहस नहीं कर पा रहा है। बरसियाँ मनाने से क्या मासूमों की हत्याएँ रुक जाएँगी? यह दुर्भाग्यपूर्ण है...आप खुलकर निंदा करें!

—जी! यह प्रार्थनापत्र हैं गुरुद्वारे के प्लाट के लिए। आप गवर्नर के पास भेजने की मेहरबानी करें!

—मैं सिफारिश तो कर दूँगा। एक शर्त है।

—जी क्या!

—आप गुरुद्वारों में किसी जाहिल-जनूनी-बेवकूफ को डेरा नहीं देंगे!

पंजाब में डेरे दिए गए। क्या हाल हो गया वहाँ पर! आप गुरु सिख बनें।

अपने को कुल मुल्क से जोड़ें! अलग होकर हम सब दुःख पाएँगे!

—जी...

हमारी आबादी कितनी है! पर हम उसके अनुपात से कहीं ज्यादा पाए हुए हैं। हम कहाँ नहीं हैं?

—जी! बजा फरमाया आपने।

—आज हम डेमोक्रेसी में रह रहे हैं। इसमें किसी के खून-खराबे का क्या काम!

आज रात को मैसूर के राजमहल में संगीत का कार्यक्रम है।

राजमहल!

जैसे कोई देव-नगरी हो! एक-एक अंगुल पर बिजली के दीप!

जैसे आज की रात के लिए आकाश के सारे ही तारे इस महल के मुंडेरों। गुंबदों। गुमटियों, प्राचीरों पर उतर आए हों सुर-किन्नरियों का श्रवण करने के लिए।

संगीत के इस उत्सव में जैसे सब देवगण आमंत्रित हों!

राजमहल!

जैसे पूर्ण चंद्र को तराश कर बनाया गया हो!

राजमहल के प्रांगण में एक ओर गायत्री मंदिर है, दूसरी ओर भगवान नृसिंह का मंदिर है। उनके कलश और संपूर्ण रचना भी दीपोत्सव में सम्मिलित हैं।

राजमहल!

भीतरी भाग! राजन्य वैभव की साकार सज्जा हुई है।

स्वर्ण-स्तंभ! स्वर्ण सिंहासन! स्वर्ण-रंगों की चित्र-रचना, भित्ति-अलंकरण, अंदर की दीवारों, छतों का अलंकरण!

यह स्तंभ-रचना विभिन्न प्रकार के धातुओं से हुई है।

स्तंभों को भिन्न-भिन्न स्थानों पर बजाने से संगीत के सुर गुँजने लगते हैं। सुरों के सप्तक मुखरित होने लगते हैं।

बाहर सारा ही नगर उमड़ आया है।

पर अंदर मंच पर जो हो रहा है वह सब के लिए कैसे दर्शनीय हो पाए?

रात का समय! आयोजन महल के अंदर हो रहा है। सामने केवल बरामदा खुला है।

वहाँ से कितना कुछ देखा जा सकता है?

इसके लिए विशेष व्यवस्था की गई है।

यह संगीतोत्सव! दीपोत्सव! सब देख सकें।

बाहर अनेकों स्तंभों पर टी.वी. सैट्स लगा दिए हैं। हजारों की संख्या में।

अब सब कोई बराबर देख सकता है। इस उत्सव में बराबर का भागीदार बन सकता है।

संगीत का निर्बाध स्त्रोत प्रवाहित होगा। सब अंजुली-भर पान करें! जी भर ग्रहण करें!

राष्ट्रपति जी का वहाँ राजन्य-गौरव से स्वागत किया गया।

वे बोले :

–संगीत तो जन-मानस की गंगा है।

वह जनता की धरोहर है। आपने उसे राजमहल से निकालकर जन-जन तक पहुँचाने की सुंदर व्यवस्था की है! यह आनंद की बात है।

जन-जन की धरोहर जन-जन के पास पहुँचे! यह आपके राज्य का दायित्व है।

तभी कलाओं का विकास होगा!

ऐसे आयोजनों के लिए मेरी हार्दिक शुभकामनाएँ।

यहाँ की जनता की ओर से मैं यहाँ के प्रबंधकों को बधाई देता हूँ। आज का यह संगीत उत्सव सब के लिए खुला है!

रात को कर्नाटक के मुख्यमंत्री की ओर से "ललिता-पैलेस" में ही भोज हो रहा है।

राष्ट्रपति उसमें मुख्य अतिथि रहेंगे।

इसमें मंत्रिमंडल के सदस्यों के अलावा नगर के अन्य गण्यमान्य व्यक्ति और अधिकारी भी आमंत्रित हैं।

"डाइनिंग हाल" की आंतरिक सज्जा निमंत्रणपूर्ण है। साथ ही दीर्घा में मधुर-मधुर संगीतवादन हो रहा है।

भोज के उपरांत राष्ट्रपतिजी ने मुख्यमंत्री के प्रति आभार व्यक्त किया:

–इतना अच्छा भोजन! आपने पूरा मीनू हमें पहले क्यों नहीं बताया? उसी हिसाब से हम अपने को तैयार करते!

आपने यह बड़ा अच्छा किया। साथ में संगीत चलता रहा। हम बड़े लाभ में रहे। संगीत से भूख तेज होती गई। जो खाते गए। साथ-साथ हज्म होता गया।

शहनाई ने चूर्ण का काम किया।

जितने दिन हम यहाँ रहें! यह बराबर ही बजती रहे तो कितना अच्छा हो!

हम सब आपके इस "डाइनिंग हाल" में ही बैठे रहें!

दोपहर को पता चला :

–राष्ट्रपति जी का वृंदावन-गार्डन जाने का कार्यक्रम स्थगित हो गया है।

उनका शिड्यूल बड़ा ही भरा-भरा था। उसमें गुंजाइश नहीं रही होगी।

सो मैंने दोपहर को ही गाड़ी मंगवा ली।

–अभी चलना है वृंदावन गार्डन।

–सर! रात में चलते!

–बड़ा हैवी है आज! किसे फुर्सत होगी रात में भी जाने की।

—सर! रात में तो वह स्वर्ण है! दिन में तो...

—बस एक बार आँख से निकालना है! आए हैं तो...रात में न सही दिन में ही हो आएँ! बस अब चल पड़ो। जल्द आना भी तो है।

रिसेप्शन से वृंदावन गार्डन के अधिकारियों को पूर्व सूचना भिजवा दी थी।

वहाँ पहुँचे। अंदर जाने से कोई दिक्कत नहीं हुई।

ललिता पैलेस से वृंदावन गार्डन तक का रास्ता!

मैं एक-एक दृश्य को आँखों में भर रहा हूँ। असली कर्नाटक तो इन्हीं खेतों में है। इन्हीं राहों में है। अन्यथा राजकीय आयोजनों में हम जन-जन को देख तो लेते हैं। पर जुड़ कहाँ पाते हैं उनसे?

मैं इस भूमि के कुछ दृश्यों-पदृश्यों से स्वतंत्र रूप में जुड़ना चाह रहा था। अपने पैरों चल कर। अपने सर पर वहाँ की धूप लेकर। अपने शरीर पर वहाँ की खुली हवा के हस्ताक्षर लेना चाह रहा था।

वृंदावन गार्डन का मुख्य द्वार!

ऊपर भगवान श्री कृष्ण! अकेले! हाथ में बाँसुरी लिए हुए। वही त्रिभंगी मुद्रा! चित्त-चोर की भंगिमा! वेणु गोपाल!

कर्नाटक में श्री कृष्ण का यही रूप संपूजित हैं।

एकोपासना!

द्वार पर ही गाड़ी रुकवा दी!

साथ ही कावेरी पर बना हुआ डैम।

माँ कावेरी! गंगा माँ! तू किन-किन रूपों में इस देश के जन-जन की प्यास बुझा रही है! माँ! सहस्रधारा! क्षीरधारा!

मन में एक गीत पंक्ति चमक उठी है।

—ब्रह्मपुत्र गोमती नर्वदा! कावेरी की धारा कल कल!

सतलुज, कृष्णा और विपाशा! सब में बहता है गंगाजल!

द्वार से सीधे प्रवेश निषिद्ध है। पर ड्राइवर ने अनुमति ले ली है। कार सीधे अंदर जा सकती है। पर मैंने मना कर दिया है।

मैं सब के साथ जन-जन के साथ। पूरी भीड़ के साथ कावेरी दर्शन करना चाहता हूँ।

मैं दर्शक नहीं! यात्रा पर हूँ!

कोई दो-अढ़ाई कि. मी. डैम के साथ-साथ चलने पर प्रवेश द्वार आया।

वहाँ से नीचे उतरा हूँ।

उद्यान वन्य झरनों, संगीतमय फव्वारों, नहरों, बारादरियों,

सुंदर क्यारियों से भरा पड़ा है।

रात में! रंगारंग रोशनी में यह कितना मन-भावन हो सकता है। मैं इसका साक्षात्कार अपने अंदर ही अंदर कर रहा हूँ।

कोई दो घंटे मैं निरंतर चलता ही रहा। चाहा कि मुख्य वृक्षों से, स्थानों से, निर्झरों जलाशयों से आत्मीय परिचय पा लूँ। कड़कती धूप और मैं नंगे पैर नंगे सर, एक-एक से परिचय करता घूमता! पर लगा बहुत कुछ पा लिया है। यात्रा सार्थक रही है।

जयतु! जयतु! श्री दुर्गा भवानी! जयतु! जयतु!
श्री रामचंद्र! श्री रामभद्रं!

मैसूर : विजय दशमी : दुर्गा-पूजन : चामूंडी-यात्रा : 23 अक्तूबर, 1985

विजय दशमी!

विजय पर्व...! भारत का सर्वोच्च राष्ट्रीय पर्व!

राष्ट्रीय-अंतर्राष्ट्रीय जगत में सर्वथा नए कीर्तिमानों की रचना का पर्व!

सर्वथा अविजेय! दुर्जेय भारत की गौरव-गरिमा का पुनीत पर्व!

दुर्गा! अष्टदश-भुजा दुर्गा के पूजन अर्चन का पर्व!

मैसूर का ललिता पैलेस।

सामने के गिरि-श्रृंगों पर एक भव्य मंदिर। दुर्गा-मंदिर।

चामुंडा-महिषासुर-मर्दिनी का मंदिर।

दुर्गा पूजन के पुण्य अवसर पर यहाँ के पूजन का विशेष महात्म्य हैं।

कारें जा रही हैं। पहाड़ी मार्ग पर गुर्राती हुई। कोई लंबा मार्ग नहीं है! यही कोई आठ-दस कि.मी. रहा होगा।

मंदिर के पास जाते ही पहले एक विशाल रंगीन प्रस्तर प्रतिमा है महिषासुर की।

महिषासुर अपनी प्रचंड मुद्रा में। उसमें राक्षसीयता का विकराल गौरव है! पूर्ण भयंकरता साकार हुई उसमें!

एक हाथ में खांडा और दूसरे में सर्प!

दोनों ही विनाश के प्रतीक।

दुर्गा ने इन्हीं राक्षसी शक्तियों का संहार किया था।

मानवहन्ता। काली ताकतें! जनघातिनी शक्तियाँ! विघटनकारी दानवी शक्तियाँ!

माँ! अष्टदश भुजा; माँ ने ऐसी दुष्ट शक्तियों का दमन किया था।

इसीलिए उसकी संपूर्ण देश में पूजा है आज।

समग्र देश एक पुनीत व्रत लेकर समर्पित हो रहा है अपने जीवन में ऐसी काली ताकतों से संहार के लिए।

दुर्गा पूज़न!

किंतु साथ ही...

दानव-पूजन भी, महिषासूर का पूजन भी। उसका स्मरण भी।

राम के साथ रावण पूजन भी!

दशर्कधराय नमः दशग्रीवाय नमः! दशशीराय नमः!

उत्तरी भारत में घर-घर प्रातः ही श्री राम की पूजा से पूर्व रावण-पूजन भी।

यही तो है भारतीय संस्कृति की विशेषता! शिव के साथ अशिव पूजन भी, अशिव से ही महिमा है, रेखांकन है शिव का।

एक विशेष पर्व पर यहाँ तो नाग पूजन भी होता है!

नाग-यज्ञ होते हैं तो नाग-पूजन भी होता है!

हम मंदिर के मुख्य द्वार पर पहुँच गए हैं।

दक्षणात्य शिल्प का! स्थापत्य का! रचना कौशल का एक अद्भुत प्रतीक।

वेद मंत्रोच्चार कर रहे पंडित।

लाल ऊनी पटके। श्वेत चंदन कर अनुलेपन गो-पुच्छ जैसी शिखाएँ।

गौर वर्ण। चिंतनशील ललाट!

हाथों में रजत-कुंभ, मंगल-कलश, पूजा थाल, अर्चना सामग्री।

साथ में दो अग्निदीप दंड-धारी!

मंदिर में प्रवेश करते ही भगवान गणपति की प्रतिमा!

श्री गणपति गणाधिराजय नमः...नमामि विघ्नेश्वर पाद पंकज...

केसी कमनीय संकल्पना रही भगवान गणपति की।

समग्र राष्ट्र और राष्ट्रपति के संदर्भ में।

महामना राष्ट्रपतिजी से इस बारे में हैदराबाद प्रवास के समय चर्चा हो चुकी है।

महाराष्ट्र में गणपति-विसर्जन-पर्व के प्रसंग में आज पुनः चर्चा करूँगा।

राष्ट्रपति जी ने गणेश-पूजन किया। अक्षत-तिलक दिया। नमन किया।

अंदर मुख्य मंदिर के स्वर्ण द्वार। स्वर्ण शिल्प की छत्तें।

राष्ट्रपति आचमन कर रहे हैं।

--ओं! केशवाय नमः! माधवाय नमः! गोबिंदाय नमः!

हाथ धो लें जी...

उन्हें मंगल-सूत्र बाँधा जा रहा है :

–ओं! येन बद्धो बलिराजा दानवेन्द्रो महाबलि...

विधिवत पूजन, माल्यार्पण, दीपार्चन, परिक्रमण! और फिर चरणामृत!

राष्ट्रपति जी को मंदिर परिसर में एक आसन पर बिठाया गया। उन्हें तिलक दिया गया। मैसूरी पगड़ी पहनाई गई।

राष्ट्रपतिजी ने बड़ी विनम्र शालीनता से वह पगड़ी पहन ली। पीत पट अपने गले में धारण कर लिया। पीतांबरं! पीतवसनं!

बाहर आए!

–कैसा अनुभव कर रहे हैं पूजन के उपरांत...!

–मैंने व्रत रखा है। पूजन के बाद ही अल्पहार लूँगा।

–इस वेश में कैसा लग रहा है आपको!

–मैं कई प्रांत में गया हूँ। हर साल जाता रहता हूँ। वहाँ के उत्सवों में शामिल होता हूँ। वहाँ के पहनावे पहनता रहता हूँ! हर प्रांत का पहनावा कौमी पहनावा है। मेरा पहनावा है। यह पगड़ी पहनकर जैसे मैंने दुर्गा का प्रसाद सर पर धारण कर लिया हो। मैं जूड़ा-जुड़ा महसूस कर रहा हूँ इस क्षेत्र के जन-जन से। जैसे मेरा स्वरूप विराट हो गया हो!...

मंदिर से लौटे तो मार्ग में ब्रह्मकुमारियों का भवन आ गया।

वहाँ रुके। उनके भवन में अनुपम और भव्य चित्र-प्रदर्शनी आयोजित हुई थी।

राष्ट्रपति जी ने सभी दीर्घाओं में चित्रों का दर्शन किया।

धूप काफी चढ़ आई थी। राष्ट्रपति जी ने अभी प्रात: का अल्पाहार भी नहीं लिया था।

सो अब जल्दी ही लौटने की मन: स्थिति में थे।

पूर्वान्ह में ही शिलान्यास कार्यक्रम।

जे. एस. एस. कालेज के रजत जयंती समारोह के अवसर पर एक अस्पताल का शिलान्यास राष्ट्रपति जी के कर-कमलों द्वारा हो रहा है।

मुख्य द्वार पर ही ब्राह्मणों ने वेद-मंत्रोच्चार से स्वागत किया।

नवीनता यह थी कि यहाँ पर स्वागतगान के समय शंखवादन और शृंगी-वादन भी हो रहा था।

सभा-मंडप में अपने विशेष पीठ पर जगदगुरु भगवान श्री शंकराचार्य विराज रहे थे। इस देश की राजनीति ने सदा ही धर्म और संस्कृति के प्रतीकों को नमन किया है। राष्ट्रपति जी ने शंकराचार्य को नमन किया। उन्होंने बैठे-बैठे ही आशीर्वाद दिया, माला भेंट की। मंच पर शंकराचार्य के साथ संन्यासियों का एक पूरा दल विराज रहा था। परिव्रजित साधु। गेरुवे वस्त्र, चीवर, पट, शिखा-सूत्र, चंदन-अनुलेपन। मानों वे समर्पित हों मनप्राण से अपने सामाजिक दायित्वों के प्रति। समर्पित हों देश की अखंडता को अक्षुण्ण बनाए रखने के लिए। काश्मीर से लक्षद्वीप तक पले देश की एकात्म बनाए रखने के लिए।

मंच पर मंगलाचरण हो रहा है।

–लंबोदरं!...विशालाक्षं...वंदे गणनायाक...

भगवान श्री शंकराचार्य ने भी मदभगवद्गीता का एक श्लोक पढ़ा।

शांतिपाठ किया : "ओ! शांति:! शांति!...

वेद–मंत्रों से राष्ट्रपतिजी ने शिलान्यास किया।

अपने भाषण में एक मर्म पर प्रहार किया :

–आप प्रवेश केवल योग्य छात्रों को ही दें। अधिक दान देने वालों को नहीं।

ऐसे नीम हकीम पैदा होंगे! उनके हाथों जिन बेकसूरों की मौत होगी उसका पाप आप को लगेगा। ऐसे कालेज जन्म देते हैं कातिलों को। क्रिमिनल्स को। लाइसेंसशुदा कातिल : दवाइयों को ब्लैक में बेचने वाले। अपने ही चहेतों में तकसीम करने वाले। इनके बारे में किसी ने कहा है:

अहबाब में बँट जाती हैं पेटेंट दवाएँ।

फिर वे भगवान श्री शंकराचार्य जी से संबोधित हुए:

"चिन्ता से रोग लगते हैं। बढ़ते हैं। फैलते हैं। शांति के अमृत वचनों से प्राणी रोग-मुक्त होते हैं। आपके आशीर्वाद से यहाँ हास्पीटल से संजीवनी जैसी दवाईयों के साथ साथ अमृत वचन भी मिलेंगे...यह आप सब के लिए सौभाग्य की बात है।

मेरी बधाई स्वीकार करें!

इसके तुरंत बाद ही एक और आयोजन था।

मैसूर सिटी कारपोरेशन :

एक विशाल मैदान में भव्य मंच-रचना। राष्ट्रपति उस पर विराज रहे हैं।

दो महिलाएँ स्वागत गान प्रस्तुत कर रही हैं :

–जय हे! जय जय हे! जय जय जय हे!

जय हे! महिषासुर मर्दिनी! रम्यं–कपद्दिनी शैल-सुते–

राष्ट्रपति जी ने शिलान्यास किया :

'मैसूर शापिंग सेंटर' का।

अपने भाषण में बोले :

ऐसे केंद्र खरीददारी के मरकज ही नहीं होते हैं। यहाँ सिर्फ सौदेबाजी ही नहीं होती है।

ये बेचने वाले और खरीदने वाले के कल्चरल-सेंटर होते हैं।

लेनेवाले, देनेवाले के बीच एक पवित्र रिश्ता होता है। आप उसे कायम रखें। जायज मुनाफा हो! कीमतें फिक्स हों!

आज दुकानदार ज्यादातर हजाम हो रहे हैं। वे मूंडते हैं खरीददारों को बिना कैंची-उस्तरे के...

आप अपनी कारपोरेशन को अपने नगर की जनता का सेवा केंद्र बनाएँ।

इसमें कई राजनैतिक पार्टियों के मेंबर होंगे। उनसे प्रार्थना है। वे अपने-अपने सियासी संबंध भूल कर केवल सेवा को याद रखें। असेंबलियों में जंगें होती हैं, एक दूसरे का तख्ता उलटने के लिए। पर कारपोरेशन में केवल सेवा होनी चाहिए जनता की। आप खिदमतगार बनकर जनता के पास़ जाएँ मुख्तलिक पार्टियों के मेंबर बन कर नहीं...करतली-निनाद में कार्यक्रम का समापन हुआ।

आज सायं राष्ट्रपति जी मैसूर का दशहरा समारोह देखने जाएँगे।

वहाँ जाने की तैयारियाँ हो रही हैं।

इसी समय एक बफद आ जाता है उर्दू प्रेमियों का। वे सब के सब कर्नाटक निवासी हैं।

वे राष्ट्रपतिजी से अपने प्रांत में उर्दू के अध्ययन अध्यापन की समस्याओं पर विचार कर रहे हैं। राष्ट्रपति जी उनसे पूछते हैं :

–आपकी मादरी जुबान कौन सी है?

–उर्दू।

–वह कैसे? कर्नाटक के मूल निवासी हो! हो कि नहीं?

–जी हैं।

–तो कन्नड़ क्यों नहीं आपकी मादरीजबान?

आप अपनी मादरी-जुबान को नकारें नहीं! उर्दू प्रेम अपनी जगह पर हैं मातृ-भाषा का अपना मुकाम है। लासानी दर्जा है।

हिंदी-उर्दू इसी सरजमीन की जुबानें हैं। उन्हें कोई नहीं मार सकता।

आपके प्रांत में उर्दू की क्या प्राबलेम है?

हम चाहते हैं उसे और खास दर्जा मिले!

–आप एक बात याद रखें! प्रांतीय भाषा के मुकाबले में लाकर आप दो जुबानों में कशमकश पैदा न करें।

उर्दू को खतरा है उर्दू के जुनून से! आप जानते हैं जुबान का जनून मज़हबी जनून से ज्यादा खतरनाक होता है।

हिंदी उर्दू को अवाम ने अपने खून से पाला है।

हजरत आप बताएँगे! पानी में लकड़ी क्यों नहीं डूबती?

इसलिए कि उसने बचपन से पाला है उसे। परवरिश की है उसकी।

अवाम नें परवरिश की है हिंदी-उर्दू की। उसे मारने की कोई भी कोशिश खुदकुशी के बराबर होगी।

आप का उर्दू प्रेम काबिले रुश्क है। आप उसके साथ-साथ कन्नड़ और हिंदी से भी उतनी ही मुहब्बत करें!

हिंदी मुल्क की रूह है। जंगे-आज़ादी की जंग हमने हिंदी और उर्दू से जीती है।

–हम आपके मशवरे की तहे दिल से कदर करते हैं। मशकूर हैं इसके लिए।

–अमल भी करें इस पर अगर मुफीद लगे।

खुदा आपको बहबूदगी दे! खुदा रखे!

आमीन! आमीन! आमीन!

एक मुसलिम डैलिगेशन आ गया।

मसला है सुप्रीमकोर्ट का फैसला। जो उसने मुसम्मात शाहबानों के केस में दिया है। वे उसके खिलाफ राष्ट्रपति जी को मैमोरैंडम देने आए हैं।

—कुर्रान शरीफ एक मुतबरक किताब है! मुकद्दस ग्रंथ है। उसमें जो तहफ्ज़्ज़ आपको मिला है। जो हकूक हैं आपके, उनमें सरकार कोई मुदाखलत नहीं करेगी।

बहस की गुंजाइश तब होती है जब एक ही तहरीर के दो या दो से ज्यादा माइने निकाले जाते हैं। तब झगड़ा तहरीर का नहीं, हमारे बाहमी मुफादों का होता है।

आप सुप्रीमकोर्ट के लिए आलम-फाज़िल वकील करें। वह कोर्ट को बताए कि पाक कुर्राअन असल में क्या आदेश देता है।

—जी! ऐसा ही करेंगे! आप हमारा प्रोटेस्ट सरकार तक पहुँचाने की इनायत करें।

—ऐसा ही होगा। आप मुतमइयन रहें!

एक बात का ख्याल रखें! मज़हबी हद्दबन्दियाँ इंसान को तकसीम करती हैं।

जिस इबादतगाह में हर बशर नहीं जा सकता! खुदा का हर बंदा नहीं जा सकता, वह खुदा का घर नहीं है। वहाँ कमअज़ कम खुदा नहीं रहता है।

आपने बजा फरमाया...

मैंने सऊदी अरब की सरकार को लिखा है कि मैं मक्का शरीफ की जयारत करना चाहता हूँ। वहाँ गैर-मुसलमान का दाखला मननूअ है। उस पर सख्त पाबंदी है।

—खुदा का करम हो!...

—मैं कन्याकुमारी में एक गिरजाघर में गया। वहाँ असूल है इबादत नंगे सर करने का। मुझे ऐसा करने के लिए कहा गया। और मैंने किया ऐसे ही। तब मैं उनके प्रार्थना में शामिल हुआ!

मैंने महसूस किया कि उनकी इस इबादत में शामिल हो कर मैं अपने खुदा के करीब होने का अहसास पा गया था।

मैसूर का राज-प्रसाद! उसका भव्य विशाल प्रांगण! मैसूर का दशहरा!

बड़ी शोभा सुन रखी थी इस पर्व की। बड़े-बड़े विज्ञापन! प्रचार! आज उसे देखने का मंगलमुहूर्त आ ही गया।

महामहिम राष्ट्रपति एक सुंदर पीठ पर आसीन हैं।

एक दंत-धारी हाथी आ रहा है। श्याम वर्ण। एक दंत पर स्वर्ण चढ़ा है।

ऐसा ही एक-दंत धरायश्च! नमो ईश्वर-पुत्राय श्री गणेशाय नमोनमः

ऐसा ही एक-दंत हाथी। स्वर्ण-भूषित दंत!

भाल पर स्वर्णाभरण। कानों में स्वर्णालंकरण!

सुनहरी हौदा। उस पर एक भव्य पालकी और उसमें विराजित है एक प्रतिमा! माता दुर्गा की! अष्ट--दश-भुजा माता की!

महावत ने अंकुश से हाथी को कोई संकेत किया। वह झट राष्ट्रपति जी के आगे आकर रुक गया। तुरंत एक छोटी सी सीढ़ीनुमा कुर्सी उसके साथ लगा दी गई। उस पर चढ़कर सर्वप्रथम राष्ट्रपतिजी ने दुर्गा-पूजन किया। पुष्पार्चन! दीपार्चन!

माल्यार्पण! धूप-दीप नैवेद्य का विसर्जन!

पुनः माता को जलाभिसिंचन!

इसी प्रकार कर्नाटक के गवर्नर और मुख्य मंत्री ने दुर्गा पूजन किया।

पूजन के बाद दशहरा का समारोह आरंभ होता है।

अनेक शोभा यात्राएँ आने लगी हैं।

दो तीन हाथी आ रहे हैं। स्वर्णाभरण से सुसज्जित! सु-अलंकृत!

उसके बाद के रंग फीके थे। पुरानी वेश-भूषा, मद्धिम रंग, कहीं पर भी किसी परिष्कृत सौंदर्य बोध की अभिव्यक्ति नहीं। किसी अभिजात कला-चेतना का प्रदर्शन नहीं। किसी लोक-रग संस्कार की शालीन सहजता नहीं।

नर्तक आ रहे हैं। बैल, घोड़े, रंग-बिरंगे ध्वज, पुनः कई सुसज्जित हाथी।

कीर्तन मंडलियाँ, विविधा पौराणिक झाँकियाँ, लोक-नृत्यों के विविधा नमूने विविध युद्ध मंडलियाँ, मुखौटाधारी...

जैसा कि कहा सब अतीव फीका लग रहा था। अब इन आयोजन में कोई व्यक्तिगत रुचि तो लेता नही। अतः सब प्राण-शून्य सा लग रहा था।

पर वातावरण में कार्यक्रम से कहीं अधिक उल्लास था।

यह लोकपर्व है। दुर्गा पूजन जन मानस में कमल बन कर खिल रहा है।

विजय दशमी!

भगवान श्री राम की विजय! संपूर्ण राष्ट्र की विजय!

–देहली की रामलीला इससे कहीं बढ़ कर सुंदर होती है। सारा ही पर्यावरण नवरात्रों में सर्वांशतः राम मय हो जाता है।

मैं राष्ट्रपतिजी के साथ ही उठ रहा हूँ! वे बोल उठे श्री गुरु गोबिंदसिंह की वाणी का एक अंश :

–राम कथा जुग जुग अटल! बस कोई भाखत नेत!

मैं बोल उठा :

"जयतु! जयतु! श्री राम चंद्रं! जयतु! श्री राम भद्रं! नमामि रामं रघुवंशनाथम्! नमामि रामं रघुवंशनाथम्!

विजया दशमी का समारोह संपन्न हो रहा है।

हम सब उठ कर ललिता पैलेस आ रहे हैं।

रास्ते में श्री देवराज अर्स का मकान था।

कर्नाटक के भूतपूर्व मुख्य मंत्री। जो प्रदेश और देश की राजनीति पर प्रभावी रूप से छाए रहे। उनका स्वर्गवास हुए कुछ ही महीने हुए थे।

पैलेस जाते हुए राष्ट्रपति सीधे उनके निवास पर गए।

उनकी पत्नी बच्चे, सब से पूर्ण आत्मीयता से मिले। सान्त्वना दी।

श्री अर्स की फोटो पर माल्यार्पण किया। उसके सामने कुछ समय मौन खड़े रहे। जैसे उस आत्मा से एक संवाद-रचना कर रहे हों!

मैसूर के सब कार्यक्रम आज समाप्त हो गए हैं।

कल प्रस्थान है दिल्ली के लिए।

मित्रों ने अनुरोध किया :

–क्यों न वृंदावन गार्डन देखा जाए।

यह कोरा प्रस्ताव नहीं था। एक निमंत्रण था। मैं एक खंडित निमंत्रण का आनंद ले चुका था। कड़ी दोपहर में नंगे सर, नंगे पैर परिक्रमा ले आया था वृंदावन गार्डन की। पर उसका रात्रि दर्शन ही तो वास्तविक दर्शन है।

कई साथी थे। सो कई गाड़ियाँ बुला ली गईं।

रात में सचमुच ही वृंदावन गार्डन वह नहीं था जिसे मैंने दो दिन पूर्व दोपहर के समय देखा था।

रंगीन फव्वारे! रंगीन निर्झर! रंगीन जलाशय! रंगीन पुष्प-वाटिकाएँ! बस रंग ही रंग! सर्वत्र रंग-वर्षा!

सम्मोहन था संगीतमय फव्वारे के नृत्य-गीतों में।

कोई धुन रिकार्ड पर बजती थी। उसी की लय-तान गति पर फव्वारा चलता था। विभिन्न जल-धाराएँ आरोहण-अवरोहण पाती थीं।

यह था रंग-गीत-नाद-नर्तन-वादन का आनंदोत्सव!

कावेरी की जलधाराओं में भरे रंग उग आए थे। लहरों में रंग उनकी उछालों में हिल्लोल, नर्तन में विविध रंग घुल रहे थे।

हम आकंठ तृप्त हो कर लौट रहे थे।

अगली सुबह हम वैसे ही अग्रिम पार्टी में कारों से चल पड़े बंगलूर के लिए। वहाँ से मार्ग में कुछ विशेष स्थान पड़ते थे।

श्री रंगपुरम! अतीव भव्य शिल्परचना मंदिर की!

वह स्थान देखा जहाँ सुलतान टीपू का शव मिला था।

उसकी संभाल उस गरिमा से नहीं हो रही है जिसका कि वह अधिकारी है।

यह दुर्नियति तो अपने अधिकांश इतिहास पुरुषों के साथ हो रही है।

बंगलूर हम यान के चलने से काफी समय पूर्व पहुँच गए।

रास्तें में बंगलूर विश्वविद्यालय पड़ता था।

क्यों न इस समय का उपयोग कर लिया जाए?

मैं चल पड़ा वहाँ के हिंदी विभाग की ओर। वहाँ डॉ. श्री सरगूकृष्णमूर्ति से मिला।

उन्होंने अपनी एक रचना दी। एक प्रति राष्ट्रपतिजी के लिए भी।

रचना की विशेष बात यह कि उसमें भगवान श्री कृष्ण और गाँधी जी के जीवन चरित्र के अर्थ एक साथ ही अभिव्यंजित होते हैं।

वहाँ से सीधे बंगलूर एयरपोर्ट।

कुछ ही देर में महामहिम राष्ट्रपतिजी का हैलीकाप्टर आ गया।
तुरंत सब यान में सवार हुए। यान उड़ चला दिल्ली की ओर।
मैं आँखें बंद किए बैठा हूँ।

राष्ट्रपतिजी के संस्मरणों का कैसे लेखन, संपादन, संचयन करना है?

बस इसी बीच आँख लग जाती है।

सहसा जगता हूँ!

आवाज़ें आ रही हैं। :–

–दिल्ली आ गई है! दिल्ली आ गई है!

–यान लैंड कर रहा है!

सचमुच ही दिल्ली आ गई थी।

यान दिल्ली की बस्तियों पर मंडरा रहा था। संभवतः हम मुनीरका पर से उड़ रहे थे। यान नीचे उतर रहा है।

नीचे दिल्ली! दिल्ली की कालोनीज!
तारों के जंक्शनपोल! रेल की पटरियाँ!
तारकोल की सड़कें! कच्चे, हमवार रास्ते!
पगडंडियाँ ही पगडंडियाँ!
पूरा एक जाल तना है! यान और दिल्ली के बीच!
यान नीचे उतर रहा है।
जाल काँपने का आभास दे रहा है।
सारी की सारी दिल्ली तड़प रही है।
अपने ही बुने इस मकड़ी के जाले में।

यान लैंड कर गया है। कारों का कारवाँ रवाना हो रहा है राष्ट्रपति भवन की ओर।

कृष्ण गोविंद हरे मुरारे : चैतन्य महाप्रभु की पुण्य जयंती
26 मार्च, 1986 : कलकत्ता : रवींद्र सरोवर

राष्ट्रपति जा रहे हैं कलकत्ता।

वहाँ रवींद्र सरोवर में महाप्रभु चैतन्य की पाँच-सौ वीं पुण्य जयंती का उद्घाटन करना है। आज प्रातः जब वे मुगल गार्डन में सैर के लिए आए तो बुलावा आ गया।

शर्मा जी फोन पर बोले :

–जी हाँ! जी हाँ! वे अभी पहुँचे हैं गार्डन में! आपको बुला रहे हैं।

मैंने तुरंत ही अपना केमरा यानी कि कलम-पेन और फाइल उठाई और चल दिया गार्डन की ओर।

आज होली है।

कल सायं उनके साथ गार्डन की सैर करते समय देर हो गई। आकाश में फागुनी चांद आ गया था। हवा में गंध का उल्लास था। मीठी-मीठी छुअन, रंगों में, रक्त में हल्का-हल्का उबाल आने लगा था। मदन-ज्वर! काम-शर!

रक्त में संवेदना की रेशमी मछलियाँ मचलने लगी थीं। रंगीन मछलियाँ! काम-गंधा! मत्स्यगंधा!

ज्ञानी जी ने होली और होले के, होला मुहल्ला के संदर्भ में बातचीत आरंभ की।

बोले :

–होली रंगीन भावनाओं का त्योहार है और होला! जोश का मर्दाना त्योहार है, जंगजू बहादुरों का खून का उत्सव है। बब्बरसिंहों, निहंगासिहों के खौलते खून का त्योहार है।

–यह तो ठीक है। गुरु जी ने इस त्योहार के मीठे रंगों में शौर्य के रंग भरे हैं। पर बुनियादी तौर पर होली कहीं हमारे समाजवाद की सतह से जुड़ी है। यह कीचड़ नहीं! अबीर ही नहीं! रंग ही नहीं! ये तो हैं हमारे संकल्पों के हस्ताक्षर। सब भूलकर एक होने के! ऊँच-नीच की खाइयों को भरने के। सब के गले लगने के! सब को गले लगाने के!...

–पर कुछ लोग तो गले पड़ जाते हैं।

और एक लंबा ठहाका लगाया ज्ञानी जी ने। मैं बे-साख्ता शामिल हो गया उसमें।

होली की उस पूर्व संध्या में भूल गया कि मैं कहाँ हूँ। किसके साथ हूँ! मैंने कहा :

–अब ज़ोर-ज़ोर का ठहाका! अपने आप गूँजा है अंदर से! दनदना कर बाहर आया है! फुदकता-कूदता, उछलता-फलांगता! बेरोक-टोक!

यह तो होली का रंग है! वरना आपके साथ ज़ोरदार हँसी में शामिल होने के लिए कोई व्यक्ति सौ बार सोचेगा। काँप-काँप जाएगा!

मुझे आज एक और हक मिल गया है। आपके साथ ठहाका लगाने का। यह किसने दिया है? न आपने दिया है! न मैंने माँगा है! यह मौसम का तोहफा है! एक बेनज़ीर तोहफा।'' ज्ञानी जी फिर हँस पड़े।

गोया इस तोहफे पर अपने ''आटोग्राफ'' दे रहे हों!

यह कल शाम की बात है।

और आज प्रात: जब गया तो ज्ञानी जी मुगल गार्डन में टहल रहे थे।

सिक्योरिटी के श्री शर्मा ने मेरे आने की खबर दी और बुलावा मिल गया।

एक सेवक गुलदस्ता लिए जा रहा था। वह मैंने ले लिया। जब ज्ञानी जी के पास गया तो उन्हें अभिवादन के साथ साथ पुष्प-पराग का तिलक दे दिया। गुलदस्ता छिटक कर उन पर रंग-गंध की बरखा कर दी। वे मुस्करा पड़े :

यह हुई न साफ स्वच्छ होली!

उन्होंने वह गुलदस्ता मेरे पर छिटक दिया। बोले :

—आज कलकत्ता जाना है। चले चलो! रात को ही लौट आएँगे!

—आपको और निकट से जानने का यह नायाब मौका भला मैं क्यों जाने दूँगा और अब हम कलकत्ता जा रहे थे।

गुर्राता हुआ यान लगा है सरकने पालम से।

रेंगता हुआ आ रहा है ''मेन-रन-वे'' पर।

गुस्से में दहाड़ता हुआ लगा है सरपट भागने।

हो गया है उड़न-छू आन की आन में।

देहली की बस्तियों पर उमड़ आई है एक आवारा बादल की फागुनी टुकड़ी होली की हुड़दंग! रंग-गंध में डूबी दिल्ली!

यान से लग रहा था दिल्ली गोया इस फुलेल में तर-बतर रुई का एक फाहा है! उठ रहा है यान ऊँचा! दूर होने लगी है दिल्ली!

चितकबरी छींट-रंगी धरती।

कोने में दुबकी हुई जैसे एक बिल्ली!

सड़कें, फुटपाथ, वृक्षों की कतारें, और रेल-पटरियाँ

बदलने लगी हैं काले, पीले, हरे, भूरे धागों में।

लग रहा है महरौली के चट्टानी वीराने में

कोई भूखी छींबा सर्पिणी तोड़ रही हो अपने अंडे।

बेशुमार, छोटे-छोटे, बारीक, काले-काले अपोलिए निकल भागे हैं इधर-उधर।

दिल्ली के आसमान में उड़ रहा यान। आबादियों से दूर।

तिकोने, चौकोर आयताकार खेत!

और बेतरतीब पगडंडियाँ।

गोया हरी भूरी मटमैली टायलों के ताज़ा फर्श पर क्रेक्स उभर आए हों!

उत्तर-प्रदेश के सर-सब्जों पर उड़ा जा रहा है यान।

बेशुमार नदियों की नील, गीली, रेतिल रेखाएँ रेल-पटरियों की सीधी लकीरें! तारकोल की, बल खाती सड़कें!

अपने में सिमट रहे। ज़मीन में गड़े जा रहे पर्वत टीले!

रेखाएँ ही रेखाएँ हैं।

धरती पर मानो धरती का ही एक मानचित्र छप गया हो!

मथुरा पर उड़ा जा रहा है यान।

महिमा है काल की! माया नंदलाल की! धरती गोपाल की!

हाथी है, न घोड़ा और नहीं पालकी।

ऐसे में सुध किसे तुक और ताल की! सेंसत है रोटी और दाल की!

बोलो सब प्रेम से जय कन्हैयालाल की!

सूखे बंजर, परती पड़े वीराने।

जगह-जगह चटख गई है धरती। गोया! सिमेंट में ताजा फर्श वक्त पर पानी न लगने से दरक गया है जगह-जगह!

हल्के नीले, पारदर्शी फागुनी बादल।

एक मलमली आवरण फैला है यान और धरती के बीच।
बंजर वीरान धरती के खसराए जिस्म पर
उभर आए है चगत्ते
या खाली कप में शेप हों चाय के पत्ते!
वह दूर वृक्षों का झुरमुट एक छोटी द्वीप सा।

नीली गहरी सुरमई महीन जल-धाराएँ। बरेती के रेतिल किनारे चौड़े-चौड़े पसारों के।

फहरा रहे हों सुचिक्कन काम-कुंतल, शैंपू किए हो केश।
किसी सद्‌य:स्नाता की गौर गंदमी गीली नंगी पीठ पर
और कहीं एक लट में टंका हो एक बैजनी फूल!

बिहार की खाकी ऊबड़-खाबड़ों में फैली सलोनी, सँवलाई प्रलयकालीन आदिम चट्टानें। गोया! भूरे, सलेटी, गत्तों की बेशुमार शीट्स सूखने के लिए डाली हों किसी कुटीर उद्योग ने। भूरे-भूरे आकारहीन बे-तरतीब खेत ही खेत। छोटी-बड़ी-सूखी अधसूखी जलधाराएँ।

वह दूर नीचे, दो समानांतर बनीं बिल्डिगें शायद किसी गोदाम की।
जैसे दो कबरें हों। तामीर हुई शांन-बशाना किसी नवाब बेगम की।
या मर कर बगलगीर हुए हों कोई गुमनाम आशिक-माशूक!
या मजार हों किसी मुर्शद मुरीद के!
धान की भूसी के भूरे-भूरे ढेर मलेशियाई रंग के।
हरे-गहरे, नीले कहीं लाल-पीले श्यामल खेत
यान से लग रही है या "बंग-भूमि"
"वाटरकलर" के खुले हुए डिब्बे सी।

एक ही साँस में गंगा के सर-सब्जों को लांघ, बेतहाशा हाँफता हुआ यान मंडराने लगा है दमदम पर।

फुल्ल-कुसमित बंग-भूमि के रंग-गंध बीने चीवर
मेचकई रंगों के शोभित द्रुमदल। नारियल की छतरियों के नीचे।

कत्थई रंग की डिब्बियों से घर। गोया खुफिया अड्डे हों "आनंदमठ" के।

यह प्रणम्य क्रांति-भूमि। रक्त लिप्त बंग-भूमि।

मानो एक ताजा आलेख हो "वंदे मातरम" का।

ताल-तलैया, पोखर, सरवर कितनी रम्य है सोनार भूमि! बलिदान भूमि!

नमस्तुभ्यं! नमस्तुभ्यं! नमस्तुभ्यं!

कोटि-कोटि बंग-बंधु भ्रातरम! वंदे मातरम! वंदे मातरम! वंदे मातरम!

दिल्ली नहीं दूर!

अलबत्ता! दिल्ली से दूर नहीं रहा अब कलकत्ता।

पालम से यान में कब चढ़े! कब बैठे! और कब उतरे दमदम में आन की आन में।

जब तक थे यान में लगता था जान नहीं जान में।

दमदम में उतरे तो लगा। अब जान आई जान में।

आ गए हैं दमदम! और आया दम में है दम! ऐ मेरे हमदम!

दमदम में उतरे तो गर्म हवा का एक झोंका आया। कानों में कह गया:

–बंधु! यह कलकत्ता है! दिल्ली नहीं! सागर की गर्म खारी हवाएँ फागुनी हवाओं में नमक घोल गई है। यहाँ सरसों की गंध नहीं! बाथू की महक नहीं। गंदम चने की आशनाई की खूशबू नहीं।

राष्ट्रपति तो दमदम से ही राजभवन चले गए, हैलीकाप्टर द्वारा।

और हम कारों द्वारा ले जाए गए सीधे रवींद्र सरोवर।

कलकत्ता अब भी होली के रंगों में नहा रहा है। भले ही शाम होने को है।

पर बंगाली मोशाय होली के उल्लास में डूबे हैं। सड़कें, बाज़ार, गलियाँ जैसे अब कोई रंग भरी पिचकारी आई कि आई!

दिन भर के रंग-वर्षा के बाद अब सब कहीं उजला, साफ-सुथरा और धुला-धुला है।

बंग-बाबू उजले कपड़ों में, कुर्ता और धोती। अब केवल रंग भरे हैं उनके मुँह में। जरदे का।

कत्थे और पान के रंग। वे जगह-जगह पान पिचकारियाँ छोड़ रहे हैं।

कहीं से धुन आ रही है।

—पान खाए सैयाँ हमार।

और इसकी पैरोडी अपने आप ही कानों में गूँजने लगी।

—कान खाए सैयाँ हमार!

अब यह निर्णय कर पाना मुश्किल हो रहा है पैरोडी कौन सी है। पहले वाली या बाद की।

कलकत्ता में कहीं-कहीं ट्राम के दर्शन भी हो गए। दिल्ली में तो अब ट्राम की बातें लोक कथाओं सी हो गई हैं।

रवींद्र सरोवर।

एक भव्य विशाल खुला आकाशमंच हो मानो!

पर अस्वच्छता और अशुन्तिा ने उसे बदरंग कर दिया था।

पंडाल में प्रवेश करते ही दो मंच बने थे।

पहले मंच में महाप्रभु चैतन्य की कीर्तन मुद्रा में एक बड़ी प्रतिमा थी।

विधिवत पूजित अर्चित, चंदन चर्चित!

"दिव्य माल्यांबरधरं दिव्यगंधानुलेपनम्..."

मंच के अग्र भाग में कीर्तन हो रहा था। एक कीर्तनिया नाच रहा था।

भाव-भीनी तन्मय मुद्राएँ। रोम रोम जैसे कीर्तन कर रहा हो।

दूसरा मंच अपेक्षाकृत बड़ा था। बीच में भगवान श्री कृष्ण की भव्य विराट प्रतिमा।

साथ ही चैतन्य की प्रतिमा। भगवान श्री कृष्ण से एकरूप! एकात्मक! एकधार! कीर्तन चल रहा था।

—मन्दारमूले वदनाशभिरामं, बिंबाधरे पूरित वेणुनादं।
गोगोपगोपीजनमध्यसंस्थं, गोविन्द दामोदर माधवेती।

श्री कृष्ण विष्णो मधुकेंटभारे, भक्तानुकंपिन भगवन मुरारे।
त्रायस्व मां केशव लोकनाथ गोविन्द दामोदर माधवेति...।

दोनों ही पंडालों की रचना केशरी, भगवे और श्वेत रंग के वस्त्रों से हुई है।

गेरुवे रंग का वैभव! श्वेत रंग का वैभव!

उनकी क्रांति की मिलीजुली आभा! जीवन के दो रंग एकात्मक हो उठे थे।

होली की संध्या उतर रही थी। लाल सी, गेरुवी सी, भगवी सी।

सामने श्वेतांबर बंग जनता! और पीछे ऊँचे-ऊँचे, कई-कई मंजिलों के मकानात। कहीं कहीं झूम रहे नारियल के पेड़। वातावरण में एक गंध है। रह-रह कर गमक रही है।

होली की अबीर सी चांदनी छिटकने लगी है। सरोवर में चांदनी ही चांदनी

चांदनी से सराबोर हो उठा है और कमल ही कमल खिल उठे हैं सरोवर में। शुभ्र, श्वेत, धवल कमल।

क्षितिज कोनों से ज्योत्स्ना झरने लगी है। रात का पहला चरण है।

सर्वत्र पुलकन की पुलकन। रोम-रोम संवेदित होने लगा है।

बंकिम बाबू की अमर रचना पूर्ण पर्यावरण में अमर गंध सी फैलने लगी है।

शुभ्र ज्योत्सना! पुलकित यामिनी!...

राष्ट्रपति जी आ रहे हैं।

श्वेत परिधान! शुभ्र वेश। अचकन! चूड़ीदार पायजामा और बटनहोल में टंका हुआ लाल गुलाब का फूल।

शुभ्र कमलों से भरे रवींद्र सरोवर में जैसे एक राजहंस आ रहा हो अपने पंख फैलाए!

तैरता हुआ।

संस्था के सदस्यों ने ज्ञानी जी का भव्य स्वागत किया।

माल्यार्पण! चीवरार्पण! दीपार्चन! धूपार्चन!

ज्ञानी जी को तिलक दिया गया।

वे दोनों ही मंचों के आगे गए। प्रणाम किया। प्रसाद लिया। पुनः प्रणाम।

और मुख्य मंच पर आ गए।

लोकमानस का कमल! जनमानस के मध्य!

मानो रवींद्र सरोवर के मध्य में एक और विराट कमल खिल आया हो!

लोकमानस का कमल! जन मानस का कमल!

कार्यक्रम आरंभ हुआ।

मंगलाचरण :

पूर्ण मदः पूर्ण मिदं, पूर्णात पूर्ण मुदच्यते।
पूर्णस्य पूर्णमादाय पूर्णमेवावशिष्यते।

गौरांग शिष्य श्री जयपादुका स्वामी का स्वागत भाषण।

मंचाग्रभाग में विदेशी शिष्य। गौरांग ही गौरांग! जन्म से गौरांग! दीक्षा से गौरांग।

गौरांग महिलाएँ। गौर-मुख-मंडल, गो-पुच्छ जितनी चोटियाँ। महिलाएँ, गेरुई साड़ियाँ। खुले अनबंधे फहरा रहे केश। हाथों में खरतालें। कुछ पुरुषों के हाथों में मृदंग, वीणाएँ, शंख, चिमटे, बाँसुरियाँ।

जब कीर्तन आरंभ हुआ तो सम्मोहन छा गया पूरे सरोवर में।

जैसे एक-एक कमल के सामगान के स्वर निसृत हो रहे हों! पांखुड़ी-पांखुड़ी से गायन के स्वर फूट रहे हों!

हे कृष्ण गोविंद हरे मुरारे! हरे मुरारे! हरे मुरारे!...

सब नाच उठे। जैसे हर व्यक्ति में चैतन्य साकार हो रहे हों!

सब में कृष्ण की छाया आ रही हो!

भगवान श्री कृष्ण का अवतरण हो रहा हो!

सब नृत्य मगन हैं। ताल पर ताल दे रहे हैं।

गौरांग शिष्य! पुरुष, महिलाएँ, बालक, शिशु...

बाँसुरी बजा रहे। मृदंग बजा रहे। शंखवादन कर रहे। खरतालें, चिमटे बजा रहे हैं!

हाथों को उछाल-उछाल कर मूर्च्छा की मुद्राओं में आ रहे।

जैसे महर्षि नारद आ रहे हों वीणावादन करते हुए : नारायण! नारायण! नारायण!

देवगण अवतरित हो रहे हों! देवांगनाएँ उतर आई हों!

यक्ष-यक्षणियों, किन्नर-किन्नरियों, गंधर्व-गंधर्वियों समूह के समूह गान कर रहे हों!

नाच रहे हों!

और वे गौरांग बालक!

जैसे सनक, सनन्दन, सनत, सनातन! देवकुमार नृत्य कर रहे हों!

हम किसी दिव्यलोक में आ गए हों

समय का रथ रुक गया हो! स्थान का भेद मिट गया हो!

एक तुरीया थी। तुरीया ही तुरीया!

कीर्तन रुका।

पर एक कीर्तन भीतर ही भीतर निरंतर चलता ही रहा! शंखवादन होता रहा! मृदंग बजता ही रहा।

जब राष्ट्रपति संबोधन के लिए उठे तो उनका कंठ आनंद से रुद्ध था। सर्वशितः भाव-विभोर। आकंठ संद्रवित, विगलित।

वे हिंदी में बोल रहे थे, विशुद्ध भावना के धरातल से!

सब भेद मिट चुके थे। सब हिंदी जान रहे थे। समझ रहे थे सुन-सुन कर झूम रहे थे।

वह राष्ट्रवाणी थी। जन-जन की वाणी। सब राजनीतियों से ऊपर। राष्ट्र की आत्मा हिंदी में मुखर हो रही थी।

वह संशोधन था आत्मा का आत्मा के साथ। प्राणों का प्राणों के साथ।

वह एक संवाद था। एक लंबा संवाद! एकांत का संवाद!

वे बोल रहे थे : पूर्व प्रेषित, मुद्रित आलेख से हटकर :

...कृष्ण! भगवान श्री कृष्ण और चैतन्य एक रूप हो गए। भक्ति से। भावना से।

वह प्रेम का धरातल था। जहाँ जब वे विरोध, द्वैत अपने आप ही मिट जाते हैं।

चैतन्य की हमें, बंगाल को, पूरे देश को, सारी ही दुनिया की आवश्यकता है।

वह प्रेम के गायक थे। आज देश को इसी बांसुरी से एक करना है। हम सब बेसुरे हो रहे हैं। क्या व्यक्ति, क्या समाज, क्या प्रांत–क्या देश। सब एक सुर में गाएँ। एक होकर गाएँ! मिलकर गाएँ! मूर्च्छित हो जाएँ! भूल जाएँ सब भेद। बोली के, पहनावे के, सूबे के। तभी विश्व मानवता की नींव रखी जाएगी...

जब राष्ट्रपति जी ने भाषण पूर्ण किया तो मानो एक कीर्तन पूर्ण हुआ।

एक शब्दगायन पूर्ण हुआ हो!

जब रवींद्र सरोवर से चले तो लग रहा था हम सब कीर्तन करते हुए जा रहे थे।

एक अनहद! दिव्य शब्द! अमृत वर्षा!

जैसे कहीं भीतर कुंडलिनी जाग गई हो!

हम दमदम की ओर जा रहे थे।

अब वातावरण में फागुन की गंध आ गई थी। रोम-रोम को अपनी मीठी छुअन से पुलका रही थी।

यान जाने लगा है दिल्ली की ओर।

दमदम की हवाई पट्टी। उठ रहा है यान। ऊपर और ऊपर।

नीचे मंद पड़ने लगी हैं नीली-पीली लाल बत्तियाँ।

कलकत्ता के ऊपर गंगा के साथ-साथ, आरपार उड़ रहा है यान।

पकड़ रहा है रफ्तार दिल्ली की ओर।

होली का फाल्गुनी चाँद, उड़ रहा है किरण-केशर।

चाँदनी की अबरकी गुलाल। कुंकुम रंजित हैं दिशाएँ!

बरजोरी पर उतर गई, चुटकियाँ काटतीं, मुँहज़ोर चाँदनी समीर।

रोम-रोम प्रफुल्ल है। देह हो रही है अबीर।

साँस-साँस हो रही है रंग का निबंध! गंध का प्रबंध!

हस्ताक्षरित हो गया है रंग गंध का अनुबंध।

आकाश को है दे रही धरती गंधांजलि।

यान की यह यात्रा हो रही गीतांजलि।

सोनारबंगाल के खेतों को फलांगता, दिल्ली को छूने एक ही साँस में।

उड़ा जा रहा है यान।

यान के पंखों से बुरी तरह कटी-पिटी चाँदनी हो रही है शर्मशार।

नीचे गहरा रहे प्रकाश में दूर-दूर तक डूबे खेत, वन्य प्रांत।

टिमटिमा रही बत्तियाँ।

सब रेडियम डॉयल सा लगने लगा है।

अँधेरे के लिहाफों में ऊँघते नगरों में से उड़ा जा रहा है यान।

नीचे मानो रसातल में जल बुझ रही बत्तियाँ।

जैसे किसी गहरी गार में उठ गया हो दफीने का ढक्कन!

मोती, नगीने जड़े जेवर लगे हैं दमकने।

यान जैसे अपने से ही खुल खुल कर उड़ा जा रहा हो।

ऊपर लहलहाती नीलिमा। टिमटिमाते तारों के दल के दल।

अंधकार में दिपदिपा रहे रंग-बिरंगे बल्ब।

नीचे जगमगा रही नगरों की बत्तियाँ ही बत्तियाँ। आकाश ऊपर है या नीचे! यान उड़ा जा रहा हो मानो दो आकाशों के बीच।

किसी योगी की तरह अपने से ही भागा जा रहा यान!

नीचे अँधेरे के रसातल! अतल, वितल, सुतल, पाताल।

नीले सागर के अतलांत में हीरों से चमकते-दमकते नगर।

बस्तियाँ ही बस्तियाँ! सोती, ऊँघ रही बस्तियाँ।

जैसे शेषनाग के प्रत्येक फण पर मणि दीप दीप्त हो उठे हों!

या गिरे पड़े हों किष्किंधा की गिरी-घाटियों में

माता जानकी के जेवर, अलंकार, आभूषण।

पालम आ रहा है।

नींद में दुबकी दिल्ली दूसरे पहर की तारीकियों में।

एक साथ ही चमक उठी हैं बेशुमार रंग-बिरंगी बत्तियाँ।

मानो, दिल्ली के नाग खेल रहे अपनी-अपनी मणियों से।

नागलोक लग रही है दिल्ली।

मायावी दिल्ली आ गई है रात के इस सूने पहर में अपने असली रूप में।

नए-नए बिंब उभरने लगे हैं दिल्ली के।

बत्तियाँ ही बत्तियाँ।

काली शटन पर महीन काम हुआ है सुनहली-रुपहली ज़री का।

दिल्ली के सर पर मंडराने लगा है यान।

बत्तियों की कतार की कतारें। लड़ियाँ ही लड़ियाँ एक साथ दिपदिपा उठी हों।

उनसे अँधेरा और गहरा होने लगा है। अँधेरा श्यामल-पीला, लाल-नीला।

जैसे दूरदर्शन के रंगीन समाचार प्रसारण से पूर्व नीले काले पीले-स्क्रीन पर वक्त के ''डिजिटल-नंबर'' बादल रहे हों।

पालम में उतरते ही लगा एक रंगोत्सव में भाग लेकर आ रहे हैं।

रंगलीला के रंगनायक से राष्ट्रपति जा रहे हैं राष्ट्रपति भवन की ओर।

श्री चैतन्य के माध्यम से देश को प्रेम के सूत्र में एक प्राण होने का संदेश देकर।

अगले रोज़ मुगल गार्डन की सैर के समय वे बोले :

--होली का न केवल सामाजिक पक्ष ही है बल्कि सारे ही देश को जोड़ने का एक राष्ट्रीय धरातल भी है।

शंकरं पशुपति शरणं व्रजामि : नेपाल-भारत मैत्री अमर रहोस

21 जुलाई, 1986 : प्रात: 6-45

एक लंबे अंतराल के बाद राष्ट्रपति जी की विदेश-यात्रा।

नेपाल-यात्रा।

पालम-एयरपोर्ट पर उन्हें प्रधानमंत्री और अन्य गण्यमान्य व्यक्तियों ने भाव-भीनी विदाई दी।

और यान उड़ चला नेपाल की तराईयों, पर्वतमालाओं को लाँघने के लिए।

यान देहली पर उड़ रहा है।

इधर-उधर फैली तारकोल की सड़कें। रेल की पटरियाँ, मैदानें, बेतरतीब खेतों में से निकल-निकल कर उनमें ही समा रही बेशुमार कच्ची पगडंडियाँ।

देहली के आकाश में उमड़ रहे मानसूनी बादलों ने, तेज आँधी बारिश ने जैसे दिल्ली के सर पर तने हुए छाते को उतार दिया हो!

वह दूर नीचे एक जलाशय।

पास कुछ डिब्बीनुमा मकानात। जैसे जल उतरने पर सफेद-मटमैली चट्टानें, पत्थर निकल आए हों!

उड़ रहे हैं लघु रोमिल, ऊनिल मेघ-शिशु!

जैसे टिन-शैड्स से बाहर निकल आए हों छोटे-छोटे चूज़े!

चुनने को दाना-दुनका!

आकाश और दिल्ली के बीच छाया है रोमिल बादलों का एक पारदर्शी, झीना, मलमली आवरण। धुँधलाए दृश्य उभर रहे हैं बार-बार।

जैसे एंटीना खराब होने पर टी.वी. स्क्रीन में ''स्नो'' गिरने लगी हो!

गोया टीवी। स्क्रीन पर लो-वोल्टेज के कारण हल्के-हल्के दृश्य उभर रहे हों! अब बादलों की धुँध है चारों ओर।

जैसे वी. सी. आर. पर कोई ''बलैंक-केसेट'' चल रही हो!

जैसे टी. वी. स्क्रीन पर कोई दृश्य न आ रहा हो ''ट्रांसमीशन'' में खराबी के कारण नीचे बहुत नीचे!

नदियाँ! नाले! उफनते हुए! बाढ़ से उबलते हुए!
खेतों, मैदानों में पानी! बाढ़ का मटमैला पानी!
जैसे "ट्रे" में चाय का कप उलट गया हो!
वे सामने चौकोर खेत! लबालब पानी से भरे!
हदें, खेतों की मेड़ें पानी ही पानी!
जैसे फ्रिज की "आइस-ट्रे" हो!
और मुँहोंमुँह भरा हो पानी उसमें!
नीचे सैलाब भरी काली ज़मीन।
आकाश में उमड़ रहे श्वेत बादल!
कपास के! धुनी हुई कपास के ही गोलों के अबार!
जैसे दलदली ज़मीन में श्वेत-शैवाल उग आए हों!
कोई ही कोई फूल उठी हो
उफनती नदियाँ! दरिया! नद! स्त्रोत!
जैसे कोई नाग-वादी हो! सर्पों की घाटी हो!
साँप ही साँप कुलबुला रहे हों!
अपनी-अपनी केंचुलों से बाहर आ रहे हों!
चारों ओर अब पानी ही पानी है!
उसमें घिरे हुए मकानात! छोटी-बड़ी आबादियाँ!
कस्बे! गाँव! घरों के टोले! टोले ही टोले!
जैसे सागर में उभर आए हों निर्जन द्वीप!
सुनसान टापू!
यान उड़ा जा रहा है सीमा की तराईंयों पर से!
हरे-भरे खेत! चमकती गीली पंगडंडियाँ!

हरे तोतिये आँचल में साड़ी के पल्लू पर गोटे की किनारीदार झालर लगी हो! या कर्नाटक की कच्ची सिल्क की साड़ी पर फाल लगी हो!

ज़री के काम से सारा ही आँचल दमक-दमक जा रहा हो!
यान के ऊपर नीलांबरि नीलाकाश! नील गगन!
नीली-नीली दिशाएँ। नीले नीले कोण!
और उन अनंत नीलिमा में तैर रहे बादलों के श्वेत टुकड़े!
जैस लक्षद्वीप के सागरों में!
श्वेत-शुभ्र ''कोरल-कमल'' खिल आए हों!
यान उड़ा जा रहा है नेपाल की पहाड़ियों पर से!
वह दूर पर्वत की एक ऊँची, नीली नंगी चोटी!
दोनों ही ओर हरी-हरी निचानें! स्याह ढलानें! एक लंबी रेंज!
जैसे निचुड़ा गीला-गीला हरा रुमाल
बिना ही छिटके तार पर सूखना डाल दिया हो!
पर्वतों की मालाओं पर हल्की-गहरी छायाएँ! रंग-रूप बदलती छायाएँ!
बेशुमार श्वेत जलधाराएँ! सूखे-अध-सूखे नदियों के रेतीले मार्ग!
कंदरा-वासिनी वन-कन्या ने जैसे ऋतु-स्नान किया हो!
यान उड़ा जा रहा है दो समानांतर फैली पर्वत-मालाओं पर से!
बीच में दिख रही एक बहती बरसाती नदी!
सफेद सर्पणी सरपट भागी चली आ रही हो ज़हर उगलती हुई!
नेपाल! काठमांडु की वादी! स्वप्न-सुंदर वादी!
यान उड़ा जा रहा है! करने लगा है लैंड!
सरसब्ज़ वादी! गतिवान हो रहे नदी-नाले!
जीवित हो रही सड़कें! आइस-क्यूब्स से छोटे-छोटे मकानात!
चारों ही ओर सब्जा ही सब्जा!
जैसे स्वागत के लिए ''ग्रीन-कार्पेट'' बिछी हो!
यान के काठमांडू की स्वप्न-सुंदर धरती पर लैंड किया।
नहीं लगा एक क्षण के लिए भी कि हम विदेश में आए हैं।

संपूर्ण दृश्य-परिदृश्य आत्मीय! भारतीय! अपने ही बंधुजन!

अपना ही वेष! अपनी ही भाषा! सब के चेहरों पर सरल, सहज अपनापन!

अपने ही घर से उड़े और अपने ही घर में आ गए!

सामने नेपाल के पाँच बड़े महाराज और पाँच बड़ी महारानी आए हैं स्वागत के लिए।

पाँच कन्याओं ने स्वागत किया।

पारंपरिक स्वागत् किंतु उससे भी अधिक। आँख-आँख में स्वागत के ''स्वस्तिगान''।

''स्वस्तिगान'' चेहरों पर मौन अभिवादन! मूक निमंत्रण!

काठमुडू!

काष्ठ-मंडप! काठ के घर! काठ के भवन!

सड़कों। बाज़ारों में जगह-जगह तोरण। स्वागत द्वार।

—हाम्रा विशिष्ट पाहुना हुरलाई अमर रहोस।

—हाम्रा विशिष्ट पाहुना हुरलाई स्वागत गर्दछे।

—हाम्रा विशिष्ट पाहनारू को नेपालयात्रा शुभ रहोस!

—नेपाल, भारत मैत्री अमर रहोस!

सायं में अकेला ही नगर दर्शन के लिए निकल गया।

बाज़ारों गलियों में मंदिर ही मंदिर।

किंतु सर्वथा अस्वच्छंद अपावन, अपुनीत, जर्जर, आलसी पुजारी, परिक्रमाएँ कच्ची, खंडहर हो रही प्राचीरें।

अरे हिंदू देश! तू भी अपनी संपदा को संभाल नहीं पा रहा है! तू स्वयं बन रहा है मूर्ति भंजक! और जनमानस में बनी आस्था की प्रतिमाओं को कह रहा है चूर-चूर!

मन में हाहाकार भरा जा रहा है!

नगर-दर्शन से खिन्न लौट रहा हूँ ''डी-अन्नपूर्णा'' की ओर।

आप हमें हिंदू मानते हैं न?
आप तो सर्वश्रेष्ठ हिंदू हैं
ओं नमः शिवाय : भगवान पशुपतिनाथ के ज्योतिर्लिंग का पूजन
22 जुलाई, 1986

प्रातः ही राजमहल से फोन आ गया।

–फौरन चले आइए! साहब याद कर रहे हैं!

नेपाल नरेश के राजमहल में जाने के लिए दो देशों के प्रोटोकल की औपचारिकताओं को पूरा करना अतीव दुशवार काम है। परंतु मुझे लेने के लिए तो स्वयं मेजर जनरल आए थे। सो कोई दिक्कत नहीं हुई।

यह नया राजमहल था। पुराना राजमहल हनुमान ढोका में था।

नए स्थापत्य का अद्‌भुत नमूना।

राष्ट्रपति ज्ञानी जैलसिंह नेपाल नरेश के विशेष अतिथि कक्ष में रुके थे वहीं ले जाया गया मुझे।

अभिवादन किया। उस समय कोई भारतीय अधिकारी उनसे शिकायत कर रहा था :

–यहाँ पैलेस में आने में बड़ी दिक्कतें आ रही हैं। उसको रोक दिया। उसे गेट पर खड़े रखा।

–यह किंग का पैलेस है, आपका राष्ट्रपति भवन नहीं जो खुला है जन जन के लिए।

मुझे आया जान वे साथ वाले मीटिंग-रूम में चले आए। बोले :

–आज़ादी से पहले की बात है। मैं पटियाला में राजा का मोती महल देखने चला गया। मुझे रोक दिया गेट पर ही। दरबान बोला आप अंदर नहीं जा सकते! मैंने भी उसी समय तय कर लिया। अब राजसी ताकत लेकर ही यहाँ आऊँगा।

–फिर कब जाना हुआ?

–जब देश आज़ाद हो गया। देसी रियासतें भारत में मिल गई। तब मैं पैप्सू की वज़ारत में ले लिया गया। फिर गया मैं उसी मोतीमहल में । स्वागत को, इस्तकबाल को राजा आप चल कर आया!

ए. डी. सी. ने बताया :

—भगवान पशुपतिनाथ जाने के लिए गाड़ियाँ लग गई हैं। दो मिनट में हमें चलना है। ज्ञानी जी ने मेरी ओर देखा। बोले :

अब वहीं बात करेंगे।

ए. डी. सी. ने मुझे नेपाल के भारत में स्थित राजदूत के हवाले कर दिया।

—ये राष्ट्रपति जी के विशेष अतिथि हैं! और अब आपके भी।

वे, नेपाल-राज्य वंश के संभ्रांत व्यक्ति थे। अतीव आदर और आत्मीयता से उन्होंने मुझे अपनी गाड़ी में बिठाया।

एक पूरा फ्लीट जा रहा है भगवान पशुपतिनाथ के दर्शन के लिए।

राजदूत बताते जा रहे थे:

—यह लाजिमपेट है। अब हम पानी-पोहरी के पास से गुजर रहे हैं। यहाँ पीछे की ओर मेरा आवास है। जी हाँ! यह बौद्ध मंदिर है!...वह रहा संस्कृत विद्यालय। वेद-वेदांग का यहाँ अध्ययन-अध्यापन होता है...जूता आप कार में ही उतार लें। आप पहले कभी आए हैं नेपाल?

—आया हूँ। पर चल कर नहीं। नेपाल देखा है। एक उपन्यास है–''नेपालेश्वर''–उसके माध्यम से। उसमें नेपाल के राजाओं के अंतरंग संघर्ष और दुरभिसंधियाँ हैं। बहुत से स्थानों का भी उसमें जिक्र है। बस इतना ही जानता हूँ नेपाल के बारे में। कारें रुक रही थीं। ज्ञानी जी उतर कर नंगे पैर ही मंदिर में जा रहे हैं। सब उनके पीछे भाग उठे हैं। द्वार पर ही उन्हें कपड़े के स्लीपर पहना दिए गए हैं।

मुख्य द्वार पर भगवान शंकर की एक विशाल प्रतिमा। यह कोई प्राचीन रचना नहीं है। अंदर गए। सामने विशालकाय नंदी बैल। सामान्य आकृति के साँड से कई गुना बड़ा पीतल से बना है। उस पर चढ़ा सोने का पानी उतर रहा है। आस्था का पानी उतर रहा है।

मुख्य मंदिर। लकड़ी का बना हुआ ऊँचा, विशाल। स्थापत्य का पूर्ण वैभव, गरिमा। साथ-साथ चाँदी का शिल्प भी दर्शनीय था। मंदिर के चारों ओर दोहरें दीपाधार। एक समय, में कई सौ दीपक जगमगाते हैं।

मंदिर के भीतर शिवलिंग। द्वादश लिंगों में से! स्वयंभू ज्योतिर्लिंगों से अलग भगवान पशुपतिनाथ का चतुरमुखी लिंग। नीचे चाँदी की जलहरी। ऊपर पीतल का कलश। एक-एक बूंद पानी निरंतर भगवान के लिंग पर विसर्जित होता रहता है। हर पल लिंग का स्नान होता रहता है। अंदर की परिक्रमा में विशाल घंटे।

बाहर की परिक्रमा में कई विशाल मिश्रित-धातु के घंटे एक विशाल त्रिशूल, साथ में लटक रहा एक बड़ा "डमरू"। साथ में ही विशालकाय परशु। दोमुखी-ध्वज और अन्य अनेक देवी-देवता।

ज्ञानी जी मंदिर के मुख्य द्वार पर गए। पुजारी ने उनका भव्य स्वागत किया।

पूजन सामग्री का थाल आ गया।

पूजन, अर्चन, वंदन, स्तवन आरंभ हुआ।

परिक्रमा के एक भाग में वेदपाठी सस्वर मंत्रोच्चार करने लगे हैं।

ज्ञानी जी शिवलिंग का दूध-स्नान करवा चुके है। अब विल्वपत्र हो रहा है। पुष्पाहार। नैवेद्य। धूप-दीप आदि-आदि।

पुजारी ने ज्ञानी जी को एकमुखी रुद्राक्ष के दर्शन करवाए। उन्हें लिंग पर समर्पित रुद्राक्ष की मालाएँ प्रदान कीं।

–यहाँ भगवान पूजन चारों पीठों, चारों धामों के पुण्य के बराबर है।

–आप कहाँ के हैं?

–हम कर्नाटक के हैं। हज़ारों वर्षों से भगवान के पूजन का अधिकार हमारे ही वंश में चला आ रहा है।

–चार पीठ, चारों धाम तो भारत में हैं। एक है नेपाल में। है न?

–जी! उन चारों का महातम्य यहाँ के पीठ में है।

–यही तो है हमारी मैत्री का सांस्कृतिक-अनुबंध! जो सदा ही कालजयी रहेगा।

ज्ञानी जी का गला हारों से, मालाओं से भरा जा रहा था। वे उन्हें उतारने को हुए तो पुजारी ने टोक दिया:

–इन्हें पहने रहें! यह पासपोर्ट है यहाँ का...

ज्ञानी जी बाहरी परिक्रमा में आ गए हैं। मंदिर के सामने वाले कक्ष में बहुत से भक्तगण हैं। वहाँ से शिवस्त्रोत अनुगूँजित हो रहे हैं।

—कर्पूर गौरं करुणावतारं! संसार सारं भुजगेंद्र हारं...

—नमामि शमीशान निर्वाण रूपं...

—जटाकटा हसंभ्रमं भ्रमंनिलिंप निर्झरी...

—ओं नमः शिवाय! ओं नमः शिवाय!...

परिक्रमा में महाकाल-भैरव का मंदिर और उसकी मूर्ति अतीव प्रभावी थी।

परंतु इससे भी कहीं अधिक अप्रभावी थी वहाँ की अशुचितापूर्ण व्यवस्था।

एक व्यक्ति बता रहा था :

—आज तो यहाँ विशेष सफाई हुई है।

मैंने माथा पकड़ लिया।

—हे भोलेशंकर! अगर आज विशेष सफाई हुई है तो आम दिनों में यहाँ की क्या हालत होती होगी। प्रभु! दुष्टदष्यु ने तो एक बार अपने गुर्ज-प्रहार से प्रतिमा को ध्वस्त किया था। हम तो नित्य ही उसे जनमानस में ध्वस्त करते आ रहे हैं।

राष्ट्रपति परिक्रमा के उस भाग में आ गए हैं जहाँ वागमती की पुनीत जलधारा के दर्शन होते हैं, वागमती का पुण्य प्रवाह! क्षिप्र गतिमय प्रवाह!

जैसे हरिद्वार में हरि की पौड़ी में गंगा-स्नान हो!

पक्के घाट! दो पुल। पुराने। दूसरी ओर कई मंदिर एक साथ एक पंक्ति में बने हुए।

वह रहीं सीढ़ियाँ। ऊपर की ओर जाती हुई। उस पर्वतमाला के पीछे को।

ज्ञानी जी नंदी बैल के पास आकर रुक गए।

—नंदी बैल की यह दशा! कहाँ उड़ गया इसका सोने का पानी! कौन पी गया उसे? सब चुप थे। प्रबंधक, पुजारी। किसी को कोई ठीक जवाब नहीं सूझ रहा था।

—कौन है प्रबंधक यहाँ का?

—एक व्यक्ति आगे आया।

—यह क्या हालत बना रखी है यहाँ की? मंदिर में सफाई नहीं। सोने-चाँदी की कला नष्ट हो रही है।

जी! जी वह! वही जी! वास्तव में यहाँ इतनी भीड़ रहती है कि सफाई करने का समय ही नहीं मिलता!

—यह कोई ठीक कारण नहीं....

बातें करते हुए ज्ञानी जी मंदिर के मुख्य द्वार पर आकर रुक गए। वहाँ एक संतरी खड़ा था। वे उससे पूछने लगे :

—तुम्हारी ड्यूटी आज ही लगी है या रोज़ आते हो!

—जी! रोज़ कोई न कोई आता है। ड्यूटी बदलती है।

एक प्रबंधक बोला :

—सर! यहाँ केवल हिंदू ही प्रवेश कर सकता है। गैर-हिंदू का प्रवेश वर्जित है यहाँ।

—तो आप हमें हिंदू मानते हैं न?

—सर्वश्रेष्ठ हिंदू हैंआप! उसके रक्षकों के वंशजों में से हैं...

ज्ञानी जी ने मुख्य द्वार से पुनः पशुपतिनाथ को नमस्कार किया और अपनी कार की ओर बढ़ गए।

वातावरण में पदम् पुराण, सृष्टि-रचना खंड के श्लोक गूँज रहे थे। वे अगरू धूम की तरह उसे सुगंधित और सुवासित कर रहे थे।

—शंकरं पशुपतिं शरणं व्रजामी।...

नाग ही नाग! कैसा है यह नाग-लोक?
हनुमान ढोका : कुमारी दर्शन : 22 जुलाई, 1986

भगवान पशुपतिनाथ के मंदिर से सीधे हनुमान ढोका।

मैंने नेपाल के भारत स्थित राजदूत से कहा :

—जिस उपन्या, ''नेपालेश्वर'' की चर्चा की है आपसे, उस पर हनुमान ढोका का चित्र है।...

—ढोका का अर्थ है द्वार। यह पुराना राजमहल है।

काठमांडू के चारों ओर देहली जैसी 'रिंग रोड' बनी है। उसी पर कारों का कारवाँ भागा जा रहा था। राजदूत बतला रहे थे :

—नया काठमांडू इसके साथ-साथ विस्तार पर रहा है। यह रूट है बिजली की मोटरों का। भारत की 'इलैक्ट्रिक-ट्रेन' जैसा।

हनुमान ढोका आ रहा था।

एक विशाल परिसर। पुरानी ईंट की दीवारों के साथ लड़की का काम। अतीव भव्य विस्मयकारी भवन। कई-कई मंज़िलों के। काष्ट-शिल्प का सूक्ष्म काम।

पत्थर पर लोक-शैली के चित्र। पौराणिक कथाएँ।

परंतु सब जीर्ण हो रहा है। लगता है कुछ खंड अब गिरे कि कब गिरे। पता नहीं किस दिन यह अनुपम कला-भंडार ध्वस्त होकर खंडहर बन जाएगा। लकड़ी-ईंटों का एक ढेर बन जाएगा।

ज्ञानी जी इस स्थिति से चिंतित हो रहे थे। वे अधिकारियों से बोले:

—यह आपकी राष्ट्रीय संपदा है। इसकी रक्षा क्यों नहीं हो रही है। लकड़ी पर ऐसे केमिकल-पालिश हो सकते हैं जिनसे इनकी उमर बढ़ सकती है :

—जी! एक कमेटी बनाई गई है। वह इस बारे में...

—यह तबाह हो गया तो नेपाल के पास क्या रह जाएगा गर्व करने के लिए?

यह केवल कला ही नहीं है। इसमें आपका धर्म, संस्कृति, इतिहास सब हैं। प्राय: दीवारों, द्वारों पर नाग बने हुए थे। ज्ञानी जी ने पूछा:

—यह नाग-लोक लग रहा है। इतने नाग!

—जी हमारे देश में राजा को भगवान विष्णु का अवतार मांना गया है। नाग, शैया है उनकी।

--शेषनाग!

ज्ञानी जी मेरी ओर मुखातिब हुए। बोले:

—तुमने हैदराबाद में बताया था शेषनाग के बारे में...

—जी हाँ! राजनीति दूध का सागर लगती है दूर से! क्षीर सागर। पर है यह नाग-शैया।

हज़ारों फणों वाले नाग की सेज...

नेपाल के राजदूत मुझसे इस प्रतीक का अर्थ पूछ रहे हैं। बोले :

–व्याख्या तो बड़ी मन को छूने वाली है। ऐसा ही कुछ रहा होगा इनके पीछे। तभी तो इनकी जन-जन में पूजा हो रही है...

उस परिसर में काठ में अनेक विशाल भवन हैं। जहाँ जहाँ पल दो पल के लिए रुकते, अधिकारी उसके बारे में सूचनाएँ देने लगते।

–यह कुमारी भवन है...

भवन के द्वार पर दही से भरे कलशों पर मांगलिक रचनाएँ हुई थीं। स्वास्तिक चिन्ह बने थे। गेरुए पीले रंगों के चित्र बने थे और सामने तीसरी मंज़िल की खिड़की में एक बालिका, देव-वेश में खड़ी है। साथ कई परिचारिकाएँ।

सब उसे नमस्कार कर रहे हैं।

–यह देव कन्या है। कुमार! इसे प्रत्यक्ष देवी माना जाता है।

ज्ञानी जी ने देवी को श्रद्धापूर्वक प्रणाम किया। बोले :

–हमारे देश में कंजका-पूजन होता है। नवरात्रों में घर-घर में कंजका-पूजा होती है। भारत, नेपाल में किसी न किसी रूप में ऐसा पूजन होता है। कितनी महिमा है इसकी। पूरा परिसर घूमने में काफी समय लग गया।

अब हम लौट रहे हैं नेपाल नरेश के राजमहल की ओर।

गाड़ी में राजदूत बता रहे हैं :

–आम जनता में से कुमारी का चयन होता है।

–क्या प्रक्रिया है इस चयन की?

–एक विशेष पर्व पर कुमारी कन्याओं को निमंत्रित किया जाता है। पुजारी उनमें से एक का चयन करते हैं।

–चयन के समय किन बातों का ध्यान रखा जाता है?

–बड़ी कठिन परीक्षा होती है। मुख्यत: उसमें साहस निर्भीकता हो। चयन के बाद उसका विधिवत् संस्कार होता है। तब उसे यह पावन रूप मिलता है।

–एक कुमारी कब तक इस पद पर बनी रहती है?

–प्रथम रजो-दर्शन तक। प्रायः ग्यारह साल की आयु तक।

--उसके बाद!

–वह अपनी पसंद का जीवन व्यतीत करने के लिए स्वतंत्र है।

–गृहस्थ जीवन...

–हाँ! कोई भी! कैसा भी! परंतु जन विश्वास है कि कुमारी विवाहोपरांत विधवा हो जाती है। सो कोई उससे विवाह करने के लिए तैयार नहीं होता है।

–तो फिर?

–तब वे कुमारिकाएँ इसी भवन में रह जाती हैं। नई कुमारी की सेवा में लग जाती हैं।

बस ऐसे ही उनका जीवन कट जाता है।

हम नेपाल नरेश के राजमहल में आ गए हैं। राजदूत चले गए हैं।

पर...!

पर मेरे मन में ऐसी असंख्य त्रासदियाँ प्रत्यक्ष हो रही हैं। हज़ारों सालों की इस कुमारी प्रथा में कितने जीवन आहुतियों से विसर्जित हुए हैं! अविवाहित कौमार्य! अभिशप्त कौमार्य! अर्थहीन कौमार्य! देवार्चना में समर्पित पुष्पों सा! जन-जीवन की गंगाधारा में त्यक्त पुष्पों का कौमार्य! ओह! कितनी संभावनाएँ हैं इस प्रथा में, मानव जीवन के निरंतर दुःखांत को रचनाशीलता से जोड़ कर प्रस्तुत करने की।

हम तो अपने ननिहाल आए हैं! माँ के मायके आए हैं!
जनकपुर : 23 जुलाई, 1986

राष्ट्रपति आए हैं जनकपुर में।

महाराजा जनक! विदेह जनक!

दसों गुरु जिन महाराजा जनक के अवतार माने जाते हैं, वे हैं महाराज जनक!

जल में कमल की भाँति निर्लिप्त! राजनीति में पद्म की तरह! पद्म-पत्र की तरह निर्लिप्त!

पूर्ण ब्रह्मज्ञानी महाराजा जनक की पुरीः

—जनकस्य पुरी शुभ्राम्।

जनकपुरी! माता जानकी की जन्मभूमि।

माँ जानकी का अमल-धवल पावन चरित। उसकी यशोगाथा! उसका अति पुनीत शुचि चरित मन में श्रद्धा के दूर्वांकुर लहलहाने लगे हैं। मचलने लगे हैं माँ के चरणों में समर्पित होने के लिए रह-रहकर उसके दुग्ध-धवल चरित के गान गंध से गमकने लगे हैं :

—आदौ सीता पदं पुरायं परमानंददायकम्...

—काव्यं रामायणं कृत्स्तं सीतायाश्चरितं महत्...

—उद्‌भव स्थिति संहारकारिणी...क्लेशहारिणी सर्व श्रेयस्कारी सीतां नतो हं राम-वल्लभाम्...

—सती शिरोमणि सिय सुन गाथा...

जनकपुर!

महाराजा जनक का प्राचीन दुर्ग! उसके ध्वंसावशेष। दुर्ग आवास का स्थल रहा है उनका। ज्ञानी जी ने राम मंदिर में, श्री रामपंचायतन मंदिर में भगवान राम की पूजा की। माता जानकी की पूजा की।

पुजारी इन मंदिरों की महिमा बता रहे हैं। प्राचीन मूर्तियों का परिचय दे रहे हैं।

—यह श्री राम हैं....

—आप हमें क्या बताएँगे! ये तो हमारे मन में हैं। घट-घट में हैं। बड़ी महिमा है दो आखर के नाम की।

—ये माता जानकी जी हैं।

—पुजारी जी! हम तो अपनी माँ के पीहर आए हैं। अपने ननिहाल आए हैं।

ज्ञानीजी का यह वक्तव्य जन-जन को गहरे में छू गया है। संबंधों की किस सशक्त कड़ी को पकड़ा है इस ज्ञानी ने। वह ज्ञानी जो आया है राष्ट्रपति के रूप में दोनों ही देशों की सांस्कृतिक कड़ियों को सुगठित करने के लिए।

भगवान राम का अर्च्चन हो रहा है।

राम सीता!

नहीं नहीं!

सीता नाम! माँ पहले। पिता बाद में। माँ तो धरती है। पिता धरती नहीं हो सकता।

वह तो आकाश है। जो धारण करता है! वही महान है। सर्व प्रथम है।

सीता-राम! दोनों एक प्राण! एक रूप! उद्वै! अभेद!

पुनः मत में सीता-राम महिमा की गंध उड़ने लगती है।

—राम मंत्रे स्थित सीता! सीमा मंत्रे रघुत्तमः

—सीता रामं विना नैव! रामः सीतां विना नैव...

—श्री सीता राम यो रेषः संबंध शाश्वतोमतः...

पूजन-अर्चन पूर्ण हुआ।

यह रहा माता जानकी का विवाह मंडप।

मेरी भावभीनी कल्पना अनेक चित्र खींच रही है।

पुण्य वेदिका। लग्न मंडप। एक ही विशाल वेदिका में चार लग्न मंडप।

कन्यादान के लिए हाथ गें अर्ध्यपात्र लिए बैठे हैं महाराज जनक! माता सुनयना।

एक-एक लग्न मंडप में विराज रहे हैं : राम, लक्ष्मण, भरत, शत्रुघ्न।

और संग में।

सीता, उर्मिला, श्रुतिकीर्ति, मांडवी।

दूल्हा-वेश में राम!

दूल्हन-वेश में सीता।

—दुलहू राम सीता दुलहनिया...भाँवर पड़ रही हैं : सप्तपदियाँ हो रही हैं। संकल्प विनियोग-संपन्न हो रहा है :

कोऽअदात्! कस्माऽअदात्! कामोऽदात्! कामायाऽदात्! कामोऽदात्!

कामः प्रतिग्रहीता! कामैत्तत्ते!...

यहीं कहीं आसपास धनुष-यज्ञशाला रही होगी।

वह वाटिका होगी। प्रथम दर्शन की वाटिका। गौरी-पूजन की वाटिका।

जब सखी दौड़ी-दौड़ी आई होगी। सीता के कान में कुछ कहा होगा। सीता ने पूछा होगा।

–सलज्ज वाणी में :

–केसे हैं वे राजकुमार?

–सखी ने कहा होगा :

स्याम गौर किमि कहौं बखानी, गिरा अनयन, नयन बिनु वानी...

तब सीता का रोम-रोम दिव्य चक्षु बन गया होगा। उसने साक्षात्कार किया होगा अपने ध्यान में उन राजकुमारों का। राम अर्चन से बंदी हो गए होंगे उन दो पलकों में।

प्राणायामिनी सीता। ध्यानलीना सीता!

–निरखि निरखि रघुवीर छवि बाढ़ी प्रीति न थोरी...

ज्ञानीजी श्रीगुरु गोविंदसिंह रचित रामावतार से राम-सीता विवाह के प्रसंग सुना रहे हैं।

बारात का वर्णन कर रहे हैं।

मैं जनकपुर के खेतों की ओर देख रहा हूँ।

उनसे भी दूर उन खेतों की ओर जहाँ सीता का जन्म हुआ था :

बंजर-वीरान खेत। ऋषियों के रक्त में रंजित खेत। उनके कंकालों से भरे खेत। उनकी अस्थियों से भरे खेत। जहाँ महाराजा जनक ने स्वयं हल चलाया था। घोर दुर्भिक्ष के समय अधिक से अधिक भूमि जोतने का अभियान आरंभ किया था। अपनी पत्नी, सुनयना के साथ हल चलाया था उस अभिशप्त बंजर धरती पर।

महाराजा जनक! सीर-धवज जनक!

सीर! अर्थात् हल! हल ही उनके मुकुट का चिन्ह था। राज्य चिन्ह था।

हल-वाहक हलधर महाराजा जनक!

स्वयं हल धारण कर आए हैं बंजर भूमि में हल जोतने के लिए।

कठिन-कठोर बंध्या धरती! कड़ाका ग्रीष्म! अंगार उगलती दिशाएँ। आकाश।

एक बैल थककर गिर जाता है।

अब क्या हो!

हल-वाहन तो एक यज्ञ है! उसे साधना के रूप में पूरा करना है बिना किसी विघ्न-बाधा के।

विकल्प मिल गया। महाराजा जनक स्वयं लग गए एक बैल के स्थान पर।

सुनयना हल संभाले हैं। बैल को हाँक रही हैं।

तभी गर्भवती सुनयना प्रसूता बनती है। बालिका हल की सीड़ में! सीता धरती का पहला स्पर्श करती है। जनक धन्य हो उठते हैं।

—इस पुण्य साधना में! पुनीत व्रत के पालन में! जन-जन पालन अभियान में बालिका का जन्म हुआ है। सुनयना ने इस यज्ञवेदी में, खेतों की यजन-वेदिका में कन्या को जन्म दिया है। वह पड़ी है हल के अग्रभाग से बने 'सीड़' में।

तू सीता है! मेरी सीता है! ऋषियों के रक्त से रंजित धरती का, माँ की गोद से पूर्व स्पर्श किया है! कन्ये! धन्ये! तू ऋषि-रक्त से जन्मी है! उनके रक्त की बेटी है...

तू समर्पित होगी लोक कल्याण को! जन मंगल को!

उसी मुहूर्त में महाराज जनक ने संकल्प धारण किया होगा।

—संकल्प! शिव संकल्प! शिव-संकल्पधारी व्यक्ति ही सीता का वरण करेगा!

नेपाल नरेश के राजमहल में जब ज्ञानी जी को सीताजन्म की यह व्याख्या सुनाई तो वे बड़े प्रसन्न हुए थे।

इस समय मेरे साक्षात्कारों में सीता की जन्मभूमि के विविध रूप उभर रहे हैं।

—तस्य पुत्रार्थ यजन भुवंकृषतः सीरे सीता दुहिता सुमुत्पन्नाः विष्णु पुराणः

—भूतले हलाग्रे सुमुत्पन्ना : श्री सीतापनिषद :

अथये कृषता क्षेत्रं लाँगला दुत्थितातत:–क्षेत्रं शोधयत: ताम्रा सीतेत विश्रुता: वाल्मीकीय।

रामायणं:

जनकभूमि की दिव्य छवियाँ मेरे मन-मस्तिष्क में उभर-उभर कर मंद पड़ने लगी हैं।

मन में असंख्य प्रणाम उमड़ आए हैं अभिव्यक्ति के लिए :

–इस रत्नगर्भा मिथिला-भूमि ने कितना अनुपम-नारी-रत्न दिया है भारत को।

प्रणाम! माँ प्रणाम! नेपाल की मिथिला भूमि प्रणाम लो!

जनकपुर नंदिनी माँ प्रणाम लो!

–सर्व श्रेयस्करी सीतां न मोहं राम वल्लभां...

जनकपुर से लौट रहे हैं।

जनकपुर के बारे में महान जैन पंडित मैथिल विद्वान शंकर मिश्र, 16वीं शताब्दी, का वक्तव्य कानों में अनुध्वनित रहा है:

–तीर मुक्तिरिति यश्च विदेह: प्रोच्यते जनकभू मिथिलाख्य:...

परंतु इधर कुछ प्रतिबद्ध और बाहरी विघटनकारी प्रलोभनों से प्रेरित शोधकर्ता अब जी जान से यह सिद्ध करने पर तुले हैं कि यह जनकपुर वह जनकपुर नहीं है जिसका संबंध भारत के राम-सीता से है। इस प्रकार वे नेपाल और भारत के बीच वज्र से अधिक सशक्त इस सेतु को ध्वस्त करने की दुरभि संधि कर रहे हैं।

मैं मानों चिल्ला-चिल्ला कर कह रहा हूँ।

–सावधान! खबरदार! भारत-नेपाल के सांस्कृतिक प्रहरुओं, सावधान!

हिंदी यहाँ भी मार खा गई
त्रिभुवन विश्वविद्यालय : 23 जुलाई, 1986

डॉ. पाँचाल आए। बोले :

–आपके भाषण की व्यवस्था की है विश्वविद्यालय में। बस अभी चलना है। अपनी गाड़ी मँगवा लो!

—वह तो आ जाएगी। पर यह एकदम भाषण! पहले कहा होता!

—आप चलिए! रास्ते में सोच लेना। जो जी में आए बोल देना।

मैंने श्रीमती की ओर देखा। उसे अपनी ओर देखते हुए पाया। जब भी मैं उसकी ओर देखता हूँ, उसे हमेशा अपनी ओर निहारते ही पाता हूँ!

कई बार कहा भी : अब यह देखने-दिखाने के चोंचले छोड़ो! चंद्र-चकोर की प्रीति के अपने दिन लद-फद गए हैं। पर वे नहीं मानतीं। मैंने कहा।

—बीवीजान! दो मिनट का अल्टीमेटम है। तैयार हो जाएँ!

वह कुनमुनाने को हुई तो मैंने मौका संभाला:

—आपको याद है! मैंने पहले ही कहा था कि मेरे संग का मतलब है फौज में भर्ती होना!

—फौज में होती तो अब तक कई कमीशन मिल गए होते! और आपकी रोज़ ही कवायदा होती...

खैर हम चल पड़े विश्वविद्यालय की ओर।

आधे नगर की परिक्रमा लेकर हम नगर से बाहर आए। कच्ची पक्की सड़कें पार कीं।

चाइना हाई-वे होते हुए वागमती का पुल पार किया। कुछ दूर नदी के साथ-साथ चले।

फिर एक लंबी ड्राइव।

एक द्वार से कार अंदर दाखिल होने लगी है। गेट के साथ लिखा है:

त्रिभुवन विश्वविद्यालय: भारत की ओर से नेपाल को भेंट किया गया विश्वविद्यालय।

हम पार्वती आँचल में आ गए हैं।

विश्वविद्यालय का परिसर अतीव मनोरम! भव्य! निमंत्रण देता हुआ।

कहीं ऊँचाईयाँ। कहीं निचाईयाँ! दूर-दूर बने विभिन्न कला-संकायों के भवन।

बड़े-बड़े हास्टल! अन्य इमारतें।

हिंदी विभाग में गए। विभागाध्यक्ष डॉ. मिश्र बड़े ही सज्जन! हिंदी के प्रति समर्पित और संकल्पित। बोले :

–विभाग में कुल सात प्राध्यापक हैं।

–और छात्र?

–वे भी सात।

–सुंदर अनुपात है।

–अनुपात कैसा। हिंदी की घोर उपेक्षा हो रही है।

–कोई हैरानी की बात नहीं। भारत में भी तो दुर्र-दुर्र हो रही है हिंदी की!

–पहले ऐसा नहीं था यहाँ। हिंदी शिक्षा का माध्यम थी। एक विषय के रूप में उसका अध्ययन-अध्यापन भी होता था। अब सब समाप्त कर दिया गया है।

पीछे तो विभाग ही बंद होने को था।

–कितने शोध हो चुके हैं!

–अभी तक एक भी नहीं।

–और पुस्तकालय?

डॉ. मिश्र उठे। एक छोटी सी स्टील-अलमारी खोली। बोले :

–बस इतनी सी हैं मुट्ठी भर पुस्तकें।

मैं उछल पड़ा। मेरे एक नाटक-संग्रह ''पाँचवा टायर'' की एक प्रति वहाँ पड़ी थी।

–अरे! डॉ. मिश्र! यह रही मेरी एक रचना आपके इस पुस्तकालय में।

–आप पहले से ही उपस्थित हैं हमारे विभाग में।

–नहीं! बंदी हूँ आपकी इस अलमारी में!

वह रचना कई बार इशू हो चुकी थी। सो लग रहा था मैं यहाँ मात्र कैदी ही नहीं रहा हूँ बल्कि बीच-बीच में पैरोल पर रिहा होता रहा हूँ। मैंने कहा:

–वही रहे होंगे मेरे मुक्ति के क्षण।

इतने में एक विद्यार्थी आ गया। उसने अपनी समस्याएँ बताईं।

–सर! हम हिंदी का अध्ययन केवल आस्था के धरातल पर कर रहे हैं। हिंदी से हमें यहाँ कोई रोज़गार नहीं मिलने वाला। फिर भी भारत की ओर

से हमें पाठ्यक्रम तक की पुस्तकें भी नहीं मिलती हैं। साल-साल तक उनकी व्यवस्था नहीं हो पाती है।

आप राष्ट्रपति जी से इस बारे में बात करें! वे तो महान हिंदी प्रेमी हैं।

हिंदी में ही अपने भाषण देते हैं। हमारी नेपाल सरकार हिंदी जानती है; फिर भी अपने हिंदी-भाषी मित्र देश के राष्ट्रपति का स्वागत अंग्रेज़ी में करती है...

डॉ. पाँचाल बोले :

–मैं यह स्थिति अपने यहाँ के राजदूत के ध्यान में लाऊँगा!

डॉ. मिश्र! आप अपने पूर्व पत्र की प्रति मुझे दीजिएगा...

किसी भाषण का तो समय नहीं था। परंतु विश्वविद्यालय में जाकर एक मोह--भंग अवश्य ही हुआ। अपनी सरकार हिंदी के प्रति अपने दायित्व को कब समझेगी?

विदेशों के विश्वविद्यालयों में पहले धड़ाधड़ हिंदी विभाग खुले। परंतु अब बंद हो रहे हैं। हिंदी की भारत में ही कोई उपयोगिता नहीं। हिंदी क्यों पढ़ी जाए! हिंदी पढ़कर भी अगर उनके विदेश मंत्रालयों को भारत के साथ-साथ काम अंग्रेज़ी में ही करना है तो क्या उन्हें पागल कुत्ते ने काट खाया है कि अपने विद्यार्थियों को रटाते फिरें : अ : अनार, इ : इमली, ई : ईख.

हिंदी अब सौ बीमारों को देने वाला एक अनार नहीं है!

वह तो अब एक सड़ा हुआ अनार है! सूखा हुआ अनार है!

विभाग से आए। हिंदी के संदर्भ में मन भारी था। हम सब शामिल हैं हिंदी की इस हत्या में। मुझे अपनी एक कविता का अंश स्मरण हो आया:

–सौ काम अधूरे पड़े अभी! सौ काम अभी तक अटके हैं।
हिंदी के बड़े-बड़े बेटे अपने वचनों से भटके हैं!

डॉ. पाँचाल ने ड्राइवर से कहा :

–हमें दूर आगे तक पहाड़ी पर ले चलो। काठमांडू का दर्शन तभी हो पाएगा! उसकी सहज निसर्ग छवि तो वही मिलेगी!

कार काफी दूर तक आगे निकल आई थी।

लौटे तब मन कुछ हल्का था।

हमारा आपका तो समधियाने का संबंध है

काठमांडू : नेपाल-भारत मैत्रीसंघ : शंकर होटल : 23 जुलाई, 1986:साय

नेपाल-मैत्री-संघ काठमांडू।

दोनों देशों के संबंधों की कड़ियों को सशक्त बनाने के लिए संकल्पित एक संस्था।

''शंकर होटल''-में उसने आयोजन किया है राष्ट्रपति के स्वागत का।

नेपाल के विशिष्ट गणमान्य व्यक्ति वहाँ आ रहे हैं।

सुरक्षा की पूर्ण व्यवस्था। अतिथियों की तलाशी ली जा रही है।

कहीं मैत्री कलंकित न हो जाए!

कहीं कोई विश्वासघात न कर दे!

ऐसा हुआ है! हमने किया है ऐसा! और दूषित हो गया है हमारा आचरण!

विश्व में खंडित हुआ है हमारे प्रति बना चला आ रहा विश्वास।

हाल अतीव भव्य। सामने मंच में माथे पर राक्षसी आकृतियाँ। उनके मुखों से निकल रहे सर्प।

बीच में एक विशाल नागाकृति।

राष्ट्रपति जी आ गए हैं।

पारंपरिक स्वागत। पुष्पवर्षा! माल्यार्पण!

अब बालोद्यान प्राथमिक विद्यालय की बालिकाएँ स्वागतगान प्रस्तुत कर रही हैं।

-भारतवर्ष विशाल चित्र! महान मित्र!
महान मित्र! अतिथि मित्र! स्वागत! स्वागत!
राम र सीता, धर्म र कर्म वेद र ध्यान को!
एउटे चिन्तन, मोक्ष र तप गीता र ज्ञान को!
संस्कृति एउटे, समाज एउटे, नेपाल भारत!
प्रकृति एउटे, शाश्वत मैत्री! स्वागत! स्वागत!

शांति गीत, नेपाली हित बुद्ध को भावना!

मैत्री का प्रीत लाउंछौ, हामी पवित्र पावना!

शिव का देश! पार्वती वेश! स्वतंत्र नेपाल!

अतिथि लाई स्वागत गर्छ, हृदय विशाल!

भारतवर्ष विशाल मित्र! महान भारत!

महान मित्र! अतिथि मित्र! स्वागत! स्वागत!

श्री इंदुकांत शर्मा के इस गीत ने मानो टोना कर दिया। सब सम्मोहन से कीले गए हों जैसे। सब मिलकर भारत-नेपाल-मैत्री के अनुबंध-पत्र पर हस्ताक्षर कर रहे हों!

नेपाल-भारत-मैत्री-संघ के अध्यक्ष ने राष्ट्रपति जी को अभिनंदन पत्र दिया: वे संबोधित कर रहे थे:

–नेपाल और भारत में संबंधों की महान कड़ियाँ हैं। एक संस्कृति, एक इतिहास, एक धर्म, एक विश्वास, एक परंपरा, एक ही भूगोल..

कितना बंधे हैं हम आपस में!...

नेपाल की सारी नदियाँ भारत की धरती को सींचती हैं। वे यहाँ के जन-जन की दूत हैं। शाश्वत दूत हैं भारत में। वे मात्र नदियाँ ही नहीं हैं। उनके माध्यम से यहाँ का लोक मानस भारत के जन-मानस में विलय पाता है...उसमें समर्पित होता है।

यह भावभीनी संबोधन! अभिनंदन!

इससे पूर्व हृदय द्रवित कर देने वाला वह मधुर-मधुर गीत!

और अब राष्ट्रपति जी का इन संबंधों पर पक्की मोहर लगा देने वाला भाषण।

वे बोलते रहे हैं। आरंभ में लिखित भाषण से। परंतु सदा की तरह अब उन्होंने वह आलेख एक ओर सरका दिया है। वे हृदय से बोलने लगे हैं। शब्द नहीं झर रहे। संस्कृति के गधमादन से गंध-वर्षा हो रही है :

–श्री पाँच महाराजाधिराज सरकार!

श्री पाँच बड़ी महारानी सरकार!

दाजू भाई! दीदी बहिनी!

तपाईहरू को उपस्थिति को लागी धन्यवाद गर्दछु...!

इस नेपाली संबोधन पर जन-जन हर्षोल्लास होने की प्रसन्नता से सब नाच उठे हों।

राष्ट्रपति ज्ञानी जैलसिंह का भाषण जारी था...

–दुनिया की सारी ताकतें मिलकर भी हमारे मैत्री के संबंधों को तोड़ नहीं सकती हैं।

आप और हम इन अटूट रिश्तों को नहीं झूठला सकते।

माता सीता जी नेपाल की! जनकपुर की!

भगवान राम भारत के! अयोध्या के!

हमारा आपका तो समधियाने का संबंध है!

एक समधियाना नहीं! चार-चार समधियाने। राम, लक्ष्मण, भरत, शत्रुघ्न।

हम अपने राम का नाम बाद में लेते हैं। माता सीता जी का स्मरण पहले करते हैं। अपने राम से भी पहले। सीता राम!

कोई मिलता है तो झट बोल उठते हैं : जय सीताराम!

हम अपनी बेटियों को कहते हैं : तुम्हारा आदर्श हैं माता सीता!

आप अयोध्या को नहीं भूल सकते और हम जनकपुर को नहीं!

वे हमारे लिए पुण्य तीर्थ हैं।

हर भारतवासी के लिए माता सीता आदर्श हैं। वह हम सबकी माता हैं।

इस नाते से जनकपुर-नेपाल में हमारे ननिहाल हैं।

कैसे विचित्र संयोग हैं!

हमारे ननिहाल नेपाल में और भगवान राम के ननिहाल पंजाब में।

यह दो ननिहालों का मेल है।

पंजाब में ग्राम 'धुड़ाम' की थीं माता कौशल्या जी! वहीं भगवान श्री राम का ननिहाल।

इतना ही नहीं। माता जानकी जी ने अपनी अंतिम तपस्या भी पंजाब में ही की। राम-तीर्थ में उनका तपस्या-स्थान है। भगवान वाल्मीकि जी का आश्रम

है। वह पंजाब में है अमृतसर के पास। इन संबंधों को कौन चुनौती दे सकता है।

भगवान बुद्ध की जन्म भूमि! कपिलवस्तु! आपकी ही तराइयों में है।

विश्व-करुणा का वह अवतार! हमारे संबंधों की जड़ें पाताल तक फैली हुई हैं।

आपकी आज की यह सभा इन संबंधों को और पक्का बनाएगी। जय नेपाल! जय हिंद!

राजकीय सहायता से कलाएँ कम पनपती हैं
आस्था में खंडित शालिग्राम

भक्तपुर : प्राचीन मंदिरों का परिसर : 24 जुलाई, 1986 : प्रातः

कल रात कला-संस्कृति का रंगारंग कार्यक्रम था।

रंग-गंध का आनंद पर्व था। नयनों का रंगोत्सव था। एक चाक्षुष यज्ञ था।

आयोजन किया था :

नेपाल रायल अकादमी ने।

भव्य रंगमंच। विशाल रंगशाला। नया स्थापत्य।

मंच रचना अतीव सरल और सहज। शालीन और ऋजु प्रकाश-व्यवस्था कई रंगों की।

नेपाल की सांस्कृतिक लोक संपदा को विभिन्न लोकगानों और नृत्यों द्वारा प्रस्तुत किया गया था। विशिष्ट अतिथि थे भारत के राष्ट्रपति, नेपाल नरेश और महारानी। नेपाल के विविध क्षेत्रों के नृत्यों का सम्मोहन सब पर था परंतु जब नेपाल के एक लोक-नृत्य से पंजाब के भांगड़ा का सामंजस्य कर प्रस्तुत किया गया तब दर्शकों की रंग-संवेदनाएँ थिरक उठीं।

और अब हम जा रहे हैं भक्तपुर की ओर।

प्रातः के दस बज रहे हैं। कारों का एक पूरा कारवाँ राजन्य गरिमा के साथ जा रहा है मंदिर दर्शन के लिए।

चाइना हाई-वे से होकर हम एक और सड़क पर आ गए हैं।

संभवत: काठमांडू की यह सबसे सुंदर सड़क रही होगी। वृक्षों पर हरीतिमा का पूर्ण वैभव के साथ धान के लहलहाते खेत। मक्के! युवा गोरखाओं की तरह सन्नद्ध मुद्रा में सैलूट मारते हुए।

सचमुच हम एक नए लोक में जा रहे थे। पुराकालीन लोक!

भक्तपुर! प्राचीन मंदिरों का एक विशाल परिसर।

लकड़ी का भव्यशिल्प।

यहाँ एक मंदिर के आगे पारंपरिक मंच की रचना हुई है। वहाँ मुखौटा नृत्य और डंडा नृत्य चल रहा है। उसमें चका़चौंध तो नहीं। परंतु सहजता का आभिजात्य है। लोक मानस की गंध है। लोक की 'क्लासिकी' है।

एक अधिकारी राष्ट्रपति जी को बता रहा है :

–यह नंदी बैल है! प्रत्येक शिव मंदिर के आगे इसकी अनिवार्य स्थापना रहती है।

–हमारे शिव मंदिरों में भी नंदी बैल होता है।

–हमारे काठमांडू में सारी खेती किसान अपने हाथों से करता है। बैल नहीं जोड़ता हल में। बैल भगवान शिव का वाहन है। संपूज्य है। यह हिंदू देश है न।

भक्तपुर में प्राचीन चित्रकला की परंपराएँ आज भी सुरक्षित हैं। राष्ट्रपति जी उन कलाकारों से बातों में लग गए।

–एक चित्र से कितना बन जाता है।

–जी! यह तो पारखी-पारखी पर है। वह कितना देता है!

–एक चित्र कितने दिन में तैयार हो जाता है!

–जी! यह भी चित्र-चित्र पर निर्भर करता है। काम चलाऊ चित्र तो एक सप्ताह में बन जाता है।

–और अच्छा चित्र कितने दिन में बन जाता है?

–एक पखवाड़े से एक महीना में।

–कोई राजकीय सहायता मिलती है? हालाँकि उससे कलाएँ कम पनपती हैं।

—बहुत कम।

—सेल के लिए बीच के एजेंट की जरूरत पड़ती है?

—कई बार दलाल आते हैं। साथ में उनके विदेशी होते हैं। वे उनसे बड़ी रकमें ऐंठ लेते हैं।

—इस काम के लिए आपको अपनी ही एक सहकारी संस्था बनानी चाहिए।

सामने एक बालक आ गया। राष्ट्रपति जी ने उसे उठा लिया। वह भी एक रंगकर्मी बना हुआ था। हाथ में एक डंडा और चेहरे पर एक छोटा-सा मुखौटा।

परिसर में स्वच्छता नहीं थी। राष्ट्रपति इससे चिंतित थे।

हर स्थान पर उन्होंने अधिकारियों से कहा :

—आप अपने इन पवित्र स्थानों की पवित्रता के बारे में इतने सजग क्यों नहीं हैं?

स्थान-स्थान पर गंदगी के ढेर! मंदिरों में उग आई घास! निठल्ले पुजारी! मंदिरों की अशुचि परिक्रमाएँ!

मैं सोच रहा था : क्या हम सचमुच ही देवताओं की वादी में आए हैं?

सामने के एक घर से बालक झाँक रहा था। वह हाथ हिला-हिलाकर अभिवादन कर रहा था। राष्ट्रपति एक क्षण के लिए रुके। उसका अभिवादन स्वीकार किया और आगे बढ़ गए।

हम लौट रहे थे पैलेस में। परंतु मंदिरों के दर्शन से हमें कोई प्रेरणा क्यों नहीं मिल रही है। कहीं कुछ हमारे अंदर ही तो घटित नहीं हो गया? या फिर ये मंदिर ही खंडित कर रहे हैं हमारे आस्था के शालिग्रामों को? दोष कहाँ है?

बाज़ आए हम सात जन्मों तक साथ रहने से!

आस्था की व्यथा-कथा

पुनः पशुपतिनाथ दर्शन : 24 जुलाई, 1986 : दोपहर

समूह में! भीड़ के साथ देव दर्शन का पुण्य होता होगा!

परंतु एकांत में देव दर्शन का महत्त्व मेरे लिए अधिक है।

तब कहीं आप अपनी आस्था को एकाग्र कर पाते हैं। जुड़ने लगते हैं अपने ध्यान में।

एक समाधि में आने लगते हैं।

जैसे ही भक्तपुर से लौटा, मन किया है, क्यों न भगवान पशुपतिनाथ के दर्शन कर आऊँ।

अब भीड़ भी नहीं होगी।

जिस मार्ग से हम मंदिर के निकट पहुँचे वह बहुत ही अपावन था।

प्रत्येक सीढ़ी पर गंदगी ही गंदगी!

हे मेरे नाथ! कहाँ आ गया हूँ!

मंदिर के द्वार पर गया। बीवी बोलीं:

–अपनी चमड़े की बेल्ट उतार लो!

मैंने उसे उतार कर पास ही एक दुकान पर रख दिया।

द्वार पर संतरी तैनात था। शुचिता का प्रहरी।

और उसके पास ही द्वार पर गोबर का ढेर लगा था। बकरियों की मींगनें बिखरी पड़ी थीं। परंतु वह इन सबसे बेखबर अपनी ड्यूटी पर मन-प्राण से खड़ा था। सर्वथा दक्ष और सतर्क मुद्रा में।

मंदिर में गए। वहाँ आज भी वैसी अस्वस्थता। मन में श्रद्धा को जैसे-तैसे संजोकर मूर्ति दर्शन किए : मन बार-बार पूछ रहा था :

–भोले भंडारी! प्रभु! यह तेरी कैसी माया है! बड़ी महिमा सुनी थी। पर यह सब क्या है स्वामी!

प्रसाद आचमन लेकर आए। शिव का आचमन वर्जित है। फिर भी भक्तजन उसे पान करते हैं यहाँ, पता नहीं क्यों? न केवल आचमन ही वर्जित है प्रत्युत पूर्ण परिक्रमा भी निषिद्ध है। परंतु यहाँ सब चलता है।

हम वागमती की ओर आ गए। यह चंचल पुनीत धारा हमें बुला रही थी। कई सीढ़ियाँ उतरे। बीवी बोलीं :

–बड़ा पुण्य है यहाँ साथ स्नान करने में। एक बार स्नान करने से सात जन्म तक पति-पत्नी बने रहते हैं। आओ स्नान कर लें!

–हे शौभाग्यशालिनी! शुभे! कल्याणी! मंगले! अब अपना ऐसा कोई इरादा नहीं।

मैं ऐ ही जन्म में सात जन्मों का आनंद पा चुका हूँ। अब बाज़ आए हम!

–कैसी बातें करते हैं जी आप?

–सचमुच मैं अब सात जन्म के किसी अनुबंध-पत्र पर हस्ताक्षर करने वाला नहीं!

हमेशा की तरह अब भी अपनी नहीं चली। डुबकी लगा ली और हम अनुबंधित हो गए, गले पड़ा ढोल बजाने के लिए। एक नहीं सात-सात जन्मों तक के लिए।

वहीं जल में खड़े-खड़े पितृ तर्पण किया। जलांजलियाँ दीं।

अपनी कुलवंती कुलभूषण का हाथ पकड़ा और जल से बाहर आ गया! इच्छा थी, गहरे जल के गहरे में पैठ कर मोती निकालने की। पर वह तो मेरे हाथ में था। केसा नालायक हूँ मैं?

वापिस आ रहे थे तो ड्राइवर बोला :

–आप सब वे से आए हैं। पास ही भगवान विष्णु का मंदिर है। वहाँ लिए चलता हूँ।

हमने हाँ भर दी।

रिंग-रोड से हट कर कई किलो-मीटर पहाड़ के आँचल में है यह मंदिर।

वहाँ गए। बार-बार एक ही अनुभव व्यक्ति को तोड़ देता है।

मंदिर प्रवेश और देवदर्शन से पूर्व ही अशुचिता!

मन काँप उठा!

अंदर गए। एक पोखर में एक बड़ा शेषनाग बना है। उस पर भगवान विष्णु की एक विशालकाय मूर्ति है शयन मुद्रा में।

–अनंत शेषशायी भगवान विष्णु!

बीवी को कुछ याद आया। बोलीं :

–कुशीनगर में ऐसी ही मूर्ति है भगवान बुद्ध की। गोरखपुर में भी ऐसी ही मूर्ति है भीमसेन की।

पुजारी का लड़का मूर्ति पर नंगे पैर इधर से उधर घूम रहा था। दर्शनार्थियों से पत्र-पुष्प लेकर मूर्ति के शीष पर चढ़ा रहा था।

–जी! नहीं! आप इस पर नहीं आ सकते। दूर रहें। जी मैं! मैं तो पुजारी हूँ।

पुजारी को अधिकार है मूर्ति पर नंगे पैर जाने का...

नहीं! उसे अपावन करने का! अपनी दुकानदारी चलाने का...

मैंने वहीं खड़े-खड़े मूर्ति के चरणों में जल-मिश्रित दूध समर्पित किया। मन में ध्यान धर स्त्रोतगान किया :

–ओं शांताकारं भुज शयनं पद्मनाभं सुरेश...सर्वलोकेक नाथम्।

एक बार पुनः यातना सहन करनी पड़ी। अपनी आस्था को खंडित होने से बचाने की।

ज्ञानी जी पूछेंगे आज दिन भर का हाल तो यह व्यथा-कथा सच-सच बयान करनी पड़ेगी।

मुड़ने को हुआ तो एक नज़र पड़ गई सामने के पर्वत पर।

ड्राइवर बोला :

यह पार्वती पर्वत है।

पार्वती पर्वत! हरीतिमा का शुचि प्रसार। देव दर्शन करने हों तो यहाँ के पर्वतों को निरंतर निहारते रहो! एक क्षण ऐसा आएगा आप अनुभव करेंगे कि देवता प्रकट हो रहे हैं भीतर अवतरण ले रहे हैं। प्रत्यक्ष हो रहे हैं।

सामने पार्वती पर्वत है।

उसमें कई निर्झर बह रहे हैं। उनकी क्षीण दुग्ध-धाराएँ!

मैं उसे एकटक निहार रहा हूँ। निर्निमेष! निष्पलक!

मुझमें देवता अवतरण ले रहे हैं। वह पर्वत नहीं है!

तापसी पार्वती है! उमा है! दक्ष-पुत्री उमा! हिमालय कन्या पार्वती है!

शंकर के ध्यान में लीन! हरितांचल से उस तापसी की श्वेतकेश-राशि झलक रही है!

शुभ्र लटें! कठिन-कठोर तपस्या के कीर्तिमान फहरा रहे हैं।

माँ! पार्वती माँ! तेरा यह दिव्य साक्षात्कार मेरी आस्था को नई शक्ति दे गया है!

माँ! तुममें अपनी माँ का साक्षात्कार कर रहा हूँ! माँ का! पार्वती माँ का। साध्वी माँ का।

मैं एक छोटे भारत का दर्शन कर रहा हूँ!

काठमांडू : भारतीय दूतावास : 24 जुलाई, 1986 : सायं सात बजे

कल राष्ट्रपति जी का प्रस्थान है भारत के लिए।

इतने दिन आतिथ्य ग्रहण किया। नेपाल की जनता का।

आभार प्रदर्शन करने के लिए स्वागत आयोजन।

राष्ट्रपति जी की ओर से भारतीय दूतावास कर रहा है यह आयोजन।

नेपाल में भारतीय दूतावास!

एक रम्य स्थल। ऊँचे गगनचुंबी वृक्षों में घिरा!

एक-एक वृक्ष भारतीय संस्कृति के शुचि कीर्तिमानों सा! गर्व से सर ऊँचा किए। माथा उठाए और सीना ताने!

एक-एक वृक्ष अपनी मौन वाणी में मुखर हो रहा है।

–मैं भारत हूँ! अहं भारतस्मि! अहं भारतस्मि! अहं भारतस्मि!

राष्ट्रपति जी की एक संध्या भारतीय कर्मचारियों के साथ। उनके परिवारों के साथ।

एक बड़े शामियाने में यह समागम हो रहा है।

राष्ट्रपति एक-एक कर्मचारी से मिल रहे हैं। कुशलक्षेम पूछ रहे हैं। बच्चों को दुलार रहे हैं। अपनी समस्त संवेदना, ममता, वात्सल्य, आत्मीयता–इन सबके कलश के कलश उन पर उंडेल रहे हैं। उनके संबोधन में प्यार है :

–आप सबमें एक छोटे भारत दर्शन कर रहा हूँ। विभिन्न प्रांतों के भारतीय। इन सबसे मिल कर ही तो एक पूरा भारत बनता है। आज की इस संध्या में आप सब में एक भारत साकार हो उठा है...

बाहर हल्की-हल्की फुहार थी। अंदर बैठे सब के सब इस नेह-भरी फुहार में स्नान कर रहे थे।

नेपाल नरेश और महारानी नेपाल के आने का समय हो गया था।

राष्ट्रपति बाहर आए।

इतने में नेपाल नरेश की कारें आ गईं।

नेपाल नरेश, महारानी नेपाल।

और दोनों ही देशों के राष्ट्रीय गीतों की धुनें निनादित हो उठीं।

आरंभ हो गया प्रीति-जलपान।

देर रात तक चलता रहा आयोजन।

वह समापन के बिंदु पर था, राष्ट्रपति, नेपाल नरेश और महारानी के साथ आमंत्रित विशिष्ट अतिथियों से मिलने आए। कुछ देर परिचय लिया। बातें हुईं। इसके साथ ही आयोजन समाप्त होने लगा।

एक बार पुन: राष्ट्रीय धुनें गुंजित हो उठीं।

ढल रही रात नेपाल और भारत की शाश्वती मैत्री की साक्षी भर रही थी।

चँवर से हिल रहे देवदारु! करताल दे रहीं शाखाएँ-प्रशाखाएँ!

कहा कहौं छवि आज की...भगवान कृष्ण : संग में राधिका और रुक्मिनी

काठमांडू : पाटण : ललितपुर : मंदिरों का परिसर : 25 जुलाई, 1986 : प्रात :

नेपाल में आज अंतिम दिन है राष्ट्रपति के प्रवास का।

जाने की तैयारियाँ चल रही हैं।

आज भी एक कार्यक्रम है।

पाटण में मंदिरों के दर्शन का। हम वहीं जा रहे हैं।

ड्राइवर ने बताया:

वागमती के इस पार से पाटण आरंभ हो जाता है। उस पार काठमांडू रह जाता है।

मैं गौर से एक-एक दृश्य देख रहा हूँ। उनका अक्स मन में बैठा रहा हूँ। निगेटिव ले रहा हूँ!

प्रामाणिक होंगे, तभी तो प्रिंट्स अच्छे बन पाएँगे।

पुराना नगर। तंग गलियाँ बाज़ार।

रात बारिश हुई थी। सो गंदगी और फैल गई है।

मंदिर का परिसर। नगरपालिका के कर्मचारी लगे हैं सफाई में।

पर सालों से मंदिरों के चारों ओर ढेर बन चुकी गंदगी एक ही दिन में केसे उठ सकती है? बस केवल लीपापोती हो रही है।

अनेक जर्जर हो रहे मंदिर। ध्वस्त मंदिर। जगह-जगह उनमें बरसाती घास उग आई है।

परिक्रमा में ही शौच की दुर्गंध फैल रही है।

नाक पर रूमाल रखकर मन मारकर परिक्रमाएँ ले रहा हूँ।

मध्य में कृष्ण मंदिर है। बुरा हाल है उसका।

राष्ट्रपतिजी अधिकारियों के साथ एक-एक मंदिर के बारे में पूछ रहे हैं। जानकारी ले रहे हैं।

–जी! यह कृष्ण मंदिर है!

वे एक क्षण के लिए उसके आगे झुकते हैं। तंग सीढ़ियों से उनके लिए ऊपर जा पाना संभव नहीं। मैं ऊपर चला जाता हूँ।

भगवान श्री कृष्ण!

एक अचरज! कृष्ण अकेले नहीं हैं। उत्तर प्रदेश में वे राधिका के संग हैं।

आंध्र में रुक्मिणी के संग हैं। उड़िया में सुभद्रा के संग हैं परंतु कर्नाटक में वे अकेले ही हैं। केवल वेणुगोपाल और यहाँ!

यहाँ वे न अकेले और न राधिका, रुक्मिणी, सुभद्रा, में से अलग-अलग के संग हैं।

यहाँ तो मेरे गोपाल की लीला ही विचित्र है।

एक ओर विराज रही हैं राधिका जी!

दूसरी ओर विराज रही हैं रुक्मिणी जी!

मन में जयकारे गूँजने लगे हैं।

–बोल राधिकारमण की जै! बोल रुक्मिणीवल्लभ की जै!

ज्ञानी जी को जब यह सुनाया तो वह मुस्करा उठे, इस नंदलाल की लीलाओं पर!

मंदिर में काष्ठ पर बड़ा ही महत्त्वपूर्ण कार्य हुआ है। संपूर्ण महाभारत और रामायण के चित्र बनाए गए हैं। परंतु अब तो ये नष्ट हो रहे हैं।

पत्रकार राष्ट्रपतिजी से उनकी प्रतिक्रिया पूछ रहे हैं।

कुछ देर तो वे मौन बने रहते हैं। फिर एक-एक शब्द तोल-तोल कर कहने लगे हैं:

—नेपाल ने अगर अपनी यह संपदा न संभाली तो एक दिन वह गरीब हो जाएगा।

देवताओं की वादी अपनी महिमा खो बैठेगी।

नेपाल टूरिस्ट-कंट्री नहीं है हमारे लिए। हमारे लिए तो यह तीर्थ है। पुण्यधाम है। इसीलिए हमारी चिंता है इस बारे में। इन मंदिरों की पवित्रता, सफाई केवल सरकार का ही ज़िम्मा नहीं है। वह जनता का दायित्व है। इन्हें गंदा करने के लिए सरकार तो नहीं आ रही है। जनता का ही काम है यह जो जगह-जगह दिखाई पड़ रहा है। अब उसकी सफाई और चौकसी। सब जनता का काम है।

पाटण की जनता से! नेपाल की जनता से मेरी यही प्रार्थना है...

यात्रा की अगरु गंध शेष है : शंकर पशुपतिं शरणं व्रजामि
काठमांडू : देहली के लिए प्रस्थान : 25 जुलाई, 1986 : सायं 5 बजे

काठमांडू का एयरपोर्ट।

भारतीय सेना का बोइंग-यान तैयार खड़ा है।

नेपाल नरेश अपने विशिष्ट पाहुन को विदा देने के लिए आए हैं। साथ में हैं वहाँ के प्रधानमंत्री।

अन्य गण्यमान्य अधिकारी।

पाँच दिन का यह यात्रा प्रवास भारत-नेपाल संबंधों में मैत्री के नए अध्याय खोलेगा।

यह सद्भावना दोनों ही पक्षों में है। युगों से चली आ रही मैत्री, आत्मीयता के और गहरे रंगों से रेखांकित होगी। यह विश्वास है दोनों ही पक्षों में!

—अच्छा! तो हमें आज्ञा है!

राष्ट्रपति पूछ रहे हैं।

नेपाल नरेश से कह रहे हैं :

–अपने ही घर से जाने में कैसी आज्ञा?

–सचमुच ही मैं अपने ही घर में आया था। दिल्ली से बाहर हूँ! ऐसा आपने महसूस ही नहीं होने दिया। मैं आपके देश के लिए, जनता के लिए, नेपाल नरेश के परिवार के लिए अपनी शुभकामनाएँ व्यक्त करता हूँ! हार्दिक आभार व्यक्त करता हूँ।

–मैं आपके देश के लिए, संपूर्ण भारतीय जनता के लिए, आपके युवा प्रधानमंत्री के लिए, अपनी ओर से, नेपाल राज्य की ओर से, नेपाल की जनता की ओर से सब की हार्दिक मंगलकामनाएँ प्रस्तुत करता हूँ।

और अब पारंपरिक विदा :

हृदय बोल उठे हैं : विदा मित्र देश! विदा! आभारी हूँ आतिथ्य के लिए।

हृदय बोल उठे हैं : मित्र! पुनः आना! ऐसे ही हमारे दिल बिछे होंगे स्वागत के लिए!

राष्ट्रपति सीढ़ियाँ चढ़ कर एक क्षण के लिए रुके। पीछे की ओर देखा। सब को हाथ हिला कर अभिवादन दिया। आभार व्यक्त किया।

नीचे ग्राउंड पर खड़े बंधु भी हाथ हिला रहे हैं : आपकी यात्रा मंगलमय हो! शुभास्तेपंथानम्!! यान का द्वार बंद हुआ। सीढ़ी हट रही है और यान सरकने लगा है।

अब वह मेन रन–वे की ओर जा रहा है। कुछ दूर जा रहा वह मुड़ता है।

एक तेज़ गुर्राहट! गुस्सैल आवाज़! क्षिप्र दौड़!

और आन की आन में वह आकाश में उठा! सामने पहाड़ी को फलाँग कर दिल्ली की ओर उड़न छू हो गया।

पास ही एक और यान तैयार है।

–एवरो यान : एक छोटा यान। कभी–कभी जब कम लोगों के साथ जाना हो तो राष्ट्रपति इसमें यात्रा करते हैं।

हम इसमें जा रहे हैं। यह साढ़े पाँच बजे उड़ान भरेगा। आधा घंटा बाद। सामान लादा जा रहा है। हम समय काटने के लिए नीचे खड़े बतिया रहे हैं।

मैं सब से हटकर एक ओर हो जाता हूँ। चाहता हूँ एक बार पुनः आँखों में इस वादी के दृश्य को बंद कर लेना। एक नीलमणि-प्याले सी यह वादी! चारों ओर पर्वत-मालाएँ! बीच में बसी यह देव-नगरी।

हरी-भरी शस्य श्यामला वादी! कहीं काली! कहीं गहरी हरी! कहीं नील हरी! ऊँची-ऊँची पर्वतमालाएँ!

बीच में काठमांडू, पाटण, के नगर। उनके सफेद डिब्बियों से मकानात।

मध्य में बह रही वागमती की पुण्य-धारा।

अचानक मेरे भीतर कुछ बिंब कौंधने लगते हैं।

कल्पना "फ्लैश-गन" चला रही है। रह-रह कर उत्प्रेक्षण की लाइट दमक रही है। काठमांडू की वादी!

–जैसे एक सौभाग्यशाली हथेली हो! मध्य में भाग्य-रेखा सी वागमती की धारा हो।

–जैसे किसी किसान-मेहनतकश के हाथ में उसके दसों नाखूनों, खून पसीने की कमाई से उगे वासमती चावलों का बुक्क हो! वह अपनी अंजुली में चावल भर कर अपनी नेक कमाई को सब्र-संतोष से देख रहा हो!

सब साथी यान में जा रहे हैं।

वह रहा स्वयंभू मंदिर! बुद्ध स्तूप!

थापा की मीनार! शाही मस्जिद के कंगूरे! क्लाक टावर!

लक्ष्मण रेखा सी काठमांडू के चारों ओर खिची हुई रिंग-रोड नीलमणि चमक सी वादी में काठमांडू-पाटण-ललितापुर के मकानात, हल्के पारदर्शी बादल!

जैसे बिना दूध की चाय के कप की सतह में अनधुली चीनी के क्यूब्स पड़े हों!

यान उड़ा जा रहा है भारत-नेपाल-सीमा के पर्वतों पर से!

कहीं-कहीं दूर कोई बस्ती! कच्चे मकान!

गहरा रही संध्या में अपने रंग खो रहे हैं।

जैसे धीरे-धीरे बाल्व मंद पड़ रहे हों

पावर सप्लाई कम होने पर।
हो रहा है सूर्यास्त!
मद्धिम पड़ रहा है, वह जलता हुआ आग का गोला
पश्चिम में नारंगी हो उठे हैं श्वेत बादल
गोया सफेद राख उड़ रही हो! दमक रहे हों अंगारे!
डूब रहा सूर्य यान की खिड़की से झाँक रहा है।
जैसे कोई कस्टम अधिकारी।
सब की तलाशी लेने लगा हो टॉर्च-लाइट से।
नीचे गंगाधारा!
नेपाल की तराईयों से उमड़ती आ रही नदियाँ,
पीहर से आ रही हों उमंग उल्लास भरी अपने ससुराल को!
सूर्यास्त!
किरणों का सैलाब ही सैलाब!
बादलों में किरण-दीप जल उठे हैं।
यान के तेज़ पंखों की हवा कहीं बुझा न दे उन्हें।
बादलों ने अपने-अपने आँचल में छिपा लिए हैं अपने-अपने किरण-दीप!
ग्राम्यांचलों पर उतर रहा है अँधेरा!
गोधुलि से उड़ रहे बादलों ने
ढाँप लिया है खेतों-खलिहानों को, चरागाहों, मैदानों को!!
तेज यान से बादल बिदक उठे हैं।
जैसे दरियाई घोड़े भाग उठे हों बेतहाशा इधर-उधर बल्गाएँ तुड़वा कर!
और वह सामने उमड़ रहा सफेद बादलों का एक झुंड!!
नंदन से ऐरावत आ रहा है अपने दलबल के साथ।
ग्रे-केशमिलोन के गोलों से ढेर के ढेर बादल!
जैसे फैस्टिवल-डिसकाउंट पर।
लगी हो क्लियरैंस-सेल।

बादल ही बादल!

रुई के फहों से बादल!

जैसे धुनी हुई रुई की चंगेर भर कर रखी हो

अब बूढ़ी माई कातना बंद कर रही है।

उठा रही है अपना चर्खा।

वर्तुलाकार बादल उमड़-घुमड़ रहे हैं इधर-उधर! जैसे ग्राइंडर में दाल पिस रही हो!

मंडराने लगा है यान दिल्ली के सर पर।

लैंड करने लगा है पालम में।

रात का पहला प्रहर है। चारों ओर जगमगाती बत्तियाँ ही बत्तियाँ!

नीली तेज़ लाइट की कतारें ही कतारें!

जगमगाती सड़कें!! चुंधिया रही बस्तियाँ!

सर्च-लाइट्स फेंक रही कारें-मोटरें!

अग्नि रेखाएँ खिंच आई हैं।

लाक्षागा सी जल रही है दिल्ली अपनी ही आग में!

यान लैंड कर रहा है।

रन-वे की लाल-पीली-नीली बत्तियाँ! रंग-बिरंगे निशानात!

यान धीरे-धीरे सकते में आ कर रुक गया है।

कारें खड़ी हैं! सब उतर कर अपनी-अपनी गाड़ी में बैठ रहे हैं अपने-अपने स्थान जाने लगे हैं। मैं जा रहा हूँ राष्ट्रपति भवन की ओर। प्रताप-गैस्ट-रूम में।

मन में नेपाल की यात्रा की गंध है। अगरू गंध! केशरी कर्पूरी सुवास!

–शंकरं पशुपतिं शरणं व्रजामि!!...

मन में स्तोत्रगायन हो रहा है! बिल्वपत्र से श्रद्धाभिसिंचित भाव विसर्जित हो रहे हैं।

–शंकर पशुपतिं शरणं व्रजामि!! शरणंव्रजामि! शरणंव्रजामि!

वंश वृक्ष : ज्ञानी जैलसिंह

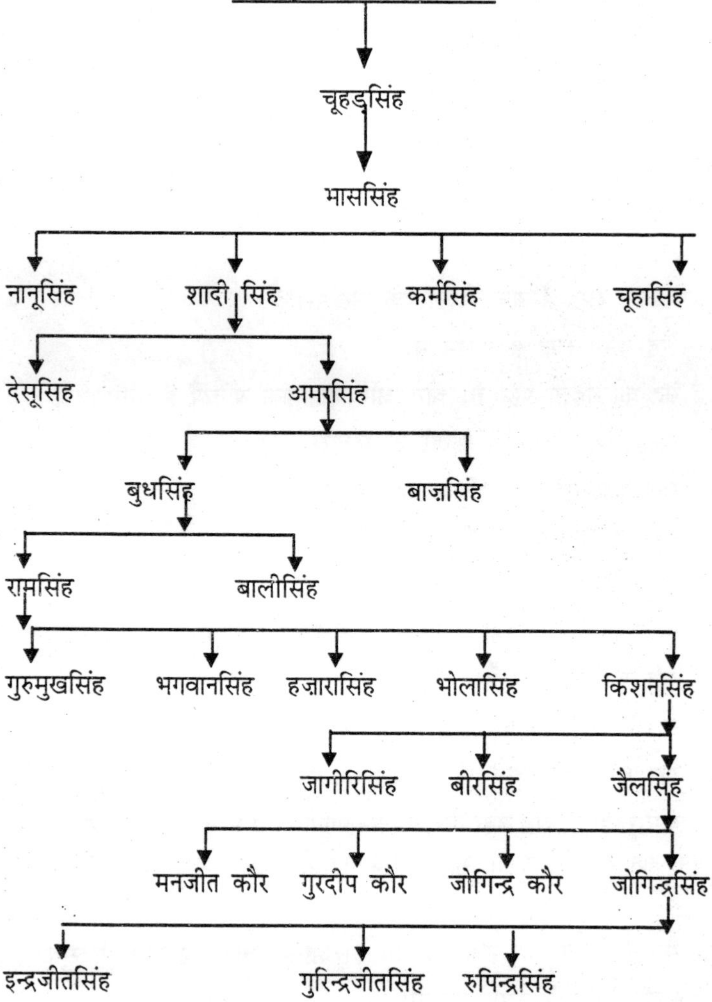

सूचना-स्त्रोत : पं. बाबूराम तथा पंडित रौशनलाल पेहेवा तीर्थ के पंडे : वही : पृ. 337-40। डॉ. रामप्रकाश कृत ''ज्ञानी जैलसिंह'' से साभार उद्धृत।

जीवन क्रम

5 मई, 1916–जन्म।

1928–पंजाब रियासत प्रजा-मंडल की स्थापना।

1932–उप-प्रधान, रियासती अकाली जथा।

1934–फरीदकोट के राजा हरीन्द्रसिंह के विरुद्ध संघर्ष का समारंभ।

6 अगस्त, 1934–विवाह।

1936–पहली गिरफ्तारी।

1937–पिताजी का स्वर्गवास।

अगस्त, 1837–सेक्रेटरी, जिला फरीदकोट अकालीजथा।

2 सितंबर, 1937–स्वर्गपुरी कोटकपूरा में एक विशाल सभा का आयोजन।

24 जुलाई, 1938–ज्ञानी जी द्वारा ज़मींदार-सभा की स्थापना।

1938–ज्ञानी जी द्वारा कांग्रेस-कमेटी की स्थापना और उसका सेक्रेटरी बनना।

1938--दूसरी गिरफ्तारी।

1938-43–कठोर कारावास।

1943–जेल से रिहाई।

1943–अमृतसर-लाहौर-पंजासाहिब की यात्रा।

1943-46–मिशनरी के रूप में प्रचार कार्य।

1946–पुनः रियासत फरीदकोट में आना।

1946–प्रधान रियासत प्रजा-मंडल।

8 अप्रैल, 1946–राष्ट्रध्वजारोहण के लिए विशाल सभा का आयोजन।

8 मई, 1946–फरीदकोट में रोष-दिवस का आयोजन : पं. नेहरू को सभा में भाग लेने का निमंत्रण।

27 मई, 1946–पं. नेहरू का फरीदकोट में आगमन।

28 मई, 1946–फरीदकोट में झंडा सत्याग्रह का प्रवर्तन।

1947–"हम क्या चाहते हैं।"--पुस्तक का प्रकाशन जिसके ज्ञानी जी सह-लेखक थे।

अक्तूबर, 1947–राजा फरीदकोट के विरुद्ध एक विशेष इश्तिहार का प्रकाशन।

30 जनवरी, 1948–महात्मा गाँधी से उनके बलिदान से कुछ ही समय पूर्व–अंतिम भेंट। साथ में सेठ रामनाथ, बाबू वृषभान, इंद्रसिंह चक्रवर्ती।

29 फरवरी, 1948–राजा के विरुद्ध फरीदकोट में एक विशाल सभा एवं जलूस का ज्ञानी जी द्वारा समायोजन।

1 मार्च, 1948–ऐतिहासिक बलिदान दिवस : समानांतर सरकार की स्थापना।

15 जुलाई, 1948–पैप्सू राज्य का गठन।

20 जनवरी–श्री ज्ञानसिंह राड़ेवाला के मंत्रिमंडल में मंत्री बने।

23 मई, 1951–श्री रघुबीर सिंह के मंत्रिमंडल में मंत्री बने।

1954-56–प्रधान पैप्सू कांग्रेस कमेटी।

1956-58–उप-प्रधान, पंजाब प्रदेश कांग्रेस कमेटी।

1956-62–सदस्य राज्य-सभा।

1962–सदस्य पंजाब विधान सभा। श्री प्रतापसिंह केरो मंत्रिमंडल में मंत्री।

15 मार्च, 1972–नेता-कांग्रेस विधान-सभा पार्टी।

17 मार्च, 1972–मुख्य-मंत्री, पंजाब सरकार।

10 अप्रैल, 1973–गुरु गोबिंदसिंह मार्ग–यात्रा की अगवाई।

8 सितंबर, 1974–स्वामी रामतीर्थ स्मारक स्थाना।

1 जनवरी, 1975–शहीद भगतसिंह की मातु-श्री का पंजाब माता के रूप में सम्मान।

2 अक्तूबर, 1975–अमर वीर हकीकतराय की मूर्ति का पटियाला में अनावरण।

4 दिसम्बर, 1975–श्री गुरु तेगबहादुर जी की शहीदी यात्रा का प्रवर्तन।

14 जनवरी, 1978–आपातकाल और जनता सरकार के शासनकाल में पुलिस यंत्रणा।

24 जनवरी, 1978–रिटायर्ड जस्टिस गुरुदेवसिंह कमीशन के रूबरू पेशी।

8 अगस्त, 1978–गुरुदेवसिंह कमीशन की वैधता को पंजाब हाई कोर्ट में चुनौती।

5 अक्तूबर, 1978–गुरुदेवसिंह कमीशन द्वारा गैर-ज़मानती वारंट जारी।

9 अक्तूबर–गिरफ्तारी और पेशगी ज़मानत।

जनवरी, 1980–सदस्य लोक-सभा।

14 जनवरी, 1980–भारत सरकार के गृह-मंत्री।

12 जुलाई, 1982–चुनाव राष्ट्रपतिपद के लिए प्रत्याशी के रूप में।

15 जुलाई, 1982–राष्ट्रपति पद के लिए निर्वाचित घोषित।

25 जुलाई, 1982– राष्ट्रपति पद के लिए शपथ-ग्रहण समारोह

30 सितंबर-31 अक्तूबर, 1982–दिल का आप्रेशन करवाने के लिए अमेरिका प्रस्थान। टैक्सास हार्ट इन्स्टीटयूट, हास्टन, में सफल आप्रेशन।

17 अक्तूबर, 1985–लक्षद्वीप यात्रा।

21 जुलाई, 1986–नेपाल यात्रा।

30 अक्तूबर–पुनः विदेश

8

डॉ. रामास्वामी वेंकटरमण

4 दिसंबर, 1910 को तंजूर जनपद (तमिलनाडु) के राजामंदम गाँव में हमारे आठवें राष्ट्रपति रामास्वामी वेंकटरमण का जन्म हुआ। उनके पाँच लोगों के परिवार में उनकी धर्मपत्नी श्रीमती जानकी देवी और तीन पुत्रियाँ हैं।

डॉ. वेंकटरमण की प्रारंभिक शिक्षा पास के गाँव में हुई। स्थानीय स्कूल व कॉलेज से हाई सकूल व अन्य डिग्रियाँ लेते हुए उच्च शिक्षा के लिए मद्रास (चेन्नई) पहुँचे जहाँ से स्नातक की उपाधि प्राप्त की। उन्हें मद्रास विश्वविद्यालय से अर्थशास्त्र में परास्नातक (एम.ए.) प्राप्त हुई। डॉ. वेंकटरमण अपने छात्र-जीवन में तीव्र मेधा से युक्त अद्वितीय विद्यार्थी थे। उन्हें किसी भी विषय-वस्तु को समझने में ज्यादा समय नहीं लगता था। इसी कारण विद्यालय में उनको अपार आदर मिलता था। उन्होंने परास्नातक तक अच्छे अंक प्राप्त करने का सिलसिला जारी रखा। सन 1935 में कानून की डिग्री प्राप्त कर उन्होंने वकालत के लिए स्वयं को तैयार कर लिया।

उपर्युक्त कविता में यह कहा गया है–''इस रहस्यमय संसार में प्रकृति रूपी पौधे पर सभी पलते हैं, चाँद और सूरज उन पर दृष्टि एक-सी रखते हैं। परंतु हरेक फूल (मानव) के रंग, गंध और संरचना में विभेद होता है।'' यह सत्य प्रतीत होता है, तब जब हम भिन्न-भिन्न महापुरुषों के जीवन संदर्भों का अवलोकन, मनन करते हैं। डॉ. रामास्वामी वेंकटरमण के जीवन में भी काफी भिन्नता देखते हुए, उक्त कविता समीचीन है।

सन 1935 में डॉ. वेंकटरमण ने अपना व्यवसाय शुरू किया। उन्होंने वकालत को अपना मुख्य पेशा बनाया। कुछ ही दिन बाद उन्होंने मद्रास उच्च न्यायालय में अपना नामांकन करा लिया। यदि वकील दक्काक हो, दक्काक का अर्थ वाक्पटुता, तर्कशक्ति का धनी...आदि है, तो उसे अपनी धाक जमाने में कोई देर नहीं लगती।

जब देश में स्वाधीनता आंदोलन की आग लगी हो तो डॉ. वेंकटरमण अछूते केसे रह जाते। वह कानूनी व्यवसाय में सफलतापूर्वक संलग्न थे। किंतु संवेदनशील मस्तिष्क भारत माँ को गुलामी की बेड़ियों में कैसे देख सकता है? डॉ. वेंकटरमण आजाद भारत का स्वप्न अपने अंदर संजोकर स्वतंत्रता संघर्ष में जुट गए। वे भारतीय राष्ट्रीय कांग्रेस में सम्मिलित होकर एक सक्रिय कार्यकर्ता की तरह आंदोलन में जुट गए। सन् 1942 का 'भारत छोड़ो आंदोलन' उनके लिए अत्यंत ऐतिहासिक आंदोलन रहा। उन्होंने अंग्रेजों की खिलाफत की, जेल गए। उन्होंने दो वर्ष तक विरोध जारी रखने पर कांग्रेस के वरिष्ठ नेताओं के हृदय में अपना मुकम्मल स्थान बना लिया। डॉ. आर. वेंकटरमण ने अपनी कानून की प्रैक्टिस को जारी रखते हुए स्वाधीनता आंदोलन में अपनी जगह बनाई। सन 1946 में इन्हें सरकार ने एक सशक्त अधिवक्ता की हैसियत से मलाया और सिंगापुर भेजा क्योंकि उनका साहसिक कार्य, संघर्षों में अद्भुतता अपने आप में निराली थी। अधिवक्ताओं में उनकी इज्जत थी। फिराक गोरखपुरी ने लिखा था–

"माँगे भीख नहीं मिलती,
लेने से मिलता है तख्त और ताज।"

किसी को नाम और शोहरत, इज्जत और स्थान यूँ ही नहीं मिलते बल्कि कठिन परिश्रम से सब कुछ संभव है। सन 1947 में डॉ. वेकटरमण मद्रास प्रांत के अधिवक्ता संघ के सचिव चुने गए। यह पद उनकी क्षमता की दक्षता ने दिया था। सन 1950 तक वह अधिवक्ता संघ के सचिव बने रहे और अधिवक्ताओं के हितों की लड़ाई में सक्रिय रहे।

सन 1950 तक वह उच्च न्यायालय, मद्रास में कार्याभ्यास में समर्पित रहे लेकिन एक बात यह है कि व्यापक सोचने व समझने में क्षमता रखने वाला व्यक्ति कभी खुद को संकीर्णता में नहीं रख सकता। डॉ. वेंकटरमण ने सन 1950 में उच्चतम न्यायालय, नई दिल्ली की तरफ प्रस्थान किया। सफलता

के लिए कठिन परिश्रम व साहस के साथ देर रात तक अपने मुकदमों के लिए दलीलें जुटाते। इस तरह के व्यक्ति निःसंदेह हरेक स्थान पर अपना नाम व शोहरत तैयार करते हैं। न्यायाधीश व मुख्य न्यायाधीशों ने डॉ. वेंकटरमण से कुछ मुद्दों पर सलाह लेनी शुरू की तथा समय-समय पर उनकी सफलता को सराहा।

दर्पण, दर्पण होता है। दर्पण का कार्य है दर्शक को सत्य का दर्शन करा देना। जब भारतीय इतिहास के दर्पण में हम डॉ. आर. वेंकटरमण की पृष्ठभूमि का दर्शन करते हैं तो यही पाते हैं कि वह श्रमिकों, किसानों, मजदूरों व पिछड़े वर्गों की लड़ाई लड़ने में सदा रूचि लेते थे। 'भारत छोड़ो आंदोलन' के दौरान जेल में जब बंद कर दिए गए तो उनकी सारी सक्रियता शांत हो गई थी लेकिन सन 1944 में जब वे जेल से बाहर आए तो पूरे मनोयोग से व्यापार संघ में जुट गए। श्रम कानून के लिए उन्होंने जोरदार वकालत की। 'श्रम कानून जर्नल' के प्रकाशन में उन्होंने महत्त्वपूर्ण भूमिका निभाई जो श्रम कानून के निर्माण में सहायक सिद्ध हुआ। वी.वी. गिरि उस समय मद्रास प्रांत में श्रम मंत्री थे। चक्रवर्ती राजगोपालाचारी की सरकार में वी.वी. गिरी एक सशक्त श्रम नेता के रूप में जाने जाते थे। आर. वेंकटरमण ने गिरि को बहुत ही रचनात्मक सुझाव दिए जो जर्नल में प्रकाशित हुए। वह व्यापार संघ के सक्रिय सहयोगी रहे। उन्होंने जिन वर्गों को दबा-कुचला देखा, आंदोलन के लिए प्रेरित किया और उनके अधिकारों को दिलाया। उन्होंने जहाजों में काम करने वालों, रेलवे व डाक कर्मचारियों की लड़ाई-लड़ी। वी.वी. गिरि इनसे अत्यंत प्रभावित थे। सर्वहारा वर्ग के वेतन और श्रम में सामंजस्य स्थापित करने के कार्य किए। वे चाहते थे कि हमारा गरीब मजदूर खुशहाल रहे। जब वह उचित पारिश्रमिक पाएगा तो उसे सुख व प्रसन्नता मिलेगी। जब उसे खुशहाली मिलेगी तो वह परिश्रम करेगा। देश के विकास में खून व पसीना बहाएगा।

कानून, श्रम और व्यापार संघ की सक्रिय भूमिकाओं ने इनके राजनैतिक जीवन में सदा सहयोग किया। डॉ. वेंकटरमण सन 1950 में सांसद चुने गए। सन 1950 में वे प्रांतीय आम चुनाव के लिए चुने गए थे किंतु सन 1952 में डॉ. वेंकटरमण का प्रथम संसद सभा में सदस्यता के लिए नामांकन हुआ और 1952 से 1957 तक वह संसद सदस्य रहे। जब वह सांसद थे तो उन्होंने कांग्रेस पार्टी के सचिव का भी दायित्व संभाला था। वह कामनवेल्थ संसदीय

कांफ्रेंस में न्यूजीलैण्ड भी गए; वह उस कांफ्रेंस में शिष्टमण्डल के सदस्य के रूप में गए थे। पं. जवाहरलाल नेहरू के निकट उन्होंने अपनी जगह बनाकर पं. नेहरू व कांग्रेस कमेटी दोनों को सहयोग प्रदान किया। कांग्रेस के विकास में उन्होंने अपनी पूरी ताकत लगाई जिससे वह कांग्रेस अध्यक्ष द्वारा सराहे गए।

सन 1957 में डॉ. वेंकटरमण पुनः लोक सभा के लिए चुन लिए गए किंतु उन्होंने त्याग-पत्र दे दिया। वे अपने गृह राज्य वापस आए और मद्रास में अखिल भारतीय कांग्रेस कमेटी द्वारा आयोजित एक बैठक में भाग लिया। तमिलनाडु में स्थापित नई सरकार में उनसे मंत्री बनने का आमंत्रण मिला। उन्होंने सहर्ष स्वीकार कर वाणिज्य, श्रम, सहयोग, यातायात तथा उद्योग मंत्रालय की जिम्मेदारी अपने कंधों पर ले ली। वह किसी भी सदन के सदस्य नहीं थे। 1957 में ही वह एम.एल.सी. (मद्रास लेजिस्लेटिव असेम्बली) में मनोनीत हो गए। डॉ. वेंकटरमण ने अपने मंत्रित्व काल में रोजगार के लिए नए-नए उद्योग-धंधों को विकसित किया जिससे उनको तमिलनाडु में 'औद्योगीकरण का जनक' कहा जाता है। डॉ. वेंकटरमण अपनी ऐतिहासिक कृति से एक ऐतिहासिक मंत्री कहलाए। उनका त्याग, समर्पण और तमिलनाडु के विकास में उनकी पहल आज भी आदर के साथ सराही जाती है। सन 1957 से 1967 तक उनका सफर राज्य के विकास को समर्पित रहा।

भारत सरकार ने डॉ. आर. वेंकटरमण को सन 1967 में योजना आयोग का सदस्य बनाया। डॉ. वेंकटरमण की रूचि के अनुसार उन्हें उद्योग, श्रम, बिजली, यातायात और रेलवे की योजनाएँ तैयार करने का जिम्मा सौंपा गया। चूँकि वे अच्छे कानूनविद और अर्थशास्त्री थे, इसलिए उन्होंने जो भी जिम्मेदारी पाई, उसको सरकारी तंत्र व समाज दोनों के हित में बनाया। उनमें नीति निर्धारण, संचालन, दिशा निर्देशन व नई नीतियों के संवर्धन की अपार क्षमता थी। वे योजना आयोग से सन 1971 तक सम्बद्ध रहे और देश की प्रगति एवं विकास के लिए तमाम नीतियाँ, सफलतापूर्वक बनाईं। भारत सरकार ने उनकी नीतियों को सराहा। सन 1977 में श्री वेंकटरमण एक बार फिर दक्षिणी मद्रास लोक सभा सीट से निर्वाचित होकर संसद पहुँचे। सन 1977 का वर्ष चुनौतीपूर्ण बना और देश में संयुक्त मोर्चे की सरकार बनी। श्री आर. वेंकटरमण कांग्रेस के साथ विपक्ष में बैठे और पब्लिक एकाउण्ट कमेटी के अध्यक्ष की हैसियत से कार्य किया।

संयुक्त मोर्चे की सरकार अल्पावधि में गिर गई। सन 1980 में देश को पुनः चुनाव की त्रासदी झेलनी पड़ी। इस तरह से बार-बार चुनाव से देश पर पड़ रहे आर्थिक बोझ से वह काफी चिंतित थे। उन्होंने सन 1980 के चुनाव में मामूली खर्च से चुनाव लड़ा और लोक सभा पहुँचे। योग्य एवं अनुभवी नेता होने के कारण डॉ. आर. वेंकटरमण की श्रीमती इंदिरा गाँधी ने वित्त मंत्री बनाया। उस समय देश में आर्थिक स्थिति काफी चरमरा चुकी थी लेकिन वह भयभीत नहीं हुए। उन्होंने एक वर्ष पार करते-करते मुद्रा-स्फीति की दर को सुधारा। देश को स्थिरता प्रदान की। श्रीमती इंदिरा गाँधी ने मंत्रिमंडल में मामूली सा फेर-बदल किया और डॉ. वेंकटरमण को प्रतिरक्षा मंत्रालय की जिम्मेदारी सौंपी। वे असम में फैले उग्रवाद, पंजाब समस्या और अन्य कई मुद्दों पर तत्कालीन गृह मंत्री ज्ञानी जैल सिंह के साथ रहे। उन्होंने प्रतिरक्षा मंत्रालय में गुणात्मक सुधार किया। वे श्रीमती गाँधी के प्रबल समर्थक ज्ञानी जैल सिंह के अच्छे मित्रों में से थे। वे किसी भी कार्य को निपटाने में मंत्रीगण को मित्र रूप में आमंत्रित किया करते थे और मामले को सुलझाने में रास्ते तलाशते थे। प्रतिरक्षा और वित्त मंत्री रहकर उन्होंने अपने कार्यों का निष्पादन किया ही, साथ ही बहुत सी जाँच समितियों व राजनैतिक समितियों के कार्यों में भी योगदान दिया।

आर्थिक दशा की सुधार में वह गरीबी, भुखमरी, बेरोजगारी, हिंसा और अन्य समस्या का समाधान देखते थे, इसलिए उन्होंने देश के समक्ष समय-समय पर आर्थिक सुधार की योजना, एजेंडा और सुझाव प्रस्तुत किए। इतना ही नहीं, उन्होंने स्वयं तत्पर होकर माननीया प्रधान मंत्री से आर्थिक सुधार पर कई व्यक्तिगत बैठकें भी कीं और देश को आर्थिक रूप से मजबूत बनाने का कार्य किया। क्योंकि वह जानते थे कि जहाँ धन-धान्य से लोग सुखी होते हैं, वह देश तरक्की करता है। उनकी छवि पुरी दुनिया में पहचानी जाने लगी थी। अपने गुणों वह अच्छे कार्यों के कारण वे अंतर्राष्ट्रीय मुद्राकोष, पुनर्निर्माण और विकास के लिए अंतर्राष्ट्रीय बैंक तथा एशिया विकास बैंक के गवर्नर बने और वहाँ के दायित्वों को भी उन्होंने निर्भरता व कुशलता के साथ निभाया।

यात्राएँ नई चीजों की जानकारी देती हैं। राहुल देव सांकृत्यायन ने घुमक्कड़ी को दुनिया का श्रेष्ठ कार्य बताया। वास्तव में सांस्कृत्यायन का कथन सही है क्योंकि घुमक्कड़ी से न केवल वातावरण और सामाजिक मूल्यों का एहसास होता है बल्कि घुमक्कड़ी से राजनैतिक, आर्थिक, सामाजिक मूल्यों का एहसास

होता है। जानकारी से जीवन में नवीनता लाई जाती है। डॉ. आर. वेंकटरमण ने भी भारतीय जन-जीवन के बहुमुखी विकास व नवीनता के लिए बहुत से देशों की घुमक्कड़ी की। वह पूर्वी-पश्चिमी यूरोप, सोवियत संघ, संयुक्त राज्य अमेरिका, दक्षिण-पूर्व एशिया, जापान, आस्ट्रेलिया, न्यूजीलैण्ड, युगोस्लाविया, मारीशस तथा बहुत से देशों में गए जिनसे भारत को सामाजिक, राजनैतिक, आर्थिक, सामाजिक तथा कूटनीतिक लाभ मिला। देश में नवीन योजनाएँ विकसित हुईं। उन्होंने यात्राओं में शिष्टमण्डल का नेतृत्व किया, सदस्य के रूप में सम्मिलित हुए और भारतीय पक्ष तथा भारतीय नीतियों को अंतर्राष्ट्रीय जगत में बिखेरा। वे संयुक्त राष्ट्र महासभा में भारतीय शिष्टमण्डल के साथ सन 1953, 1955, 1956, 1958, 1959, 1960 और 1961 में शामिल हुए और सर्वधर्म समभाव, वसुधैव कुटुम्बकम्, आतंकवाद की चिंता, विकासशील देशों की कुछ समस्याओं के प्रति भारतीय दृष्टिकोण प्रस्तुत किया।

डॉ. वेंकटरमण सन 1958 में जेनेवा अंतर्राष्ट्रीय श्रम कांफ्रेंस में शिष्ट मण्डल का नेतृत्व करते हुए शामिल हुए। सन 1958 के बाद 1978 में वियना में आयोजित अंतर्राष्ट्रीय संसदीय कांफ्रेंस में सम्मिलित हुए। वह सन 1955 से 1979 तक संयुक्त राष्ट्र में न्यायालय प्रशासन के सदस्य रहकर अंतर्राष्ट्रीय कानून निर्माण में सक्रिय रहे। उच्चतम न्यायालय में ख्यातिपूर्ण वकालत ने डॉ. वेंकटरमण को संयुक्त राष्ट्र न्याय परिषद में स्थापित किया जहाँ उन्होंने ऐतिहासिक व्यक्ति होने का गौरव पाया। सन 1968 से 1979 तक उन्हें संयुक्त राष्ट्र न्याय प्रशासन के अध्यक्ष का दायित्व मिला। यह पद उन्हें अनायास ही नहीं मिल गया बल्कि उनके कुशल परामर्श ने संयुक्त राष्ट्र को प्रभावित किया उससे वह प्रशासनिक न्याय व्यवस्था के अध्यक्ष बने।

प्रसिद्ध समाज सेवी गाँधीवादी बाबा आम्टे ने कहा है–"हाथ लगे निर्माण में, नहीं माँगने।" बाबा आम्टे ने जिस भी भाव में लिखा हो, लेकिन भारतीय समाज में युवाओं ने भीख नहीं माँगी है बल्कि निर्माण किया है। यदि निर्माण किया है तो उनका सम्मान होना चाहिए। युवा किसी के समक्ष हाथ न फैलाएँ ठीक है, लेकिन जहाँ पर राष्ट्र निर्माण में माँगना आवश्यक हो तो चूकना भी नहीं चाहिए। अपना अधिकार समझकर माँगना चाहिए। डॉ. आर. वेंकटरमण बाबा आम्टे के सपने के अनुकूल थे। उन्होंने किसी से कुछ भी नहीं माँगा, फिर भी वह स्कूल, कॉलेज व विश्वविद्यालय ने भी सम्मानित हुए। उन्हें जीवन के

विभिन्न पड़ावों पर अन्य कई विश्वविद्यालय ने भी सम्मान दिया। मद्रास विश्वविद्यालय से डॉक्टर ऑफ लॉ, रुड़की विश्वविद्यालय से डॉक्टर ऑफ सोशल साइंस, वर्धमान विश्वविद्यालय से डॉ. लॉफ लॉ से विभूषित हुए। मद्रास मेडिकल कॉलेज, मद्रास (तमिलनाडु) के फैलो भी रहे। उन्हें एक अच्छे स्वाधीनता सेनानी सम्मान समारोह में प्रदान किया गया। इसके अलावा देश के बहुत से प्रतिष्ठानों, संस्थानों व संगठनों ने डॉ. वेंकटरमण को सम्मानित कर स्वयं सम्मान अर्जित किया।

22 अगस्त, 1984 को डॉ. आर. वेंकटरमण भारतीय गणतंत्र के उपराष्ट्रपति बनने से पूर्व वह प्रतिरक्षा मंत्री थे। जब श्रीमती इंदिरा गाँधी ने डॉ. वेंकटरमण को भारत के द्वितीय नागरिक के रूप में प्रस्तावित किया तो उन्होंने प्रतिरक्षा मंत्री पद से त्याग-पद दे दिया। उप-राष्ट्रपति पद के लिए इनके विपक्ष में बी. सी. कुम्बले खड़े हुए, जिन्हें हार का मुँह देखना पड़ा। 31 अगस्त, 1984 को उप-राष्ट्रपति पद की शपथ लेकर उन्होंने अपना दायित्व संभाला। लंबे संघर्ष और सांसदों में लोकप्रियता ने इन्हें इस महत्त्वपूर्ण पद पर ला खड़ा किया था। डॉ. वेंकटरमण ने अभी मात्र दो माह अपने पद पर कार्य किया कि देश ने भारतीय लोकतंत्र की गरिमा व सशक्त दिशादात्री महिला श्रीमती इंदिरा गाँधी को 31 अक्तूबर, 1984 को खो दिया। उन्हें गहरा सदमा पहुँचा। ऐसे समय में वह राजीव गाँधी के साथ रहे। उस समय तत्कालीन राष्ट्रपति ने राजीव जी को प्रधानमंत्री पद की शपथ दिलाई जिसमें उनकी पहली सहमति रही। उपराष्ट्रपति रहकर उन्होंने देश को उच्च सदन की गतिविधियों को गति प्रदान की और पूर्व की प्रतिस्थापित मर्यादाओं को कायम रखा अपनी जिम्मेदारी समझी। उन्होंने राज्य सभा के सभापति तथा उप-राष्ट्रपति के रूप में नायाब रोल अदा किया।

सन 1986 के अंतिम चरण में तत्कालीन राष्ट्रपति ज्ञानी जैल सिंह ने राजीव गाँधी, प्रधानमंत्री से अपने आतंरिक मतभेद के कारण राजीव गाँधी को हटाकर तत्कालीन उपराष्ट्रपति आर. वेंकटरमण को भारत के प्रधानमंत्री के रूप में प्रतिस्थापित करना चाहा लेकिन उन्होंने इस पद को आत्मा से स्वीकार न करते हुए अपना नकारात्मक निर्णय सुना दिया। इससे देश में अस्थिरता का अवसर नहीं आया और कांग्रेस पार्टी में उनकी छवि और पुख्ता बन गई। उन्होंने ज्ञानी जी की योजनाओं पर पानी फेर दिया और प्रधानमंत्री राजीव गाँधी में आस्था स्थापित की।

जब सन 1987 में भारतीय गणतंत्र के राष्ट्रपति ज्ञानी जैल सिंह का कार्यकाल समाप्त होने के कगार पर पहुँचा तो देश में पुनः नए राष्ट्रपति के लिए तलाश शुरू हुई। लेकिन यह तलाश विरोधी खेमे में थी, कांग्रेस में नहीं क्योंकि कांग्रेस ने पहले ही डॉ. वेंकटरमण को पदोन्नति देने का निर्णय ले लिया था। सन 1987 में चुनाव की घोषणा हुई। चुनाव आयोग द्वारा सात नामांकन स्वीकृत हुए लेकिन अंतिम क्षण में इस पद के तीन उम्मीदवार थे। डॉ. आर. वेंकटरमण, कृष्ण अय्यर रामा अय्यर तथा मिथिलेश कुमार। चुनाव काफी गहमा गहमी में सम्पन्न हुआ। इस चुनाव में प्रत्याशियों को प्राप्त मतों की संख्या इस प्रकार थी–मिथिलेश कुमार 2,223 श्री कृष्ण अय्यर रामा अय्यर 2,81,550 तथा डॉ. आर. वेंकटरमण 7,40,148। इस प्रकार डॉ. वेंकटरमण ने अपने निकटतम प्रतिद्वन्द्वी श्री कृष्ण अय्यर रामा अय्यर को लगभग चार लाख से अधिक मतों से पराजित किया। 25 जुलाई 1987 को डॉ. वेंकटरमण ने तत्कालीन मुख्य न्यायाधीश श्री आर. एस. पाठक से पद एवं गोपनीयता की शपथ दिलायी और उन्होंने महामहिम ज्ञानी जैल सिंह से कार्यभार ग्रहण किया।

भारतीय गणतंत्र के राष्ट्रपति पद पर आसीन होकर उन्होंने देश की लोकतांत्रिक व संवैधानिक मर्यादाओं का संरक्षण बहुत ही अच्छी तरह से किया। समता और समदर्शिता, शांति एवं सदभाव की तरफ सरकार एवं समाज को उन्होंनें खींचा। अपने दीर्घ जीवन के अनुभव, कार्यकुशलता एवं धर्मपरायणता से देश को आलोकित कर अंधकार से प्रकाश की ओर ले जाने में उनका सदैव ध्यान रहा। सन 1989 के आम चुनाव की घोषणा हुई। सन 1977 की घटना की पुनर्रावृति से देश को वी.पी. सिंह की सरकार मिली। सन 1989 में विश्वनाथ प्रताप सिंह सरकार ने 'मण्डल-कमण्डल' और आरक्षण जैसे मुद्दों को देश में लाकर एक तुफान-सा खड़ा कर दिया। देश के विभिन्न कोनों में आरक्षण का विरोध होने लगा। देश के बहुत से नवयुवकों ने विरोध में आत्महत्या कर ली। आरक्षण का मुद्दा जोर पकड़ता गया, ऐसी परिस्थिति में महामहिम डॉ. आर. वेंकटरमण ने चिंता जाहिर करते हुए कहा–"देश में आरक्षण के कारण हो रही आत्महत्याएँ चिंता का विषय हैं। हमारी संसद को इस तरह के कानून बनाने में दूरगामी परिणामों को ध्यान में रखना चाहिए।" उन्होंने संसद को आड़े हाथ लेकर निंदा की। ब्राह्मणों के अधिकांश बच्चों द्वारा तेल छिड़ककर की जा रही

आत्महत्या ने उन्हें पीड़ा पहुँचाई। देश का, उन्होंने इस समय पर धैर्य रखकर स्थिति का मुकाबला करने का आह्वान किया।

उप-प्रधानमंत्री देवीलाल को पद से हटाया जाना, गृहमंत्री की लड़की का अपहरण...आदि घटनाएँ उनके कार्यकाल में हुईं। उन्हें लोकतंत्र का खतरा महसूस हुआ लेकिन कठिन परिस्थितियों में भी महापुरुष घबराते नहीं। उन्होंने पूरे देश से शांति, सद्भाव व साहस रखने का आह्वान किया। विश्वनाथ प्रताप सिंह से मोर्चे में खिन्नता आई, नेतृत्व परिवर्तन हुआ, चंद्रशेखर प्रधानमंत्री बने। चार माह तक चंद्रशेखर की सरकार चली। मोर्चे की सरकार का हाल यही कुछ हुआ जब भी गैर कांग्रेस सरकारों का आगमन हुआ। जून, 1990 में आम चुनाव की घोषण हुई। कांग्रेस ने तो शुरू में ही सरकार नहीं बनाई, विपक्ष में रहना स्वीकार किया क्योंकि राजीव गाँधी ने बहुमत न रहने पर खिचड़ी सरकार बनाना उचित नहीं समझा जबकि कांग्रेस सन 1989 के आम चुनाव में सबसे बड़ी पार्टी थी।

महामहिम वेंकटरमण चंद्रशेखर की सरकार के पतन से खामोश थे। उन्होंने चिंता व्यक्त की–"देश में इस तरह की अस्थिरता लोकतंत्र के लिए खतरा है। राजनीतिक अस्थिरता देश को कोई विकास नहीं दे सकता। गरीबी, महँगाई और अन्य समस्याओं को समाप्त करने के लिए निजी स्वार्थ से ऊपर उठकर राष्ट्रहित में सोचना होगा।" उन्होंने चंद्रशेखर को कार्यवाहक प्रधानमंत्री का दायित्व संभालने की सलाह दी। 20 मई, 1990 की अर्ध रात्रि में पूरे देश को चुनाव के दौरान एक बड़ा झटका लगा जब राजीव गाँधी को आम चुनावी सभा को संबोधित करते समय माला में बम छुपाकर उड़ा दिया गया। इस घटना से महामहिम को बहुत ही कष्ट हुआ। जब वे उपराष्ट्रपति थे तो श्रीमती इंदिरा गाँधी को गोलियों से छलनी कर दिया गया और नवोदित राजीव को भी उनके राष्ट्रपति काल में देश के उग्रवादियों ने लील लिया। उन्होंने आतंकी घटनाओं पर रोष जताते हुए करुण शब्दों में कहा–"एक दशक में हमसे दो विशिष्ट नेताओं को छीना गया। देश में आतंकवाद का बढ़ता वर्चस्व चिंताजनक हैं। यह एक घिनौना कार्य है। आतंकवाद व उग्रवाद के खिलाफ हमें जंग छेड़ने की आवश्यकता है।" उन्होंने बहुत ही दुःखी भाव से राजीव गाँधी को अंतिम विदाई देते हुए कहा–"आज हमने युवा राजनीतिज्ञ को खो दिया। विश्व में जो सपना राजीव

जी ने भारत के लिए संजोया, उसकी हम प्रशंसा मात्र कर सकते हैं। उनके न रहने के बाद हमें उनके महत्त्व का एहसास होगा।''

उन्होंने राष्ट्रपति भवन के मुगल गार्डन की सुंदरता को और अधिक खूबसूरत करने का यत्न किया। आर. वेंकटरमण ने प्रकृति, संस्कृति, सर्वधर्म समभाव, सभ्यता से कभी अपने को दूर नहीं किया। मानव के प्रति अप्रतिम लगाव था। विभिन्न स्वैच्छिक एवं स्वयंसेवी संगठनों, सांस्कृतिक प्रतिष्ठानों व धर्मालयों में उन्होंने अपनी उपस्थिति दर्ज कराई तथा पाँच साल के राष्ट्रपतित्व काल में लगभग दस बार राष्ट्र के नाम संबोधन में देश की बिगड़ती दशा के प्रति संसद, जनता का ध्यान आकर्षित किया।

25 जून, 1992 में वह राष्ट्रपति भवन की बागडोर डॉ. शंकर दयाल शर्मा के हाथों सौंपकर अपने सफदरजंग स्थित सरकारी निवास की तरफ कूच कर गए। ऐसा नहीं कि उन्होंने पद से मुक्त होने पर अपने आपको समाज से ही अलग कर लिया हो बल्कि वह सदैव समाज के लिए समर्पित व्यक्ति हैं। 11 सितंबर, 2001 को अमरीका में डब्ल्यू.टी.सी. व पेंटागन पर हुए आत्मघाती आतंकवादी हमलों से डॉ. वेंकटरमण काफी आहत हुए तथा विश्व के विभिन्न पत्रों में अपने लेखों के माध्यम से अपने विचार व्यक्त किए। विभिन्न सांस्कृतिक व सामाजिक गतिविधियों में अभिरूचि कर्मशील व्यक्ति को सदैव खींच लेती है। हाल ही में अपने राष्ट्रपतित्व काल के संस्मरण को उन्होंने पुस्तकाकार 'जब मैं राष्ट्रपति था' शीर्षक से दिया है।, जिसमें उनके जीवन के खट्टे-मीठे अनुभव व राष्ट्रपति काल की विशिष्ट गतिविधियों का संकलन है। महापुरुषों का सतह से शिखर तक का सफर युगों-युगों तक अपने व्यक्तित्व-कृतित्व से जन-जन को आलोकित करने में समर्थ बना रहता है और युवा पीढ़ी को संघर्ष और सफलता प्राप्त करने की प्रेरणा प्रदान कर समाज की दशा और दिशा बदल सकता है।

राष्ट्रपति भवन में प्रवेश

जिस विशाल प्रासाद को राष्ट्रपति भवन कहा जाता है उसमें पैर रखनेवाले सबसे बड़े मनुष्य मेरे ख्याल से, मोहनदास करमचंद गाँधी थे। मुझे याद आता है कि पहली बार वे लार्ड इरविन से मिलने तब गए थे, जब वायसराय हाउस (पहले इसका यही नाम था) को आम जनता के लिए खुले दो दिन हो गए

थे। इस पर विंस्टन चर्चिल की वह टिप्पणी अब सभी को मालूम है, जिसमें उन्होंने कहा था, ''यह चिंताजनक और उबकाई लानेवाली बात है कि फकीर के भेष में अधनंगे श्री गाँधी वायसराय हाउस की सीढ़ियों पर चल रहे हैं, जबकि वे अब भी सिविल नाफरमानी का आंदोलन चलाए हुए हैं, ताकि ब्रिटिश सम्राट के प्रतिनिधि से बराबरी के स्तर पर बातचीत कर सकें।''

बाद में ब्रिटिश सम्राट ने खुद वायसराय को लिखी एक चिट्ठी में इस बात को नामंजूर किया कि एक ''अधनंगे धार्मिक मतांध को उनके खूबसूरत नए मकान में'' प्रवेश मिले। भारत के स्वाधीनता-आंदोलन में मशगूल रहे हम सब लोगों के लिए इस घटना की याद गर्व का विषय है। अपने जीवन के इस विशेष दिन पर मुझे गाँधी जी की बहुत याद आई।

25 जुलाई, 1987 को मैं भारत का राष्ट्रपति बना। उनके बाद मैंने जो पहला काम किया वह था राष्ट्रपति महात्मा गाँधी को श्रद्धांजलि देना और राजघाट (उनकी समाधि) पर प्रार्थना करना। मैंने अपने परिवार सहित एक मिनट का मौन रखा और पूरे मन से महात्माजी से प्रार्थना की कि मुझे जो विस्मयकारी और दूभर जिम्मेदारी सँभालनी है, उसमें मेरा मार्गदर्शन करें। आगंतुक पुस्तिका में मैंने लिखा, ''गाँधी जी का उद्देश्य सफल हो।''

इस शुभ दिन काँची कामकोटि पीठाधीश ने मठ के एक प्रतिनिधि से मेरे लिए खासतौर से मंगलकामनाएँ भिजवाईं। अपने विशाल राष्ट्रीय और अंतर्राष्ट्रीय शिष्य-समुदाय के लिए परमाचार्य अपने सदगुणों के कारण सादगी, विवेक, करुणा और उपकार के जीवंत रूप थे। उन्हें एक जीवंत देवता, एक जीवनमुक्त माना जाता है। उनके आशीर्वाद से मेरा उत्साह तो बढ़ा ही, उनके आचरण की ऊँचाई को पाने और उसे बनाए रखने की अपनी जिम्मेदारियों का एहसास भी मुझे हुआ।

भारत के राष्ट्रीय इतिहास में राष्ट्रपति का शपथ-ग्रहण समारोह एक बड़ी घटना है। इसका आयोजन पूरी धूम-धाम से हुआ। शपथ-ग्रहण के लिए दोपहर बाद सवा बारह बजे का समय तय हुआ था और यह समारोह संसद के सेंट्रल का सत्र नहीं चल रहा होता तो शपथ-ग्रहण समारोह दरबार हॉल में ही होता। इस ऊँचे गुंबदवाले विशाल गोलाकार हॉल के बारे में कहा जाता है कि यह विश्व की भव्यतम इमारतों में से एक है। मंच के सामने महात्मा गाँधी और

दूसरे राष्ट्रीय नेताओं की तस्वीर टँगी हैं। शपथ-ग्रहण समारोह के एक-एक मिनट का हिसाब रहता है। बहुत ढंग से पूर्वाभ्यास करके इसका आयोजन ऐसे किया जाता है, जैसे सारे काम घड़ी की सुई के साथ हो रहे हों। अलबत्ता, औपचारिकताओं के मामले में की गई सख्ती मुझे थोड़ी कष्टप्रद और कई बार थकानेवाली लगी। पर मुझे लगता है कि ये सारी चीजें ठीक ढंग से ही की जानी चाहिए।

शपथ-ग्रहण समारोह में जाने के लिए मैं दोपहर बारह बजे से कुछ पहले राष्ट्रपति भवन पहुँचा। दक्षिण भारतीय होने के नाते मैं उन कपड़ों को पहनने का आदी नहीं था, जो मुझे इस मौके पर पहनने पड़े। पर भारत के उपराष्ट्रपति के अपने कार्यकाल में मैं ऐसे कपड़े पहनने लगा था। सिल्क की काली शेरवानी और सफेद चूड़ीदार पाजामे में मुझे बिल्कुल आराम था। ज्ञानी जैलसिंह भी ऐसे ही कपड़ों में थे, पर उनका रंग झक सफेद था। आनुष्ठानिक शोभायात्रा दरबार हॉल से शुरू हुई। भव्य पोशाक में दो ए. ड़ी. सी. आगे-आगे चल रहे थे और मैं जैलसिंह के साथ उनके पीछे। हमारे पीछे सैन्य सचिव और उनके डिप्टी थे।

पृष्ठभूमि में गुंबददार विशाल भवन था। मुझे लगता है, इसकी भव्यता ऊँचाई की अपेक्षा इसके क्षैतिज विस्तार के कारण अधिक है। आहिस्ता-आहिस्ता हम लाल कालीन पर पहुँच गए और इकतीस कदम चलकर हम सबसे निचले छोर पर पहुँच गए। राष्ट्रपति के अंगरक्षक दोनों ओर कदम से कदम मिलाकर चल रहे थे। यहाँ पहुँचकर वे इस मौके पर खास तौर से रखे गए विशेष गमलों के उत्कृष्ट फूलों के पीछे खड़े रहे। मैं राष्ट्रपति के साथ नपे-तुले कदमों से चलता हुआ सामने के बरामदे में पहुँच गया। हमारे आगे-आगे दोनों ए. डी. सी. चल रहे थे। इसके बाद ज्ञानी जैलसिंह एक छोटे मंच पर चढ़ गए, जिस पर लाल कालीन बिछा हुआ था। अब वे राष्ट्रपति के अंगरक्षकों के सामने खड़े थे। जैलसिंह के सामने खड़े सभी अफ़सर छह फीट और उससे ज्यादा लंबे थे। वे गर्मियों की अनुष्ठानिक वर्दी में थे। इसमें नीला और सुनहरा साफ, सफेद लंबा कोट जिसमें सुनहरी पेटी बँधी थी, सफेद दस्ताने, सफेद जाँघिए और चमकदार एड़ियोंवाले काले नेपोलियन बूट शामिल हैं। घूड़सवार फ़ौज की लाल एवं सफेद पताकाओं के साथ उनके भाले और तलवार तेज धूप में चमक रहे थे। उनके बेहतरीन अरबी घोड़ों का रंग एक था और वे अपने सवारों से कम विशिष्ट नहीं थे। ये सब कम से कम पंद्रह हाथ से ज्यादा ऊँचे थे। अंगरक्षकों

की प्रतिष्ठा के अनुरूप ये घोड़े, भेंड़ और तेंदुए की खाल वाली जीन, चेन, लगाम, सफेद रस्सियों, गर्दन के साज-सामान आदि से सजे होते हैं। निस्संदेह यह एक शानदार समारोह था और मैं उसे कभी नहीं भूलूँगा।

असल में, मैंने सुना है कि उपराष्ट्रपति भवन की योजना बनाते समय वास्तुकार-डिजाइनर लुटियन ने अंगरक्षकों का भी ख्याल रखा था। तोरण द्वार, दरवाजे, झाड़-फानूस और ऐसी ही चीजों की योजना बनाते समय उनके कद का ध्यान रखा गया था। अंगरक्षकों की वर्दी उसकी पूरी रंग-योजना में शामिल थी। प्रेसिडेंट्स इस्टेट में घोड़ों के रख-रखाव के लिए कई कमांडेंट, पशु चिकित्सक और अन्य कर्मचारी हैं। घोड़े इनकी विशेष देख-रेख में रहते हैं। मुझे यहाँ यह भी बताना चाहिए कि अंगरक्षक की भूमिका सिर्फ आनुष्ठानिक नहीं है। इनमें शामिल अधिकारी और लोग न सिर्फ उत्कृष्ट घुड़सवार होते हैं, बल्कि बेहतरीन सैनिक होते हैं। इसमें सख्त शारीरिक और मनोवैज्ञानिक जाँच के बाद ही नियुक्त की जाती है। इन लोगों की युद्ध में सक्रिय भागीदारी रही है और श्रीलंका में भारतीय शांति सेना में भी ये शामिल रहे हैं।

बिगुल की आवाज पर राष्ट्रपति जैलसिंह ने सलामी ली और मैं नवनिर्वाचित राष्ट्रपति, उनसे थोड़ा पीछे उनकी बाईं ओर खड़ा था। इसके बाद हम छह दरवाजों वाली चमचमाती भव्य कार में सवार हुए और संसद भवन की अपनी यात्रा शुरू की। हमारे आगे-आगे राष्ट्रपति के अंगरक्षकों में से चुनिंदा सवारों की शोभायात्रा गतिमान थी। शुरुआती वर्षों में राष्ट्रपति संसद या गणतंत्र-दिवस परेड में छह घोड़ोंवाली खुली शाही बग्गी में जाते थे। वह पिछले कुछ वर्षों से सुरक्षा-कारणों से राष्ट्रपति आनुष्ठानिक मौकों पर भी बुलेट प्रूफ कारों में यात्रा करते हैं। संसद मार्ग के रास्ते में ज्ञानी जैलसिंह ने कहा कि इस मौके पर शाही बग्गी का इस्तेमाल किया जाना चाहिए था। पर मैंने उन्हें याद दिलाया कि अब ऐसे फैसले सुरक्षा अधिकारी लेते हैं।

आनुष्ठानिक जुलूस संसद भवन के गेट नंबर 5 पर पहुँचा। संसद भवन एक गोलाकार इमारत है और अपने आकर्षक स्तंभों के कारण न सिर्फ एकता की प्रेरणा देता है, बल्कि शाश्वतता के एक संकेत-रूप में भी देखा जाता है। राज्यसभा के अध्यक्ष, उपाध्यक्ष और लोकसभा व राज्यसभा के सेक्रेट्री जनरल ने हम लोगों का स्वागत किया। राष्ट्रपति के अंगरक्षक फिर लाइन में खड़े हुए

और राष्ट्रपति को सलामी दी, जबकि मैं उनसे थोड़ा पीछे बाईं ओर खड़ा था। फिर, दोनों सेक्रेट्री जनरल सबसे आगे, उनके पीछे राष्ट्रपति और फिर मैं एक दूसरे से पंक्तिबद्ध होकर पैदल चलते हुए सेंट्रल हॉल के प्रवेश-द्वार पर पहुँचे। प्रवेशक ने बुलंद आवाज में एलान किया, 'महामहिम राष्ट्रपति जी' और हाल में इकट्ठे सभी सदस्य खड़े हो गए। मुझे बहुत तीव्रता से यह अहसास हुआ कि माहौल में इतिहास घुल गया है। आखिर इसी महान हॉल में 14 अगस्त, 1947 की आधी रात को भारत का सपने सौभाग्य से मिलन हुआ था। यहीं पर भारतीय आजादी के योद्धाओं ने संविधान के अनुच्छेदों पर चर्चा की थी और अंततः भारत की जनता के घोषणापत्र पर अपने दस्तखत किए थे।

मैंने देखा कि हॉल में मेरे सामने प्रधानमंत्री, उनका मंत्रिपरिषद, राज्यपाल, राजनयिक वर्ग, राजनीतिक दलों के नेता और सांसद सब बैठे हुए थे। बाईं ओर मो और निवर्तमान राष्ट्रपति का परिवार बैठा था। मुझे यह अलौकिक अहसास हो रहा था कि गाँधी जी का जो चित्र दीवार पर टँगा है, उससे वे हम लोगों की ओर सद्भावपूर्ण दृष्टि से देख रहे हैं! मंच पर हम लोगों के साथ भारत के तत्कालीन मुख्य न्यायाधीश, आर. एस. पाठक, लोकसभा अध्यक्ष और राज्यसभा के उपाध्यक्ष मौजूद थे। राष्ट्रगान बजाया गया। फिर गृह सचिव आगे आए और निवर्तमान राष्ट्रपति से कार्यवाही शुरू करने की आज्ञा माँगी। इसके बाद उन्होंने चुनाव आयोग की अधिसूचना, पढ़ी, जिसमें घोषित किया गया था कि रामास्वामी वेंकटरमण भारत के विधिवत् चुने गए राष्ट्रपति हैं।

ठीक सवा बारह बजे, शपथ-ग्रहण (धारा 60) का शुभ मुहूर्त था, मुख्य न्यायाधीश ने शपथ-पत्र का मूल पाठ पढ़ा। अब शपथ दिलाई जा रही थी तो ज्ञानी जैलसिंह मेरी कुर्सी पर आ गए और शपथ लेकर मैं उनकी कुर्सी पर बैठ गया। भारी जनसमूह की तालियों का तुमुल नाद कई मिनट तक सुनाई देता रहा।

अपने अनुमोदन भाषण में मैंने भारत के महान दिवंगत नेताओं को श्रद्धांजलि दी और कहा कि मैं इस ऊँचे पद से जुड़े दायित्वों और कर्तव्यों का पालन करने में न तो असफल होऊँगा और न ही राष्ट्र-निर्माताओं द्वारा संविधान में दिए गए अधिकारों से भटकूँगा। जब मैंने कहा कि मैं डॉ. राजेंद्र प्रसाद, डॉ. राधाकृष्णन और डॉ. ज़ाकिर हुसैन की उच्च परंपराओं को कायम रखने की

कोशिश करूँगा, तो लोगों ने करतल ध्वनि से इसका स्वागत किया। मैंने महान तमिल कवि को उद्धृत किया, जिन्होंने कहा था, ''स्वाधीनता के बिरवे की सिंचाई पानी से नहीं, बल्कि आँसुओं से की गई थी।'' मैं जाने-माने हिंदी कवि मैथिलीशरण गुप्त को भी उद्धृत किया : सबके हृदय में सर्वदा संवेदना की दाह हो/हमको तुम्हारी चाह हो, तुमको हमारी चाह हो।

अपना संबोधन मैंने गाँधी जी की प्रार्थना-''सबको सन्मति दे भगवान'' से समाप्त किया। राज्यसभा की उपाध्यक्ष प्रतिभा पाटिल ने मेरे भाषण का हिंदी अनुवाद बहुत प्रभावशाली ढंग से पढ़ा।

इसके बाद गृह सचिव आगे आए, झुके और नए राष्ट्रपति से समारोह के समापन की इजाज़त माँगी। मैंने अपनी सहमति दे दी। राष्ट्रगान बजाया गया और आनुष्ठानिक जुलूस गेट नं. पाँच की ओर बढ़ने लगा। इस बार राष्ट्रपति के अंगरक्षक ने नए राष्ट्रपति के रूप में मुझे सलामी दी, जबकि पूर्व राष्ट्रपति मुझसे थोड़ा पीछे बाईं ओर खड़े थे। प्रधानमंत्री और संसद के अधिकारियों से इजाज़त लेकर हम लोगों ने फिर शानदार काली बुलेटप्रूफ कार में सवार होकर राष्ट्रपति भवन की ओर यात्रा शुरू की। भारत के राष्ट्रपति के रूप में मुझे जो सम्मान दिया गया था, उससे मैं सचमुच अभिभूत था।

राष्ट्रपति भवन में आने के बाद मुझे अध्ययन-कक्ष में ले जाया गया, जबकि ज्ञानी जैलसिंह अपने कक्ष में जा लेटे। फिर मुझे राष्ट्रपति के सचिव श्री वर्दन (आई.ए.एस.) ने हस्ताक्षर के लिए एक रजिस्टर और शपथ-पत्र दिया; और इस तरह भारत के राष्ट्रपति का पद सँभालने की औपचारिकताएँ पूरी हुईं। थोड़ी देर बाद कई अश्वोंवाली बग्गी लाई गई और मैं अंतर सेवा-सम्मान (इंटर सर्विसेज़ गार्ड ऑफ ऑनर) लेने के लिए बरामदे की ओर चला। तीनों सेनाओं (थल सेना, जल सेना और वायु सेना) के सैनिक अपनी भव्य वर्दियों में राष्ट्रपति भवन के शानदार अहाते में खड़े किए गए थे। यहाँ भी राष्ट्रगान बजाया गया और परेड कमांडर ने मुझे सलामी गारद के निरीक्षण का न्यौता दिया, जिसे मैंने सेना के बैंड की धुन पर पूरा किया। समारोह के बाद प्रधानमंत्री और अन्य उपस्थित उच्चाधिकारियों से मिलना-जुलना हुआ।

पूर्व राष्ट्रपति एक कार से आए। रक्षामंत्री और तीनों सेनाओं के प्रमुखों ने उनका स्वागत किया। इसके बाद जैलसिंह ने सलामी ली और निवर्तमान राष्ट्रपति की विदाई स्वरूप अंतर सेवा परेड का निरीक्षण किया।

अब पूर्व राष्ट्रपति से विदा लेने का समय आ गया था। आमतौर पर राष्ट्रपति और सरकार के वरिष्ठ सदस्य उन्हें हवाई अड्डे या रेलवे स्टेशन पर विदाद करने जाते हैं। पर ज्ञानी जैलसिंह दिल्ली में ही रह रहे थे। बतौर विशेष सदभावना मैं अपनी पत्नी समेत उन्हें और उनकी बेटी को उनके नए घर नंबर-4, सर्कुलर रोड, नई दिल्ली तक छोड़ने गया। इस सद्भावना की सभी ने तारीफ की, खासकर ज्ञानी जी ने। जब हम लोग गाड़ी के साथ जा रहे थे तो उन्होंने मेरा हाथ अपने हाथ में ले लिया और कहा, "आपने अपने संबोधन और अब मुझे नए घर में ले जाकर बहुत स्नेह दिया है।"

ज्ञानी जैलसिंह के लिए उपयुक्त घर के चयन में थोड़ी देरी हुई थी, इसलिए उनका निजी सामान मेरे पद-भार सँभालने से एक ही दिन पहले ले जाया गया था। चूँकि राष्ट्रपति भवन को परिवार के उपयोग लायक बनाने के लिए काफी सफाई और रख-रखाव की जरूरत थी, इसलिए मैंने तय किया कि मेहमानों के कमरों में रहा जाए और मेरा परिवार उपराष्ट्रपति निवास में अस्थायी तौर पर रहे।

दोपहर में प्रधानमंत्री अपनी पत्नी के साथ औपचारिक मुलाकात के लिए आए। हमने हँसी-मजाक किया। थोड़ी देर बाद मैंने मंत्रिपरिषद से मुलाकात की और उनके साथ आराम से, अनौपचारिक भाव से आधा घंटा बिताया। वे चाय और आधिकारिक फोटो-सत्र के बाद प्राय: आते रहने का वायदा करके चले गए।

शाम को छह बजे तीनों सेनाओं के प्रमुख मेरे पास आनुष्ठानिक मुलाकात के लिए आए, क्योंकि संविधान के अनुसार अब मैं सशस्त्र सेना का सर्वोच्च सेनापति था। वे लोग इस बात से खुश थे कि पहली बार कोई पूर्व रक्षामंत्री सर्वोच्च सेनापति बना था। मैं भी उन्हें बहुत अच्छी तरह से जानता था और हम लोगों की भेंट बहुत सुखद रही।

इसके बाद, प्रधानमंत्री राजीव गाँधी ने मुझसे पूछा कि उनके राजनीतिक सचिव माखनलाल फोतेदार को उसी दिन कैबिनेट मंत्री-पद की शपथ दिलाई जा सकती है या नहीं? मैंने सकारात्मक जवाब दिया, क्योंकि प्रधानमंत्री ऐसा चाहते थे। पिछले कुछ महीनों की राजनीतिक हलचल के कारण वे अपनी इच्छा अनुसार, यह काम नहीं कर पाए थे। इसलिए मैंने कैबिनेट मंत्री के रूप में

फोतेदार के शपथ-ग्रहण के लिए उसी दिन शाम साढ़े सात बजे का समय निश्चित कर दिया। यह एक बहुत संक्षिप्त समारोह था और ऐसे समारोहों से आमतौर पर जुड़े ताम-झाम भी इसमें नहीं थे। बहुत कम समय होने के कारण इसमें बहुत से लोग शामिल भी नहीं हो पाए।

इस तरह मेरे जीवन का सबसे महत्त्वपूर्ण और कोलाहल-भरा दिन समाप्त हुआ। मैं अपने राजनीतिक केरियर के शिखर पर पहुँच गया था। मैं जिन पदों पर रहा, उनमें से किसी की भी अभिलाषा मैंने नहीं की, लालायित भी नहीं रहा और न किसी पद के लिए पक्ष-प्रचार किया। इनमें से प्रत्येक-वित्त मंत्रालय से रक्षा, रक्षा से उपराष्ट्रपतित्व और वहाँ से राष्ट्रपति का यह पद मुझे अपने-आप मिला था और इसके लिए मैंने खासतौर से इच्छा नहीं जताई थी। अब इससे ऊँचा कोई पद नहीं था, जिसकी मैं अभिलाषा रखता। मैं बस यही चाहता था कि ईमानदारी, परिश्रम और प्रभावशाली ढंग से देश की सेवा करूँ। जब सी. राजगोपालाचारी ने भारत के अंतिम गवर्नर जनरल का पद छोड़ा तो पंडित नेहरू ने उनके बारे में कहा कि वे एक ऐसे व्यक्ति हैं, जिन्होंने महल को कुटिया की तरह और कुटिया को महल की तरह देखा! मैं इस उदाहरण की बराबरी और अपने लिए आवश्यक एक ऐसी विनम्रता बनाए रखने के लिए दृढ़ था, जिस पर राष्ट्रपति भवन में रहने के आडंबर और कवचन का प्रभाव न पड़े।

राष्ट्रपति भवन में

राष्ट्रपति भवन जैसे भव्य प्रासाद में भारतीय राष्ट्रपति जितनी शान से रहते हैं, वैसी शान से दुनिया में शायद ही कहीं किसी देश का प्रमुख रहता हो। यही नहीं, यह भवन विश्व के सबसे बड़े लोकतंत्र-प्रमुख के अधिकारों का भी प्रतीक है। लेकिन राष्ट्रपति भवन से ऐतिहासिक विरोधाभास-जैसा भी कुछ जुड़ गया है। इसका निर्माण यह घोषणा करने के लिए हुआ था कि अंग्रेज भारत पहुँच गए हैं और उनका यहीं रहने का इरादा है। पर, अंग्रेजों का शासन 1947 में खत्म हो गया और यह भवन नवोदित लोकतंत्र के राष्ट्रपति का घर बन गया। इसका डिजाइन एडविन लैंडसियर लुटियन ने अपने राजा के सम्मान में बनाया था, क्योंकि उसे नार्थकोट पार्किंसन की उक्ति को चरितार्थ करना था। पार्किंसन ने कहा था, ''नियोजित अभिन्यास की पूर्ण संस्थाओं द्वारा तभी प्राप्त की जाती है, जब उनका अंत निकट होता है!''

25 जुलाई को, जिस दिन मुझे शपथ दिलाई गई थी, एकदम सवेरे से आधी रात तक की व्यस्त गतिविधियों के बाद मैं राष्ट्रपति भवन के राष्ट्रपतिवाले सूट में आराम से सोया। दूसरे दिन सवेरे 6,30 बजे मेरी नींद खुली। यह मेरे जागने के सामान्य समय से आधा घंटा ज्यादा है। क्षण-भर के लिए मुझे समझ में नहीं आया कि मैं कहाँ हूँ, क्योंकि आस--पास की चीजें वैसी जानी-पहचानी नहीं थीं, जैसी उपराष्ट्रपति निवास में हुआ करती थीं।

सहसा मुझे राष्ट्रपति भवन के ऐश्वर्य का अहसास हुआ। इसकी प्रभावशाली संरचना, असाधारण रूप से ऊँची छतें और लंबे घुमावदार बरामदे। मुझे लगा जैसे मेरा कद घट गया है। अपेक्षाकृत मेरी छोटी काया इसकी विशालता में लगभग गुम हो गई।

मैंने अलंकृत खिड़की के बाहर देखा। वहाँ शानदार ढंग से कटे-छँटे पौधे और हरा-भरा मैदान देखा। वह भी तब जब यह दिल्ली का सबसे गर्म मौसम था। बाद में मुझे पता चला कि वहाँ छह सौ से भी ज्यादा किस्मों के पेड़ हैं। इनमें आम, नीम, जामुन, पीपल और बरगद शामिल थे। इन वृक्षों पर पक्षियों का भी बसेरा था, जिनमें मोर से लेकर साधारण गौरैया तक थी। मेरा मन हुआ कि टहलता हुआ बलुआ पत्थर के गुलाबी मंडप तक जाऊँ। विख्यात मुगल गार्डन में भी टहलने में मेरी इच्छा हुई। वहाँ नाना प्रकार के गुलाब हैं। बताया जाता है कि यहाँ ढाई सौ से भी ज्यादा किस्मों के गुलाब हैं। इनमें एक किस्म ऐसी भी है, जिसके बारे में कहा जाता है कि वह गुलाबों के समुचे वंश की जनक है। इस उद्यान में बोगेनवेलिया की 101 ज्ञात किस्मों में से 60 से भी ज्यादा मौजूद हैं।

मैं ज्यादा देर वहाँ नहीं ठहर सका, क्योंकि मुझसे औपचारिकतावश मिलने आए लोगों का ताँता लग चुका था। राष्ट्रपति के रूप में यह मेरा पहला दिन था। मुझे इन लोगों से येलो ड्राइंग रूप (पीला बैठक कक्ष, यह नाम अंग्रेजों के जमाने से चला आ रहा है) में मिलना था। भारतीय गणतंत्र के राष्ट्रपति के रूप में मेरे पहले दिन-26 जुलाई, 1987 की शुरुआत हो चुकी थी।

येलो ड्राइंग रूप भूतल पर है। इसके एक ओर अध्ययन-कक्ष और दूसरी ओर ग्रे डाइनिंग रूप (भोजन-कक्ष) है। इस भोजन-कक्ष का इस्तेमाल तब होता है जब राष्ट्रपति राष्ट्राध्यक्षों के अलावा विशिष्ट लोगों को खाने पर बुलाते हैं।

यहाँ आमंत्रितों का विशिष्ट मेहमानों से औपचारिक परिचय कराया जाता है और इसके बाद वे अतिथियों के प्रतिनिधिमंडल के सदस्यों से घुल-मिल जाते हैं। यहाँ उन्हें शीतल पेय पेश किए जाते हैं। इसके बाद वे खाने के लिए ग्रे भोजन-कक्ष में चले जाते हैं। इसमें 60 व्यक्ति बैठ सकते हैं। इस कक्ष का इस्तेमाल मैंने उन आम लोगों से भेंट के लिए किया, जो हर हफ्ते नियत समय पर सामूहिक तौर से मिलने आते थे।

मुख्यमंत्रियों और अन्य विशिष्ट लोगों से मैं अध्ययन-कक्ष में मिलता था। यह एक सुरुचिपूर्ण कक्ष है, जिसमें करीने से अलमारियाँ लगी हैं। इनमें साहित्य, दर्शनशास्त्र और कला विषयक सजिल्द पुस्तकें रखी हैं। मुझसे पहले डॉ. राजेंद्र प्रसाद, डॉ. ज़ाकिर हुसैन, श्री. वी. वी. गिरि और अन्य राष्ट्रपतियों ने इस कक्ष का इस्तेमाल किया था। मैंने इस कक्ष में नए फर्नीचर लगवाए। चमड़े के सोफे रखवाए, बैठक को फिर से व्यवस्थित किया और इसे खूबसूरत बनाया। यह बहुत जरूरी था। इस अध्ययन-कक्ष में बाईं ओर एक कोने में एक बड़ी-सी मेज और एक ऊँची पीठवाली कुर्सी है। यह राष्ट्रपति का आधिकारिक आसन है।

डॉ. राधाकृष्णन की आदत कुछ अलग थी। वे ज्यादातर पहली मंजिल पर अपने कमरे में बिस्तर पर लेटकर पढ़ते थे। उनके चारों ओर दर्जन-भर किताबें पड़ी रहती थीं। मित्रों और सहयोगियों से उनकी सारी औपचारिक मुलाकातें इसी कक्ष में होती थीं। यहाँ उन्होंने आगंतुकों के लिए छोटी कुर्सियाँ रखी थीं। इसी कमरे में मेरी उनकी कई बार मुलाकात हुई थी। एक बाद मैंने डॉ. राधाकृष्णन से पूछा कि वे अपने आस-पास दर्जन-भर किताबे क्यों रखते हैं? क्यों नहीं वे जरूरत पड़ने पर संबंधित किताब मँगाते हैं? उन्होंने कहा था कि वे कोई किताब लेकर उसके कुछ पन्ने पढ़ते हैं। अगर उन्हें लगता है कि पुस्तक में वही विचार हैं जिनसे वे पहले से परिचित हैं, तो उस पुस्तक को एक तरफ रखकर दूसरी किताब देखने लगते हैं, ताकि बोरियत से बच सकें। कई लोग किसी किताब को इसलिए पसंद करते हैं कि उनमें उनके विचार परिलक्षित होते हैं पर राधाकृष्णन की पसंद इसके विपरीत थी।

संयोगवश, उस पर मुझे जो बात सबसे पहले खटकी, वह यह कि यहाँ राष्ट्रपति के कार्यालय-जैसा कोई कमरा नहीं है। पहले राष्ट्रपति उन कागजों

पर दस्तखत कर दिया करते थे, जिन्हें लेकर उनका कर्मचारी उनके पास आता था। पर मैं शुरू से ही एक अलग कार्यालय का अभ्यस्त था, जहाँ मैं अपने काम पर एकाग्र हो सकता था। इसलिए मैंने अपने सचिव वर्दन से कहा कि मेरे लिए भूतल पर एक कार्यालय बनाया जाना चाहिए, जिसमें सभी संदर्भ पुस्तकों को रखने के लिए शेल्फ बने हों। मैंने उन्हें यह भी बताया कि मैं इस कमरे में नियमित रूप से सवेरे 10.00 बजे आऊँगा और डेढ़ बजे तक रहूँगा। फिर दोपहर बाद चार बजे लौटूँगा और तब तक रहूँगा जब तक जरूरत होगी। मैंने फाइलों और राष्ट्रपति भवन-प्रशासन से संबंधित मामलों से निपटने की प्रक्रिया का एक खाका भी बना दिया। मैंने रोज सवा दस बजे सैनिक सचिव, राष्ट्रपति-सचिव, संयुक्त सचिव और प्रेस-सचिव (जब आवश्यक हो की बैठक की व्यवस्था कर दी। हालाँकि इसे ठीक-ठाक चल निकलने में कुछ हफ्ते का समय लग गया।

शाम को राजीव गाँधी और उनकी पत्नी सोनिया अपने दोनों बच्चों राहुल और प्रियंका के साथ पारिवारिक मुलाकात के लिए आए। हमारी ओर से मेरी पत्नी, मेरी बेटियाँ-पद्मा और लक्ष्मी, दामाद के. वेंकटरमन तथा नाती सिद्धार्थ और नतनी शोभा मौजूद थे। यह बहुत ही सुखद और उल्लास-भरा अवसर था, जिसमें खूब हँसी-मजाक हुआ और मित्रवत् चुटकुले सुने-सुनाए गए।

चाय के बाद परिवार के लोग दूसरे कमरे में आराम करने चले गए। मैंने और राजीव गाँधी ने बातें कीं। उन्होंने श्रीलंका की ताजा स्थिति को सामने रखा। कहा कि श्रीलंका के उत्तर में जाफना क्षेत्र में तो तमिलों की आबादी घनी है, पर पूर्वी प्रांत में वे बहुसंख्यक नहीं हैं। फिर भी, श्रीलंका के सभी जातीय तमिल गुट उत्तरी और पूर्वी प्रांतों के विलय पर जोर दे रहे हैं। श्रीलंका सरकार का कहना है कि वह उत्तरी और पूर्वी प्रांतों में दो पृथक् सत्ताएँ बना देगी और इन दोनों इलाकों को मिला भी देगी, बशर्ते पूर्वी प्रांत लोकतांत्रिक ढंग से जनमत-संग्रह या चुने हुए प्रतिनिधियों के जरिए अपनी इच्छा व्यक्त करे। राजीव गाँधी ने बताया कि तमिल गुटों को यह मंजूर नहीं है और वे श्रीलंका सरकार को इस बात पर राजी करने की कोशिश कर रहे हैं कि पहले दोनों इलाकों का विलय कर दिया जाए और फिर पूर्वी क्षेत्र के लोगों को लोकतांत्रिक प्रक्रिया के तहत उस विलय से मुक्त होने की इजाजत दी जाए। मूलतः वे यह सुझाव दे रहे थे कि पूर्वी प्रांत को लोकतांत्रिक प्रक्रिया से इच्छानुसार अलग कर दिया

जाए। मैंने उन्हें बताया कि श्रीलंका के मंत्रियों से मुझे जो पता चला है, उसके मद्देनजर उन्हें श्रीलंका को इस पर राजी करने में बहुत कठिनाई होगी।

बोफोर्स तोप-सौदे में दलाली के आरोपों की जाँच के लिए संयुक्त संसदीय समिति बनाने की माँ के बारे में मैंने उन्हें सलाह दी कि वे इस माँग को मंजूर कर सकते हैं और दोनों सदनों को 15 सदस्यों की सीमित सदस्यता से समिति की नियुक्ति का काम शुरू कर सकते हैं। राजीव ने कहा कि विपक्ष 21 सदस्यों की समिति बनाने की माँग कर रहा है। मैंने उनसे कहा कि विपक्ष की छोटी समिति के लाभ के बारे में बताएँ, क्योंकि छोटी समिति जाँच के लिए ज्यादा प्रभावशाली होगी। फिर भी अगर वे ज्यादा सदस्य संख्या पर अड़े रहें तो उन्हें विरोध नहीं करना चाहिए।

इसके बाद हम लोगों ने उन उपायों पर चर्चा की, जिनकी जरूरत गोपनीय सूचनाओं को बाहर जाने से रोकने के लिए थी। मैंने सुझाव दिया कि गोपनीय सूचनाएँ एक ऐसी पेटी में भेजी जाएँ, जिसमें ताला लगा हो और जिसकी चाबी हम दोनों के पास हो। इस तरह इस पेटी को सिर्फ प्रधानमंत्री और राष्ट्रपति खोल पाएँगे। वे इस सुझाव को तुरंत मान गए और अगले ही दिन उन्होंने मेरे लिए एक चाबी के साथ एक लाल पेटी भेजी। इस व्यवस्था के कारण पूरे पाँच वर्षों तक, जिस दौरान मैं राष्ट्रपति रहा, मेरे और प्रधानमंत्री के बीच हुआ कोई भी गोपनीय पत्राचार लीक नहीं हुआ।

अगले दिन मैं पहली बार परिजनों के कमरे देखने गया। ये राष्ट्रपति भवन के उत्तरी हिस्से में हैं, जबकि मेहमानों के कमरे दक्षिणी हिस्से में। इन दोनों के बीच में अशोक हॉल, दरबार हॉल, भोजन कक्ष (बैंक्वेट रूम), सम्मेलन कक्ष वगैरह हैं। इनमें से अशोक हॉल में स्वागत-समारोह होते हैं। दरबार हॉल में नागरिक व सैनिक पुरस्कारों से संबद्ध समारोह होते हैं।

मेरा अनुमान था कि परिजनों के कक्ष उन सुरुचिपूर्ण पश्चिमी गेस्ट हाउसों-जैसे होंगे, जिनमें मैं सरकारी मेहमान की तरह ठहरा था। पर यह देखकर मुझे आश्चर्य हुआ कि रहने के वे कमरे बस कामचलाऊ ही थे। ये जिस जमाने मे बने थे, उन दिनों फ्लश आदि नहीं होते थे। शौचालय पास में थे, पर कमरों से जुड़े हुए नहीं थे। इसके अलावा इस जगह को सुव्यवस्थित करने के लिए काफी काम को जरूरत थी। कालीनों को सफाई हेतु हटाने के लिए ही ढेरों

मजदूरों की जरूरत थी। दीवारों की रंगाई और छोटी-मोटी मरम्मत किए बिना इन कमरों का हॉल सुधारा नहीं जा सकता था। यह सब देखकर मेरी नतनी ने मजाक में कहा कि मुझे राष्ट्रपति पद छोड़कर मौलाना आजाद रोड स्थित उपराष्ट्रपति-निवास में ही चला जाना चाहिए, जो दिल्ली के सबसे आरामदेह घरों में से एक है।

मैंने यह स्पष्ट कर दिया कि कोई संरचनात्मक बदलाव नहीं किया जाना चाहिए और इमारत जैसी है, उसी में रहेंगे। मेरा शपथ-ग्रहण समारोह देखने के लिए मेरे सभी बच्चे आए थे। पर जिन लोगों को मेरे साथ रहना था, उनकी संख्या केवल तीन थी। इनमें मेरी पत्नी और दो नातिनें शामिल थीं। तीन साल बाद विदेश में रह रही मेरी एक बेटी भी आ गई और जब-जब आई दो-तीन महीनों तक हमारे साथ रही। इसलिए हम लोगों ने अपना ध्यान उन्हीं कमरों पर लगाया, जिन्हें तुरंत तैयार किया जाना था।

राष्ट्रपति से जुड़े कर्मचारियों के दो वर्ग होते हैं। एक, राष्ट्रपति-कार्यालय से संबद्ध स्थायी कर्मचारियों का और दूसरा, निजी कर्मचारियों का, जिनका कार्यकाल पद पर बने रहने से जुड़ा होता है। मैंने पिछले राष्ट्रपति के सभी निजी कर्मचारियों का कार्यकाल खत्म हो जाने दिया। इनका कार्यकाल राष्ट्रपति के कार्यकाल से जुड़ा था और मैंने उनमें से किसी के भी कार्यकाल का नवीकरण नहीं किया। मैं ज्ञानी जैलसिंह की बात भी नहीं मान पाया। उन्होंने एक अफसर को बनाए रखने के लिए कहा था, पर मुझे सलाह दी गई कि मैं ऐसा न करूँ।

उपराष्ट्रपति-कार्यालय से मैं अपने साथ उपराष्ट्रपति के सचिव गोपाल गाँधी (आई. ए. एस.), सूचना अधिकारी भटनागर, अपने निजी सचिव रामनाथन और कुछ आशुलिपिक व निजी सहायकों को ले आया। मुझे बताया गया कि कर्मचारियों की संख्या में कटौती के कारण हर माह 15 हजार रुपए की शुद्ध बचत हो रही थी।

राष्ट्रपति भवन में चूँकि मेरा शयन-कक्ष पहली मंजिल पर था, इसलिए रोज सुबह नीचे आना मुझे मुश्किल लगा। मैंने अपने टहलने का समय सुबह की बजाए शाम को कर दिया। मुगल गार्डन में जब मैं पहली बार टहलने गया तो मेरे साथ बराबर कई लोग रहे और यह सब मेरे लिए बहुत हद तक संत्रास और विरक्ति पैदा करनेवाला था। सुरक्षा अधिकारी, ए. डी. सी., कई चपरासी-कुल

मिलाकर दजर्न-भर से ज्यादा लोग मुझे घेरे हुए थे! मैं अकेले शांतिपूर्वक टहलना चाहता था और यह नहीं चाहता था कि मेरे पीछे अफसर चलें या सुरक्षा गार्ड मेरे कंधे से कंधा मिलाए रहें। मैंने उनसे नम्रतापूर्वक कहा कि उन्हें मेरे साथ चलने की जरूरत नहीं है और मुगल गार्डन में मुझे यों भी पर्याप्त सुरक्षित होना चाहिए। पर ए. डी. सी. ने कहा कि राष्ट्रपति के साथ चलनेवाले कर्मचारियों की संख्या न्यूनतम है और उनके लिए यह आवश्यक है कि राष्ट्रपति के साथ चलें।

इस तरह मुझे समझ में आया कि राष्ट्रपति के रूप में मनुष्य सबसे पहले अपना एकांत खोता है। सुबह उठने से लेकर रात को सोने जाने तक सुरक्षा-कर्मचारियों, ए. डी. सी. और विभिन्न श्रेणियों के कई सेवक-समूह हर क्षण राष्ट्रपति की प्रत्येक गतिविधि पर आँख गड़ाए लगातार देखते रहते हैं और सदैव चौकस बने रहते हैं।

बचपन से ही अपने कपड़े मैं खुद सँभालता रहा हूँ। स्वयं जूते साफ करने और उन पर पालिश लगाने से लेकर अपने सारे निजी काम खुद निपटाता हूँ। यहाँ तक कि मद्रास में मंत्री बनने के बाद भी मेरा अपना नौकर नहीं था। बाहर जाता था तो भी अपने कपड़े खुद सँभालता था। मेरे साथ रहनेवाला चपरासी छोटे-मोटे कामों से इधर-उधर दौड़ता रहता था। जैसे मेरे लिए कॉफी वगैरह लाता था। पर मूलत: मैं अपनी निजी जरूरतों के लिए पूरी तरह आत्मनिर्भर था। अब मैंने देखा कि मेरे कर्मचारी राष्ट्रपति के रूप में मुझे खुद करने ही न दें। मुझे डर था कि पाँच साल तक अगर यही हाल रहा तो मेरे हाथ-पाँव अकड़कर कड़े हो जाएँगे! प्राकृतिक रूप से देह में क्षीणता घुस आएगी। इसलिए मैंने कोशिश की और इसमें काफी हद तक सफल भी रहा। कुछ 'सामान्य' कार्य, जैसे शेल्फ से किताबें और रैक से फाइलें निकालना मैं खुद करने लगा। मुझे यह सब करते हुए देखकर मेरे अफसर कई बार मदद के लिए भागते। मैं उनसे कहा था, "कृपया मुझे थोड़ी कसरत कर लेने दें!"

28 जुलाई को रात नौ बजे प्रधानमंत्री मेरे पास आए। वे अगली सुबह श्रीलंका के राष्ट्रपति जयवर्द्धने के निमंत्रण पर कोलम्बो जा रहे थे। राजीव ने मुझे बताया कि राष्ट्रपति जयवर्द्धने उत्तरी और पूर्वी प्रांतों को मिलाने पर राजी हो गए हैं, जिसमें यह प्रावधान है कि एक साल बाद यदि पूर्वी क्षेत्र जनमत-संग्रह के

जरिए तय करे तो उसे संघ से बाहर निकलने का अधिकार होगा। राजीव ने यह भी कहा कि राष्ट्रपति जयवर्द्धने ने उन्हें संकेत दिया है कि पूर्वी प्रांत में चुनाव कराने की एक साल की अवधि बढ़-घट सकती है, हालाँकि यह अनिवार्य नहीं है। राजीव की राय में श्रीलंका द्वारा दी गई यह छूट काफी हद तक तमिल गुटों की उत्तरी और पूर्वी प्रांतों के विलय की माँग को पूरी करती थी और उग्रवादी गुट, एल. टी. टी. ई, को इस मौके को हाथ से नहीं जाने देना चाहिए। राजीव ने कहा कि इस काम के लिए वे तमिलनाडु के मुख्यमंत्री एम. जी. रामचंद्रन की मदद ले रहे हैं।

मैंने जब उनसे उत्तरी और पूर्वी प्रांतों के विलय के खिलाफ श्रीलंका के कठोर रुख में बदलाव के बारे में पूछा तो राजीव ने कहा कि उन्हें लग रहा है कि राष्ट्रपति जयवर्द्धने देश के दक्षिण में जनता विमुक्ति पेरामुना के उग्रवादियों के (जे. वी. पी.) भारी दबाव में हैं और चाहते हैं कि श्रीलंकाई सेना जाफना से मुक्त हो, ताकि उसे दक्षिण में तैनात किया जा सके।

उन्होंने कहा, राष्ट्रपति जयवर्द्धने चाहते हैं कि एक भारतीय शांति-सेना जाफना-क्षेत्र में कानून और व्यवस्था बनाए रखने की जिम्मेदारी ले। मैंने प्रधानमंत्री को सतर्क किया कि ऐसा करने से उन पर दूसरे देश के अंदरूनी मामले में हस्तक्षेप का आरोप लग सकता है। इसलिए, मैं चाहता था कि वे श्रीलंकाई राष्ट्रपति से एक समुचित लिखित आवेदन लें, जिसकी मदद से वे ऐसे आरोपों से अपना बचाव कर पाएँ।

इसके बाद मैंने राजीव से एल. टी. टी. ई. और उसके नेता प्रभाकरण द्वारा इन प्रस्तावों को स्वीकार किए जाने की संभावनाओं के बारे में पूछा। प्रधानमंत्री ने कहा कि उनके अफसर, खासकर विदेश सचिव के. पी. एस. मेनन और कोलंबो में भारतीय उच्चयुक्त जे, एन. दीक्षित इस मामले को देख रहे हैं। उन्हें यह भी लगता था कि इस मामले में एम. जी. रामचंद्रन भी मदद की कोशिश कर रहे हैं। रामचंद्रन प्रभाकरण के काफी मददगार थे और कहते हैं कि उस पर उनकी थोड़ी पकड़ भी थी। इसके बाद राजीव ने एक महत्त्वपूर्ण बयान दिया, ''हम लोग समझौते पर दस्तखत करेंगे और इसे जनता के समक्ष रखेंगे। अगर तमिल पक्ष इसे खारिज करेगा तो हम इस मसले से अलग हो जाएँगे। अपनी तरफ से हमने सर्वश्रेष्ठ किया है।''

29 जुलाई को खबर आई कि राष्ट्रपति जयवर्द्ध ने और प्रधानमंत्री राजीव गाँधी ने ऐतिहासिक समझौते पर दस्तखत किए हैं। समझौते और अनुलग्नकों की खास बातें इस प्रकार थीं :

(1) उत्तरी और पूर्वी प्रांतों का एक प्रशासनिक इकाई में विलय, बशर्ते पूर्वी प्रांत 31 दिसंबर, 1988 को या उससे पहले होनेवाले जनमत-संग्रह में एकीकृत प्रांत से अलग होने का फैसला करे। श्रीलंकाई राष्ट्रपति ने जनमत-संग्रह को अपनी इच्छानुसार टालने का अधिकार सुरक्षित रखा।

(2) श्रीलंका सरकार के आग्रह पर जाफना क्षेत्र में एक भारतीय शांति सेना रखी जाएगी जो वहाँ कानून-व्यवस्था की रक्षा करेगी।

(3) श्रीलंका सभी विदेशी सैनिकों और खुफिया कर्मचारियों को उनके देश वापस भेज देगा।

(4) श्रीलंका त्रिंकोमाली या किसी अन्य बंदरगाह को किसी और देश के सैनिक उपयोग के लिए उपलब्ध नहीं कराएगा, जिससे भारत पर प्रतिकूल असर पड़े।

(5) एकीकृत उत्तरी और पूर्वी प्रांतों में चुनाव से पहले एक अंतरिम सरकार बनाई जाएगी।

भारत में लोगों को यह जानकर आश्चर्य हुआ कि जो राष्ट्रपति जयवर्द्धने पहले जाफना के तमिल क्षेत्र को जिला परिषद से ऊपर का दर्जा देने को तैयार नहीं थे, वे अब इतने आगे बढ़ गए कि एकीकृत उत्तरी और पूर्वी प्रांतों में अंतरिम सरकार बनने देने के लिए तैयार है! भारत में इस समझौते का उत्साहजनक स्वागत हुआ। अंतर्राष्ट्रीय स्तर पर इन दोनों नेताओं के राजनीतिक कौशल का अद्‍भुत प्रदर्शन कहा गया और इसकी प्रशंसा की गई। एक अमेरिकी सीनेटर ने तो इसके लिए यहाँ तक कहा कि राजीव गाँधी और जयवर्द्धने को नोबल शांति पुरस्कार दिया जाना चाहिए।

30 जुलाई को दिन में करीब ग्यारह बजे मुझे खबर मिली की सलामी गारद का निरीक्षण करते समय एक श्रीलंकाई नौसैनिक ने राजीव गाँधी पर अपने राइफल की बट्‍ट से प्रहार किया है। पर राजीव गाँधी इस दुर्दम्य हमले में

बाल-बाल बच गए हैं, क्योंकि बट्ट सिर के बजाए उनके कंधे पर लगा है। इससे भारत-श्रीलंका समझौते के खिलाफ सिंहलियों के गुस्से का इजहार हुआ। श्रीलंका के प्रधानमंत्री आर. प्रेमदास ने राष्ट्रपति जयवर्द्धने और राजीव गाँधी के समझौते के प्रति अपनी नाराजगी बिल्कुल नहीं छुपाई थी।

मैंने जब इस सूचना की जाँच की तो मुझे आश्वस्त किया गया कि राजीव गाँधी गंभीर रूप से जख्मी नहीं हुए हैं और उन्होंने समारोह को सामान्य ढंग से पूरा किया। मुझे यह भी बताया गया कि वे श्रीलंका से विमान से वापस आ रह हैं। मैंने उन्हें विमान में यह संदेश भिजवाया, ''आप पर हुए शारीरिक हमले की बात सुनकर मैं स्तब्ध हूँ; ईश्वर की कृपा है कि आप घायल नहीं हुए। शांति के पक्ष में खड़े होने के ऐसे ही खतरे होते हैं।''

मुझे सूचना मिली थी कि राजीव गाँधी सवा बारह बजे दिन में पहुँच रहे हैं। मुझे इस बारे में कोई हिचक नहीं थी कि इस हमले पर देश की चिंता जताई जानी चाहिए और इसे व्यक्त करने के लिए प्रधानमंत्री से विमानतल पर मिलने जाने और उनके बाल-बाल बचने पर देश को जो राहत मिली है, उसे व्यक्त करने का और कोई बेहतर तरीका नहीं है। राष्ट्रपति भवन के प्रतिष्ठान का दृढ़ विश्वास था कि राष्ट्रपति का प्रधानमंत्री की अगवानी करने जाना प्रोटोकल के खिलाफ है। मैंने उन लोगों को चुपचाप सुना और उनसे बहस नहीं की। मैंने उन्हें बस अपना फैसला सुनाया कि मैं राजीव गाँधी से मिलने विमानतल पर जाऊँगा। राष्ट्रपति भवन-प्रतिष्ठान को यह अहसास हुआ कि मैं दृढ़ हो सकता हूँ और यह भी कि वे हर मामले में प्रोटोकोल का बंधन नहीं लगा सकते।

विमानतल पर मेरी उपस्थिति से राजीव गाँधी को थोड़ा ताज्जुब हुआ और वे भौंचक रह गए। वहाँ कई मंत्री, अधिकारी और सांसद मौजूद थे। मैंने संभावित अंदरूनी चोटों के बारे में जिज्ञासा प्रकट की और उन्हें सलाह दी कि वे फौरन जाँच करा लें। राजीव ने बताया कि जब वे नौसैनिक टुकड़ी के सामने से गुजर रहे थे, तभी उन्हें लगा कि उनके पीछे कुछ हिला है। उसी क्षण तत्काल उन्होंने सिर झुका लिया, जिससे सिर में चोट नहीं लगी।

इसके बाद मैंने सोनिया को नमस्ते कहा। उनके चहरे पर घबराहट या चिंता का कोई भाव नहीं था। जो लोग अगवानी करने आए थे, उनसे इंतजार करने को कहकर राजीव गाँधी मेरी कार के पास आए और मुझे विदा किया। उन्होंने

संक्षेप में बताया कि समझौते पर दस्तखत होने से वे काफी खुश हैं और यह भी कि इस बारे में वे विस्तार से बातचीत करने मेरे पास आएँगे।

हवाई अड्डे की अपनी प्रेस कांफ्रेंस में राजीव गाँधी वैसे ही थे, जैसे आमतौर पर रहते थे और उन्होंने सभी सवालों का फटा-फट जवाब दिया। उन्होंने राष्ट्रपति जयवर्द्धने की अत्यंत साहसी और राजनीति कुशल व्यक्ति कहकर तारीफ की। उन्होंने उम्मीद जताई कि भारत-श्रीलंका समझौते में मित्रता और सहयोग का एक नया युग शुरू होगा। इस पर कुछ अखबारवालों ने समझौते के खिलाफ श्रीलंका में व्याप्त गुस्से का जिक्र किया और उसे लागू करने में राष्ट्रपति जयवर्द्धने की क्षमताओं पर संदेह जताया। राजीव गाँधी ने कहा, ''कुछ प्रधानमंत्रियों को अपने राष्ट्रपतियों से दिक्कत होती है (राष्ट्रपति जैलसिंह की ओर इशारा) और कुछ राष्ट्रपतियों को अपने प्रधानमंत्रियों से मुश्किल होती है।'' (जयवर्द्धने और प्रेमदास के मतभेदों की ओर इशारा)।

हवाई अड्डे पर राजीव गाँधी की अगवानी के लिए जाने की मेरी सद्भावनापूर्ण कार्रवाई की मंत्रियों, सांसदों, प्रमुख नागरिकों और मीडिया ने बहुत तारीफ की। एक अखबार की टिप्पणी थी, ''चिंता किस हद तक थी, यह इस बात से स्पष्ट है कि राष्ट्रपति रामस्वामी वेंकटरमन प्रोटोकोल के विरुद्ध जाकर प्रधानमंत्री से हवाई अड्डे पर मिलने गए।'' एक और अखबार का शीर्षक था, 'आर. वेंकटरमन द्वारा प्रोटोकाल को किनारे कर प्रधानमंत्री का हवाई अड्डे पर अभिवादन।' कई और लोगों ने भी कमोबेश ऐसी ही टिप्पणी की। राष्ट्रपति जयवर्द्धने ने सार्वजनिक तौर पर प्रधानमंत्री और भारत की जनता से क्षमा-याचना की। ऐसा करके उन्होंने देशवासियों का दिल जीत लिया। उन्होंने कहा, ''आज सवेरे उनका (प्रधानमंत्री का) जो अपमान हुआ, उसके लिए मैं भारत के प्रधानमंत्री, श्रीमती गाँधी, दोनों बच्चों, भारत सरकार तथा भारतीय जनता से खेद प्रकट करता हूँ।''

31 जुलाई को चीन के नए राजदूत ने मुझे अपना परिचय-पत्र दिया। परिचय-पत्र सौंपे जाने का मेरे लिए यह पहला मौका था। मुझे खुशी हुई है कि यह एक ऐसे देश के राजदूत का परिचय-पत्र है, जो प्रमुख है और हमारा पड़ोसी है। राजदूतों द्वारा परिचय-पत्र देने वाला भारतीय समारोह बहुत आकर्षक होता है, विश्व में शायद ही एक-दो जगह ऐसा समारोह होता हो। नियत तारीख

को भारत के प्रमुख प्रोटोकोल अधिकारी नवनियुक्त राजदूत के पास जाते हैं और फिर वाहनों के काफिले में साथ-साथ चलते हैं। उनके पीछे राजदूत की पत्नी और दूतावास के अधिकारी हाते हैं। राष्ट्रपति भवन के गेट पर एक राजदूत अपनी गाड़ी से उतरते हैं और प्रमुख प्रोटोकोल अधिकारी के साथ राजकीय बग्गी में बैठते हैं। इसे घोड़े खींचते हैं। इसके आगे-पीछे राष्ट्रपत्ति के अंगरक्षक चलते हैं। राजकीय बग्गी राष्ट्रपति भवन के बाहर बरामदे में पहुँचती है। यहाँ नए राजदूत तीनों सेनाओं द्वारा पेश गार्ड ऑफ ऑनर का निरीक्षण करते हैं। नवनियुक्त राजदूत का राष्ट्रगान बजाया जाता है और फिर हमारा अपना राष्ट्रगान होता है। इसके बाद नए राजदूत का हमारे विदेश सचिव या उनके प्रतिनिधि से परिचय करवाया जाता है। वे नए राजदूत का परिचय दूसरे लोगों से कराते हैं। राष्ट्रपति के सैनिक सचिव की अगुआई में नए राजदूत, उनके अफसर और विदेश सचिव तथा दूसरे अधिकारी अशोक हॉल के पास ऊपरी हिस्से में पहुँचते हैं। इस बीच राजदूत की पत्नी अगर मौजूद हों-और राष्ट्रपति की पत्नी दूतावास के अन्य अधिकारियों के साथ अशोक हॉल में बैठ जाती हैं।

इसके बाद राष्ट्रपति को अशोक हॉल में ले जाया जाता है। वहाँ वे चाँदी की एक कुर्सी पर बैठते हैं। चाँदी की कुर्सी का वजन करीब 640 किलोग्राम है और इसका इस्तेमाल ब्रिटिश सम्राट जार्ज पंचम ने 1911-12 में हुए दिल्ली-दरबार में किया था। स्वतंत्रता के बाद भारत के राष्ट्रपति इस कुर्सी का इस्तेमाल तब करते थे, जब वे भारत से जुड़े मिशन-प्रमुखों के परिचय-पत्र प्राप्त करते थे। कुछ समय बाद जब मैंने राष्ट्रपति भवन की यादगार चीजों और कलात्मक वस्तुओं का संग्रहालय बनाया तो इस कुर्सी को वहाँ स्थानांतरित कर दिया, ताकि भावी पीढ़ियों के लिए इसे सुरक्षित रखा जा सके। तय समय पर, आमतौर से सवेरे 10.00 बजे सैनिक सचिव के नेतृत्व में शोभायात्रा धीरे-धीरे राष्ट्रपति की सीट की ओर बढ़ती है। सैनिक सचिव के पीछे मुख्य प्रोटोकोल अधिकारी और फिर नवनियुक्त राजदूत होते हैं। ये अपना परिचय-पत्र और लिखित भाषण राष्ट्रपति को सौंपते हैं। राष्ट्रपति परिचय-पत्र लेकर अपने बाईं ओर खड़े सहायक द्वारा थामे हुए पात्र में रख देते हैं। इसके बाद राष्ट्रपति राजदूत को अपने भाषण की प्रति सौंपते हैं और दोनों ओर के मौजूद लोगों से हाथ मिलाते हैं।

पहले भाषण को समारोह के दौरान पढ़ा जाता था। इसमें काफी समय लगता था। अब उसे पढ़ा गया मान लिया जाता है। मैंने देखा कि विदेश मंत्रालय से भाषण का जो मसौदा मुझे मिला था, वह नीरस है। शायद इन मसौदों पर बहुत ध्यान नहीं दिया जाता था, क्योंकि इन्हें भी एक नियमित काम माना जाता था। पर चूँकि मुझे तैयारी में एक सीमा तक संपूर्णता की आदत थी, इसलिए मैंने कहा कि मसौदे को और सावधानी से तैयार किया जाना चाहिए। विदेश सचिव के. पी. एस. मेनन स्वयं चीन में राजदूत रह चुके थें उन्हें यह बात समझ में आई। मुझे एक बेहतर एवजी दिया गया। तब से कुल मिलाकर एकाध अपवादों को छोड़कर ज्यादातर मामलों में राष्ट्रपति के भाषण के मसौदे सावधानीपूर्वक तैयार किए हुए होते थे। इसके बाद राष्ट्रपति के भाषण के मसौदे सावधानीपूर्वक तैयार किए हुए होते थे। इसके बाद राष्ट्रपति और राजदूत अधिकारियों के साथ फोटो-पत्र के लिए तैयार हो जाते हैं। इस मौके पर दोनों देशों के अधिकारियो के साथ राष्ट्रपति और राजूदत की आधिकारिक तस्वीर खींची जाती है। आधिकारिक तस्वीर में न तो राष्ट्रपति की पत्नी होती हैं और न राजदूत की।

इसके बाद राष्ट्रपति राजदूत का औपचारिक स्वागत करते हैं और उम्मीद जताते हैं कि नवनियुक्त राजदूत के कार्यकाल में दोनों देशों के संबंध मजबूत होंगे।

फिर राजदूत और राष्ट्रपति परस्पर आर्थिक सहयोग और दोनों देशों के बीच व्यापार बढ़ाए जाने की संभावनाओं पर चर्चा करते हैं। इस मौके पर मैंने उम्मीद जताई कि भारत और चीन के बीच बेहतर संबंध स्थापित होंगे और दोनों देशों के बीच विश्वास बनाने के उपायों को और मजबूत किया जाएगा।

एक अगस्त को दोपहर से पहले श्रीलंका के नरमपंथी तमिल यूनाइटेड लिब्रेशन फ्रंट (टी. यू. एल. एफ.) के नेता अमृतलिंगम और सिवसिंदवरभ् ने मुझसे मुलाकात की और दो दिन पूर्व श्रीलंका व भारत के बीच हुए ऐतिहासिक समझौते के लिए भारत सरकार और प्रधानमंत्री राजीव गाँधी के प्रति अपना गहरा आभार जताया। अमृतलिंगम को भरोसा था कि श्रीलंका और तमिलों में शांति लौट आएगी। वे चाहते थे कि अंतरिम परिषद जल्दी बनाई जाए और इसमें एल. टी. टी. ई. से इतरन तमिल गुटों, जैसे उनके अपने गुट का उपयुक्त प्रतिनिधित्व हो। दोपहर बाद राजीव गाँधी मुझसे मिले और राष्ट्रपति जयवर्द्धने के साथ हुए समझौते का विस्तृत विवरण दिया। उन्होंने एल. टी. टी. ई. जैसे

उग्रवादियों की मौन सहमति और समझौते को लागू करने में उनके सहयोग के वायदे की अच्छी खबर भी सुनाई। उन्हें यकीन था कि श्रीलंका और तमिल गुट–दोनों समझौते की शर्तों को लागू करेंगे। इस समय वे एक ऐसी स्कूली बच्चे की तरह मुस्कुरा रहे थे, जैसे उसने कोई पुरस्कार जीता हो।

इसके बाद राजीव ने मुझसे कहा कि भारत–श्रीलंका समझौते पर खुशी मनाने के लिए कांग्रेस पार्टी ने दो अगस्त को मद्रास में एक रैली का आयोजन किया है। उनहोंने यह भी कहा कि एल. टी. टी. ई. के रुख को नरम बनाने में एम. जी. रामचंद्रन ने जो सहयोग किया है, उसके लिए डी. एम. के. के हमले का खामियाजा भी उठाया है। इसलिए एम. जी. रामचंद्रन के बिना यह रैली अनुचित होगी। उन्होंने कहा, "हमारी पार्टी के कुछ जूनियर लोग चाहते हैं कि समझौते का सारा श्रेय वे स्वयं ले लें।" उन्होंने यह भी कहा कि जब उन्हें यह पता चला तो उन्होंने एम. जी. रामचंद्रन से आग्रह किया कि वे चिकित्सीय जाँच के लिए अमेरिका की यात्रा को एक दिन के लिए टाल दें और रैली में उनके साथ शामिल हों।

रामचंद्रन–मंत्रिमंडल के वित्तमंत्री वी. आर. नेंदुचेझियन ने शाम को मुझसे मुलाकात की। उन्हें रामचंद्रन से राजीव के आग्रह और उनके द्वारा इसे स्वीकार कर लिए जाने की जानकारी नहीं थी।

भारत का उपराष्ट्रपति बनने के फौरन बाद इंदिरा गाँधी ने मुझे आई. सी. सी. आर. का अध्यक्ष बनने के लिए आमंत्रित किया था। उस समय तक विदेश मंत्री आई. सी. सी. आर. के अध्यक्ष हुआ करते थे। पर विदेशमंत्री चूँकि दूसरे कामों में हमेशा व्यस्त रहते थे, इसलिए आई. सी. सी. आर. पर बहुत कम ध्यान दे पाते थे और विदेश मंत्रालय के एक अधिकारी जो आई. सी. सी. आर. के महानिदेशक होते थे, वही सर्वेसर्वा थे। कलाकारों का समुदाय आई. सी. सी. आर. के काम–काज के काफी आलोचना करता था। आई. सी. सी. सी. आर. के अध्यक्ष के रूप में अपने कार्यकाल के दौरान मैंने इसकी गतिविधियों को काफी व्यापक किया था, प्रक्रियाओं को भी दुरुस्त किया था और कलाकारों के चुनाव को काफी हद तक विषयनिष्ठ बनाया था। नई प्रतिभाओं को भी मैंने मौका दिया। जब मैंने आई. सी. सी. आर. की अध्यक्षता छोड़ी तो कलाकारों ने एक समारोह आयोजित किया और मेरे प्रोत्साहन के लिए मुझे धन्यवाद दिया।

इन कलाकारों में मास्कों में आयोजित भारत-महोत्सव में भाग लेकर लौटे कलाकार भी थे। इनमें रविशंकर और अमजद अली जैसे संगीताचार्य, यामिनी कृष्णमूर्ति, सोनल मानसिंह, सुधारानी रघुपति जैसी नृत्यांगनाएँ, हिंदुस्तानी व कर्नाटक शैली के कई संगीतज्ञ तथा आई. सी. सी. आर. के समिति-सदस्य, जैसे-पुपुल जयकर, कपिला वात्स्यायन और एच. वाई. शारदाप्रसाद शामिल थे। उस समय आई. सी. सी. आर. के महानिदेशक ने एक घटना का वर्णन किया। उन्होंने कहा कि मैंने आई. सी. सी. आर. से कहा था कि करीब दस साल की एक कलाकार को आई. सी. सी. आर. के तहत भरतनाट्यम् करने का मौका दिया जाए। इससे उन्होंने समझा कि उपराष्ट्रपति लड़की को जानते हैं और इसमें उनकी दिलचस्पी है। प्रदर्शन के बाद मानसिंह ने लड़की से पूछा कि वह उपराष्ट्रपति को केसे जानती है। लड़की के अभिभावकों ने उनसे कहा कि वे उपराष्ट्रपति को बिल्कुल नहीं जानते और आई. सी. सी. आर. से नृत्य-प्रदर्शन के लिए चिट्ठी पाकर उन्हें ताज्जुब हुआ था। मैंने उन लोगों को बताया कि उस छोटी लड़की के प्रदर्शन की भारी प्रशंसापूर्ण समीक्षा मैंने एंक साप्ताहिक सांस्कृतिक कॉलम में पढ़ी थी। उस लड़की की सिफारिश का यही आधार था।

उसी शाम मुझे खबर मिली कि मद्रास-रैली जबरदस्त तरीके से सफल रही है और राजीव गाँधी ने नए समझौते के लिए उग्रवादियों का सहयोग पाने में एम. जी. रामचंद्रन के मूल्यवान सहयोग की यथोचित प्रशंसा की है।

जब मैं उपराष्ट्रपति था, तो राजीव गाँधी ने कवियों समेत जाने-माने लोगों के जन्मशती-समारोह मनाने के लिए कई राष्ट्रीय समितियाँ बनाई थीं। उन्होंने मुझसे मैथिलीशरण गुप्त-शताब्दी समारोह समिति का अध्यक्ष बनने का आग्रह किया था। मैथिलीशरण गुप्त हिंदी के जाने-माने कवि हैं और अन्य बातों के अलावा उन्होंने सुब्रह्मण्यम भारती की तरह राष्ट्रवाद और देशभक्ति की भावना को जगाया था। मैंने इस महान कवि के जन्मस्थान झाँसी के पास चिरगाँव में 3 अगस्त को उनकी प्रतिमा का अनावरण करने की सहमति दी थी। मैं सवेरे गाँव में पहुँच गया। राष्ट्रपति के रूप में दिल्ली से बाहर यह मेरी पहली यात्रा थी। करीब एक लाख लोगों का हुजूम वहाँ इकट्ठा था और लोग अपने नए राष्ट्रपति को देखने के ज्यादा इच्छुक हैं, यह स्पष्ट था। राज्यपाल मोहम्मद उस्मान आरिफ, उत्तर प्रदेश के मुख्यमंत्री वीरबहादुर सिंह, मध्यप्रदेश के मुख्यमंत्री

मोतीलाल वोरा और कई मंत्री व विधायक इस समारोह में शामिल हुए। मैंने हिंदी में सावधानी से तैयार किया गया एक लिखित भाषण पढ़ा। हालाँकि मैं हिंदी पढ़ और समझ सकता हूँ, फिर भी सार्वजनिक भाषण या सामान्य बातचीत में मैं कभी हिंदी नहीं बोल पाया। हिंदी शब्दों का लिंग आदि मैं कभी अच्छी तरह नहीं जान पाया और प्रायः पुल्लिंग की जगह स्त्रीलिंग और स्त्रीलिंग की जगह पुल्लिंग का प्रयोग करने की गलतियाँ करता रहा हूँ।

हिंदी में बोलना शुरू करते ही जन समूह काफी उत्साहित हो उठा और लोगों ने शुरू में ही खुशी जताई। भाषा की भावनात्मक अपील कुछ असाधारण होती है। जब दूसरे लोग, खासकर विदेशी और दूसरे राज्यों के लोग उनकी भाषा में बोलते हैं तो जनता हर्षोन्माद में बहने लगती है। मैं हमेशा अपने सार्वजनिक भाषण की शुरुआत उन लोगों की भाषा में करता हूँ, जिनके बीच बोलता हूँ। इस पर लोग जो खुशी जताते हैं, उससे मेरी शुरुआत अच्छी हो जाती है। जब कई बाहरी व्यक्ति उनकी भाषा में बोलता है, तो यूरोप-फ्रांस, जर्मनीवालों के साथ दूसरों को भी यह अच्छा लगता है, भले ही उस भाषा पर वक्ता का बहुत अच्छा अधिकार न हो। एक बार जापान के एक उच्चाधिकारी को विदा करते हुए मैंने सायोनारा कहा। वे रुके, मुस्कुराते हुए पीछे मुड़े और कहा कि मैं सही जापानी बोल रहा हूँ। इसके बाद एक या दो मिनट और हँसी-मजाक हुआ था।

अपने भाषण में मैंने मैथिलीशरण गुप्त की साहित्यिक कुशलता के साथ-साथ उनकी राष्ट्रवादिता और देशभक्ति की तारीफ की। मैंने हिंसा की निंदा की और लोगों से अपील की कि वे विचार, शब्द और व्यवहार में इससे परहेज करें। मैंने लोगों से कहा कि वे मैथिलीशरण गुप्त के दिखाए रास्ते पर चलें, जो राष्ट्रीय एकता और अखंडता के प्रतीक थे। इस महान कवि के एक पद्यांश का उल्लेख करते हुए मैंने विभिन्न धर्म, विश्वास और दर्शन को मानने वाले लोगों में आपसी सद्भाव और सम्मान-भावना की जरूरत पर बल दिया। मैं उसी शाम दिल्ली लौट आया।

फिलीस्तीनी मुक्ति संगठन (पी. एल. ओ) के अध्यक्ष यासर अराफात मुझसे औपचारिक मुलाकात करने आए। मैं उन्हें कई वर्षों से जानता था और मेरा उनसे अच्छा निजी संबंध बन गया था। पी. एल. ओ. के विभिन्न गुटों में आई एकता

और उनके अध्यक्ष चुने जाने पर मैंने उन्हें बधाई दी। मैंने फिलीस्तीनी होमलैंड के लिए भारत के पूरे समर्थन की बात दुहराई। अराफात चाहते थे कि मध्य-पूर्व पर संयुक्त राष्ट्र के तत्त्वावधान में एक अंतर्राष्ट्रीय सम्मेलन कराया जाए। पर इसकी संभावना कम थी, क्योंकि अमेरिका इसके पक्ष में नहीं था। मैंने अराफात के लिए एक भोज का आयोजन किया। इसमें प्रधानमंत्री, मंत्रिमंडल के सदस्य और प्रमुख लोग शामिल हुए। राष्ट्रपति बनने के बाद से ही मैंने शैक्षिक जगत, कला, उद्योग और मीडिया के प्रतिनिंधियों को मंत्रियों, सांसदों और अधिकारियों के साथ न्यौत देने की परंपरा शुरू कर दी थी। जब तक मैं राष्ट्रपति रहा, ऐसा होता रहा।

जब मैं उपराष्ट्रपति था, तब मैंने प्रधानमंत्री से कहा था कि संसद में बोफर्स मामले पर चर्चा के दौरान किसी उपयुक्त समय पर उन्हें एक बयान देकर अपने और सोनिया गाँधी के नाम पर सफाई दे देनी चाहिए। उन्होंने इसे सुन तो लिया, पर कुछ और नहीं कहा। 5 अगस्त को केंद्रीय मंत्री माखनलाल फोतेदार और प्रधानमंत्री के विशेष सचिव गोपी अरोड़ा मेरे पास आए। इन लोगों ने कहा कि प्रधानमंत्री मेरे सुझाव से प्रभावित हैं और जानना चाहते हैं कि बयान का उपयुक्त प्रारूप क्या हो। मैंने कहा कि एक संक्षिप्त बयान दिया जा सकता है, जिसमें साधारणतया इस बात का खंडन हो कि प्रधानमंत्री या उनके परिवार के किसी सदस्य को कोई लाभ हुआ है, और यह कि अगर किसी व्यक्ति द्वारा रिश्वत लेने की बात साबित हुई तो प्रधानमंत्री ऐसे लोगों के खिलाफ सख्त कार्रवाई करेंगे। इसके बाद दोनों दूत यह कहकर चले गए कि वे प्रधानमंत्री से सलाह करके बयान तैयार करेंगे।

देश के विभिन्न हिस्सों से काफी लोग रोज राष्ट्रपति भवन आते थे और राष्ट्रपति से मिलने की इजाजत माँगते थे। इसलिए मैंने यह व्यवस्था बनाई कि सामान्य मुलाकात हफ्ते में एक या दो बार करूँगा। लोग समूह में आते थे और भूतल पर येलो ड्राइंग रूम (बैठक कक्ष) में इंतजार करते थे। सामान्यतया दोपहर में मैं इस कमरे में पहुँचता था। मेरे साथ ए. डी. सी. और निजी सहायक होते थे। मैं प्रत्येक व्यक्ति या समूह के पास जाता था और उनका कुशल-क्षेम पूछता था। ऐसे लोगों में से ज्यादातर का यहाँ आने का कोई खास मकसद नहीं होता था। एक बार जब मैंने उनसे पूछा कि पैसे खर्च करके और तकलीफ उठाकर

वे क्यों राष्ट्रपति भवन आए तो उन्होंने हिंदी में एकदम सामान्य ढंग से जवाब दिया, ''हम देखने के लिए आए हैं।'' कभी-कभी वे चाहते थे कि राष्ट्रपति के साथ उनकी तस्वीर खींची जाए। बहुत कम लोगों ने सरकार या स्थानीय अधिकारियों से राहत दिलाने के लिए आवेदन दिया। मेरा कार्यालय इनकी प्राप्ति-रसीद देता था और इन्हें राष्ट्रपति-सचिवालय द्वारा संबंधित अधिकारियों को भेजा जाता था। जब-जब मुझे कोई चिट्ठी भी मिलती थी, जिसमें प्राप्त राहत के लिए मुझे धन्यवाद दिया जाता था। पर ऐसी चिट्ठियाँ कम और यदा-कदा ही आती थीं। आगंतुकों से मिलने की यह कार्रवाई आधे से पौन घंटे तक चलती थी। पाँच वर्ष के अपने पूरे कार्यकाल के दौरान मैंने इस व्यवस्था को बनाए रखा।

मुख्यमंत्री एम. जी. रामचंद्रन 5 अगस्त को अपनी चिकित्सा के लिए अमेरिका जाने से पहले मुझसे मिलने आए। श्रीलंका-समझौते में उनकी भूमिका और समझौते को लागू करने में एल. टी. टी. ई. को सहयोग के लिए राजी करने पर मैंने उन्हें बधाई दी। मैंने उनके सुखद आरामदायक प्रवास तथा बीमारी से पूरी तरह मुक्त हो जाने की कामना की। उन्होंने कहा कि वे मद्रास में मेरे भव्य स्वागत का आयोजन करना चाहते हैं, क्योंकि सर्वोच्च पद पर पहुँचनेवाला मैं पहला तमिल हूँ। उन्होंने यह भी कहा कि उनकी गैरमौजूदगी में मैं मद्रास न जाऊँ।

इसी दिन प्रधानमंत्री ने लोकसभा में बोफर्स मामले पर चर्चा के दौरान एक बयान दिया। सदन आश्चर्यचकित रह गया और देश के सबसे ऊँचे मंच से प्रधानमंत्री के स्पष्ट बयान पर किसी प्रतिक्रिया के लिए विपक्ष को थोड़ी देर सोचना पड़ा। लोगों पर इसका भारी प्रभाव पड़ा और कइयों ने मुझसे कहा कि यह बयान बहुत पहले दिया जाना चाहिए था।

परंपरा है कि पद-भार सँभालने के बाद नए राष्ट्रपति भारत सरकार से मान्यताप्राप्त दूतावासों के प्रमुखों के लिए स्वागत-समारोह का आयोजन करते हैं। राजनयिकों के लिए मैंने 7 अगस्त को स्वागत-समारोह रखा। मैं लगभग सभी देशों के दूतावासों के प्रमुखों को निजी तौर पर जानता था, क्योंकि उपराष्ट्रपति के रूप में मैं उन देशों के राष्ट्र दिवस समारोहों में जाया करता था। इस समारोह में प्रधानमंत्री, उनकी पत्नी, विदेश मंत्री और विदेशी मंत्री और विदेश मंत्रालय के अधिकारी शामिल हुए और यह समय बहुत प्रसन्नतापूर्वक गुजरा।

समारोह के दौरान राजीव गाँधी ने मुझसे कहा कि वे दिल्ली के अखिल भारतीय आयुर्विज्ञान संस्थान में बेहोश पड़े सीमांत गाँधी खान अब्दुल गफ्फार खान को 'भारत रत्न' देना चाहते हैं। गफ्फार खान उत्तर-पूर्व सीमांत प्रांत के थे, जो अब पाकिस्तान में हैं। मैंने राजीव से कहा कि मैं दो बार अस्पताल में बादशाह खान के पास गया, पर वे किसी को पहचान पाने में सक्षम नहीं हैं। मैंने कहा कि बादशाह खान महात्मा गाँधी के सबसे विश्वस्त लेफ्टिनेंट और अहिंसा के समर्थक रहे हैं। आज जब हम स्वतंत्रता की 40वीं वर्षगाँठ मना रहे हैं तो उन्हें 'भारत रत्न' से सम्मानित करना उपयुक्त ही होगा। मैंने यह भी कहा कि मैं चाहता हूँ, यह सम्मान उन्हें जल्द से जल्द उनके जीवित रहते ही दिया जाए।

मैक्सिको की राजदूत मैडम ग्रेसिया डी ला लामा एक दिन मेरे पास आईं और मुझे अपने देश के राष्ट्रपति मिगुड डे ला मैड्रिड की शुभकामनाएँ दीं। उन्हें मैं निजी तौर पर जानता था। शांति-योजना बनानेवाला छह देशों के प्रमुखों की बातचीत में मैक्सिको के राष्ट्रपति ने गहरी दिलचस्पी ली थी। मैडम ग्रेसिया सात या आठ साल से भारत में थीं और इस देश और इसकी संस्कृति से उनका गहरा जुड़ाव हो गया था। उन्होंने भारत के विभिन्न हिस्सों की कला और संस्कृति की सापेक्ष उत्कृष्टता तथा मैक्सिकी कला-संस्कृति से कुछ समानताओं की चर्चा की। मैंने उनसे कहा कि संयुक्त राष्ट्र समिति में मैक्सिको के मेरे एक सहयोगी ने मुझसे कहा था कि लाल मिर्च मैक्सिको से फिलीपींस ले जाई गई थी और वहाँ से यह भारत आई। इसलिए लाल मिर्च भारत का अपना पौध नहीं है। मैडम ग्रेसिया ने कहा कि वे इसकी पुष्टि नहीं कर सकतीं, पर उन्हें ऐसी संभावना पर विश्वास है।

मैक्सिकोवाले जिस ढंग से तीखी लाल मिर्च खाते हैं, उससे मुझे इस कहानी पर पूरा यकीन है। 50 के दशक में जब मैं संयुक्त राष्ट्र की जनरल असेंबली में प्रतिनिधि था, तो मैंने एक भारतीय रेस्त्राँ में मैक्सिको के प्रतिनिधिमंडल को रात्रि-भोज पर आमंत्रित किया था। मैंने रसोइए से कहा था कि मैक्सिकी मेहमानों की पसंद का खाना बनाने में वह कोई कसर न छोड़े। मेज पर जब खाना आया, तो मैंने देखा कि कई छोटी तश्तरियों में भुनी हुई मिर्च काजू की तरह सजा कर रखी गई थी। यह देखकर मैं घबरा गया और रसोइए से कहा

कि लाल मिर्च की जगह काजू या बादाम जैसी कोई चीज रखी जाए। लेकिन रसोइए ने मेरे इस सुझाव को खारिज कर दिया और मुझसे कहा कि मेहमानों को लाल मिर्च सबसे ज्यादा पसंद आएगी और सचमुच, मेहमानों ने लाल मिर्चों को खूब पसंद किया और मैक्सिको जैसा खाना खिलाने के लिए बधाई दी।

जे. आर. डी. टाटा मुझसे औपचारिक मुलाकात करने आए। हम दोनों एक दूसरे को तब से जानते थे, जब मैं योजना आयोग में था। हम लोगों में एक दूसरे के लिए सम्मान-भाव भी विकसित हो गया था। संसद में बोफर्स मामले में राजीव के बयान पर टिप्पणी करते हुए टाटा ने कहा कि तोप और दूसरे रक्षा-सौदों में राजीव गाँधी या उनके परिवार को कोई लाभ न हुआ हो, पर इस बात को नकारना मुश्किल होगा कि कांग्रेस पार्टी को कोई कमीशन नहीं मिला। उन्हें लगता था कि 1980 के बाद से उद्योगपतियों से चंदा नहीं माँगा गया है और पार्टी का खर्चा ऐसे सौदों पर मिलनेवाले कमीशन से चलता है।

8 अगस्त को देर शाम केंद्रीय पी. वी. नरसिम्हा राव ने खान अब्दुल गफ्फार खान का 'भारत रत्न' दिए जाने को राजीव गाँधी द्वारा घोषण किए जाने की इजाजत माँगी। यह घोषण 9 अगस्त, 1942 को भारत छोड़ो आंदोलन की चालीसवीं वर्षगाँठ मनाने के लिए बंबई में बुलाई गई रैली में की जानी थी। सामान्यतया 'भारत रत्न' दिए जाने की घोषणा राष्ट्रपति भवन से की जाती है। पर चूँकि खान अब्दुल गफ्फार खान एक बहादुर स्वतंत्रता सेनानी थे और 9 अगस्त, 1942 के भारत छोड़ो प्रस्ताव में शामिल हुए थे, इसलिए आजादी की 40वीं सालगिरह पर प्रधानमंत्री द्वारा घोषण किए जाने के लिए मैं खुशी से सहमत हो गया। इस मामले में राजीव गाँधी द्वारा परंपरा के उल्लंघन करने जैसी टिप्पणी सूचना की कमी के कारण की गई।

अगस्त में हिंदुओं का रक्षाबंधन का त्योहार राष्ट्रपति भवन के समारोहों में एक महत्त्वपूर्ण त्योहार का महत्त्व रखता है। बच्चे-बड़े, सभी राष्ट्रपति भवन आते हैं और परंपरागत रूप से राखी बाँधते हैं, यह भाई-बहन के रिश्ते का प्रतीक है और जरूरत पड़ने पर भाई द्वारा बहन की रक्षा का आश्वासन देता है। इस दिन काफी तादाद में बच्चे-खासकर विकलांग, नेत्रहीन और मंदबुद्धि-आते हैं और राखी बाँधते हैं। राष्ट्रपति पद सँभालने के बाद यह पहला राखी का त्योहार था, जिसमें मैं शामिल हुआ।

10 अगस्त को पी. वी. नरसिम्हा राव मेरे पास आए। वे कमजोर और थके हुए लगे। मैंने उनसे उनके स्वास्थ्य के बारे में पूछताछ की। असल में वे प्रशासनिक और राजनीतिक-दोनों कारणों से तनावग्रस्त थे। उन्होंने कहा कि वे रविवार को काम से संबंधित मुलाकात खत्म करने जा रहे हैं। सिर्फ कैबिनेट से जुड़े और वैसे काम करेंगे जिन्हें टाला नहीं जा सकेगा। आज प्रधानमंत्री के रूप में नरसिम्हा राव को चौकस और चुस्त देखकर मैं काफी खुश हूँ। वे प्रधानमंत्री-कार्यालय से जुड़ी जिम्मेदारियों को बहुत उत्साह से पूरा करते हैं। स्पष्ट है कि खुशी और सफलता मनुष्य का कायाकल्प कर देती है।

जापान के विदेशमंत्री तदाशी कुरानरी मुझसे मिलने आए। उन्होंने राजकुमार नारूहितों का आभार मुझ तक पहुँचाया। जब मैं उपराष्ट्रपति था तब वे भारत आए थे और यहाँ उनका गर्मजोशी से भव्य स्वागत किया गया था। उन्होंने इसी के लिए आभार व्यक्त किया था। राजकुमार नारूहितों एक सौम्य युवा हैं और उनका सामान्य ज्ञान बहुत विस्मृत है। वे भारत आने से पहले ही भारत के बारे में बहुत कुछ जानते थे। विदेशमंत्री ने विश्वास जताया कि भारत और जापान के बीच संबंध विकसित और मजबूत होंगे। उन्होंने बताया कि भारत के आर्थिक विकास में सहयोग के लिए जापान तैयार है। मैंने जापान से भारत के व्यापार-संतुलन की बेहद खराब स्थिति की ओर विदेश मंत्री का ध्यान खींचा और सुझाव दिया कि जापान भारत के लिए कम परिष्कृत कार्य-जैसे भारी कास्टिंग और भारी उपकरणों की मशीनिंग छाँट सकता है और परिष्कृत कार्य को अपने लिए रिजर्व रख सकता है। विदेशमंत्री ने कहा कि यह ऐसा क्षेत्र है, जिसकी पड़ताल की जा सकती है।

मद्रास की कलाक्षेत्र मंडली के 35 सदस्यों का एक दल शाम को मुझसे मिला। यह दल भारत-महोत्सव में भाग लेने मास्को जा रहा था और वहाँ पौराणिक प्रकरणों पर भारतीय नृत्य-नाटक मंचित करनेवाला था। सोवियत संघ में कलाक्षेत्र दल खूब जाना-पहचाना है। भरतनाट्यम् की महानतम प्रतिनिधि के रूप में रुक्मिणी अरुणदले वहाँ कई शानदार प्रदर्शन कर चुकी थीं। मैंने इस दस को सुझाव दिया कि वह न केवल उच्च स्तर बनाए रखे, बल्कि उसे और बेहतर बनाने की कोशिश करे।

राजीव गाँधी ने एक पारिवारिक रात्रिभोज का आयोजन किया, जिसमें हम दोनों के परिजन शामिल हुए। राजीव एक सौम्य और जीवंत मेजबान थे और

चुटकुलों, किस्सों-कहानियों से वहाँ उपस्थित सभी लोगों को खुश रख सकते थे। भोजन के बाद महिलाएँ दूसरे कमरे में आराम करने चली गईं और मेरी व राजीव की एकांत में बातचीत हुई। हम लोगों ने डाक विधेयक के बारे में बातचीत की। मैंने राजीव से कहा कि इस विधेयक पर महाधिवक्ता की राय ली जाए और उसी के अनुसार काम किया जाए। राजीव ने कहा कि मैं अगर बिल को देखकर परिवर्तन के सुझाव दूँ तो वे उन्हें मान लेंगे। मैंने उन्हें अपनी यह राय बता दी कि विधेयक की कोई जरूरत नहीं है।

इसके बाद मैंने उनसे पूछा कि स्वतंत्रता की 40वीं वर्षगाँठ पर स्वतंत्रता सेनानियों के साथ संविधान सभा के जीवित सदस्यों का भी सम्मान किए जाने की अफवाह में कोई दम है या नहीं? राजीव ने कहा कि इस बारे में उन्होंने भी सुना है, पर यह उन्हें बहुत जम नहीं रहा, क्योंकि संविधान सभा के कुछ सदस्य आजादी की लड़ाई में शामिल नहीं हुए थे।

12 अगस्त को मैंने स्वतंत्रता-दिवस की पूर्व संध्या पर प्रसारित करने के लिए अपना पहला स्वतंत्रता-दिवस संदेश रिकार्ड कराया। संसद के दोनों सदनों के लिए राष्ट्रपति का संबोधन मंत्रिमंडल द्वारा तैयार और मंजूर किया जाता है। पर स्वतंत्रता-दिवस और गणतंत्र-दिवस के मौके पर देश के नाम राष्ट्रपति का संदेश राष्ट्रपति और उनके सचिवालय द्वारा तैयार किया जाता है। इसमें राष्ट्रपति के विचार होते हैं, सरकार के नहीं। शिष्टाचारवश इन्हें प्रधानमंत्री को पढ़ने और उनकी टिप्पणी के लिए पहले ही भेज दिया जाता है। कर्मचारियों ने संदेश का मूल पाठ तैयार किया, पर मैंने अवसर के उपयुक्त बातों पर जोर देते हुए उसे दुबारा लिखा।

महाराष्ट्र के तत्कालीन राज्यपाल डॉ. शंकरदयाल शर्मा और उनकी पत्नी विमला मुझसे एवं मेरी पत्नी से मिलने राष्ट्रपति भवन आए। वे लोग भारतीय स्वतंत्रता की 40वीं वर्षगाँठ पर सोवियत संघ में होनेवाले समारोह में भाग लेने मास्को जा रहे थे। मैंने डॉ. शर्मा से पहले कहा था कि भारत के उपराष्ट्रपति पद के लिए मैंने उनका नाम प्रस्तावित किया है। डॉ. शर्मा को लग रहा था कि भारत में उनकी गैरमौजूदगी से उनकी संभावनाएँ क्षीण हो सकती हैं। उन्होंने यह भी कहा कि उन्हें कांग्रेस-अध्यक्ष बनाने की बात भी चल रही है। मैंने उनकी आशंका का शमन किया और इस मामले में अपने पूरे सहयोग का आश्वासन दिया।

भारत स्काउट्स एंड गाइड्स का एक प्रतिनिधिमंडल उसके राष्ट्रीय आयुक्त सरदार लक्ष्मण सिंह के नेतृत्व में मुझसे मिलने आया और मेरे सामने संयुक्त राष्ट्र संघ से प्राप्त 'शांति दूत' का पुरस्कार प्रदर्शित किया। मैंने उन्हें बताया कि मैं स्वयं अपने स्कूली दिनों में एक ब्वाय स्काउट और पैट्रोल लीडर रह चुका हूँ। यह भी कहा कि उन दिनों मैंने स्काउट की गतिविधियों में सक्रियता से भाग लिया था। इससे राष्ट्रीय आयुक्त और अन्य पदाधिकारियों के साथ मेरा एक निजी संबंध स्थापित हो गया। हर साल मैं दिल्ली आनेवाले देश-भर के स्काउट्स एंड गाइड्स के लिए मुगल गार्डन में एक समारोह आयोजित करता था। राष्ट्रीय आयुक्त ने बताया कि अकेले पंजाब में 40 हजार स्काउट और गाइड है और उनकी लोगों से नियमित बातचीत होती है।

एक साल से थोड़ा पहले प्रधानमंत्री राजीव गाँधी ने स्वतंत्रता की 40वीं सालगिरह मनाने के लिए एक राष्ट्रीय समिति बनाई थी। वे चाहते थे कि स्वतंत्रता-पूर्व लोगों के मन में देशभक्ति और राष्ट्रवाद की जो भावना जीवित थी, उसे पुनर्जाग्रत किया जाना चाहिए और देश के लिए उद्देश्यपूर्ण कार्यों में लगाया जाना चाहिए। तब उन्होंने (जब मैं उपराष्ट्रपति था) मुझसे इस राष्ट्रीय अध्यक्षता स्वीकार करने का आग्रह किया था। मेरे राष्ट्रपति चुने जाने के बाद प्रधानमंत्री और राष्ट्रपति ने मुझसे अध्यक्ष बने रहने का आग्रह किया। समिति में जीवन के हर क्षेत्र के प्रमुख लोग, जैसे-सांसद, प्रशासक, साहित्यकार, कलाकार, वैज्ञानिक और दूसरे लोग थे। समिति की गतिविधियों की रूपरेखा बनाने के लिए एक बैठक हुई थी और उसी में मुझसे यह आग्रह किया गया था।

स्वतंत्रता की 40वीं वर्षगाँठ मनाने के लिए संसद के दोनों सदनों की एक साझी बैठक 30 अगस्त को हुई थी। संसद के सेंट्रल हॉल में हुआ घंटे-भर का यह समारोह भव्य और आकर्षक था। कार्यवाही की शुरुआत पंडित जवाहरलाल नेहरू के ऐतिहासिक भाषण 'नियति से मिलन' (ट्रिस्ट विद डेस्टिनी) का टेप बजाकर हुई। यह भाषण 14 अगस्त, 1947 की आधी रात को इसी हॉल में दिया गया था। इसके बाद ढोल बजाने की आवाज गूँजी और वहाँ उपस्थित लोग खड़े हो गए। फिर देश की आजादी के लिए प्राण न्योछावर करनेवाले शहीदों की याद में दो मिनट का मौन रखा गया। उपस्थित लोगों में संसद-सदस्य, कुछ राज्यपाल, राजनयिक और विशिष्ट अतिथियों की बड़ी तादाद थी। राष्ट्रपति

के वर्दीधारी रक्षकों, धूमधाम और ढोल की गमक ने अवसर की महत्ता को और अधिक बढ़ा दिया तथा उस स्मरणीय सत्र को सचमुच ही अविस्मरणीय बना दिया।

अपने संबोधन में मैंने 1857 के ऐतिहासिक स्वतंत्रता-संग्राम से लेकर महात्मा गाँधी की शहादत तक के सभी बहादुर स्वतंत्रता सेनानियों को श्रद्धांजलि दी। मैंने कहा, "भारत ने महज राजनीतिक स्वतंत्रता के लिए संघर्ष नहीं किया, न ही वह संघर्ष गोरे शासकों की जगह भूरों को लाने या देशवासियों को विदेशियों जैसा आडंबरपूर्ण ठाट-बाट दिलाने के लिए किया गया था। हमने लोगों से वायदा किया था कि स्वतत्रंता आम लोगों की स्थिति सुधारने का एक औजार मात्र है और अपने-आप में अंतिम नहीं है।"

इसके बाद मैंने देश में घर कर चुकी सांप्रदायिक हिंसा और राजनीतिक आतंकवाद का जिक्र किया और भारतीय जनता से अपील की कि जाति, मत, धर्म, क्षेत्र और भाषाई पूर्वाग्रहों से ऊपर उठें और दुबारा वह साहस दिखाएँ, जिससे स्वतंत्रता-आंदोलन ऊर्जावान हो उठा था। मैंने यह कहकर अपने संबोधन का उपसंहार किया कि "हमने केवल एक उद्देश्य प्राप्त किया है और वह है स्वतंत्रता। आम लोगों की संपन्नता का दूसरा उद्देश्य अभी प्राप्त करना है। इस मायने में हमारा संघर्ष अब भी अधूरा है। इसलिए, आइए हम सब अपने आपको इस महान और उत्कृष्ट कार्य में फिर से समर्पित करें।" प्रधानमंत्री ने अपने जोशीले भाषण में लोगों का ध्यान उन गंभीर सामाजिक अन्यायों और अयोग्यताओं की ओर आकर्षित किया, जिनका सामना आम लोगों को करना पड़ता है। उन्होंने लोकतांत्रिक व्यवस्था में लेने-देने के सिद्धांत पर आधारित आपसी समायोजन की जरूरत पर भी जोर दिया।

इस औपचारिक समारोह ने न सिर्फ उपस्थित लोगों में, बल्कि देश-भर की जनता में राष्ट्रवादी उत्साह की नई तरंगों का संचार किया। 14 अगस्त को दरबार हॉल में एक अत्यंत साधारण, पर औपचारिक प्रतिष्ठापन समारोह हुआ, जिसमें बहादुर स्वतंत्रता सेनानी और महात्मा गाँधी के निकट सहयोगी सीमांत गाँधी को, जिन्हें खान अब्दुल गफ्फार खान या बादशाह खान भी कहा जाता था, देश के सर्वोच्च सम्मान 'भारत रत्न' से सम्मानित किया गया। इस समारोह में प्रधानमंत्री कैबिनेट मंत्री, कुछ जज, सांसद और विशिष्ट अतिथि शामिल हुए। खान अब्दुल गफ्फार खान के बेटे खान अब्दुल वली खान ने अपने पिता

की ओर से यह सम्मान प्राप्त किया, क्योंकि गफ्फार खान तब भी अस्पताल में थे।

समारोह के बाद चाय-पान के दौरान वली खान ने याद किया कि कैसे उनके पिता ने 1947 में भारत के बँटवारे का विरोधा किया था और केसे बादशाह खान को स्वतंत्रता के बाद पाकिस्तानी जेलों में करीब 27 साल काटने पड़े। अपनी सारी जिंदगी बादशाह खान मुसलिम लीग और उसके दो देशों के सिद्धांत के खिलाफ रहे। मैंने वली खान से कहा कि सांप्रदायिक सद्भाव और राष्ट्रीय एकता में अब्दुल गफ्फार खान के महान योगदान को हम लोगों ने हमेशा याद किया है और उन्हें 'भारत रत्न' देना उस महान नेता के प्रति अपने गहरे सम्मान-भाव की महज छोटी-सी अभिव्यक्ति है।

शुरू में मैंने सोचा था कि 'भारत रत्न' देनेवाला समारोह 15 अगस्त को लाल किले पर ध्वजारोहण-समारोह के बाद किया जाए। पर राजीव गाँधी ने मुझे याद दिलाया कि बादशाह खान ने देश के बँटवारे को कभी स्वीकार नहीं किया और 15 अगस्त वाले समारोह के प्रति वे बहुत कटु थे। उनका मानना था कि सीमांत प्रांत के लोगों के लिए इस स्वतंत्रता का कोई अर्थ नहीं है। मैंने उनके इस सूक्ष्मदृष्टि-संपन्न सुझाव की वास्तव में तारीफ़ की।

14 अगस्त की शाम मैंने स्वतंत्रता-सेनानियों लिए परंपरागत स्वागत-समारोह का आयोजन किया। पहले 15 अगस्त को केवल एक स्वागत-समारोह होता था, जिसमें स्वतंत्रता-सेनानी भी बुला लिए जाते थे। चूँकि सभी स्वतंत्रता-सेनानियों को स्वतंत्रता-दिवस-समारोह में शामिल नहीं किया जा सकता था, इसलिए उनकी शिकायत थी कि संघर्ष में उनकी सेवाओं को नजरअंदाज किया गया है। अत: 14 अगस्त को उनके लिए एक अलग स्वागत-समारोह का आयोजन किया गया। स्वतंत्रता-सेनानियों को संसद सदस्यों की तरह मुफ्त रेल-यात्रा की सुविधा प्राप्त है, क्योंकि वे देश के विभिन्न हिस्सों के रहनेवाले हैं। तमिलनाडु से बड़ी संख्या में स्वतंत्रता-समारोह में इन लोगों ने अपने लिए ज्यादा सुविधाओं के आग्रह के साथ प्रधानमंत्री को धेर लिया। राजीव गाँधी सब को सब कुछ देने का वायदा करने में सफल रहे।

15 अगस्त को मैंने लालकिले की प्राचीर से राजीव गाँधी का भाषण टी. वी. पर देखा। वे अच्छे वक्ता की तरह बोले और सांप्रदायिकता, हिंसा, उग्रवाद,

गरीबी और सूखे-जैसी समस्याओं का जिक्र आया। अपराह्न तीन बजे पाकिस्तानी राष्ट्रपति जिया-उल-हक ने मुझे फोन किया और स्वतंत्रता-दिवस के मौके पर अपनी व्यक्तिगत बधाई दी। मैंने उनकी कृपापूर्ण भावनाओं के लिए उन्हें बार-बार धन्यवाद दिया और पाकिस्तान की सफलता व संपन्नता के लिए अपनी शुभकामनाएँ दीं।

शाम को मुगल गार्डन में स्वतंत्रता-दिवस स्वागत-समारोह था। उपराष्ट्रीय प्रधानमंत्री, राजनयिक, न्यायाधीश समेत दूसरे मेहमान लाल कालीन से ढँके मंच के सामने अंग्रेजी का यू आकर बनाकर इंतजार करते हैं। राष्ट्रपति धूम-धाम से ए. डी. सी., सैनिक सचिव और अधिकारियों सहित मंच की ओर पैदल चलते हैं। राष्ट्रगान की धुन बजायी जाती है। इसके बाद राष्ट्रपति घूमकर विशिष्ट अतिथियों से मिलते हैं। सामान्यतया राजनयिक मिशनों के प्रतिनिधि आते हैं और अपने-अपने देशों की शुभकामनाएँ राष्ट्रपति व प्रधानमंत्री को देते हैं। इस मौके पर सोवियत संघ की प्रभारी राजदूत मेरे पास आईं और बोलना शुरू कर दिया, हालाँकि दूसरों ने बीच में कई बार व्यवधान डाला। शायद रूसी राजनयिक को लगा कि वे अपनी पूरी बात नहीं कह पाई हैं। स्वागत-समारोह के लिए साढ़े तीन हजार निमंत्रण पत्र भेजे गए थे और इसमें से तीन हजार लोग समारोह में शामिल हुए थे। समारोह में काफी उल्लास, दोस्ती और मेल-मलाप का माहौल था।

यह समारोह आमतौर पर 45 मिनट चलता है और इसके अंत में राष्ट्रगान बजाया जाता है। इसके बाद राष्ट्रपति उसी तरह वापस जाते हैं, जैसे पहले आए थे।

स्वतंत्रता की 40वीं वर्षगाँठ के एक भाग के रूप में इस बात की व्यवस्था की गई थी कि जिस पवित्र मिट्टी पर शहीदों की मृत्यु हुई या स्वतंत्रता संघर्ष से जुड़ी कोई बड़ी घटना हुई थी, वहाँ की मिट्टी गाँधीजी की समाधि राजघाट पर लाई जाए और सांकेतिक तौर पर एक कर दी जाए। गुजरात के डांडी और तमिलनाडु के वेदअरण्यम्-जैसे स्मरणीय स्थानों की मिट्टी एकत्र करने में हरेक राज्य ने उत्साह दिखाया था। कार्यकर्ता राजघाट पहुँच गए थे और उन्हें राज्यवार अंग्रेजी वर्णमाला के अनुसार व्यवस्थित किया गया था।

16 अगस्त को मैं अपनी पत्नी सहित सवेरे 7 बजे देश-भर की पवित्र मिट्टी के मिश्रण-समारोह में भाग लेने के लिए राजघाट पहुँच गया। 'वंदे मातरम्'

और गाँधी जी का पसंदीदा गीत 'वैष्णव जन तो' गाने के बाद प्रत्येक राज्य से कहा गया कि विशेष मंच पर रखे उस पात्र में मिट्टी रखें। कार्यकर्ताओं को इस कार्य के लिए गर्व के साथ जाते हुए देखना सुखद था। जब सभी राज्यों ने लाई गई मिट्टी पात्र में डाल दी गई तो मैंने मिट्टी को एक साथ मिलाकर भारत की एकता का प्रदर्शन किया। इस तरह मिलाई गई मिट्टी का एक अंश एक गड्ढे में भरा गया, जिसमें मैंने 'आजादी का बिरवा' लगाया। मेरे मन में विचार आया कि एक सदी बाद शायद यह पौधा भारत की शाश्वत एकता के एक प्रतीक के रूप में पहचाना जाएगा।

बादशाह खान की स्थिति नाजुक हो गई थी और उनके परिजन चाहते थे कि उन्हें वापस उनके मूल निवास स्थान ले जाया जाए। इसलिए उन्हें और उनके साथवालों को उनके घर ले जाने के लिए एक विशेष विमान का प्रबंध किया गया। कई मंत्री और डॉक्टर बीमार नेता के साथ गए। सवेरे 10.00 बजे मैं बादशाह खान, उनके बेटे वाली खान और उनके परिवार के सदस्यों को विदा करने अखिल भारतीय आयुर्विज्ञान संस्थान गया। वे बहुत प्रभावित हुए। उन लोगों ने बादशाह खान की देख-भाल, आदर-सत्कार और उन्हें दिए गए सम्मान के लिए मुझे और भारत सरकार को बहुत धन्यवाद दिया। मैंने उनसे कहा कि भारत हमेशा बादशाह खान को महान नेता की तरह याद करेगा और उनकी स्मृति को दिल में बसाए रखेगा। उन लोगों ने बादशाह खान के अस्पताल में रहने के दौरान डॉक्टरों द्वारा की गई सेवाओं के लिए उन्हें भी धन्यवाद दिया।

17 अगस्त को रात में करीब 8.00 बजे प्रधानमंत्री ने मुझे फोन किया और कहा कि उपराष्ट्रपति-पद के लिए डॉ. शंकरदयाल शर्मा के नाम पर विपक्ष से सहमति हो गई है और वे कांग्रेस संसदीय बोर्ड के सामने यह नाम रख रहे हैं। मैंने फैसले का पूर्ण समर्थन किया और उम्मीद जताई कि चुनाव आम राय से हो जाएगा।

18 अगस्त को कई लोग मुझसे मिलने आए। इनमें कपड़ा-उद्योगपति अरविंद लालभाई भी थे। उन्होंने अर्थ-व्यवस्था की बहुत धुँधली तस्वीर पेश की और कहा कि सूखा और मूल्य वृद्धि सरकार के लिए सबसे बड़ी चुनौती है। उन्होंने वस्त्र-उद्योग में गतिहीनता और लोगों में क्रयशक्ति के अभाव का रोना रोया। उन्होंने हथकरघा उद्योग को बनाए रखने और उस क्षेत्र के लिए कुछ उत्पादों

को आरक्षित रखने के लिए सरकार की निंदा की और भविष्यवाणी की कि कपड़ा-उद्योग बर्बाद हो जाएगा। वे कपड़ा-उद्योग की पूर्ण स्वायत्तता के पक्ष में थे, ताकि यह विश्व बाजार में प्रतिस्पर्द्धा करके विदेशी मुद्रा कमा सके। मैं कई दशकों से इस कहानी का यह पक्ष सुना रहा हूँ, पर मुझे इन लोगों में किसी से कभी इस सवाल का जवाब नहीं मिला कि हमारे यहाँ मौजूद भारी बेरोजगारी की समस्या केसे दूर की जाए। खादी और हथकरघा क्षेत्र के पाँच करोड़ लोगों को प्रत्यक्ष और परोक्ष रूप से रोजगार मिल रहा है। किसी भी बाजारोन्मुख अर्थशास्त्री ने इन लोगों को फिर से किसी और काम में लगाने के बारे में कोई ठोस सुझाव नहीं दिया है। वैसे, मैंने अपने विचार लालभाई को नहीं बताए, वरना उन्हें जितना समय दिया गया था, उसका दूना वे ले लेते।

दक्षिण अफ्रीका में व्यवहार में लाई जाने वाली रंगभेद की घातक नीति को खत्म करने के लिए प्रतिबद्ध दुनिया-भर के सांसदों का एक सक्रिय समूह है–'पार्लियामेंट्रियंस फॉर ग्लोबल एक्शन अगेंस्ट अपार्थाइड' (रंगभेद के खिलाफ अंतर्राष्ट्रीय कार्रवाई के समर्थक सांसद)। इस संगठन का एक छोटा समूह मुझसे मिलने आया। इसमें यूरोप, राष्ट्रकुल और दूसरे देशों के सांसद शामिल थे, जो मेरे साथ विचारों का आदान-प्रदान करना चाहते थे। बातचीत के दौरान मैंने उन लोगों से कहा कि जो देश अंतर्राष्ट्रीय शांति और सद्भाव के पालन का दिखावा करते हैं, अगर उन देशों ने युद्धग्रस्त देशों को हथियारों की आपूर्ति नहीं कि होती, तो ईरान और इराक के बीच चल रहा युद्ध बहुत पहले खत्म हो गया होता। जबकि कुछ देशों ने तो एक ही साथ दोनों देशों को हथियार बेचे थे। जहाँ तक ब्रिटेन और यूरोप के कुछ दूसरे देशों की यह दलील थी कि दक्षिण अफ्रीका के खिलाफ आर्थिक प्रतिबंध उठाने से उसके मुकाबले दूसरे अफ्रीकी देशों को ज्यादा नुकसान होगा, इसके जवाब में मैंने कहा कि स्वतंत्रता के तमाम संघर्षों में अपने देश के बेहतर भविष्य के लिए मौजूदा पीढ़ी को त्याग करना पड़ता है, और यह भी कि जब अफ्रीकी देश स्वयं अपनी फौरी मुश्किलों का सामना करने के लिए तैयार हैं, तो दूसरों को घड़ियाली आँसू बहाने की कोई जरूरत नहीं है। इंग्लैंड और यूरोप के अन्य देशों के सांसदों ने इस विचार का पूर्णतः समर्थन किया।

उपराष्ट्रपति-पद के लिए अपना नामांकन दाखिल करने के बाद डॉ. शंकरदयाल शर्मा मुझसे मिलने आए। उन्होंने मुझे बहुत धन्यवाद दिया और

पारंपरिक उत्तर भारतीय ढंग से मुझे प्रणाम किया। हमने उपराष्ट्रपति और खासकर राज्यसभा अध्यक्ष के रूप में उनके कामों पर सामान्य चर्चा की।

इस अध्याय में मैंने यह बताने की कोशिश की है कि भारत के राष्ट्रपति की दैनिक दिनचर्या कैसी होती है। इसमें राज्यों के गंभीर मामलों से लेकर लोगों से सामान्य मुलाकात और घटनाएँ शामिल हैं। ये आदमी के दिमाग में दर्ज हो जाती हैं और घटना बहुत व्यस्त समय-सारिणी के बावजूद अपनी जगह बनी रहती है। अगर यह अध्याय पढ़ने में अलग-अलग घटनाओं की शृंखला-जैसा लगता है तो इसका कारण यही है कि राष्ट्रपति की समय-सारिणी वास्तविक जीवन में भी बहुत-कुछ ऐसी ही है, जिसमें उसे एक ही दिन में विदेश नीति जैसे मुद्दे से लेकर किसी देसी राजनीतिक जिज्ञासु से पाक-प्रणाली पर शिष्ट बातचीत के साथ-साथ सांस्कृतिक संबंध और आनुष्ठानिक समारोहों पर भी ध्यान देना पड़ता है। राष्ट्रपति भवन में रहने वाले व्यक्ति का जीवन मुझे जैसा लगा, यह वैसा ही है।

मेरे काम का तरीका

राष्ट्रपति को कैसे काम करना चाहिए, इसे लेकर कर्मचारियों के रूढ़ नजरिए से मेरा सामना सदैव होता रहा। जब कभी मैं प्रत्यक्ष या परोक्ष रूप से यह जताने की कोशिश करता था कि मैं, मैं हूँ, सिर्फ राष्ट्रपति ही नहीं, तो कर्मचारी प्रायः इसका विरोध करते थे। ज्यादातर मामलों में मुझे हार मान लेनी पड़ती थी, क्योंकि 'सुरक्षा-व्यवहारों या राष्ट्रपति के प्रोटोकोल के अन्य मामलों को त्यागना आसान नहीं है।

जब मैंने अपनी दिनचर्या व्यवस्थित की उसके फौरन बाद ऐसी ही एक घटना घटी। सुबह कॉफी पीने के बाद मैं अखबार पढ़ने और बरामदे में टहलने का आनंद लेता था। वहाँ से नार्थ गार्डन दिखाई देता है। इस हिस्से से पेड़ों के पार नार्थ एवेन्यू दिखता है, जहाँ सांसदों के घर हैं। लेकिन कुछ दिनों बाद मैंने देखा कि बीच में तार की एक जाली लग गई है, जिससे मुझे देखने में व्यवधान होने लगा। मैंने सैनिक सचिव से इस एकदम अनावश्यक अड़ंगे का कारण पूछा। उन्होंने बताया कि चूँकि नार्थ एवेन्यू के फ्लैट से कोई भी मुझे आसानी से देख सकता था, और उतनी दूर से भी कोई मुझे आसानी से अपनी गोलियों का निशाना बना सकता था, इसीलिए सुरक्षा कारणों से तार की यह

जाली लगानी पड़ी है। मैं इस बारे में कुछ नही कर पाया पर मुझे विश्वास है कि आप यह समझेंगे कि क्योंकि एक राष्ट्रपति अपने आपको घिरा हुआ महसूस करता है–अक्षरश: और लाक्षणिक रूप से भी।

मैंने राष्ट्रपति भवन के अधिकारियों से इस बात पर चर्चा की थी कि राष्ट्रपति अपनी निजी रसोई रख सकते हैं या उनके परिवार को राष्ट्रपति भवन की रसोई से ही खाना खाकर उसका भुगतान करना होगा। मैंने अपनी निजी रसोई बनाने और राष्ट्रपति भवन के भंडार से लिए गए सामान का भुगतान करने का फैसला किया। मैं सरकारी खर्च पर रियायती खाने के एकदम यकीन नहीं रखता।

नौ बजे सवेरे नाश्ते के बाद मैं अपने विशेष कार्यालय में चला जाता था, जिसे 'शांति निकेतन' कहा जाता था। अपने लिए इसकी व्यवस्था मैंने भूतल पर की थी। इस सुरुचिपूर्ण कार्यालय में पुस्तकों की अलमारियाँ करीने से लगी थीं, जिसमें भारत के संविधान और ब्रिटिश संसदीय व्यवहार से संबंधित सारी प्रमुख किताबें थीं। भारतीय और विश्व-अर्थव्यवस्था, राजनीति, संस्कृति, साहित्य और पूर्वी तथा पश्चिमी दर्शन पर सभी आवश्यक किताबें भी इसमें थीं। मैं हर दिन की शुरुआत सैनिक, सचिव, राष्ट्रपति के सचिव और संयुक्त सचिव से मुलाकात के साथ करता था।

सैनिक सचिव मुझे विभिन्न समारोहों के लिए प्राप्त निमंत्रणों के बारे में बताते थे। साथ ही देश के भीतर और बाहर की जानेवाली सरकारी यात्राओं की सूचना देते थे। हम इस बात पर चर्चा करते थे कि किस निमंत्रण को स्वीकार किया जाना चाहिए। साथ ही हम दूसरे कामों के लिए उपयुक्त तारीखें भी तय करते थे। मेरे राष्ट्रपति बनने के फौरन बाद सैनिक सचिव ने प्रस्ताव रखा कि नए राष्ट्रपति के रूप में मुझे सभी राज्यों की परंपरागत औपचारिक यात्रा करनी चाहिए। मैंने खर्च का ख्याल करके इस विचार को खारिज कर दिया और यह सलाह भी दी की जब कभी किसी राज्य के दौरे की जरूरत हो तो उसे ही औपचारिक यात्रा मान लिया जाए। सैनिक सचिव अमूमन इन यात्राओं और कार्यक्रमों की तारीख और समय तय करने के बाद मीटिंग से चले जाते थे।

राष्ट्रपति के सचिव को मैंने यह भी सूचित किया कि अधिकारीगण हस्ताक्षर के लिए मेरे पास फाइलें लेकर न आएँ। मैं इस आम परिपाटी को बदलना चाहता था। मैं चाहता था कि मेरे पास सभी कागज ऐसी पेटियों में भेजे जाएँ,

जिसमें ताला लगा हो। मैं फाइलों पर आर्डर लिखकर उन्हें उन्हीं बंद पेटियों में वापस कर दूँगा।

मेरी आदत है कि मैं सभी फाइलों को खुद पढ़ता हूँ। तीन दशक पहले जब मैं मद्रास में मंत्री था, तभी से ऐसा है। मैं चाहता था कि मेरी यही आदत बनी रहे। पर बहुत जल्दी मैंने देखा कि मेरे पास जितने कागज आते हैं, उन्हें पढ़ने के लिए दिन के चौबीस घंटे भी कम हैं मैंने देखा कि मेरे पास जितनी फाइलें आती हैं, उन पर अगर मैं सिर्फ दस्तखत भी करता और उनमें लिखी बातों को मुझे मेरे स्टाफ़ का कोई आदमी बता देता, तो सिर्फ एक घंटा काम करने की जरूरत होती। पर अगर मैं सभी कागजों को पढ़ता तो पूरा दिन भी पर्याप्त नहीं होता। इसके बावजूद मैं हमेशा खुद काम करना पसंद करता था और शार्ट कट में यकीन नहीं रखता था। इसलिए स्वभावतः मैंने सभी फाइलों को पढ़ना पसंद किया।

मैंने अपने कार्यों को विभिन्न श्रेणियों में वर्गीकृत किया :

(1) जो मंत्रिमंडल से संबंधित थे, मसलन, मंत्रिमंडल की बैठक की कार्यसूची के विषय। ये (अ) मंत्रिमंडल के फैसले (ब) बिलों पर सहमति की दो श्रेणियों के तहत आते आते थे।

(2) जजों, राज्यपालों और अन्य वैधानिक अधिकारियों की नियुक्ति से संबंधित मामले।

(3) केंद्रीय विश्वविद्यालयों से संबंधित मामले, क्योंकि राष्ट्रपति इन विश्वविद्यालयों का विजिटर होता है। इनके अधिनियमों में संशोधन, चुनाव और अन्य समितियों में सदस्यों की नियुक्ति तथा कुलपति से संबंधित मामले।

(4) राष्ट्रपति भवन-प्रशासन से संबंधित विविध विषय, उद्यान, गैरेज वगैरह के मामले।

मैं पहले तीन विषयों पर खास ध्यान देता था। विश्वविद्यालयों से संबंधित मामलों में मैं सामान्यतया शिक्षा मंत्रालय की सिफारिशों को मान लेता था। जहाँ तक राष्ट्रपति भवन-प्रशासन, उद्यान का रख-रखाव और ऐसे दूसरे कामों का सवाल है, इनकी चर्चा सुबह की बैठक में होती थी और फैसले तभी ले लिए

जाते थे। अधिकारियों के साथ होनेवाली सुबह की बैठक का कार्यवृत्त पूरी तरह नियमित था।

मैं केंद्रीय लोक निर्माण विभाग के अधिकारियों और अपने कर्मचारियों के साथ राष्ट्रपति भवन के नियमित दौरे करता था, ताकि 340 कक्षों वाले इस विस्तृत भवन से अपने-आपको परिचित रखूँ। ऐसे ही एक दौरे में मैं यह देखकर दंग रह गया कि वाइस रीगल पैलेस के कई शानदार कक्षों का इस्तेमाल गोदाम के रूप में किया जा रहा था, जिसमें हर तरह का-उपयोगी और बेकार सामान रखा जाता था। उदाहरण के लिए अशोक हॉल या दरबार हॉल में ले जाने में दिक्कत न हो। इस अत्यंत समृद्ध कक्ष का इस्तेमाल पहले वायसराय की पत्नी स्वागत-समारोह वगैरह आयोजित करने के लिए करती थीं। यह कक्ष सुनहरे फ्रेमवाले आईनों से सजा था, पर अब इस शाही हॉल को ये निर्जीव कुर्सियाँ घेरे रहती थीं। मैंने निद्रेश दिया कि इस कक्ष को फिर से ठीक किया जाए और इसका इस्तेमाल विशेष सम्मेलन-कक्ष के रूप में किया जाए, जिसमें राज्यपालों के सम्मेलन, विदेशी प्रतिनिधिमंडलों से बातचीत के अलावा अन्य महत्त्वपूर्ण आनुष्ठानिक कार्य किए जाएँ। राष्ट्रपति भवन में उपलब्ध फर्नीचर में से एक-विशिष्ट सम्मेलनवाली मेज, आरामदायक कुर्सियाँ, कागज रखने वाले कुछ रैक वगैरह यहाँ रख दिए गए। इसी तरह माइक्रोफोन की व्यवस्था और अनुवाद की सुविधा का प्रावधान किया गया। मेरे पद सँभालने के बाद राज्यपालों के सम्मेलन इसी सुरुचिपूर्ण और उत्कृष्ट फर्नीचर से सजे शाही कमरे में हुए। साइप्रस के राष्ट्रपति, उनके प्रतिनिधिमंडल तथा प्रधानमंत्री राजीव गाँधी और उनके प्रतिनिधिमंडल में चर्चा यहीं हुई थी। इस भव्य सम्मेलन-कक्ष से साइप्रस के राष्ट्रपति इतने प्रभावित हुए कि राजीव गाँधी से उन्होंने कहा कि अंग्रेज इसका इस्तेमाल प्रतिष्ठापूर्ण मौकों पर ही करते होंगे। उस रात राजकीय भोज के दौरान राजीव गाँधी ने मुझे यह बात बताई और शरारती मुस्कान के साथ कहा-उनके मन में आया था कि राष्ट्रपति को बता दें कि अभी हाल तक इसका उपयोग कबाड़खाने के रूप में हो रहा था।

सम्मेलन-कक्ष के सामने और विशिष्ट अतिथियोंवाले सूट के पास के दो और राजकीय कक्षों की हालत भी ऐसी ही थी। एक में फालतू कारपेट भरे हुए थे और दूसरे में कुछ पुराने फर्नीचर। मैंने इन दोनों कमरों को भी फिर से काम लायक बनाने का इंतजाम किया और तय किया कि सम्मेलन-कक्ष

के सामनेवाले नार्थ ड्राइंग रूम का इस्तेमाल राष्ट्राध्यक्षों और परिचय-पत्र देने के बाद राजदूतों की अगवानी के लिए किया जाएगा। मैंने आदेश दिया कि साउथ ड्राइंग रूम का इस्तेमाल विशिष्ट अतिथियों द्वारा भारतीय मेहमानों का स्वागत करने के लिए किया जाएगा। इनमें उपराष्ट्रपति, प्रधानमंत्री, कैबिनेट मंत्री, विपक्ष के नेता वगैरह शामिल हैं। केंद्रीय लोक निर्माण विभाग ने सम्मेलन-कक्ष और दोनों बैठकों का अविश्वसनीय ढंग से, बहुत कम समय में पुनरुद्धार कर दिया। मुझे लगता है मेरा अपना उत्साह ही सबके उत्साह का कारण बना। अंग्रेजों के जमाने में सिंहासन-कक्ष के नाम से सुपरिचित दरबार हॉल को भी मरम्मत की खासी जरूरत थी। यहाँ सैनिक और नागरिक पुरस्कारों से संबंधित सम्मान-समारोह होते हैं। इसे भी ठीक कराया गया। मुझे लगा, बुद्ध की मूर्ति के दोनों और दो पट्ट लगा दिए जाएँ और उन पर हिंदी-अंग्रेजी में संविधान की प्रस्तावना लिख दी जाए, तो दरबार हॉल का गौरव कुछ और बढ़ जाएगा, साथ ही सदैव सरकार को संविधान के तहत उसकी जिम्मेदारियाँ याद दिलाने का काम करेगा।

मुझे यह भी ज्ञात हुआ कि राष्ट्रपति भवन-प्रतिष्ठान में हालाँकि पाँच दिन का सप्ताह था, फिर भी काम करने के लिए समय और छुट्टियों की परवाह नहीं की जाती थी। आवश्यक फाइलें आधी रात को भी पहुँच जाती थीं और मैं प्रायः चुटकी लेता था कि राष्ट्रपति शायद नींद में ही उन पर दस्तखत करते रहे होंगे।

इसके अलावा ज्यादातर आगंतुक राष्ट्रपति से शनिवार को ही मिलना पसंद करते थे, जबकि तात्कालिक या आवश्यक कामों के लिए कोई कर्मचारी वहाँ नहीं होता था। दरअसल राष्ट्रपति के रूप में शपथ भी मुझे शनिवार को ही दिलाई गई थी और उसी शाम मुझे भी माखनलाल फोतेदार को मंत्री पद की शपथ दिलानी पड़ी थी। पर जरूरी काम के लिए कोई कर्मचारी मौजूद नहीं था, क्योंकि वह साप्ताहिक अवकाश का दिन था। मैंने अपने अफसरों के साथ सुबह की बैठक में इस समस्या पर चर्चा की और छह दिन के हफ्ते की पुरानी प्रणाली अपनाने का सुझाव दिया। सचिव और दूसरे अफसर शांत हो गए, क्योंकि उन्हें लगता था कि ऐसे किसी कदम से कर्मचारियों में असंतोष पनप सकता है। आगे और बातचीत करने के बाद आखिरकार मैंने तय किया कि राष्ट्रपति भवन-प्रतिष्ठान के आधे कर्मचारी एक-एक शनिवार छोड़कर काम पर आएँगे। यह ऐसा उपाय था जो हरेक को अच्छा लगा। निजी कर्मचारी रविवार और अन्य

छुट्टियों समेत हर दिन कार्यालय का रूटीन काम करते रहने की व्यवस्था आपस में ही कर लेते थे। सुबह की बैठक 45 मिनट से 1 घंटे तक चला करती थी। इसके बाद मैं उस दिन की महत्त्वपूर्ण फाइलें निपटाता था। मैं दोपहर बारह बजे से एक बजे के बीच उन लोगों से मिलता था, जिनसे गंभीर बातचीत करनी होती थी। अन्य लोगों से मैं शाम 4.00 बजे से 6.00 बजे के बीच मिलता था।

दोपहर के हल्के खाने के लिए मैं डेढ़ बजे चला आता था और साढ़े तीन बजे वापस आफिस पहुँच जाता था। शाम को मैं प्राय: स्फूर्तिप्रद सैर पर निकल जाता था, कभी बैडमिंटन खेलता था या फिर कभी-कभी गोल्फ। रात को 11.00 बजे बिस्तर पर जाने से पहले मैं कुछ समय पत्रिकाएँ और विविध प्रकाशनों को पढ़ने में लगाता था। मैं गीता पढ़ता था या कविता और दर्शन में डूब जाता था।

सौभाग्य से मुझे नींद न आने की बीमारी कभी नहीं रही और सदा ही अच्छी नींद आती रही है। इससे दिन-भर की थान और तनाव दूर हो जाता है और अगले दिन मैं बिल्कुल नई शक्ति से बैठता हूँ।

राष्ट्रपति के रूप में काम करने के मेरे तरीके पर प्रेस की टिप्पणी इस प्रकार थी, ''जानकारों का कहना है कि रामस्वामी वेंकटरमन ऐसे राष्ट्रपति हैं जो कुछ भी निरर्थक नहीं होने देते और वे अपने दैनिक काम-काज को एकदम किसी सरकारी विभाग के सचिव की तरह करते हैं। हाल में जब सैनिक सचिव देश के विभिन्न राज्यों में राष्ट्रपति की पहली यात्रा की व्यवस्था के लिए गए तो उनसे कहा गया कि तत्काल यात्रा की कोई जरूरत नहीं है! सामान्यतया राष्ट्रपति पद सँभालने के बाद पहले दो महीनों में ही देश की यात्रा कर लेते हैं। पर नए राष्ट्रपति स्थिर ही रहे। नए राष्ट्रपति का यह कदम बहुत ही तर्क संगत था। उन्होंने देश की आर्थिक स्थिति के प्रति अपनी जागरूकता दिखाई है। इसलिए औपचारिक आनुष्ठानिक यात्राएँ वेंकटरमन को कभी नहीं रुचीं। ऐसी यात्राएँ सामान्यतया भारत-दर्शन जैसी होती हैं और इनसे कुछ और बहुत कम प्राप्त होता है।''

श्रीलंका एवं अन्य मामले

कितने ही लोग ऐसे हैं जो राष्ट्रपति की भूमिका को बहुत कुछ आलंकारिक

मानते हैं और समझते हैं कि वे मुख्य रूप से समारोहों की अध्यक्षता और ऐसे ही अन्य काम करते हैं। मैं आपको आश्वस्त कर दूँ कि यह एकदम गलत धारणा है। बेशक आलंकारिक समारोहों में भाग लेना या उसकी अध्यक्षता करना राष्ट्रपति की जिम्मेदारियों का महत्त्वपूर्ण पहलू है, पर राष्ट्रपति को और भी बहुत काम करने होते हैं। बहुत महत्त्वपूर्ण राजनीतिक घटनाएँ राष्ट्रपति का ध्यान आकर्षित करती रहती हैं। इनमें राष्ट्रीय और अंतर्राष्ट्रीय दोनों ही तरह की घटनाएँ होती हैं। उदाहरण के लिए श्रीलंका की घटनाओं का भारत पर गंभीर प्रभाव पड़ सकता है।

18 अगस्त को श्रीलंकाई संसद में बम-विस्फोट हुआ था। उस समय राष्ट्रपति जयवर्द्धने संसद सत्र से पहले यूनाइटेड नेशनल पार्टी के संसदीय समूह की एक बैठक की अध्यक्षता कर रहे थे। इस घटना में एक सदस्य की मृत्यु हो गई थी और प्रधानमंत्री प्रेमदास व उनके सात मंत्रिमंडलीय सहयोगियों समेत 14 लोग घायल हो गए थे। अपने आपको 'देशभक्त लोगों का आंदोलन' (पैट्रियाटिक पीपुल्स मूवमेंट) कहने वाले एक समूह ने विस्फोट की जिम्मेदारी ली। इन लोगों का मानना था कि श्रीलंका सरकार ने भारत से समझौता करके अपने लोगों के साथ छल किया है। इस घटना में राष्ट्रपति जयवर्द्धने खुद घायल नहीं हुए थे और उन्होंने जोर देकर कहा था कि उनकी सरकार भारत से हुए समझौते की शर्तों को लागू करेगी, भले ही 'दुष्ट ताकतें' उनके खिलाफ काम करती रहें। प्रधानमंत्री राजीव गाँधी ने इस घटना पर चर्चा करने के लिए मुझे फोन किया और भारत-श्रीलंका समझौते को लागू करने के मामले में अपनी चिंता जताई। हम दोनों ने राष्ट्रपति जयवर्द्धने को संदेश भेजे, जिनमें हमले की निंदा की गई और मंत्रियों के घायल होने पर उद्विग्नता जतलाई गई।

यहाँ मैं यह बताना चाहूँगा कि इससे पहले श्रीलंका-यात्रा के दौरान कोलम्बो में गार्ड ऑफ ऑनर का निरीक्षण करते हुए राजीव गाँधी पर एक नौसेनिक के हाथों हमला हो चुका था। इसके बाद मुझे ऐसे मौकों पर वी.आई.पी. सुरक्षा को लेकर चिंता हुई। मैंने स्टाफ कमेटी के तत्कालीन प्रमुखों के अध्यक्ष एडमिरल ताहिलयानी को चर्चा के लिए बुलाया। मैं जानना चाहता था कि आनुष्ठानिक स्वागत-समारोहों में सिर्फ सैल्यूट से काम चल सकता है या नहीं, और निरीक्षण परेड को हटाने के लिए वे तैयार हैं या नहीं। उन्होंने इस विचार का विरोध

किया। उन्होंने कहा कि यह एक अंतर्राष्ट्रीय प्रथा है और गार्ड ऑफ आनर का निरीक्षण खत्म करना विशिष्ट मेहमान के प्रति अशिष्टता दिखाने-जैसा होगा।

इस समस्या का हल निकालने के लिए उन्होंने सुझाव दिया कि जिस लाल कालीन पर विशिष्ट मेहमान चलते हैं, वह लाइन से दो मीटर दूर बिछाई जा सकती है। इससे हमले की आशंका को बड़ी हद तक कम किया जा सकता है। मैंने नौसेना-प्रमुख से कहा कि वे दूसरे प्रमुखों से सलाह कर लें और इस मामले पर मुझे उनकी राय से अवगत कराएँ। विशिष्ट मेहमानों की अगवानी पालम हवाई अड्डे की वायुसेना-शाखा में करने का चलन है, जिसे 'टेकनिकल एरिया' कहा जाता है। इस काम के लिए काफी लोगों को हवाई अड्डे जाना पड़ता है, ताकि विशिष्ट अतिथि की अगवानी की जा सके। इसके लिए काफी देर तक यातायात रोकना पड़ता है, जिसमें जनता को बहुत असुविधा होती है।

रक्षामंत्री के रूप में मैंने इंदिरा गाँधी को सलाह दी थी कि आनुष्ठानिक स्वागत-समारोह हवाई अड्डे की बजाय राष्ट्रपति भवन में स्थानांतरित कर दिया जाए, ताकि ढेरों लोगों के हवाई अड्डे तक जाने-आने से बचा जा सके। मैंने राजीव गाँधी को भी यही सुझाव दिया। उन्होंन इस विचार को गंभीरता से लिया और मुझसे इसकी रूपात्मकता की चर्चा की। जब एडमिरल ताहिलियानी मेरे पास आए तो मैंने उन्हें आनुष्ठानिक स्वागत-समारोहों को राष्ट्रपति भवन परिसर में स्थानांतरित करने के प्रस्थाव के बारे में बताया। मैंने उनसे कहा कि राष्ट्रपति राष्ट्राध्यक्षों का स्वागत राष्ट्रपति-भवन में करेंगे, जबकि सरकारों के प्रमुखों का स्वागत राष्ट्रपति भवन में ही प्रधानमंत्री किया करेंगे।

हवाई अड्डे पर विशिष्ट अतिथि की अगवानी एक मंत्री और चीफ ऑफ प्रोटोकोल करेंगे और आनुष्ठानिक स्वागत-समारोह के लिए उन्हें राष्ट्रपति भवन लिवा ले जाएँगे। मैंने एडमिरल ताहिलियानी से कहा कि दूसरी सेनाओं के प्रमुखों से भी इस विषय में सलाह कर लें। इस परिवर्तन को लेकर सब ओर सहमति थी और जल्दी ही इसे अमल में ले आया गया।

25 अगस्त की शाम को श्रीलंका के परिवहन मंत्री एम.एच. मोहम्मद श्रीलंकाई उच्चायुक्त के साथ मुझसे मिलने आए। सामान्य शुभकामनाओं के बाद मैंने भारतीय प्रधानमंत्री और श्रीलंकाई राष्ट्रपति के बीच हुए समझौते का स्वागत किया और उम्मीद जताई कि कलह ग्रस्त देश में शांति बहाल होगी।

हालाँकि मंत्री ने एक महत्त्वपूर्ण मुद्दा उठाया। उन्होंने कहा कि वे श्रीलंका के उत्तरी और पूर्वी प्रांतों के विलय के खिलाफ हैं, पर उन्होंने इसे स्वीकार कर लिया है, क्योंकि पूर्वी क्षेत्र के पास जनमत-संग्रह जैसी लोकतांत्रिक प्रक्रिया के द्वारा उत्तरी क्षेत्र से अलग होने का विकल्प है। उन्होंने कहा कि पूर्वी क्षेत्र में किसी मुसलिम को प्रांतीय सभा का मुख्यमंत्रित्व मिल जाने की संभावना है। उनकी राय में पृथक पूर्वी प्रांत के पक्ष में सिसली और मुसलिम वोट एक साथ पड़ते। श्रीलंका के मंत्री के रुख से मैं बेहद परेशान हुआ। असल में राजीव गाँधी की बातचीत में जो संतोष दिखा था, यह उससे बिल्कुल अलग था। मैंने राजीव गाँधी को तत्काल एक चिट्ठी भेजी, जिसमें श्रीलंकाई परिवहन मंत्री के रुख और विलय पर उनकी राय का जिक्र किया। कुछ दिनों बाद राजीव गाँधी ने जवाब भेजा। इसके मुताबिक, ''हमें उत्तरी और पूर्वी प्रांत के विलय के विरोध से निपटने का कोई रास्ता ढूँढ़ना होगा। पर महत्त्वपूर्ण है कि पूर्वी प्रांत में तमिल मुसलमानों से संबंध बनाएँ।''

4 सितंबर को श्रीलंका में अपने उच्चायुक्त जे.एन. दीक्षित ने मुझे वहाँ की बदलती परिस्थितियों के बारे में बताया। उन्होंने कहा कि तमिल मुक्तिचीते पूरे मन से सहयोग नहीं कर रहे हैं और समझौते को लेकर उनके मन में कई बातें हैं। उन्होंने कहा कि अंतरिम प्रशासनिक परिषद में मुक्तिचीते चाहते हैं कि उन्हें पूरा नियंत्रण मिल जाए। मैंने श्री दीक्षित से कहा कि भारत-श्रीलंका समझौते को लागू करवाने के लिए वे जो कर सकते हैं, करें, क्योंकि मेरी राय में यह सर्वश्रेष्ठ समझौता है और इससे बेहतर की गुंजाइश नहीं है। मैंने उनसे यह भी कहा कि अंतरिम परिषद में मुक्तिचीतों को बहुमत देने की संभावनाओं के बारे में मैं प्रधानमंत्री से बात करूँगा। श्री दीक्षित ने राष्ट्रपति जयवर्द्धने की प्रशंसा की, क्योंकि उन्होंने बौद्ध भिक्षुओं और अपनी ही पार्टी के नेताओं के विरोध के बावजूद समझौते पर दस्तखत करने का साहस किया था।

जब मुझसे प्रधानमंत्री की मुलाकात हुई तो उन्होंने श्रीलंका की स्थिति और वहाँ की मुश्किलों का जिक्र किया। वे दूसरे तमिल गुटों के प्रति मुक्तिचीतों के रुख को लेकर चिंतित थे। उनका मानना था कि अगर सभी तमिल गुट मिले हुए उत्तरी और पूर्वी प्रांतों को चलाने में एक-दूसरे का सहयोग नहीं करेंगे तो अंतरिम परिषद का पूरा प्रयोग नाकाम हो जाएगा। मैंने प्रधानमंत्री के मूड में काफी बदलाव देखा। पहले उनमें उल्लास था, पर बाद में निराशा छा गई।

7 सितंबर को श्रीलंका के वित्तमंत्री रोनी डी मेल और उनकी पत्नी मेरे पास आईं। फंड-बैंक और एशियन डेवलपमेंट बैंक की विभिन्न बैठकों की यात्राओं के दौरान हम लोग अच्छे मित्र हो गए थे। मैं भारत-श्रीलंका आर्थिक सहयोग की बैठकों में भाग लेने के लिए प्रतिनिधिमंडल के नेता के रूप में श्रीलंका गया था। इसके बाद वे मेरे पास आए थे। बातचीत के दौरान उन्होंने यह आशंका जताई कि मुक्तिचीतों के नेता भारत-श्रीलंका समझौते को बिगाड़ रहे हैं और इससे राष्ट्रपति जयवर्द्धने की स्थिति खतरे में पड़ जाएगी। उन्होंने कहा कि राष्ट्रपति जयवर्द्धने ने अपनी प्रतिष्ठा को जोखिम में डालकर जबरदस्त विरोध के बावजूद यह समझौता किया था। अगर यह नाकाम हो गया तो उनकी साख खराब हो जाएगी। वे चाहते थे कि भारत मुक्तिचीतों को नियंत्रित करे और उन तक हथियार न पहुँचने दे।

मैंने उन्हें आश्वस्त किया कि राजीव गाँधी समझौते की कामयाबी के लिए कोई कसर नहीं उठा रखेंगे। और यह भी कि वे चाहते हैं, समझौता सहयोग की भावना से लागू हो। रोनी डी मेल की बातों से यह साफ था कि समझौते के लागू होने को लेकर उन्हें शक होने लगा है।

12 सितंबर को प्रधानमंत्री एक बार फिर पाक्षिक मुलाकात के लिए राष्ट्रपति भवन आए। उन्होंने कहा कि मुक्तिचीतों ने सहयोग का अपना वायदा तोड़ दिया है, बल्कि सच तो यह है कि श्रीलंकाई तमिल गुटों के प्रति शत्रुतापूर्ण रुख अख्तियार कर लिया है। यह भी कहा कि इस संहारक लड़ाई ने भारतीय शांति सेना के लिए मुश्किलें खड़ी कर दी हैं। इसके बाद उन्होंने अपनी भावी विदेश यात्रा की चर्चा की। उन्होंने बताया कि उन्हें संयुक्त राष्ट्र महासभा की बैठक में भाषण देने अमेरिका जाना है। इसके अलावा स्पेन और एक-दो अन्य यूरोपीय देशों की यात्रा करनी हैं। उन्होंने यह भी कहा कि उनके ऊपर कई और देशों की यात्रा करने के काफी दबाव है। मैंने उन्हें सलाह दी कि वे हफ्ता-दस दिन ही देश से बाहर रहें। मैंने कहाँ कि भारत की समस्याओं पर प्रधानमंत्री को स्वयं ध्यान देने की जरूरत है। मैंने यह भी कहा कि इस देश में रिमोट कंट्रोलवाले तरीके कारगर ढंग से काम नहीं कर सकते।

इस अवधि में राष्ट्रपति भवन की सुरक्षा-व्यवस्था की ओर मेरा फिर ध्यान गया। केंद्रीय मंत्रिपरिषद के मेरे एक पूर्व सहयोगी और पहले संसद-काल से

ही नजदीकी रखनेवाले भागवत झा आजाद मुझसे मिलने आए। पर राष्ट्रपति भवन के सुरक्षा-कर्मचारियों ने उनकी कार को रोक दिया और कहा कि एक किलोमीटर दूर मुख्य प्रवेश-द्वार तक पैदल जाएँ! सौभाग्य से भागवत झा ने इसके लिए मुझे जिम्मेदार नहीं माना, बल्कि मेरे संयुक्त सचिव को बुलवाया जिसने उनकी कार के लिए प्रवेश-पत्र बनवाया। इस कठोर सुरक्षा-व्यवस्था से मुझे फिर एक बार परेशानी हुई, इसलिए अगले ही दिन अफसरों की बैठक के दौराने मैंने तय किया कि कैबिनेट मंत्री, विदेशी विशिष्ट अतिथि और विशेष आमंत्रित सीधे राष्ट्रपति भवन के नार्थ कोर्ट प्रवेश-द्वार पर पहुँचेंगे, जबकि सांसद, वरिष्ठ अधिकारी और ऐसे दूसरे आगंतुक साउथ कोर्ट प्रवेश द्वार पर पहुँचेंगे। यह व्यवस्था सभी संबंधित लोगों के लिए बहुत संतोषजनक सिद्ध हुई।

राष्ट्रपति भवन के तलघर में एक छोटा-सा थियटर है। सामान्यतया इसमें राष्ट्रपति के परिवार और इस्टेट के निवासियों के लिए फिल्में दिखाई जाती हैं। शास्त्रीय संगीत और नृत्य में अपनी रुचि के कारण मैंने थियटर की ध्वनि एवं प्रकाश-व्यवस्था को बेहतर बनवाया। यहाँ संगीत-समारोह तथा नृत्य-प्रदर्शन की शृंखला आयोजित की। जब-तब मैं यहाँ पुरस्कृत फिल्मों का भी प्रदर्शन करवाता था। संगीत-कार्यक्रमों में सबसे पहले वॉयलिन-वादक टी.एन. कृष्णन ने अपने बेटे और बेटी की संगत में संगीत पेश किया। इसमें प्रधानमंत्री, सोनिया गाँधी, मुख्य न्यायाधीश, मंत्रीगण और तीनों सेनाओं के प्रमुख शामिल हुए। स्थायी आमंत्रितों की एक सूची बना ली गई थी और उन्हें निमंत्रण भेज दिए जाते थे।

दरबार हॉल में मंच पर राष्ट्रपति की चमकती कुर्सी के पीछे बुद्ध की एक खड़ी मूर्ति लगा दी गई थी। मैंने पूछा कि जब किसी हॉल में कोई मूर्ति नहीं है, तो यह यहाँ केसे लग गई। मुझे बताया गया कि यह एडविन लुटियन की डिजाइन में नहीं थी, बल्कि वहाँ बाद में लगाई गई थी। यह मूर्ति यहाँ केसे लगी, इसका विवरण राष्ट्रपति भवन के बारे में लिखी गई शारदा प्रसाद की किताब के एक आकर्षक खण्ड में है। मैंने अपना कार्यकाल समाप्त होने से पहले उन्हें इसे लिखने के लिए प्रेरित किया था। लगता है, जैसे लंदन में 1947-48 में भारतीय कला की एक प्रदर्शनी थी और वहाँ प्रदर्शित की गई मूल्यवान चीजें यहाँ राष्ट्रीय संग्रहालय में रखने के लिए भारत लाई गई थीं। इनमें से बुद्ध और वृषभ को संग्रहालय में स्थानांतरित करने के बजाय राष्ट्रपति

भवन में रख लिया गया। वृषभ को दरबार हॉल के बाहर रखा गया था। मैं यह अवश्य कहूँगा कि ये दोनों राष्ट्रपति भवन के लिए मूल्यवान धरोहर हैं। जिस हॉल में श्रेष्ठ और महान लोग सम्मान देने और पाने के लिए इकट्ठे होते हैं, उसमें त्याग करने वाले एक राजकुँवर की मूर्ति का होना अच्छी बात है। बुद्ध की मूर्ति हमें भौतिक सुखों की क्षण-भंगुरता का अहसास कराती है।

दरबार हॉल यदि राजसी है, तो अशोक हॉल मोहक। इसका इस्तेमाल विदेशी राजनयिक प्रतिनिधियों का परिचय-पत्र प्राप्त करने, विशिष्ट अतिथियों के लिए सांस्कृतिक कार्यक्रमों का आयोजन करने और राजकीय भोज के पहले स्वागत-कक्ष के रूप में किया जाता है। अंग्रेजों के जमाने में यह डांस हॉल था। इसलिए इसकी सतह लकड़ी की है। छत बहुत खूबसूरत रंगी हुई है। यहाँ ऊँट के चमड़े पर शिकार करने और अदालत के दृश्य बने हुए हैं। उपराष्ट्रपति के रूप में ही जब मैं भोज में शामिल होता था, तभी स्पष्ट दिखाई देता था कि चित्रकारी पुरानी और खराब हो रही है तथा उन्हें ठीक करने की जरूरत है। इसलिए मैंने पेंटिंग को हटवाया और उन्हें ठीक करवाकर दुबारा टंगवा दिया। मैं इन कलाकृतियों को विशिष्ट विदेशी अतिथियों को खासे गर्व के साथ दिखाता था।

20 अगस्त को मैं अपनी पत्नी के साथ राजीव और सोनिया से मिलने गया, और राजीव के जन्मदिन पर अपनी बधाई दी। उन्होंने मुझसे कहा कि उन्हें खबर मिली है कि पाकिस्तान सियाचिन क्षेत्र में आक्रमण की तैयारी कर रहा है। वे राष्ट्रपति जिया-उल-हक को संदेश भेज रहे थे, ताकि स्थिति खराब न हो। उन्होंने कहा कि वे पाकिस्तानी राष्ट्रपति की प्रतिक्रिया का इंतजार करेंगे।

राजीव ने कहा कि वे मंत्रिमंडल में राज्यपालों को शामिल करना चाहते हैं। मैंने उन्हें सलाह दी की वे ऐसा तभी करें, जब उन्हें किसी खास विभाग में मंत्रिमंडल को मजबूत करना हो। मैंने कहा कि उस समय के राज्यपालों में असम के राज्यपाल भीष्म नारायण सिंह संसदीय मामलों के अच्छे मंत्री हो सकते हैं और उन पर विचार किया जा सकता है। इसके बाद राजीव ने कहा कि वे कुछ कैबिनेट मंत्रियों को राज्यपाल बनाना चाहते हैं। मैंने उन्हें चेतावनी दी कि लोकसभा के लिए उपचुनाव की स्थिति न बनाएँ तथा राज्यपाल पद के लिए गुजरात के पूर्व मुख्यमंत्री हितेंद्र देसाई और पूर्व स्पीकर बलिराम भगत के नामों का जिक्र किया।

21 अगस्त को मिजोरम के मुख्यमंत्री ललदेंगा जो अब नहीं रहे, ने मुझसे औपचारिक मुलाकात की और राष्ट्रपति चुने जाने पर मुझे बधाई दी। उन्होंने माना कि गत 20 वर्षों में जब तक वे बागी रहे, अपने लोगों के लिए कुछ नहीं कर पाए। अब जब वे मुख्यमंत्री हैं और रचानात्मक ढंग से लोगों की सेवा करने में सक्षम हैं, तो उन्हें यह अहसास भी हुआ कि टकराव व्यर्थ है। उन्होंने उम्मीद जताई कि देश के अन्य अलगाववादी गुट उनके अनुभव से सीखेंगे और टकराव का निरर्थक रास्ता छोड़ देंगे। मैं उनकी बातों से सहमत था, फिर भी मुझे आश्चर्य हो रहा था, क्योंकि ये वही ललदेंगा थे जिन्होंने एक जामने में यह कहा था कि उनके लोगों को स्वतंत्र मिजोरम से कम कुछ भी स्वीकार नहीं होगा।

ब्रिटेन में यह रिवाज है कि प्रधानमंत्री सम्राट से हर हफ्ते मंगलवार, शाम को बातचीत के लिए मिलता है। प्रधानमंत्री और मेरे बीच यह तय हुआ था कि वे राष्ट्रपति से मिलने पखवाड़े में एक बार शनिवार को सवेरे 10 बजे आएँगे, भले ही इस बीच आवश्यकतानुसार हमारी मुलाकात हो गई हो। इसके बाद प्रधानमंत्री विस्तृत नोट बनाते थे और मुझसे करीब एक घंटे तक कई मामलों पर चर्चा करते थे।

22 अगस्त को प्रधानमंत्री ने मुझे (1) सूखे की स्थिति, (2) श्रीलंका, (3) बोफर्स और (4) राज्यपालों के मामलों में पूरी रिपोट दी।

पहले मुद्दे पर उन्होंने कहा कि देश का लगभग 80 प्रतिशत हिस्सा सूखे से प्रभावित हुआ है और कैबिनेट कमेटी का विभिन्न कदम उठाने का प्रस्ताव हैं। मैंने उन्हें नीचे लिखे सुझाव दिए।

सबसे पहले दुर्लभता का डर खत्म किया जाना चाहिए और इस बात का अविलम्ब प्रचार किया जाना चाहिए कि देश में अनाज का पर्याप्त भंडार है। मैंने कहा कि लोगों को विश्वास में लिया जाना चाहिए और उनसे कहा जाना चाहिए कि 150 लाख टन की भरपाई 260 लाख टन के प्रतिरोधक भण्डार से की जा सकती है।

मैंने यह भी कहा कि खाने की चीजें और खाद्य तेल गाँवों के गरीबों को निःशुल्क उपलब्ध करवाए जाने चाहिए। मैंने आगे कहा कि मुद्रास्फीति चूँकि माँग बढ़ाएगी, इसलिए सरकार को मुद्रास्फीति रोकने की नीति अपनानी चाहिए

और बेकार के खर्चों से बचना चाहिए। मैंने सुझाव दिया कि इस साल आयोजित होने वाले भारत-महोत्सव अगले साल तक के लिए टाले जा सकते हैं। राजीव गाँधी तुरन्त राजी हो गए और कहा कि उन्होंने खुद इस बारे में सोचा था। मुद्रास्फीति रोकने वाली नति के बारे में उन्होंने कहा कि वे वित्तमंत्री नारायणदत्त तिवारी से कहेंगे कि मुझसे मिलकर चर्चा कर लें।

बोफर्स मामले में उन्होंने कहा कि वे भारतीय नागरिकों को हुए भुगतान का पूरा विवरण पाने के लिए काफी उत्सुक हैं, पर बोफोर्स कम्पनी अपनी व्यावसायिक गोपनीयता को भंग करना नहीं चाहती, क्योंकि इससे आगे के सौदों में उसकी साख पर असर पड़ेगा। मैंने राजीव से कहा कि रक्षामंत्री के रूप में मुझे पता है कि सभी हथियार-निर्माता एजेंट रखते हैं और उन्हें विभिन्न नामों से पैसे देते हैं। इसलिए यह सोचना ठीक नहीं होगा कि विदेशी हथियार-वितरक का कोई एजेंट नहीं है। पर इस बात का पूरा ख्याल रखा जाना चाहिए कि वे हमारे फैसलों को प्रभावित न करें।

मेरा सदा से दृढ़ विश्वास रहा है कि राज्यपालों की नियुक्ति उन राज्यों की देखभाल के लिए की जाती है, जिसके वे इंचार्ज हैं। इसलिए उन्हें अपना सारा समय राज्यों के कामों में लगाना चाहिए। शुरुआती वर्षों में राज्यपालों के अपने गृहराज्य के दौरों को लेकर कठोर नियम हुआ करते थे, वह भी 10 दिन से ज्यादा के लिए नहीं। पर बाद में, जब कुछ पूर्व कैबिनेट मंत्री राज्यपाल बना दिए गए, तो उन्होंने अपने राज्य के खर्च पर स्थानीय कार्यक्रमों में शामिल होने का बहाना बनाकर पूरे देश का दौरा शुरू कर दिया। मुझे बताया गया था कि वे दूसरे राज्यों से निमन्त्रण का जुगाड़ भी लगाते हैं। इन निमन्त्रणों में कुछ तो बहुत छोटे समारोहों के होते थे जैसे कि फिल्म कलाकार के प्रशंसकों के संगठन की अध्यक्षता। इन दौरों की जाँच करने पर मैंने पाया कि कुछ राज्यपाल साल-भर में अपने राज्य से सौ दिनों तक भी बाहर रहे हैं। मैंने राजीव गाँधी से यह सब बताया।

राजीव गाँधी ने मुझसे कहा कि राज्यपालों के अपने राज्यों से बाहर के दौरों के कार्यक्रमों से वे थोड़े ताज्जुब में हैं और चाहते हैं कि मैं इस मामले में राज्यपालों को उचित परामर्श दूँ। उन्होंने यह भी कहा कि हरियाणा, कर्नाटक, तमिलनाडु और केरल के राज्यपालों के पद जल्दी भरे जाने हैं।

मैंने कुछ केंद्र शासित क्षेत्रों के लिए ब्रिटेन में भारत के पूर्व उच्चायुक्त सैयद मोहम्मद, गुजरात के पूर्व मुख्यमंत्री हितेंद्र देसाई और राष्ट्रपति के पूर्व सैनिक सचिव एयर मार्शल नाडयू के नाम सुझाए। राजीव गाँधी ने इन नामों को अपनी पाकेट बुक में नोट कर लिया। वे एकदम निश्चिंत थे और ऐसा लगा, जैसे बोफोर्स और अन्य मामलों पर संसद के हंगामें से उनके धैर्य पर खास प्रभाव नहीं पड़ा है।

रविवार को मेरी दिनचर्या सामान्यतया इस तरह होती थी। मैं शाम 4.00 बजे तक न तो नीचे दफ्तर में जाता था और न किसी आगंतुक से मिलता था–सिर्फ उन्हीं लोगों से मुलाकात करता था जिन्हें टाला नहीं जा सकता था। आमतौर पर मैं रविवार की शाम राष्ट्रपति भवन के हरे-भरे और बेहतर ढंग से रखे गए गोल्फ कोर्स में गोल्फ खेलता था।

रविवार, 23 अगस्त को अरुण नेहरू मुझे मिलने आए थे। उन्हें और उनके परिवारवालों को उपलब्ध सुरक्षा में की गई कटौती पर उन्होंने बहुत सख्त शिकायत की। इससे पहले उत्तर प्रदेश के कुछ विधायकों ने मुझसे और राजीव गाँधी से शिकायत की थी कि वी.पी. सिंह एवं अरुण नेहरू के लिए एस्कार्ट वाहन और हथियारबंद गार्ड जैसी उच्च सुरक्षा-सुविधाएँ उपलब्ध होने से लोगों को लगता है कि ये अब भी सत्ता में हैं या सरकार इनकी इज्जत करती है। शायद इसी कारण इन लोगों की सुरक्षा-व्यवस्था में कटौती हुई थी।

अरुण नेहरू ने कहा कि राजीव गाँधी को संसद में बयान देने की सलाह गलत थी, जिसमें उन्होनें कहा कि उन्होंने या उनके परिवार के किसी सदस्य को रक्षा-सौदों में कोई लाभ नहीं मिला है। मैंने उनसे कहा कि जब संसद में सदस्यों ने प्रधानमंत्री पर आरोप लगाए थे, तो यह उनकी जिम्मेदारी थी कि वे मामले में स्पष्टीकरण देते। वरना यह समझा जाता कि आरोप को मान लिया गया है। देश के प्रधानमंत्री जैसे ऊँचे पद पर बैठे व्यक्ति पर लगाए गए आरोप का खण्डन न करने का तो यही मतलब होता।

अरुण नेहरू ने कहा कि 'राजीव भाई' के लिए उनके मन में भारी प्यार और सम्मान है और उन दोनों के बीच टकराव एकदम अनावश्यक है। पर, उन्होंने यह भी कहा कि उन्हें उम्मीद है कि राजीव या प्रशासन उन्हें कोई नुकसान नहीं पहुँचाएगा। मुझे लगा कि यह मेल-मिलाप का अप्रत्यक्ष प्रस्ताव है। पर मैंने

कोई प्रतिक्रिया नहीं जताई, क्योंकि उनके आपसी झगड़े में मेरी कोई दिलचस्पी नहीं थी। उन्होंने राजीव गाँधी के कुछ नजदीकी सहयोगियों की निंदा की और कहा कि उन्हें इन्हीं लोगों ने भ्रमित किया था। करीब एक घण्टे तक अपना गुस्सा निकालने के बाद वे फिर आने का वायदा करके चले गए।

इसके बाद 27 अगस्त की शाम माखनलाल फोतेदार मेरे पास आए और कहा कि पिछले रविवार (23 अमस्त) को जिस अरुण नेहरू से मेरी लंबी बात हुई थी, वे यह अफवाह फैला रहे हैं कि राष्ट्रपति से उनकी अंतरंग बातचीत हुई है और पार्टी के असंतुष्टों के प्रति राष्ट्रपति की बहुत हमदर्दी है। अपनी ओर से मैंने फोतेदार को संक्षेप में बता दिया कि अरुण नेहरू से मेरी क्या बातचीत हुई थी। साथ ही मैंने उन्हें अपनी यह राय भी बताई कि अरुण नेहरू राजीव गाँध से मेल-मिलाप के इच्छुक हैं। इसके अगले दिन 28 अगस्त को सांसद रंगराजन कुमारमंगलम् ने मुझसे कहा कि संसद के सेंट्रल हॉल में जबरदस्त अफवाह है कि मैंने राजीव गाँधी से इस्तीफा माँगा है! उन्होंने संकेत दिया कि अफवाह के स्रोत अरुण नेहरू हो सकते हैं, जिनसे कुछ दिन पहले मेरी बातचीत हुई थी। मुझे इस बात पर हँसी आई और यह नहीं समझ सका कि लोग क्यों अफवाहों पर कान देते हैं और फिर उन्हें दुहराकर आगे फैलाते हैं। मैंने उनसे कहा कि हम लोगों में गप को सुखद समाचार मानने की कमजोरी है।

इसी शाम मेरे संयुक्त सचिव गोपाल गाँधी ने मुझसे कहा कि समाचार एजेंसी यू.एन.आई. के रंगराजन और मेरे उप प्रेस सचिव भटनागर ने उन्हें यह सूचना दी थी कि कमलापति त्रिपाठी ने एक इस्तीफा देने के लिए कहा है। मैंने तत्काल कमलापति को फोन किया और यह बात बताई। उन्होंने ऐसी कोई बात कहने से एकदम इनकार किया। इसके बाद मैंने गोपाल गाँधी से कहा कि अगर यह खबर टेलीप्रिंट पर हो तो इसका खंडन किया जाए। सौभाग्य से कुछ नहीं दिखा। मैं सामान्यतया दिल्ली की गप को नजरअंदाज कर देता हूँ, घर इस मामले में शरारत की सम्भावना थी, क्योंकि यह सबसे सम्मानित स्रोत (त्रिपाठी जी) से आया था और प्रधानमंत्री एवं राष्ट्रपति के संबंधों से जुड़ा था।

पूर्व केंद्रीय वाणिज्य मंत्री मनुभाई शाह मेरे पास औपचारिक मुलाकात के लिए आए। इस दौरान उन्होंने कहा कि लोगों में यह शक घर कर गया है कि बोफर्स सौदे में सरकार को दलाली मिली है। उन्होंने कहा कि सरकार अगर अपने-आपको निर्दोष साबित नहीं करेगी तो अगले चुनावों में उसका असर पड़ेगा।

उनकी राय थी कि राजीव गाँधी को बोफर्स से उन लोगों का नाम माँगना चाहिए जिन्हें दलाली दी गई है। अगर कम्पनीवाले इस माँग को नहीं मानते हैं तो राजीव गाँधी को ठेका रद्द करने की चेतावनी देनी चाहिए। जहाँ तक मेरा सवाल है, मुझे पक्का पता नहीं था कि इस धमकी का असर होगा या नहीं, पर मैंने उनसे कहा कि वे अपने विचार प्रधानमंत्री को बता सकते हैं।

राजनीतिज्ञों पर बिना पुष्टि किए कीचड़ उछालना मीडिया का पसंदीदी मनोरंजन हो गया है। असल में एक पत्रिका ने उस समय के रेलमंत्री माधव राव सिंधिया पर विदेशी मुद्रा-विनिमय कानून (फेरा) के उल्लंघन का आरोप लगाया था। सिंधिया मेरे पास आए। वे थोड़ा गुस्से में थे। उन्होंने कहा कि ऐसी खबरें उनके राजनीतिक विरोधी छपवाते हैं। उन्होंने मुझे बताया कि 1973 में फेरा कानून बनने से भी पहले वे तीन विदेशी कम्पनियों में निदेशक रहे हैं और जब यह कानून लागू हुआ तो उन्होंने वित्त मंत्रालय को तथ्य बताते हुए पत्र लिखा था और निदेशक के रूप में काम करते रहने की इजाजत माँगी थी। वे बेहद परेशान थे। उन्होंने कहा कि एक सामान्य सांसद के रूप में भी वे खुश रहेंगे और अपनी कई सामाजिक व दूसरी गतिविधियाँ चलाते रहेंगे। मैंने उन्हें यह कहकर शांत किया कि राजनीति में रहने के यही नुकसान हैं, और कई साल पहले आधुनिक लोकतंत्र पर लिखते हुए अपनी पुस्तक में ब्राइस ने कहा था कि सार्वजनिक जीवन में व्यक्ति को प्रशंसा और निंदा-दोनों को स्वीकार करना पड़ता है। उसे घटनाओं के अपने पक्ष या विपक्ष में हो जाने से न तो खुश होना चाहिए, न दुखी; अलबत्ता उसे ईमानदार अवश्य होना चाहिए। इससे वे काफी हल्के हुए और जब गए तो लगा जैसे उनका चित्त एकदम शान्त है।

सोमनाथ चटर्जी, मधु दंडवते, इंद्रजीत गुप्त और दो-एक अन्य सांसदों ने मुझे एक ज्ञापन दिया, जिसमें कहा गया था कि दूरदर्शन टेलीविजन का जो दूसरा चैनल शुरू कर रहा है, उस पर राज्यों को विशिष्ट अधिकार दिए जाएँ। उनकी दलील यह थी कि क्षेत्रीय गतिविधियाँ टी.वी. पर पूरी नहीं दिखाई जाती हैं और दूसरे चैनल को पहले चैनल जैसे नहीं होना चाहिए। स्पष्टतया उनका मुख्य उद्देश्य राज्य सरकारों के लिए पर्याप्त प्रचार सुनिश्चित करना था। मैंने उन लोगों से कहा कि प्रशासन के मामले में मेरी दखलंदाजी ठीक नहीं है, फिर भी मैं उनके ज्ञापन को सरकार के पास विचारार्थ भेज दूँगा।

मानव संसाधन विकास मंत्री पी.वी. नरसिम्हा राव ने मुझे 5 सितम्बर, शिक्षा-दिवस पर पुरस्कार बाँटने के लिए आमंत्रित किया था। उन्होंने मुझसे इस मौके पर दिल्ली में नहीं रहने के लिए क्षमा माँगी। दरअसल उन्हें महासागर-समारोह में भाग लेने मारिशस जाना था। हालाँकि मुझे उनकी गैरहाजिरी नहीं खटकी, फिर भी लगा कि राष्ट्रपति के लिए तय कार्यक्रम को विदेश में होनेवाले महासागर-समारोह से ज्यादा महत्ता मिलनी चाहिए थी और वे विदेश मंत्रालय या किसी अन्य विभाग से अपनी जगह किसी और मन्त्री को भेज सकते थे। अलबत्ता, मैंने इसे मुद्दा नहीं बनाया।

पी.वी. नरसिम्हा राव ने सेंट्रल हॉल की उस अफवाह का जिक्र किया, जिसके अनुसार अरुण नेहरू ने मुझे कुछ दस्तावेज़ दिखाए थे, जिनके आधार पर मैंने राजीव से इस्तीफे की माँग की थी। उन्होंने कहा कि अफवाह यह भी थी कि मेरे दफ्तर ने प्रेस को ऐसी कोई रपट न छापने की चेतावनी दी थी। मैं इन खबरों पर हँसा और कहा कि दुहराने से अफवाह मजबूत होती जाती है और हर कोई उस कहानी में अपनी ओर से कुछ न कुछ जोड़ देता है। इसके बाद मैंने नरसिम्हा राव को वह पूरी घटना बताई, जिसमें कमलापति त्रिपाठी के बारे में कहा गया था कि उन्होंने 'ऑफ द रिकार्ड' कहा है कि राष्ट्रपति ने प्रधानमंत्री से इस्तीफा माँगा है और फिर कैसे उन्होंने साफ मना कर दिया कि उन्होंने ऐसी कोई बात नहीं कही है। मैंने नरसिम्हा राव से कहा कि दिल्ली अफवाहों की सबसे बड़ी खान है।

31 अगस्त को मणिपुर के विक्षुब्धों ने टोम्पक सिंह के नेतृत्व में मुझसे रीशांग कीशिंग के खिलाफ कड़वी शिकायतें कीं। इन लोगों ने आरोप लगाया कि उनकी बागी घुसपैठियों से मिलीभगत है। इन लोगों ने यह भी कहा कि वहाँ की आबादी में मेईतियों का बहुमत है और नगाओं की तादाद केवल 20 प्रतिशत है। ऐसे में नगा मुख्यमंत्री स्वीकार्य नहीं हैं। रक्षामंत्री के रूप में बागियों के प्रति उनकी गुप्त सहानुभूति का अहसास मुझे हुआ था। मणिपुर के ऊखौल में काम्बिंग अभियान के दौरान 19 सैनिकों पर अचानक हमला कर दिया गया था। इसके बाद मुख्यमंत्री आए और उन्होंने मुझसे सेना की शिकायत की, जबकि हमला सेना पर किया गया था। मणिपुर के कई और अफसरों ने खुलकर उन गाँववालों का पक्ष लिया, जिन्होंने सेना पर हमला किया था। मैंने उनसे कई बार बात की और कहा कि शांति और सुरक्षा बनाए रखने में सेना की मदद

करें। इसके बावजूद उन्होंने मदद के लिए कुछ खास नहीं किया। उस समय प्रधानमंत्री इंदिरा गांधी को मैंने जो रपट भेजी थी, उसका कोई खास असर नहीं हुआ। राष्ट्रपति बातें तो सुन सकता है, पर अपनी राय नहीं जता सकता। अगर वह ठंडी साँस भी ले लें, तो इसका मतलब ज्ञापन को समर्थन लगाया जाएगा! इसलिए जब तक बात खत्म नहीं हुई, मैं चुप रहा। अंत में मैंने अपना वही फार्मूला दुहराया, ''मैं इस मामले को देखूँगा।''

3 सितंबर को डॉक्टर शंकरदयाल शर्मा को दिल्ली में भारत के उपराष्ट्रपति-पद की शपथ दिलाई गई। मैंने उन्हें हिन्दी में शपथ दिलवाई। शपथ ग्रहण-समारोह औपचारिक और आडम्बरहीन था। डॉ. शर्मा ने मेहमानों से आराम से बातचीत की और उनमें घुल-मिल गए।

भारतीय सेना का एक मुखिया नहीं होता है, बल्कि तीनों सेनाओं के अलग-अलग प्रमुख होते हैं जो रक्षामंत्री के निर्देशों के तहत स्वतन्त्र रूप से काम करते हैं। हालाँकि संयोजन के लिए एक चीफ ऑफ स्टाफ कमेटी होती है और इनमें जो सबसे वरिष्ठ होता है, वही अध्यक्ष के रूप में काम करता है।

5 सितम्बर को प्रधानमंत्री अपनी पाक्षिक भेंट के लिए आए और करीब घंटे-भर साथ रहे। उन्होंने कहा कि कमलापति त्रिपाठी की उस 'ऑफ द रिकार्ड' खबर को उन्होंने गम्भीरता से नहीं लिया था, जिसमें उन्होंने कहा था कि राष्ट्रपति ने प्रधानमंत्री के इस्तीफे की माँग की है। उन्होंने इसे सेंट्रल हॉल की गप कहकर खारिज कर दिया था। मैंने उनसे कहा कि यह अफवाह कहाँ से शुरू हुई, इसका पता लगाया जाए। अपनी आदत के अनुसार उन्होंने अपनी पॉकेट बुक बाहर निकाली और इसे नोट कर लिया। मुझे याद आया कि उनकी माँ का तरीका कितना भिन्न था। इंदिरा गाँधी को कुदरत ने ऐसी याददाश्त दी थी कि वे छोटे-छोटे मामले भी याद रखती थीं और अगर उनकी इच्छा होती थी तो उस पर कार्रवाई करती थीं। उनकी यह भी खासियत थी कि वे उतनी ही बात करती थीं, जितनी जरूरी होती थी।

जी.एस. ढिल्लो को महाराष्ट्र और पी.सी. अलेक्जेंडर को काश्मीर का राज्यपाल बनाने के लिए राजीव गाँधी ने मुझसे फिर बात की। मैंने उनसे कहा कि राज्यपालों की नियुक्ति के बारे में फैसले कार्यकाल खत्म होने के एक

महीने पहले के लिए नहीं रखा जाना चाहिए। मैंने कहा कि यह बहुत मुश्किल नहीं होना चाहिए, क्योंकि सरकार को राज्यपालों के रिटायर होने की तारीख उसी दिन मालूम होती है, जिस दिन उनकी नियुक्ति होती है। मैंने उच्च न्यायालयों में खाली पड़े कई पदों की ओर उनका ध्यान खींचा और बताया कि इससे बार व बेंच के सदस्यों तथा आम लोगों को काफी तकलीफ होती है। मैंने उनसे कहा कि अगर वे कानूनमंत्री की किसी जाँच के बगैर भारत के मुख्य न्यायधीश की सिफारिश को मान लें तो यह काम आसान हो जाएगा। इसके बाद मैंने कहा कि स्वतंत्र न्यायपालिका सरकार के लिए एक बड़ी आवश्यकता है, क्योंकि एक आज्ञाकारी न्यायपालिका विपक्ष के सत्ता में आने पर उसकी भी आज्ञाकारी हो जाएगी।

9 सितंबर को रक्षामंत्री के वैज्ञानिक सलाहकार डॉ. वी.एस. अरुणाचलम् ने अर्जुन टैंक, टी-72 टैंक और मिसाइल-कार्यक्रम के मामले में प्रगति का विस्तृत विवरण दिया। रक्षामंत्री के रूप में मैंने ही इन कार्यक्रमों की शुरुआत की थी। इसके बाद उन्होंने मुझे याद दिलाया कि रक्षामंत्री के रूप में मैंने पूछा था कि 155 मि.मी. बोफोर्स तोप की जगह ग्रैड 22 या सोवियत 152 मि.मी. बोफोर्स तोप की जगह ग्रैड 22 या सोवियत 152 मि.मी. तोप से काम चल जाएगा या नहीं। उन्होंने कहा कि भारत ने अगर इनमें से किसी का चुनाव किया होता तो वह बोफोर्स घोटाले से बच जाता। मैंने उन्हें यह भी याद दिलाया कि उस समय हमारे रक्षा-विशेषज्ञों की साफ पसंद फ्रेंच या स्वीडिश 155 मि.मी. तोप थीं और यह भी कि स्वभावतः मैं विशेषज्ञ की राय को न तो काटता हूँ और न उस पर अपना फैसला थोपता हूँ।

उस दिन बाद मैं आंध्र प्रदेश की राज्यपाल कुमुद बेन जोशी ने मुझसे मुलाकात की। उन्होंने मुख्यमंत्री नंदमूरी तारक रामराव की मनमानी और आंध्र सरकार के भ्रष्टाचार की शिकायत की। मैंने उन्हें सलाह दी कि राज्यपाल की भूमिका मुख्यमंत्री के निरीक्षण की नहीं है, पर अगर आरोप गंभीर हैं और इनमें वाकई दम हो तो वह प्रधानमंत्री को गोपनीय रपट भेज सकता है। मुझे लगता था कि मुख्यमंत्रियों से रिश्ते बनाने के लिए राज्यपालों को दिशा-निर्देश देना मेरी जिम्मेदारी है।

जाने-माने संपादक और कॉलम लेखक इंदर मल्होत्रा बातचीत के लिए आए। मैं उन्हें 1950 से ही जानता था। उस समय मैं अंतरिम संसद का सदस्य

बना था। इस दौरान उन्होंने काफी ख्याति प्राप्त कर ली थी और ऐसे पत्रकार के रूप में जाने जाते थे, जिनमें दुर्लभ बौद्धिक ईमानदार थी। उन्होंने संसदीय बहसों के गिरते स्तर पर दुख जताया। उन्होंने याद दिलाया कि पहले किस तरह विधेयकों की एक-एक धारा पर बहस होती थी, कैसे संशोधन पेश किए जाते थे और उन पर चर्चा होती थी। उन्होंने दिवंगत एच.वी. कामथ का भी जिक्र किया। वे एक आदर्श सांसद थे, जो विधेयक की प्रत्येक धारा की जाँच करते थे।

उन दिनों मैं संसद में शुरू से अंत तक नियमित छात्र की तरह बैठता था और जब कभी कोई गलती या चूक होती थी, तो दखल देता था।

उदाहरण के लिए अपराध-प्रक्रिया-संहिता में संशोधनों पर चर्चा के दौरान उपाध्यक्ष अनंतशयनम् आयंगर चाहते थे कि गृहमंत्री राजगोपालाचारी एक संशोधन पेश करें, जिसमें केंद्र सरकार को यह अधिकार दिया जाए कि वह किसी मामले को एक राज्य से दूसरे में स्थानांतरित कर सके। अनंतशयनम् आयंगर ने तर्क दिया कि 1941 के पहले गवर्नर जनरल को यह अधिकार अब केंद्र सरकार को मिल जाए। तदनुसार गृहमंत्री ने इस आशय का संशोधन पेश किया।

हालाँकि, इस मामले में मेरी खास दिलचस्पी नहीं थी और मैं बस कार्यवाही देख रहा था। मुझे लगा कि मामलों को एक राज्य से दूसरे में स्थानांतरित करने का अधिकार केंद्र सरकार को देना ठीक नहीं है। मैंने तुरन्त एक संशोधन पेश किया कि 'केंद्र सरकार' की जगह 'सुप्रीम कोर्ट' लिख दिया जाए। मैंने कहा कि न्यायपालिका को कार्यपालिका से अलग करना हमारी सरकारी नीतियों का एक अंग है और अगर मुकदमे एक से दूसरे राज्य में स्थानांतरित किए जाने हैं, तो इस पर फैसले के लिए सुप्रीम कोर्ट उपयुक्त है, न कि केंद्र सरकार। मेरे इस विचार का प्रमुख सांसदों, जैसे—पंडित ठाकुरदास भार्गव और डॉक्टर टेकचंद व अन्य ने समर्थन किया। केंद्र सरकार को मुकदमों के स्थानांतरण का अधिकार देने के खिलाफ इतनी जबरदस्त राय थी कि गृहमंत्री स्वयं अपना संशोधन वापस लेना चाहते थे। चूँकि सदन ने संशोधन वापस लेने की इजाजत नहीं दी, इसलिए उस पर मतदान हुआ और वह गिर गया। गृहमंत्री ने खुद इसके खिलाफ वोट दिया। इसका जिक्र मैं एक उदाहरण के रूप में कर रहा हूँ, ताकि यह बताया जा सके कि सांसद किस प्रकार विधायी कार्यों में सहयोग कर

सकते हैं। यह जरूरी नहीं कि संसद में नाटक करने या ऊँची आवाज में कुछ कहने की योग्यता हो तो अंततः वैसा हो ही जाता है। आमतौर पर लोग यही मानते हैं, जबकि यह गलत है। सच तो यह है कि मानसिक दक्षता, सावधानीपूर्वक की गई पूर्व तैयारी का ही ज्यादा योगदान होता है।

11 सितम्बर को राजीव गाँधी और सोनिया गाँधी ने मुझे और मेरे परिवार को अंतरंग रात्रिभोज पर आमंत्रित किया। हमने चुटकुले सुनाए और सोनिया भी खुशी-खुशी इसमें शामिल हुईं, जबकि आमतौर पर उनकी अभिव्यक्ति गंभीर होती है। खाना भारतीय ढंग से थालियों में परोसा गया। हम लोगों के लिए कुछ विशेष दक्षिण भारतीय व्यंजन भी थे। हमने देखा कि दोनों बच्चे-राहुल और प्रियंका–बहुत तनाव में थे। सुरक्षा कारणों से वे स्कूल नहीं जा पाते थे, अपने हमउम्र बच्चों से मिल-जुल नहीं सकते थे और न ही उन्हें बचपन से जुड़ी खुशियाँ हासिल हो रही थीं। दोनों बच्चों ने हम लोगों से कहा कि इस कमी को वे दोस्तों से फोन पर बतियाकर पूरा करते हैं। उन लोगों को टेंनिस खेलने के लिए राष्ट्रपति भवन जाने की भी इजाजत नहीं थी। मैंने उनसे कहा कि मुझे मुगल गार्डन से आगे जाने की इजाजत नहीं है, न ही मैं पेड़ों के बीच टहलने का आनंद ले सकता हूँ। इन वृक्षों पर मोर और दूसरे पक्षी रहते हैं। मैंने यह भी कहा कि मेरे चारों ओर दर्जन-भर लोगों के चलने से मुझे काफी असुविधा होती है। शाम को जब मैं टहलता हूँ, तब भी वे मेरे साथ होते हैं। यह सब सुनने के बाद अब बच्चे मुझसे सहानुभूति जताने लगे।

13 सितंबर को दलाई लामा मुझसे मिलने आए। राष्ट्रपति चुने जाने पर मुझे बधाई देने के बाद उन्होंने कहा कि तिब्बत में बहुत उत्तेजना है। यह भी कहा कि तिब्बती लोगों को भारी दमन का सामना करना पड़ रहा है और वे अनेक मुश्किलों से जूझ रहे हैं। वे चाहते थे कि विश्व-जनमत तिब्बत को चीनी नियंत्रण से मुझे होने में मदद करे। उन्होंने कहा कि वे यूरोप जा रहे हैं, ताकि तिब्बतियों के लिए सद्भावना और समर्थन जुटा सकें। इससे मैं मुश्किल में पड़ गया। तिब्बत पर चीनी अधिराज्य को माननेवाला भारत पहला देश था। संयुक्त राष्ट्र में हमने कुओमिंतांग शासन की जगह चीन के बैठने का बहुत उत्साह से समर्थन किया था। इसलिए मैंने अपने चेहरे को रहस्यमय बनाए रखा और एकदम चुप रहा। दलाई लामा मेरी स्थिति भाँप गए और उन्होंने अपनी बात की दिशा बदल दी। उन्होंने तिब्बतीय शरणार्थियों को शरण देने और खुद उन्हें

जो सुविधाएँ और सौजन्य मिला था, उसके लिए भारत को धन्यवाद दिया। जिस व्यक्ति को ईश्वर का अवतार माना जाता है, उसे अपनी उद्देश्य-प्राप्ति के लिए भिक्षुक की तरह एक देश से दूसर देश जाना पड़ रहा था!

पूर्वी नौसेना कमांड के उपप्रमुख एडमिरल राय ने 14 सितम्बर को मुझे एक खुशखबरी दी कि अंततः सरकार ने सोवियत संघ से पहली नाभिकीय पनडुब्बी पट्टे पर लेने का फैसला कर लिया है। ऐसी पनडुब्बी प्राप्त करने का विचार रक्षामंत्री के रूप में मेरा था। महीनों लंबी सौदेबाजी के बाद सोवियत वाले राजी हो गए थे। भारतीय नाविकों के लिए एक प्रशिक्षण-कार्यक्रम की व्यवस्था की गई। लेनिनग्राद और रीगा में मैं प्रशिक्षणार्थियों के पास गया था। मैं इस बात से भी काफी खुश था कि सोवियत संघ ने पट्टे की जो राशि ली है, वह ठीक ही है। इस पनडुब्बी की खासियत है कि परंपरागत पनडुब्बियों के मुकाबले यह ज्यादा समय तक पानी में रह सकती है।

उस समय यह प्रस्ताव किया गया कि ऐसी दूसरी पनडुब्बी भारत में बनाई जाएगी। परमाणु ऊर्जा आयोग, खासकर उसके प्रमुख डॉ. राजा रमन्ना का दृढ़ विश्वास था कि वे पनडुबबी के लिए परमाणु ऊर्जा पैक बना लेंगे। अपनी प्रिय परियोजनाओं में से एक के पूरे हो जाने पर मुझे गर्व हुआ।

19 सितम्बर को जब प्रधानमंत्री ने अपनी नियमित पाक्षिक मुलाकात की तो उन्होंने कहा कि सियाचिन ग्लेशियर के आस-पास तनाव बढ़ रहा है। उन्हें विश्वास था कि हमारी सेना वहाँ किसी भी चुनौती का सामना करने में सक्षम है। इसके बाद हम लोगों ने महाराष्ट्र की विक्षुब्ध गतिविधियों पर चर्चा की। प्रधानमंत्री ने महाराष्ट्र के तत्कालीन मुख्यमंत्री शंकरराव चव्हाण की तारीफ की, क्योंकि उन्होंने सिद्ध कर दिया था कि वे एक योग्य प्रशासक और उच्च सत्यनिष्ठा वाले व्यक्ति हैं। हालाँकि उन्होंने यह महसूस किया कि मुख्यमंत्री पार्टी को एक रखने में सक्षम नहीं हैं। उन्हें इस बात की चिंता थी कि महाराष्ट्र में किसी तरह के परिवर्तन से स्थिति और खराब हो जाएगी। मैंने प्रधानमंत्री को सुझाव दिया कि वे मुख्यमंत्री के साथ-साथ विक्षुब्धों से भी बात करके मेल-मिलाप करा सकते हैं। मैंने यह भी कहा कि यद्यपि ऐसा कहना करने से आसान है।

उपराष्ट्रपति ने एक पखवाड़े में एक बार मुझसे मिलने की परंपरा बनाई। इससे मैं उन्हें राष्ट्रीय महत्व की घटनाएँ बता देता था और कई महत्वपूर्ण मुद्दों

पर उनके विचार लेता था। उपराष्ट्रपति ने मेरी कई जिम्मेदारियाँ ले ली थीं। जैसे आई.सी.सी.आर. की अध्यक्षता और गाँधी ग्राम, पांडिचेरी, पंजाब एवं दिल्ली विश्वविद्यालयों के कुलाधिपति का काम। चूँकि कई मामलों में हम लोगों की राय एक-सी थी, इसलिए बातचीत हमेशा सुखद और मैत्रीपूर्ण होती थी।

22 सितम्बर को कांग्रेस के अनुभवी नेता कमलापति त्रिपाठी ने मुझसे मिलने की जिद की। मैंने उनसे कहा कि उनके स्वास्थ्य का हालचाल जानने मैं खुद उनके पास आना चाहता हूँ और उन्हें मेरे पास आने की तकलीफ नहीं उठानी चाहिए। पर उन्होंने एक न सुनी। उन्होंने जोर देकर कहा कि राष्ट्रपति से पहले मिलने आना उनकी जिम्मेदारी है। यह पुराने समय के शिष्टाचार का नमूना है। कमलापति त्रिपाठी ने उस समय के कांग्रेसियों के स्तर में आई गिरावट पर प्रकाश डाला और कहा कि पुराने मूल्यों की बहाली के लिए कुछ किया जाना चाहिए। उन्होंने यह भी महसूस किया कि कांग्रेस संगठन का लोगों से संपर्क एकदम टूट गया है और महात्मा गाँधी के जनसंपर्क-अभियान को फिर से शुरू किया जाना चाहिए।

इसके बाद उन्होंने मुझसे अखबारों में छपी एक खबर के बारे में पूछा, जिसमें कहा गया था कि प्रधानमंत्री और राष्ट्रपति में मतभेद शुरू हो गए थे और राष्ट्रपति ने प्रधानमंत्री से इस्तीफा देने के लिए कहा था। मैंने उनसे कहा कि "रोज एक आदमी एक कुत्ते को न काटे" तो कुछ अखबार चल ही नहीं सकते। मैंने उन्हें प्रधानमंत्री और अपने मधुर संबंधों और उन विषयों के बारे में बताया, जिन पर हम पाक्षिक भेंट के दौरान चर्चा करते थे। मैंने यह भी कहा कि सभी मामलों में अपने विचार मैं स्पष्ट रूप से रख देता हूँ। पर कभी इस बात की चिंता नहीं करता कि मेरे सुझाव पर कार्रवाई हुई या नहीं। आखिरकार सलाह देना निर्देश देना नहीं है और राष्ट्रपति के रिश्ते पर मेरे विचार से प्रसन्नतापूर्वक सहमति जताई और कहा कि इस स्थिति की वे कभी कल्पना भी नहीं कर सकते कि मुझमें और प्रधानमंत्री में टकराव होगा।

एक तमिल पत्रकार मेरे निजी जीवन और मेरी दिनचर्या के बारे में मुझसे बातचीत करना चाहता था। मैंने उसे विनम्रता-पूर्वक मना कर दिया। कहा कि मैं कभी अपने आपको प्रोजेक्ट नहीं करता और न अपने निजी जीवन के बारे में बताता हूँ।

उस समय वित्त-सचिव एस. वेंकिटरमनन और बैंकिंग सचिव बिमल जालान ने मुझे संसाधनों की कमी के बारे में बताया और कहा कि प्रधानमंत्री ने उनसे इनमें से कुछ मामलों पर मुझसे चर्चा करने के लिए कहा था। हम लोगों ने कुछ उपायों पर चर्चा की और कुछ सुझाव दिए। इस संस्मरण में उनका खुलासा करना ठीक नहीं है, पर मैं यहाँ इसका उल्लेख यह बताने के लिए कर रहा हूँ कि प्रधानमंत्री और मुझमें फिर स्तर पर मंत्रण होती थी।

27 सितंबर को मैंने जम्मू और काश्मीर की आधिकारिक यात्रा की। राष्ट्रपति के रूप में मेरी यह पहली यात्रा थी, इसलिए आनुष्ठानिक गार्ड ऑफ आनर दिया गया। राज्यपाल जगमोहन, मुख्यमंत्री फारूक अब्दुल्ला, कैबिनेट मंत्री और अन्य महत्त्वपूर्ण नेता मौजूद थे। श्रीनगर में राजभवन एक पहाड़ की ढलान पर अवस्थित है और यह देवदार के पेड़ों तथा खूबसूरत एवं खुशबूदार फूलों की जितनी भी कल्पना की जा सकती है, ऐसे फूलों भरे पौधों से घिरा हुआ है। दोपहर में शालीमार बाग में नागरिक अभिनंदन था। काश्मीर में शरद ऋतु (अउतुम्न) का मौसम वाकई सबसे अच्छा समय होता हैं चीड़ के पत्ते रंग बदलते हैं और पूरे खिले ढेरों फूलों के रंगों से प्रतिस्पर्द्धा करते हैं। वहाँ का दृश्य वाकई दिल थामकर देखने योगय था। मैंने इस धरती को और काश्मीर के लोगों को शुभकामनाएँ दीं। मुझे काश्मीर पर सर फ्रैंसिस यंगहसबंड की लाइनें याद आईं, जिन्हें हिंदी में लिखें तो कुछ इस तरह होंगी–

जिस किसी ने इसके बारे में सुना
वह क्या वहाँ जाने को लालायित नहीं हुआ?
जो वहाँ गया। वह क्या
हमेशा वहाँ रहने को लालायित नहीं हुआ?

मैंने हिमाच्छादित अमरनाथ गुफा की खूबसूरती का भी जिक्र किया। यह ऐसा पूजा-स्थल (शिवलिंग) है जो गुफा के अंदर है और आदि शंकर ने इसे स्वयं प्रतिष्ठापित किया था। भारतीय एकता के बारे में बात करते हुए मैंने कहा कि शेष समूचा भारत काश्मीर की सराहना इसके प्राकृतिक सौंदर्य के लिए ही नहीं करता, बल्कि इसके आश्चर्यजनक कला-कौशल के लिए भी करता है। संगीत, काव्य और रुचिकर भोजन के तो कहने ही क्या! मैंने लोगों से कहा कि वे हिंसा का सहारा न लें और उस एकता तथा राष्ट्रीय उत्साह को फिर से जीवित करने की अपील की, जो हमारे महान स्वतंत्रता-संग्राम की पहचान

है। मुझे याद आया कि कैसे आदि शंकराचार्य ने केरल से काश्मीर तक की यात्रा की और कैसे मंडन मिश्र जैसे संस्कृत के महान विद्वान के साथ ब्रह्मवैज्ञानिक शास्त्रार्थ किया। श्रीनगर में शंकराचार्य पहाड़ी पर बना मंदिर भारत की सांस्कृतिक एकता का साक्षी है। अंत में मैंने भारत के विकास में काश्मीरियों के महान योगदान की चर्चा की और कहा कि नेहरू, सप्रू, काटजू इनमें सबसे महत्त्वपूर्ण हैं। मैंने राष्ट्रीय एकता के लिए शेख मोहम्मद अब्दुल्ला के महान् योगदान की भी चर्चा की।

28 सितंबर को मैं लेह गया। मैंने वहाँ तैनात सैनिकों के बीच भाषण दिया। कहा कि वे राष्ट्रीय एकता के चमचमाते प्रतीक हैं। यहाँ विभिन्न हिस्सों से आए जवानों की भिन्न-भिन्न परंपराएँ हैं और वे अलग-अलग भाषाएँ बोलते हैं, फिर भी एक साथ एक परिवार की तरह रहते हैं। इस सबको एक विचार से प्रेरणा मिलती है और वह है–देश की रक्षा। मैंने वहाँ के मौसम में लगातार चौकसी बनाए रखने के लिए उनकी देशभक्ति की प्रशंसा की। याद दिलाया कि भारत पराए क्षेत्र पर आँखें नहीं गड़ाता, न ही पड़ोसी देशों के नेतृत्व की उसकी इच्छा है। बल्कि भारत तो शांतिपूर्ण बातचीत से सभी अंतर्राष्ट्रीय विवादों का हल निकालने के लिए प्रतिबद्ध है! पर भारत इसके साथ-साथ न तो आत्म संतुष्ट हो सकता है और न अपनी चौकसी कम कर सकता है।

भाषण के बाद मैंने जवानों के साथ चाय पी। सभी जवान मुझसे हाथ मिलाना चाहते थे। डेढ़ हजार जवानों से हाथ मिलाना साधारण काम नहीं था तभी मुझे लगा कि हमारे पूर्वज कितने बुद्धिमान थे कि उन्होंने हाथ मिलाने के पश्चिमी तरीके के बजाय हाथ जोड़कर नमस्ते करने का तरीका स्वीकार किया।

दोपहर बाद लद्दाखी लोगों ने एक नागरिक अभिनंदन का आयोजन किया, जिसमें उनके प्रतिनिधियों ने लद्दाखियों को अनुसूचित जनजाति की सूची में रखने की माँग की। मुझे लगा कि उनकी माँग न्यायोचित है। लद्दाखी न तो घाटी के लोगों जैसे होते हैं और न जम्मू के लोगों जैसे। मुझे लगा कि केंद्र शासित क्षेत्र या पहाड़ी क्षेत्र का पृथक अधिकार माँगने का उनके पास अच्छा दावा है। दिल्ली लौटकर मैंने राजीव गाँधी से उनकी इच्छाओं का उल्लेख किया।

हम लोग 29 सितम्बर को श्रीनगर लौटे। जगमोहन ने हमारे लिए रात्रिभोज का आयोजन किया, जिसमें श्रीनगर के सभी प्रतिष्ठित लोग मौजूद थे। पर हम

लोगों की बातचीत बहुत सामान्य रही, क्योंकि सभी लोग यही दिखाना चाह रहे थे कि राज्य में सब कुछ सामान्य है। लोगों ने कोशिश की कि हिंसा और उग्रवाद के प्रभाव तथा लोगों के असंतोष पर चर्चा से बचा जाए।

30 सितंबर को मैंने कश्मीर विश्वविद्यालय में दीक्षांत भाषण दिया। यह एक रंगारंग समारोह था और प्रत्येक प्रतिष्ठित व्यक्ति को साफा पहनना था। अपने दीक्षांत भाषण में मैंने कहा कि देश की विविधता एक अच्छाई है, कोई बोझ नहीं। मैंने यह भी कहा कि विभिन्न धार्मिक मतों, अलग-अलग रीति-रिवाजों के साथ-साथ भाषा व सांस्कृतिक बहुलता के सहअस्तित्व से भारत की सुंदरता और बढ़ जाती है। मैंने स्वतंत्रता के बाद हुए आर्थिक विकास का भी जिक्र किया और कहा कि यह आकर्षक है, पर बढ़ती आबादी के हिसाब से पर्याप्त नहीं है। अंत में मैंने छात्रों से अपील की कि वे अपने-अपने क्षेत्रों में उत्कृष्टता हासिल करें।

वापस दिल्ली आकर 2 अक्तूबर को मैं अपने परिजनों के साथ राजघाट गया और राष्ट्रपिता को श्रद्धांजलि दी। 2 अक्तूबर भारत के एक और सपूत लालबहादुर शास्त्री का भी जन्मदिवस है। हम लोगों ने उनकी समाधि पर भी फूलमालाएँ चढ़ाईं। यह अजीब बात है कि 2 अक्तूबर देश के महान राष्ट्रभक्तों में से एक के.कामराज की पुण्य तिथि भी है। कामराज के बारे में पंडित जवाहरलाल नेहरू ने एक बार कहा था, "यह भारतीय लोकतंत्र की ही विशेषता है कि जन्म, सम्पत्ति और शिखा के क्षेत्र में कोई विशिष्ट स्थान न होने के बावजूद वे एक राष्ट्रीय नेता की हैसियत पा सके।" कामराज से मेरा बहुत गहरा लगाव था और आज भी मैं उन्हें याद करता हूँ तो मेरा गला भर आता है। हम लोगों ने डुप्ले रोड स्थित उनकी मूर्ति पर माल्यार्पण किया। इस सड़क का नाम अब कामराज मार्ग कर दिया गया है।

3 अक्तूबर को प्रधानमंत्री पाक्षिक मुलाकात के लिए आए। उन्होंने मुझे बताया कि सूखे से उत्पन्न मुश्किलों को कम करने के लिए क्या कदम उठाए गए हैं और श्रीलंका की ताजा स्थिति क्या है। संयुक्त संसदीय समिति द्वारा की जा रही बोफोर्स-जाँच की चर्चा करते हुए मैंने सुझाव दिया कि एक सार्वजनिक सूचना प्रकाशित कर भारतीय और वदेशी स्रोतों से सौदे से जुड़े सबूत माँगे जा सकते हैं, ताकि स्वीडिश रेडियो और वकील राम जेठमलानी के पास इस मामले में जो भी सबूत हैं, उन्हें वे सामने रख सकें।

4 अक्तूबर को उपराष्ट्रपति डॉ. शंकरदयाल शर्मा पाक्षिक मुलाकात के लिए आए। राज्यसभा के सभापति के रूप में मैंने बजट के मौके पर जारी कुछ उत्पाद और सीमा-शुल्क अधिसूचनाओं की उपयुक्तता का मामला लोक लेखासमिति के पास भेजा था। वे इस विषय पर मेरे विचार जानना चाहते थे। मैंने उनसे कहा–हमें इस स्थापित स्थिति पर कायम रहना चाहिए कि ये अधिसूचनाएँ अवैध नहीं हैं, फिर भी बजट के मौके पर इससे बचा जाना चाहिए। हमने राज्यसभा की कार्यवाही से संबंधित कुछ सामान्य मामलों पर चर्चा भी की।

वरिष्ठ कांग्रेस नेता उमाशंकर दीक्षित एक दिन बातचीत करने आए। यह मेरे लिए सम्मान की बात थी। राष्ट्रपति चुने जाने पर बधाई देने के बाद उन्होंने मुझे दस साल पहले की एक घटना की याद दिलाई। वह घटना तमिलनाडु कांग्रेस समिति और कांग्रेस (ई) के विलय से संबंधित थी। असल में मैं मद्रास में उनसे मिलने गया था और विलय का समर्थन किया था। उन्होंने याद दिलाया कि उन्होंने मुझसे पूछा था कि मैं कांग्रेस संगठन में कोई पद लूँगा या सरकार में। इस पर मैंने कहा था, ''मैं चाहूँगा कि कुछ भी न लूँ, क्योंकि ऐसा करने पर यह गलत अर्थ लगाया जाएगा कि मैंने निजी लाभ के लिए विलय का समर्थन किया है।'' श्री दीक्षित ने कहा कि मेरे उस फैसले ने मुझे सर्वोच्च पद पर पहुँचा दिया है और इसी कारण अब मैं राष्ट्रपति भवन में रह रहा हूँ। उन्होंने कहा कि जब इस घटना की सूचना इंदिरा गांधी को दी थी तो वे मेरे रुख से बहुत प्रभावित हुई थीं।

श्री दीक्षित करीब दो घंटे मेरे साथ रहे। लेकिन घर पर उनकी बहू शीला दीक्षित परेशान हो गईं, क्योंकि वे वापस नहीं पहुँचे थे। जब उन्होंने राष्ट्रपति भवन फोन किया तो उनसे कह दिया गया था कि राष्ट्रपति के साथ कोई नहीं था और सब लोग जा चुके हैं। इससे राष्ट्रपति भवन के कर्मचारियों की कार्यकुशलता का संकेत मिलता है। मैंने महसूस किया है कि कार्य-दिवसों में काम का समय खत्म होने और छुट्टियाँ मनाने में राष्ट्रपति भवन के कर्मचारी बहुत कार्यकुशल हैं।

स्वीडिश राजदूत एडलस्टम विदा होने से पहले मुझसे मिलने आए। मैं उन्हें कुछ वर्षों से जानता था। उन्होंने कहा कि अंतर्राष्ट्रीय लेन-देन को पूरा करने के लिए एक संपर्क-कार्यालय रखना जरूरी है, ताकि संबंधित पार्टियों को

स्पष्टीकरण और जवाबी प्रस्ताव दिए जा सकें। उन्होंने कहा कि किसी एक देश के लिए जो राशि बड़ी लगती हो, वह करोड़ों डालर का व्यापार करने वाले देश के लिए भी बड़ी ही हो, यह जरूरी नहीं है। उन्होंने बोफोर्स-सौदे या उसमें कंपनी द्वारा दलाली देने के आरोपों के बारे में कोई चर्चा नहीं की।

महत्त्वपूर्ण रक्षा-मामलों के बारे में जानकारी देनेवाले रक्षामंत्री कृष्णचंद्र पंत एक महत्वपूर्ण आगंतुक थे। उन्होंने कहा कि रक्षामंत्री रहते हुए मैंने जिन चीजों के आदेश दिए थे, वे अब प्राप्त हो रहे हैं। उन्होंने आई.ई. पैट्रोलबोट, एम.आई. –26 हेलीकॉप्टर, एम.आई.जी. 29 लड़ाकू विमान और कुछ अन्य उपकरणों की आपूर्ति की सूचना दी। इनमें एम.आई. 26 हेलीकॉप्टर की क्षमता दो टैंकों को ढोने और अच्छी ऊँचाई पर उड़ने की थी। श्री पंत ने कहा कि एम.आई. 29 का प्राप्त होना बहुत ही महत्वपूर्ण है, क्योंकि इसकी टेकनालॉजी गजब की है। इसके बाद मैंने उन्हें सोवियत संघ द्वारा एम.आई. 29 की आपूर्ति की कहानी सुनाई। ब्रेझनेव की अंतिम यात्रा में शामिल होने के लिए जब इंदिरा गाँधी मास्को गईं थीं, तो उन्होंने मुझसे पूछा था कि सोवियत संघ से चर्चा के लिए क्या कोई महत्वपूर्ण मामला है। मैंने उनसे कहा कि वे एम.आई.जी. 29 की माँग कर सकती हैं। इसके बारे में प्राप्त रपटों में कहा गया था कि यह एफ-16 विमानों के विकल्प से बेहतर है। इंदिरा गाँधी ने जब सोवियत संघ के रक्षामंत्री मार्शल स्तीनोव के साथ यह मामला उठाया तो उन्होंने इसे यह कहकर रद्द कर दिया–"मैडम, आप सभी पश्चिमी पत्रिकाओं को पढ़िए और मुझसे ये लड़ाकू विमान बनाने के लिए कहिए।" इसके बाद दिसंबर 1983 के शुरू में मुझे फ्रांसीसी लाइसेंस के तहत मिराज-2000 के निर्माण के विकल्प के बारे में फैसला करना था। मैंने सोवियत राजदूत यूरी वोरनोत्सोव से बात की और उनसे कहा कि अगर सोवियत संघ के पास एम.आई.जी. 29 न हो तो हमें दूसरे आपूर्तिकर्ताओं से बात करनी पड़ेगी पर एम.आई.जी. 29 मिल जाए तो भारत उसे प्राथमिकता देगा। तीन हफ्ते बाद वोरनोत्सोव फिर आए। उनके पास एक टंकित बयान था, जिसके अनुसार वे भारत और सोवियत संघ की गहरी दोस्ती के मद्देनजर इस बात के लिए तैयार थे कि भारत सोवियत संघ के लाइसेंस के तहत एम.आई.जी. 29 का निर्माण करे। मैं रोमांचित हो उठा और इस चिट्ठी को लेकर तुरंत इंदिरा गांधी के पास पहुँचा। उन्होंने मुझसे कहा, "ये सोवियत संघवाले कैसे लोग हैं कि अक्तूबर में इन्होंने कहा कि इनके

पास एम.आई.जी. 29 जैसी कोई चीज नहीं है और फिर उसी साल दिसंबर में इस बात के लिए तैयार हो गए कि भारत में इसका निर्माण हो।''

इसके बाद हम लोगों ने भारत में मिसाइल बनाने के काम में हुई प्रगति की चर्चा की। इसके लिए मैंने एक विशेष प्रकोष्ठ बनाया था। के.सी.पंत ने कहा कि यह काम बहुत संतोषजनक ढंग से चल रहा था। बालासोर में फायरिंग रेंज की स्थापना के खिलाफ उन्हें वहाँ के विपक्षी दलों के नेताओं के जबरदस्त विरोध का सामना करना पड़ रहा था।

18 अक्तूबर को उपराष्ट्रपति पाक्षिक मुलाकात के लिए आए। उन्होंने कहा कि हल्ला-गुल्ला और शून्य काल फिर शुरू हो गया है और इस कारण सदन में शिष्टाचार में कमी आई है। इस पर मैंने उनसे कहा कि सदन में सभी पक्षों से उनके अच्छे सम्बन्ध हैं, इसलिए उन्हें पार्टी-नेताओं को इस बात के लिए राजी करना चाहिए कि वे राज्यसभा की मर्यादा बनाए रखने में उन्हें सहयोग दें।

21 अक्तूबर को हरियाणा के पूर्व मुख्यमंत्री भजनलाल मुझसे मिले और शिकायत की कि उनके बाद मुख्यमंत्री बने देवीलाल उनके खिलाफ आपराधिक मुकदमे दर्ज करवाने के लिए लोगों को उकसा रहे हैं, जबकि पूर्व मुख्यमंत्री को कोई सुरक्षा नहीं मिली है। प्रत्येक सरकार द्वारा अपने पूर्व मुख्यमंत्री के खिलाफ जाँच आयोग बैठाना लोकतंत्रीय प्रवृत्ति के खिलाफ है। इसके तहत मुख्यमंत्री समेत किसी भी व्यक्ति पर आरोप तो लगाए जा सकते हैं, पर किसी पूर्व मुख्मंत्री के खिलाफ आरोप लगते रहने से लोकतंत्र के कामकाज में ही कटुता और असंगति आती है। दुर्भाग्यवश पार्टी-विवादों के कारण भारतीय लोकतंत्र का ह्रास होता जा रहा है। स्वस्थ लोकतंत्र के लिए प्रत्येक मंत्रिमंडल को समझना चाहिए कि सरकार अखंड है और पूर्ववर्ती सरकार के लोगों के हिसाब बराबर करने का सिलसिला शुरू नहीं होना चाहिए। हाँ, राष्ट्रीय महत्व के मामले इससे जुड़े हों तो बात अलग है।

राजीव गाँधी के दुलारे समझे जानेवाले परिवहन मंत्री राजेश पायलट 21 अक्तूबर को मुझसे मिलने आए। एक ही आयुवर्ग का होने के नाते ये लोग आपस में ज्यादा खुलकर चर्चा करते थे और राजीव गाँधी से मैं उतना खुलकर बात नहीं कर सकता था। राजीव गाँधी उन्हें काश्मीर, नागालैंड और मिजोरम

के अभियान पर भेजा करते थे। राजेश पायलट ईमानदार तथा निष्कपट हैं और दिए गए उत्तरदायित्व को पूरी क्षमता से निभाते हैं। अगर कभी-कभी वे राजीव गाँधी को नहीं मना पाते थे तो इसका कारण यह था कि वे पृष्ठभूमि में रहने वालों से भी काम करवाते थे और ऐसे लोग पायलट से अधिक प्रभावशाली थे। इस बार वे पार्टी-संगठन को मजबूत करने के लिए मुझसे सलाह करने आए थे। मैंने उनसे कहा कि पार्टी और सरकार के बीच मेल-जोल को मजबूत किया जाना चाहिए, कार्यसमिति की बैठक हर महीने होनी चाहिए, जिसमें राष्ट्रीय मुद्दों पर चर्चा हो। अखिल भारतीय कांग्रेस कमेटी की बैठक हर छह महीने में एक बार होनी चाहिए। इसमें उपदेश देने की बजाय गैर आधिकारिक विचारों को सुना जाना चाहिए। साथ ही मैंने यह भी कहा कि कांग्रेस का साधारण अधिवेशन साल में एक बार होना चाहिए, जैसा कि स्वतंत्रता से पहले होता था। मैंने यह भी कहा कि अखिल भारतीय कांग्रेस कमेटी के अधिवेशनों में सदस्यों को एक-दूसरे से मिलने और उन्हें जानने का मौका मिलता है, थोड़े अंतराल पर संपर्क और मेलजोल का मौका न मिलने से देश के दूसरे हिस्सों के पार्टी कार्यकर्ता अलग-थलग पड़ गए हैं। मैंने यह भी याद दिलाया कि केसे पंडित जवाहरलाल नेहरू इन अधिवेशनों में युवा वर्ग को प्रोत्साहित करते थे।

इस साल प्रकाश का त्योहार दीपावली 22 अक्तूबर को पड़ा। आम तौर पर इस दिन राष्ट्रपति भवन के कर्मचारी अपने परिवार के साथ राष्ट्रपति और उनकी पत्नी को शुभकामनाएँ देते हैं। फिर अलग-अलग समूहों में विभिन्न संगठनों के लोग लॉन में इकट्ठे होते हैं और बधाइयाँ देते हैं। कई आम लोग भी आते हैं और राष्ट्रपति को शुभकामनाएँ देते हैं। लेकिन इस बार आतंकवादियों ने दिल्ली में गोलियाँ चलाकर नौ व्यक्तियों की हत्या कर दी थी, इसलिए मैंने मनोरंजन और स्वागत-समारोह के सभी कार्यक्रम रद्द कर दिए। इस मौके पर एक संदेश में मैंने कहा, ''पूजा करनेवाले लोगों की अकारण हत्या एक ऐसा अपराध है जो जीवन की सभी पवित्र चीजों के खिलाफ है।...मैं मूल्यवान जीवन बर्बाद होने और निर्दोष लोगों का खून बहने पर तमाम नागरिकों के साथ शोक-संतप्त हूँ। आइए, हम इस अत्याचार का जवाब भावावेश या प्रत्यारोप से देने के बजाय अनुशासन से दें, जो सभ्यता की पहचान है।'' राजनीतिक दलों के प्राय: सभी

नेताओं ने इस गोलीकांड की निंदा की। मैंने दीपोत्सव को रद्‌द करके जो सद्‌भावना दिखाई थी, उसकी बहुत तारीफ हुई।

23 अक्तूबर को पारसी समुदाय के कुछ लोगों ने राष्ट्रपति भवन में मेरे साथ चाय पी। मैं समझता था कि पारसी समुदाय बहुत अमीर होता है और इस समुदाय के सभी लोग टाटा की तरह उद्योगपति हैं। जब इन लोगों ने मुझे बताया कि कई पारसी गरीब हैं और दान पर जी रहे हैं तो मुझे करारा झटका लगा। इन लोगों ने इस बात पर दुख जताया कि स्वतन्त्रता के पहले इन्हें नियुक्तियों में जो प्राथमिकता मिलती थी, वह अब खत्म हो गई है और इनमें से अनेक लोग अस्तित्व के लिए संघर्ष कर रहे हैं। मैंने इन लोगों से कहा कि समुदाय के अमीर लोगो को गरीबों की मदद करनी चाहिए, ताकि वे अपने छोटे-छोटे उद्योग लगा सकें और उन्हें स्वरोजगार मिल जाए।

इस समय तक मैं यह सोचने लगा था कि विवादास्पद डाक विधेयक पर क्या कार्रवाई की जाए। पूर्व राष्ट्रपति ज्ञानी जैलसिंह ने सार्वजनिक तौर पर उम्मीद जताई थी कि उनके उत्तराधिकारी इस विवादास्पद विधेयक पर सहमति नहीं देंगे। हालाँकि जैलसिंह अपने कार्यकाल के दौरान खुद भी इस विधेयक पर सहमति दे सकते थे या पुनर्विचार के लिए इसे लौटा सकते थे। मैंने सोचा कि सबसे अच्छा तरीका यह होगा कि पूरे विधेयक पर महाधिवक्ता की राय ली जाए।

वैंकूवर के राष्ट्रमंडल शिखर सम्मेलन से लौटकर राजीव गाँधी 26 अक्तूबर को मेरे पास आए और अपनी यात्रा के बारे में मुझे जानकारी दी उन्होंने कहा कि राष्ट्रमंडल-नेताओं से उनकी लाभदायक बातचीत हुई है। इन नेताओं में कनाडा के प्रधानमंत्री ब्रेयन मुलरूनी, ब्रिटेन की प्रधानमंत्री मारग्रेट थैचर, जिंबाब्वे के राष्ट्रपति रॉबर्ट मुगाबे शामिल हैं। उन्होंने यह भी कहा कि जापान के प्रधानमंत्री नाकासोने और डच प्रधानमंत्री लुब्बर्स से उनकी मुलाकत का विषय दोनों देशों के बीच आर्थिक सहयोग-सुधार था। उन्हें इस बात की खुशी थी कि अंतर्राष्ट्रीय मंच पर भारत की बात सम्मानपूर्वक सुनी गई और कई मसलों पर भारत की राय माँगी गई।

राज्यपाल-सम्मेलन

राष्ट्रपति भवन में आयोजित होने वाला राज्यपाल-सम्मेलन वहाँ के प्रमुख

आनुष्ठानिक घटनाओं में से एक है। राज्यपाल और उपराज्यपाल इसे ऐसा अवसर मानते हैं, जब वे एक-दूसरे से मिल पाते हैं और अपने-अपने राज्यों और संघ शासित क्षेत्रों की स्थिति पर अपना आकलन पेश कर सकते हैं, साथ ही अपने कार्यालय से संबंधित दूसरे मुद्दे उपस्थित लोगों के ध्यान में ला सकते हैं। पहले राज्यपालों का सम्मेलन साल में एक बार हुआ करता था, पर बाद में, इंदिरा गाँधी के सुझाव पर, इन सम्मेलनों को दो साल में एक बार किया जाने लगा।

सम्मेलन की शुरुआत राष्ट्रपति, उपराष्ट्रपति और प्रधानमंत्री के साथ राज्यपालों के फोटो-सत्र से होती है। इसकी सभी कार्यवाहियों में पद में वरिष्ठता के सिद्धांत का कड़ाई से पालन किया जाता है। वरिष्ठतम राज्यपाल ज्येष्ठ सदस्य के रूप में काम करते हैं और सामान्य राज्यपालों के कार्यालय या परिलब्धियों से संबंधित मामलों में राज्यपालों का प्रतिनिधित्व एक समूह के रूप में करते हैं।

राज्यपालों का अंतिम सम्मेलन 1985 में हुआ था। इसलिए मैं चाहता था कि दो वर्षों पर होनेवाला सम्मेलन 1987 खत्म होने से पहले आयोजित हो जाए। इसलिए मैंने सम्मेलन के आयोजन के लिए अक्तूबर 1987 में काम शुरू कर दिया।

राष्ट्रपति के परंपरागत संबोधन में मैंने कहा, ''राज्यपाल अपने-अपने राज्यों के मामले में महत्त्वपूर्ण भूमिका निभाते हैं। राज्य के जहाज को तूफानी झंझावातों से गुजरना पड़ता है। ऐसे में राज्य के कर्णधार और सरकार-प्रमुख की जिम्मेदारी है कि वह इसे मजबूत करे। राज्य-सरकारों से उनके सम्बन्धों के बारे में मैंने कहा कि राज्यपालों को यह बुनियादी सच्चाई याद रखनी चाहिए कि वे न सिर्फ सांविधानिक प्रमुख हैं, बल्कि उनसे यह भी अपेक्षा की जाती है कि वे मंत्रीमंडल के ऐसे दूरदर्शी सलाहकार हों, जो कठिन समय में स्थिति को शांत कर सकें।

कानून व्यवस्था की स्थिति के संदर्भ में मैंने कहा, ''आप सब जानते हैं कि कानून-व्यवस्था राज्य का विषय है। इसके बावजूद केंद्र की जिम्मेदारी है कि वह राज्यों को आवश्यक और उपयुक्त मदद पहुँचाये। इसलिए बृहत्तर पारस्परिकता की स्पष्ट तौर पर जरूरत है।'' इसके बाद मैंने सामाजिक-आर्थिक क्षेत्र में राज्यपाल की मदद की विस्तृत सम्भावनाओं जैसे-समाज के पिछड़े

वर्ग के लोगों के लाभ की योजनाओं को लागू करने, जनसंख्या-नियंत्रण, व्यस्क शिक्षा और साक्षरता-योजना तथा रोजगारोन्मुख कार्यक्रमों में मदद का जिक्र किया।

मैंने भारत-श्रीलंका में हुए ऐतिहासिक समझौते की चर्चा की, जिसमें श्रीलंका की सीमाई एकता और अखंडता के प्रति प्रतिबद्धता जताई गई थी, लेकिन साथ ही उत्तरी-पूर्वी प्रांतो में तमिल हितों की रक्षा की भी बात थी, ताकि कानून और व्यवस्था, भूमि, शिक्षा और संस्कृति जैसे क्षेत्रों में पर्याप्त स्वायत्तता रहे।

मैं इस बात से अप्रसन्न था कि राज्यपाल बार-बार दिल्ली आएँ। ऊपरी तौर पर तो उनकी यात्रा का मकसद सार्वजनिक होता था, पर असल में वे निजी कामों से आते थे या उनका इरादा प्रभावशाली लोगों से मिलने का होता था। प्रायः इन लोगों को प्रधानमंत्री-जैसे विशिष्ट लोगों से मिले बगैर लौटना पड़ता था। मैंने यह भी देखा था कि राज्यपाल प्रायः दूसरे राज्यों की भी यात्रा करते हैं और ऐसी यात्राओं का उद्‌देश्य छोटे या महत्वहीन समारोहों में शामिल होना-भर होता था। मैंने इन यात्राओं पर थोड़ा नियंत्रण रखने की जरूरत की और राज्यपालों का ध्यान आकर्षित किया। अपने संबोधन में मैंने इस मामले में पूर्व राष्ट्रपति नीलम संजीव रेड्‌डी के विचारों की भी चर्चा की, जो मेरे विचारों जैसे ही थे। मैंने उन लोगों को इस बात के लिए प्रोत्साहित किया कि वे अपने ही राज्यों का सघन दौरा करें और दूसरे राज्यों की यात्राएँ कम कर दें। हालाँकि मैंने यह बात साफ-साफ नहीं कही, पर मैं चाहता था कि राज्यपाल अपने गृहराज्यों की यात्राएँ बार-बार न करें और स्थानीय राजनीति में भी कम दिलचस्पी लें। मैं यह भी सुनिश्चित करना चाहता था की किसी सार्वजनिक समारोह की अध्यक्षता के लिए दूसरे राज्य के राज्यपाल को न्यौता देकर संबद्ध राज्य के राज्यपाल की अवमानना न की जाए।

संबोधन के लिए राष्ट्रपति को धन्यवाद देने के बाद राज्यपालों में वरिष्ठ एस.एम.एच. बनी ने विचार-विमर्श की शुरुआत की। पंजाब की कानून-व्यवस्था की स्थिति की समीक्षा के बाद उन्होंने कहा कि राज्यपालों का सम्मेलन द्विवार्षिक की बजाय हर वर्ष होना चाहिए।

राज्यपालों के सम्मेलन में बैठने की व्यवस्था वरिष्ठता के सिद्धांत के अनुसार होती है और राज्यपालों-उपराज्यपालों को इसी वरिष्ठता-क्रम में बोलना होता है। विभिन्न राज्यों के राज्यपालों ने अपने-अपने राज्यों की कानून-व्यवस्था की

स्थिति, अनुसूचित जाति और जनजाति की समस्याओं और राज्यों से जुड़ी खास बातों का जिक्र करने में पूरा दिन लगा दिया। सम्मेलन में पूरे दिन उपराष्ट्रपति, प्रधानमंत्री, गृहमंत्री, कृषिमंत्री और अनेक नौकरशाह उपस्थित रहे। इससे सम्मेलन को महत्त्व और गरिमा प्राप्त हुई। उस रात मैंने राज्यपालों और उनके पति या पत्नी के लिए भोज का आयोजन किया। इसमें उपराष्ट्रपति, प्रधानमंत्री और उनके मंत्रिमंडल के सहयोगी भी शामिल हुए। इसका माहौल सामान्य राजकीय भोज से अलग काफी अपनत्व-भरा था।

राज्यपालों का सम्मेलन अगले दिन भी जारी रहा। दूसरे दिन प्रधानमंत्री ने सम्मेलन को संबोधित किया। उन्होंने कहा कि केंद्र-राज्य-संबंधों पर सरकारिया आयोग की रपट का अध्ययन पूरी सावधानी से किया जाएगा और पूरे देश को मजबूत करने की कोशिश की जाएग। विभिन्न राज्यों को साम्प्रदायिक हिंसा का जिक्र करते हुए राजीव गाँधी ने हिंसा फैलने के शुरुआती दौर में ही प्रभावी ढंग से दखल देने तथा राजनीतिक मंचों और संगठनों का दुरुपयोग रोकने की जरूरत पर बल दिया। भारतीय अर्थव्यवस्था का आशावादी दृश्य पेश करते हुए उन्होंने राज्यपालों को आत्मतुष्ट हो जाने के खिलाफ चेतावनी दी। राज्यपालों के भाषणों का मुख्य लक्ष्य धार्मिक कट्टरवाद के दुखद विस्तार और सामाजिक-सांस्कृतिक मुद्दों की ओर लोगों का ध्यान खींचना था।

सम्मेलन की कार्यवाहियों का मूल्यांकर करते हुए मैंने राज्यपालों से अपील की कि वे पड़ोसी राज्यों को सहयोग दें, राज्यों के बीच भाषाई मुद्दों से जुड़े विवादों पर सतर्कता बरतें और बाढ़ एवं सूखा-राहत के मामलों में स्वयं ध्यान दें। मैंने राज्यपालों का यह सुझाव भी मान लिया कि राज्यपाल-सम्मेलन साल में एक बार हो। इससे उन्हें काफी संतोष हुआ। इस तरह राज्यपालों का सम्मेलन बहुत सुखद और सद्भावपूर्ण माहौला में खत्म हुआ।

31 अक्तूबर, 1987 इंदिरा गाँधी की शहादत की तीसरी पुण्य तिथि थी। मैं अपनी पत्नी के साथ शक्तिस्थल गया और दिवंगत नेता को श्रद्धांजलि दी। इसके बाद हम लोग नंबर एक, सफदरजंग रोड की ओर चले, जिसे इंदिरा गाँधी-स्मारक के रूप में तब्दील कर दिया गया है। वहाँ हम लोग भजन-कार्यक्रम में शामिल हुए। इंदिरा गाँधी भारत के सभी प्रधानमंत्रियों में सबसे सक्रिय प्रधानमंत्री थीं। उनका व्यक्तित्व बेजोड़ था। वे पूर्णतावादी थीं और सर्वश्रेष्ठ के अलावा

कुछ भी स्वीकार नहीं करती थीं। सामान्य योग्यता उन्हें अधीर बना देती थी। वे न सिर्फ उत्कृष्टता का प्रचार करती थीं, बल्कि जो भी करती थीं उसमें उसका व्यवहार भी करती थीं। बांग्लादेश संकट के समय उन्होंने जो साहसिक कार्रवाई की, उससे वे अपने राजनीतिक जीवन के शीर्ष पर पहुँच गई थीं। एक ही झटके में उन्होंने 1962 की हार का बदला ले लिया और विश्व में भारत की प्रतिष्ठा बढ़ाई। इमरजेंसी की अराजकता ने उनकी छवि खबरा की। इससे उनकी छवि तानाशाह की बनी। उनके निकट सलाहकारों ने उन्हें भ्रमित करके एक बिल्कुल अनावश्यक और पूरी तरह अनुचित कार्रवाई करा ली थी। हालाँकि मैं इमरजेंसी के विरोधियों में था, पर किसी विपक्षी दल में शामिल नहीं हुआ, भले ही राजनीतिक रूप में निष्क्रिय रहना पसंद किया।

प्रशासनिक मामले : एक

लंबे समय तक विभिन्न सरकारी पदों पर रहते हुए मेरे विचारों पर कभी भी क्षेत्र, धर्म, समाज, जाति या भाषा का प्रभाव नहीं पड़ा। अफसरों का चुनाव मैंने हमेशा उनकी योग्यता, कार्यकुशलता और ईमानदारी के लिए किया है। हालाँकि एक पत्रकार ने अपनी रपट में यह संकेत दिया कि राष्ट्रपति-सचिवालय में मैं एक महत्वपूर्ण पद पर अपने पसंदीदा व्यक्ति की नियुक्ति चाहता हूँ और यह भी कि पूर्व राष्ट्रपति ज्ञानी जैलसिंह के सचिव एस. वर्दन (आई.ए.एस) ज्ञानी जी के आदमी के रूप में 'शक के घेरे में' आ गए हैं।

जब मैं राष्ट्रपति बना तो वर्दन राष्ट्रपति के सचिव थे। मेरे पूर्ववर्ती ज्ञानी जैलसिंह ने उन्हें इस पद पर नियुक्त किया था। वे एक बहुत योग्य और कार्यकुशल अधिकारी थे और चूँकि वे इससे पहले गृहमंत्रालय में रह चुके थे, इसलिए राष्ट्रपति-कार्यालय से जुड़े कामों से भी वाकिफ थे। उनका कार्यकाल नवंबर 1987 में पूरा हुआ। मैंने उनसे पद पर बने रहने का आग्रह किया पर वे वापस किसी प्रशासनिक मंत्रालय में जाना चाहते थे। इसलिए मैंने विकल्प की तलाश की। पहले जब मैं मंत्री था तो प्रेमकुमार (आई.ए.एस.) प्रधानमंत्री के सचिवालय में काम करते थे और मुझसे उनकी कई बार मुलाकात और कई मसलों पर चर्चा हो चुकी थी। बाद में प्रेमकुमार वाणिज्य मंत्रालय में सचिव हो गए। उनका आचरण अच्छा था और वे प्रोटोकोल, नियमों-अधिनियमों के आग्रही थे। मैंने राजीव गाँधी से उनके नाम की सिफारिश राष्ट्रपति के सचिव-पद के लिए की, जिसे उन्होंने स्वीकार कर लिया।

राष्ट्रपति भवन के वार्षिक समारोहों में एक है यूनीसेफ के शुभकामना-संदेशवाले कार्डों और केलेंडरों की बिक्री का उद्घाटन। इनकी बिक्री से हुई आय का इस्तेमाल दुनिया-भर के पिछड़े और जरूरतमंद बच्चों की स्थिति सुधारने के लिए किया जाता है। इस उद्घाटन में महिला-कल्याण और खेल मंत्री सरोज खापर्डे ने एक संक्षिप्त भाषण दिया, जिसमें पिछड़े बच्चों की मदद की जरूरत पर जोर दिया गया था।

जब मैं उपराष्ट्रपति था, तब मैंने स्वास्थ्य मंत्रालय को सुझाव दिया था कि यूनिसेफ द्वारा प्रवर्तित टीकाकरण-कार्यक्रम को मंजूर कर लिया जाए और शिशुओं को टीकाकरण की सुविधाएँ मुहैया कराई जाएँ। उस समय की स्वास्थ्य मंत्री मोहसिना किदवई ने इसे मंजूर कर लिया था। अपने उद्घाटन-भाषण में मैंने टीकाकरण-कार्यक्रम का जिक्र किया और देश-भर में इसके विस्तार का अनुरोध किया। मैंने विकलांग बच्चों की विशेष देखभाल की अपील भी की। इस समारोह से होने वाले प्रचार के कारण भारत में शुभकामना-संदेश-कार्डों की बिक्री हमेशा बढ़ जाती है। मुझे बताया गया है कि कार्डों की बिक्री अच्छी-खासी होती है।

6 नवम्बर को विश्व बैंक के अध्यक्ष कोनेबल मुझसे मिलने आए। उन्होंने फंड-बैंक से मेरे संबंध और भारत के लिए पाँच अरब के एस.डी.आर. कर्ज की बातचीत की चर्चा की। उन्होंने कहा कि वे भारत सरकार की कर्ज लेनेवाली विवेकपूर्ण नीति और देश में औद्योगिक विकास तेज करने के लिए उठाए गए हाल ही के उपायों से बहुत प्रभावित हैं। मेरा सदा से यह मानना रहा है कि विकसित देशों का निर्यात बढ़ाने में बहुपक्षीय वित्तीय संस्थाएँ मदद करती हैं। इसलिए कोनेबल ने जब भारत के लिए आयात को उदार बनाने की जरूरत पर जोर दिया तो मुझे ताज्जुब नहीं हुआ। मैंने कभी नहीं सुना कि इन देशों ने किसी विकसित देश को ऐसी राय दी हो। मैंने कोनेबल से कहा कि विकसित देशों के बढ़ते संरक्षणवाद ने दरअसल विकासशील देशों की समस्याओं को और अधिक बढ़ा दिया है।

मैंने सभी विकासशील देशों के बढ़ते कर्ज-भार और सेवा-शुल्क तक के भुगतान में उनकी असमर्थता का जिक्र किया। कोनेबल ने कहा कि यह पहलू उनके सामने है और इसे फंड-बैंक की चर्चा में उठाया जाएगा।

अलीगढ़ मुसलिम विश्वविद्यालय के संस्थापक सर सैयद अहमद खाँ के सम्मान में वहाँ की ओल्ड ब्वायज़ एसोसिएशन आमतौर पर चर्चा और रात्रिभोज का आयोजन करती है। मुझे यह स्मारक व्याख्यान देने के लिए आमंत्रित किया गया था। मैंने सर सैयद अहमद खाँ की भरपूर प्रशंसा की और राष्ट्रीय एकता को कमजोर करने की कोशिश करनेवाली साम्प्रदायिक और फूटपरस्त ताकतों से सावधान रहने के लिए कहा।

वैसे, इस समारोह से कुछ अप्रिय बातें भी जुड़ी हुई थीं। मैंने जब रात्रिभोज में शामिल होने की स्वीकृति दे दी, तो मुझे कई चिट्ठियाँ मिलीं, जिनमें कहा गया था कि मुझे निमंत्रित करने वाला ग्रुप संगठन का प्रतिनिधित्व नहीं करता और यह कि मुझे समारोह में नहीं जाना चाहिए। मैंने विश्वविद्यालय के कुलपति डॉ. किदवई से राय ली। उन्होंने कहा कि सामान्य तौर पर तो वे यही चाहेंगे कि मैं समारोह से अलग रहूँ। पर, अगर मैंने निमंत्रण स्वीकार कर लिया है तो मुझे अपने वचन का पालन करना चाहिए। उन्होंने कहा कि वे भी समारोह में मौजूद रहेंगे।

आयोजन-तिथि से दो दिन पहले सुरक्षा-अधिकारियों ने आयोजकों से कहा कि जिस परिसर में व्याख्यान और भोज का आयोजन किया गया है, सुरक्षा की दृष्टि से वह उपयुक्त नहीं है और आयोजन-स्थल को बदला जाना चाहिए। कल्पना कीजिए कि आयोजकों की क्या हालत हुई होगी। जब मुझे इसके बारे में बताया गया तो मैंने आयोजकों से कहा कि मैं अपने भाषण का मूल इसके बारे में बताया गया तो मैं आयोजकों से कहा कि मैं अपने भाषण का मूल पाठ उन्हें भेज दूँगा, जिसे समारोह में कोई अन्य पढ़ सकता है। इस तरह आयोजक संकट से उबर जाएँगे। लेकिन आयोजक नहीं माने। उन्हें लगता था कि यदि ऐसा हुआ तो विरोधी गुट समारोह को पूरी तरह नाकाम मान लेगा। आयोजकों ने जोर-शोर से उपयुक्त स्थल की तलाश शुरू की। उन्हें पता चला कि उस दिन इंडिया इंटरनेशनल सेंटर, नई दिल्ली में होनेवाली एक बैठक रात आठ बजे खत्म होनेवाली है और रात साढ़े आठ बजे से वहीं सर सैयद स्मृति-व्याख्यान शुरू हो सकता है। इसलिए मैं रात साढ़े आठ बजे इस समारोह में पहुँचा और अपना व्याख्यान दिया। मैंने यह कहकर सर सैयद अहमत खाँ को श्रद्धांजति दी कि वे अपने समय के श्रेष्ठ समाज-सुधारक थे और उनमें पुरानी परम्पराओं एवं आधुनिकता-दोनों के श्रेष्ठ तत्वों का संगम था। मैंने उनके इस विश्वास

पर बल दिया कि भारत के दो प्रमुख सम्प्रदाय-हिंदू और मुसलिम-मित्रता से ही साथ रह सकते हैं, टकराव से नहीं।

बाद में मुझे यह जानकार निराशा हुई कि सुरक्षावालों ने आधे घंटे तक आवाजाही रोक दी थी और लोगों को अनावश्यक असुविधा हुई थी। दरअसल एक व्यक्ति ने मुझे लिखा कि वह इंडिया इंटरनेशनल सेंटर से नहीं निकल पाया, क्योंकि सुरक्षावालों ने केन्द्र में सारी गतिविधियाँ ठप कर दी थीं। मुझे बहुत परेशानी हुई, पर मैं कुछ नहीं कर सकता था। इसके बाद मैंने इंडिया इंटरनेशनल सेंटर में होनेवाले सभी समारोहों के न्यौते जान-बूझकर नामंजूर कर दिए। तीनमूर्ति भवन में होनेवाले कार्यक्रमों के मामले में भी मैंने यही किया। मैंने इस मामले में कई बार सैनिक सचिव से बातचीत की थी, पर मुझे हमेशा ब्लू बुक के नियमों का हवाला दे दिया गया था। इसके बाद मैंने दिल्ली में अपना आना-जाना कम कर दिया और सिर्फ सरकारी या सरकार द्वारा प्रवर्तित समारोहों में ही जाता था।

पाँच नवंबर को श्रीलंका के राष्ट्रपति जयवर्द्धने अपनी पत्नी सहित राष्ट्रपति भवन में हमारे साथ ठहरने आए। वे काठमांडु से सार्क सम्मेलन में भाग लेकर लौट रहे थे। राष्ट्रपति जयवर्द्धने ने प्रधानमंत्री से बातचीत की ही थी, मेरे साथ भी उनकी आधे घंटे तक खुलकर बातचीत हुई। राजीव-जयवर्द्धने समझौते के बाद श्रीलंका ने नए उत्तर-पूर्वी प्रांतों को सत्ता-हस्तांतरण की पेशकश की, जिसे स्पष्टतः ही श्रीलंका के मध्यमार्गी भी अपर्याप्त मानते थे।

तमिल यूनाइटेड लिबरेशन फ्रंट के अमृतलिंगम् और शिवचिदम्बरम् ने पहले मुझसे और फिर प्रधानमंत्री और दूसरे अफसरों से मुलाकात की थी और श्रीलंका के प्रस्तावों पर निराशा जताई थी। जब मैंने राष्ट्रपति जयवर्द्धने से यह बात बताई तो उन्होंने कहा कि इन मुद्दों पर आगे भी चर्चा हो सकती है, पर सबसे पहले इलाके में शांति स्थापित करने की जरूरत है। मैंने उन्हें बताया कि भारत पहले ही अपनी स्थिति साफ कर चुका है और वह चाहता है कि मुक्तिचीते हथियार डालें, हिंसा छोड़ें और भारत-श्रीलंका के बीच हुए शांति-समझौते को लागू करने के लिए राजी हों।

बाद में मुझे राजीव गाँधी से पता चला कि यही बातें उन्होंने उनसे भी कही थीं और जब तक मुक्तिचीते हथियार नहीं डालते, तब तक भारत सरकार

किसी शांति या युद्ध-विराम पर विचार नहीं करेगी। मैंने पाया कि इन नेताओं में से ज्यादातर की यात्रा हालाँकि आनुष्ठानिक होती थी, फिर भी इससे दोनों पक्षों को एक-दूसरे को समझने और गलतफहमियाँ दूर करने में मदद मिलती थी।

राज्यों के राज्यापालों से दलगत राजनीति से ऊपर उठने और अपने गृहराज्यों की जल्दी-जल्दी यात्रा न करने के बार-बार के मेरे आग्रह के बावजूद महाराष्ट्र के पूर्व मुख्यमंत्री वसंतराव पाटील ने यह बात नहीं मानी। वे 8 अक्तूबर से तीन हफ्ते की छुट्टी पर बंबई चले गए और फिर खबर मिली कि शंकरराव चव्हाण-मंत्रिमंडल को अस्थिर करने के लिए उन्होंने विधायकों से मुलाकात की है। इसके बाद उन्होंने एक हफ्ते की और छुट्टी बढ़ाने का फैसला कर लिया। हालाँकि मेरा मन उनकी खिंचाई करने का हुआ, पर उनके भावी इस्तीफे के मद्देनजर मैंने ऐसा कुछ नहीं किया।

भारत के मुख्य न्यायाधीश न्यायमूर्ति पाठक एक शाम अपनी पत्नी के साथ चाय पर आए। डॉ. पाठक एक गंभीर, निष्पक्ष और नरम तौर-तरीकोंवाले भले व्यक्ति हैं। वे प्रतिष्ठापूर्वक अपने दायित्वों का निर्वाह करते हैं। उन्होंने न्यायपालिका से संबंधित कई मुद्दों, जैसे—अदालतों में बढ़ते मामले, जजों की नियुक्ति में देरी और रिट याचिकाओं के बढ़ते दायरे पर निष्पक्ष चर्चा की। मैंने कहा कि वैकल्पिक तरीके उपलब्ध होने के बावजूद रिट याचिकाओं को उदारपूर्वक मंजूर किया जाने से उच्च न्यायपालिका का काम अस्त-व्यस्त होता जा रहा है। मैंने जनहित याचिकाओं के उदार इस्तेमाल पर भी अपने विचार रखे। न्यायमूर्ति पाठक मुझसे इस बात पर सहमत थे कि याचिकाएँ स्वीकार करने में और अधिक चयनात्मकता की जरूरत है। उन्होंने यह भी स्वीकार किया कि जनहित-याचिकाओं की बाढ़ से वे स्वंय भी खुश नहीं हैं।

आंध्र प्रदेश की राज्यपाल कुमुंदबेन जोशी इसी समय मेरे पास आई और मुख्यमंत्री के खिलाफ खूब गुस्सा निकाला। नंदमूरि तारक रामराव से उनका टकराव चल रहा था। असल में, सांसद और तेलुगूदेशम पार्टी के नेता पी. उपेंद्र पार्टी के तीन अन्य नेताओं के साथ मेरे पास आए और शिकायत की कि कुमुदबेन जोशी मुख्यमंत्री के साथ टकराव के रास्ते पर चल रही हैं और वे राज्यपाल के मुकाबले विपक्ष के कांग्रेसी नेता के रूप में ज्यादा काम करती हैं। यह

ठीक है कि कुमुदबेन जोशी ने राज्य का सघन दौरा किया था और रेडक्रॉस या महिला सभा या ऐसी ही किसी अन्य संस्था के नाम पर समाज-कल्याण के कार्यों में शामिल थीं। पर मुझे पक्की जानकारी नहीं थी कि वे मुख्यमंत्री के खिलाफ कोई सीधी कार्रवाई कर रही हैं। फिर भी मैंने उन्हें सलाह दी कि मुख्यमंत्री और मंत्रिमंडल से बेहतर संबंध बनाकर रखें।

लॉर्ड माउंटबैटन की बेटी कौंटेस पैट्रिसिया अपने बेटों-फिलिप और तिमोथी तथा अपनी भतीजी सहित राष्ट्रपति भवन के विशिष्ट मेहमान थे। पैट्रिसिया की बेटी का नाम इंडिया हिक्स है। इन लोगों ने प्रेसिडेंट्स इस्टेट, देदीप्यमान हॉल और मुगल गार्डन को देखा तथा सम्मोहित कहोकर लौटे। चाय के दौरान इन लोगों ने वाइस रीगल लॉज से जुड़े दिनों के बारे में व्यंग्यपूर्ण बातें कीं और इस बात की भी चर्चा की कि सत्ता-हस्तांतरण में माउंटबैटन की भूमिका कितनी महान थी। इन लोगों ने कहा कि हमें इस बात की खुशी है कि पुरानी इमारत को नहीं बदला गया है और कमोबेस इसे पहले जैसा ही रखा गया है।

कुछ ही समय बाद राज्यसभा के सभापति बनने पर डॉ. शंकरदयाल शर्मा का सम्मान किया गया। उनकी विद्वता, विषयनिष्ठता और ईमानदारी की भूरि-भूरि प्रशंसा की गई। टाइम्स ऑफ इंडिया में एक रपट छपी, जिसका एक अंश मैं यहाँ उद्धृत कर रहा हूँ, 'कई सदस्यों ने इस मौके पर डॉ. शर्मा के पूर्ववर्ती आर. वेंकटरमन की फिर से तारीफ की। इन लोगों ने दक्षतापूर्वक सदन की कार्यवाही चलाने के लिए उनकी प्रशंसा की। पी. उपेन्द्र (तेलुगूदेशम) राज की कुछ बातें बताने के लिए उत्सुक थे। विपक्षी नेताओं ने उनसे (आर. वेंकटरमन) इतना अच्छा तालमेल बना लिया था कि सदन से वाकआउट या हंगामों के बारे में वे उन्हें पहले ही बता देते थे!' यह सही है कि विपक्षी नेताओं के साथ मेरे संबंधों के कारण राज्यसभा में कई बार खराब और अशोभनीय स्थिति नहीं बनी।

8 नवंबर को उपराष्ट्रपति सामान्य पाक्षिक भेंट के लिए आए। जवाहरलाल नेहरू और इंदिरा गाँधी पुरस्कारों की निर्णायक समिति के अध्यक्ष की मेरी जगह उन्होंने ली थी। वे जानना चाहते थे कि इन पुरस्कारों के लिए कोई प्रस्ताव किया गया है या नहीं! मैंने उन्हें बताया कि सोवियत संघ के जनरल सेक्रेट्री गोर्बाचेव का नाम 1988 के इंदिरा गाँधी पुरस्कार के लिए सबसे ऊपर है और

जर्मनी के विल्ली ब्रांड्ट तथा भारत के पुराने मित्र ब्रिटेन के फेन्नर ब्रॉकवे के नामों पर जवाहरलाल नेहरू पुरस्कार के लिए विचार चल रहा है। डॉ. शर्मा ने माना कि सुझाए गए नामों का जनता स्वागत करेगी।

पी. उपेंद्र और तेलुगु देशम पार्टी के कुछ सदस्य मेरे पास आए। वे चाहते थे कि राजनीतिक उद्देश्यों के लिए हाईकोर्ट और सुप्रीम कोर्ट के अधिकार क्षेत्रों का गलत इस्तेमाल न हो, इसे मैं अपने अधिकारों से सुनिश्चित करूँ। ऐसी जरूरत पड़ने का कारण यह था कि आंध्र प्रदेश हाईकोर्ट ने कांग्रेस के संगठन–सचिव द्वारा दायर दो रिट याचिकाएँ मंजूर कर ली थीं। इन याचिकाओं में माँग की गई थी कि :

(1) मुख्यमंत्री नंदमूरि तारक रामराव द्वारा अधिकारों के गलत इस्तेमाल और भ्रष्टाचार के आरोपों की जाँच के लिए केंद्र सरकार को जाँच आयोग कानून के तहत उच्चाधिकार प्राप्त न्यायिक समिति बनाने का निर्देश जारी किया जाए।

(2) विदेशी मुद्रा विनिमय कानून (फेरा) और अन्य कर–कानूनों का उल्लंघन करने के लिए एन.टी. रामराव के खिलाफ मुकदमा चलाया जाए।

इन रिट याचिकाओं के मंजूर हो जाने से मुख्यमंत्री और उनकी तेलुगु देशम पार्टी निश्चय ही हिला गई थी। श्री उपेन्द्र ने कहा कि कांग्रेस को यह लड़ाई राजनीतिक ढंग से लड़नी चाहिए, न कि वैधानिक चालों का सहारा लेकर। मैंने बस उनकी बातें सुनीं और वही तैयार जवाब दिया, 'मैं इसे देखूँगा।' हम दोनों को पता था कि जो मामले न्यायपालिका की सीमा में हैं, उनमें दखल देने का राष्ट्रपति को कोई अधिकार नहीं है।

14 नवम्बर नेहरू जी का जन्मदिन है। इस दिन जब मैं सवेरे के कामों के लिए तैयार हो रहा था तो मेरा मन उन एहसानों से दबा हुआ था, जो नेहरू जी ने मुझ पर किए थे। 1950 से 1957 के बीच, जब मैं सांसद था, नेहरू जी की नीतियों और कार्यक्रमों का कट्टर समर्थक था। विभिन्न योजनाओं के बारे में जब अन्य लोग नेहरू जी के तौर–तरीकों की निंदा करते थे, तो भी मैं उनसे सहमत नहीं होता था। नेहरू जी 1954 के विशेष विवाह विधेयक को पास करवाकर कानून बनाना चाहते थे। इसमें मैंने भी महत्त्वपूर्ण भूमिका

निभाई थी। मैंने विधेयक में एक संशोधन पेश किया जो जिला अदालत में पेश याचिका पर आपसी सहमति से तलाक के प्रावधान से संबंधित था। जिला अदालत को यह अधिकार दिया जाना था कि वह विवाह को एक नियत अवधि के बाद विघटित या समाप्त घोषित कर सकती है। इस विषय पर अच्छी-खासी चर्चा हुई थी। इस प्रस्ताव पर पंडितजी ने कहा था (और उसे मैं उद्धृत कर रहा हूँ) : 'आखिरकार जो सवाल उठता है वह यह कि जब दो लोगों के लिए, किसी भी कारण से, साथ रहना असंभव हो जाए, तो क्या किया जाना चाहिए? अगर मैं ऐसा कह सकूँ तो मैं इस बात के लिए तैयार हूँ कि एक नहीं, कई गलतियों को माफ कर दिया जाए पर मैं दो लोगों को इस असहनीय स्थिति में छोड़ने के लिए तैयार नहीं हूँ कि जो एक-दूसरे से घृणा करते हों, तो भी वे एक-दूसरे से बंधे रहने के लिए मजबूर हों। इसलिए, मैं यहाँ इस धारा का स्वागत करता हूँ। मैं, खासकर उस संशोधन का स्वागत करता हूँ जिसे मेरे साथी वेंकटरमन आपसी सहमति से तलाक के मामले में पेश कर रहे हैं।'

हिंदू कानून के सुधार और हिंदू कोड बिल को पास करने के मामले में मैं पूरी तरह उनके साथ था। मैं उनका ऐसा समर्थक था कि उन दिनों मुझे नेहरूवादी माना जाता था।

नेहरूजी ने 1953 से 1961 तक-आठ वर्षों के लिए मुझे संयुक्त राष्ट्र की जनरल असेम्बली के लिए डेलीगेट बनाकर भेजा। मैंने वहाँ जाना तभी बंद किया, जब मेरे लिए लंबे समय तक राज्य सरकार से अलग रहना संभव नहीं था। जब कभी मेरी औद्योगीकरण की योजनाओं में कोई बाधा आती थी, मैं नौकरशाहों को छोड़कर सीधे उनके पास चला जाता था और अपनी योजनाएँ मंजूर करा लेता था। मद्रास राज्य के उद्योगमंत्री के रूप में मैंने एक बार जर्मन लोकतांत्रिक गणराज्य (जी.डी.आर.) के विशेषज्ञों को सलेम और नेवली लिग्नाइट क्षेत्रों से लौह अयस्क को पिघलाने की व्यवहार्यता की जाँच के लिए मद्रास बुलाया था। इससे पहले मैंने नेहरू जी को लिखा था कि संयुक्त राष्ट्र महासभा की एक बैठक में भाग लेकर लौटते वक्त मैं जी.डी.आ. सरकार के न्यौते पर वहाँ जा रहा हूँ। नेहरूजी ने इसकी मंजूरी दे दी थी। पर केंद्र में इस्पात मंत्रालय को इस बात से चिढ़ हो गई कि किसी राज्य का एक मंत्री संबंधित केंद्रीय विभाग से पूछे बगैर विदेशी विशेषज्ञ समिति को अपने यहाँ बुलाए। इसलिए मंत्रालय ने विशेषज्ञों को वीज़ा देने का मामला लटका दिया। कुछ समय तो

देरी के कारणों को लेकर मैं उलझन में रहा, पर बाद में जी.डी.आर. के एक प्रतिनिधि ने मुझे स्थिति की जानकारी दी। तब मैंने नेहरू जी को लिखा कि मैं व्यवहार्यता का अध्ययन कराना चाहता हूँ, विदेशी सरकार से सीधे कार्य सौदा नहीं कर रहा। मैंने यह भी स्पष्ट किया कि इस मामले में विदेशी मुद्रा भी खर्च नहीं हो रही, क्यों मद्रास सरकार सिर्फ स्थानीय मेज़बानी का खर्च उठा रही है। मुझे लगता है कि तमिलनाडु सरकार की फाइलों में यह चिट्ठी अब भी होगी। नेहरू जी ने तत्काल जवाब दिया और मुझसे कहा कि मैं उनसे मिलूँ। इसके बाद अगली बार जब मैं नई दिल्ली गया तो नेहरू जी के यहाँ दोपहर के खाने से थोड़ी देर पहले उनसे मुलाकात हुई। मैंने उन्हें पूरी स्थिति बताई। वे तुरंत मामला समझ गए और कहा कि इस बारे में ध्यान देंगे। वे तमिलनाडु के औद्योगिक विकास के प्रति मेरे उत्साह और समर्पण से प्रभावित हुए थे। मैं तमिलनाडु हाउस में ठहरा था और अभी वहाँ पहुँचा ही था कि प्रधानमंत्री-कार्यालय से मेरे पास फोन आया और बताया गया कि वीज़ा का मामला निपट गया है। इस घटना का नई दिल्ली सचिवालय में गहरा असर पड़ा और इसके बाद से उनकी प्रतिक्रिया हमेशा सकारात्मक रही।

14 नवंबर को सवेरे सबसे पहले मैं नेहरू जी के जन्म दिन पर उन्हें श्रद्धांजलि देने शांति वन के लिए निकला। दोपहर में मैंने अंतर्राष्ट्रीय बैलून मेले में शामिल होने की सहमति दे दी। इसमें कई अंतर्राष्ट्रीय बैलून उड़ाने वालों के शामिल होने की उम्मीद थी। यह शहर की एक प्रमुख आकर्षक घटना थी और बैलून मेला-स्थल-सफदरजंग हवाई अड्डे तक जाने वाली सभी सड़कों पर गाड़ियों की जबरदस्त भीड़ थी। सुरक्षा गार्डों ने सड़क खाली कराने की कोशिश की, पर यह बहुत मुश्किल था। जब मुझे इस बारे में पता चला तो मैंने कहा कि लोगों को असुविधा नहीं होनी चाहिए, भले ही मुझे अपना जाना रद्द करना पड़े। लेकिन मेला-आयोजक इसके लिए तैयार नहीं थे और उन्होंने ट्रैफिक पुलिस से गुजारिश की कि किसी तरह कोशिश करके रास्ता खुलवा दें। इसके बाद मैंने दृढ़ता से मना कर दिया और साफ-साफ कहा कि सड़क खाली भी हो गई तो मैं समारोह में नहीं जाऊँगा। इस तरह मैंने अपना यह कार्यक्रम रद्द कर दिया। समारोहों के स्वार्थी आयोजक बड़े लोगों को अपनी ऐसी ही कार्रवाइयों से अलोकप्रिय बना देते हैं। खेद का विषय है कि सुरक्षा के नाम पर लोगों को काफी असुविधा और परेशानियों का सामना करने के लिए मजबूर किया

जाता है। सुरक्षा-इंतजामों के कारण लोगों को होनेवाली असुविधाओं के कारण ही शहर में होने वाले समारोहों का निमंत्रण मैं प्राय: स्वीकार नहीं कर पाता था।

16 नवम्बर को कई लोग आए। इनमें दिनेश सिंह भी एक थे। एक समय दिनेश सिंह इंदिरा गाँधी के विश्वासपात्र और नजदीकी सलाहकार थे। बहुत बाद में वे जनता पार्टी में चले गए थे और राजीव गाँधी ने उन्हें कोई पद या जिम्मेदारी नहीं दी थी। दिनेश सिंह की क्षमता पहल-शक्ति, और ऊर्जस्विता के बारे में मेरी राय हमेशा अच्छी रही है। इसलिए जब दिनेश सिंह ने कहा कि उनके पुनर्वास के लिए मैं अपने प्रभाव का इस्तेमाल करूँ तो मैंने सहानुभूतिपूर्वक जवाब दिया।

इसके बाद आनेवाले डॉ. कर्णसिंह थे। वे इमरजेंसी के दौरान इंदिरा गाँधी के पसंदीदा थे। पर इमरजेंसी के बाद चुनावों में हार हुई। इसी के बाद वे उनसे अलग हो गए थे। 1980 में वे एक गैर-कांग्रेसी सदस्य के रूप में सांसद चुने गए थे और जब मैं वित्तमंत्री तथा बाद में रक्षामंत्री था तो वे विपक्ष की सीट पर बैठते थे। 1984 में वे चुनाव हार गए और फिर कांग्रेस में शामिल हो गए। वे लंदन में भारत के उच्चारयुक्त या वाशिंगटन में भारतीय राजदूत बनना चाहते थे। वे चाहते थे कि दार्शनिक संत आदि शंकराचार्य की 12 सौवीं जयंती-समारोह की अध्यक्षता मैं करूँ। मैंने उनसे कहा-मैं नहीं मानता कि आदि शंकराचार्य का जन्म 788 ई. में हुई था। यह भी कहा कि कांची कामकोटि पीठ के शंकराचार्यों के अनुसार उनका जन्म ईसा मसीह के जन्म से पहले हुआ था। मैंने कहा कि डॉ. कर्णसिंह को यह समारोह करने से पहले कांची के परमाचार्य के लिए उनके मन में बहुत आदर-सम्मान है, फिर भी वे वहाँ नहीं जाना चाहते। उन्हें लगता था कि उन्हें इस प्रोजेक्ट का नाम 'आदि शंकराचार्य की 12 सौवी जंयती' रखने से रोका जाएगा। वैसे, मैं यह जानकर खुश हुआ कि आखिरकार जब समारोह का आयोजन हुआ तो तारीख के पचड़े में पड़े बिना इसे सिर्फ 'शंकराचार्य की जयंती' कहा गया।

पंजाब के पूर्व मुख्यमंत्री सुरजीतसिंह बरनाला एक प्रतिनिधिमंडल लेकर मुझसे मिलने आए। वे चाहते थे कि-

(1) जोधपुर के केदियों को रिहा किया जाए और जिन लोगों के खिलाफ पक्का सबूत हो, उन पर मुकदमा चलाया जाए–उन्हें यों ही पकड़कर नहीं रखना चाहिए;

(2) लोंगोवाल समझौते के अनुपालन में चंडीगढ़ पंजाब को हस्तांतरित कर दिया जाए, और

(3) 1984 में इंदिरा गाँधी की हत्या के बाद हुए दंगों के जिम्मेदार लोगों के खिलाफ कार्रवाई की जाए और इसमें जिन लोगों का नुकसान हुआ था, उन्हें मुआवजा देने का काम निपटाया जाए।

मैंने उनसे विनम्रतापूर्वक पूछा कि यदि इन माँगों को पूरा कर दिया जाए तो क्या कोई पंजाब में आतंकवाद कम करने और सामान्य स्थिति बहाल करने की जिम्मेदारी ले सकता है। बरनाला का कहना था कि आतंकवाद पर नियंत्रण की जिम्मेदारी कोई नहीं ले सकता, पर अगर इन माँगों को पूरा कर दिया जाए तो आतंकवाद कम होगा। स्पष्ट था कि पंजाब के नेता न सिर्फ निर्दोषों की हत्याएँ रोकने में अक्षम थे, बल्कि वे अपनी कमजोरियों के बारे में जानते भी थे।

19 नवंबर इंदिरा गाँधी का जन्मदिन है। मैंने अपनी पत्नी के साथ शक्तिस्थल पर श्रद्धांजलि अर्पित की और फिर सफदरजंग रोड पर इंदिरा गाँधी स्मारक पर भी गया और भजन-कार्यक्रम में शामिल हुआ। मैंने संसद भवन के केंद्रीय कक्ष में इंदिरा गाँधी के एक आदमकद चित्र का अनावरण किया। उपराष्ट्रपति डॉ. शंकरदयाल शर्मा और प्रधानमंत्री भी इससमें शामिल हुए। जाने-माने रूसी कलाकार स्वेतस्लाव रोयरिक ने उनकी यह प्रतिकृति बनाई है। तालियों के बीच मैंने कहा, "संसद की ऐतिहासिक प्रतिकृति-गैलरी में आज हम एक और सुविख्यात व्यक्तित्व को शामिल कर रहे हैं, जो भारत के राजनीतिक आकाश पर चौथाई सदी से भी ज्यादा समय तक छाया रहा।"

मैंने एक विशेष संकटकाल में उनके असाधारण साहस की तारीफ की और बांग्लादेश को अलग कराने में उनके निर्भीक रुख का खासतौर से जिक्र किया। उन दिनों यह अफवाह थी कि अमेरिका अपने जाने-पहचाने सातवें बेड़े से दखल देगा। मैंने बैंकों के राष्ट्रीयकरण, 20 सूत्रीय कार्यक्रम और ग्रामीणों

के लिए कर्ज की सुविधा जैसी उनकी आर्थिक नीतियों की प्रशंसा की। निरस्त्रीकरण और नई विश्व अर्थव्यवस्था के लिए उनकी अंतर्राष्ट्रीय पहल की तारीफ करते हुए मैंने कहा कि समकालीन विश्व-इतिहास में इंदिरा गाँधी ने अपने लिए विशेष जगह बनाई है। मैंने कहा कि उन्हें समाज के कमजोर वर्ग के अल्पसंख्यकों और दूसरे पिछड़े वर्गों–जैसे नेत्रहीनों, मंदबुद्धि और विकलांगों के अभिभावक के रूप में देखा जाता था।

दोपहर बाद मैंने अशोक हॉल में आयोजित एक शानदार समारोह में शांति, निरस्त्रीकरण और विकास के लिए इंदिरा गाँध पुरस्कार बाँटे। यह पुरस्कार पार्लियामेंट्रियंस फॉर ग्लोबल एक्शन को मिला। यह सांसदों की अंतर्राष्ट्रीय अर्थव्यवस्था की खोज के लिए प्रतिबद्ध है। 36 देशों के विभिन्न राजनीतिक दलों के 600 से भी ज्यादा सांसद इसके सदस्य हैं। इसी संगठन ने दोनों महाशक्तियों के बीच परमाणु-गतिरोध खत्म करने के लिए पाँच उपमहाद्वीपों की शांति-प्रक्रिया शुरू की थी। पुरस्कार का फैसला करनेवाले निर्णायक मंडल में उपराष्ट्रपति और प्रमुख अंतर्राष्ट्रीय हस्तियाँ शामिल थीं। इसमें तंजानिया के डॉ. न्येरेरे और मिस्त्र के पूर्व विदेशमंत्री डॉ. एल-जयात शामिल थे।

इस पुरस्कार के लिए जब पार्लियामेंट्रियंस फॉर ग्लोबल एक्शन का चुनाव हुआ था, तो मैं उपराष्ट्रपति और निर्णायक मंडल का अध्यक्ष था। पुरस्कार देने के मौके पर मैंने कहा, ''आइए, हम सब इस धरती से युद्ध खत्म करने के महान प्रयास में जाति, धर्म, रंग या देश का भेद भुलाकर शामिल हो जाएँ।''

पार्लियामेंट्रियंस फॉर ग्लोबल एक्शन के तत्कालीन अध्यक्ष आयरलैंड के आर.क्रिमसन ने पुरस्कार प्राप्त किया।

20 नमंबर को मैं दक्षिण एशियाई फेडरेशन खेलों का उद्घाटन करने कलकत्ता गया। दिल्ली में हुए एशियाई खेलों के बाद अंतर्राष्ट्रीय खेलों का यह सबसे बड़ा आयोजन था। विभिन्न प्रतियोगिताओं में बांग्लादेश, भूटान, मालदीव, श्रीलंका और भारत शामिल हुए। यह एक भव्य रंगारंग कार्यक्रम था, जिसमें स्कूली बच्चों ने नृत्य, संगीत और ड्रिल का प्रदर्शन किया।

मुख्यमंत्री ज्योति बसु ने मौजूद लोगों का स्वागत किया और मैंने खेल-समारोह शुरू होने की औपचारिक घोषणा की। जब मैं स्टेडियम से हवाई अड्डे जा

रहा था तो मुझे सड़क के किनारे बड़ी संख्या में खड़े लोगों को देखकर ताज्जुब हुआ, क्योंकि राष्ट्रपति के रूप में यह मेरी पहली यात्रा थी और ये लोग मुझे देखने आए थे। आज जब नेताओं का स्वागत करने के लिए लोगों को गाड़ियों में भरकर लाया जाता है, तो यह बिल्कुल उल्टा दिखाई पड़ता है।

अगले दिन बंगाल के एक संसद सदस्य ने मुझसे कहा कि इतनी भीड़ कलकत्ता में हाल के दिनों में अपने आप नहीं जुटी थी।

21 नवंबर को दिन में 11.00 बजे रूसी प्रधानमंत्री रिझकोव, जिन्हें उनके देश में मंत्रिपरिषद का अध्यक्ष कहा जाता है, हमसे मिलने आए। उनकी पत्नी भी उनके साथ आईं। रिझकोव एक प्रीतिकर और खूबसूरत व्यक्ति थे और बिना हिचक के फर्राटेदार अंग्रेजी बोलते थे। उन्होंने मुझसे कहा कि सोवियत संघ वाकई निरस्त्रीकरण का इच्छुक है और शांति-स्थापना का काम अकेले भी चलाता रहेगा। उन्होंने गुटनिरपेक्ष आंदोलन के जरिए परमाणु निरस्त्रीकरण का माहौल बनाने में भारत की भूमिका की प्रशंसा की। हमारे युवा प्रधानमंत्री के बारे में रिझकोव ने कहा कि राजीव गाँधी में काफी ऊर्जा और पहल शक्ति है और विश्व-मामलों में उन्होंने अपने लिए जगह बना ली है।

रिझकोव रूसी सांस्कृतिक समारोह का उद्घाटन करने भारत आए थे। राष्ट्रपति भवन और फिर जवाहरलाल नेहरू स्टेडियम में स्वागत-समारोह के बाद रूस समारोह की भव्य शुरुआत हुई। मैंने श्री और श्रीमती रिझकोव के लिए दोपहर के भोज का आयोजन किया। इसमें उपराष्ट्रपति, प्रधानमंत्री, उनके मंत्रिमंडलीय सहयोगी, संसद सदस्यों के प्रतिनिधि, पत्रकार और कलाकार शामिल हुए।

मेरे दाईं ओर बैठी श्रीमती रिझकोव ने राष्ट्रीय या अंतर्राष्ट्रीय मुद्दों से ज्यादा दिलचस्पी परोसे गए विभिन्न व्यंजनों में दिखाई। उन्हें इडली खासतौर से पसंद आई। मैंने राष्ट्रपति भवन के मीनू में नियमित आयटम के रूप में इसे शामिल करवाया था। उन्हें फूल भी पसंद थे और राष्ट्रपति भवन के मुगल गार्डन से लाए गए गुलाब उन्हें प्यारे लगे।

23 नवम्बर को मैंने एडमिरल ताहिलियानी के लिए रात्रिभोज का आयोजन किया। वे नौसेना-प्रमुख के पद से रिटायर होनेवाले थे। मैंने रक्षा-सेवाओं के रिटायर होने वाले प्रमुखों के लिए रात्रिभोज का आयोजन करने की परंपरा शुरू

की थी। इन मौकों पर मैं न सिर्फ दूसरी सेनाओं के प्रमुखों को भी आमंत्रित करता था, बल्कि नए प्रमुख और रक्षा-सेवाओं के रिटायर प्रमुखों को भी बुलाता था। यह एक पारिवारिक भोज होता था और इसमें रक्षा कर्मचारियों के अलावा उनके पति/पत्नी भी शामिल होते थे। नौसेना कर्मचारियों के नए प्रमुख एडमिरल नाडकर्णी भी उपस्थित थे। इस भोज में मुझे कई मौजूदा समस्याओं पर पूर्व सेना-प्रमुखों के विचार जानने का एक मौका मिला।

राष्ट्रपति भवन के तलघर के छोटे थिएटर में तमिल नायकन दिखाई गई। यह फ्रैंसिस फोर्ड कोपोला की फिल्म गॉड फादर की हल्की नकल है। इस मौके पर लोकप्रिय दक्षिण भारतीय कलाकार कमल हासन भी मौजूद थे। इस फिल्म में कमल हासन की भूमिका बहुत अच्छी थी, पर फिल्मों में हिंसा मुझे पसंद नहीं है, क्योंकि वास्तविक जीवन में ही पर्याप्त हिंसा है।

24 नवंबर को पश्चिम जर्मनी की एक संघीय इकाई के प्रधानमंत्री--डॉ. जोहांस राव औपचारिक मुलाकात के लिए आए। मैंने उनका ध्यान भारत और उनके देश में राव उपनाम की समानता की ओर खींचा। मुझे यह भी याद आया कि करीब 25 साल पहले तत्कालीन मद्रास राज्य के उद्योगमंत्री के रूप में मैंने जी.डी.आर. के हेनरिच राव को आमंत्रित किया था और उनसे पूछा था कि जर्मनों द्वारा राव उपनाम के इस्तेमाल की कोई खास वजह तो नहीं है? डॉ. राव ने कहा था कि इसमें कोई खास बात नहीं है।

शाम को मैं सिरी फोर्ट आडिटोरियम में सोवियत बैलेट में शामिल हुआ। यह सोवियत समारोह का एक हिस्सा था। सोवियत बैलेट में स्टेज-कलाकारों की संख्या बहुत ज्यादा होती है, इसलिए सभी को शामिल कर पाने के लिए ऑडिटोरियम का विस्तार करना पड़ा था। लेकिन, इस मौके पर पाया गया कि बढ़ाया गया ऑडिटोरियम भी पर्याप्त नहीं है। हमेशा की तरह सोवियत बैलेट बहुत अच्छा रहा।

भारत में हो रहे इस सोवियत समारोह में रूसी सर्कस भी शामिल था। मेरे विचार से रूसी वैलेट के मुकाबले सर्कस बेहतर था। सोवियत संघ में मैंने सर्कस का रंगारंग प्रदर्शन देखा था। वे लोग जगह की कमी और अन्य संरचनात्मक असुविधाओं के कारण अपने सर्वश्रेष्ठ प्रदर्शन के साज-सामान भारत नहीं ला पाए थे।

25 नवम्बर को पटियाला राजघराने के कैप्टन अमरिंदर सिंह पाँच अन्य विधायकों के साथ मेरे पास आए। वे स्वयं भी पंजाब विधानसभा के सदस्य थे। पंजाब की स्थिति से निपटने के सरकारी तरीके की उन्होंने निंदा की। उन्होंने भी वही माँगें दुहराईं–जोधपुर के कैदियों की रिहाई, चंडीगड़ पंजाब को हस्तांतरित करना आदि। वे कांग्रेस छोड़ चुके थे और स्वयं को एक अकाली नेता के रूप में पेश कर रहे थे। अकालियों या पंजाब के लोगों में उनके प्रभाव के बारे में मुझे पक्की जानकारी नहीं थी, इसलिए कोई जवाब दिए बगैर मैंने उनकी बातें सिर्फ सुन लीं।

26 दिसंबर का रक्षामंत्री कृष्णचंद्र पंत ने रक्षा-योजनाओं पर मुझसे घंटे-भर बातचीत की। मैंने उन्हें सुझाव दिया कि जिस प्रमुख लड़ाकू टैंक का नाम मैंने अर्जुन रखा है, उसे गणतंत्र दिवस की परेड में शामिल किया जा सकता है। मैंने सोवियत संघ से संबंध मजबूत करने की जरूरत पर बल दिया, क्योंकि वह रक्षा-सामग्रियों का हमारा प्रमुख आपूर्तिकर्ता था। मैंने यह चेतावनी भी दी कि वायु रक्षा-कार्यक्रमों के लिए उस रूसी प्रस्ताव को न माना जाए, जिसमें उसने अपने विशेषज्ञ भेजने की बात कही है।

संविधान सभा के जीवित सदस्य चाय पर आए। इनमें निजलिंगप्पा, आर. आर. दिवाकर, एन.सी.रंगा, हिम्मतसिंगका और रेणुका राय जैसे लोग शामिल थे। इन लोगों ने माँग की कि संविधान सभा के सदस्यों को सेवा-अवधि का हिसाब लगाए बगैर पेंशन दी जाए, सांसदों की तरह मुफ्त रेल-पास और अन्य सुविधाएँ दी जाएँ। मुझे यह विचार कभी पसंद नहीं आया कि किसी व्यक्ति को पेंशन पाने की नियत आयु–60 वर्ष का होने से पहले ही पेंशन मिले (वह चाहे जो हो)। संयुक्त राष्ट्र में जिन कर्मचारियों ने पाँच साल या उससे ज्यादा सेवा की है, वही पेंशन के हकदार हैं, बशर्ते उनकी आयु पेंशन पाने योग्य हो गई हो। 30 वर्ष के किसी व्यक्ति को पेंशन देना नियम-विरुद्ध है, मुझे यह ठीक नहीं लगता था कि विधायिका की साल-भर की सदस्यता पाकर भी कोई व्यक्ति आजीवन पेंशन पाता रहे।

27 नवबर को नेपाली सांसदों का एक प्रतिनिधिमंडल मुझसे मिलने आया। इन लोगों ने भारत-नेपाल की मैत्री और सहयोग की चर्चा की। ये लोग चाहते थे कि नेपाल की पनबिजली-परियोजना की कुछ वित्तीय मदद भारत करे। इस विषय पर तब से चर्चा चल रही थी, पर इसमें कभी कोई तरक्की नहीं हुई।

असम के मुख्यमंत्री प्रफुल्ल महंत ने मुझे गुवाहटी में शंकर देव-समारोह में शामिल होने का न्यौता दिया। हम लोग जब असम-समझौते पर बातचीत कर रहे थे, तभी से हमारी अच्छी मित्रता थी। जब राजीव गाँधी प्रधानमंत्री बने तो असम-समझौता हुआ और असम राज्य विधानसभा के चुनाव हुए। ऑल असम स्टूडेंट्स यूनियन और असम गण परिषद के सदस्य विधानसभा की ज्यादातर सीटें जीत गए और आसू के अध्यक्ष प्रफुल्ल महंत मुख्यमंत्री बने। एक हिंसक आंदोलनकारी से एक प्रभावशाली प्रशासक बनना आसान बात नहीं है, लेकिन महंत ने साबित कर दिया कि वे जितने अच्छे आंदोलनकारी हैं, उतने ही अच्छे प्रशासक हैं। उनमें सादगी और संतुलन है, बोलने का ऐसा तरीका है जिससे कोई अपमानित महसूस न करे और प्रशासनिक जटिलताओं को जल्दी समझने की शक्ति है। अपनी पार्टी में शोर मचाने वालों से वे जिस तरह निपटते थे और जैसे व्यावहारिक फैसले लेते थे, उससे मैं बहुत प्रभावित हुआ।

उस शाम सोनल मानसिंह ने राष्ट्रपति भवन के थिएटर में नृत्य प्रस्तुत किया। दर्शकों में कैबिनेट मंत्री, पूर्व व मौजूदा मुख्य न्यायाधीशगण और कुछ पूर्व राजनयिक जैसे विशिष्ट लोग थे। इन लोगों का नाम मेरी स्थायी आमंत्रितों की सूची में था। सामान्यतया जो लोग सार्वजनिक प्रस्तुतियों में नहीं जा सकते, वैसे लोग इस प्रकार के सांस्कृतिक कार्यक्रमों का उत्सुकता से इंतजार करते थे।

28 नवंबर को प्रधानमंत्री पाक्षिक मुलाकात के लिए आए। यह अफवाह फैली हुई थी कि मंत्रिमंडल में फेरबदल होगी। लेकिन प्रधामंत्री ने पंजाब, श्रीलंका और दार्जिलिंग की स्थिति में गोरखा लिबरेशन फ्रंट आंदोलन कर रहा था। उन्होंने मंत्रिमंडल के पुनर्गठन का गुद्दा नहीं उठाया और न ही मैंने इसकी चर्चा की।

30 नवंबर को अरुण नेहरू बातचीत करने का आ गए। उनके मन में दो तरह की बातें थीं। एक तरफ तो वे राजीव से मेल-मिलाप चाहते थे, दूसरी तरफ विद्रोही और जिद्दी लगते थे। उन्होंने कहा कि राजीव के प्रति उनके मन में श्रद्धा है, और वे प्रत्येक परिस्थिति में उनके साथ रहेंगे और मदद करेंगे। साथ ही उन्होनें यह संकेत दिया कि उनके पास कोई ऐसी जानकारी है जो राजीव गाँधी की सरकार के लिए विस्फोटक सिद्ध हो सकती है। राजीव के नए सलाहकारों के प्रति वे कटु थे। मैंने उन्हें सहानुभूतिपूर्वक सुना, पर कोई जवाब नहीं दिया।

राजस्थान सती-निवारण विधेयक (1987) मेरे पास मंजूरी मेरे पास मंजूरी के लिए पड़ा हुआ था। विधेयक में सती होने की कोशिश, सती होने के लिए उकसाने और सती के महिमामंडन के लिए भारी सजा का प्रावधान था। यह आश्चर्यजनक है कि 'सती होने' की इस जघन्य परंपरा का कुछ लोग समर्थ कर रहे थे और उन्होंने इस विधेयक की वैधता को हाईकोर्ट में चुनौती दी थी। राजस्थान हाईकोर्ट ने इन याचिकाओं को खारिज कर दिया और कहा कि जन विधान और नैतिकता के खिलाफ किसी गलत सामाजिक व्यवहार को संविधान के तहत कोई सुरक्षा नहीं मिल सकती। एक दिसंबर को मैंने विधेयक को मंजूरी दे दी।

आंध्र प्रदेश, तमिलनाडु, कर्नाटक और केरल के हिस्सों को मिलाकर मद्रास प्रेसिडेंसी के लिए वयस्क मताधिकार के आधार पर होने वाले पहले आम चुनाव में किसी भी अकेली पार्टी को बहुमत नहीं मिला था। भारत के महाधिवक्ता-पद से रिटायर हुआ राजाजी को सरकार बनाने और राज्य का नेतृत्व करने के लिए कहा गया। उन्होंने यह काम सफलतापूर्वक किया। पर 1953 में आंध्र प्रदेश के बँटवारे के बाद विधानसभा के तमिल सदस्य चाहते थे कि बाकी बचे राज्य के मुख्यमंत्री उनके नेता कामराज बनें। नेहरू जी एकदम राजाजी के पक्ष में थे, क्योंकि उनकी बौद्धिक योग्यता, ईमानदारी और कार्यकुशलता का वे बहुत सम्मान करते थे। इसके बावजूद उन्होंने तय किया कि विधानसभा अपना नेता स्वयं चुने। उस समय मैं संसद-सदस्य था और प्रदेश कांग्रेस कमेटी का सचिव भी। नेहरू चाहते थे कि मैं कामराज को बता दूँ कि अगर राजाजी की जगह किसी और को लाना पड़ा तो कामराज को राज्य के मुख्यमंत्री के रूप में स्वयं जिम्मेदारी लेनी होगी। इसलिए कामराज के पास कोई विकल्प नहीं था और उन्हें मुख्यमंत्री-पद के लिए चुनाव लड़ना पड़ा। नेहरू ने शायद ही कभी अपने उम्मीदवार को मुख्यमंत्री के रूप में थोपा हो। उल्टे वे चुने हुए मुख्यमंत्री को अपना सहयोगी और मित्र मान लेते थे। प्रधानमंत्री सह-कांग्रेस अध्यक्ष द्वारा मुख्यमंत्री के नाम सुझाने का प्रचलन बाद में शुरू हुआ था। इस बदलाव के लिए एक हद तक तो राज्यों के दावेदार भी जिम्मेदार थे। ऐसे लोग निचले स्तर पर पर्याप्त समर्थन न होने पर भी प्रधानमंत्री के आशीर्वाद से अपनी स्थिति मजबूत करना चाहते थे। यह प्रयोग कांग्रेस पार्टी के लिए विध्वंसकारी साबित हुआ, क्योंकि इस पद के लिए जिस किसी का भी चुनाव हुआ, वही पार्टी-समर्थन

के बिना देर तक उक्त पद पर नहीं रह पाया। इस तरह राज्य सरकार की अस्थिरता असामान्य बात नहीं रही, बल्कि बहुत सामान्य हो गई। पार्टी-सदस्यों द्वारा खुद अपने नेता के चुनाव की, लोकतांत्रिक प्रक्रिया और अल्पसंख्यक की लोकतांत्रिक मूल्य-प्रणाली, जिसमें बहुसंख्यक के फैसले पर मौन स्वीकृति दी जाती थी, बेमतलब हो गई और मुख्यमंत्री के खिलाफ प्राय: ही एक विक्षुब्ध गुट बन जाता और राज्य सरकारें कमजोर हो जाती थीं।

दुर्भागय से मुख्यमंत्रियों को यह नहीं मालूम कि प्रधानमंत्री इन मामलों पर राष्ट्रपति से शायद ही कभी चर्चा करते हैं। वे दिन लद गए जब नेहरू जी कैबिनेट मंत्रियों की सूची लेकर राष्ट्रपति भवन जाते थे और राष्ट्रपति राधाकृष्णन की प्रतिक्रिया जानें।

राज्यों से संबंधित कुछ मामलों पर राजीव मुझसे चर्चा करते थे। पर यह जरूरी नहीं था कि वे सभी राज्यों से संबद्ध सभी मामलों पर चर्चा करते थे, लेकिन सभी नामों पर नहीं। वे प्रशासन की उन आधुनिक तकनीकों से पूरी तरह वाकिफ थे, जिनमें कंप्यूटर, ग्राफ, चार्ट वगैरह का प्रयोग होता है। उनका वैज्ञानिक दिमाग इस तथ्य को नहीं मानता था कि मनुष्य का व्यवहार शायद ही कभी ग्राफ या चार्ट के अनुसार होता है। उन्हें पक्का विश्वास था कि स्वतंत्रता के बाद पुरानी पीढ़ी ने देश का दिवाला निकाल दिया है। हालाँकि मैंने उनकी इस धारणा पर बहुत एतराज किया और कहा कि पुरानी पीढ़ी ने ही पिछड़े और मध्यकालीन भारत को बदलकर एक आधुनिक औद्योगिक राष्ट्र बना दिया है। साथ ही वह पीढ़ी इसे विज्ञान और तकनीक के क्षेत्र में विश्व की बराबरी पर ले आई है। पर इसका उन पर कोई प्रभाव नहीं पड़ा। वैसे, उनकी इस बात के लिए तारीफ की जानी चाहिए कि उन्होंने मेरे सुझावों पर हमेशा पूरा ध्यान दिया और उन्हें सम्मान दिया। प्रशासन से संबंधित मामलों पर मैं प्राय: उन्हें नोट और पत्रक भेजा करता था। लेकिन मैंने कभी इस बात की चिंता नहीं की कि उन्हें स्वीकार किया गया है या नहीं। ये 'दागो और भूल जाओ' मिसाइल जैसे थे।

2 दिसंबर को जब भाजपा नेता लालकृष्ण आडवाणी ने राज्यसभा में भारतीय डाकघर संशोधन बिल के बारे में सवाल उठाया तो हंगामा मच गया। यह विधेयक विचाराधीन था। संसदीय व्यवहार के कारण राष्ट्रपति के आचरण पर टिप्पणी

नहीं हो सकी। आडवाणी ने विधेयक पर अपना विरोध जताने के लिए इस मौके का लाभ उठाया और माँग की कि समूचे विधेयक को वापस ले लिया जाए।

3 दिसंबर डॉ. राजेन्द्रप्रसाद का जन्मदिन है और 4 दिसंबर मेरा। हम लोगों के जन्म की तारीख पास होने के कारण शायद मुझे डॉ. राजेंद्रप्रसाद से घनिष्टता का अहसास होता था। उपराष्ट्रपति बने से पहले मैंने कभी अपना जन्मदिन नहीं मनाया था। जब मैं तमिलनाडु में मंत्री था या केंद्रीय मंत्रिमंडल का सदस्य था, तब भी नहीं। मैं लोगों को अपने पास आने या अपना जन्मदिन मनाने से हतोत्साहित करता था। फिर भी प्रधानमंत्री इंदिरा गाँधी की आदत थी कि वे ऐसे मौके याद रखती थीं। 4 दिसम्बर, 1980 को जब उन्होंने मुझे अपना शुभकामना संदेश भेजा तो मैं बहुत प्रभावित हुआ था। जब मैं उपराष्ट्रपति और राज्यसभा का अध्यक्ष हो गया तो मैंने राज्य सभा के सभी सदस्यों को जन्मदिन की शुभकामनाएँ भेजने की परंपरा शुरू की। सदस्यों ने इसका गर्मजोशी से स्वागत किया। पत्रकार खुशवंतसिंह ने कहा कि जनसंपर्क के जितने भी तरीकों से उनका साबका पड़ा है, उनमें यह सर्वश्रेष्ठ है।

मैंने मध्यप्रदेश की चार दिवसीय यात्रा की। राष्ट्रपति जब राज्य की पहली सरकारी यात्रा पर जाते हैं, तो उन्हें गार्ड ऑफ ऑनर देने की परंपरा है। गार्ड ऑफ ऑनर का निरीक्षण करने के बाद मैं राज्यपाल चांडी के साथ राजभवन की ओर चला। राजभवन में कई सरकारी अधिकारियों से परिचय कराया गया। इन लोगों ने राज्य से संबद्ध मामलों के बारे में मुझे जानकारी दी। इनमें भोपाल गैस त्रासदी के शिकार लोगों की स्थिति की जानकारी भी शामिल थी। रात में राज्यपाल ने मेरे लिए एक भोज का आयोजन किया। इसमें मंत्री, जज, चुनिंदा विधायक और आला अफसर शामिल हुए। मुझे यह देखकर खुशी हुई कि राज्यपाल ने मेरे उस परिपत्र का पूरी तरह पालन किया है, जिसे मैंने सभी राज्यपालों को भेजा था। उसमें मैंने कहा था कि मेरे सम्मान में होनेवाला भोज साधारण होना चाहिए और राष्ट्रपति को कोई कीमती उपहार नहीं दिया जाना चाहिए।

11 नवंबर को मैंने महिला-कल्याण समिति का दौरा किया। इसे उपराष्ट्रपति डॉ. शंकरदयाल शर्मा की पत्नी विमला शर्मा चलाती थीं। समिति ने विभिन्न लघु उद्योगों में चार सौ लोगों को रोजगार मुहैया कराया है। यह समिति कोई

व्यवसाय सीखने में विकलांगों की मदद करती है और आर्थिक तौर पर पिछड़ी महिलाओं का पुनर्वास करती है। उपस्थित लोगों के बीच अपने संबोधन में मैंने श्रीमती शर्मा को समाज के कमजोर और पिछड़े वर्ग के लोगों के कल्याणार्थ किए जा रहे मानवीय कार्यों के लिए बधाई दी। मैंने देश की औद्योगिक संरचना में लघु उद्योगों और औद्योगिक इस्टेट की महत्ता भी बताई। मैंने कहा कि निम्न पूँजी-आधार और आनुपातिक दर पर रोजगार की उच्च संभावनाएँ और उत्पादन शुरू होने में लगने वाले कम समय के कारण भारतीय स्थितियों के लिए लघु उद्योग आदर्श और उपयुक्त हैं। इसके बाद मैंने भोपाल गैस-त्रासदी के शिकार लोगों के लिए रेडक्रॉस डिस्पेंसरी का उद्घाटन किया। उपस्थित लोगों से मैंने कहा कि खतरनाक उद्योगों पर नियंत्रण और उनका निरीक्षण बढ़ाया जाना चाहिए और ऐसे रासायनिक प्रदूषण से बचाव के लिए और सावधानियाँ बरती जानी चाहिए। मैंने उम्मीद जताई कि रेडक्रॉस डिस्पेंसरी से न सिर्फ पीड़ितों को राहत मिलेगी, बल्कि यह खतरनाक प्रदूषण के मामले में लोगों को जागरूक भी बनाएगी।

स्थानीय जनता रेडक्रॉस के खिलाफ थी और लोगों का कहना था कि रेडक्रॉस वालों को जो रुपए मिलते हैं, उसका इस्तेमाल भोपाल गैस-त्रासदी के पीड़ितों के लिए नहीं किया जाता, बल्कि इसके कर्णधार इससे अपने निजी खर्चे चलाते हैं। लेकिन मैंने देखा कि अस्पताल आधुनिक सुविधाओं से युक्त है। धन की अगर कहीं और बर्बादी की गई हो तो वह मुझे नहीं दिखा।

शाम को मुख्यमंत्री मोतीलाल वोरा, भोपाल के मेयर और दूसरे प्रमुख नागरिकों ने एक भव्य जनसभा का आयोजन किया था। खुले मैदान में करीब बीस हजार लोगों की भारी भीड़ थी। स्पष्टतः वे लोग अपने नए राष्ट्रपति की एक झलक देखने आए थे। जनसभा में राज्यपाल श्री चांडी अंग्रेजी में बोले। इसलिए, जब मैंने हिंदी में लिखा अपना भाषण शुरू किया, तो जोरदार तालियों के साथ भारी उत्साहपूर्ण स्वागत हुआ। अगले दिन अखबारों ने लिखा कि मैंने भोपाल और मध्यप्रदेश के लोगों के दिलों में जगह बना ली है। अपने भाषण में मैंने मध्यप्रदेश की तरक्की की प्रशंसा की, पर यह भी कहा कि अभी और द्रुत विकास की गुंजाइश है। मैंने राष्ट्रीय एकता के महत्व और देश के समूचे प्राकृतिक संसाधनों की समान हिस्सेदारी से देश के सभी भागों को होने वाले आर्थिक लाभों पर बल दिया।

शाम को मैं 'भारत भवन' गया, जिसे उत्कृष्ट डिजाइन वाले उसके ऐतिहासिक और सांस्कृतिक शिल्पों के लिए जाना जाता है। यहाँ हमारे मनोरंजन के लिए प्रसिद्ध संगीतज्ञ मल्लिकार्जुन मंसूर के हिंदुस्तानी संगीत का एक संक्षिप्त कार्यक्रम रखा गया था।

जवाहरलाल नेहरू की याद में प्रतिवर्ष 12 नवम्बर को जबलपुर में होने वाली राष्ट्रीय विज्ञान प्रदर्शनी का आयोजन किया गया। प्रदर्शनी का उद्घाटन करते हुए मैंने याद दिलाया कि विज्ञान के प्रति देश के रुख में एक क्रांतिकारी बदलाव लाने में नेहरू जी कितने सफल रहे।

शुरू-शुरू में स्वयं को राष्ट्रवादी कहनेवाले कुछ लोगों ने नेहरू जी द्वारा विज्ञान पर पैसे खर्चने का विरोध किया था। वे इसे बेतुकी विलासिता मानते थे। पंडित जी ने इसका जवाब यह कहकर दिया था कि ग्रामीण समस्याओं में विज्ञान के इस्तेमाल से गरीबी दूर करने का काम भी किया जा सकता है।

नेहरू जी ने देश में वैज्ञानिक दृष्टिकोण पैदा करने के लिए परिश्रम किया था। विज्ञान प्रदर्शनी का आयोजन पूरी तरह विद्यार्थियों ने किया था और इसमें प्रदर्शित अनेक चीजें अत्यंत मूल्यवान थीं। केंद्रीय शिक्षा राज्यमंत्री कृष्णा शाही और मध्यप्रदेश के मुख्यमंत्री मोतीलाल वोरा प्रदर्शनी में मेरे साथ थे और इन लोगों ने बच्चों की प्रशंसा कर उनका उत्साह बढ़ाया।

शाम को हम लोग कान्हा राष्ट्रीय उद्यान गए। यह उद्यान बाघों के सबसे बड़े अभयारण्यों में से एक है। फारेस्ट गार्डों को एक बाघ दिखा था और इन लोगों ने सलाह दी कि हम लोग तुरंत जंगल में चले जाएँ, ताकि बाघ की एक झलक पा सकें। इसलिए हम लोग तुरंत हाथी पर सवाह हो गए और घने जंगल में निकल पड़े। हाथी दर्शकों को जंगल में ले जाने के आदी हो गए थे, इसलिए वे बहुत आज्ञाकारी थे। वे पेड़ों की टहनियों और झाड़ियों के बीच से गुजरते थे तथा उन्हें सूँढ़ से पीछे ढकेल देते थे। करीब 15 से 20 मिनट में ही हम लोग एक बाघ के काफी निकट (अधिक से अधिक बीस फीट) पहुँच गए। वह घास पर ठाठ से लेटा हुआ था और उसका सिर ऊपर की ओर था। ऐसा लगा, जैसे वह फोटो खिंचवाने के लिए पोज़ दे रहा हो! बेशक, वह भारत के राष्ट्रपति के प्रति एकदम उदासीन था और उसने ऐसा कुछ नहीं किया,

जिससे पता चलता कि वह वहाँ देश के सर्वोच्च पदाधिकारी की मौजूदगी से वाकिफ है। यहाँ तक कि जब मैंने उसकी कुछ तसवीरें उतारीं, तब भी वह हिला नहीं। जब जंगल के राजा के इतने करीब होने पर मुझमें घबराहट के लक्षण दिखे तो फारेस्ट गार्ड बाघ के गुणों का बखान करने लगे। इन लोगों को भी कोई हानि नहीं पहुँचाते। इन लोगों ने यह भी कहा कि बाघ ज्यादातर आत्म-रक्षा में ही हमला करता है या फिर तब, जब उन्हें छेड़ा जाता है। गार्डों ने कहा कि बाघ 'एकदम भलेमानुस' होते हैं।

मुख्यमंत्री मोतीलाल वोरा ने कहा कि बाघ आदतन विशिष्ट लोगों को निराश करते हैं। वे ऐसे मौकों पर एकांत में चले जाते हैं। उन्होंने कहा कि यह उनकी प्रार्थना का ही फल है कि बाघ ने दर्शन दिए।

हम लोगों ने कई और तरह के जानवरों, जैसे–हिरण, मृग और साँभर आदि को घास चलते देखा। रात में हम लोगों ने बाघों पर एक फिल्म देखी। इसमें दिखाया गया था कि कैसे वे अपना शिकार करते हैं, कैसे खाते हैं और उसे सुरक्षित रखते हैं। प्रत्येक बाघ का एक अपना इलाका होत है और उसमें वह दूसरे बाघ को शिकार नहीं करने देता। फिल्म में बाघ और जान बचाने के लिए भागते साँभर, हिरण की दौड़ देखकर मुझे बहुत रोमांच हुआ, पर यह दौड़ बराबरी की नहीं थी। बाघ करीब दो मीटर लंबा था और जितनी दूरी हिरण चार छलाँग में तय करता था, उतनी वह तीन ही छलांग में पूरी कर लेता था, इस तरह बाघ हिरण को पकड़ लेता है।

3 नवंबर को सवेरे 6.00 बजे हम लोग फिर अभयारण्य में गए और हमारे सौभाग्य से एक और बाघ झाड़ियों में मिल गया। आज हम लोग कल के मुकाबले बाघ के ज्यादा निकट थे। फारेस्ट गार्डों ने भी कहा कि हम लोग भाग्यशाली हैं, इसीलिए अभयारण्य में जाते ही बाघ दिख जाता है। अभयारण्य की यात्रा के बाद मैं कुछ आदिवासियों से मिला और उनके सांस्कृतिक कार्यक्रम का आनंद लिया। मैंने आदिवासियों से पूछा कि वे क्या चाहते हैं। उन लोगों ने अपनी माँगों की एक बहुत छोटी सूची दी, जिसमें स्कूल, एक छोटा बाँध और कुछ अन्य जरूरतें शामिल थीं। मैंने तत्काल मुख्यमंत्री वोरा से कहा कि गाँववाले जिन सुविधाओं की माँग कर रहे हैं, उन्हें वे मुहैया कराई जाएँ। मैंने शिक्षा और जलापूर्ति जैसी आम सुविधाओं की माँग करने के लिए उन्हें बधाई दी। इसके

बाद आदिवासियों ने अपना नृत्य प्रस्तुत किया। इसमें मैं भी शामिल हो गया। इससे मुझे गर्व और खुशी का अहसास हुआ। साथ ही मैं तुरंत स्थानीय लोगों में लोकप्रिय हो गया।

ईरान के विदेशमंत्री डॉ. विलायती औपचारिक मुलाकात के लिए आए। उनका स्वागत करते हुए मैंने ईरान और इराक के बीच चल रहे दुर्भाग्यपूर्ण युद्ध का जिक्र किया और उम्मीद जताई कि इलाके में शांति बहाल होगी। डॉ. विलायती ने यह आरोप दुहराया कि हमला इराक ने किया था और अंतर्राष्ट्रीय समुदाय को इस निरर्थक हमले को माफ नहीं करना चाहिए! हम लोगों ने इस विषय को और नहीं बढ़ाया और पर्सिया तथा भारत के बीच प्राचीन और ऐतिहासिक संबंधों के बारे में बातचीत की।

इथोपिया के विदेशमंत्री इनके बाद आए। उन्होंने हजारों टन अनाज की मदद के लिए भारत सरकार को धन्यवाद दिया। पिछले वर्ष वहाँ पड़े जबरदस्त अकाल के दौरान हम लोगों ने इथोपिया को यह मदद दी थी। इससे इथोपिया न सिर्फ हमारे प्रति कृतज्ञ हुआ, बल्कि इससे हमारी छवि एक अल्प विकसित देश को सहायता करने वाले देश के रूप में भी उभरी।

इसके बाद आने वाले थे–चीन में भारत के राजदूत रंगनाथन। उन्होंने भारत-चीन सीमा की स्थिति पर प्रकाश डाला और कहा कि विवाह को हल करने में जितनी देरी होगी, चीन के दावे और माँग उसी हिसाब से बढ़ते जाएँगे। मैंने उनसे पूछा कि यदि हम अपनी-अपनी वास्तविक स्थिति पर कायम रहें और अंतिम समझौते के लिए तालमेल जारी रखें, तो इस बार में उनका क्या मानना है! एक चौकस राजनयिक होने के नाते उन्होंने मुझसे पूछा कि मैंने अपना यह विचार प्रधानमंत्री को बताया है या नहीं? मैंने कहा कि प्रधानमंत्री की राय जानने के लिए मैंने उन्हें लिखा था। इस पर प्रधानमंत्री ने बताया था कि दोनों पक्षों की वास्तविक जमीनी स्थिति को लेकर भी विवाद है। राजदूत ने कहा कि यह अच्छी शुरुआत करेगा। मुझे ऐसे प्रस्ताव के परिणामों की पूरी जानकारी थी। भारत की संसदीय प्रतिबद्धता है कि 1962 के युद्ध के दौरान छीनी गई एक-एक इंच जमीन वापस ली जाएगी, ऐसे में सीमाओं को पुख्ता करने का विपक्ष यह कहकर लाभ उठाएगा कि सरकार ने देश की भूमि का परोक्ष समर्पण कर दिया है।

उस दिन आनेवालों में आखिरी थे सोवियत संघ के राजदूत टी.एन. कौल। उन्होंने यह विचार व्यक्त किया कि भारत महोत्सव के समापन समारोह के अवसर पर मुझे सोवियत संघ जाना चाहिए और देश के अन्य हिस्सों का भी दौरा करना चाहिए। प्रधानमंत्री यह संकेत पहले ही दे चुके थे। मैंने श्री कौल से कहा कि नेहरू जन्मशती-समारोह की राष्ट्रीय समिति के अध्यक्ष के नाते हम लोग गोर्बाचेव को आमंत्रित करना चाहते है और उन्हें अंतर्राष्ट्रीय सद्भाव के लिए नेहरू पुरस्कार देने की भी इच्छा है। यह सुनकर वे उछल पड़े और कहा कि वे इस दिशा में काम करेंगे। मैंने उन्हें राजनयिक कार्रवाई शुरू करने से पहले प्रधानमंत्री से बात करने की सलाह दी। कौल ने भारत के प्रति सोवियत संघ की सच्ची और वास्तविक चिंता विस्तार से बताई और कहा कि वे कई क्षेत्रों में आपसी सहयोग को और मजबूत बनाना चाहते हैं। रक्षामंत्री के रूप में सोवियत संघ से मैंने बेहतर संबंध बनाए थे। उन्होंने उसका भी जिक्र किया।

स्वीडन के राजदूत ने 30 नवंबर को अपना परिचय-पत्र पेश किया। परिचय-पत्र देने के बाद होनेवाला सामान्य चाय-पान इस बार थोड़ा कष्टकर था। भारत में बोफोर्स मामला चर्चा में था। यहाँ तक कि संसद में भी उसकी गूँज थी। हममें से कोई नहीं चाहता था कि इस मामले का जिक्र हो। दोनों देशों के रिश्ते मजबूत करने जैसी सामान्य घिसी-पिटी बातें ज्यादा समय तक नहीं चलीं और कई बार एकदम चुप्पी छा गई। इससे उलझन हुई। मुझे लगता है कि जब मुलाकात खत्म हुई तो दोनों पक्षों को राहत महसूस हुई होगी।

नौसेना-प्रमुख एडमिरल ताहिलयानी अपनी विदाई से पहले मिलने आए। देश के रक्षा-नियमों के अनुसार सेना-प्रमुख या तो तीन वर्षीय कार्यकाल के बाद या फिर साठ वर्ष के हो जाने पर, जो भी इनमें से पहले पूरा हो-रिटायर होते हैं। इस नियम में परिवर्तन नहीं हो सकता, फिर चाहे सेना-प्रमुख काम करने योगय हों या नहीं। सोवियत रक्षामंत्री उस्तिनोव ने एक बार मुझसे पूछा था कि भारतीय जनरल इतनी जल्दी-जल्दी क्यों बदल जाते हैं। मैंने एक शब्द में जवाब दिया-'लोकतंत्र'। इस पर वे हँसे थे और उनके यहाँ लोकतंत्र ने होने पर मैं हँसा था।

जत्थेदार अजायब सिंह और छह अन्य ने मुझे एक ज्ञापन सौंपा। इन लोगों ने पुरानी माँगें दुहराईं, जैसे जोधपुर के बंदियों की रिहाई, चंडीगढ़ पंजाब को

देना आदि। मैंने उन लोगों से जानना चाहा कि पंजाब में आतंकवाद पर नियंत्रण के लिए उनके पास कोई सुझाव या उपाय है या नहीं। इन लोगों को कहना था कि अगर माँगें मान ली जाएँ तो आतंकवादी स्वयं हिंसा छोड़ देंगे।

नौसेना-प्रमुख का पद संभालने के बाद एडमिरल नाडकर्णी पहली आधिकारिक भेंट के लिए आए। वे एक सक्षम और भरोसेमंद अफसर हैं और रक्षामंत्री के अपने कार्यकाल में मुझे उनकी योग्यताएँ मालूम हुई थीं। हमने नौसेना को मजबूत करने और सोवियत संघ से आपूर्ति मामलों के निपटान-कार्यक्रमों की चर्चा की। सोवियत संघ से आपूर्ति की बातचीत मैंने पहले की थी।

रक्षा-सेवाएँ राष्ट्रपति भवन को तीन माह के लिए एक बैंड मुहैया कराती हैं। जब यह टोली जाती है तो राष्ट्रपति के साथ इसकी तसवीर खींची जाती है। मैंने सैनिक सचिव से कहा कि टोली के लोगों के साथ सिर्फ एक मिनट रहने की बजाय मैं चाहता हूँ कि मेरे लिए आधे घंटे तक बैंड बजाया जाए और मैंने यह भी चाहता हूँ कि वे मेरे साथ चाय पीएँ। राष्ट्रपति भवन से जानेवाले आर्टिलरी सेंटर ब्रास बैंड के लोगों को नई व्यवस्था में मजा आया और उन्होंने मेरी इस सद्भावना के लिए आभार व्यक्त किया।

भूटान-नरेश निजी यात्रा पर भारत आए हुए थे। उन्हे राष्ट्रपति भवन में ठहराने का सामान्य शिष्टाचार निभाया गया। मैंने उन्हें 1980 से जानता हूँ और उसके बाद कई बार मुलाकात हुई है। वे अच्छे जानकार, सुस्पष्ट व्यक्ति हैं और कई तरह के मामलों में उनकी गहरी पैठ है। वे चीन से व्यापारिक संबंध रखने के बहुत इच्छुक नहीं थे। उन्हें आशंका थी कि शिष्टाचारवश इस आदान-प्रदान का चीन द्वारा यह अर्थ लगाया जाएगा कि चीनी अधिराज्य को स्वीकार कर लिया गया है। दूसरी ओर वे भारत के साथ व्यापारिक और दूसरे रिश्ते विकसित करने के बहुत इच्छुक थे। उन्हें विश्वास था कि किसी संकट में सिर्फ भारत ही उनका साथ देगा। उन्होंने पनबिजली-उत्पादन की प्रचुर संभावनाओं की भी जानकारी दी और उम्मीद जताई कि भारत ऐसी परियोजनाओं को हर तरह की सहायता और मदद देगा। मैंने प्रधानमंत्री को तुरंत यह जानकारी देने के लिए एक नोट भेज दिया। ऐसा लगा कि भूटान-नरेश ने प्रधानमंत्री से भी यही सारी बातें कही थीं।

राजस्थान के मुख्यमंत्री हरिदेव जोशी औपचारिक मुलाकात के लिए आए। 1977 से 1980 के गड़बड़ी वाले दिनों में वे इंदिरा गाँधी के विरोधी थे। उन्होंने

शाह आयोग को उनके खिलाफ सबूत भी दिया था शिवचरण माथुर के उत्तराधिकारी स्वरूप उनके चुनाव पर मुझे वाकई आश्चर्य हुआ था। जोशी घबराए हुए थे, क्योंकि उन्हें हटाए जाने की अफवाह थी। उन्होंने बहुत घुमा-फिराकर, और परोक्ष रूप से मेरा समर्थन माँगा।

3 दिसंबर को मैंने लघु औद्योगिक इकाई वाले उद्यमियों को राष्ट्रीय पुरस्कार दिए। इस अवसर पर हुए समारोह में मैंने कहा कि लघु उद्योगों द्वारा इस्तेमाल की जा रही डिजाइन, उपकरण और प्रक्रिया तकनीक को बेहतर बनाने की तत्काल जरूरत है। मैंने लघु उद्योगों के बीमार होने के बढ़ते मामलों पर भी चिंता जताई और वित्तीय संस्थाओं से अपील की कि वे योजनाओं की व्यवहार्यता के आधार पर आर्थिक सहायता दें न कि उद्यमियों की साख के आधार पर।

प्रशासनिक मामले : दो

मैं अपना जन्मदिन नहीं मनाना चाहता था। फिर भी राष्ट्रपति के रूप में मेरा पहला जन्मदिन–4 दिसंबर, 1987 आनुष्ठानिक ढंग से शुरू हुआ। राष्ट्रपति भवन के कर्मचारियों और उनके परिवारवालों ने मुगल गार्डन के ईस्ट लॉन में मुझे शुभकामनाएँ दीं। उपराष्ट्रपति, प्रधानमंत्री, कैबिनेट मंत्री, तीनों सेनाओं के प्रमुख और सांसद मुझसे अलग-अलग एवं समूहों में मिले और बधाइयाँ दीं। काफी तादाद में मेरे शुभचिंतक येलो ड्राइंग रूप में इकट्ठे हुए और मुझे फूल एवं मालाएँ दीं। निजी तौर पर मुझे यह रीति पसंद नहीं है, पर जब आप किसी वरिष्ठ पद पर हों तो आपकी निजी प्राथमिकताएँ हमेशा औपचारिक और सामाजिक सम्मान पर हावी नहीं हो पातीं। यह सब सुबह से दोपहर तक लगातार चलता रहा। इसके बाद मैं मलाई मंदिर गया। दक्षिणी दिल्ली में एक पहाड़ी पर बना यह एक ऐसा मंदिर है, जो ग्रेनाइट पत्थर से बना चोल वास्तुकला की अद्‍भुत प्रतिकृति है। एक पंजीकृत सोसाइटी के अध्यक्ष के रूप में इसका निर्माण मैंने ही करवाया था।

चार दिसंबर नौसेना दिवस के रूप में भी मनाया जाता है। नौ-सेना ने युद्ध और शांति-दोनों में ही अद्‍भुत रिकॉर्ड बनाया है। सोवियत संघ के शानदार समर्थन की बदौलत नौसेना ने अपनी शक्ति काफी बढ़ा ली है और इसका आधुनिकीकरण भी हो गया है। नौसेना-दिवस पर मैं नौसेना प्रमुख द्वारा आयोजित समारोह का मुख्य अतिथि था। इस समारोह में उपराष्ट्रपति, प्रधानमंत्री, केंद्रीय मंत्री तथा

कार्यमुक्त और कार्यरत नौसेना अधिकारी शामिल हुए। करीब तीन साल पहले रक्षामंत्री रहने के कारण ज्यादातर अफसरों को मैं निजी तौर पर जानता था और उनके बीच आराम से घूमा। फौजी बैंड की जो भी टुकड़ियाँ हैं, उनमें नौसेना के बैंड को सर्वश्रेष्ठ माना जाता और बीटिंग रीट्रिट समारोह के दौरान सर्वश्रेष्ठ प्रदर्शन के लिए इसे हमेशा ही गणतंत्र दिवस-पुरस्कार मिलता है।

इस समय तक राष्ट्रपति के रूप में मेरे कार्यों पर कई टिप्पणियाँ अखबारों में प्रकाशित हो चुकी थीं। एक नमूना पेश है, "राष्ट्रपति भवन में रहते हुए पाँच महीने की अल्प अवधि में राष्ट्रपति वेंकटरमन ने अपनी मौजूदगी का अहसास करा दिया है। जो बदलाव आए हैं, वे अपनी तक मामूली हो सकते हैं, पर नए राष्ट्रपति के सुसंस्कृत व्यक्तित्व के मद्देनजर कर्मचारियों को इस बात में कोई संदेह नहीं है कि अभी और बदलाव होंगे। शुरुआती बदलावों के तहत वेंकटरमन ने महँगी चाय बंद करा दी है। इसके लिए प्रेसिडेंशियल लॉज मशहूर था। पहले वाले राष्ट्रपति यहाँ रोज बननेवाली पेस्ट्री और कुरकुरी स्वादिष्ट चीजें शायद ही कभी खाते हों, पर शेष कर्मचारी जी भरकर खाते थे। अब लगता है, ऐसा नहीं होगा। स्थापित परंपराओं से अलग हटने के एक और मामले में वेंकटरमन ने तय किया है कि राज्यों के दौरों के दौरान वे उपहार स्वीकार नहीं करेंगे। राष्ट्रपति के सचिव ने सभी राज्य सरकारों को चिट्ठी भेजी है, जिसमें उन्हें निर्देश दिया गया है कि महँगे उपहारों की परंपरा खत्म करें। . ..राष्ट्रपति और उनकी पत्नी एक और क्षेत्र में सक्रिय हैं। वह हैं संस्कृति। दोनों पति-पत्नी विभिन्न सामाजिक गतिविधियों में संस्कृति संबंधी कठिनाइयों को दूर करने की कोशिश में व्यस्त हैं। संभव है, राष्ट्रपति भवन के हॉल में शास्त्रीय संगीत, नृत्य आदि के वे स्वर गूँजने लगें जो हाल के वर्षों में बहुत कम हो गए थे।"

7 दिसंबर सशस्त्र सेना का झंडा दिवस है। इस दिन सशस्त्र सेना के कल्याण-कोष के लिए देश-भर में पैसे इकट्ठे किए जाते हैं। वर्ष 1986 के दौराना 1 करोड़ 62 लाख रुपए इकट्ठे हुए थे। 69,95,000 रुपए इकट्ठा करके तमिलनाडु सभी राज्यों से आगे था, जबकि उसका लक्ष्य 3,25,000 रुपए था। दूसरे नंबर पर महाराष्ट्र था, जिसने 4,55,000 के लक्ष्य के मुकाबले 25 लाख रुपया एकत्र किया था।

कुछ समय बाद, विदेश मंत्रालय के अधिकारी मुझसे एक मसले पर चर्चा करने आए। राजीव गाँधी को मैंने श्रीलंका-मामले में यह सलाह दी थी वे इसी विषय पर बात करना चाहते हैं। मैंने कहा था कि मिले हुए उत्तरी-पूर्वी प्रांत के लिए एक अंतरिम सरकार बनाई जानी चाहिए। अगर संभव हो तो इसमें मुक्तिचीतों को शामिल किया जाना चाहिए और यदि आवश्यक हो तो उनके बिना भी अंतरिम सरकार बनाई जानी चाहिए। अधिकारीगण मुझसे इसी विषय पर विस्तृत चर्चा करने आए थे। मैंने उन्हें बताया कि अंतरिम सरकार बनाकर उसे कानून-व्यवस्था की जिम्मेदारी देने में फायदा है। साथ ही भारत-श्रीलंका समझौते को लागू करने के फायदे बताए। मेरा मानना था कि यदि मुक्तिचीते अंतरिम प्रशासन में शामिल नहीं होंगे, तो अलग-थलग पड़ जाएँगे और दूसरी पार्टियाँ साथ ही जाएँगी। हालाँकि अधिकारियों का मानना था कि मुक्तिचीते हिंसा और गड़बड़ी फैलाकर ऐसी स्थिति बना सकते हैं, जिसमें प्रशासन ठीक से नहीं चलाया जा सकेगा। इसके बावजूद उन लोगों ने कहा कि वे सारे मामले की हरेक नजरिए से जाँच करवा लेंगे।

एक दिन शाम को लगभग आठ बजे विदेश राज्यमंत्री नटवरसिंह पाँच अफसरों के साथ आधिकारिक बातचीत के लिए आए। कहा कि मेरे सुझाव की उन्होंने बारीकी से जाँच की है। श्रीलंका के उत्तर-पूर्वी प्रांत में अंतरिम सरकार बनाने के मेरे सुझाव के बारे में उन्होंने यह बताने की कोशिश की कि वहाँ अंतरिम सरकार क्यों नहीं बनाई जा सकती। मैंने उन लोगों को धैर्यपूर्वक सुना, पर मेरी उसमें ज्यादा दिलचस्पी नहीं थी, क्योंकि मेरा मानना था कि यदि श्रीलंका के उत्तर-पूर्वी प्रांत में मुक्तिचीतों के साथ या उनके बिना अंतरिम सरकार बन जाए तो वहाँ की कठिन समस्याओं को हल करने में काफी मदद मिलेगी।

10 दिसंबर को मैंने रामेश्वरी नेहरू पर एक स्मारक टिकट जारी किया। रामेश्वरी का व्यक्तित्व असाधारण था। उनका जन्म एक अच्छे परिवार में हुआ था और नेहरू-परिवार में उनकी शादी हुई थी। गाँधी जी की अपील पर उन्होंने अपना चैन-भरा जीवन छोड़ दिया था और हरिजनों की सेवा में लग गईं थीं।

गाँधी जी भी कितने महान फीमियागर थे! वे न सिर्फ सही लोगों को अपने साथ लेते थे, बल्कि उन्हें ऐसा बना देते थे कि वे मुस्कुराते हुए तकलीफें उठाते और बलिदान देते थे। वे एक सामान्य आदमी को नेता और नेता को सामान्य

आदमी बना देते थे! रामेश्वरी नेहरू को जब संसद की सदस्यता देने की पेशकश की गई तो उन्होंने मना कर दिया था, पर बँटवारे के बाद पुनर्वास-निदेशक का पद स्वीकार कर लिया था। सेवा को स्वयं से आगे रखने की यह एक दुर्लभ मिसाल है। उनके बेटे ब्रजकुमार (आई.सी.एस.) और बलवंतकुमार नेहरू मेरे बहुत अच्छे मित्र हैं। ब्रजकुमार नेहरू भारत के विलक्षण नौकरशाहों में एक थे। 50 के दशक के मध्य से संयुक्तराष्ट्र में भारतीय प्रतिनिधिमंडल के सदस्य के रूप में मैं उनसे जुड़ा हुआ था। उस समय वे वाशिंगटन में भारतीय दूतावास में थे और तब से हम लोगों में काफी निकटता है।

भारतीय शतरंज की विलक्षण प्रतिभा और पहले भारतीय ग्रैंड मास्टर विश्वनाथन आनंद अपने माता-पिता के साथ मेरे पास आए। उन्होंने भारत का गौरव बढ़ाया था और मैंने उन्हें पद्मश्री देने की सिफारिश करने का फैसला किया। इसके बाद शतरंज के 22 ग्रैंड मास्टर मेरे पास आए। इन लोगों ने अंतर्राष्ट्रीय शतरंज-प्रतियोगिताओं में हिस्सा लिया था। मैं स्वयं शतरंज चाव से खेलता हूँ, इसीलिए मैंने उनसे खेल के बारे में बेतकल्लुफी से बातचीत की। इससे अंतर्राष्ट्रीय खिलाड़ियों को आश्चर्य हुआ।

सिक्किम के राज्यपाल राजेश्वर अपनी पत्नी के साथ हम लोगों से मिलने आए। राजेश्वर खुफिया ब्यूरो के निदेशक रह चुके थे और इंदिरा गाँधी के जमाने में उसके सर्वेसर्वा थे। उन्होंने कहा कि सिक्किम के मुख्यमंत्री नरबहादुर भंडारी मनमाने ढंग से काम करते हैं और केंद्र के आदेशों का पालन नहीं करते। वे 40,000 नेपालियों को नागरिकता देने के पक्ष में नहीं हैं। इनके बारे में मुख्यमंत्री का दवा है कि वे सालों पहले सिक्किम में आकर बस गए थे। राज्यपाल का मानना था कि यह चुनाव की दृष्टि से नेपालियों को मुख्यमंत्री के पक्ष के पक्का करने का प्रयास मात्र है। मुख्यमंत्री ने सिक्किम विधानसभा में बहुसंख्यक नेपालियों के लिए सीटों के आरक्षण का दावा किया था। राज्यपाल इसके भी पक्ष में नहीं थे। उन्होंने कहा कि अल्पसंख्यकों के लिए आरक्षण की बात तो समझ में आती है, पर बहुसंख्यकों को स्थायी बनाए रखने की बात राजनीतिक तौर पर जमती नहीं। उन्हें भारत की अखंडता पर भी आँच आने का खतरा था और डर था कि गोरखालैंड आन्दोलन सिक्किम और नेपाल में भी फैल जाएगा। वे इस बात पर दृढ़ थे कि दार्जिलिंग और अन्य पहाड़ी क्षेत्रों में चल

रहे गोरखालैंड आंदोलन को दबाया जाना चाहिए और इसका उपयोग पश्चिम बंगाल की मार्क्सवादी सरकार से राजनीतिक लाभ उठाने के लिए नहीं किया जाना चाहिए।

11 दिसंबर को प्रधानमंत्री सामान्य मुलाकात के लिए आए। वैसे इस बार उन्होंने कई ऐसे मसलों पर चर्चा की, जो प्रशासन या राष्ट्रीय राजनीति से संबंधित नहीं थे।

वी.सी. शुक्ल मेरे पास यह आग्रह करने आए कि उनके परिजनों को राष्ट्रपति भवन के स्वीमिंग पूल का इस्तेमाल करने दिया जाए। वे उस समय नंबर एक विलिंगडन क्रीसेंट में रह रहे थे। यह उन्हें तब आबंटित किया गया था, जब वे मंत्री थे। वे प्रधानमंत्री और पूरी स्थिति के एकदम खिलाफ थे। जब सत्ता से जुड़े लोग मेरे पास आते हैं तो वे प्राय: विपक्ष की निंदा करते हैं और उसे अनजान, असंगत, उद्देश्यहीन और देश विरोधी कहते हैं। इसी तरह अब सत्ता से बाहर रहनेवाले लोग मेरे पास आते हैं तो यही बातें वे सत्तारूढ़ दल के लोगों के लिए कहते हैं।

मुझे बताया गया कि मेरे पूर्ववर्ती ज्ञानी जैलसिंह ने इन्हीं दिनों प्रेस को एक इंटरव्यू दिया है, जिसमें कहा गया है कि जब राजीव गाँधी की बर्खास्तगी की बात चल रही थी, तब चंद्रास्वामी पी.वी. नरसिम्हाराव को प्रधानमंत्री बनवाना चाहते थे। उन्होंने यह भी कहा कि एक समय मैं प्रधानमंत्री बनाए जाने के लिए राजी हो गया था। यह दुखद था कि ज्ञानी जैलसिंह ने इस बाबत इंटरव्यू में कहा, जबकि मैंने साफ-साफ कह दिया था कि राजनीतिक साजिशों से मेरा कोई लेना-देना नहीं रहेगा। लेकिन मैं प्रेस में नहीं गया, क्योंकि इससे यह विवाद अनावश्यक तौर पर लंबा खिंचता।

15 दिसंबर को विज्ञान भवन में एक सुखद समारोह में मैंने दक्ष हस्तशिल्पियों और बुनकरों को राष्ट्रीय पुरस्कार दिए। जब मैं मद्रास राज्य (अब तमिलनाडु) में मंत्री था, तब मैंने स्थानीय हस्तशिल्प और हथकरघा को बढ़ावा देने में काफी दिलचस्पी ली थी। मैंने मूर्तिकला और हस्तशिल्प के कई स्कूल स्थापित किए। इनमें महाबलिपुरम् स्थित मूर्तिकला विद्यालय, स्वाईमलाई में काँसे की मूर्ति बनाने का स्कूल, नाचिरकोयल में पूजाघरों में जलाए जानेवाले परंपरागत दीए बनाने की सोसाइटी, कलमकारी पेंटिंग का स्कूल आदि शामिल हैं। स्वभावत: काल

और हस्तशिल्प के विकास में मेरी गहरी और स्थायी दिलचस्पी है। पिछले 10 वर्षों में हुई तरक्की की मैंने अपने भाषण में बहुत प्रशंसा की।

डॉ. राजेंद्रप्रसाद के निजी सचिव वाल्मीकि चौधरी मुझसे मिलने आए। उन्होंने डॉ. प्रसाद की डायरी और पत्राचार का बंडल दिया। राजेंद्रप्रसाद 10 वर्षों तक राष्ट्रपति थे और उन दिनों के पत्राचार को उन्होंने बहुत बढ़िया रिकॉर्ड रखा है। यह पत्राचार राष्ट्रपति-प्रधानमंत्री और अन्य लोगों के बीच हुआ है। प्रसंगवश, राष्ट्रपति के अपने कार्यकाल के दौरान मैं रोज की घटनाओं को तो नोट करता था, लेकिन राष्ट्रीय महत्त्व के कुछ पत्रों को छोड़कर प्रधानमंत्री से अपने पत्राचार के प्रतियाँ सँभालकर नहीं रखता था।

इस बीच मुझे अलीगढ़ मुसलिम विश्वविद्यालय की विचित्र समस्या के बारे में बताया गया। जाने-माने शिक्षाविद और बिहार के पूर्व राज्यपाल ए.आर. किदवई कुलाधिपति थे। उनका कार्यकाल खत्म हो चुका था और कार्यकारिणी समिति ने इसे बढ़ाने का फैसला किया था। अलबत्ता, ओल्ड ब्वायज एसोसिएशन के विरोधी गुट कार्यकाल बढ़ाने से संबंधित मामले को अदालत में ले गए थे।

विश्वविद्यालय का विजिटर होने के नाते कुलपति ने मुझसे अपील की कि कुलाधिपति का कार्यकाल बढ़ानेवाले प्रस्ताव को निरस्त कर दिया जाना चाहिए, क्योंकि विश्वविद्यालय के संविधान में ऐसे विस्तार का कोई प्रावधान नहीं था। दूसरी तरफ डॉ. किदवई ने मुझे एक प्रतिवदेन दिया, जिसमें कहा गया कि कार्यकारिणी समिति के प्रस्ताव को निरस्त करने से कार्यालय में जगह खाली हो जाएगी।

जवाब में मैंने अपने सचिव प्रेम कुमार से कहा कि इस मामले के विभिन्न पहलुओं की जाँच कर लें और शिक्षा मंत्रालय से भी राय ले लें कि कौन-सी उपयुक्त कार्रवाई की जाए। चूँकि इससे पहले दी गई कानूनी राय के अनुसार राष्ट्रपति मंत्रिपरिषद् की सलाह से काम करते हैं, इसलिए मैंने सोचा कि विजिटर के रूप में काम करते हुए भी मुझे संबंधित मंत्रालय की राय लेनी चाहिए।

तमिलनाडु के मुख्यमंत्री एम.जी. रामचंद्रन मेरे पास आए और श्रीलंका की स्थिति के बारे में अपना मत व्यक्त किया। राजीव-जयवर्द्धने समझौते को शुरू में तो मुक्तिचीतों ने समर्थन दिया था, पर बाद में वे भारतीय शांति सेना से

टकराने लगे थे। तमिलनाडु प्रेस में अफवाह थी कि आनेवाले क्रिसमस पर्व के दौरान रामचंद्रन जाफना में शांति सेना द्वारा युद्ध-विराम चाहते हैं।

रामचंद्रन ने मुझसे कहा कि इस खबर में कोई सच्चाई नहीं है और वे भारत सरकार की नीति से पूरी तरह सहमत हैं। भारत सरकार ने जयवर्द्धने को सुझाव दिया था कि उत्तरी पूर्वी क्षेत्रों को मिलाकर एक प्रांत बनाने की घोषणा की जा सकती है। रामचंद्रन ने उम्मीद जताई कि ऐसे कदम से तमिल गुटों पर अच्छा प्रभाव पड़ेगा और अंतरिम सरकार बनाने का रास्ता साफ होगा।

20 दिसंबर को मैंने त्रिवेंद्रम (अब तिरुअनंतपुरम्) का दौरा किया। सुबह के समय मैंने रेवरेंट फादर चावरा इलियास कुरियाकोस की याद में एक डाक टिकट जारी किया। शिक्षा-प्रसार और अपने मानवीय कार्यों के लिए उनकी काफी ख्याति थी। केरल में 1931 में छापखाना लगाने वाले वे पहले व्यक्ति थे। दोपहर बाद मैंने नेशनल स्टेडियम में राष्ट्रपति खेलों का उद्‌घाटन किया। यह सबसे बड़ा खेल आयोजन था। यह एक रंगारंग प्रदर्शन था, जिसमें सुसज्जित हाथियों और देश-भर से आए तीन हजार से ऊपर खिलाड़ियों ने भाग लिया। उसी शाम मैं दिल्ली लौट आया।

खुर्शीद आलम खान ने मुझसे मुलाकात की और जामिया मिलिया को डीम्ड विश्वविद्यालय की मौजूदा स्थिति से पूर्ण विश्वविद्यालय बनाने की माँग की। वे स्वयं को मंत्रिमंडल में न रखे जाने से नाराज थे। मुझे भी लगता था कि मंत्री के रूप में खुर्शीद अपना काम ठीक-ठाक कर रहे थे। मुझे ताज्जुब हुआ कि अनाड़ी जेड.ए. अंसारी को मंत्रिमंडल में रख लिया गया था। ईश्वर के ही नहीं प्रधानमंत्रियों के कामकाज भी अजीब होते है!

क्रिसमस के कुछ पहले मैंने राष्ट्रपति भवन के अशोक हाल में क्रिसमस केरोल गाने का आयोजन किया। इसमें भाग लेने के लिए मैंने ईसाई कर्मचारियों और अग्रणी ईसाई समाज ने इस सद्‌भावना की बेहद तारीफ की। यह कार्यक्रम राष्ट्रपति भवन में मुसलमानों के लिए होनेवाली इफ्तार पार्टी और सिखों के लिए होने वाले भजनों की बराबरी में था।

मुझे पता चला कि तमिलनाडु के मुख्यमंत्री एम.जी. रामचंद्रन ने मद्रास स्थित नेहरू स्टेडियम में मेरे लिए विशाल स्वागत समारोह का आयोजन किया

है। स्पष्टतया वे चाहते थे कि इस वर्ष की यह सबसे बड़ी घटना हो। मद्रास के मित्रों ने मुझे फोन किया और बताया कि शहर के सभी हिस्सों में बड़े-बड़े स्वागत द्वार बनाए गए हैं।

स्वागत-समारोह में पहुँचने के लिए मैंने दिल्ली से सुबह 9 बजे रवाना होने की योजना बनाई थी। तीन बजे तड़के संयुक्त सचिव गोपाल गाँधी ने फोन करके बताया कि एम.जी. रामचंद्रन का निधन हो गया है और मद्रास शहर में भारी उत्तेजना है। तय कार्यक्रम के अनुसार ही मैं दिल्ली से चला, लेकिन स्वागत समारोह के लिए नहीं बल्कि दुखद शवयात्रा में शामिल होने के लिए। मैं सीधे राजाजी हॉल गया, जहाँ शव रखा गया था। मृत्यु के बाद भी उनके चेहरे पर विशेष आभा थी, जिससे मैं बहुत प्रभावित हुआ।

हम दोनों के बीच एक वर्णनातीत लगाव विकसित हो गया था। उनके मन में मेरे प्रति सर्वोच्च सम्मान-भाव था, पर इससे भी बड़ी बात यह थी कि हम लोगों में वास्तविक स्नेह था। इससे पहले जब उन्हें पहली बार दिल का गंभीर दौरा पड़ा था, तो मैं मद्रास से ही था और मैंने चिकित्सा सहायता के लिए इंदिरा गाँधी की मदद से उनकी अमेरिका-यात्रा का तुरंत इंतजाम कर दिया था। तत्काल की गई मेरी इस कार्रवाई के लिए तमिलनाडु में सभी लोग मेरे एहसानमंद थे। कई मौकों पर मैंने उनके लिए केंद्र में बात की थी। इंदिरा गाँधी हमेशा समझती थीं कि मेरा उन पर जबरदस्त प्रभाव है और प्रायः अपनी इच्छाएँ बताने के लिए वे अपने दूत के रूप में मेरा उपयोग करती थीं। उनकी मृत्यु से मुझे लगा कि मैं अपने दुख पर काबू नहीं रख पाऊँगा, इसलिए तुरंत उस दुखद दृश्य से अलग हो गया।

दिल्ली लौटने से पहले मैं अपनी पत्नी के साथ जानकी रामचंद्रन के पास गया और अपनी हार्दिक संवेदनाएँ जताईं।

राज्यपाल एस.एल. खुराना से मैंने पूछा कि सरकार चलाने की तत्काल क्या व्यवस्था की गई है। उन्होंने कहा कि वरिष्ठतम मंत्री नेंदुचेझियन से नए नेता का चुनाव होने तक काम सँभालने के लिए कहा गया है।

इस दुखद घटना के कुछ ही दिनों बाद राष्ट्रपति के रूप में मैं पहली बार बंबई गया। स्वतंत्रता की चालीसवीं वर्षगाँठ के राष्ट्रीय आयोजन के तहत

स्वतंत्रता संग्राम के कई योद्धाओं का सम्मान किया गया। इनमें पंडित गोविंद बल्लभ पंत, श्रीकृष्ण सिन्हा, एस. सत्यमूर्ति के अलावा रामानुजम् और सी.वी. रमन जैसे गणितज्ञ और वैज्ञानिक का सम्मान किया गया। भारतीय विद्या भवन के संस्थापक के.एम. मुंशी की जन्म-शताब्दी भी इसी वर्ष मनाई गई। बंबई में एक बड़ी सभा हुई, जिसमें कुलपति मिश्र को श्रद्धांजलि दी गई। भारतीय विद्याभवन ने मोरारजी देसाई, जे.आर.डी. टाटा और आर.आर. दिवाकर के सम्मानार्थ अपनी प्रतिष्ठापूर्ण सदस्यता दी। मैंने अभिनंदन भाषण दिया और समारोह के बाद दिल्ली के लिए रवाना हो गया।

वर्ष 1987 के अंतिम दिन आंध्र प्रदेश की राज्यपाल कुमुदबेन जोशी मुझसे मिलने आईं। आंध्रप्रदेश के मुख्यमंत्री एन.टी. रामाराव ने राज्यपाल की गतिविधियों के खिलाफ शिकायत की थी। इसमें जिलों का बार-बार दौरा, स्वतंत्रता-सेनानियों की बैठक और उनके खिलाफ कपटपूर्ण प्रचार शामिल था। निश्चय ही दोनों लोगों में लगातार लड़ाई चल रही थी।

संविधान के अनुसार राज्यपालों से यह अपेक्षा की जाती है कि वे राज्य के निष्पक्ष और निर्विवाद प्रमुख के रूप में कार्य करें। संविधान-सभा की बहसों के दौरान इस बात पर जोर दिया जाता था कि राज्यपाल की भूमिका राज्य के गाईड, दार्शनिक और मित्र जैसी हो। तब यह तय हुआ था कि सिर्फ विशिष्ट योग्यता और प्रतिष्ठावाले लोगों को ही राज्यपाल बनाया जाएगा। समय के साथ-साथ यह उच्च आदर्श एकदम भुला दिया गया और राज्यपाल का पद उन राजनीतिज्ञों के लिए आरामदायक नौकरी बन गया, जिनसे छुटकारा पाना होता था या जो असुविधाजनक हो जाते थे।

यहाँ तक कि राजेंद्रप्रसाद नेहरू के जमाने में राष्ट्रपति से सलाह करने की जो परंपरा बनी थी, वह भी धीरे-धीरे खत्म हो गई। सिर्फ यदा-कदा राष्ट्रपति को गृहमंत्रालय का औपचारिक नोट मिलता था, जिसमें प्रस्तावित नामों पर उनकी सहमति माँगी जाती थी। बेशक, राष्ट्रपति प्रधानमंत्री को चर्चा के लिए बुला सकते हैं या पुनर्विचार के लिए फाइल को लौटा सकते हैं, पर अंततः मंत्रिमंडल की राय ही राज्यपाल के लिए अनिवार्य है। इसलिए ऐसे मामलों में राष्ट्रपति शायद ही कभी दखल देते हों।

मेरे कार्यकाल के दौरान सभी प्रधानमंत्रियों—राजीव गाँधी, विश्वनाथ प्रताप सिंह, चंद्रशेखर और पी.वी. नरसिम्हा राव ने राज्यपालों की नियुक्ति के मामले में मुझसे औपचारिक राय ली और मुझे कोई ऐसा मौका यह याद नहीं है, जब प्रस्तावित नामों पर मैंने कोई एतराज़ किया हो।

मैंने कुछ सुझाव दिए थे जो आमतौर पर मंजूर कर लिए गए और अगर नहीं भी हुए तो मैंने प्रधानमंत्री से इस बाबत दुबारा चर्चा नहीं की। राष्ट्रपति के रूप में अपने कार्यकाल के दौरान जितने प्रधानमंत्रियों से मेरा वास्ता पड़ा, उनसे मेरा संबंध केसा रहा, यह उसका एक उदाहरण मात्र है।

राष्ट्रपति के रूप में मेरा पहला नववर्ष

नया साल सामान्य उल्लास के साथ शुरू हुआ। खूबसूरत फूलों-भरे मुगल गार्डन के लॉन में कर्मचारियों ने अपने परिवारों समेत शुभकामनाएँ दीं। आम लोगों ने पंक्तिबद्ध होकर शुभकामनाएँ व्यक्त कीं, कुछ ने संगीतमय बधाइयाँ भी दीं। विशिष्ट लोग आए और बधाइयों का आदान-प्रदान हुआ। मुझे बताया गया कि अंग्रेजी राज में नए वर्ष का दिन बड़े महत्त्व का होता था।

उस महीने (जनवरी) में मैंने आंध्रप्रदेश और अंडमान निकोबार द्वीप समूह की यात्राएँ कीं। आंध्रप्रदेश में मैंने कृष्णा नदी पर एक पुल का उद्घाटन किया, जो गुंटूर और कृष्णा जिलों को जोड़ता है। विजयवाड़ा में मैंने स्वतंत्रता सेनानियों के एक सम्मेलन में भाषण दिया। इसमें मैंने ज्ञानी जैलसिंह की तारीफ की। गृहमंत्री के रूप में उन्होंने स्वतंत्रता-सेनानियों के लाभार्थ कई कल्याणकारी कार्यक्रम शुरू किए।

स्वतंत्रता की चालीसवीं वर्षगाँठ पर होनेवाले समारोह के तहत स्वतंत्रता-संग्राम में भाग लेनेवाले प्रमुख भारतीयों का जन्मदिन मनाया जाना था। नेताजी सुभाषचंद्र बोस का जन्मदिन 23 जनवरी को पड़ता है। उसके बारे में यह तय हुआ कि उनका जन्मदिन अंडमान निकोबार द्वीप-समूह में मनाना ठीक रहेगा। वहाँ पहुँचकर मैंने एक स्टेडियम का उद्घाटन किया, जिसका नाम नेताजी के नाम पर रखा गया है। वहाँ इस मौके पर अपने भाषण में मैंने इंडियन नेशनल आर्मी बनाने में उनकी भूमिका की प्रशंसा की। मैं कुख्यात सेलुलर जेल देखने भी गया, जहाँ सजा भुगतते हुए 600 स्वतंत्रता-सेनानियों से क्रूर व्यवहार किया गया था। बेशक यह एक भयावह स्थान है!

जनसभा के बाद मैं उसी दिन दिल्ली लौट आया, ताकि गणतंत्र दिवस-समारोहों में भाग ले सकूँ। इन समारोहों में सबसे सुखद होता है वीरता पुरस्कार पानेवाले बच्चों के साथ समय बिताना। कम से कम मुझे यह बहुत अच्छा लगता है।

एकदम अबोध पर गजब के साहसी इन बच्चों का उत्साह सांसर्गिक है और इससे आदमी का कायाकल्प हो जाता है। मैंने बहादुरी के कामों के लिए बच्चों को बधाइयाँ दीं और जीवन में हर तरह की सफलता की कामना की। मैंने एक छोटी बच्ची से पूछा कि दिल्ली में उसे किस चीज का इंतजार है? उसने तपाक से जवाब दिया, "गणतंत्र दिवस परेड में हाथी पर बैठने का।"

श्रीलंका के राष्ट्रपति जयवर्द्धने अपनी पत्नी और एक बड़े प्रतिनिधिमंडल के साथ 25 जनवरी को पहुँचे। प्रतिनिधिमंडल में महत्त्वपूर्ण कैबिनेट मंत्री भी थे। पहली बार हवाई अड्डे की बजाय राष्ट्रपति भवन में उनका आनुष्ठानिक स्वागत हुआ और उन्होंन गार्ड ऑफ ऑनर का निरीक्षण किया। राष्ट्रपति जयवर्द्धने की गाड़ियों का काफिला मुख्य प्रवेश द्वार पर राष्ट्रपति के अंगरक्षकों से मिला और वहाँ से उन्हें उस जगह ले जाया गया, जहाँ गाड़ी से उतरना था। इस वक्त उन्हें 21 तोपों की परंपरागत सलामी दी गई। उतरने पर राष्ट्रपति जयवर्द्धने और उनकी पत्नी का मैंने और मेरी पत्नी ने स्वागत किया और प्रधानमंत्री एवं उनकी पत्नी ने। मेहमान राष्ट्रपति को वहाँ ले जाया गया, जहाँ सलामी दी जाती है। वहाँ दोनों देशों के राष्ट्रगान बजाए गए। इसके बाद मेहमान राष्ट्रपति के अंतर सेवा गार्ड ऑफ ऑनर का निरीक्षण किया। इस मौके पर श्रीलंकाई राष्ट्रपति से उपस्थित मेहमानों का परिचय कराया गया। इसके बाद उन्हें आरामदेह द्वारिका सूट में ले जाया गया।

शाम को राष्ट्रपति जयवर्द्धने मेरे पास आए। श्रीलंका की स्थिति को पूरी दक्षता से सँभालने के लिए उन्होंने राजीव गाँधी की तारीफ की और कहा कि मुक्तिचीतों ने जातीय तमिलों की आकांक्षा पूरी करने का अच्छा मौका खो दिया है। हम लोगों ने अंतर्राष्ट्रीय आतंकवाद और विकासशील देशों में इससे होनेवाली बरबादी के बारे में बातें कीं। जयवर्द्धने ने उम्मीद जताई की प्रधानमंत्री और उनके सहयोगियों से उनकी कई विषयों पर विस्तृत बातचीत होगी, जिसमें मैत्री संधि भी शामिल है। मैंने राष्ट्रपति को आश्वस्त किया कि श्रीलंका के लिए भारत की भावना सबसे अनुकूल है और दोनों देशों के रिश्ते मजबूत करने के

लिए सब कुछ लिया जाएगा। मैंने उनके और उनकी पत्नी के सुखद भारत-प्रवास की कामना की।

25 जनवरी को राष्ट्र के नाम मेरा संदेश प्रसारित हुआ। इसमें मैंने श्रीलंका में चल रहे संघर्ष का जिक्र किया और कहा कि तमिलों के एक वर्ग द्वारा प्रधानमंत्री राजीव गाँधी और राष्ट्रपति जयवर्द्धने के बीच हुए ऐतिहासिक समझौते को लागू करने में सहयोग न करना दुर्भाग्यपूर्ण है। वह भी तब जब समझौते में श्रीलंका की जातीय समस्या का शांतिपूर्ण और लोकतांत्रिक समाधान मौजूद है। श्रीलंका में भारतीय शांति लेना प्रशंसनीय भूमिका पर मैंने कहा, ''शांति स्थापित करना युद्ध के मुकाबले कई गुना मुश्किल है। पर इसका प्रतिफल भी कई गुना ज्यादा होता है।''

गणतंत्र दिवस-समारोह के सम्मानित अतिथि के लिए भोज का आयोजन उसी रात किया गया। सलामती के जाम के जवाब में राष्ट्रपति जयवर्द्धने ने कुछ महत्त्वपूर्ण बयान दिए। उन्होंने कहा कि वे हिंसा के आगे कभी नहीं झुकेंगे और यह कि उन्होंने जातीय संकट से निपटने के लिए भारतीय नेताओं की मदद और सलाह माँगी है। उन्होंने आगे कहा, ''मैं भारत का मित्र हूँ, यहाँ के लोगों से प्यार करता हूँ, इसके सबसे महान व्यक्ति (महात्मा गाँधी) का समर्थक हूँ और तब तक रहूँगा, जब तक मेरा कार्यकाल खत्म नहीं हो जाता।'' जयवर्द्धने ने दुनिया-भर में आतंकवाद फैलने पर दुख जताया और कहा कि उनकी राय में मानवता सिर्फ अहिंसा और मैत्री के बल पर बच सकती है।

हर साल 26 जनवरी को राजधानी नई दिल्ली में भव्य गणतंत्र दिवस परेड का आयोजन होता है। इस समारोह के लिए सरकार आमतौर पर किसी विशिष्ट विदेशी अतिथि को ससम्मान आमंत्रित करती है। सरकारी स्तर पर इस दिन की शुरुआत प्रधानमंत्री द्वारा इंडिया गेट पर शहीदों को श्रद्धांजलि देकर की जाती है। इसके बाद वे परेड स्थल पर पहुँचते हैं, जहाँ राष्ट्रपति और मुख्य अतिथि का औपचारिक स्वागत करते हैं। राष्ट्रपति अंगरक्षकों की सलामी लेने के बाद मुख्य अतिथि के साथ एक जुलूस में आगे बढ़ते हैं। उनके आगे-आगे घुड़सवार सैनिक चलते हैं।

सलामी लेनेवाले स्थान पर राष्ट्रीय झंडा फहराया जाता है और राष्ट्रगान बजाया जाता है। इसके बाद परेड कमांडर राष्ट्रपति को सलामी देता है और

फिर राजपथ पर परेड शुरू हो जाती है। उस साल परेड की विशेष बात बोफर्स होवित्जर तोप और देशी अर्जुन टैंक का परेड में शामिल किया जाना था।

राष्ट्रपति के रूप में मुझे एक घंटे खड़े रहकर सलामी देनी थी, जबकि एक-एक कर मेरे सामने से रेजीमेंट गुजरते जाते। आधे घंटे बाद आदमी के हाथ दर्द करने लगते हैं, इसलिए जब कभी छोटा-मोटा अंतराल हुआ तो मुझे इसे ठीक करना पड़ता है। सैनिक परेड के बाद सांस्कृतिक शोभायात्रा शुरू होती है। शुक्र है कि इस वक्त राष्ट्रपति को बैठने की इजाजत है। राष्ट्रपति का काम थकानेवाला हो सकता है।

रंगारंग गणतंत्र दिवस-समारोह का समापन बीटिंग से होता है और दर्शक इसे बहुत दिनों तक भुला नहीं पाता। बीटिंग रीट्रिट के दौरान रायसिना पहाड़ी जितनी भव्य हो उठती है, उसकी कल्पना लुटियन ने भी नहीं की होगी, जिन्होंने इस जगह का चुनाव किया था और भू-दृश्य की डिजाइन बनाई थी। विशिष्ट अतिथि राष्ट्रपति जयवर्द्धने के साथ मैं शाम को ठीक पाँच बजे विजय चौक पहुँचा। परिचय और राष्ट्रगान के बाद समूचे समारोह के दौरान सैनिक बैंड ने हम लोगों को मुग्ध किया। तीनों सेनाएँ मानो एक-दूसरे को पछाड़ने की होड़ लगाए हुए थीं और दर्शकों के लिए यह खुशी की बात थी। बैंड पर जब 'सारे जहाँ से अच्छा' की धुन बज रही थी, तो सजे हुए ऊँट वापस जाने लगे। फिर आतिशबाजी हुई और इसके बाद समारोह सम्पन्न हो गया। राष्ट्रपति भवन और उसके आसपास के भवनों पर रोशनी की गई थी। इन बत्तियों से बनी आश्चर्यजनक बहिर्रेखाओं ने दर्शकों को मंत्रमुग्ध कर दिया था।

जीवन में खुशी और दुख दोनों आते हैं। गणतंत्र-दिवस के उल्लास के बाद आती है राष्ट्रपिता महात्मा गाँधी की हत्या की सालगिरह। हत्या को 40 वर्ष गुजर चुके हैं, पर उस अपराधजन्य वेदना को कोई दूर नहीं कर पाया।

30 जनवरी को सवेरे ही मैं अपने परिजनों के साथ राष्ट्रपिता के समाधि स्थल-राजघाट पर गया और अपनी श्रद्धांजलि दी। इसके बाद भजन गाए गए और गीता का पाठ हुआ।

इस दिन को देश की आजादी के लिए बलिदान हुए लोगों की याद में शहीद दिवस के रूप में भी मनाया जाता है। इसलिए दिन में करीब 11.00

बजे मैं फिर राजघाट गया और समाधि पर एक माल चढ़ाई। लगभग 11.00 बजे ही गाँधी जी पर गोली चलाई गई थी और इसी समय दो मिनट का मौन रखा जाता है। इस समारोह में तीनों सेनाओं–जल, थल और वायु के प्रमुख और उपराष्ट्रपति, प्रधानमंत्री, कैबिनेट मंत्री एवं अन्य लोग शामिल हुए। पूरी कार्यवाही के दौरान उत्सव-जैसी गरिमा बनी रही।

इस बीच एम.जी. रामचंद्रन के निधन के बाद तमिलनाडु के मुख्यमंत्री की कुर्सी के लिए दौड़ तेज हो गई थी। मुझे बताया गया कि एम.जी. रामचंद्रन-मंत्रिमंडल के एक वरिष्ठ सदस्य आर.एम. वीरप्पन विधायक दल का नेता होने का दावा कर रहे हैं और उनके साथ लगभग 45 सदस्य हैं। लेकिन जब उन्हें यह समझ में आ गया कि उनके पक्ष में पर्याप्त समर्थन नहीं है तो नेतृत्व के लिए उन्होंने एम.जी.आर. की विधवा जानकी रामचंद्रन का नाम प्रस्तावित करने की चाल चली। इस चाल से कुछ और सदस्य उनके पाले में आ गए और उनकी ताकत 90 विधायकों की हो गई। मुझे लगा कि शुरू में जानकी रामचंद्रन नेतृत्व के लिए राजी नहीं होंगी, तो उनकी विरोधी जयललिता पार्टी को अपने हाथ में ले सकती हैं, तो वे राजी हो गईं। अब जब जानकी रामचंद्रन का नाम प्रस्तावित किए जाने की सूचना सार्वजनिक हो गई तो कामचलाऊ मुख्यमंत्री वी.आर. नेंदुचेझियन के घोषणा की कि वे भी उम्मीदवार होंगे। इसमें उनकी कोई चालाकी नहीं थी, क्योंकि कार्यकारी मुख्यमंत्री के नाते वे कह सकते थे कि वे आम राय से फैसला करने में पार्टी को सहयोग देंगे। नेंदुचेझियन के दावा ठोंकते ही पार्टी की प्रचार-सचिव जयललिता ने नेंदुचेझियन को समर्थन देने का एलान कर दिया। नतीजतन पार्टी तुरंत टूट गई। जानकी रामचंद्रन और जयललिता गुटों की तुलनात्मक ताकत क्रमश: 90 और 35 बताई गई थी। दिसंबर 1987 के अंत में ए.आई.ए.डी.एम.के. विधायक दल की एक बैठक का जयललिता-गुट ने बायकाट किया था, जबकि विधानसभा के 97 सदस्य बैठक में शामिल हुए और आम राय से उनकी रामचंद्रन को अपना नेता चुना। इस सदस्यों ने राज्यपाल एस.एल. खुराना से भेंट की और सरकार बनाने का अपना दावा पेश किया। खुराना विधानसभा के सचिव की मदद से हरेक विधायक से अलग-अलग मिले। सचिव ने ही विधायकों को पहचाना।

बाद में खुराना ने मुझसे कहा कि उन्होंने उस समय के गृहमंत्री से संपर्क किया था और उन्होंने हफ्ते-भर के लिए फैसला टालने की सलाह दी थी।

उन्होंने यह भी कहा–उनका तर्क था कि यह संभव नहीं होगा, क्योंकि राज्य विधानसभा के 97 सदस्य पहले ही अपनी पसंद बता चुके हैं। इसके अलावा नेंदुचेझियन-गुट ने न तो अपने सदस्यों की संख्या बताई थी और न ही उन्हें हाजिर किया था।

3 जनवरी को लक्ष्यद्वीप से छुट्टियाँ मनाकर लौटे प्रधानमंत्री राजीव गाँधी और मंत्रिमंडल के वरिष्ठतम सदस्य पी.वी. नरसिम्हाराव मुझसे मिलने आए और तमिलनाडु की स्थिति पर चर्चा की। मैंने राजीव गाँधी को सलाह दी कि केंद्र सरकार को दखल देने की जरूरत नहीं है और स्थानीय पार्टी की अपनी समस्या स्वयं सुलझाने दी जाए। अगर केंद्र सरकार स्थिति का जायजा लेना चाहती है तो वह राज्यपाल, से कह सकती है कि वह अपना फैसला एक-दो दिन के लिए टाल दे। मुझे नहीं मालूम कि नरसिम्हाराव ने कोई कार्रवाई की या नहीं, पर 3 जनवरी को ही जब खुराना ने एलान कर दिया कि उन्होंने मान लिया है कि जानकी रामचंद्रन को विधायकों का सबसे ज्यादा समर्थन प्राप्त है, तो हम सबको आश्चर्य हुआ। उन्होंने यह भी कहा कि वे श्रीमती रामचंद्रन को मुख्यमंत्री-पद की शपथ दिलाएँगे और उन्हें तीन सप्ताह के भीतर, यानी 24 जनवरी 1988 तक सदन में अपना बहुमत सिद्ध करना होगा।

खुराना को बताया गया कि संविधान के अनुसार मंत्रिपरिषद् को उपस्थित लोगों में से ज्यादातर का समर्थन हासिल होना चाहिए और उन्हें एक विश्वास प्रस्ताव पर मत देना चाहिए, न कि कुछ सदस्यता का बहुमत हासिल होना चाहिए। वे इस सवाल के बहुत विस्तार में चले गए। जाने-माने वकीलों से सलाह की और आखिर में अपना फ़ैसला दिया कि मौजूद लोगों को सामान्य बहुमत और उनका वोट देना पर्याप्त है।

जानकी रामचंद्रन को मुख्यमंत्री बनाए जाने के बाद दोनों गुटों के सांसद मुझसे बार-बार मिले। मैंने उन लोगों से कहा कि यह पूरी तरह पार्टी का आपसी विवाद है और न तो मैं और न प्रधानमंत्री इस मामले में दखल देना चाहेंगे। मुख्यमंत्री-पद की शपथ लेने के बाद जानकी रामचंद्रन दिल्ली आईं और उन्होंने प्रधानमंत्री से भेंट की। उन्होंने राजीव गाँधी को आश्वस्त किया कि श्रीलंका और केंद्र-राज्य-संबंधों के मामले में वे एम.जी. रामचंद्रन की नीतियों को जारी रखेंगी और केंद्र के साथ पूरा सहयोग करेंगी। उन्होंने अपने मंत्रिमंडल के लिए

कांग्रेसी सदस्यों (संख्या 64) के समर्थन की माँग की। बाद में जब जानकी रामचंद्रन ने मुझसे मुलाकात की तो उन्होंने कहा कि प्रधानमंत्री ने उन्हें सलाह दी है कि वे पार्टी के मतभेद खत्म करें और यह भी कि वे बाकायदा स्थापित सरकार का समर्थन करेंगे। उन्होंने मुझे जो कुछ बताया, उससे मैंने यही समझा कि प्रधानमंत्री के कथन को वे अपनी सरकार के प्रति कांग्रेस पार्टी का परोक्ष समर्थन मान रही हैं।

समझौता करनेवाले कदम के रूप में उन्होंने कहा कि नेंदुचेझियन को वे उपमुख्यमंत्री बना देंगी और जयललिता को प्रचार-सचिव के रूप में काम करते रहने देंगी, ताकि एकता बनाए रखी जा सके। वैसे उन्होंने जयललिता को ए.आई.ए.डी.एम.के. का महासचिव मानने से इनकार कर दिया। उनका कहना था कि उन्हें पार्टी की आम सभा द्वारा नहीं चुना गया है, जबकि ए.आई.ए.डी.एम.के. के संविधान के तहत ऐसा आवश्यक है। मैंने उनसे पूछा कि ये सुझाव उन्होंने दूसरे पक्ष के सामने रखे हैं या नहीं। उन्होंने कहा कि नेंदुचेझियन के समक्ष उन्होंने कुछ प्रस्ताव रखे हैं, पर उन्हें कोई जवाब नहीं मिला है।

12 जनवरी, यानी जिस दिन जानकी रामचंद्रन ने प्रधानमंत्री से मुलाकात की, उसके अगले ही दिन प्रधानमंत्री मेरे पास आए और बताया कि जानकी से उनकी क्या बातचीत हुई। उन्होंने कहा कि जानकी से बात करना आसान है, क्योंकि वे फर्राटेदार हिंदी बोलती हैं, जबकि एम.जी.आर. से बात करने में दिक्कत होती थी। प्रधानमंत्री ने बताया कि जानकी रामचंद्रन ने विधानसभा में कांग्रेस का समर्थन माँगा है। राजीव गाँधी ने मुझसे कहा कि जवाब में उन्होंने कहा है–''हम लोग ए.आई.ए.डी.एम.के. सरकार को समर्थन करेंगे।'' और आँख मारते हुए यह भी जोड़ा, ''मैं नहीं समझता कि वे इस मुहावरे का मतलब समझ सकी हैं।''

प्रधानमंत्री ने तमिलनाडु की स्थिति पर मुझसे मेरी राय माँगी। मैंने उनसे कहा कि ए.आई.ए.डी.एम.के. के गुट आपस में लड़कर फैसला कर सकते हैं। कांग्रेस पार्टी के जिम्मेदार विपक्ष के तरह काम करना चाहिए और राज्य की समस्याओं को सुलझाने में मदद करनी चाहिए।

प्रधानमंत्री ने माना कि यही सही तरीका है। हालाँकि मुझे बताया गया कि तमिलनाडु विधानसभा के कुछ कांग्रेसी सदस्य इस उम्मीद में जानकी राचचंद्रन

की सरकार को गिराना चाहते हैं, ताकि सदन में उन्हें प्रमुख विपक्षी पार्टी होने के नाते सरकार बनाने के लिए बुलाया जा सके। मैंने इसे कोई महत्त्व नहीं दिया, क्योंकि प्रधानमंत्री ने दूसरी लाइन को संकेत दिया था।

तमिलनाडु के पूर्व मंत्री के. राजाराम मुझसे मिलने के लिए उतावले थे। उन्होंने मुझे कई बार फोन किया, इसलिए मैं अपने हैदराबाद-प्रवास में उनसे मिलने के लिए तैयार हो गया। वे एक सुझाव लेकर आए। उन्होंने कहा कि ए.आई.ए.डी.एम.के. के दोनों गुटों में समझौता हो सकता है और मुझे इसमें सहयोग करना चाहिए। मैंने उनसे साफ-साफ कहा कि भारत के राष्ट्रपति के रूप में मैं पार्टी के अंदरूनी मामलों में बिल्कुल दखल नहीं दे सकता। यह काम दोनों विरोधी गुटों को अपने-आप करना है, और चूँकि जानकी रामचंद्रन समझौते के लिए कुछ प्रस्ताव रख चुकी है, इसलिए अब पार्टी-सदस्यों को ही हल ढूँढ़ना है। राजाराम यह कहकर चले गए कि वे नेंदुचेझियन और उनके गुट को यह समझाने की कोशिश करेंगे कि वे ए.आई.ए.डी.एम.के. के दोनों गुटों में समझौता कराएँ। अगले कुछ दिनों में क्या घटा, यह मुझे मालूम नहीं हुआ।

24 जनवरी की शाम जयललिता मेरे पास आईं। उन्होंने कहा कि राजाराम जानकी-गुट में चले गए हैं और लोग यह समझते कहते हैं कि ऐसा करने के लिए मैंने उनसे कहा है। मैंने उनसे कहा कि यह खबर एकदम आधारहीन है और जो मैं सदा से कहता रहा था, उसे ही फिर दुहरा दिया–विरोधी गुटों को कोशिश करके अपने मतभेद स्वयं खत्म करने चाहिए। मैंने उनसे यह भी कहा कि मैं जिस पद पर हूँ, यहाँ से स्थानीय राजनीति में दखल नहीं दे सकता।

श्रीलंका के राष्ट्रपति के लिए 25 जनवरी को हुए भोज में प्रधानमंत्री ने मुझे बताया कि रात्रिभोज पर आने से पहले जयललिता ने उनसे मुलाकात की है। वे कुछ और कहने वाले थे, पर जब मेहमानों की भीड़ बढ़ने लगी तो उन्होंने यही कहा कि वे 'इस बारे में' बाद में बात करेंगे। इसके बाद के कुछ दिन गणतंत्र-दिवस-समारोह की व्यस्तता में निकल गए और तमिलनाडु मेरे दिमाग से निकल गया।

27 जनवरी को रात में करीब 10 बजे अनंतस्वामी ने मुझे फोन किया। वे तमिलनाडु के मामलों में राजीव गाँधी की सहायता कर रहे थे। उन्होंने मुझसे कहा कि तमिलनाडु कांग्रेस कमेटी के अध्यक्ष ने कांग्रेस विधायकों से विश्वास-मत

के खिलाफ वोट देने को कहना शुरू कर दिया है। ऐसा लगा जैसे ए.आई. ए.डी.एम.के. और कांग्रेस पार्टी में जोरदार हलचल है। मुझे जो भी सूचना मिली उससे पता चला कि विधायकों में काफी तनाव है।

विधानसभा में क्या हुआ, यह मेरी निजी जानकारी में नहीं था। मुझे पता चला कि 28 जनवरी को दोपहर बाद करीब एक बजे जयललिता-गुट राज्यपाल के पास गया और यह प्रतिवेदन दिया कि उन्होंने एक नए अध्यक्ष का चुनाव किया है और जानकी-मंत्रिमंडल के खिलाफ एक अविश्वास प्रस्ताव पास किया है। अपराह्न 3.00 बजे जानकी-गुट राज्यपाल से मिला और दावा किया कि सदन में उनके पक्ष में विश्वास-पत्र स्वीकार कर लिया गया है।

खुराना ने एक रिपोर्ट भेजी, जिसमें मंत्रिमंडल की बर्खास्तगी, विधानसभा को भंग करने और राष्ट्रपति शासन लागू करने की सिफारिश की गई है। केंद्र सरकार ने इसे मंजूर कर लिया, क्योंकि यही एकमात्र विकल्प था।

जानकी रामचंद्रन ने राजीव गाँधी की तीव्र निंदा की ओर उनपर धोखाधड़ी तथा पीठ में छुरा भोंकने का आरोप लगाया राजीव गाँधी कुछ समय बाद मुझसे मिले और कहा कि जब वे अगरतला में थे, तो बूटासिंह ने उन्हें फोन पर कहा था कि मद्रास में विभिन्न राजनीतिक दलों और गुटों द्वारा गंभीर गड़बड़ियाँ की जा रही हैं। राजीव गाँधी ने यह भी कहा कि उस वक्त तक चूँकि काफी रात हो चुकी थी और ज्यादा सूचना पाने का उनके पास कोई साधन नहीं था, इसलिए उन्होंने बूटासिंह को निर्देश दिया कि वे वैसी कार्रवाई करें, जो पार्टी के सर्वोच्च हित में हो।

तमिलनाडु की इन घृणित घटनाओं पर टिप्पणी करते हुए 'दि हिंदू' ने लिखा कि राष्ट्रपति ने तमिलनाडु की राजनीति में अनावश्यक दिलचस्पी दिखाई है और ऐसे ढंग से काम किया है, जो "उनके उच्च पद के लिए उपयुक्त नहीं है।" मुझे दुख हुआ, क्योंकि मैंने सदा ही दोनों पक्षों को सलाह दी थी कि वे आपस में समझौता कर लें। वैसे भी मुझे लगता था कि यही राज्य के हित में है। इसलिए मैंने टिप्पणियों को निराधार और पक्षपातपूर्ण बताते हुए इसका खंडन किया। कुछ महीने बाद दि हिंदू के एन. राम मेरे पास आए और अखबार के संपादकीय में उस गलत टिप्पणी के लिए खेद प्रकट किया। उन्होंने कहा कि कई स्वार्थी तत्त्वों ने उन्हें गुमराह कर दिया था।

पंजाब में राष्ट्रपति शासन

14 फरवरी, 1988 को राजीव-मंत्रिमंडल में फेरबदल हुआ। 1971 में मंत्रीपद से अलग हुए दिनेश सिंह को जल संसाधन विभाग का कैबिनेट मंत्री बनाया गया। दो मुख्यमंत्री-बिहार के बिंदेश्वरी दुबे और मध्यप्रदेश के मोतीलाल वोरा केंद्रीय मंत्रिमंडल में शामिल किए गए। कृषिमंत्री जी.एस. ढिल्लो और खान व इस्पात राज्यमंत्री रामदुलारी सिन्हा को मंत्रिमंडल से हटा दिया गया था।

संसद के तीन प्रारंभिक कार्यकालों में पाँच साला संसदीय अवधि के दौरान मंत्रिमंडल में बहुत कम बदलाव हुआ करते थे और आठ मंत्रियोंवाला उनका बहुत छोटा-सा मंत्रिमंडल था। प्रेस ने जब उनसे पूछा कि मंत्रिमंडल में कोई बदलाव होगा या नहीं, तो उन्होंने कहा, "पाँच वर्षों के बाद।" मेरा अनुभव है कि बार-बार मंत्रियों के विभाग बदलने से उन्हें उन मामलों की जानकारी नहीं हो पाती है जिनके वे मंत्री होते हैं। तमिलनाडु में मैं कुछ कर पाया, इसका मुख्य कारण यही था कि मैं लगातार 10 वर्षों तक उद्योग मंत्री रहा।

राजीव गाँधी के कार्यकाल में ही उपरोक्त परिवर्तन के पहले 20 बार मंत्रिपरिषद में हेर-फेर हो चुका था। नए मंत्रियों को पर्याप्त समय नहीं दिया गया था और कुछ लोग शपथ-ग्रहण के लिए तय समय सुबह 10.00 बजे नहीं आए। मौजूद लोगों को शपथ दिलाने के बाद चाय शुरू हुई। इस दौरान मुझे पता चला कि बिंदेश्वरी दुबे और श्यामलाल यादव जैसे मंत्री बननेवाले कुछ लोग आ गए है, और वे चाहते हैं कि उन्हें फौरन शपथ दिला दी जाए। मैं ऐसी फूहड़ कार्रवाइयाँ एकदम पसंद नहीं करता था, पर अपनी जिम्मेदारी निभाने के लिए तैयार हो गया, ताकि शपथ-ग्रहण का काम पूरा हो सके।

मैंने प्रधानमंत्री से कहा कि मंत्रियों के शपथ-ग्रहण की व्यवस्था करने के लिए राष्ट्रपति भवन के कर्मचारियों को पर्याप्त समय दिया जाना चाहिए। मैंने यह भी कहा कि ऐसे आयोजन छुट्टीवाले दिन न हों, तो और भी अच्छा रहेगा, क्योंकि इन समारोहों के लिए राष्ट्रपति भवन के जिन कर्मचारियों की जरूरत होती है, वे हमेशा उपलब्ध नहीं होते। पर इधर सभी प्रधानमंत्रियों को लेकर मेरा यह अनुभव रहा है कि नियुक्तियों के मामले में वे खुद तो फैसले लेने में देर करते हैं, पर चाहते हैं कि उनके फैसले को लागू करने की कार्रवाई तुरंत की जाए, भले ही इसमें जुड़े लोगों को कैसी भी असुविधा क्यों न हो।

मंत्रिमंडल का विस्तार करने से कुछ पहले राजीव गाँधी ने मुझसे राज्यपालों की नियुक्ति के बारे में बातचीत की थी। वे एक वरिष्ठ राजनीतिज्ञ को महाराष्ट्र का राज्यपाल बनाना चाहते थे और पी. वेंकटसुब्बैया को कर्नाटक ले जाना चाहते थे। राज्यपालों की अपनी सूची में उन्होंने गोविंद नारायण सिंह या एच.ए. बरारी के शामिल होने का जिक्र नहीं किया। मैंने महाराष्ट्र और बिहार जैसे प्रमुख राज्यों के लिए ब्रह्मानंद रेड्डी और हितेंद्र देसाई का नाम सुझाया। उन्होंने कहा कि वे मेरे पास प्रस्ताव भेज देंगे। उन्होंने भेजा भी और मैंने उसे सहमति दे दी।

उस समय, कुछ क्षेत्रों में कहा जा रहा था कि गैर-कांग्रेस शासित राज्यों में राज्यपाल नियुक्त करने से पहले राज्यों की सलाह नहीं ली गई। संभव है, नियुक्तियों की घोषणा करने की जल्दबाजी में राजीव ने परंपरा को अनदेखा कर दिया हो। फिर भी मैं समझता हूँ कि राज्यपाल की नियुक्ति से पहले राज्यों से सलाह करने की परंपरा एक स्वस्थ परंपरा है और इसका किसी भी कीमत पर पालन किया जाना चाहिए। बाद में मुझे पता चला कि आधिकारिक सूत्रों ने संबंधित राज्य सरकारों को नियुक्तियों के बारे में सूचना देने की बात कही थी। पर स्पष्ट है कि सूचना देना, परामर्श करने जैसा नहीं है।

मध्य मार्च के आसपास प्रधानमंत्री ने दो मामलों पर चर्चा करने के लिए एम.एल. फोतेदार को मेरे पास भेजा। पहला मुद्दा था—जुलाई 1987 से पूर्व-राष्ट्रपतियों को बढ़ी हुई पेंशन देना, जबकि दूसरा मामला पंजाब से संबंधित था। मैंने उन्हें दो अशासकीय नोट भेजे। राष्ट्रपति को बढ़ी हुई पेंशन के मामले में मैंने कहा कि अगर ऐसा जुलाई 1987 से किया गया तो पूर्व राष्ट्रपति नीलम संजीव रेड्डी (1982-87) बढ़ी हुई पेंशन से वंचित रह जाएँगे। मैंने यह भी कहा कि एक राष्ट्रपति को पिछली तारीख से ज्यादा पेंशन देने और दूसरे को न देने का कोई मतलब नहीं है। मैंने कहा कि पिछली तारीख से लाभ सामान्यतया तब दिए जाते हैं, जब कोई सुविधा पहले नहीं दी गई हो। मैंने यह भी कहा कि नए लाभ देने की तारीख से ही लागू होते हैं। मैंने उन्हें निम्नलिखित विकल्प सुझाए। पहला तो यह कि किसी राष्ट्रपति को बढ़ी हुई पेंशन उस तारीख से मिलनी चाहिए, जिस तारीख को आदेश जारी हो या पीछे की उस तारीख से, जिस दिन किसी जीवित राष्ट्रपति ने पद त्याग किया हो।

पंजाब-स्थिति को लेकर मैंने राज्यपाल को चेतावनी दी कि वहाँ इमरजेंसी के प्रावधान लागू न किए जाएँ। कुछ क्षेत्रों में ऐसा सुझाव दिया जा रहा था। इसकी बजाय मैंने सलाह दी कि संविधान की धारा 356 में संशोधन कर लिया जाए, ताकि राष्ट्रपति शासन की अवधि एक साल से लेकर अधिकतम तीन साल तक बढ़ाने का अधिकार प्राप्त हो जाए। मेरे हिसाब से यह उपयुक्त तरीका था। राजीव-लोंगोवाल समझौते के बाद पंजाब में चुनाव हुए थे और सुरजीत सिंह बरनाला के नेतृत्व में अकाली सरकार बनी थी। पंजाब में हिंसा और आतंकवाद का जो माहौल था, वह कम नहीं हुआ बल्कि बढ़ गया था और कानून-व्यवस्था की स्थिति पूरी तरह चरमरा गई थी। इसलिए पंजाब में मई 1987 में राष्ट्रपति शासन लागू कर दिया गया, पर विधानसभा को इस उम्मीद में स्थगित रखा गया कि अगर स्थिति सुधरी तो सरकार को पुनर्जीवित किया जा सकेगा।

केंद्र में जनता सरकार के शासन-काल में हुए संविधान-संशोधन के बाद संविधान के तहत राष्ट्रपति शासन की अवधि एक साल से ज्यादा नहीं बढ़ाई जा सकती। इसलिए पंजाब में 10 मई, 1988 से पहले चुनाव कराना जरूरी था। केंद्र सरकार संविधान-संशोधन पर विचार कर रही थी, ताकि वह पंजाब में इमरजेंसी घोषित कर सके और इस तरह राष्ट्रपति शासन जारी रहे। मूलतः अनुच्छेद 352 के तहत युद्ध, बाहरी हमले या आंतरिक गड़बड़ियों के चलते यदि देश की सुरक्षा खतरे में हो तो पूरे भारत या उसके एक हिस्से में इमरजेंसी लगाई जा सकती है। जनता-शासन के दौरान इस धारा में संशोधन किया गया था और आंतरिक गड़बड़ी की जगह 'सशस्त्र बगावत' को इमरजेंसी लगाने का आधार बना दिया गया था। इसलिए सरकार आंतरिक गड़बड़ी को इमरजेंसी लगाने का आधार नहीं बना सकती थी। अब सरकार फिर आंतरिक गड़बड़ी को इमरजेंसी लगाने का आधार बनाने पर विचार कर रही थी। मैंने इसी संदर्भ में राजीव गाँधी को एक अनौपचारिक नोट लिखा था।

संविधान-संशोधन-विधेयक (59वें संशोधन) में पूरे पंजाब या उसके एक हिस्से में इमरजेंसी लगाने के मामले में प्रावधान है कि अगर राष्ट्रपति को विश्वास हो कि पूरे पंजाब या उसके एक हिस्से की आंतरिक गड़बड़ियों के चलते भारत की अखंडता खतरे में है तो पूरे पंजाब या उसके एक भाग में इमरजेंसी

लगाई जा सकती है। इसमें अनुच्छेद 356 के तहत राष्ट्रपति शासन की मियाद भी एक साल से तीन साल तक बढ़ाने का प्रावधान है।

इस बात से इनकार नहीं किया जा सकता कि पंजाब में कानून और व्यवस्था की स्थिति में भारी गिरावट आई थी। बाजारों, बसों और ट्रेनों में निर्दोष पुरुषों और महिलाओं की हत्याएँ रोज-ब-रोज बढ़ती जा रही थीं। पुलिस तथा आतंकवादियों से स्वयं घनघोर रूप से भयभीत थे और जब अपनी या अपने नजदीकी लोगों की जान बचाने की जरुरत होती थी तो दूसरी ओर देखने लगते थे। दूसरे शब्दों में कहूँ तो पुलिस बल का उत्साह एकदम ठण्डा हो चुका था। न्यायपालिका को भी किसी आरोपी आतंकवादी को सजा देने पर दुष्परिणामों की धमकी दी गई थी। गवाहों को अदालतों में गवाही देने की हिम्मत नहीं होती थी, क्योंकि आतंकवादी उन पर भी हमला कर सकते थे। जिन लोगों ने वाकई आतंकवादियों के खिलाफ गवाही देने की हिम्मत की थी, सरकार उनके प्राणों की रक्षा करने में असमर्थ थी। यहाँ तक कि पत्रकारों और मीडियावालों को भी धमकी दी गई थी कि वे आतंकवादियों के खिलाफ बोलने का 'दुःसाहस' करेंगे तो उन्हें बुरे परिणाम भुगतने होंगे। संक्षेप में पंजाब में प्रभावशाली नागरिक प्रशासन रह ही नहीं गया था। किसी को विश्वास नहीं था कि सांविधानिक प्रावधानों के अनुसार पंजाब में चुनाव भी हो सकते हैं।

विपक्ष का सारा जोर इस संशोधन के खिलाफ था, जिसके तहत आंतरिक गड़बड़ियों और संविधन की धारा 21 के तहत जीने का अधिकार खत्म हो जाने पर इमरजेन्सी लगाने का प्रावधान था। 1975-77 के आपातकाल की याद अब भी सब के दिमाग में ताजा थी और न सिर्फ विपक्ष, बल्कि प्रमुख विधि शास्त्रियों ने भी संशोधन का कड़ा विरोध किया। सरकार का तर्क था कि संशोधन सिर्फ पंजाब से सम्बन्धित है, पूरे देश से न हीं और पंजाब में कानून-व्यवस्था और सामाजिक शान्ति का अस्तित्व ही खत्म हो गया है। यह भी कहा गया कि संशोधन के तहत सरकार को सिर्फ पंजाब में इमरजेंसी लगाने का अधिकार है, पूरे देश में नहीं। वह भी तब, जबकि परिस्थितियों के चलते ऐसा करना जरूरी हो जाए और घोषणा की कि संसदीय स्वीकृति के रूप में पहले से ही पर्याप्त सांविधानिक सुरक्षा-उपाय मौजूद हैं।

अंतत: विपक्ष के जोरदार विरोध के बावजूद 59 वाँ संविधान-संशोधन-विधेयक संसद के दोनों सदनों में पास कर दिया गया। इसके बाद गेंद मेरे

पाले में आ गई थी। अखबारों की सम्पादकीय टिप्पणियों में मुझे सलाह दी गई कि विधेयक पर अपनी स्वीकृति न दूँ और संविधान के अनुच्छेद 143 के अनुसार विधेयक को सुप्रीम कोर्ट के पास विचारार्थ भेज दूँ। 25 मार्च को विभिन्न राजनीति दलों के नेता मेरे पास आए और एक ज्ञापन दिया। ज्ञापन में निम्नलिखित मुद्दो पर सरकार की निन्दा की गई थी :

(1) संसद के दोनों सदनों में इतना महत्त्वपूर्ण कानून बहुत जल्दीबाजी में पास कराया गया।

(2) इमरजेंसी लगाने के फलस्वरूप लोकतांत्रिक और सांविधनिक अधिकारों में कमी आएगी।

(3) पंजाब से भेद-भाव और यहाँ के लोगों को बुनियादी अधिकार देने से इनकार।

(4) नौकरशाहों और सत्तारूढ़ दल के कृपापात्रों द्वारा कानून का सम्भावित मनमाना इस्तेमाल, जैसा कि इमरजेंसी की पिछली अवधि में हुआ था।

इन लोगों ने मुझसे अनुरोध किया कि मैं विधेयक को या तो पुनर्विचार के लिए संसद को लोटा दूँ या सुप्रीम कोर्ट की राय जानने के लिए भेज दूँ।

अगले दिन राजीव गाँधी विपक्ष की आशंकाओं को कम करने के लिए मेरे पास आए। उन्होंने कहा कि पंजाब में रोज हो रही हिंसा के मद्देनजर वहाँ चुनाव कराने के बारे में सोचा भी नहीं जा सकता। और यह संविधान-संशोधन एक ऐसा सुरक्षित अधिकार है, जिसका इस्तेमाल सरकार बेहद जरुरत पड़ने पर ही करेगी तथा सामान्यतया इसका इस्तेमाल करने का उनका इरादा नहीं है, मैं उनकी मुश्किलों को समझता था, फिर भी मैंने उनका ध्यान उस अनौपचारिक नोट की ओर खींचा, जो मैंने उन्हें भेजा था और जिसमें मैंने संविधान के अनुच्छेद 356 के विकल्प में यह सुझाव दिया था कि राज्य में राष्ट्रपति शासन की अवधि एक साल से बढ़ाकर तीन साल कर दी जाए। राजीव गाँधी ने कहा कि वे यह जोखिम नहीं उठा सकते कि स्थिति और बिगड़ जाए तथा वे इसे ठीक न कर सकें। हालाँकि, उन्होंने इसका स्पष्ट जिक्र नहीं किया, फिर भी ऐसा लगा जैसे वे यह सोचते हैं कि बाद में जब जरुरत पड़ेगी तो दोनों सदनों में आवश्यक समर्थन उपलब्ध नहीं हो सकेगा। केन्द्रीय मन्त्री पी.

वी. नरसिम्हा राव, चिंतामणि पाणिग्रही और कुछ अन्य लोग भी मेरे पास आए और सरकार की स्थिति स्पष्ट की।

इस बीच मुझ पर चारों तरफ से दबाव बढ़ रहा था। मधु दंडवते ने 8 अगस्त, 1978 के मेरे भाषण को उद्धृत किया। उस समय मैं संसद में विपक्षा का सदस्य था। संविधान-संशोधन-विधेयक पर मैंने कहा था, ''राजनीतिज्ञ भावी चुनाव की ओर देखते हैं और राजनेता भावीपीढ़ी की ओर।'' वे चाहते थे कि मैं राजनेता की तरह निर्णय लूँ और विधेयक के भविष्यत् प्रभावों पर नजर डालूँ। कुछ अखबारों ने *स्वराज्य* में प्रकाशित मेरे सम्पादकीय अंश उद्धृत किए, जिसमें मैंने इमरजेंसी की निंदा की थी। इन लोगों ने मुझसे अपील की कि विधेयक पर अपनी स्वीकृति न देकर मैं संगत बना रहूँ। कुछ लोगों ने मुझे मेरी शपथ–''सविधान के परिरक्षण, संरक्षण और समर्थन'' की याद दिलाई और कहा कि विधेयक को मैं अपनी मंजूरी न दूँ। कुछ अन्य ने 25 जुलाई, 1987 को पद-भार सँभालने के बाद दिए गये मेरे भाषण के अंश उद्धृत किए, जिनमें मैंने कहा था, ''मैं न तो अपने पद से जुड़े कार्य और जिम्मेदारियाँ निभाने में असफल होऊँगा और न राष्ट्र-निर्माताओं द्वारा संविधान में प्रदत्त अधिकारों से बाहर जाऊँगा।'' इन लोगों ने उत्सुकता जतायी कि इस मौके पर मैं क्या करूँगा। प्रेस इस उपाय के एकदम खिलाफ था और स्वभावतः मैं इस मसले पर दिन-रात सोच रहा था, चिंतन कर रहा था। 24 मार्च, 1988 को मुझे लोकसभा के सेक्रेट्री जनरल का एक ज्ञापन मिला। इसे मैंने विधायी विभाग के सचिव के जरिए प्राप्त किया, जिसमें लिखा था–संविधान (59 वाँ संशोधन) विधेयक-1988, जैसा कि संसद के दोनों सदनों द्वारा पास किया गया–''भारतीय संविधान के अनुच्छेद 111 के अनुपालन में'' राष्ट्रपति की सहमति के लिए।

जब मैं बार में था और फिर जब संयुक्त राष्ट्र प्रशासनिक पंचाट के अध्यक्ष के रूप में फैसले देता था, तब भी मेरी आदत थी कि जिस किसी कानून का उल्लेख किया जाए, उसका मूल पाठ देख लूँ ताकि कोई गलती या गलत उल्लेख न रहे। इसलिए जब मुझे ज्ञापन मिला तो मैंने अनुच्छेद 111 को फिर देखा। हालाँकि तब तक मुझे यह याद हो गया था। मुझे तुरंत ख्याल आया कि यह धारा नियमित विधि-निर्माण से सम्बन्धित है और संविधान-संशोधन के कुछ विशेष प्रावधन हैं। मुझे हल्का-हल्का याद था कि इमरजेंसी के समय अनुच्छेद 368 में संशोधन किए गए थे और उस समय राष्ट्रपति पर

कुछ पाबंदियाँ लगाई गई थीं। मैंने अनुच्छेद 368 की उपधारा (2) को देखा, जिसमें राष्ट्रपति के पास इस धारा के अनुपालन में पास किए गए संविधान-संशोधन को मंजूरी देने के अलावा कोई विकल्प नहीं था।

इसके अलावा मुझे यह भी लगा कि यह बात राष्ट्रपति की अधिकार-सीमा से बाहर है कि संसद द्वारा बाकायदा पास किए गए संविधान-संशोधन की कानूनी वैधता के मामले में जाया जाए। मुझे लगा कि अगर कोई कमी होगी तो इसकी घोषणा करने का अधिकार अदालतों को है। इसलिए मैंने इन दो मुद्दों पर अटार्नी-जनरल को एक नोट भेजा और उन्हें चर्चा के लिए बुलाया। अटार्नी जनरल के. परासरण की विद्वता और ईमानदारी का मैं कायल हूँ। वे मेरे पास आए और इस बात की पुष्टि की कि दोनों मुद्दों पर मैं सही था।

30 मार्च को मैंने विधेयक को अपनी मंजूरी दे दी और एक प्रेस-नोट भी जारी किया। प्रेस विज्ञप्ति में कहा गया कि सरकार द्वारा भेजे गए संविधान (59वाँ संशोधन) विधेयक में सहमति हालाँकि संविधान के अनुच्छेद 111 के तहत माँगी गई थी, जबकि इन मामलों से सम्बन्धित अनुच्छेद 368 (2) है। यह भी लिखा कि दोनों अनुच्छेदों में काफी फर्क है। अनुच्छेद 111 सामान्यविधेयकों के लिए है, जबकि अनुच्छेद 368 (2) विशेष तौर से किये जाने वाला संविधान-संशोधनों के लिए। प्रेस-नोट में यह भी कहा गया था कि अटार्नी जनरल ने इस बात की पुष्टि की है कि संविधान-संशोधन के मामले अनुच्छेद 368 के दायरे में आते हैं और इसमें ऐसे संशोधनों की प्रक्रिया का प्रावधान है। संविधान के अनुच्छेद 368 की धारा (2) में प्रावधान है कि जब कोई संविधान-संशोधन-विधेयक पर अपनी स्वीकृति देंगे। उनकी राय में संविधान-संशोधन के मामले में यह अनुच्छेद राष्ट्रपति को स्वनिर्णय का कोई अधिकार नहीं देता। प्रेस-नोट में यह भी कहा गया कि इसके मद्देनजर ''राष्ट्रपति को उठाए गए अन्य मामलों की तह में जाने की जरुरत नहीं हुई और उन्होंने विधेयक को मंजूरी दे दी।''

शुरू में मेरी मंजूरी पर कोई विपरांत प्रतिक्रिया नहीं हुई। कुछ लोगों ने राष्ट्रपति को ज्ञापन देते वक्त विपक्ष द्वारा अनुच्छेद 368 को नजरअंदाज करने की भी बात कही। कुछ लोगों ने कहा कि राष्ट्रपति ने संविधान के गलत अनुच्छेद के सन्दर्भ के लिए सरकार को झाड़ लगाई है। पर धीरे-धीरे राष्ट्रपति की इस

कार्रवाई की निन्दा होने लगी। निंदकों को लगा कि मैंने मुद्दे से किनारा कर लिया और तकनीकी बातों की आड़ ली।

एक प्रसिद्ध न्यायविद् ने कहा कि मुझे विधेयक पर सहमति देने की बजाय इस्तीफा दे देना चाहिए था। कुछ और लोगों की राय थी कि राष्ट्रपति के रूप में मुझे संविधान की अक्षरशः रक्षा करने की बजाय आत्मा की रक्षा करनी चाहिए थी।

जहाँ तक मेरा सवाल है, मैं समझता हूँ कि पद सँभालने के समय मैंने जो कहा था, उसी पर कायम रहा। मैंने कहा था कि मैं ''संविधान-प्रदत्त अधिकारों से आगे न हीं जाऊँगा।'' मेरा मानना है कि राष्ट्रपति को संविधान के सुस्पष्ट निर्देशों के अनुसार चलना चाहिए और अपने आत्मनिष्ठ आकलन के सहारे संविधान की आत्मा के समुद्र में नहीं उतरना चाहिए।

अभिषेक, समारोह और यात्राएँ

यह एक रिवाज है कि होली पर राष्ट्रपति भवन के कर्मचारी और आम लोग राष्ट्रपति को शुभकामनाएँ दें और एक-दूसरे पर रंग डालें। मुझे रंग डालने या लगाने और उससे जुड़ी अन्य उच्छृंखल गतिविधियाँ कभी पसन्द नहीं आईं, इसलिए मैंने इसे चुपचाप गुजर जाने दिया। इससे कर्मचारियों को काफी निराशा हुई। सच तो यह है कि अपने पाँच साल के कार्यकाल में मैंने कभी होली का त्योहार नहीं मनाया। अब जब पिछले दिनों को याद करता हूँ तो मुझे थोड़ा अफसोस भी होता है कि मैंने अपने कर्मचारियों को परंपरागत त्योहारों से वंचित रखा।

19 मार्च को राष्ट्रपति भवन के दरबार हॉल में रंगारंग सम्मान समारोह था। इसमें प्रख्यात स्त्री-पुरुषों को पद्‌भूषण से सम्मानित किया गया और देश का सबसे बड़ा पुरस्कार–'भारत रत्न' दिवंगत एम. जी. रामचंद्रन को दिया गया। वे तमिलनाडु के मुख्यमंत्री थे। पुरस्कार-सम्मान उनकी विधवा जानकी रामचंद्रन ने प्राप्त किया।

इससे पहले 1966 में लालबहादुर शास्त्री को और 1975 में के. कामराज को मरणोपरांत 'भारत रत्न' दिया गया था। रामचंद्रन को देश का यह सर्वोच्च सम्मान राष्ट्रीय एकता के प्रति उनकी प्रतिबद्धता और श्रीलंका समस्या के सम्बन्ध

में मुक्चितों को बातचीत के लिए तैयार करने में उनकी भूमिका के लिए दिया गया था। राजीव गाँधी ने मुझसे कहा था कि भारत-श्रीलंका-समझौते को प्रभाकरण और मुक्तिचीतों से स्वीकार करवाने में रामचंदन की महत्त्वपूर्ण भूमिका थी। उन्हें 'भारत रत्न' देने पर कुछ क्षेत्रों में हुई निंदा का कारण यह था कि भारत-श्रीलंका समझौते में उनकी महत्त्वपूर्ण भूमिका से लोग परिचित नहीं थे।

इस अवसर पर जिन लोगों का सम्मान हुआ, उनमें हिन्दी की जानी-मानी कवयित्री महादेवी वर्मा, पंजाब के एक प्रतिभाशाली पुलिस अफसर संदीप सिंह विर्क, फिल्म अभिनेत्री शबाना आजमी, भरत नाट्यम की सुप्रसिद्ध नर्तकी सुधरानी रघुपति, टेस्ट क्रिकेट खिलाड़ी मोहम्मद अज़हरुद्दीन और शतरंज के इकलौते भारतीय ग्रैंडमास्टर विश्वनाथन आनन्द प्रमुख थे। समारोह के बाद चाय-पान हुआ, जिसमें मेहमान और पुरस्कार पानेवाले घुल-मिल गए और परस्पर शुभकामनाओं व बधाइयों का आदान-प्रदान हुआ।

21 फरवरी को मैंने संसद के दोनों सदनों में परम्परागत भाषण किया। हालाँकि संविधान के तहत इस सम्बोधन का उद्देश्य संसदीय सत्र का उद्देश्य बताना है, पर बाद के वर्षों में एक चलन-सा बन गया है कि प्रशासन के सभी पहलुओं का विस्तृत विवरण दिया जाए। यह भाषण मंत्रिमंडल द्वारा तैयार किया जाता है और राष्ट्रपति को सूचना या किसी सुझाव के लिए भेजा जाता है। मैंने भाषण को पढ़ा और सिर्फ यही सुझाव दिया कि 'मेरी सरकार' की जगह 'सरकार' कर दिया जाए। 'मेरी सरकार' कहने की प्रथा अंग्रेजों से ली गई है। इंग्लैंड में 'प्रभुसत्ता सम्पन्न' से लम्बे समय के दौरान सत्ता-हस्तांतरण के बाद लोगों को ताकत हासिल हुई। वहाँ प्रभुसत्ता सम्पन्न सभी अधिकारों का मूलस्रोत है और एक लंबी प्रक्रिया के तहत ये अधिकार लोगों को हासिल हुए हैं। इसलिए क्राउन सरकार को 'मेरी सरकार' कहा जाता है, वह चाहे किसी भी पार्टी की हो और इसे थोड़ी वैधता है।

पर जिस संविधान को जनता ने खुद बनाया है, उसमें राष्ट्रपति, प्रधानमंत्री आदि को लोगों द्वारा ही अधिकार दिए गए हैं। संविधान की प्रस्तावना में कहा गया है, 'हम, भारत के लोग.....एतद् द्वारा इस संविधान को अंगीकृत, अधिनियमित और आत्मसमर्पित करते हैं।'' इसलिए मुझे लगा कि राष्ट्रपति के लिए सरकार को 'मेरी सरकार' कहना असंगत है। चूँकि पूरा भाषण सरकारी

नीतियों और कार्यक्रमों से सम्बन्धित एक बयान होताहै, इसलिए मैंने यह काम सरकार पर छोड़ दिया कि वह जैसे और जिस रूप में चाहे, इसे पेश करे। पर इन सम्बोधनों को तत्कालीन और परवर्ती सरकारों ने भी इतने नीरस ढंग से तैयार कराया था कि मुझे अफसोस हुआ। इन्हें पढ़ने से लगता था कि ये विभिन्न विभागों के कामों का लेखा-जोखा मात्र है। सच तो यह है कि इनमें तथ्यों को ऐसे रख दिया गया था, जैसे विभिन्न मंत्रालयों की ग्रांट माँगने वाले पत्रकों में रखा जाना चाहिए। नेहरू के जमाने में ये भाषण ब्रितानी सम्राट के सम्बोधन-जैसे होते थे। इसमें काफी स्पष्ट और सीधी बात कही जाती थी। यह कुछ ही पृष्ठों का होता है और इसमें सत्र की स्पष्ट कार्यसूची रहती थी। इन सम्बोधनों की और चर्चा मैं नहीं करूँगा, क्योंकि इनमें मेरी भागीदारी न के बराबर होती थी।

कुछ अखबारों में खबर थी कि वामपंथी पार्टियाँ राष्ट्रपति के भाषण का बहिष्कार करना चाहती है। पर मैंने इस पर ध्यान नहीं दिया, क्योंकि यह मेरा भाषण नहीं था, बल्कि सरकारी भाषण था, जिसे राष्ट्रपति के जरिए पेश किया जाना था। संसद में रहते हुए मैं समझता था कि संसद के दोनों सदनों में राष्ट्रपति का अभिभाषण हमारे पुराने शासकों से उत्पन्न काल दोष है। भाषण में कही गई बातों के लिए प्रेस और जनता द्वारा राष्ट्रपति की निंदा भी उतनी ही बेमानी है।

23 फरवरी को मैं विनोबा भावे के पवनार आश्रम में और सेवाग्राम में गाँधी-कुटीर गया। इन यात्राओं का आयोजन मेरे आग्रह पर किया गया था, क्योंकि राष्ट्रपति बनने के बाद मैं स्वतंत्रता-आंदोलन के इन महान संतों को जल्द से जल्द श्रद्धांजलि देना चाहता था। सेवाग्राम में समर्पित गाँधीवादी डॉ. संशीला नायर द्वारा चलाए जा रहे महात्मा गाँधी इंस्टीट्यूट ऑफ़ मेडिकल साइंसेज़ में मैंने कहा कि विकसित देशों में मानव-शक्ति की कमी है। इसलिए वहाँ की सारी शोध-खोज का उद्देश्य आटोमेशन या रोबेट आदि के जरिए लोगों की जरुरत कम करना है। अगर विकासशील देशों में ऐसी तकनालॉजी का इस्तेमाल किया जाएगा तो जबरन बेरोजगारी बढ़ेगी। मैंने बड़े उद्योग बनाम छोटे उद्योग की बहस की निन्दा की और कहा कि ग्रामीण उद्योग एक आदर्शवादी विधिवाद है।

बम्बई में मैं प्रख्यात राष्ट्रीय नेता मोरारजी देसाई से मिलने गया। उस समय वे 90 वर्ष से कुछ ज्यादा के हो चुके थे। मोरारजी भाई की योग्यता और ईमानदारी

के प्रति मेरे मन में बहुत सम्मान है। जब मोरारजी भाई और कामराज के रिश्ते मधुर नहीं थे, तब भी मैंने उनसे मधुर सम्बन्ध बनाए रखा। राष्ट्रपति-पद पर मेरे चुनाव से वे बहुत खुश थे। जब हम लोग उनके घर गए तो उन्होंने मुझे और मेरी पत्नी को आशीर्वाद दिया। वयोवृद्ध होने के बावजूद वे स्वस्थ थे और हमेशा की तरह झक सफेद खादी के कपड़े पहने हुए थे। हम लोग करीब 15 मिनट उनके साथ रहे और उनकी दिनचर्या एवं स्वास्थ्य के बारे में बातें करते रहे।

मैं मणि भवन भी गया। यह स्वतंत्रता-आंदोलन के दौरान महात्मा-गाँधी का ऐतिहासिक मुख्यालय था।यहाँ मैं 45 मिनट रहा और पुस्तकालय, अध्ययन-कक्ष, संग्रहालय के अलावा उस कमरे को भी देखा, जिसमें गाँधीजी रहते थे। गाँधीजी ने 1931 में अपना सविनय संग्रहालय की सचिव उषा मेहता ने अफसोस के साथ कहा कि यहाँ कोई लिफ्ट नहीं है और पूछा कि मैं दूसरी मंजिल तक जा सकूँगा या नहीं। जब उन्होंने देखा कि मैं दूसरों से कई कदम आगे चल रहा हूँ, तो उनका शक दूर हो गया। गाँधीवादी कार्यकर्ता जिस लगन से बापू की परम्पराओं पर चल रहे थे, उसकी मैंने तारीफ की। मुझे बताया गया कि राजेंद्रप्रसाद के बाद मणि भवन जानेवाला मैं दूसरा राष्ट्रपति हूँ। अपने विचार व्यक्त करते हुए मैंने लिखा, "एक बार मणि भवन आना दुबारा शिक्षा पाने जैसा है। इससे उन दिनों की याद ताजा हो जाती है। जब गाँधी जी जीवित थे तो न सिर्फ भारत, बल्कि मानवजाति की सेवा कर रहे थे...."

आर. के. करंजिया फेलिसिटेशन कमेटी, बम्बई ने रूसी करंजिया के ब्लिट्ज-सम्पादक के रूप में 50 वर्ष पूरे करने पर एक भव्य सम्मान-समारोह का आयोजन किया था। यह उनका 75वाँ जन्मदिन भी था। इस समारोह में भाजपा के अटल बिहारी वाजपेयी, भाकपा के मोहित सेन, महाराष्ट्र के तत्कालीन मुख्यमंत्री शंकर राव चव्हाण और कांग्रेस नेता शरद पवार के शामिल होने से समारोह का महत्त्व बढ़ गया। करंजिया ने सत्ता में बैठे लोगों की गलतियों और गड़बड़ियों पर निडर होकर लिखा था। उन्होंने अपनी पत्रिका का एक खास स्थान बना लिया था।

इस मौके पर मैंने 'स्वतंत्र, सत्यनिष्ठ और निडर' पत्रकारिता के 50 वर्ष पूरे करने पर करंजिया को बधाई दी। मैंने कहा कि भारत में प्रेस अच्छी तरह

स्थापित है और इसकी जितनी ताकत है, उसी से उच्च मानक बनाए रखने की इसकी जिम्मेदारियाँ भी बढ़ जाती हैं सार्वजनिक जीवन को साफ-सुथरा बनाने में तो प्रेस महत्त्वपूर्ण भूमिका निभा सकता है, पर उसे यह भी देखना चाहिए कि अगर कलम लिखे और झाड़ू साफ करे, तो वह स्वंय भी सभी अशुद्धियों से मुक्त रहे। मैंने यह चेतावनी भी दी कि "इस बात का ध्यान रखा जाना चाहिए कि गलत खबर के रूप में और झूठी निंदा विचार के रूप में" न छप जाए। मैंने यह भी कहा कि "पत्रकारों को ईमानदारी को उतना ही महत्त्व देना चाहिए जितना वे प्रेस की स्वतंत्रता को देते हैं।" मैंने स्वतंत्र भारत के दो पायों-समाजवाद और धर्मनिरपेक्षता-का लगातार समर्थन करने और भारत एवं पूर्वी यूरोप तथा सोवियत संघ के बीच सम्बन्ध बनाने के लिए *ब्लिट्ज* कीप्रशंसा की। इस समारोह में बम्बई के गणमान्य लोग मौजूद थे।

26 फरवरी को राज्यसभा-सदस्य पी. उपेंद्र आंधप्रदेश की राज्यपाल के अत्यधिक खर्च का मामला विशेष उल्लेख के माध्यम से उठाना चाहते थे। सभापति डॉ. शंकरदयाल शर्मा ने इसकी इजाजत दे दी। लेकिन, जब उपेंद्र ने अपनी बात कहनी शुरू की, तो केंद्रीय मंत्री एम. एम. जैकब और के. के. तिवारी ने विरोध किया और कहा कि राज्यपाल के आचरण पर सदन में चर्चा नहीं हो सकती। डॉ. शर्मा ने यह समझाने की कोशिश की कि चर्चा का विषय मितव्ययिता से है और उन्होंने विशेष उल्लेख की इजाजत दी है। पर साल्वे और चिदम्बरम् विरोध करते रहे और आखिरकार डॉ. शर्मा कुर्सी छोड़कर चले गए। प्रधानमंत्री पूरे समय सदन में थे, लेकिन पार्टी-सदस्यों को रोकने की उन्होंने कोई कोशिश नहीं की। स्पष्ट है कि उनके विचार से विरोध तर्कसंगत था। इससे पहले जब मैं राज्यसभा का सभापति था, तो मैंने उपेंद्र को राज्यपालों की यात्राओं और पैसा इकट्ठा करनेवाली गतिविधियों को लेकर सामान्य ढंग से विशेष उल्लेख की इजाजत दी थी। हालाँकि इसमें आंध्रप्रदेश की राज्यपाल का अप्रत्यक्ष जिक्र था, लेकिन इस मामले पर किसी का ध्यान नहीं गया।

दुखद यह है कि जिन लोगों ने राज्यसभा में इतना हंगामा किया, उन्हें यह पता नहीं था कि राज्यपाल (पारिश्रमिक, भत्ते और विशेषाधिकार) कानून 1982 में प्रावधान है कि राज्यपालों द्वारा राष्ट्रपति की मंजूरी से अधिक खर्च के मामलों को सदन में उठाया जाना चाहिए और यह कि सदन में पेश किसी भी मामले पर चर्चा की जा सकती है। मैंने अपने 2 मार्च, 1988 के पत्र में डॉ. शर्मा

को यह बात बताई। मैंने इसकी प्रति प्रधानमंत्री को भी भेजी, ताकि वे सत्ता के पक्ष के सदस्यों की राज्यसभा के सभापति से टकराव मोल लेनेवाली अशोभनीय हरकत पर रोक लगा सके।

राष्ट्रपति भवन में रक्षा-अभिषेक-समारोह एक महत्त्वपूर्ण मौका होता है। रक्षा-सेवाओं के बहादुर और साहसी अफसरों तथा अदम्य साहस दिखानेवाले आम लोगों का इस दिन सम्मान किया जाता है। उस वर्ष श्रीलंका में भारतीय शांति सेना में अपनी पहचान बनानेवाले कई लोगों को पुरस्कार दिए गए। कुछ लोगों को मरणोपरांत, और कुछ लोगों ने स्वंय पुरस्कार लिये। लेफ्टिनेंट जनरल रोड्रिग्स और वाइस एडमिरल रामदास को परम विशिष्ट सेवा मेडल दिया गया।ये लोग बाद में थलसेना और नौसेना के प्रमुख बने। जब अपने-अपने पति की बहादुरी के लिए उनकी विधवा ने पुरस्कार ग्रहण किया, तो हृदय-विदारक दृश्य उपस्थिति हो गया था।

6 अप्रैल को देश ने ऐतिहासिक डांडी मार्च की वर्षगाँठ मनाई। महात्मा गाँधी ने स्वतंत्रता-आंदोलन के तहत डांडी मार्च का आयोजन किया था। डांडी में आयोजित समारोह में मैं शामिल हुआ। यह दक्षिण गुजरात में एक छोटा तटीय गाँव है। इस मौके पर मैंने कहा, ''मैं यहाँ भारत के राष्ट्रपति के रूप में नहीं, बल्कि एक तीर्थ यात्री के रूप में आया हूँ। अगर गुजरात में सोमनाथ और द्वारिका-दो उत्कृष्ट धर्मक्षेत्र हैं, तो साबरमती और डांडी दो उत्कृष्ट कर्मक्षेत्र भी हैं। हमारे जमाने के महान पुरुषोत्तम ने हमें सिखाया कि कर्म ही पूजा है।'' इस समारोह में गुजरात के राज्यपाल आर. के. त्रिवेदी, मुख्यमंत्री अमर सिंह चौधरी, राजस्थान के मुख्यमंत्री शिवचरण माथुर, पूर्व मुख्यमंत्री जगन्नाथ पहाडिया और कई स्वतंत्रता सेनानी शामिल हुए। इस ऐतिहासिक स्थल पर इकट्ठा हुए लोगों के उत्साह के स्वतंत्रता-आंदोलन की याद ताजा कर दी।

मैंने दुनिया-भर में जितने वन्य जीव-अभयारण्य देखे हैं, उनमें सांसागिर सबसे अच्छों में एक है। एशियाई शेर अब बहुत कम मिलते हैं, पर यहाँ उन्हें बहुत सावधानी से सँभालकर सुरक्षित रखा गया है। एक बार मैंने वहाँ एक साथ 17 शेर और उनके बच्चे देखे। वे बड़े ठाठ से सड़क पार कर रहे थे। राज्य के कृषिमंत्री मेरे साथ थे। उन्होंने मुझसे कहा कि वे इसी जिले के रहनेवाले हैं और कई बार अभयारण्य में आ चुके हैं, पर उन्होंने इतने शेरों और बच्चों

को एक साथ कभी नहीं देखा। जब हम लोग जंगल के राजा को एकटक देख रहे थे तो महामहिम भी हम लोगों की ओर कृपापूर्ण भद्रता के साथ देख रहे थे। लौटते समय हम लोग थोड़ी देर के लिए धमन गाँव गए। यह 'नीग्रो' लोगों का गाँव है जो वन्य जीव-अभयारण्य के क्षेत्र में बसा हुआ है। कहा जाता है कि तत्कालीन जूनागढ़ रियासत के एक पूर्व शासक इन 'नीग्रो' लोगों को बतौर नौकर यहाँ लाए थे और तब से पीढ़ी-दर-पीढ़ी वे यहाँ रह रहे हैं।

विज्ञान भवन में 21 अप्रैल को हुए आदिशंकराचार्य के जन्मदिवस-समारोह में कई विशेषताएँ थीं। समारोह में राष्ट्रपति, उपराष्ट्रपति और प्रधानमंत्री शामिल हुए। हालाँकि प्रोटोकोल इन लोगों के कहीं एक साथ जाने की मनाही नहीं करता, पर सुरक्षा-कारणों से तीनों लोग शायद ही एक साथ देखे जाते हों। विश्व के सबसे महान दार्शनिकों में से एक का जन्मदिन मनाने के लिए एक समिति बनाई गई थी। प्रधानमंत्री इसके अध्यक्ष थे। समारोह के दौरान आदि शंकराचार्य की जन्म-तिथि को लेकर विवाद हो गया था। कांची कामकोटि पीठ के मौजूदा शंकराचार्य आदि शंकराचार्य के बाद धर्मगुरुओं की श्रृंखला में 68वें हैं। उनके अनुसार आदि शंकराचार्य की जन्म-तिथि ईसा से कई शताब्दी पूर्व होनी चाहिए। दूसरे लोगों का मानना है कि आदि शंकराचार्य के जीवन और काल को ईस्वी सन् आठवीं के आसपास रखा जा सकता है। हम लोगों ने समारोह का नमा 'आदि शंकराचार्य जन्म-समारोह' रखकर विवाद से छुटकारा पाया।

इस मौके पर मैंने कहा कि आदिशंकर हालाँकि एक काल में रहे, पर वे समय के बंधन से मुक्त हैं। उनका जन्म भारतवर्ष में हुआ था, पर उनका दर्शन सार्वभौमिक है और इसमें सब कुछ शामिल है। मैंने सार्वभौम भाईचारे की धारणा की प्रासंगिकता और आवश्यकता पर विचार व्यक्त किये और कहा कि विध्वंसकारी हथियारों से लैस जो देश के एक दूसरे के खिलाफ प्रतिशोध की आग में जल रहे हैं, ज्ञानोदय के लिए उन्हें आदिशंकर से सीख लेनी चाहिए।

25 अप्रैल को मैं मदुरै गया और मदुरै कामराज विश्वविद्यालय के परिसर में कामराज की प्रतिमा का अनावरण किया। मैंने स्वतंत्रता के बाद के महत्त्वपूर्ण वर्षों में तमिलनाडु के विकास में कामराज के योगदान की चर्चा की। शिक्षा, ग्रामीण संचार, बिजलीकरण तथा राज्य के औद्योगीकरण के प्रति उनके उत्साह के फल उनके जीवन-काल में ही सामने आने लगे थे।

जब गाँधी जी अपने समर्पित कार्यकर्ताओं के साथ नमक कानून तोड़ने के लिए डांडी-मार्च पर थे, तो दक्षिण भारत में उनके प्रतिरूप राजाजी तिरुचि से वेदअरण्यम् की यात्रा कर रहे थे। यह तंझावुर जिले का एक तटीय गाँव है। राजाजी को हमेशा दक्षिण का गाँधी कहा जाता था। स्वतंत्रता की 40वीं वर्षगाँठ के उपलक्ष्य में 28 अप्रैल, 1988 को नमक-सत्याग्रह में भाग लेनेवाले जीवित लोगों का वेदअरण्यम् में सम्मान किया गया।

मैंने अपने गृह नगर पढकोटई का भी दौरा किया। वहाँ भी माटी के पूत का सम्मान करने के लिए लोग इकट्ठे हो गए थे। कावेरी-मेतुर नहर के बिल्कुल अंत में अवस्थित इस नगर में सदैव पानी की किल्लत रहती थी। वहाँ इकट्ठे हुए लोगों के बीच मैंने कहा कि पानी का संकट दूर करने का एक उपाय यह है कि आस-पास की नदियों को जोड़कर एक ग्रिड बनाया जाए। मैंने सलाह दी कि गोदावरी को कृष्णा से और फिर पेनार से जोड़ा जा सकता है। मैंने इस मौके पर इस हाईस्कूल के छात्रों को वजीफे दिए, जिसमें मैंने पढ़ाई की थी। मैंने राजमदम गाँव का अपना पैतृक आवास प्राथमिक स्वास्थ्य केंद्र के लिए दान कर दिया।

28 अप्रैल को मैं अन्ना मलाई विश्वविद्यालय गया और उसके चिकित्सा विज्ञान विभाग की बिल्डिंग का उद्घाटन किया। चिकित्सा-व्यवसाय की प्रशंसा करते हुए मैंने कहा कि अगर कोई ऐसा पेशा है, जिसमें स्व से पहले सेवा आती है तो वह डॉक्टरी का पेशा है। इस पेशे से जुड़े लोगों से मैंने अपील की कि महँगी दवाइयों, विटामिन और प्रोटीन के सस्ते विकल्प तलाशें। मैंने डॉक्टरों की हड़ताल पर जाने की आदत पर खेद जताया और कहा कि इससे न सिर्फ उनके नियोजकों को नुकसान होता है, बल्कि गरीब मरीज भी मारे जाते हैं। मैंने लोगों से ग्रामीण क्षेत्रों में जाने और सरकार पर निर्भर हुए बगैर चिकित्सा राहत पहुँचाने की अपील भी की।

अप्रैल 1988 में मैंने प्रधानमंत्री को एक महत्त्वपूर्ण संदेश भेजा और अरूणाचल प्रदेश में राज्यपाल की जनवरी 1988 की एक रपट की ओर उनका ध्यान खींचा। राज्यपाल ने असम-अरुणाचल प्रदेश की सीमाई विवाद के कारण इलाके में व्याप्त और वहाँ के लोगों के गुस्से का जिक्र किया था। अपने संदेश में मैंने कहा था कि उत्तर-पूर्वी राज्यों के सीमा-विवाद का हल जल्दी निकाला जाना

चाहिए। मैंने सुझाव दिया कि विवाद अगर आपसी बातचीत से नहीं सुलझ रहे हैं, तो राज्यों को एक-एक मध्यस्थ नियुक्त करने पर राजी हो जाना चाहिए, और वे दोनों एक अम्पायर चुन लें। दोनों पक्षों को इस बात पर पहले ही राजी हो जाना चाहिए। कि उन्होंने जो मध्यस्थ नियुक्त किए हैं, उनकी सिफारिशों को वे मानेंगे और अगर मध्यस्थों की राय भी अलग-अलग हुई तो अम्पायर का फैसला माना जाएगा। राजीव गाँधी का कहना था कि असम-अरुणाचल-सीमा विवाद को लेकर मेरी चिंता से वे पूरी तरह सहमत हैं और उन्होंने गृहमंत्री से कहा कि वे इस मामले पर अविलम्ब ध्यान दें।

राज्यों द्वारा पारित विधेयकों को राष्ट्रपति की सहमति मिलने में जो असाधारण देरी होती थी, उस ओर सांसद और राज्य सरकारें मेरा ध्यान आकृष्ट कर रही थीं। इस सिलसिले में मैंने संसद में दिया गया एक जवाब देखा, जिसमें 63 ऐसे विधेयकों का विवरण दिया गया था, जिन पर राष्ट्रपति की मुहर लगनी थी। अपनी फाइलों को 24 घंटें में निपटाने को मेरी पुरानी आदत है पर संबंधित मंत्रालय अगर फाइल दें ही नहीं, तो राष्ट्रपति के पास कोई अधिकार नहीं होता। जिन 63 विधेयकों को मंजूरी मिलनी थी, उसमें से 26 को राज्य सरकारों के पास स्पष्टीकरण या पुनर्विचार के लिए वापस भेजा जा चुका था। कुछ पर संबंधित मंत्रालयों की सलाह से अब भी विचार चल रहा था। मैंने प्रधानमंत्री को यह कहते हुए पत्र लिखा कि इससे राज्य-केंद्र संबंधों में उत्तेजना फैलती है और इस मामले की जाँच करनेवाले सरकारिया आयोग में सिफारिश की थी कि ऐसे मामले चार माह के अंदर निपटाने की परंपरा होनी चाहिए। मैंने यह कहकर पत्र समाप्त किया कि केंद्र के पास भेजे गए विधेयकों को तेजी से निपटाने के लिए एक कार्य-प्रणाली विकसित करने की जरूरत है।

प्रधानमंत्री को भेजे गए एक नोट में मैंने उनका ध्यान दया-याचिकाओं के निर्णयों में होने वाली देरी की ओर खींचा। नोट इस प्रकार था–

गृह मंत्रालय ने हाल ही में दो ऐसे व्यक्तियों की दया-याचिकाएँ भेजी थीं, जिन्हें मौत की सजा दी गई है। ये दोनों मामले महाराष्ट्र के हैं। संबंधित व्यक्तियों के खिलाफ आपराधिक मामले न्यायिक प्रक्रिया के सभी चरणों से गुजर चुके हैं। सुप्रीम कोर्ट ने 29.7.82 और 15.12.83 को मृत्युदंड पर पुनर्विचार की अपील खारिज कर दी थी। इसके बाद अपराधियों ने राज्यपाल के पास

दया की अर्जी भेजी थी, जिन्हें खारिज का दिया गया था। अंततः उन्होंने राष्ट्रपति से दया की अपील की। राज्य सरकार ने इन्हें क्रमशः 11.1.84 और 28.2. 84 को अग्रसारित किया। गृह मंत्रालय द्वारा ये मामले मेरे पास गृहमंत्री की सिफारिशों सहित मार्च 1988 यानी चार साल बाद भेजे गए। जाँच करने का पता चला है कि मंत्रालय में कुल मिलाकर 36 ऐसे मामले लटके हुए हैं।

ऐसे मामले बहुत नहीं होते, जिनमें अदालतें मौत की सजा देती हैं। दरअसल सुप्रीम कोर्ट ने इस मामले में कुछ दिशा-निर्देश निश्चित कर दिए हैं। और मौत की सजा 'असाधारण में भी सर्वाधिक असाधारण' मामले में दी जाती है। दूसरी ओर अदालतों ने बार-बार यह फैसला दिया है कि यदि मौत की सजा देने की तारीख के बाद काफी समय बीत गया हो तो यह संविधान के अनुच्छेद 21 के तहत सुरक्षा का सही मामला होगा और दी गई सजा को उम्र केद में बदल दिया जाएगा। इस सिद्धांत को लागू करने के लिए दो से तीन साल की देरी पर्याप्त मानी गई है। मौजूदा मामले में राष्ट्रपति तक फाइल पहुँचने से पहले चार साल गुजर गए हैं। दया-याचिकाओं पर फैसले में देरी से न सिर्फ अपराधियों को मानसिक पीड़ा होती है, बल्कि वैसे मामलों में भी परिवर्तन के लिए मजबूर करती है, जिसमें फाँसी की सजा न्यायसंगत होती है।

35वाँ राष्ट्रीय फिल्म पुरस्कार-समारोह 2 मई को नई दिल्ली के सुरुचिपूर्ण सिरी फोर्ट ऑडिटोरियम में आयोजित हुआ। इसमें फिल्म उद्योग की कई हस्तियों का सम्मान किया गया। सिने जगत के शहंशाह राजकपूर को प्रतिष्ठा वाला सम्मान 'दादा साहब फाल्के पुरस्कार' दिया गया। राजकपूर को यह पुरस्कार दिए जाने से एक खास बात यह जुड़ी हुई थी कि उनके पिता पृथ्वीराज कपूर को पहला फाल्के पुरस्कार मिला था और पिता-पुत्र को सर्वोच्च पुरस्कार दिए जाने का यह अकेला मामला है। राजकपूर का स्वास्थ्य एकदम ठीक नहीं था, फिर भी वे यह पुरस्कार लेने आए। जब समारोह चल रहा था, तभी उन्हें साँस लेने में तकलीफ हुई और जब उनका नाम पुकारा गया तो वे खड़े होने की स्थिति में नहीं थे। वहाँ उनके चारों ओर हल्की भीड़ लग गई थी। मैंने इनका कारण जानना चाहा। जब मुझे उनकी शारीरिक स्थिति का पता चला तो मैंने केंद्रीय मंत्री हरिकिशन लाल भगत से कहा कि मैं उनके पास जाकर उन्हें पुरस्कार दे आता हूँ। जब मैं उनकी सीट की ओर चला और वहाँ जाकर उनके गले में मेडल डाला तो तालियों की आवाज से पूरा हाल गूँज उठा। मैंने देखा कि

उनकी हालत बहुत खराब है। इसलिए मैंने अपनी निजी चिकित्सक को बुलवाया और उनसे कहा कि राजकपूर को राष्ट्रपति के चिकित्सा-वाहन में अस्पताल ले जाया जाए। मेरी इस सद्भावना की राजकपूर-परिवार के सदस्यों और सारे दर्शकों ने बहुत प्रशंसा की।

जिन अन्य कलाकारों को सम्मानित किया गया, उनमें सर्वश्रेष्ठ अभिनेता कमल हसन, सर्वश्रेष्ठ अभिनेत्री अर्चना और सर्वश्रेष्ठ बाल अभिनेता मंजूनाथ हैं। जाने-माने फिल्म निदेशक अदूर गोपाल कृष्णन को सर्वश्रेष्ठ निदेशक का पुरस्कार मिला। इस अवसर पर मैंने कहा कि सिनेमा जैसे माध्यम का कुछ लोगों ने बॉक्स ऑफिस की सफलता के मोह में दुरूपयोग किया है। मैंने इस बात पर दुख जताया और कहा कि थोड़े-से लाभ के लिए भारतीय संस्कृति की बलि नहीं चढ़ाई जानी चाहिए। मैंने यह भी कहा कि बॉक्स ऑफिस की सफलता के लिए सेक्स और हिंसा का सहारा लेने की प्रवृत्ति पर अलग-अलग फिल्म निर्माताओं और फिल्म उद्योग द्वारा भी रोक लगाई जानी चाहिए और उसे स्वयं आगे बढ़कर एक आचार-संहिता स्वीकार करनी चाहिए।

अफगानिस्तान के राष्ट्रपति डॉ. नजीबुल्लाह तीन दिन की यात्रा पर भारत आए। उनकी यात्रा का उद्देश्य दोनों देशों के आपसी संबंधों को मजबूत करना था। 4 मई को आनुष्ठानिक भोज में मैंनें कहा अफगान राष्ट्रपति की अफगानिस्तान में शांति और स्थायित्व बहाल करने वाली कोशिशों में भारत की गहरी दिलचस्पी और नजर रही है। अफगान राष्ट्रपति के इस प्रस्ताव का मैंने खास तौर से ज़िक किया जिसमें उन्होंने कई देशों में फैले अफगान बागियों और शरणार्थियों की साझी सरकार बनाने की बात कही थी। ऐसा कहकर मैंने अफगान सरकार में विक्षुब्धों और विरोधी गुटों को शामिल करके उनका प्रतिनिधित्व बढ़ाने में भारत के समर्थन का संकेत दिया। अफगान राष्ट्रपति ने अपने जवाब में कहा कि वे दुनिया में कहीं भी रह रहे अफगान समूहों के प्रतिनिधियों को राष्ट्रव्यापी शांति संसद में शामिल करने को बुलाने के लिए तैयार है। उन्होंने कहा कि अफगानिस्तान सरकार उसकी भागीदारी के लिए कोई पूर्व शर्त नहीं रखेगी। डॉ. नजीबुल्लाह ने भारत और सोवियत संघ को उनके समर्थन के लिए धन्यवाद दिया।

10 मई को मैंने कलाक्षेत्र परिसर, मद्रास में रुक्मिणी देवी की कांस्य-प्रतिमा का अनावरण किया। वे अँग्रेजी के समय में भी एक हस्ती थी। थियोसोफिकल

सोसाइटी से अपना कैरियर शुरू करके वे ऑल इंडिया फेडरेशन ऑफ थियोसोफिस्ट्स की अध्यक्ष और वर्ल्ड फेडरेशन ऑफ यंग थियोसोफिस्ट्स की अध्यक्ष बनीं। उन्होंने उस भारतीय संस्कृति के मूर्तिमान रूप की तरह सारी दुनिया को प्रभावित किया, जिसका डॉ. एनी बेसेंट ने भी आदर किया और जिसे दूषित न होने देने की कामना की। उन्होंने कालक्षेत्र की शुरूआत की और इसे संस्कृति का मंदिर बना दिया। टैगोर के शांति निकेतन और महात्मा गाँधी के साबरमती की तरह रुक्मिणी देवी का 'कलाक्षेत्र' भी भारतीय संस्कृति और परम्पराओं के एक ठोस के रूप में विकसित हुआ है। समारोह की अध्यक्षता तमिलनाडु के राज्यपाल डॉ. पी. सी. अलेक्जेंडर ने की।

मद्रास के शंकर हायरसेकेंड्री स्कूल के एक समारोह में मैंने स्कूल-कालेजों में दाखिले के लिए कैपिटेशन फीस लेने की निंदा की। मैंने कहा, ''अगर मेरे पास एक तानाशाह की ताकत होती तो मैं कैपिटेशन फीस लेने वाले सभी स्कूलों को खत्म कर देता।'' मैंने आगे कहा, ''अनैतिक व्यवहार की बदौलत फलने-फूलने वाली संस्थाओं की अपेक्षा बेहतर मानकोंवाले स्कूल भले ही कम हों, लेकिन यह ज्यादा अच्छा है।'' मैंने यह टिप्पणी भी की, ''ज्यादातर स्कूल व्यापारिक संस्थान हो गए हैं, क्योंकि लोग थोड़े पैसे लगाकर शिक्षा-संस्थाएँ स्थापित कर लेते हैं और फिर अभिभावकों से भारी राशि वसूल कर जबरदस्त मुनाफा कमाते हैं।'' नैतिकता और संस्कृति की महत्ता पर जोर देते हुए मैंने सुझाव दिया कि प्रत्येक स्कूल को रोज एक घंटा नैतिक शिक्षा का पाठ पढ़ाना चाहिए। हमें, ए से एप्पल, बी से बैट, सी से कैट और डी से डॉग की जगह ए से अल्लाह, बी से बुद्ध, सी से क्राइस्ट और डी से दुर्गा पढ़ाना चाहिए, ताकि बच्चे धार्मिक एकता के परिचित हो सकें।

1953 में न्यूयार्क स्थित प्लेनेटेरियम देखने के बाद से ही मैं चाहता था कि मद्रास में एक प्लेनेटेरियम की स्थापना हो। तमिलनाडु के उद्योगमंत्री के रूप में मैंने दिवंगत जी. डी. बिड़ला को एक प्लेनेटेरियम लगाने के लिए राजी करने की कोशिश की। हालाँकि यह कोशिश सफल नहीं हुई, पर 1988 में बी. एस. बिड़ला के पौत्र चंद्रकांत बिड़ला ने अन्ना टेक्नॉलाजिकल यूनिवर्सिटी के पास एक प्लेनेटेरियम का निर्माण करवाया और मुझसे कहा कि मैं इसे राष्ट्र को समर्पित करूँ।

उस मौके पर मुझे देश के वैज्ञानिक वातावरण बनाने में नेहरू के मूल्यवान सहयोग की याद आई और मैंने उद्योगों व अनुसंधान संस्थाओं के बीच ज्यादा मेल-जोल की वकालत की, ताकि अनावश्यक आयात से बचा जाए और राष्ट्रीय आत्मनिर्भरता की स्थिति बनाई जाए।

25 मई को मैंने कृष्णमूर्ति फाउंडेशन ऑफ इंडिया के तत्त्वाधान में पहला कृष्णमूर्ति स्मृति-व्याख्यान दिया। मैं अपने कालेज के दिनों से ही जे. कृष्णमूर्ति का भारी प्रशंसक रहा हूँ। अंतिम वर्षों के दौरान जब वे कभी भारत आते थे, मैं उनसे व्याख्यान करता था मैंने कहा कि कृष्णाजी हालाँकि खुद को कभी गुरु नहीं मानते थे और गुरु कहलाना पसंद नहीं करते थे। फिर भी वे एक अलग तरह के शिक्षक थे। किसी सवाल का उत्तर वे शायद ही कभी देते थे। उल्टे हमेशा एक दूसरा सवाल दाग देते थे, ताकि पूछने वाले को विचार-प्रक्रिया के लिए उकसाया जा सके और इससे वह उत्तर प्राप्त कर सके।

मुझे याद है, एक बार मैंने कृष्णाजी से पूछा था कि क्या युद्ध, हिंसा, विध्वंस और मनुष्य का मनुष्य द्वारा शोषण जैसी मानवीय कठिनाइयों का कोई समाधान है? अपनी सहज प्रवृत्ति के अनुसार उन्होंने मुझसे उल्टा सवाल पूछा कि मेरी समस्याएँ क्या हैं? उस समय मैं योजना-आयोग से रिटायर ही हुआ था और किसी सरकारी पद पर नहीं था। मैंने उनसे कहा कि मुझे कोई दिक्कत नहीं है। मुझे पद या पैसे का लालच नहीं था और मुझे कोई निराशा भी नहीं हुई थी। इसके बाद कृष्णाजी ने मुझसे पूछा, ''दूसरे सभी मनुष्य तुम्हारे जैसे क्यों नहीं हो सकते?'' उन्होंने यह भी कहा कि अगर ऐसा होता तो दुनिया में कोई कठिनाई नहीं होती।

कृष्णाजी दार्शनिकों के दार्शनिक, शिक्षकों के शिक्षक और एक कामरेड, मित्र व साथी विचारक भी थे। मानव-व्यवहार और मानसिक प्रतिक्रिया में भीतर एक देख सकने की क्षमता उनमें थी। वे जाति, रंग और धार्मिक मतभेदों के घोर विरोधी थे और चाहते थे कि अपने अनुयायियों व प्रशंसकों को सार्वभौम भाईचारे के प्रति उत्साहित करें।

गुंडी और अंबतुर के औद्योगिक इस्टेट की स्थापना तब हुई थी, जब मैं मद्रास का उद्योगमंत्री था। 13 मई , 1988 को अंबतुर औद्योगिक इस्टेट के रजत जयंती समारोह में मैं शामिल हुआ। मैंने कहा कि युद्ध के बाद अभावग्रस्त

समय में नियंत्रण और नियमन के कुछ उपाय आवश्यक हैं, पर अब जब कमी नहीं रही तो इन उपायों का कोई मतलब नहीं है। मैंने कहा कि 1960 के आस-पास ही कोटा-परमिट-राज खत्म करने का समय आ गया था। मैंने कहा कि देश के सामने एक ही मुश्किल है और वह है विदेशी मुद्रा की कमी। इसलिए जिन उद्योगों को कच्चा माल या दूसरे खर्चों के लिए विदेशी मुद्रा की आवश्यकता नहीं होती, उन्हें कंट्रोल और लाइसेंस के नियमों से मुक्त कर दिया जाना चाहिए। मैंने छोटे पुर्जों के निर्माण के लिए सहायक उद्योगों की जरूरत पर भी जोर दिया, ताकि, बड़े उद्योग अपने संसाधनों का इस्तेमाल अंतिम उत्पाद की उत्पादकता और उत्पादक बढ़ाने के लिए कर सकें। मैंने इंडस्ट्रियल इस्टेट में कम से कम 10 हजार पेड़ लगाए और कहा कि इसे एक औद्योगिक पार्क में बदल दें।

एक बार बातचीत के दौरान राजीव गाँधी ने भूमि-सुधार लागू करने में होने वाली मुश्किलों का जिक्र किया। उन्होंने कहा कि सीलिंग कानून से बचने के लिए कई लोगों के नाम से भूमि गलत ढंग से बाँट दी गई है। मैंने कहा कि यह गलत काम हमारे कानून की कमजोरियों का परिणाम है और अदालतों द्वारा सम्पत्ति के बेनामी स्वामित्व को मान्यता देने से कर-चोरी भी होती है। मैंने सुझाव दिया कि एक कानून बनाकर अदालतों के समक्ष बेनामी स्वामित्व पर रोक लगाई जाए।

कई महीनों बाद बेनामी लेन-देन से संबंधित एक अध्यादेश जारी करने का प्रस्ताव मेरे पास मंजूरी के लिए आया। यह अध्यादेश वैसे आदेशों में एक था, जिसका हर क्षेत्र में स्वागत किया गया था। इसी तरह 26 मई को, राजनीतिक और आपराधिक उद्देश्यों के लिए धार्मिक संस्थाओं का इस्तेमाल रोकने वाला एक अध्यादेश मेरे हस्ताक्षर से जारी किया गया। पंजाब में बढ़ते आतंकवाद और आतंकवादियों तथा असामाजिक तत्त्वों द्वारा हथियार रखने के लिए पूजा-स्थलों के दुरुपयोग के मद्देनजर सरकार ने एक और अध्यादेश जारी कर हथियार रखने, विद्रोही गतिविधियाँ चलाने और विभिन्न धर्मों के बीच कटुता एवं वैमनस्य फैलाने पर पाबंदी लगा दी। अध्यादेश में इन अपराधों के लिए खड़ी सजा का प्रावधान है।

मैंने हमेशा से ऐसी व्यवस्था बना रखी थी कि मेरे नाम आने वाली प्रत्येक चिट्ठी मेरे स्टाफ द्वारा मेरे सामने रखी जाए। सुविधा के लिए, सामान्य चिट्ठियाँ,

खोलकर पेश की जाती थीं, जबकि 'निजी' या 'गोपनीय' चिट्ठियों को बिना खोले दिया जाता है। पर, मैंने हमेश यह ध्यान रखा कि मेरी डाक, जिसे दक्षिण में टप्पल कहते हैं, मेरे पास आए। इसके कई लाभ थे। मुझे उन बातों की भी जानकारी हो जाती थी, जिसे मेरा कार्यालय कम महत्त्वपूर्ण समझ सकता था, एक बार मुझे उर्दू में लिखी एक हृदयविदारक चिट्ठी, मिली, जिसके भेजने वाले ने स्वयं को सिर्फ 'अमृतसर का निवासी' लिखा था। 'पंजाब में खून की होली' शीर्षक से आए उस पत्र में लिखा था, 'लगता है पंजाब में लगातार जारी खून-खराबे की सूचना राष्ट्रपति भवन तक नहीं पहुँचती। यहाँ तक कि बूढ़े और विकलांग अभिभावकों का विलाप भी राष्ट्रपति भवन की दीवारों को नहीं बेध पाता है...20-22 साल की जवान विधवाओं की चीख भी आप तक नहीं पहुँचती....आतंकवादियों ने छात्रों को उनके परिवारों समेत जिंदा जला दिया है, क्योंकि वे अपने बच्चों को आतंकवादियों के साथ जाने देने के लिए तैयार नहीं थे...तरणतारण, अजनाला, पटियाला आदि अनुमंडलों में पंजाब सरकार या भारत सरकार की हुकूमत अब नहीं चलती...उन लोगों ने अमृतसर के दरबार साहिब को एक बेहद सुरक्षित ठिकाने के रूप में बदल दिया है। उन लोगों ने अमृतसर जिले में राजधानी बना ली है! और जिला गुरदासपुर क्षेत्र को अपने कब्जे में कर लिया है। वहाँ अब आतंकवादियों का शासन चलता है... इसलिए माननीय महोदय, इस राज्य के भविष्य के बारे में तुरंत सोचिए।'' इसके नीचे लिखा था कि इस अपील को किसी फाइल की किस्मत के भरोसे नहीं छोड़ा जाना चाहिए। इस पर अति आवश्यक संदेह की तरह कार्रवाई की जानी चाहिए। इस चिट्ठी में आगे निम्नलिखित दो सुझाव थे–

(1) आतंकवादियों के ठिकानों पर पूरी ताकत से हमला किया जाना चाहिए और सीमा सील कर दी जानी चाहिए। अगर भारत सरकार तत्काल कार्रवाई नहीं करेगी तो स्थिति और खराब हो जाएगी।

(2) बेघर हुए लोगों को सरकारी इमारतों में जगह दी जानी चाहिए और उन्हें वित्तीय सहायता मुहैया कराई जानी चाहिए।

मैंने इस भयावह चिट्ठी के अंश उद्धृत किए है, क्योंकि पंजाब की स्थिति के बारे में जो रोज अखबारों में छप रहा था, हालत उससे भी बुरी थी। मैंने यह चिट्ठी प्रधानमंत्री को भेज दी, ताकि उन्हें वास्तविक स्थिति से अवगत कराया जा सके।

वायसराय शिमला स्थित वाइस रीगल लॉज में रहा करते थे। खूबसूरत परिवेश में बने इस प्यारे प्रसाद में वे सप्ताहांत गुजारते थे। इस इमारत के इस ओर बर्फ से ढके पहाड़ हैं तो दूसरी ओर घने जंगल। इस जगह को 'द रिट्रीट' कहा जाता है और यह शिमला से 15 मील दूर मशोब्रा गाँव में अवस्थित है। डॉ. राजेंद्रप्रसाद ने वायसराय की परम्परा को कायम रखा था और वे हर साल महीने-भर तक 'द रिट्रीट' में ठहरते थे। उनके बाद के राष्ट्रपति जब-जब 'द रिट्रीट' जाते थे, पर कोई नियमित प्रवास का चलन नहीं बना। नतीजतन 'द रिट्रीट' की हालत काफी खराब हो गई थी। मैंने शिमला-प्रवास की प्रथा को फिर से शुरु करने का फैसला किया।

20 मई को मैं अपने परिजनों के साथ शिमला रवाना हुआ। हम लोगों ने कालका से शिमला की यात्रा रेल से करने का फैसला किया, ताकि पहाड़ की खूबसूरती का पूरा आनंद लिया जा सके। कालका-शिमला रेल बहुत हद तक मेट्टुपलयम-ऊटी रेल जैसी है धीरे-धीरे पहाड़ पर चढ़ती है। कालका और शिमला के बीच एक लम्बी सुरंग है और इसके अंत में एक रेलवे स्टेशन है–'बरोग'। यहाँ हम लोगों को हिमाचली पर्यटन विकास निगम ने बढ़िया हिमाचली खाना खिलाया। हम लोगों को हिमाचली खाना इतना अच्छा लगा कि मैंनें अपने दो रसोइयों को हिमाचली खाना बनाने का प्रशिक्षण दिलवाने का फैसला किया, ताकि उसे राष्ट्रपति भवन के भोज में शामिल किया जा सके। शिमला में राज्यपाल रचैया और मुख्यमंत्री वीरभद्र सिंह ने हमारी अगवानी की। आनुष्ठानिक परेड के बाद हम 'द रिट्रीट' में चले गए।

हम लोग वहाँ के मंत्रमुग्ध कर देनेवाले वातावरण तथा प्यारे बगीचे और लॉन से तुरंत प्रभावित हो गए। एक पुराने माली ने मुझसे कहा कि नेहरू जी इस लॉन में पूर्व की ओर मुँह करके बैठा करते थे और दूर पहाड़ों को निहारते हुए स्वप्नलोक में खो जाते थे। 'द रिट्रीट' मुझे भी सपनों के घर-जैसा लगा। हाल ही में की गई साज-सँवार के बाद वह चमकदार और साफ-सुथरा लगा रहा था।

अपने शिमला-प्रवास के दौरान मैंने अपने कामों को इस ढंग से व्यवस्थित किया था–सवेरे हम लोग ट्रेकिंग करते थे, दर्शनीय जगहों पर जाते थे। दोपहर में मैं उन फाइलों को निपटाता था जो रोज दिल्ली से आती थीं। शाम को

हम लोग फिर घूमने निकल जाते थे या दूसरे काम निपटाते थे। एक दिन हम लोग पहाड़ी क्षेत्र में टमटम पर घूमने निकले। एक और दिन हम लोग सतलज के किनारे बसे एक गाँव तत्तापानी गए और गंधक के झरने देखे। हम लोगों ने उसके प्रभुत्व और उसकी उग्रता की प्रशंसा की, इसी के लिए यह अच्छी तरह जाना जाता है। मुझे बताया गया कि राजेंद्रप्रसाद मुझसे पहले तत्तापानी जानेवाले अकेले राष्ट्रपति थे।

24 मई की शाम को मैं बिना पूर्व कार्यक्रम के शिमला के 'द रिज' पर गया सारी सुरक्षा-व्यवस्था को धता बताकर पर्यटकों और शिमलावासियों ने मुझे घेर लिया, हाथ मिलाए, तस्वीरें लीं और मुझसे बात की। मेरे आस-पास बच्चे भी जमा हो गए। वे चाहते थे कि उनकी तस्वीर खींची जाए। ये सब लोग अपने राष्ट्रपति से मिलकर खुश थे। मैं धर्मशाला भी गया। वहाँ तिब्बती शरणार्थियों को रखा गया है। यहाँ हमने उन सैनिकों को श्रद्धाँजलि दी, जिन्होंने 1947, 1948, 1965 और 1971 में पकिस्तान के साथ हुए युद्ध और 1962 में चीन के साथ टकराव में अपने प्राणों की आहुति दी थी। वहाँ एक खूबसूरत स्मारक बना हुआ है। मैंने वहाँ एक माला चढ़ाई और मशाल जलाने का अनुष्ठान पूरा किया। दलाईलामा धर्मशाला में रहते हैं। वे मुझसे मिलने आए और शरणार्थियों एवं उनकी समस्याओं के बारे में सामान्य बातचीत की। वैसे स्थानीय लोग तिब्बती शरणार्थियों से नाखुश थे। उनका मानना था कि शरणार्थी लोग स्थानीय लोगों से घुल-मिल नहीं रहते और एक विशिष्ट समुदाय बने हुए हैं। वे स्थानीय चीजें नहीं खरीदते और अपनी जरूरत के सामान बाहर से मँगाते है।

हिमाचल प्रदेश में एक और खूबसूरत जगह है नारकंडा। यहाँ का सर्किट हाउस एक छोटी पहाड़ी पर स्थित है। वहाँ से घाटी दिखाई देती है। सर्किट हाउस के समाने खड़े होकर हम लोग बर्फ से ढके पहाड़ देख सकते थे। सूरज की रोशनी में ये विशाल हीरे की तरह चमचमा रहे थे। पहाड़ के आसपास टहलने की अच्छी जगहें हैं और अनेक लोग इस क्षेत्र में ट्रेकिंग करते हैं। हम लोगों ने ऊपर-नीचे करते सारा दिन बिता दिया और खूबसूरत दृश्यों का आनंद उठाया।

शिमला से करीब 45 किमी. दूर एक पहाड़ी सैरगाह है—चैल। पटियाला के पूर्व महाराजा ने यह मनोहर जगह बनवाई थी, जिसे हिमाचल पर्यटन विकास

निगम ने एक होटल के रूप में परिवर्तित कर दिया है। यह बहुत उत्कृष्ट ढंग से सजा हुआ है और इसका रख-रखाव एकदम त्रुटिहीन है। महल के आस-पास के बगीचों में कई तरह के रंग-बिरंगे फूल हैं। बगीचे और उसके साथ-साथ होटल में हम कई लोगों से मिले। मुझे जो खास बात दिखी वह यह कि वे खुश और संतुष्ट थे। स्नेह और मित्रता उनके व्यवहार से मानो टपक रही थी। दिवंगत पटियाला महाराज अच्छे क्रिकेट-खिलाड़ी थे और उन्होंने अनेक टेस्ट मैचों में भारत का प्रतिनिधित्व किया था। इन लोगों ने समुद्रतल से 8,000 फीट की ऊँचाई पर बना यह अकेला क्रिकेट मैदान है। महाराजा को मैं व्यक्तिगत तौर पर जानता था और जब वे रोम में भारत के राजदूत थे तो उनके साथ रहा भी था।

मनाली में हम लोग दो दिन रहे। मेरी राय में यह शिमला की तुलना में ज्यादा आकर्षक है। बर्फ से ढँके पहाड़, पहाड़ के नीचे अठखेलियाँ करती व्यास नदी और वशिष्ट में सल्फर-खुले झरने अजीबो-गरीब आनंद देते हैं। नेहरू को यह जगह बहुत पसंद थी और हर साल वे कुछ दिन यहाँ रहते थे। वे चीनी मिट्टी के जिस बर्तन और छुरी-काँटे का इस्तेमाल करते थे, वे सब सरकारी अतिथि-गृह में सँभालकर रखे हैं। आदिवासियों के वस्त्रों में उनकी तस्वीर भी वहाँ सुरक्षित है। हिमाचल पांडवों का घर था और अनेक स्थानों के नाम महाभारत से जुड़े लोगों के नाम पर हैं। व्यास नदी और वशिष्ठ प्रपात इनमें से कुछेक हैं। यहाँ एक 'हिम-अवधाव अध्ययन संस्थान' है और एक प्रयोगशाला भी, जहाँ इस क्षेत्र से जुड़े अनुसंधान-कार्य चलते हैं। विशेषज्ञों ने हमें दिखाया कि हिम स्खलन को रोकने के लिए क्या-क्या कदम उठाए जाते हैं। रोहतांग दर्रा मनुष्य के लिए प्रसन्नता और निराशा-दोनों का कारण है। 13, 500 फीट की ऊँचाई पर अवस्थित यह दर्रा वर्ष में सात महीने बर्फ से बंद रहता है। हिमपात के बाद दर्रा खोलने के लिए सीमा-सड़क-संगठन को हर साल कठिन परिश्रम करना पड़ता है। रोहतांग पास के दूसरी ओर अवस्थित केलाँग गाँव साल में सात महीने शेष दुनिया से कटा रहता है। यह अकेला ऐसा दर्रा है, जिसके जरिए काश्मीर में श्रीनगर तक यातायात का प्रबंध किया जा सकता है। रक्षामंत्री के रूप में मैंने पहाड़ के भीतर एक सुरंग बनाने की योजना शुरू की थी। सामरिक दृष्टि से यह सुरंग लेह और काश्मीर की संवदेनशील सीमा तक प्रत्येक मौसम में चलने योग्य रस्ता खोल देती। जब मैं हेलीकॉप्टर से केलांग पहुँचा

तो बड़ी तादाद में लोग इकट्ठे हो गए और आदिवासी नृत्य तथा यद्ध-कला का प्रदर्शन किया। जब मैंने कहा कि सरकार ने सुरंग बनाने की योजना सिद्धांतत: स्वीकार कर ली है और प्रारम्भिक काम शुरू हो चुका है तो लोगों ने खुशी जाताई।

न तो रोहतांग दर्रे में और न करीब 14,000 फीट की ऊँचाई पर लेह में मुझे साँस लेने में कोई दिक्कत हुई और न ऑक्सीजन की जरूरत पड़ी। कुछ लोगों को यह देखकर वाकई ताज्जुब हुआ कि मैं बिना किसी दिक्कत के दर्रे में चल, चढ़ और घूम सकता हूँ, जबकि जो लोग वहीं रहने के आदी हैं, उन्हें भी चलते समय छड़ी की जरूरत पड़ती थी।

शिमला के मेयर ने मेरा नागरिक अभिनंदन किया। यह रिज पर होनेवाला एक भव्य आयोजन था। इनमें 10,000 लोग शामिल हुए थे। लोगों के बीच अपने विचार रखते हुए मैंने उनके सादे और शांतिपूर्ण जीवन, उनकी अनुशासनप्रियता और व्यवस्था तथा उनकी भलमनसाहत और मित्रता के लिए प्रशंसाा की। सच तो यह है कि हिमाचल में अपराध-दर सबसे कम है और यहाँ कोई धार्मिक वैमन्य भी नहीं है।

अपने शिमला-प्रवास के दौरान मैंने बिशप कॉटन स्कूल, शिमला के छात्रों को भी संबोधित किया इस स्कूल की स्थापना 160 वर्ष पूर्व हुई थी। छात्रों के व्यवहार, उनके अच्छे परीक्षा-परिणाम और खेलों में उनकी रुचि से इस स्कूल की उत्कृष्ट परम्परा पूरी तरह स्पष्ट थी। मैंने उनसे विज्ञान और तकनालॉजी, अंतरिक्ष-अनुसंधान, दूर-संचार आदि क्षेत्रों में भारत द्वारा की गई शानदार तरक्की के बारे में बात की। मैंने कहा कि आर्थिक विकास के साथ-साथ लोगों को स्वयं में राष्ट्रभक्ति, अनुशासन और साथियों की सेवा का भाव भी विकसित करना चाहिए। नई पीढ़ी से मैंने यह अपील की कि वे अपनी उस सभ्यता और संस्कृति का सम्मान करें जो कई सौ साल से चलती हुई हम तक पहुँची है। इसके बाद मैंने इंडियन इंस्टीट्यूट ऑफ एडवांस्ड स्टडीज का दौरा किया। यह पुराने वाइस रीगल लॉज में अवस्थित है। शिमला का वाइस रीगल लॉज एक भव्य इमारत है। इसमें शीशम की लकड़ी की खूबसूरत पैनेलिंग है नृत्य-स्थल, भव्य शयनकक्ष और शाही शौचालय हैं। राष्ट्रपति राधाकृष्णन ने इसे इंडियन इंस्टीट्यूट ऑफ एडवांस्ड स्टडीज को सौप दिया था। संस्थान को मिलनेवाले

अपर्याप्त आर्थिक अनुदान के कारण वह इस महलनुमा इमारत का रख-रखाव करने में अक्षम था और यह भव्य ऐतिहासिक इमारत साल-दर-साल खराब होती गई थी। 1983 में जब मैं रक्षामंत्री के रूप में संस्थान में गया था, तब इमारत की हालत देखकर दंग रह गया था। तब मैंने इंदिरा गाँधी से कहा था कि वाइस रीगल लॉज का इस्तेमाल हिमाचल प्रदेश के राजभवन के रूप में किया जा सकता है, ताकि इस ऐतिहासिक इमारत का उपयुक्त रख-रखाव और संरक्षण किया जा सके। पर हिमाचल सरकार ने इसके बजाय नए राजभवन का निर्माण करने की एक महँगी योजना शुरू की। मई 1988 में जब मैं फिर वाइस रीग लॉज गया तो मैंने पाया कि उसकी हालत खराब हो गई है। इसके अलावा मैं विद्वानों द्वारा किए जा रहे कामों की गुणवत्ता से भी प्रभावित नहीं था। आखिर में मैंने शिमला ब्रिगेड के मुख्यालय फ्लैग स्टाफ हाउस का दौरा किया और अफसरों से मिला। वे वर्दी में थे। मैंने उनके पास जाने का निमंत्रण खुशी-खुशी स्वीकार कर लिया था, इससे वे लोग बेहद खुश थे। उन लोगों ने पश्चिमी कमांड को शिमला से चंडी मंदिर स्थानांतरित करने के बारे में बातचीत की। चंडी मंदिर चंडीगढ़ के पास है और अफसरों न नए मुख्यालय से जुड़ी सुविधाओं के बारे में भी बात की। चंडी मंदिर चंडीगढ़ के पास है और अफसरों ने नए मुख्यालय से जुड़ी सुविधाओं के बारे में भी बात की। अपने शिमला-प्रवास के अंत में मैंने वहाँ के विशिष्ट लोगों के लिए एक समारोह का आयोजन किया। इसमें राज्यपाल, मुख्यमंत्री, मंत्रिमंडल के सदस्य कुलपति, सेना के वरिष्ठ रिटायर अधिकारी और कई अन्य विशिष्ट जन शामिल हुए। इन लोगों ने मुझसे कहा कि मैं हर साल शिमला प्रवास पर आऊँ।

'द रिट्रीट' में एक खूबसूरत फलोद्याान है। इसमें स्वादिष्ट आलूबुखारे, चेरी, लीची और खूबानी जैसे फलों के अनेक पेड़ हैं। लेकिन सेब के पुराने पेड़ों की हालत खराब हो गई थी और कोई नया पौधा नहीं लगाया गया था। मैंने सेब और दूसरे फलदार पौधे लगाने के निर्देश दिए। स्पष्ट था कि यहाँ पैदा होने वाले फलों को कर्मचारी हजम कर जाते थे। इस बार मैंने फलों की पेटियाँ शिमला के मूक-बधिर विद्यालय, हिमाचल प्रदेश के राज्यपाल, उपराष्ट्रपति और प्रधानमंत्री को भिजवाई।

शिमला से मैंने राजीव गाँधी को एक चिट्ठी लिखी, जिसमें उनका ध्यान तेजी से बढ़ती मुद्रास्फीति की ओर खींचा और कहा कि सातवीं योजना के

पहले तीन वर्षों में आवश्यक वस्तुओं का थोक मूल्य सूचकांक 21.4 प्रतिशत बढ़ गया हैं मैंने बताया कि दैनिक उपयोग की कुछ आवश्यक वस्तुओं का मूल्य-सूचकांक काफी ऊपर चला गया है। ये ऐसी चीजें हैं, जिनकी कीमतों का प्रभाव गरीब वर्ग पर पड़ता है। इस प्रकार तीन साल की अवधि में 31 प्रतिशत की वृद्धि हुई थी (दाल 21.2, सब्जी 53.7 और खाने के तेल 50. 5) मैंने सुझाव दिया कि सरकार को स्थिति सँभालने के उपाय करने चाहिए। कुछ समय बाद राजीव गाँधी ने जवाब दिया कि अर्थव्यवस्था पर मुद्रस्फीति के बढ़ते प्रभावों को नियंत्रित करने के काम को सरकार ने उच्च प्राथमिकता दी है और वे वित्तमंत्री तथा खाद्य एवं नागरिक आपूर्ति मंत्री से कहनेवाले हैं कि कीमतों पर वे स्वयं नजर रखें।

मेरे शिमला प्रवास के दौरान जाने-माने पत्रकार प्रेम भाटिया ने लिखा :

''शायद ही डॉ. राजेंद्र प्रसाद को छोड़कर भारत का कोई और राष्ट्रपति गर्मियों में महीने-भर शिमला में रहा हो। यह अपने आप में अच्छी चीज है, क्योंकि राष्ट्रपति की यात्रा से शिमला स्थित 'द रिट्रीट' में पेंट की नई परत चढ़ती है और उसके फर्नीचर एवं अन्य साजो-सामान पर लोक-निर्माण विभाग की नजर पड़ती है। इसकी सख्त जरूरत रहती है। पूर्व में अन्य राष्ट्रपति संक्षिप्त यात्रा पर शिमला गए हैं। उनकी यात्रा शायद ही कभी हफ्ते-भर की रही हो। ये यात्राएँ खास उद्देश्यों से की गई थीं, ब्रिटिश वायसराय या पंजाब के राज्यपाल के जमाने की तरह वहाँ रहने के लिए नहीं...''

''शिमला में वे (आर. वेंकटरमन) भीड़-भरे रिज पर गए और अखबारों की रपटों को उद्धृत करने वाले लोगों से आराम से मिले। जब वे पास की चैल सैरगाह में गए तो लोग वहाँ भी आसानी से उनके पास तक पहुँच गए। वे विख्यात पैलेस होटल में मेहमानों से भी आराम से मिले-जुले। इस होटल को राज्य सरकार चलाती है। निश्चय ही यह जनता का राष्ट्रपति बनने-जैसा है। ज्ञानी जैलसिंह ने यह भूमिका और बेफ्रिकी से निभाई थी।''

रामविलास पासवान के नेतृत्व में एक प्रतिनिधिमंडल मुझसे मिला और शिकायत की कि राजस्थान के नाथद्वारा मंदिर में हरिजनों के प्रवेश की मनाही है और पुरी के शंकराचार्य ने इस व्यवस्था को उचित ठहराया है। कांग्रेस के मंदिर-में प्रवेश कार्यक्रम का सबसे मजबूत समर्थक होने के नाते ऐसी व्यवस्था

पर मुझे भारी क्षोभ हुआ। मैंने पासवान को अपने समर्थन का आश्वासन दिया और यह भी कहा कि जरूरत हुई तो मैं स्वयं नाथद्वारा मंदिर में हरिजनों के प्रवेश का नेतृत्व करूँगा। राजस्थान के मुख्यमंत्री ने इस पर ध्यान दिया और स्वयं हरिजनों के प्रवेश का आयोजन किया।

प्रधानमंत्रियों से अपनी मुलाकात के दौरान हम लोग न सिर्फ राष्ट्रीय और अंतर्राष्ट्रीय मामलों से जुड़े मुद्दों की चर्चा करते थे, बल्कि सामान्य जीवन से जुड़े कई मामलों पर भी बात होती थी। ऐसे ही एक मौके पर राजीव गाँधी रोज-रोज की समस्याओं से परेशान थे और उनका मूड एकदम खराब था। मैंने उनसे कहा कि उन्हें तटस्थ भाव से सोचना चाहिए और हर मामले से भावात्मक रूप से नहीं जुड़ना चाहिए। मैंने उन्हें *भज गोविंदम्* की एक प्रति राजाजी की अंग्रेजी टिप्पणी समेत भेजी। राजीव ने मुझे लिखा, "मैं इसे समय मिलते ही पढ़ूँगा।"

2 जुलाई को गृहमंत्री बूटासिंह कानून-व्यवस्था की समस्या पर सामान्य बातचीत के लिए मेरे पास आए। उन्होंने अमृतसर के स्वर्ण मंदिर में हुए 'ऑपरेशन ब्लैक थंडर' का लेखा-जोखा पेश किया और बताया कि आतंकवादियों को कैसे उनके ठिकानों से बाहर निकाला गया। उन्होंने आतंकवाद की समस्या से निपटने के लिए न सिर्फ पंजाब में, बल्कि पास के दिल्ली और हरियाणा में भी उठाए गए कदमों का ब्यौरा दिया। ये पंजाब में धीरे-धीरे कम हो रही आतंकवादी गतिविधियों को लेकर आशावान थे। उन्होंने पश्चिम बंगाल के मुख्यमंत्री ज्योति बसु से गोरखा नेशनल लिबरेशन फ्रंट और उसके प्रमुख सुभाष घीसिंग के आंदोलन के बारे में हुई बातचीत का ब्यौरा भी दिया। वे गोरखालैंड विवाद का हल निकालने के प्रति आशावान थे। इसके लिए पहाड़ी क्षेत्र-परिषद जैसा कुछ बनाने की बात थी, जिसे विशिष्ट मामलों से निपटने का अधिकार दिया जाना था। उन्होंने बताया कि तमिलनाडु में कानून-व्यवस्था की स्थिति काफी सुधर गई है, पर चूँकि 29 जून को राष्ट्रपति शासन की मियाद खत्म हो रही है और चुनाव सम्बन्धी अधिसूचना अभी जारी नहीं हुई है, इसलिए राष्ट्रपति शासन बढ़ाना आवश्यक है।

5 जुलाई को संसद में विपक्षी दलों के नेताओं ने मुझे एक ज्ञापन सौंपा, जिसमें जाने-माने गम्भर दैनिक *दि हिन्दू* में प्रकाशित नए खुलासों के तहत

बोफोर्स-सौदे की नए सिरे के जाँच कराने की माँग की गई थी। इन नेताओं ने कहा कि अखबार में प्रकाशित दस्तावेजों की श्रृंखला बोफोर्स के इस बयान कापूरी तरह खंडन करती है कि सौदे में कोई दलाली नहीं दी गई थी और सिर्फ उसके एक एजेंट को कारोबार समेटनेवाले खर्चे का भुगतान किया गया है। मैंने विनम्रतापूर्वक ज्ञापन स्वीकार कर लिया और कहा कि मैं इसके तथ्यों का अध्ययन करूँगार। वैसे मैंने उन्हें अपने पद की सीमाओं की भी याद दिलाई मैंने यह ज्ञापन प्रधानमंत्री के पास भेज दिया।

28 जुलाई को एक भव्य रंगारंग समारोह हुआ, जिसमें तीसर दुनिया के देशों के कई प्रमुख खिलाड़ी विज्ञान भवन में इकट्ठे हुए। इन्हें दो विषयों पर चर्चा करनी थी–तीसरी दुनिया के देशों में खेल और खेलों में रंगभेद। इस समरोह का आयोजन भारतीय खेल प्राधिकरण और अर्जुन पुरस्कार पाने वालों के संगठन ने मिलकर किया था। सेमिनार का उद्घाटन करते हुए मैंने दर्शकों से अपील की कि खेलों का इस्तेमाल विभिन्न देशों के लोगों को एक करने के लिए करें और दुनिया-भर के लोगों में भाई चारे की भावना जगाएँ। मैंने खेलों में, और वैसे भी रंगभेद की निंदा की। जाने-माने क्रिकेट खिलाड़ी और अर्जुन एवार्ड एसोसिएशन के अध्यक्ष बिशनसिंह वेदी ने बताया कि यह सेमिनार महज मेल-मुलाकात ही नहीं है, बल्कि खेलों को प्रोत्साहित करनेवाला एक आंदोलन हैं उन्होंने कहा कि 30 से भी ज्यादा देशों की खेलों से जुड़ी संस्कृति को समृद्ध करेंगी।

सोवियत संघ की यात्रा

राष्ट्रपति-पद का कार्यभार सँभालने के कुछ ही समय बाद सोवियत संघ में भारत के राजदूत टी. एन. कौल ने इच्छा जताई कि मैं सोवियत संघ की सरकारी यात्रा करूँ और भारत-महोत्सव के समापन समारोह के समय मास्को में रहूँ। उन्होंने कहा कि सोवियत संघ के अधिकारियों की रक्षामंत्री के रूप में की गई मेरी पूर्व यात्रा याद है और यह भी सोवियत नेताओं से मैंने अच्छा सौहार्द बना लिया है। वह यात्रा बहुत ही सफल हुई थी। यात्रा के दौरान सोवियत संघ ने फिर से इस बात की पुष्टि की कि भारत-सोवियत सम्बन्ध की एक विशेष श्रेणी है और यह अन्य देशों के सामान्य राजनायिक सम्बन्ध से अलग है।

कुछ महीनों के बाद प्रधानमंत्री राजीव गाँधी ने सोवियत संघ द्वारा भारत-महोत्सव के समापन समारोह के लिए जारी विस्तृत तैयारियों का जिक्र किया और यह इच्छा व्यक्त की कि मुझे उसमें जाना चाहिए। राजीव गाँधी का मानना था कि सोवियत संघ में जब भारी बदलाव आ रहे हैं, तो ऐसे में मेरी सोवियत-यात्रा का काफी महत्त्व होगा। इसके बाद सोवियत संघ के सलाह-मशविरा कर यह तय हुआ कि मुझे 6 जुलाई, 1988 से सात दिन की सोवियत संघ और तीन दिन की मंगोलिया की सरकारी यात्रा करनी चाहिए।

2 जुलाई को राजीव गाँधी मेरे पास आए और उन्होंने मेरी सोवियत यात्रा से सम्बन्धित मुद्दों पर घंटे-भर से ज्यादा बातचीत की। उनका मानना था कि हमें पेरेस्त्रोइका की नई नीतियों का स्वागत करना चाहिए, जिसे सोवियत संघ के जनरल सेक्रेट्री गोर्बाचेव ने प्रस्तुत किया है। लेकिन साथ ही हमें इस बात की भी चर्चा करनी चाहिए कि नई नीति का हमारे भावी मुद्रा-व्यापार पर क्या प्रभाव पड़ेगा और रूबल के परिवर्तनीद होने के क्या परिणाम होंगे। राजीव चाहते थे कि गोर्बाचेव से मेरी बातचीत में इन मुद्दों को उठाया गया। हम दोनों लोग सोवियत संघ की नई आर्थिक नीतियों के परिणामस्वरूप रक्षा-सामग्रियों के महँगा होने की सम्भावना से चिंतित थे।

6 जुलाई को सवेरे इंदिरा गांधी अंतर्राष्ट्रीय हवाई अड्डे पर काफी लोगों ने मुझे विदाई दी। इनमें उपराष्ट्रपति, प्रधानमंत्री, कैबिनेट मंत्री, सेनाओं के प्रमुख और कई सांसद शामिल थे। हम लोग कुल मिलाकर पाँच व्यक्ति थे। इनमें मेरी पत्नी और परिवार के तीन अन्य सदस्य थे। इसके अलावा सरकार प्रतिनिधि मंडल में विज्ञान व तकनालॉजी राज्यमंत्री के. आर. नारायणन, राज्यमंत्री एल. पी. शाही, विदेश सचिव के. पी. एस. मेनन और मेरे संयुक्त सचिव गोपाल गाँधी शामिल थे। श्री गाँधी मेरे सचिव प्रेम कुमार की जगह थे। वे किन्हीं कारणों से नहीं जा रहे थे।

स्थानीय समय के दोपहर बाद में दो बजे हम लोग मास्को पहुँचे। राष्ट्रपति ग्रोमोयको ने हम लोगों की अगवानी की और हमारा स्वागत किया। मैं पचास के दशक के शुरू से ग्रोमोयको को जानता था। वे संयुक्तराष्ट्र में सोवियत प्रतिनिधिमंडल के नेता थे और मैं भारतीय प्रतिनिधि, खासकर वे जो जनरल असेंबली की कमेटियों में होते थे, सोवियत प्रतिनिधिमंडल मे अपने बराबर वाले

से नजदीकी सम्पर्क बनाये रखते थे। यह कई दशक पुरानी बात है इसलिए ग्रोमोयको ने जब संयुक्तराष्ट्र के दिनों की याद दिलाई तो मुझे बहुत अच्छा लगा।

स्वागत-समारोह भव्य था। हमें पूर्ण राजकीय सम्मान दिया गया। गार्ड ऑफ ऑनर के साथ दोनो देशों के राष्ट्रगान भी बजाए गए। हमारे स्वागत में रूसी बच्चों ने गुलदस्ता भेंट किया और भारतीय एवं रूसी झंडे लहराए। भारतीय दूतावास के अधिकारी और भारतीय समुदाय के लोग उत्साहपूर्वक समारोह में शामिल हुए। मास्को हवाई अड्डे का माहौल खुशनुमा और उल्लासपूर्ण था।

राष्ट्रपति ग्रोमोयको के साथ मैं क्रेमलिन गया। लम्बी सड़क यात्रा के दौरान हम लोगों ने संयुक्तराष्ट्र के दिनों को याद किया और शीतयुद्ध तथा उस समय की कटुता के बारे में बातें कीं। हमें खुशी थी कि वह सब अब काम हो गया था और आपसी डर एवं संदेह की जगह समझदारी-भरी नए उत्साह ने ले ली है। क्रेमलिन में हम लोगों को हमारे शानदार अपार्टमेंट में ले जाया गया। इसमें संगमरमर और महँगे हरे पत्थर लगे हुए थे। कमरों में सुख-साधन की सभी वस्तुएँ थीं और सिल्क एवं मखमल के फर्नीचर थे। ये सुनहरे रंग में रँगे थे और बाथरूम में अत्यंत आधुनिक संसाधन मौजूद थे।

बातचीत का पहला दौर आधे घंटे बाद शुरू होनेवाला था इसलिए मैंने जल्दी-जल्दी हाथ-मुँह धोकर कपड़े बदल लिए और बैठक के लिए चल दिया। यह बैठक राष्ट्रपति ग्रोमोयको के साथ भव्य क्रेमलिन प्रासाद के केथरिन हॉल में होनी थी। उनके साथ अन्य लोगों के अलावा सोवियत संघ के प्रथम उपराष्ट्रपति, कजाकिस्तान के प्रेसिडेंट, उप विदेशमंत्री और संस्कृति मंत्री भी थे। हमारी ओर से हमारे साथ राजदूत श्री कौल और भारतीय प्रतिनिधि मंडल के अन्य सदस्य मौजूद थे। राष्ट्रपति ग्रोमोयको ने सोवियत संघ के हमारे दौरे पर खुशी ज़ाहिर की और सबका भव्य स्वागत किया। उन्होंने यह भी कहा कि हमारी यात्रा से सोवियत संघ और भारत के शानदार रिश्ते और अधिक मजबूत होंगे।

मैंने अपने उत्साहपूर्ण स्वागत और उदार आतिथ्य के लिए सोवियत संघ को धन्यवाद दिया। मैंने रूसी अधिकारियों की उनकी आर्थिक नीतियों के लिए बधाई दी और सफलता की कामना की। मैंने उम्मीद जताई कि पेरेस्त्रोइका से

दोनों देशों के बीच व्यापार तथा आर्थिक सहयोग और बढ़ेगा। अफगानिस्तान का जिक्र करते हुए मैंने इस बात पर अफसोस जताया कि बाहरी देशों द्वारा दखलदांजी न करने के जेनेवा समझौत के बावजूद पाकिस्तान मुजाहीद्दीन बाकियों को सैनिक समर्थन दे रहा है और उस देश में गृहयुद्ध की स्थिति कायम रखे हुए हैं। मैंने पाकिस्तान द्वारा पंजाब और काश्मीर के आतंकवादियों को हथियार और गोला-बारूद की आपूर्ति तथा गुपचुप चलाए जा रहे उसके परमाणु कार्यक्रम का भी जिक्र किया। मैंने आई.एन.एफ. (इंटरमीडिएट रेंज न्यूक्लयर फोर्सेज) समझौते का स्वागत किया और उम्मीद जताई कि अब इसके परमाणु निरस्त्रीकरण की दिशा में और सुदृढ़ कदम उठाए जाएँगे।

इन सभी मुद्दों पर राष्ट्रपति ग्रोमोयको ने उत्साह जताया। द्विपद्वीय सम्बन्धों के मामले में उन्होंने खुशी जताई कि समय की कसौटी पर ये सही साबित हुए हैं और अभी इनका और विस्तार होना है। उन्होंने हाल ही में सम्पन्न सोवियत कम्युनिस्ट पार्टी के सम्मेलन जिक्र किया, जिसमें पार्टी जनरल सेक्रेट्री गोर्बाचोव के मूलभूत सुधारों को जबर्दस्त समर्थन दिया गया था। परमाणु निरस्त्रीकरण के मामले में राष्ट्रपति ने आई. एन. एफ. समझौते पर संतोष जताया, लेकिन इस बार पर निराशा भी जताई कि सामरिक परमाणु अस्त्रों में पचास प्रतिशत कटौती के रूसी प्रस्ताव को नहीं माना गया। राष्ट्रपति ग्रोमोयको ने दोनों देशों के बीच सांस्कृतिक सम्बन्ध मजबूत होने और मास्को एवं ताशकंद में भारतीय सांस्कृति केंद्र खोलने के प्रस्ताव का स्वागत किया। मुलाकात डेढ़ घंटे चली और शाम सवा सात बजे खत्म हुई। राज आठ बजे राजकीय भोज का आयोजन था और हम लोगों के पास इतना समय थे, तभीसे लगातार भागदौड़ जारी थी।

रात्रि-भोज महलनुमा क्रेमलिन हॉल में हुआ। पूर्व और मौजूदा रूसी कलाकारों की पेटिंग्स इस हॉल की शोभा बढ़ाती हैं। मैं इनमें से प्रत्येक से आकर्षित हुआ। इन्हें देखते हुए मैं ठहर जाता था और मेरे मेजबान मुझसे कुछ कदम आगे बढ़कर मेरी प्रतीक्षा करते थे।

सोवियत परम्परा के अनुसार रात का खाना शुरू करने से पहले सलामती का जाम पेश किया जाता है, जबकि पश्चिमी तरीके में सलामती का जाम तब पेश किया जाता है, जब खाने के बाद मिठाई परोसी जा रही होती है। मुझे लगा कि रूसी तरीका सबसे सुविधाजनक और व्यवहारिक भी है। राष्ट्रपति भवन में होने वाले भोज में पश्चिमी तरीके को बदलने का विचार भी मेरे मन

में आया। पर राष्ट्रपति भवन के कर्मचारी 'ईशा निंदा' इतने आतंकित हुए कि मैंने इस विचार को यों ही मर जाने दिया।

सलामती के जाम का प्रस्ताव रखते हुए राष्ट्रपति ग्रोमोयको ने ऐसे मौकों पर विशिष्ट अतिथियों के स्वागत के सामान्य तरीके से अलग हटकर मेरी तारीफ के पुल बाँध दिए। उन्होंने मुझे "एक अनुभवी ट्रेड यूनियन नेता, विधिवेत्ता, संपादक, श्रेष्ठ राजनयिक, अर्थशास्त्री और राजनीतिक हस्ती" कहा। उन्होंने आगे यह भी कहा, "यह सर्वविदित है कि भारत और सोवियत संघ के रिश्ते कितने पुराने और गहरे हैं। इसकी अच्छी जानकारी आपको है। आप जिस भी पद पर रहे हैं, और अभी जिस पद पर हैं, उस पर रहते हुए आपने भारत-सोवियत-सहयोग को मजबूत करने में अपना योगदान किया।" राष्ट्रपति ग्रोमोयको ने विभिन्न क्षेत्रों में भारत-सोवियत सहयोग पर बल दिया और भारत-महोत्सव से बने सांस्कृतिक सम्पर्कों की भूरि-भूरि प्रशंसा की। शाम को हुई विस्तृत बातचीत में जिन मुद्दों पर चर्चा हुई थी, उनमें से कई विषयों पर उन्होंने अपने विचार रखे और परमाणु निरस्त्रीकरण, अफगानिस्तान में बाहरी दखलंदाजी तथा पेरेस्त्रोइका पर ज्यादा जोर दिया।

इसके जवाब में मैंने भारत की 80 करोड़ जनता की ओर से सोवियत संघ की सरकार और वहाँ की जनता को बधाइयाँ तथा शुभकामनाएँ दीं। साथ ही अपने देश और इसके लोगों के बारे में सोवियत राष्ट्रपति की कृपापूर्ण बातों और भावनाओं के लिए सबकी ओर से उनका आभार व्यक्त किया। मैंने कहा, "इस सुंदर शहर और महान देश की यह मेरी पहली यात्रा नहीं है। मैं कई बार यहाँ आ चुका हूँ। जितनी बार मैं यहाँ आया हूँ, हर बार सोवियत संघ की तरक्की और राजनीतिमत्ता से अभिभूत हुआ हूँ।" मैंने 1971 की भारत-सोवियत मैत्री संधि और परमाणु हथियारों से मुक्त अहिंसक विश्व पर ऐतिहासिक दिल्ली घोषणा का जिक्र किया और उम्मीद जताई कि हमें अंतर्राष्ट्रीय शांति और सद्भाव हासिल होगा।

खाने के बाद सोवियत राष्ट्रपति के साथ मैं भारतीय वायलिन-वादक एल. सुब्रह्मण्यम् और उनके सोवियत प्रतिरूप के समवेत गायन में शामिल हुआ।

7 जुलाई की शाम को मैं लेनिन की समाधि पर पुष्पांजलि अर्पण समारोह में शामिल हुआ। ऐसे समारोह में मैं तीसरी बार शामिल हो रहा था। इससे पहले

1966 में मैंने भारतीय राष्ट्रीय कांग्रेस के अध्यक्ष कामराज के साथ की गई यात्रा के दौरान लेनिन के संलेपित शव को देखा था। यह निश्चय ही आश्चर्यजनक है कि इतने वर्ष बीत जाने के बावजूद लेनिन का शव एकदम सही हालत में रखा हुआ है। समारोह पहले जैसा ही था और पिछली बार के मुकाबले जरा-सी भी तब्दीली नहीं थी। रूसी जनता द्वितीय विश्वयुद्ध के अनाम सिपाहियों के स्मारक का भी बहुत सम्मान करती है। यहाँ दोनों देशों के राष्ट्रगान हुए इसके बाद सशस्त्र सेना ने मार्च पास्ट किया। सोवियत संघ ने मास्को में इंदिरा गाँधी की एक प्रतिमा स्थापित की है। यह भारत से दोस्ती और उनके प्रति सद्भावना जताने के लिए हैं। मैंने बिना किसी औपचारिकता के प्रतिमा पर माला चढ़ाई और एक मिनट तक मौन खड़ा रहा।

इसके बाद प्रतिनिधिमंडल के सदस्य क्रेमलिन शस्त्रागार देखने गए। यह पुराने रूसी हथियारों, आभूषणों, कीमती पत्थरों व हीरों की स्थायी प्रदर्शनी है और जारों के जमाने से चली आ रही है। ऐतिहासिक स्मृति चिह्नों, कीमती पत्थरों और रूसी इतिहास के विभिन्न चरणों से जुड़े आभूषणों के अलावा समूचे सोवियत संघ से एकत्र किए गए खनिजों की प्रदर्शनी देखकर मैं बहुत प्रभावित हुआ। न सिर्फ वे आभूषण विस्मित करने वाले थे, बल्कि जिस ढंग से उन्हें प्रदर्शित किया गया था, उसकी भी प्रशंसा करनी होगी। इसी को देखकर मुझे राष्ट्रपति भवन में काल कोठरियों और कबाड़ से निकाली गई पुरानी पेंटिंग्स की प्रदर्शनी लगाने का ख्याल आया।

दोपहर बाद मैं भारतीय अभियंत्रण प्रदर्शनी देखने गया। यहाँ इंजीनियरिंग की अनेक वस्तुओं-मशीनों टूल, निर्माण-उपकरण और एंसीलरी एवं पुर्जों का भव्य प्रदर्शन किया गया था। रूसिया ने इनकी तारीफ की और वे इन्हें खरीदना चाहते थे। चूँकि वहाँ मुद्रा विदेशी मुद्रा नहीं थी, इसीलिए रूसी खरीददार चाहते थे कि बदले में भारत रूसी सामान खरीदे, ताकि उनकी खरीद की भरपाई हो सके। इसलिए भारतीय प्रदर्शक उस देश में ज्यादा व्यापार नहीं कर पाए।

शाम को पंडित रविशंकर और रूसी संगीत समूह द्वारा संगीत का जीवंत कार्यक्रम पेश किया गया। इसमें राष्ट्रपति ग्रोमोयको और मैं शमिल हुआ। पंडित रविशंकर ने इस अवसार के लिए एक विशेष रचना की थी। इसे उन्होंने शांति मंत्र कहा। इसमें शांति के भारतीय उत्साह पर बल दिया गया था।

सोवियत मीडिया ने मेरी यात्रा की प्रशंसा की और कहा कि यह भारत और सोवियत संघ के बीच लगातार बढ़ती दोस्ती में एक और मील-पत्थर है। ज्यादातर अखबारों ने भारत और सोवियत संघ के राष्ट्रपति के बीच हुई बातचीत को पहले पन्ने पर छापकर प्रमुखता दी। इस तरह अतिशयोक्तिपूर्ण प्रमुखता दिए जाने से मुझे लगा कि रूसी यह दिखाना चाहते हैं कि हम लोगों के सम्बन्ध विशेष प्रकार के हैं। इसे वे न सिर्फ अपने देशवासियों को, बल्कि शेष दुनिया को भी दिखाना चाहते थे।

8 जुलाई को सवेरे मास्को विश्वविद्यालय के पास लेनिन हिल्स पर महात्मा गाँधी की प्रतिमा के अनावरण का औपचारिक समारोह था। इस मौके पर राष्ट्रपति ग्रोमोयको ने संक्षिप्त भाषण दिया। इसमें उन्होंने महात्मा गाँधी को शांति और अहिंसा का प्रचारक बताया और कहा कि उनके सिद्धांत आज भी प्रासंगिक हैं। उन्होंने मुझे प्रतिमा का अनावरण करने को आमंत्रित किया। अपने भाषण में मैंने कहा कि यह समारोह दोनों देशों की मित्रता को मजबूत करने के लिए वर्ष भर चले भारत-महोत्सव का उचित समापन है। मैंने कहा कि गाँधीजी अंतर्राष्ट्रीय भाईचारे और दुनियाभर के देशों में शांति व सद्‌भाव चाहते थे। महात्मा गाँधी ने टॉल्सटॉय के बारे में जो लिखा है, उसका भी मैंने जिक्र किया। उन्होंने लिखा था, ''वे प्रायः असंगत लगते थे, पर वे लगातार अपने सिद्धांत से आगे बढ़ रहे थे। उनकी असफलताएँ सार्वजनिक होती थीं, जबकि उनका संघर्ष और विजय निजी।'' मैंने कहा कि गाँधी जी पर भी ये बातें इतनी ही लागू होती हैं। अंत में मैंने कहा कि गाँधी जी ने हमें प्रेम और भाईचारे, शांति और बंधुत्व का रास्ता दिखाया, जिसके लिए भारत और सोवियत संघ साथ-साथ चलते रहे हैं। इस समारोह के माहौल में भारतीयता का पुट साफ दिखाई देता था। लोगों ने वहाँ गाँधी जी का प्रिय गीत 'वैष्णव जन तो' और उनकी प्रार्थना 'रघुपति राघव राजा राम' का गायन किया। उनकी कांस्य प्रतिमा में डांडी मार्च का प्रसिद्ध दृश्य था और यह बहुत अच्छा बना था।

इस समारोह से हम लोग सीधे क्रेमलिन गए। वहाँ जनरल सेक्रेटरी गोर्बाचेव से बातचीत होनी थी। इस यात्रा का यह सबसे महत्वपूर्ण पड़ाव था। यह मुलाकात गोर्बाचेव और मेरे बीच आमने-सामने होनी थी, इसलिए इसमें दोनों ओर से कोई सहायक नहीं था। सिर्फ राजदूत टी.एन. कौल मेरे साथ गए। हमलोग

सम्मेलन-कक्ष में दोनों ओर से एक साथ घुसे, कमरे के बीच में मिले और परस्पर अभिवादन किया। संक्षिप्त फोटो-सत्र के बाद हम लोगों ने एक सुखद और मित्रतापूर्ण माहौल में बातचीत शुरू की।

परमाणु निरस्त्रीकरण जैसे अंतर्राष्ट्रीय मुद्दों पर विचारों की एकात्मकता थी। गोर्बाचेव ने संयुक्त राष्ट्र के विशेष निरस्त्रीकरण-सत्र में राजीव गाँधी की पहल की तारीफ की। उन्होंने उम्मीद जताई कि परमाणु हथियार मुक्त और अहिंसक विश्व की स्थापना में दिल्ली घोषणा की गति और स्वीकृति मिलेगी। अफगानिस्तान के मामले में गोर्बाचेव ने जेनेवा समझौते के उल्लंघन और पाकिस्तान द्वारा बागियों को हथियारों की आपूर्ति की निंदा की। नए आर्थिक और संरचनात्मक बदलावों के मामले में गोर्बाचेव ने लोगों का जीवन-स्तर बेहतर बनाने के लिए ज्यादा उपभोक्ता वस्तुओं और समाज में ग्लासनोस्त (खुलेपन) की जरूरत बताई। उन्होंने यह भी कहा कि कुछ लोग चाहते हैं कि परिवर्तन की गति तेज हो, लेकिन पार्टी बिना विचारे तेजी से आगे नहीं बढ़ेगी और न ही रूढ़िवाद एवं लालफीताशाही को इस प्रक्रिया को धीमा करने की छूट दी जाएगी।

अपने भाषण में मैंने पंजाब और कश्मीर के उग्रवादियों को पाकिस्तान द्वारा दी जा रही हथियारों की मदद और गुपचुप तरीके से चलाए जा रहे उसके परमाणु-कार्यक्रम का जिक्र किया। भारत के भीतरी मामलों में पाकिस्तान की दखलंदाजी की गोर्बाचेव ने खुलकर निंदा की। उन्होंने पंजाब के मामले में राजीव के कदमों की तारीफ भी की। उन्होंने कहा कि भारत इतना मजबूत है कि अस्थिर करने के प्रयासों का मुकाबला कर सके। उन्होंने भारत की तरक्की और विकास का स्वागत किया, क्योंकि यह विश्व में भारतीय उपमहाद्वीप और शांति और व स्थायित्व का प्रमुख घटक है। गोर्बाचेव ने आतंकवाद की समस्या का सामना करने में भारत के संयम की तारीफ की और जब मैंने कहा कि, ''संयम के मामलों में बहुत कम देशों की क्षमता भारत से बेहतर होगी।' तो गोर्बाचेव ने टिप्पणी की, ''अगर हमें पाकिस्तान से सम्पर्क करना जरूरी लगेगा तो हम राजीव गाँधी और भारत से जरूर संपर्क करेंगे। यह हमारी आज, कल और भविष्य की नीति है।'' जब मैंने चीन से अपने रिश्ते सामान्य करने की इच्छा जताई तो गोर्बाचेव ने अनुकूल प्रतिक्रिया व्यक्त की और विश्व की बदलती स्थितियों की जरूरतों की चर्चा की। मैंने भारत और सोवियत संघ के बीच

रुपए के व्यापार और नए आर्थिक संरचनात्मक बदलावों तथा रूबल की परिवर्तनीयता के संभावित दुष्परिणामों पर अपनी आशंकाएँ जाहिर कीं। गोर्बाचेव ने कहा कि ये दीर्घकालिक योजनाएँ हैं और पहले उन्हें अपनी अर्थव्यवस्था को प्रतिस्पर्द्धी बनाना होगा। ''इसमें समय लगेगा'' कहते हुए गोर्बाचेव ने कहा, ''भारत से हम लोगों को जैसा सहयोग मिल रहा है उसकी मदद से हम भविष्य में आनेवाली सारी समस्याओं का हल ढूँढ़ सकेंगे, यह आश्वासन मैं आपको दे सकता हूँ।''

यह सत्र डेढ़ घंटे से थोड़ा ज्यादा चला और बैठक खत्म होने पर हम दोनों एक-दूसरे से गले मिले। बातचीत के परिणामों से हम काफी खुश थे।

सोवियत संघ ने भारत-महोत्सव के समापन-समारोह के लिए विस्तृत तैयारियाँ की थीं। विशाल ओलम्पिक इंडोर स्टेडियम को परीलोक में बदल दिया गया था। 500 से ज्यादा भारतीय और इतने ही रूसी कलाकार भव्य प्रदर्शन करने की तैयारी में व्यस्त थे। भारतीय नर्तकियाँ और दूसरे कलाकार अपने रूसी प्रतिद्वंदियों से बेहतर प्रदर्शन करने की कोशिश कर रहे थे। सभी लोग यात्रा के सबसे महत्वपूर्ण रंगारंग कार्यक्रम का इंतजार कर रहे थे।

बाद में, प्रोटोकोल की एक छोटी-सी दिक्कत सामने आई। राष्ट्रपति ग्रोमोयको ने अपने संबोधन से पहले सोवियत समारोह-समिति के अध्यक्ष गोर्बाचेव का एक संदेश पढ़ने का इरादा जताया। इस पर यह सोचा गया कि अगर मैं समारोह के भारतीय सह-अध्यक्ष राजीव गाँधी का संदेश पढ़ दूँ, तो यह एक अच्छी पारस्परिक सदाशयता होगी। निजी तौर पर मुझे इसमें कुछ गलत नहीं लगा क्योंकि दोनों ओर के संदेश समारोह के दो सह-अध्यक्षों के होंगे। पर, हमारे विदेश सचिव के.पी. एस. मेनन की राय थी कि प्रोटोकोल में प्रधानमंत्री से ऊपर होने के कारण राष्ट्रपति को संदेश नहीं पढ़ना चाहिए। मुझे लगा कि सोवियत राष्ट्रपति संदेश पढ़ें और हमारी तरफ से कोई संदेश न हो, तो यह बुरा लगेगा। मैंने इस विचार का भी अनुमोदन नहीं किया कि कोई मंत्री मेरे भाषण के बाद या पहले प्रधानमंत्री का संदेश पढ़े। समझौते के रूप में मैंने सलाह दी कि राजीव गाँधी के संदेश को मैं अपने भाषण के मूल पाठ में शामिल कर लूँगा, ताकि इसे अलग से संदेश के रूप में न पढ़ा जाए। बाद में यही किया गया।

समापन-समारोह रंगारंग था। राष्ट्रीय गान बजाय जाने के बाद राष्ट्रपति ग्रोमोयको ने पहले गोर्बाचेव का संदेश पढ़ा और फिर अपना भाषण दिया। उनके बाद मैंने अपना भाषण पढ़ा, जिसके मूल पाठ के शुरू में राजीव गाँधी का संदेश शामिल कर लिया गया था। इसके बाद दो घंटे तक निरंतर विस्मयकारी कार्यक्रम चलते रहे।

इस समारोह में भारत के इतिहास, स्वतंत्रता-आंदोलन और आर्थिक विकास पर आधारित एक कार्यक्रम विशेष रूप से शामिल था, जिसका शीर्षक था–'शांति पथ'। परम्परागत भरतनाट्यम् के नर्तक के साथ नृत्य और मनभावन पोशाक में सजे आनंद शंकर के कलाकारों ने रूस के बेरिओस्का नर्तकों के साथ नृत्य किया। इसे 'गंगा-वोल्गा मिलन' कहा गया।

यहाँ यह उल्लेखनीय है कि भारत-महोत्सव के उद्घाटन के मौके पर राजीव और गोर्बाचेव ने दो पौधे लगाए थे और इन पर गंगा और वोल्गा के पानी का छिड़काव किया था। जब रेमो फर्नांडीज ने 'इंडिया' गाया तो उन पर गैलरी से फूल बरसाए गए। आशा भोंसले के गीत 'आई लव यू ऑल' ने दर्शकों को खुश कर दिया। समारोह के उल्लास भरे समाप्ति के क्षणों में कई दृश्य देखने को मिले।

अपने सम्बोधन में मैंने कहा कि सोवियत संघ में महोत्सव समझदारी और दोस्ती की खोज जैसा है। मैंने यह भी कहा कि इससे रूसी लोगों को भारत के बारे में बहुत कुछ मालूम हुआ होगा। मैंने कहा कि दो महान नदियों–गंगा और वोल्गा का पानी हमारी दो महान सभ्यताओं की स्वतः नवीकृत होने वाली ऊर्जा का प्रतीक है। मैंने 'भगवद् गीता' और कालिदास के 'शांकुतलम्' के रूसी अनूवाद और महात्मा गाँधी पर टॉलस्टॉय के प्रभावों की चर्चा करते हुए बताया कि एक-दूसरे में हमारी दिलचस्पी लगातार बढ़ रही है। कवि रवींद्र नाथ टैगोर ने 1917 की महान् अक्तूबर क्रांति को 'एक नया युग' कहकर उसका स्वागत किया था, जबकि कवि सुब्रह्मण्यम् भारती ने इसे 'नई सभ्यता' कहा था। मैंने कहा कि यदि रूस में भारत-महोत्सव और भारत में सोवियत-महोत्सव दोनों देशों की जनता बुद्धिजीवी, सरकारी और राजनीतिक स्तर पर समझदारी बनाने में सफल है, तो हमारा वह उद्देश्य निश्चय ही पूरा हो गया है जिसे हमने इस पहल की शुरुआत करते हुए तय किया था।

अंत में मैंने ऋग्वेद को उद्धृत किया

संगच्छध्वं सं वदध्वं सं वो मनांसि जानलाम्।
देवाभागं यथापूर्वे संजानाना उपासते।।
समानो मंत्रः समितिः समानी समानं मनः सहचित्तमेषाम्।
समानं मंत्रर्भायये मंत्रये वः समानेन वो हविषा जुहोमि।।
समानी व आकृतिः समाना हृदयानिवः।

अर्थात्, तुम एकत्र होओ, समान रूप से बोलो, समान मनवाले होओ जैसे देवगण समान मतिवाले होकर यज्ञ में हविरन्न ग्रहण करते हैं, वैसे ही तुम भी समान मतिवाले होकर धनादि ग्रहण करनेवाले होओ।

इस प्रकार मेरी राजकीय यात्रा का पहला चरण पूरा हुआ। रूसी प्रेस ने सब कुछ काफी विस्तार से छापा। प्रवादा, इजवेस्तिया और अन्य अखबारों ने गोर्बाचेव से हुई बातचीत, समापन-समारोह और महात्मा गाँधी की प्रतिमा के अनावरण की खबर को प्रमुखता से छापा। रूसी टी.वी. और प्रसारण-केंद्रों ने समापन-समारोह का सीधा प्रसारण किया और सोवियत नेताओं से बातचीत की विस्तृत रपट दी। अखबारों ने टिप्पणी की कि यात्रा पर आए राष्ट्रपति की 'सादगी और नम्रता' ने सोवियत जनता और नेताओं को बहुत प्रभावित किया है।

विदाई समारोह में राष्ट्रपति ग्रोमोयकों ने मेरी यात्रा के लिए सोवियत सरकार और जनता की ओर से हार्दिक आभार जताया। उन्होंने दोनों देशों के प्रतिनिधिमंडलों के बीच हुई सार्थक बातचीत और एक-दूसरे के प्रति गहरी समझदारी बनने पर संतोष भी व्यक्त किया। मैंने मेजबानों को उनकी उत्साहपूर्ण मेजबानी तथा भारत के प्रति उनके सहयोग और सद्भावना के लिए धन्यवाद दिया। मैंने राष्ट्रपति ग्रोमोयको को सुविधानुसार भारत-यात्रा के लिए निमंत्रित भी किया।

हम लोग एक आरामदेह रूसी विमान से 9 जुलाई को सवेरे लेनिनग्राद पहुँचे। शहर के मेयर एवं अन्य विशिष्ट लोगों ने हमारी अगवानी की। किसरी ने मुझे बताया कि लेनिनग्राद पहुँचनेवाला मैं पहला भारतीय राष्ट्रपति हूँ। इस पर मुझे बहुत अचरज हुआ। हम लोग हवाई अड्डे से सीधे लेनिनग्राद के वीर रक्षकों के स्मारक पर पहुँचे। द्वितीय विश्वयुद्ध के दौरान नाज़ी सेना ने लेनिनग्राद को 900 दिन तक अपने कब्जे में रखा था और इस दौरान करीब दस लाख लोग तोपखाने की आग, अकाल, बीमारी से कालकवलित हो गए थे। फिर

भी लेनिनग्राद के लोग झुके नहीं। नाजी हर रोज तोप के गोलों के साथ प्रचार के गोले भी दागते थे। कहते थे–शहर का पतन हो रहा है। पर ऐसा नहीं हुआ।

इसके बाद हम लोगों ने 'पिस्कारोबस्कोया' स्मारक पर श्रद्धांजलि दी। यह युद्ध में मरनेवाले असंख्य नागरिकों और सैनिकों की सामूहिक कब्र है। इस स्मारक पर एक महिला की ग्रेनाइट से बनी मूर्ति लगी है। यह लेनिनग्राद की मातृमूर्ति है, जिनके हाथ में हड्डियों की माला है। हम लोगों को एक छोटी बच्ची की वह डायरी भी दिखाई गई जिसमें एक-के-बाद एक-हर दिन मरनेवाले लोगों के नाम लिखे थे और जो अचानक खत्म हो गई थी। इसकी वजह शायद यह थी कि लड़की की भी मौत हो गई थी। मुझे यह कहानी 1959 में अपनी पहली सोवियत यात्रा के दौरान सुनने को मिली थी। मैंने पाया कि 30 साल बाद भी यह कहानी उसी भावावेग और हृदय-विदारक ढंग से दुहराई गई। पूरे सोवियत संघ से बच्चे नियमित तौर पर यहाँ लाए जाते हैं, ताकि उनमें कठिन परिस्थितियों राष्ट्रभक्ति, बलिदान और साहस से काम करने के गुण भरे जा सकें। श्रद्धांजलि अर्पित करने के बाद मैंने विजिटर्स बुक में लिखा "लेनिनग्राद के लोगों ने जिस साहस और वीरता से 900 दिनों तक भयानक घेरेबंदी को झेला, वह निस्संदेह प्रभावशाली है। हम सब लोगों को शांति के आदर्शों के प्रति स्वयं को फिर से समर्पित कर देना चाहिए।"

दोपहर बाद हम लोग *हरमितेज* गए। यह कलाकृतियों और आभूषणों का भव्य संग्रहालय है। 18वीं शताब्दी में शहर पर शासन करने वाले पीटर द ग्रेट ने इसका निर्माण करवाया था। दरअसल पहले इस शहर का शाही नाम था–सेंट पीटर्सबर्ग। क्रांति के बाद इसका नाम बदलकर लेनिनग्राद कर दिया गया। सत्तर साल बाद कम्युनिस्ट शासन खत्म होने पर इस शहर का नाम फिर से सेंट पीटर्सबर्ग कर दिया गया है। हरमितेज विश्व के सर्वश्रेष्ठ संग्रहालयों में से एक है। इस संग्रहालय में बहुख्यात पेंटिंग्स, चीनी मिट्टी की कीमती चीजें, सोने और मूल्यवान पत्थरों की प्राचीन और दुर्लभ किस्में तथा दुनिया-भर की श्रेष्ठ कलाकृतियाँ रखी हैं। शाम को हम लोग 'पिट्रोडवेरेट्स' गए। यह जारों का शीतकालीन महल था। यहाँ हमने खूबसूरत झरने और उद्यान देखे। यह परीलोक जैसा था। वहाँ से हम लोग हाइड्रोफोयल से लौटे। यह एक प्रकार की स्पीड बोट है, जो पानी की सतह को छूते हुए निकल जाती है।

मेयर ने शानदार भोज का आयोजन किया। मैंने नई आर्थिक नीतियों से सम्बद्ध सोवियत संघ की प्रयोगशील बहादुरी के लिए उसकी तारीफ की और फिर कहा कि लेनिनग्राद भारत के लिए एक महत्वपूर्ण खिड़की के समान है। लेनिनग्राद में ही भारत-विद्या का अध्ययन शुरू हुआ था। इसके अतिरिक्त लेनिनग्राद निवासियों ने ही रामायण और महाभारत का रूसी अनुवाद किया था और संस्कृत-रूसी शब्दकोश बनाया था।

10 जुलाई को हम लोग विमान से ताशकंद गए। उजबेक नेताओं से अपनी बातचीत में हमने अपने ऐतिहासिक सहयोग, संस्कृति और अपनी परम्पराओं में समानता का जिक्र किया। इसके बाद हम लोगों ने लालबहादुर शास्त्री की मूर्ति पर फूल-मालाएँ चढ़ाईं। पाकिस्तान से शांति समझौता करने के कुछ ही समय बाद ताशकंद में ही उनका निधन हुआ था।

11 जुलाई को हम लोग समरकंद पहुँचे, जिसका अनेक दंत कथाओं में जिक्र है। भारत में मुगल शासन स्थापित करने की शुरुआत बाबर ने यहीं से की थी। समरकंद काफी हद तक किसी भारतीय शहर जैसा दिखा। वहाँ मिट्टी के घर, मस्जिदें और सलवार-कमीज पहननेवाली महिलाएँ दिखीं। स्थानीय मेजबान ने मजाक में कहा कि भारत समरकंद का हिस्सा है। इस पर मैंने कहा कि दिल्ली चूँकि मुगल साम्राज्य की राजधानी है इसलिए समरकंद भारत का हिस्सा है। उन्हें यह परिहास अच्छा लगा और उन्होंने कहा "हम एक-दूसरे के हैं।" समरकंद एक जमाने में विद्या और संस्कृति का केंद्र था। महान कवि उमर खय्याम ने यहीं शिक्षा पाई थी। समरकंद के लोगों ने विज्ञान में जो उत्कृष्टता पाई है, उसका साक्षात् प्रमाण है 'उलुगबेग' वेधशाला। इस वेधशाला में जो लोग खगोलीय क्षेत्र में ग्रहों की गतिविधियों का अध्ययन करते हैं। शानदार बीबी खानुम मस्जिद वास्तुकला का बहुत अच्छा नमूना है। इसका निर्माण एक हजार साल पहले हुआ था। रूसियों ने इसका पुनरुद्धार करवाया और इसे बहुत सँभालकर रखते हैं। इसमें संगमरमर के खूबसूरत टुकड़े लगे हैं। ऐसे ही टुकड़े ताजमहल और भारत के दूसरे मुगल स्मारकों में लगे हैं।

इस मस्जिद के बारे में लोगों ने मुझे एक दिलचस्प कहानी सुनाई। स्थापत्य कला के इस उत्कृष्ट नमूने का निर्माण करने के लिए बीबी खानुम ने दुनियाभर के जाने-माने कलाकारों को काम पर लगाया था। वे हर चीज में स्वयं गहरी

रुचि लेती थीं। जब मस्जिद बनकर तैयार हो गई तो वे इसकी सुंदरता से इतनी प्रभावित हुईं कि उन्होंने वास्तुकार से कुछ भी माँगने को कहा। उसे जो कामखाब और सोना दिया गया था, उसने उसका तिरस्कार कर दिया और उस सुंदर महारानी का चुम्बन लेने की इच्छा जताई। वे उसके काम से इतनी अभिभूत थीं कि उन्होंने अपना गाल वास्तुकार की ओर कर दिया और उसने उनका चुम्बन ले लिया। चुम्बन इतने आवेश और उत्साह से लिया गया था कि महारानी के गाल पर उसका जो निशान पड़ा तो ठीक हुआ। जब राजा लौटकर आए तो उन्होंने महारानी के गाल पर वह निशान देखा और फिर पूरी कहानी सुनी। इसके बाद उन्होंने आदेश दिया कि महारानी समेत सभी महिलाएँ पर्दे में रहेंगी। मुझे बताया गया कि पर्दे की शुरुआत इसी से हुई थी।

समरकंद में हर तरह के फल और सब्जियाँ खूब होती हैं। हम लोगों को दिन के खाने पर आमंत्रित किया गया था और वहाँ मेज पर हर तरह के फल रखे हुए थे। स्थानीय लोगों ने वहाँ नृत्य-प्रदर्शन किया। यह भारत के पहाड़ी आदिवासी नृत्य जैसा था। उसका संगीत भी हिंदुस्तानी लय पर था। एक लड़की ने इतना बढ़िया गाया कि मैंने उसे भारत में होने वाले सोवियत महोत्सव में भेजने की इच्छा व्यक्त की। बाद में जब वह भारत आई तो उसने दर्शकों पर भारी प्रभाव छोड़ा।

समरकंद के स्वागत-समारोह में मैंने कहा, ''इस शहर की यात्रा करना इतिहास में टहलने जैसा है।'' मैंने मध्यकाल में कला, वास्तुकला, गणित और चिकित्सा विज्ञान के क्षेत्र में मध्य एशिया द्वारा प्राप्त उत्कृष्टता का जिक्र किया। मैंने जब उनकी बागवानी और कृषि-उत्पादों की तारीफ की तो मुझे बताया गया कि मास्को और उसके आगे उत्तर में फलों व सब्जियों की आपूर्ति मुख्य रूप से समरकंद से ही की ज़ाती है। मुझे यह भी बताया गया कि जयपुर के महाराजा सवाई मानसिंह ने दिल्ली के जंतर-मंतर समेत अन्य वेधशालाओं का निर्माण समरकंद की उलुगबेग वेधशाला की तर्ज पर करवाया था। दोपहर देर गये हम लोग ताशकंद लौट आए। उजबेक के राष्ट्रपति ने हमारे रात्रि-भोज का आयोजन किया। इसमें हम लोगों ने औपचारिक भाषण दिए। उजबेक नेताओं के साथ अपनी औपचारिक बातचीत के दौरान मैंने पेरेस्रोइका और उसके साथ आनेवाले बदलावों पर उनकी प्रतिक्रिया जानने की कोशिश की। वे मोटा-मोटी यह समझते थे कि नई प्रणाली के तहत उन्हें चीजें प्रचुर मात्रा में उपलब्ध

होंगी और कई पाबंदियाँ खत्म हो जाएँगी। वे यह समझते थे कि मास्को और अन्य उत्तरी क्षेत्र उजबेकिस्तान व अन्य मध्य एशियाई गणराज्यों के मुकाबले ज्यादा सम्पन्न हैं। साथ ही उन्हें यह भी समझ में आता था कि क्रांति के बाद से उन्होंने भारी तरक्की की है।

12 जुलाई को हम लोग प्रसिद्ध बैकल झील के लिए रवाना हुए। हमें स्वायत्त क्षेत्र साइबेरिया की राजधानी उलनुड होकर वहाँ पहुँचना था। बैकल झील दुनिया मे मीठे पानी की सबसे बड़ी झील है। इसकी गहराई एक मील से ज्यादा, लम्बाई 350 मील और चौड़ाई (जहाँ यह सबसे कम है) 30 मील है। हम लोग नाव पर सवार होकर उसके एक किनारे से दूसरे किनारे तक गए। इसका पानी एकदम साफ और बहुत मीठा है। नाव में बैठकर हम लोग झील के पारदर्शी जल के नीचे रोड़े-पत्थर और संगमरमर भी साफ देख सकते थे। जाड़ों में झील का पानी सतह से लेकर करीब 8 फीट नीचे तक जम जाता है और इस पर गाड़ियाँ चलाते हैं। वैसे नीचे पानी तरल अवस्था में ही रहता है और मछलियाँ एवं अन्य जलचर जीव जीवित बने रहते हैं। बैकल झील से अंग्रे नदी निकलती है और एक लम्बे जलमार्ग का काम करती है।

बैकल झील के किनारे रात बिताने के बाद हम लोग 13 जुलाई को दोपहर बाद 3.00 बजे उलन बेटर के लिए रवाना हुए। मंगोलियाई गणराज्य के राष्ट्रपति बटमुख ने हमारी अगवानी की और आनुष्ठानिक स्वागत किया। परेड बहुत बढ़िया था और समारोह आकर्षक। चाँद से चेहरेवाले बच्चों ने फूल-मालाएँ भेंट कीं और झंडे लहराए। उसी शाम हम लोगों ने मंगोलियाई राष्ट्रीय नेताओं के मकबरों पर माल्यार्पण किया। इसके बाद मंगाले नेताओं से हमारी अधिकारिक बातचीत हुई।

मंगोलिया का भारत से बहुत घनिष्ठ संबंध है। चूँकि मंगोलिया सभी अंतर्राष्ट्रीय मुद्दों पर भारत के रुख से पूरी तरह सहमत रहता है, इसलिए बातचीत बहुत सद्भावनापूर्ण रही और पूरा एक घंटा बधाइयाँ लेने-देने के सत्र में बदल गया।

रात्रि-भोज में राष्ट्रपति बटमुख ने कहा कि मंगोलिया सरकार देश की रक्षा के लिए भारत सरकार के प्रयासों का पूरा समर्थन करती है। उन्होंने यह भी कहा कि भारतीय राष्ट्राध्यक्ष की पहली यात्रा से दोनों देशों के परंपरागत रिश्ते

और बेहतर होंगे। मंगोलियाई राष्ट्रपति ने जेनेवा-समझौते और अफगानिस्तान से सोवियत सैनिकों की वापसी का स्वागत किया।

अपने जवाब में मैंने अंतर्राष्ट्रीय सहयोग की जरूरत पर बल दिया। मैंने यह भी कहा कि जो अंतर्राष्ट्रीय संस्थाएँ भारी दबाव में हैं, उन्हें मजबूत किया जाना चाहिए। मैंने तीसरी दुनिया में उपलब्ध मशीन, तकनालॉजी और सामग्रियों पर सूचना के वृहत्तर आदान-प्रदान की भी अपील की।

हमारे मंगोलिया-प्रवास के दौरान दो समझौतों पर दस्तखत किए गए। एक समझौता विद्वानों, वैज्ञानिकों, अनुसंधानकर्ताओं, शिल्प-वैज्ञानिकों और अन्य की अदला-बदली के लिए था और दूसरा कृषि-क्षेत्र में सहयोग के लिए था। मंगोलिया के लोग मुख्य रूप से भेड़ों और बकरों के प्रजनन पर निर्भर करते हैं और उनकी आय का मुख्य स्रोत पशुपालन ही है। बिखरी हुई आबादी और काफी विस्तृत क्षेत्र उपलब्ध होने के कारण मंगोलिया भारतीय सहायता से कृषि के वैज्ञानिक तरीके विकसित करना चाहता था।

हम लोग जिस समय आधिकारिक बातचीत कर रहे थे उस समय मेरी पत्नी और नतनी रंजनी इंटरनेशनल यूथ पायोनियर कैंप में चली गईं। वे उससे इतनी प्रभावित हुईं कि मेरी नतनी ने मंगोलियाई अफसरों से केंप में शामिल होने की इच्छा जताई। उसने अपने लिए एक बढ़िया मंगोलियाई पोशाक बनवाई और सभी का दिल जीत लिया। बटमुख ने कहा, "हम सबके बीच आपके परिवार में एक मंगोलियाई लड़की है।"

14 जुलाई को हम लोगों ने सोवियत संघ द्वारा स्थापित एक बुनाई फैक्ट्री और थर्मल पॉवर प्लांट का दौरा किया। भारत स्थित ऐसी ही इकाइयों के मुकाबले ये अपरिष्कृत लगे। आधुनिक परिष्कृत उद्योगों की बराबरी में पहुँचने के लिए मंगोलिया को अभी लंबी दूरी तय करनी है। हम लोग गंडांग टेकोलिंग मोनेस्ट्री भी गए। यह मंगोलिया का अकेला ऐसा मठ है, जो अब भी क्रियाशील है। शेष सारे मठ क्रांति के बाद बंद कर दिए गए हैं। हम लोगों को बताया गया कि लामा आध्यात्मिक और लौकिक प्रमुख थे और चूँकि कम्युनिस्ट शासन में लौकिक सत्ता को हटाया जाना था, इसलिए आध्यात्मिक सत्ता भी उसके साथ चली गई। मुझे बताया गया कि मठों को बौद्ध धर्म के प्रति पूर्वाग्रह के कारण बंद नहीं किया गया है। हमें यह भी बताया गया कि मंगोलिया में बौद्ध

धर्म तिब्बत के रास्ते भारत से आया। मठ में रखे सारे धर्म ग्रंथ संस्कृत, तिब्बती और मंगोलियाई भाषा में हैं। वहाँ लामा काम करते थे और नए लामाओं की बहाली भी हो रही थी, पर बहुत कम लोग मठ में आते थे।

दोपहर बाद ट्रेड यूनियनों द्वारा एक स्वागत-समारोह आयोजित था। इसमें चेयरमैन बटमुख और मैंने अपने-अपने विचार रखे। यह सार्वजनिक स्वागत-समारोह जैसा था। इसके बाद सांस्कृति कार्यक्रम हुआ। इसमें जिमनास्टि का रोमांच प्रदर्शन किया गया। बाद में हम लोगों ने कुछ पुराने मठ देखे। इन्हें संग्रहालय बना दिया है। इनमें भारत की तरह कई स्तूप, मर्ध-चक्र आदि रखे हुए हैं। पवित्र ग्रंथ सिल्म में लपेटकर सुरक्षित रखे गए थे। वहाँ बुद्ध की कई मूर्तियाँ भी थीं, जिनमें उनके चेहरे की अलग-अलग भंगिमाएँ थीं।

दोपहर का खाना हम लोगों ने फार्म गेस्ट हाउस में खाया। फिर कुश्ती-प्रतियोगिता देखी। इसकी पृष्ठभूमि में मंगोलियाई संगीत बज रहा था। हम लोगों को मंगोलिया का लोकप्रिय पेय-घोड़ी का दूध पेश किया गया। मैं। इसे पचा नहीं पाया। वहाँ 10 साल से कम उम्र के बच्चों की घुड़दौड़ भी हुई। यह 30 किलोमीटर लम्बी थी। वहाँ 10 साल से कम उम्र के बच्चों की घुड़दौड़ भी हुई। यह 30 किलोमीटर लम्बी थी। असल में मंगोलिया में परिवहन के आधुनिक साधन नहीं हैं, इसलिए सभी लोग आने-जाने के लिए घोड़ों का इस्तेमाल करते हैं और सभी को घुड़सवारी सीखनी पड़ती है।

16 जुलाई को आनुष्ठानिक विदाई हुई और चेयरमैन बटमुंख ने स्नेहपूर्ण विदाई दी। मैंने उन्हें भारत आने का निमंत्रण दिया, जिससे वे काफी खुश हुए। हम लोग ताशकंद होते हुए स्थानीय समय के अनुसार शाम 6 बजे दिल्ली पहुँचे।

दिल्ली पहुँचकर मुझे पता चला कि भारत-महोत्सव के समापन-समारोह में राजीव गाँधी का संदेश अपने भाषण में शामिल कर लिए जाने पर अब भी विवाद चल रहा था। कुछ अखबारों ने लिखा था कि राष्ट्रपति ने प्रधानमंत्री का संदेश पढ़कर प्रोटोकोल का गम्भीर उल्लंघन किया है और वरीयता-क्रम में प्रधानमंत्री का नम्बर तीसरा है। पूर्व राष्ट्रपति संजीव रेड्डी ने मेरी चूक की निंदा की। भाजपा नेता और पूर्व विदेश मंत्री अटलबिहारी वाजपेयी ने मुझे लिखा कि समापन-समारोह में प्रधानमंत्री का संदेश पढ़ना 'दूसरे अर्थ में मेरी सफल यात्रा पर' धब्बा है।

आधिकारिक औपचारिकताएँ और शिष्टाचार ही प्रोटोकोल है। मुझे लगा कि शिष्टाचार और पारस्परिकता के नाते तो सोवियत समारोह समिति के अध्यक्ष गोर्बाचेव के संदेश की बराबरी में भारतीय सह-अध्यक्ष राजीव गाँधी का संदेश होना चाहिए। ऐसा नहीं करना शिष्टाचार के खिलाफ था। इससे पहले श्रीलंका में जब एक सैनिक ने गार्ड ऑफ ऑनर लेने के दौरान उनपर घातक हमला किया था, तो मैंने वहाँ से लौटने पर राजीव गाँधी की अगवानी की थी। बीमार राजकपूर को फाल्के पुरस्कार देने के लिए भी मैं मंच से नीचे उतरकर उन तक गया था। ये ऐसे मौके हैं, जब शिष्टाचार परम्पराओं से ज्यादा महत्त्वपूर्ण होते हैं। मैंने सोचा कि एक विदेशी विशिष्ट अतिथि के संदेश के बदले दिया गया संदेश मात्र पारस्परिक शिष्टाचार है। मैंने अपनी राय बताते हुए वाजपेयी को चिट्ठी भी लिखी। प्रख्यात स्तम्भ लेखक प्रेम भाटिया हमेशा ही तुच्छ राष्ट्रवादिता की निंदा करने का साहस दिखाते हैं, उन्होंने लिखा–

"राष्ट्रपति वेंकटरमन के सम्बन्धित मास्को की एक घटना को पिछले दिनों बेबात का बतगंड़ बनाया गया, जिसे पत्रकारों और विपक्षी नेताओं ने एक स्वर से दौरे पर राष्ट्राध्यक्ष की गलती बताया है। संपादकीय लेखकों, स्तम्भ लेखकों और राजनीतिक नेताओं ने एक साथ इस घटना को ऐसे पेश किया है, जैसे राष्ट्रपति ने कोई अपराध कर दिया हो। यह सब बकवास है। यह शिष्टाचारपूर्ण कदम था न कि चापलूसी-भरा।"

मानहानि विधेयक

नागालैंड की राजनीतिक स्थिति कुछ वर्षों से अस्थिर हो गई थी। दल-बदल और विभाजन के कारण मंत्रिमंडल स्थिर नहीं रह पा रहे थे। आदिवासी राजनीति लोकतांत्रिक प्रणाली से खिलवाड़ कर रही थी। राज्य में होकिशे सेमा के नेतृत्ववाली कांग्रेस सरकार थी। 60 सदस्यों वाली विधानसभा में 34 कांग्रेसी सदस्य थे। 30 जुलाई के आसपास कांग्रेस पार्टी के 13 विधायक पार्टी से अलग हो गए और अपना अलग दल बना लिया। इस तरह होकिशे सेमा की ताकत घटकर 21 विधायकों की रह गई। विपक्षी नेता वामुजो ने अलग हुए 13 विधायकों वाले नए दल की मदद से सरकार बनाने का अपना दावा पेश किया। राज्यपाल के. वी. कृष्णराव के पास मणिपुर के राज्यपाल का भी चार्ज था। वे इम्फाल में ठहरे हुए थे। संसद में विपक्षी दलों के नेताओं ने 5 अगस्त

को मुझसे भेंट की और नागालैंड में होकिशे सेमा मंत्रिमंडल को बर्खास्त करने और वामुजो द्वारा सरकार बनाने की माँग की। मैंने उन लोगों से कहा कि मैं सारी स्थिति पर राज्यपाल की रपट का इंतजार कर रहा हूँ। इस बीच कांग्रेस के केंद्रीय नेता कुछ बागियों को वापस अपने पाले में लाने की जोरदार कोशिशें कर रहे थे। आखिरकार राज्यपाल ने अपनी रपट भेजी। उसके अनुसार राज्य में राजनीतिक अस्थिरता के कारण संविधान-सम्पत स्थिर सरकार नहीं चलाई जा सकती थी। इसलिए राष्ट्रपति शासन लगा दिया गया और विधानसभा भंग कर दी गई।

मैंने तय किया कि मेरे गणतंत्र और स्वतंत्रता-दिवस संबोधनों में कुछ महत्त्वपूर्ण मुद्दों पर राष्ट्र के नाम संदेश होना चाहिए, जिसमें उस दिन की घटनाओं का जिक्र हो, जैसा कि रिवाज है। मुझे स्वतंत्र और निष्पक्ष चुनाव का मुद्दा पसंद आया, क्योंकि लोकसभा के चुनाव अगले वर्ष होने वाले थे। स्वतंत्रता-दिवस के अवसर पर मैंने कहा, ''भारतीय मतदाता अपने राजनीतिक अधिकारों के प्रति निश्चय ही जागरूक हो गया है और भले ही वह अशिक्षित हो तथा सामान्य कपड़े ही पहनता हो, फिर भी वह लोकतांत्रिक आत्माभिव्यक्ति के लिए चुनाव-प्रक्रिया का कुशलतापूर्वक उपयोग कर रहा है।'' मैंने स्वतंत्र और निष्पक्ष चुनाव कराने के लिए सभी राजनीतिक दलों के दायित्व पर बल दिया। मैंने सभी राजनीतिक दलों, समूहों और प्रशासकों एवं चुनाव-प्रभारी पुलिस कर्मियों से अपील की कि वे स्वयं को मतदाता की सम्प्रभुता का ट्रस्टी मानें और ईमानदारी व निष्पक्षता के साथ काम करें।

मीडिया की राय में यह संदेश उचित था और समय पर दिया गया था। अत्यंत सम्मानित स्तम्भ-लेखक निखिल चक्रवर्ती ने स्वतंत्र और निष्पक्ष चुनाव को महत्त्व दिए जाने पर सकारात्मक टिप्पणी की। उन्होंने इस पर भी सकारात्मक टिप्पणी की कि मैंने सत्तारूढ़ दल के साथ-साथ विपक्षी पार्टियों से भी लोकतांत्रिक मतदान की सर्वश्रेष्ठ परम्परा को बनाए रखने की अपील की है। समाचार बुलेटिन में मेरे संदेश को चौथे नम्बर पर रखने के लिए उन्होंने दूरदर्शन की निंदा की थी। ऐसा परम्परा को तोड़कर किया गया था। राष्ट्राध्यक्ष के संदेश को पहले नम्बर पर रखने की परम्परा रही है। जहाँ तक मेरा सवाल है, मैंने संदेश को प्राथमिकता देने या न देने को कोई महत्त्व नहीं दिया। हालांकि

सूचना-प्रसारण मंत्री एच. के. एल. भगत मेरे पास आए और दूरदर्शन द्वारा की गई भूल के लिए खेद प्रकट किया।

20 अगस्त, 1988 को राष्ट्रपति जिया-उल-हक की स्मरणीय राजकीय अंत्येष्टि की गई। अंत्येष्टि में जाने वाले भारत के बहुदलीय प्रतिनिधिमंडल का नेतृत्व मैंने किया। इस दल में विदेशमंत्री नरसिम्हा राव, पर्यावरण मंत्री जेड. आर. अंसारी, राज्यमंत्री नटवर सिंह और सांसद अटल बिहारी वाजपेयी, एन. के. पी. साल्वे, प्रो. मधु दंडवते, माधव रेड्डी और दरबारा सिंह शामिल थे। शवयात्रा में दुनिया-भर के 70 नेता शामिल हुए। इनमें तुर्की, बांग्लादेश और जिंबाव्वे के राष्ट्रपति, संयुक्तराष्ट्र के सेक्रेट्री ऑफ स्टेट और ब्रिटिश विदेश सचिव शामिल हैं। शवयात्रा के रास्ते में लाखों लोग लाइन लगाए खड़े थे और कई तो फूट-फूटकर रो रहे थे।

भारतीय राष्ट्रपति की यह पहली पाकिस्ताना-यात्रा थी। कार्यकारी राष्ट्रपति इसहाक खान, विदेशमंत्री याकूब खान और अन्य अधिकारियों ने हवाई अड्डे पर मेरी अगवानी की। मैंने तत्काल राष्ट्रपति जिया के निधन पर भारत की ओर से शोक जताया और उन्हें सूचित किया कि भारत में तीन दिवसीय शोक की घोषणा की गई है और इस दौरान प्रधानमंत्री राजीव गाँधी ने अपने जन्मदिन पर होने वाला समारोह रद्द कर दिया है। इसहाक खान ने इस सद्भावना और सहानुभूति के लिए भारत का आभार व्यक्त किया।

अंत्येष्टि के बाद इसहाक खान के साथ एक बैठक हुई। कलकत्ता के 'द टेलीग्राफ' के अनुसार, ''विशिष्ट विदेशी अतिथियों के साथ हुई मुलाकातों में यह सबसे लंबी मुलाकात थी।'' मुलाकात के दौरान मैंने कार्यकारी राष्ट्रपति को आश्वस्त किया कि भारत-पाकिस्तान के संग शांति एवं मित्रता से रहने का इच्छुक है और यह भारत के हक में नहीं है कि पाकिस्तान कमजोर और अस्थिर रहे। इसहाक खान ने कहा कि वे दुख की घड़ी में मेरी उपस्थिति और सहानुभूति की गहरी प्रशंसा करते हैं। मैं ब्रिटिश विदेश सचिव जियोफ्री हॉव से भी मिला। उन्हें मैं तब से निकट से जानता हूँ, जब हम लोग अपने-अपने देशों के वित्तमंत्री थे और आई. एम. एफ. बैंक की बैठकों के ड्राफ्टिंग सत्र में एक साथ काम करते थे। हम लोगों ने क्षेत्रीय देशों से भारत के संबंधों और अपने पड़ोसियों से मधुर रिश्ते बनाने की वास्तविक इच्छा पर चर्चा की। मुलाकात

40 मिनट तक चली। यह मुलाकात भारतीय राजदूत एस. के. सिंह के घर पर हुई।

27 अगस्त को मैंने हैदराबाद में एडवांस्ड मिसाइल टेक्नालॉजी सेंटर का औपचारिक उद्घाटन किया। रक्षामंत्री के अपने कार्यकाल के दौरान मैंने देश में ही गाइडेड मिसाइल विकसित करने की शुरुआत की थी। मुझे यह जानकर खुशी हुई कि जमीन से हवा में मार करने वाली दो मिसाइलें 'त्रिशूल' और 'पृथ्वी' 1990 से काम करने लगेंगी। रक्षा-सामग्रियों में आत्मनिर्भरता हासिल करने के प्रयासों के लिए मैंने रक्षा-अनुसंधान और विकास-संगठन की प्रशंसा की और उनसे कहा कि अति आधुनिक हथियार बनाने के योग्यता भी प्राप्त करें। मैंने वैज्ञानिक और रक्षा-संस्थाओं में निकट सहयोग की भी अपील की, ताकि दोनों जगह अनावश्यक रूप से एक जैसी सुविधाएँ और कोशिशें न हों।

मद्रास हाईकोर्ट ने अपने अस्तित्व के 125 वर्ष पूरे कर लिए थे। 1862 में स्थापित इस हाईकोर्ट में हर पीढ़ी के यशस्वी जजों और वकीलों का एक विशिष्ट वर्ग रहा है। सर टी. मुथुस्वामी अय्यर से लेकर हाईकोर्ट ही इस पीठ में एस. सुब्रह्मण्य अ"यर, कुमार स्वामी शास्त्री, वेंकट सुब्बा राव, विपा रमेशम्, एस. वरदचेरियार राजामन्नार, टी. एल. वेंकटरामा अय्यर पतंजलि शास्त्री और सुब्बा राव जैसे निष्ठावान लोग रहे हैं। इनमें अंतिम दो तो भारत के मुख्य न्यायाधीश के शीर्ष बिन्दु तक पहुँच चुके हैं। सम्मेलन का उद्घाटन करते हुए मुझे गर्व हुआ। समारोह में भाग लेने वाले अन्य लोगों में भारत के मुख्य न्यायाधीश आर. एस. पाठक, एटार्नी जनरल परासरण, राज्यपाल अलेक्जेंडर, केंद्रीय विधि मंत्री शंकरानंद और मद्रास हाईकोर्ट के कार्यकारी मुख्य न्यायाधीश रत्नावल पांडियन शामिल थे। 30 अगस्त को समारोह का उद्घाटन करते हुए मैंने कहा, "अदालतों में बढ़ते मुकदमों से न्यायपालिका की छवि के धूमिल होने और न्यायिक प्रक्रिया में लोगों के विश्वास की समाप्ति का डर है।" मैंने मुकदमों को तेजी से निबटाने की अपील की और बॉर एसोसिएशनों से विधेयकों की जाँच करने और दंड-विधान में सुधार के लिए सकारात्मक निंदा करने को भी कहा। चूँकि समय के साथ-साथ सामाजिक न्याय की समझ बदल रही थी, इसलिए मैंने इस बात की जरूरत पर जो दिया कि न्यायपालिका सामाजिक बदलावों का साथ दे। अंत में मैंने लोगों से अपील की कि वे स्वेच्छापूर्वक कानून का पालन करें, ताकि लोकतांत्रिक स्वभाव को जिंदा रखा जा सके।

अगले दिन मैंने वेलोर में बहादुर स्वतंत्रता सेनानी और आदर्श विधायक दिवंगत एस. सत्यमूर्ति की मूर्ति का अनावरण किया। सत्यमूर्ति अंग्रेजी और तमिल के एक प्रभावशाली वक्ता थे और जब सेंट्रल असेंबली में बोलते थे तो अंग्रेज शासन को बेचैन कर देते थे। वे प्रायः सरकार को प्रश्नकाल के दौरान फाँस लेते थे और या तो उसके अपने पुराने बयान या फिर उसकी प्रशासनिक रपट को सामने ले आते थे। 1934 में जस्टिस पार्टी के दिग्गज ए. रामस्वामी मुअलियार से उनके ऐतिहासिक टकराव के दौरान मुझे सत्यमूर्ति के लिए प्रचार करने का मौका मिला था और मैं उनके अंतिम समय तक उनसे बहुत निकट संपर्क में रहा। सत्यमूर्ति प्रश्नों पर पूरक प्रश्न बहुत सावधानी से बनाते थे। इसके लिए सामग्री वे उन दस्तावेज़ों से ढूँढ़ निकालते थे, जो विधायकों को दिए जाते हैं। इस तरह अपने भाषण में अकाट्य तथ्य और आँकड़े भर देते थे। इस पर एक बार गाँधी जी ने कहा था, "अगर संसद में सत्यमूर्ति जैसे 10 लोग होते तो अंग्रेजी सरकार बिना संघर्ष के जाती।"

इसके बाद मैंने सेंट्रल जेल, वेलौर का दौरा किया। भारत छोड़ो-आंदोलन के दौरान मुझे गिरफ्तार कर यहाँ रखा गया था। दुर्भाग्य से जेल अधिकारी मुझे यहाँ रखने के रिकार्ड नहीं ढूँढ़ पाए। अलबत्ता सांसद जीवरत्नम् ने उस सेल को पहचान लिया, जिसमें मैं रहा था। मेरे साथ उन्होंने भी जेल काटी थी। अपने दौरे की याद में मैंने वहाँ एक पौधा लगाया और एक पट्टिका का अनावरण किया। वहाँ जमा हुए कुछ स्वतंत्रता-सेनानियों के आग्रह पर मैंने गाँधी टोपी और अंगवस्त्रम् धारण कर फोटो खिंचवाने के लिए कुछ पोज दिए। जिन दिनों मैं जेल में था, उस समय मैंने सपने में भी नहीं सोचा था कि मैं देश के राष्ट्रपति के रूप में फिर यहाँ आऊँगा।

आंध्रप्रदेश के रायलसीमा क्षेत्र के 13 कांग्रेस विधायक भूख हड़ताल पर चले गए। वे अपने सूखाग्रस्त क्षेत्र के लिए 370 टी. एम. सी. (एक अरब घन फीट) पानी की माँग कर रहे थे। मुख्यमंत्री एन.टी.रामाराव ने यह कहकर उन लोगों को शांत करने की कोशिश की कि वे लोगों की इच्छाएँ पूरी करने का प्रयास करेंगे। उन्होंने आंदोलनकारी विधायकों से भूख हड़ताल वापस लेने की अपील की। लेकिन विधायक अपने विरोध पर अड़े रहे। मुख्यमंत्री ने चालाकी से मामला केंद्र सरकार की ओर मोड़ दिया। उन्होंने कहा कि आंध्रप्रदेश की 22 अगस्त को बोट क्लब पर बड़ी रैली हुई। पार्टी नेताओं के अनुसार इससे

चार दिन पहले प्रधानमंत्री से समय माँगा गया था, पर कोई जवाब नहीं मिला। इसलिए आंदोलनकारियों ने एक सितंबर को प्रधानमंत्री के घर तक मार्च करने का फैसला किया। जैसे ही वे प्रधानमंत्री के घर के पास पहली रुकावट पर पहुँचे, पुलिस ने उन्हें रोक लिया। आंदोलनकारियों ने जबरन आगे बढ़ने की कोशिश की और भिड़ंत हो गई। इसके बाद पुलिस ने आँसू-गैस के गोले दागे और लाठियाँ भाँजीं। इसमें कई लोग घायल हो गए। आखिरकार उन लोगों को थाने ले जाया गया और हिरासत में रखा गया।

विपक्षी नेताओं ने मुझसे मिलने का समय माँगा और मैंने 1 सितंबर शाम 5.00 बजे का समय दे दिया। आंदोलनकारियों को रिहा कर दिया गया था और तय समय पर वे मेरे पास आ गए। उनके नेता, सांसद उपेंद्र ने प्रतिनिधिमंडल की अगवानी नहीं करने के लिए प्रधानमंत्री की कटु आलोचना की। इस तरह परियोजनाओं को मंजूरी देने का मुख्य मामला दब गया और सबका ध्यान एक अप्रिय घटना की ओर चला गया।

3 सितंबर को हुई अगली पाक्षिक भेंट में प्रधानमंत्री ने मुझे बताया कि वे एक छोटे प्रतिनिधिमंडल से मिलने के लिए तैयार थे। पर उन्हें पक्के तौर पर यह नहीं मालूम था कि आंदोलनकारियों को इसकी सूचना दी गई है या नहीं। स्पष्ट है कि प्रधानमंत्री के कार्यालय से कोई चूक हुई थी, इससे ऐसी अप्रिय स्थिति बनी। कई बार दफ्तरों की मामूली गलतियाँ देश के लिए गम्भीर स्थिति पैदा कर देती हैं।

1 सितंबर, 1988 को सरकार ने जबरदस्त विरोध के बीच लोकसभा में मानहानि विधेयक में प्रतिवादी पर सबूत जुटाने की जिम्मेदारी डालने और किसी व्यक्ति के खिलाफ निराधार आरोप लगाने जैसी आपराधिक कार्रवाई के लिए सजा बढ़ाने का प्रावधान था। यह सही है कि कुछ गैर-जिम्मेदार अखबारों ने बिना जाँच किए लोगों के खिलाफ निराधार आरोप लगाने जैसी आपराधिक कार्रवाई के लिए सजा बढ़ाने का प्रावधान था। यह सही है कि कुछ गैर-जिम्मेदार अखबारों ने बिना जाँच किए लोगों के खिलाफ अनैतिकता, आपराधिक कार्रवाइयों, दुर्व्यवहार आदि के आरोप लगाए थे। इससे सार्वजनिक जीवन के लोगों की छवि खराब हुई। लोगों को आरोप याद रहते हैं, दोष-मुक्ति नहीं। वैसे भी ऐसा बहुत बाद में होता है। इसके अलावा गलत लोगों ने झूठी निंदा का इस्तेमाल

ब्लैकमेल के रूप में भी किया है। बेशक नियंत्रण की जरूरत थी, पर कानून बनाना तो वाकई सबसे अंतिम उपाय था।

3 सितंबर को प्रधानमंत्री ने बूटा सिंह, शिवशंकर, फोतेदार और अटार्नी जनरल से कहा कि मुझे विधेयक का विवरण दें। मैंने सलाह दी कि जो उपाय स्पष्टत: विवादास्पद है, उसे अपनाने से पहले विपक्ष, प्रेस और गणमान्य लोगों से सलाह-मशविरे के रूप में थोड़ी तैयारी की जानी चाहिए। वे लोग तुरंत मेरी बात समझ गए।

इस विधोयक का प्रेस, बॉर के सदस्यों और जनता ने जबरदस्त विरोध किया। प्रेस ने एक दिन ही हड़ताल रखी, सार्वजनिक सभाओं में मंत्रियों से टकराव मोल लिया, समितियों की कार्यवाहियों की खबरें नहीं दीं और सरकार पर हमला बोल दिया। सत्तारूढ़ दल के कुछ सदस्य भी हिचकिचाने लगे और इस विधेयक का समर्थन करने में ढीले पड़ने लगे।

जो मंत्री मुझसे पहले मिलकर गए थे, वे फिर रविवार 4 सितंबर को मेरे पास आए। इसके अगले ही दिन राज्यसभा में इस विधेयक पर चर्चा होनी थी। मैंने सलाह दी कि विधेयक को जबरन पास न कराएँ, बल्कि इस पर प्रेस और दूसरे इच्छुक लोगों से बातचीत शुरू करें। प्रधानमंत्री ने तय किया कि विधेयक को इसी हाल में छोड़ दिया जाए। साथ ही उन्होंने एक मंत्रिमंडलीय समिति बनाने का एलान किया। समिति को प्रेस और जनता के विचार सुनने थे। प्रधानमंत्री ने समिति के काम में इनका सहयोग चाहा। इस समय तक विधेयक का विरोधा काफी उग्र हो चुका था और प्रेस को मंत्रिमंडलीय समिति के बायकाट का फैसला किया था। 'द हिंदू' के एन. राम 6 सितंबर को मेरे पास आए। मैंने उनसे कहा कि सरकार ने जनमत का ख्याल करके विधेयक पर राज्यसभा में चर्चा नहीं करवाई तो प्रेस की भी चाहिए कि वह अपना विचार मंत्रिमंडलीय समिति के समक्ष रखे और लोकतांत्रिक चर्चा का रास्ता खोले। हालाँकि राम ने कहा कि आई. ई. एस. पहले ही मंत्रिमंडलीय समिति के बायकाट का फैसला कर चुकी है।

बाद में, जब मैं दौरे पर था तो मुझे पता चला कि प्रधानमंत्री इस विधेयक पर आगे कार्रवाई नहीं कर रहे हैं और वे प्रेस की स्वतंत्रता के मुकाबले व्यक्ति के अधिकारों पर राष्ट्रव्यापी चर्चा करवाना चाहते हैं। यह एक अप्रिय

प्रसंग था। संसद और उसकी प्रतिक्रियाओं से राजीव गाँधाी का अनुभव सीमित था। उनके नजदीकी सहयोगी भी संसद में नौसिखिया थे। वे जन-भावना का सही आकलन नहीं कर पाए। अगर यह विधेयक लाने से पहले उन्होंने मुझसे सलाह की होती, तो संभव है उन्हें जिस अलोकप्रियता का सामना करना पड़ा, उससे वे बच जाते। यह दुखद है कि प्रेस और अभिव्यक्ति की आजादी के दुश्मन की हो गई। वह भी तब, जब उन्हें प्रेस से मिलने में आनंद आता था। ज्ञान और विवेक की अपेक्षा अनुभव कहीं बड़ा गाइड है, खासकर तब जब आप सामाजिक मुद्दों पर साथ के लोगों से कोई व्यवहार कर रहे हों।

महान दार्शनिक राजनेता डॉ. राधाकृष्णन की शताब्दी के मौके पर 5 सितंबर को संसद के सेंट्रल हॉल में सवेरे 9.30 बजें रंगारंग समारोह आयोजित किया गया था। इस मौके पर राधा कृष्णन के एक चित्र का भी अनावरण किया गया। मैं डॉ. राधाकृष्णन के बहुत नजदीक रहा था। उपराष्ट्रपति के रूप में और बाद में बतौर राष्ट्रपति वे जब कभी मद्रास आते थे, मैं उनके साथ रहता था। 1952-57 के दौरान जब मैं संसद में था तो मैं प्राय: उनसे मिलता था और संयुक्त राष्ट्र के अधिवेशनों तथा वहाँ जो कुछ होता था, उसके बारे में बात करता था। एक बार नेहरू जी अचानक राधाकृष्णन से मिलने आए। वहाँ मैं भी था। उन्होंने मुझसे पूछा, ''आप यहाँ क्या कर हरे हैं?'' डॉ. राधाकृष्णन ने व्यंग्य से पंडित जी से कहा, ''संयुक्त राष्ट्र के सत्रों के बारे में आपसे भी पहले मुझे ये बात देते हैं।''

इस मौके पर मैंने डॉ. राधाकृष्णन को दार्शनिकों में राजनेता और राजनेताओं में दार्शनिक कहा। राज्यसभा के सभापति के रूप में उनके 10 वर्षीय कार्यकाल के दोरान हंगामे और वाकआउट लगभग नहीं होते थे। छूट तो दी जाती थी, पर छिछोरेपन को दबा दिया जाता था। इसी तरह तर्कों का स्वागत किया जाता था, लेकिन गालियाँ देने पर सख्ती की जाती थी। उन्हीं के कार्यकाल में राज्यसभा मान-मर्यादा के सबसे ऊँचे शिखर पर थी। राष्ट्रपति के रूप में गाँधीवादी डॉ. राजेंद्रप्रसाद, उपराष्ट्रपति के रूप में विद्वान डॉ. राधाकृष्णन और प्रधानमंत्री के रूप में लोकतंत्रवादी जवाहरलाल नेहरू के बेजोड़ सम्मिश्रण का भी मैंने जिक्र किया। मैंने कहा कि कैसे डॉ. राधाकृष्णन ने साधारण से शुरुआत की ओर किस प्रकार सभी क्षेत्रीय सीमाओं से आगे बढ़कर अंतर्राष्ट्रीय ख्याति प्राप्त दार्शनिक हो गए। तथा कैसे उनका हर जगह एक मनीषी और राजनेता के रूप में स्वागत

किया जाता था। दोपहर बाद मैंने वार्षिक शिक्षक दिवस समारोह में हिस्सा लिया और कोई 160 लब्ध-प्रतिष्ठित शिक्षकों को राष्ट्रीय पुरस्कार दिए।

दल-बदल की बीमारी नागालैंड से मिजोरम पहुँच गई। मिजोरम विधानसभा के लिए 1987 में हुए आम चुनावों में एक समय बागी रहे ललदेंगा को 40 में से 24 सीटें मिलीं और 16 फरवरी, 1987 को उन्होंने सरकार बना ली। 24 अगस्त, 1988 को पार्टी के नौ सदस्यों ने ललदेंगा की सरकार से समर्थन वापस ले लिया और एक अलग पार्टी बना ली। इस तरह सदन में ललदेंगा अल्पमत में आ गए। इसके बाद यह विवाद भी चला कि दल-बदल कानून के तहत यह 'दल-बदल' है या पार्टी की 'टूट' है। विधानसभा अध्यक्ष ने असंतुष्टों के नाम नोटिस भी जारी कर दिया। कांग्रेस पार्टी के नेताओं ने अलग गुट के विधायकों के समर्थन से सरकार बनाने का दावा किया। असम के पूर्व मुख्यमंत्री और मिजोरम के तत्कालीन राज्यपाल हितेंद्र सैकिया ने यह रिपोर्ट भेजी की मिजोरम के विधायकों की कमजोर आस्था के कारण स्थायी सरकार नहीं बन सकती और तद्नुसार उन्होंने मिजोरम में राष्ट्रपति शासन लागू करने की सिफारिश की।

मुझे विधानसभा भंग करने और राष्ट्रपति शासन लागू करने की राज्यपाल की सिफारिशें मानने में कोई हिचक नहीं हुई। वैसे भी राष्ट्रपति शासन लागू करने का फैसला केंद्रीय मंत्रिमंडल का होता है, और वही संसद के प्रति उत्तरदायी है।

चार यूरापीय देशों की राजकीय यात्रा

मुझसे सलाह करके विदेश मंत्रालय ने 12 से 23 सितंबर तक मेरी नीदरलैंड, फिनलैंड, साइप्रस और चेकोस्लोवाकिया की यात्रा की व्यवस्था कर दी। 12 सितम्बर को आनुष्ठानिक विदाई के बाद मैं अपनी यात्रा पर रवाना हो गया। उपराष्ट्रपति, प्रधानमंत्री और दिल्ली के सर्वोत्कृष्ट लोगों ने मुझे विदा किया। आधिकारिक दल में केंद्रीय मंत्री रामनिवास मिर्धा, राष्ट्रपति के सचिव प्रेमकुमार, विदेश मंत्रालय के सचिव अल्फ्रेड गोंजाल्विस और अन्य अधिकारी शामिल थे।

दिल्ली से एम्सटर्डम की हवाई यात्रा नौ घंटे की थी, पर समय के अंतर के कारण हम लोग स्थानीय समय में अपराह 3 बजें पहुँचे। जब हम शहर के पास पहुँचे तो डच रायल एयरफोर्स के छह एफ-16 लड़ाकू विमानों ने

गंतव्य तक हमारे विमान का मार्ग-रक्षण किया। शिलफुल हवाई अड्डे पर महारानी की बहन राजकुमारी मार्गरेट और उनके पति ने हमारी अगवानी की। हम लोग हेलीकाप्टर से नौसेना के बेस पर गए। वहाँ महारानी बीट्रिक्स और राजकुमार क्लाँस ने हमारा आनुष्ठानिक स्वागत किया। यह भारत के राष्ट्राध्यक्ष की पहली नीदरलैंड-यात्रा थी और मेरी यात्रा पर महारानी ने बहुत प्रसन्नता व्यक्त की। राजकुमार क्लॉस कई बार भारत आ चुके थे। जब मैं वित्तमंत्री था तो वे मुझसे मिले थे। उस समय के दौरान जब हमारी बातचीत नौकरशाही की लाल फीताशाही पर आई तो मैंने उन्हें एक फाइल पैड दिखाया, जिसमें सफेद फीता लगा था। मैंने कहा था कि इससे सरकार के नए रुख का पता चलता है। राजकुमार क्लॉस इतने प्रभावित हुए कि अपनी बाद की कई यात्राओं में उन्होंने इस स्पष्ट बदलाव का जिक्र किया।

हम लोगों को शाही महल में ठहराया गया। यह शहर के बीच में अवस्थित था। यह एक खूबसूरत महल है, जिसमें शाही हॉल, राजसी खम्भे, परिष्कृत और प्राचीन फर्नीचर तथा आधुनिक फिटिंग्स हैं। यूरोप ने अपने पुराने महलों का जिस ढंग से रख-रखाव किया है, प्रशंसनीय है। अपनी खिड़की से मैं मुख्य शॉपिंग सेंटर और एक छोटा भवन समूह (डैम स्क्वायर) देख सकता था। वहाँ दिल्ली बोट क्लब की तरह जब-तब प्रदर्शन होते रहते हैं। महल के ठीक सामने राष्ट्रीय स्मारक है। इसलिए माल्यार्पण-समारोह में ब्मुश्किल कुछ मिनट लगे।

एम्सटर्डम के मेयर ने हमारे प्रतिनिधिमंडम के लिए एक स्वागत-समारोह आयोजित किया। एक संक्षिप्त भाषण में उन्होंने हमारा स्वागत किया। इसमें उन्होंने कहा कि प्रधानमंत्री नेहरू ने शहर के चिड़ियाघर को एक हाथी उपहार में दिया था और वह मौज से बड़ा हो रहा है। मैंने उत्साहपूर्ण स्वागत-भाषण के लिए मेयर को धन्यवाद दिया और भारत की पुरानी डच आबादी के बारे में कहा। इसके बाद मैंने उन्हें शीशम की लकड़ी का खूबसूरती से तराशा गया एक हाथी दिया, जिस पर एक हौदा भी रखा था। इसमें हाथी दाँत का काम था। मैंने कहा कि संयोगवश मैं नेहरू के कदमों पर चल रहा हूँ! सभी लोगों ने लकड़ी के बने इस हाथी की प्रशंसा की।

इसके बाद एक संक्षिप्त समारोह हुआ, जिसमें मैंने महारानी को और महारानी ने मुझे उपहार दिए। फिर रात में राजकीय भोज था। सलामती का जाम पेश

करते हुए महारानी ने आधुनिक विश्व में भारत और इसकी लोकतांत्रिक संरचना की महत्ता पर विस्तार से प्रकाश डाला। उन्होंने नीदरलैंड की हार्दिक इच्छा भी बताई। कहा कि नीदरलैंड भारत जैसे विकासशील देश की जनता की बेहतरी के प्रयासों में मदद करना चाहता है। सलामती के जाम के जवाब में प्रगतिशील नीतियों के लिए मैंने नीदरलैंड की प्रशंसा की खासतौर से उत्तर-दक्षिण की बातचीत में उसके दिलचस्पी लेने की। यह उम्मीद भी जताई कि हाल में उसे जो झटका लगा है, उसके बावजूद नीदरलैंड फलदायी उत्तर-दक्षिण-बहस के लिए अपने प्रभाव का इस्तेमाल करता रहेगा। मैंने सोवितयत संघ और पश्चिमी देशों के बीच कम हुए तनाव का जिक्र किया और उम्मीद जताई कि परमाणु तथा सामान्य निरस्त्रीकरण की दिशा में सकारात्मक कदम उठाए जाते रहेंगे। अपने यहाँ की नीतियों की चर्चा करते हुए मैंने अपने सभी पड़ोसियों के साथ शांति और सद्भाव से रहने और चीन-भारत-संबंध सामान्य करने की इच्छा व्यक्त की। वैसे, मैंने यह भी कहा कि पंजाब और काश्मीर के उग्रवादियों को पाकिस्तान मदद दे रहा है और गुपचुप परमाणु कार्यक्रम चला रहा है। यह उसके साथ किसी भी संतुलित समझौते की राह में बाधा बना हुआ है। मैंने याद दिलाया कि भारत में दूर संचार, पर्यावरण और संस्कृति के क्षेत्र में डच कंपनियों से दो सौ से भी ज्यादा सहयोगी करार हुए हैं। मैंने उम्मीद जताई की भारत-डच सम्बन्ध भविष्य में और विकसित तथा मजबूत होंगे।

रात्रिकालीन भोज के दौरान महरानी ने मुझसे पूछा की भारत एन.पी.टी. (परमाणु अप्रसार संधि) पर दस्तखत क्यों नहीं कर रहा है। क्या इसकी वजह पाकिस्तान और चीन के परमाणु कार्यक्रम हैं? मैंने महारानी को बताया कि हमारा विरोध संधि की भेद-भावपूर्ण प्रकृति से हैं। यह उन ताकतों को तो बिना किसी रोक के परमाणु हथियारों के विस्तार और विकास की इजाजत देती है, जिनके पास यह ताकत पहले से है, पर जिनके पास यह नहीं है उन्हें नियंत्रित और प्रतिबंधित करना चाहती है। मैंने कहा कि जिन देशों के पास परमाणु हथियार हैं, वे अपने क्षमता बढ़ाते जाएँ और जिनके पास यह नहीं है, उन्हें जबरन रोका जाए, यह ठीक नहीं है। मैंने कहा कि जिन देशों के पास परमाणु हथियार हैं, वे अगर इसकी जाँच पर तत्काल पाबंदी लगा दें और परमाणु हथियारों के खात्मे के लिए कार्यक्रम शुरू करें तो विकासशील देशों में इस संधि की साख बढ़ेगी। मैंने कहा कि भारत के पास परमाणु हथियार बनाने की क्षमता है, पर हमने

जान-बूझकर इसका निर्माण नहीं किया है, क्योंकि हम सदा से परमाणु हथियार-मुक्त अहिंसक विश्व में विश्वास रखते रहे हैं। इस मायने में, भारत उन देशों के मुकाबले परमाणु-अप्रसार का एक बड़ा हिमायती है जो दूसरों को तो परमाणु-अप्रसार सिखाते हैं, पर खुद परमाणु हथियारों का विस्तार और उनका परीक्षण करते रहते हैं। महरानी ने बिना टोका-टाकी किए मुझे पूरा सुना और जब मैंने बोलना खत्म कर दिया, तो भी थोड़ी देर तक चुप रहीं। मुझे लगा जैसे वे सोच रही हैं कि मैंने जो कहा है, उसका क्या जवाब दें।

13 सितम्बर को हम लोग रिज्क्स संग्रहालय गए। वहाँ हमने रेमब्रांड्ट और सत्रहवीं शताब्दी के जाने-माने डच कलाकारों की उत्कृष्ट कलाकृतियाँ देखीं। इन ऐतिहासिक वस्तुओं की साज-सँभाल के लिए जो असाधारण व्यवस्था की गई थी, उससे मैं बहुत प्रभावित हुआ। हम लोगों ने चाँदी और पार्सलीन के सुंदर फर्नीचरों को देखा, जो बहुत ही आकर्षक ढंग से प्रदर्शित किए गए थे। मुझे बताया गया कि हर साल 10 लाख लोग संग्रहालय को देखने आते हैं। हम लोगों ने रॉयल ट्रापिकल इंस्टीट्यूट भी देखा। यह विकासशील देशों में ग्रामीण विकास, उष्णकटिबंधीय स्वास्थ्य विकास और शिक्षा-अध्ययन के काम में लगा है। इसके बाद मैं भारतीय अध्ययन में लगे डच प्रोफेसरों से मिला, और उनके साथ उपयोगी चर्चा की।

डच प्रधानमंत्री रूड लुब्बर्स ने हमारे प्रतिनिधिमंडल के लिए सत्ता के केंद्र द हेग के ऐतिहासिक हॉल ऑफ नाइट्स में अपराह्न भोज का आयोजन किया। महारानी और राजकुमार क्लॉस इसमें शामिल हुए। भारत में प्रधानमंत्री की पार्टियों में राष्ट्रपति शामिल नहीं होते हैं। हमारा प्रोटोकोल डच प्रोटोकोल से 'उत्कृष्ट' है। प्रधानमंत्री का गला बैठा हुआ था, इसलिए उनका स्वागत-भाषण उपप्रधानमंत्री ने पढ़ा। उन्होंने कहा कि यदि दोनों देश व्यावहारिक रूख अपनाएँ और समस्याओं को तेजी से निपटाएँ तो भारत में साझे उद्यम बढ़ाए जा सकते हैं। उन्होंने बताया कि दोहरे कराधान से बचने के लिए हाल ही में हुए भारत-नीदरलैंड-समझौते से डच उद्यमों को भारत में निवेश की अतिरिक्त प्रेरणा मिलेगी। उन्होंने कहा कि नीदरलैंड बिना किसी नियंत्रण के मुक्त व्यापार में दृढ़ विश्वास करता हैं प्रधानमंत्री ने हम लोगों को आश्वस्त किया कि यूरोपिय समुदाय का सिंगल मार्केट (1992) का विचार भारत के लिए व्यापार के अवसर बढ़ाएगा, न कि इसे सीमित करेगा। उन्होंने यह भी कहा कि "भारत भले ही यूरोपीय आर्थिक

समुदाय का सदस्य नहीं है, फिर भी भारतयी निर्यात का बड़ा हिस्सा समुदाय के बाजार में निःशुल्क पहुँचता है।'' उन्होंने कहा कि यूरोपीय समुदाय के संस्थापक सदस्य के नाते आर्थिक क्षेत्र में नीदरलैंड और भारत की अच्छी साझेदारी है।

सम्बोधन के जवाब में मैंने अर्थव्यवस्था के प्रगतिशील उदारीकरण की नीति और भारत में नीदरलैंड द्वारा ज्यादा निवेश की सम्भावनाओं के बारे में बताया। मैंने कहा, ''आधुनिकीकरण के हमारे मौजूदा चरण में आधुनिकीकरण और कार्य-कशुलता पर ज्यादा जोर दिया जा रहा है और इसलिए आर्थिक विनिमयों के विविधीकरण की पर्याप्त सम्भावनाएँ हैं। मैंने भारत में डच इक्विटी निवेश का जिक्र किया और भारतीय उद्यमों में ज्यादा भागीदारी की अपील की। मैंने कहा कि दोनों देशों की बीच व्यापार के मामले में भी 1987 में भारत ने हालैंड को महज 22 करोड़ रुपए का निर्यात किया, जबकि आयात 540 करोड़ रुपए से भी ज्यादा का हुआ। मैंने भारतीय बंदरगाहों, अंतर्देशीय जलमार्गों, जहाजों का निर्माण और मरम्मत के क्षेत्र में आधुनिकीकरण में डच सहयोग के लिए आभार जताते हुए अपना भाषण खत्म किया। दिन के खाने के बाद हम लोगों को शाही महलों में से एक नूरदिंदे ले जाया गया। यह एम्सटर्डम प्रासाद से अधिक आरामदेह था। शाम को नीदरलैंड में हमारे राजदूत ने एक स्वागत-समारोह का आयोजन किया और 150 से ज्यादा भारतीयों को आमंत्रित किया। मैंने उन लोगों को भारत और हालैंड के दोस्ताना रिश्तों और भारत में आधुनिक विकास की प्रचुर सम्भावनाओं के बारे में बताया। मैंने हालैंड में भारतीय मूल के लोगों से अपील की कि वे भारत में अपने उद्यम शुरू करें और देश की तरक्की में भागीदार बनें।

रात में महारानी और उनके परिवार ने हमारे साथ पारिवारिक भोजन किया। हम लोगों ने कई मामलों पर अनौपचारिक बातचीत की। राजकुमार क्लॉस कई बार भारत आ चुके थे। और भारत के बारे में बहुत कुछ जानते थे, इसलिए वे बहुत समझदारी दिखा रहे थे। उन्होंने कहा कि भारत के तथाकथित धार्मिक झगड़ों, सामाजिक भेद आदि के बारे में काफी कुछ पढ़ा है, पर उन्हें भारत में जीवन सामान्य लगा और आर्थिक व सामाजिक गतिविधियाँ बिना किसी बाधा के चलती दिखीं। वे भारत की आर्थिक उन्नति और विकास के मामलों में आशावान थे।

खाने के बाद शिवकुमार शर्मा ने संतूर पर भारतीय संगीत सुनाया और काशीनाथ बोदास ने हिन्दुस्तानी स्वर संगीत। ये दोनों लोग भारतीय सांस्कृतिक सम्बन्ध परिषद के कार्यक्रमों के सिलसिले में एम्सटर्डम में थे। काशीनाथ मेरी बेटी विजया रामचंद्रन के संगीत-शिक्षक भी है। संगीत कार्यक्रम पेश करने में वह भी शामिल हो गई। महारानी ने बार-बार इस कार्यक्रम की प्रशंसा की और कहा कि आनंददायक भारतीय संगीत पेश करके हमने उन्हें चकित कर दिया है।

प्रेस ने मेरी यात्रा की रपटें विस्तार से छापीं। लाख से भी ऊपर प्रसार संख्यावाले द *टेलीग्राफ ने नौसेना* बेस पर महारानी के साथ गार्ड ऑफ ऑनर का निरीक्षण करते हुए मेरी बड़ी तस्वीर छापी और महारानी के इस बयान को शीर्षक बनाया, 'भारत, यूरोप के लिए एक मिसाल।'

14 सितम्बर को आनुष्ठानिक विदाई हुई। इस मौके पर महारानी ने एक बार फिर मेरी यात्रा की प्रशंसा की। मैंने उत्साहपूर्ण स्वागत और अपने प्रतिनिधिमंडल की उदार मेजबानी के लिए धन्यवाद दिया। वहाँ से चलने के पहले हम लोग हेलीकॉप्टर से एक पवन चक्की फार्म देखने गए। यह फार्म एक प्रयोगात्मक केंद्र है और यहाँ के लाइन में चार पवन चक्कियों की छह लाइनें हैं। ये केंद्र न तो कम खर्चीले हैं और न ही इनका उत्पादन ज्यादा है। केंद्र-निदेशक को उम्मीद थी कि और अध्ययन-अनुसंधान से उन्हें कुछ बेहतर हासिल हो सकेगा। मैंने उन्हें भारत में पवन चक्कियों के अपने प्रयोग के बारे में बताया और इससे जुड़ी समस्याओं एवं प्रगति के बारे में सूचनाओं के आदान-प्रदान की इच्छा जताई। इसके बाद हम लोग सुप्रसिद्ध डाइक के ऊपर से उड़े। यह उत्तरी सागर को मीठे पानी की झील से अलग करता है। यह मनुष्य की शानदार उपलब्धि है। 25 साल पूर्व जब मैं यहाँ आया था तो डाइक की पूरी लम्बाई वाहन से तय की थी और कई चित्र खींचे थे। एम्सटर्डम पहुंचने पर राजकुमार क्लॉस ने हम लोगों को स्नेहपूर्ण और भावभीनी विदाई दी। फिर दोपहर 1 बजे हम फिनलैंड के लिए उड़ गए।

हम लोग स्थानीय समय के अनुसार शाम चार बजे के आस-पास हेलसिंकी पहुँचे। यह दुनिया-भर में प्रसिद्ध सबसे उत्तर में अवस्थित राजधानी है। यहाँ का समय एम्सटर्डम में घंटे-भर आगे है। वांता विमानतल पर कोई आनुष्ठानिक

स्वागत-समारोह नहीं हुआ। हम लोग गाड़ियों से राष्ट्रपति के महल में पहुँचे। वहाँ राष्ट्रपति और मैडम कोइविस्तो ने हमारी आगवानी की। फिर गार्ड ऑफ ऑनर देने का एक सामान्य समारोह हुआ और संक्षिप्त परिचय।

वहाँ पहुँचने के कुछ ही देर बाद हमने देश की आजादी के लिए प्राणों की आहुति देने वाले शहीदों और देश के सपूत मार्शल मन्नेरहम की समाधि पर श्रद्धांजलि अर्पित की। यह समारोह बहुत सामान्य और अनौपचारिक था। दूसरे देशों की शाही यात्राओं की सामान्य परेशानियों से अलग फिनलैंड की यात्रा बहुत निश्चिंत और शांत थी। राष्ट्रपति कोइविस्तों ने अपनी अनौपचारिकता से खुद ऐसा माहौल बनाया।

14 सितंबर की रात राजकीय भोज का आयोजन था। सलामती का जाम पेश करते हुए राष्ट्रपति कोईविस्तों ने पूर्व और पश्चिम में तनाव कम होने और सोवियत संघ तथा संयुक्त राष्ट्र के बीच आई.एन.एफ. संधि का स्वागत किया। उन्होंने उम्मीद जताई कि परमाणु शास्त्रीकरण की कटौती में और प्रगति होगी। उन्होंने सोवियत संघ में पेरेस्त्रोइका और अर्थव्यवस्था के उदारीकरण की प्रशंसा की। उन्होंने दृढ़ विश्वास था कि यह प्रक्रिया और तेज होगी। भारत के साथ द्विपक्षीय संबंधी का जिक्र करते हुए राष्ट्रपति कोईविस्तों ने अब तक हुई प्रगति पर संतोष व्यक्त किया और इसकी बेहतरी के लिए दोनों ओर से कोशिश करने की अपील की। उन्होंने भारतीय राजनीति के लोकतांत्रिक और धर्म निरपेक्ष पहलुओं की खास तौर से तारीफ की। उनकी राय में दक्षिण एशिया में शांति और स्थायित्व बनाए रखने में भारत की भी भूमिका को अनदेखा नहीं किया जा सकता। स्वागत-भाषण के जवाब में मैंने मैडम कोईविस्तों सहित फरवरी 1987 में की गई उनकी यात्रा और परस्पर बृहत्तर सहयोग को इससे जो प्रोत्साहन मिला, उसकी चर्चा की। मैंने स्वतंत्रता के बाद से भारत द्वारा विभिन्न क्षेत्रों, खासकर कृषि-उत्पादन में आत्मनिर्भरता, औद्योगिक विकास और कुशल मानव-शक्ति के विस्तार एवं उसके विविध उपभोग में की गई प्रगति का ब्यौरा दिया। मैंने यह भी कहा, ''हिमारा समाज लोकतांत्रिक है और इन समस्याओं का हल लोकतंत्र की सीमा में ही ढूँढ़ना होता है।'' विश्व-मामलों में मैंने ईरान-इराक युद्ध खत्म होने और अफगानिस्तान पर जेनेवा-समझौते का स्वागत किया। मैंने उत्तर-दक्षिण-संवाद को बढ़ाने और उत्तर-पश्चिम के तनाव में कमी लाने में राष्ट्रपति कोईविस्तो के योगदान की तारीफ की। आई.एन.एफ. संधि पर अपने लोगों का संतोष जताते

हुए मैंने प्रधानमंत्री राजीव गाँधी द्वारा प्रस्तुत समयबद्ध कार्यक्रम का जिक्र किया। यह कार्य-योजना उन्होंने संयुक्त राष्ट्र के विशेष सत्र में पेश की थी। सांस्कृतिक इतिहास की चर्चा करते हुए मैंने कहा कि फिनलैंड के विद्वान वैलेनियस ने 1835 में ही हेलसिंकी विश्वविद्यालय में संस्कृत पढ़ाना शुरू कर दिया था और गए साल कौपियों में कालिदास के शाकुंतलम् का मंचन किया गया है। मैंने कहा कि फिनलैंड के राष्ट्री महाकाव्य *कलावेला* का हिन्दी अनुवाद हो चुका है।

भोज के दौरान अनौपचारिक बातचीत में राष्ट्रपति कोईविस्तो ने अंतर्राष्ट्रीय मामलों में राजीव गाँधी की बढ़ती भूमिका और भारत की भीतरी समस्याओं का संतुलित ढंग से सामना करने के लिए उनकी तारीफ की। मैडम कोईविस्तो ने हर तरह की भारतीय चीजों, जैसे–सिल्क, धातु के सामान और स्मारकों की प्रशंसा की। कोईविस्तों दम्पति निष्कपट, मैत्रीपूर्ण और भले लोग है और वे राजनयिक पचड़ों में नहीं पड़ रहे थे।

15 सितंबर को राष्ट्रपति, उनके दल और हमारे प्रतिनिधिमंडल की मैत्रीपूर्ण माहौल में आधिकारिक बातचीत शुरू हुई। यह घंटे-भर से ज्यादा चली। भारत के साथ फिनलैंड के व्यापार-संतुलन की खराब स्थिति की चर्चा करते हुए यह तय किया गया कि व्यापार-असंतुलन को ठीक करने के लिए ठोस कदम उठाए जाएँ। दोनों पक्षों का मानना था कि आर्थिक और तकनीकी सहयोग को बढ़ाने की पर्याप्त गुंजाइश है। फिनलैंड के राष्ट्रपति ने कुछ क्षेत्रों में भारत को 'उच्च तकनीक' हस्तांतरित करने की पेशकश भी की। फेडरेशन ऑफ इंडियन चैंबर्स ऑफ कामर्स एंड इंडस्ट्री के प्रतिनिधिमंडल की यात्रा और इंडियन मर्चेंट्स चैम्बर के प्रतिनिधिमंडल की प्रस्तावित यात्रा को दोनों देशों के बीच आर्थिक सम्बन्ध मजबूत करने की दिशा में स्वागत योग्य कदम माना गया था। फिनलैंड के राष्ट्रपति इस बात के प्रति आशावान थे कि यूरोपीय समुदाय का विस्तृत एकल बाजार विकासशील देशों को सुदाय से अपना व्यापार बढ़ाने के ज्यादा अवसर जुटाएगा। उन्होंने इस मसले पर भारत की आशंकाओं को नकार दिया। हम दोनों ने माना कि विकासशील देश कर्ज के भारी बोझ से दबे हुए हैं और उत्तर-दक्षिण-वार्ता को इस समस्या पर तत्काल ध्यान देना चाहिए। हम लोगों ने परमाणु हथियारों के खात्मे और पूर्ण निरस्त्रीकरण की अपने प्रतिबद्धता दुहराई। जहाँ तक चीन का सवाल था, मैंने कहा कि भारत पड़ोसी से रिश्ते सामान्य

करने की इच्छुक है। मैंने उम्मीद जताई कि इस वर्ष के उत्तरार्द्ध में प्रधानमंत्री राजीव गाँधी की चीन यात्रा से इस प्रक्रिया में मदद मिलेगी।

बातचीत के बाद हम लोग विमान से लैंपलैंड में उत्तरध्रुवीय शहर रोवेनिएमी के लिए चले। हमारे साथ राष्ट्रपति और मैडम कोईविस्तो भी थीं। फिनलैंड के राष्ट्रपति और उनकी पत्नी हम लोगों के साथ आईं, यह निश्चय ही उनकी सद्भावना थी। भारत में राष्ट्रपति अपने विशिष्ट मेहमानों के साथ कहीं नहीं जाते।

लैपलैंड के राज्यपाल द्वारा आयोजित दोपहर के खाने में फिनलैंड के राष्ट्रपति भी शामिल हुए (भारतीय प्रोटोकोल के अनुसार यह ईश-निंदा जैसा है)। इस खूबसूरत देश को देखकर मैं हर्षोन्माद से भर गया। हम लोग रेनडीयर (ठंडे प्रदेश का जानवर) फार्म देखने गए। वहाँ हमने उन प्यारे जानवरों को देखा, जिसका इस्तेमाल स्लेज खींचने के लिए किया जाता है। स्लेज जाड़ों में, जब वहाँ का तापमान शून्य से 90 डिग्री सेल्यिसस नीचे चला जाता है, वहाँ के लोगों के आने-जाने के काम आनेवाला 'वाहन' होता है। आजकल डीजल इंजनवाले स्लेज का अधिकाधिक इस्तेमाल हो रहा है।

रोवेनिएमी लैपलैंड की प्रांतीय राजधानी है, जो दुनिया-भर में एक ऐसी जगह के रूप में विख्यात है, जहाँ कल्पित फादर क्रिसमस ने अपना डाकघर स्थापित किया था। यहाँ सांता क्लॉस के पास दुनिया-भर के बच्चों से 300,000 चिट्ठियाँ आती हैं और वे प्रत्येक का जवाब देते हैं। सांता क्लॉस गाँव की यात्रा करने वाला पहला भारतीय राष्ट्रपति था। विशेष सद्भावना दिखाते हुए सांता कार्यशाला के दरवाजे पर आए और मेरी अगवानी की। उन्होंने हम लोगों को वे चीजें और उपहार दिखाए जो उन्हें स्थानीय लोगों ने दिए है। सांता समूह के साथ प्रसन्नतापूर्वक एक घंटा गुजारने के बाद हमने अनमने भाव से उनसे विदा ली और उसी शाक हेलसिंकी लौट आए।

अपने कार्यक्रम के अनुसार हम लोग फिनलैंड की संसद के स्पीकर और पार्टी-नेताओं से मिले और सदन का चालू सत्र देखा। सदन शांत था और भारतीय संसद के अपराह्न सत्र जैसा था, जिसमें कम लोग थे और बिना सिलसिले का भाषण हुआ। स्पीकर ने मुझे कहा कि सदन में हल्ला-गुल्ला बहुत कम होता है।

फिनलैंड सरकार ने हेलसिंकी में तैनात दूतावासों के प्रमुखों के साथ एक मुलाकात की व्यवस्था की थी। उनसे अलग-अलग मिलने के बाद मैं उनमें घुल-मिल गया और उनसे खुलकर बातचीत की। मुझे उन लोगों में भारत के प्रति वास्तविक दिलचस्पी दिखाई दी। कुछ लोगों के लिए भारत रहस्यमय था। उन लोगों ने गरीबी, धार्मिक झगड़ों, आतंकवादी गतिविधियों के बारे में अखबारों में पढ़ा था। इसके बावजूद उन्होंने पाया कि वहाँ एक व्यवस्थित सरकार काम कर रही है और वह उद्योग, विज्ञान व तकनालॉजी के क्षेत्र मे प्रभावशाली ढंग से आगे बढ़ रही हैं मैंने उन लोगों के साथ एक घंटा रहा और यह अवधि मनोरंजक रही। इस दौरान मैंने उनकी जायज शंकाओं के जवाब दिए और उनको स्पष्टीकरण भी दिया।

हेलासिंकी शहर ने 16 सितंबर को हमारे लिए दोपहर के खाने का आयोजन किया नगर-परिषद के अध्यक्ष ने अपने स्वागत-भाषण में बताया कि उनके देश के लोगों की भारत में, उसकी पुरानी परम्पराओं और संस्कृति में कैसी दोस्ताना दिलचस्पी है! जवाब में मैंने नगर-परिषद के अध्यक्ष को औद्योगिक इकाइयों की संख्या बढ़ने के बावजूद पारिस्थितिकी और पर्यावरण के सरंक्षण के लिए बधाई दी।

दोपहर बाद मैंने पासिकिवी सोसाइटी को सम्बोधित किया। यह बुद्धिजीवियों की एक प्रतिष्ठित संस्था है, जिसकी स्थापना 30 साल पहले हुई थी। इस सोसाइटी में पूर्व राजनयिक, पूर्व कैबिनेट मंत्री, शिक्षाविद् और प्रख्यात समाजविज्ञानी शामिल हैं। इससे पहले सोसाइटी को सम्बोधित करने वालों में विश्व के प्रख्यात राजनेता, जाने-माने लेखक और ग्रंथकार शामिल थे। जब मुझे सोसाइटी को सम्बोधित करने के लिए आमंत्रित किया गया तो मुझे बहुत खुशी हुई।

मेरे भाषण का विषय था, 'भारत की उपलब्धियाँ और चुनौतियाँ।' सोसाइटी में भाषण देते हुए मैंने फिनलैंड के पूर्व राष्ट्रपति जुहोक्रिस्ट पासिकिवी को श्रद्धांजलि दी। वे एक दूरदर्शी राजनेता और महान देशभक्त थे। उन्होंने फिनलैंड की घरेलू और विदेश नीतियों पर लोकतंत्र तथा स्थिरता का गहरा और स्थायी चिन्ह छोड़ा है। विशिष्ट श्रोताओं के समक्ष 40 मिनट के अपने भाषण में मैंने निम्नलिखित मुद्दे उठाए–

"स्वतंत्रता के लिए भारत का संघर्ष अलग तरह का था और इतिहास में ज्ञात सशस्त्र संग्राम से भिन्न था। अहिंसा रणनीति नहीं थी। बल्कि एक सिद्धांत था, जिसे महात्मा गाँधी और राष्ट्र ने मंजूर किया था।

"भारत एक अनेकतावादी समाज़ है, जिसमें विभिन्न भाषाभाषी और कई धार्मिक समाज रहते हैं। यह महान विषमताओं का भी देश हैं हमारे संविधान-निर्माताओं को मालूम था कि देश के इस बहुलतावादी समाज को सिर्फ लोकतांत्रिक आत्म-अभिव्यक्ति, विचार एवं उपासना की स्वतंत्रता से ही एक रखा जा सकता है। भारत एक परिपक्व लोकतंत्र है, जहाँ वयस्क मताधिकार पर आधारित आठ आम चुनाव हो चुके हैं।

"स्वतंत्रता के बाद से कृषि, उद्योग, विज्ञान और तकनालॉजी में भारत की प्रगति प्रभावशाली रही है और यह अपनी ताकत एवं संवेग पर और आगे जाने के लिए तैयार है।"

भाषण के बाद जनसंख्या-नियंत्रण के हमारे उपायों और महिलाओं की स्थिति पर कुछ सवाल पूछे गए। मैनें कहा कि एक लोकतांत्रिक देश होने के नाते भारत में जनसंख्या-नियंत्रण के स्वैच्छिक तरीके ही अपनाए जा सकते हैं। दूसरे मुद्दे पर मैंने कहा कि भारत की एक महिला जानी-मानी प्रधानमंत्री रही हैं। इसके अलावा अनेक महिलाएँ वैज्ञानिक, लेखक और कलाकार हैं। पर यह भी सही है कि उनमें निरक्षरता और सामाजिक अयोग्यताएँ भी काफी हैं।

17 सितम्बर को राष्ट्रपति कोईविस्तों के साथ एक संक्षिप्त बैठक हुई और राष्ट्रपति के भव्य आवास से आनुष्ठानिक विदाई हुई।

फिनलैंड की आश्चर्यजनक आनौपचारिकता और सहज प्रोटाकोल से मैं बहुत प्रभावित हुआ। राष्ट्रपति भवन में घुड़सवारों, वर्दीधारी, कमचारियों, अंगरक्षकों और बेमतलब के ढेरों कर्मचारियेां की विभिन्न गतिविधियों के मुकाबले फिनलैंड में भोज, बातचीत और दृश्यावलोकन का समय शांतिपूर्ण, सामान्य और गौरवपूर्ण था।

भूमध्य सागर के साइप्रस द्वीप का लम्बा और पुरा इतिहास हैं यह ईसा से कई शताब्दी पुराना हैं यह रोमन, यूनानी और तुर्की के बाद आखिरकार ब्रितानियों के साम्राज्य का हिस्सा रहा है साईप्रस के लोगों ने स्वतंत्रता के लिए संघर्ष

चलाया था। उनके राष्ट्रीय नेता आर्कबिशप मकेरियोस महात्मा गाँधी के प्रशंसक और अनुयायी थे। आर्कबिशप मकेरियोस 1962 में साइप्रस के राष्ट्रपति के रूप में मद्रास आए थे। तब मैं उन्हें महाबलिपुरम् ले गया था। मैं एक पर्यटक के रूप में साइप्रस की यात्रा कर चुका था। और इसके खूबसूरत दृश्यों और दर्शनीय स्थानों को देख चुका था। दुबारा इस देश की यात्रा करने में मुझे वाकई बहुत खुशी हो रही थी।

हमारा प्रतिनिधिमंडल स्थानीय समय में दोपहर बाद 3 बजे लरनाका अंतर्राष्ट्रीय हवाई-अड्डे पर पहुँचा। साइप्रस के राष्ट्रपति जार्ज वसिलियू ने हवाई अड्डे पर हमारी अगवानी की। एक संक्षिप्त समारोह हुआ, जिसमें राष्ट्रपति वसिलियू ने स्वागत भाषण दिया। स्वागत के लिए मैंने उन्हें धन्यवाद दिया और उम्मीद जताई कि इस यात्रा से हमारे सम्बन्ध और मजबूत होंगे। हवाई अड्डे से राजधानी निकोसिया की सड़क-यात्रा लम्बी थी, इसलिए हम लोगों ने राष्ट्रमंडल और रंगभेद-जैसे मुद्दों को निपटाने में उसके प्रभाव आदि पर बात की। इसके अलावा गुटनिरपेक्ष आंदोलन तथा बदलती दुनिया में तनाव कम करने वाली इसकी भूमिका, साइप्रस की आंतरिक समस्याओं, खासकर कुछ इलाकों पर तुर्की के कब्जे और श्रीलंका में हमारी अपनी दखलंदाजी पर भी बातचीत हुई।

निकोसिया में हम लोग हिल्टन इंटरनेशनल होटल के शानदार सूट में ठहरे। राष्ट्रपति वासिलियू ने मुझसे कहा कि हिल्टन होटल की शुरुआत जनता के भारी आर्थिक सहयोग से निजी उद्यम के रूप में हुई थी। जब इसे घाटा हुआ तो लोगों ने हल्ला मचाया कि उन्हें भ्रमित करके निवेश करवाया गया है। तब सरकार ने सभी शेयर उनके प्रत्यक्ष मूल्य पर खरीद लिए, जबकि बाजार में उनकी कीमत कम थी। अब यह होटल लाभ में चल रहा था और लोग आंदोलन कर रहे थे कि उनके शेयर उन्हें लौटाए जाएँ और होटल का फिर निर्जीकरण किया जाए।

भारतीय उच्चायुक्त मेरे पास आए और साइप्रस की स्थिति के बारे में मुझे जानकारी दी। उन्होंने मुझे बताया कि टापू के पश्चिमी हिस्से और निकोशिया शहर के एक भाग पर तुर्की सेना का कब्जा है। उस समय युद्ध-विराम जारी था और दोनों सेनाओं के बीच वारदातें बहुत कम होती थीं। साइप्रस के पूर्व

राष्ट्रपति कायप्रियान् ने साइप्रस से तुर्की सेना के हटे बगैर कोई भी बात करने से मना कर दिया था। पर नए राष्ट्रपति वासिलियू ने तुर्की कब्जेवाले क्षेत्र को प्रांत का दर्जा देकर साइप्रस के लिए संघीय सरकार बनाने की पेशकश की थी। मेरी यात्रा से हफ्ते-भर पहले ही संयुक्तराष्ट्र के तत्त्वावधान में दोनों पक्षों के बीच बात-चीत शुरू हुई थी। हमारे उच्चायुक्त ने कहा कि गतिरोध खत्म हो गया है और बातचीत की पेशकश स्वयं में स्वागत योग्य कदम है।

उसी शाम हम लोग अधिकारिक बातचीत के लिए राष्ट्रपति-प्रासाद की ओर चले। रास्ते में हमने स्वतंत्र साइप्रस के संस्थापक आर्कबिशप मकेरियोस की मूर्ति पर माल्यार्पण किया।

राष्ट्रपति वासिलियू और उनके दल तथा हमारे प्रतिनिधिमंडल की बातचीत बहुत सद्भावपूर्ण थी। देश की एकता और क्षेत्रीय अखंडता के प्रति साइप्रस भारतीय समर्थन के प्रति आभारी था। राष्ट्रपति वासिलियू का थोड़ा डर था कि उसी साल हुई प्रधानमंत्री राजीव गाँधी की तुर्की-यात्रा के बाद भारत के रुख में बदलाव आएगा। मैंने राष्ट्रपति को आश्वस्त किया कि भारत विखंडन की गतिविधियाँ भड़काने वाले बागी गुटों को हतोत्साहित करता है। मैंने श्रीलंका का उदाहरण दिया, जहाँ भारत ने तमिलों की पृथक् ईलम राज्य की जातीय माँग का समर्थन करने से मना कर दिया था। राष्ट्रपति वासिलियू ने श्रीलंका की राष्ट्रीय एकता और अखंडता की रक्षा के लिए श्रीलंका में शांति सेना भेजने की भारतीय कार्रवाई की प्रशंसा की, जबकि तुर्की की सेना साइप्रस को बाँटने के लिए पहुँच गई थी। राष्ट्रपति वासिलियू ने स्पष्ट किया कि साइप्रस में संयुक्त उद्यम भारत यूरोपियी सामूहिक बाजार में प्रवेश पाने में सफल हो सकेगा। मैंने इस पर सकारात्मक प्रतिक्रिया जताई और कहा कि भारत को कई क्षेत्रों में महारत हासिल है और संयुक्त उद्यम विकसित करना साइप्रस के लिए आकर्षक रहेगा। आई.एन.एफ. संधि, परमाणु हथियारों पर पाबंदी और उत्तर-दक्षिण-वार्ता जैसे मुद्दों पर विचारों की पूर्ण सहमति थी। पूरी बातचीत मित्रतापूर्ण और सहयोगात्मक रही।

शाही भोज का आयोजन हिल्टन होटल में किया गया था, क्योंकि राष्ट्रपति के महल में ज्यादा मेहमानों के लिए व्यवस्था नहीं हो सकती थी। राष्ट्रपति और मैडम वासिलियू 10 मिनट पहले हमारे पास आईं और बातचीत की।

सलामती का जाम पेश करते हुए राष्ट्रपति वासिलियू ने साइप्रस और भारत के बीच दोस्ती के मजबूत अनुबंधों और स्वतंत्रता-संघर्षों का जिक्र किया। उन्होंने आर्कबिशप मकेरियोस को महात्मा गाँधी से मिली प्रेरणाओं और दोनों देशों के सांस्कृति सम्बन्धों का जिक्र किया। उनहोंने दोनों देशों के बीच बृहत्तर आर्थिक सहयोग और ज्यादा से ज्यादा संयुक्त उद्यमों की सम्भावनाओं का विस्तार से जिक्र किया।

जवाब मैं मैंने कहा कि दोनों देशों का इतिहास बहुत पुराना है और यह ईसा से कई शताब्दी पहले का है। मैंने यह भी कहा कि दोनों देशों के लम्बे इतिहास-काल में कई तरह के लोग यहाँ आकर बस गए। मैंने तुर्की-साइप्रस-विवाद में साइप्रस का समर्थन किया और कहा कि साइप्रस अगर संयुक्त, सम्प्रभु और गुटनिपेक्ष रहेगा तो क्षेत्रीय शांति और स्थायित्व में काफी योगदान मिलेगा। इस दौरान वहाँ बहुत सरगर्मी और चहचहाहट रही। इससे पता चला कि दोनों प्रतिनिधि मंडलों के लोगों में कितना उत्साह था।

अगले दिन, 18 सितम्बर को हम लोगों ने दृश्यावलोकन ही किया। विदेशमंत्री और उनकी पत्नी भी हमारे साथ रहीं। हम लोगों ने शहर का संक्षिप्त दौरा किया और शहर के तुर्की अधिकृत क्षेत्र को अलग करने के लिए की गई मोर्चाबंदी देखी। निकोसिया खूबसूरत शहर है। उसे इस तरह बँटा देखकर मुझे दुख हुआ। मैं सत्तर के दशक के शुरू में निकोसिया गया था और शहर में घूमा था। मैंने होटल क्लियोपेट्रा को देखा। पिछली यात्रा के दौरान मैं यहीं ठहरा था। संयुक्तराष्ट्र के प्रशासनिक पंचाट के अध्यक्ष के रूप में मैं हर साल यूरोप और अमेरिका की यात्रा पर जाया करता था, पर अब वे दिन लद गए थे।

साइप्रस में अनेक ऐतिहासिक स्मारक है। अपने लम्बे और पुरातन इतिहास के दौरान यह देश यूनानी, रोमन, तुर्की और ब्रितानी साम्राज्य के अधीन रहा था। इनमें से कइयों ने अपने शासन के चिन्ह छोड़े थे। उदाहरण के लिए, पुरातत्त्वज्ञों ने खुदाई करके कोऊरियन में एक रोमन थिएटर का पता लगाया था। हम लोग ऐतिहासिक पफोस शहर की ओर चले। यहाँ साइप्रस के प्राचीन सम्राटों के मकबरे बने हैं, जो ईसा पूर्व स्वर्णयुग के हैं। इनमें असाधारण अभियंत्रण-कुशलता और आदर्श परिशुद्धता झलकती है। वहाँ पहुँचने की राह में पच्चीकारी के नमूने बने

हुए हैं, जो आज भी अद्‌भुत लगते हैं। ये स्मारक ब्रिटिश क्षेत्र मे अवस्थित हैं। साइप्रस से हुए स्वतंत्रता –समझौते के तहत ब्रिटेन ने वायुसेना का एक बेस यहाँ कायम रखा है, जिसे उस क्षेत्र में सम्प्रभुता मिली हुई थी। इस क्षेत्र में आने-जाने पर तो पाबंदी नहीं थी, पर सम्पत्ति की खरीद और बंदोबस्ती की इजाजत नहीं थी। असल में साइप्रस में आज तीन स्वतंत्र क्षेत्र हैं। इनमें एक ब्रितानी क्षेत्र है, दूसरा तुर्की के कब्जेवाला है। और तीसरा क्षेत्र साइप्रस की सरकार के अधीन है।

साइप्रस के सीमा-क्षेत्र में होटल अन्नाबेले में दोपहर का खाना खाने के बाद हम लोग साइप्रस के खूबसूरत समुद्र-तट से होते हुए लौट आए। हम लोग प्यार और सुदरता की ग्रीक देवी के पौराणिक जन्म-स्थान एफ्रोडाइट पर रुके और समुद्र एवं चट्टानों की सुंदरता को निहारा। मैंने साइप्रस के गाइड से कहा कि अगर एफ्रोडाइट का पुनर्जन्म हुआ तो वे इससे बेहतर जगह नहीं चुन पाएँगी।

19 सितम्बर को मैंने महात्मा गाँधी की मूर्ति पर पुष्पांजलि अर्पित की। साइप्रस सरकार ने भारतीय स्वतंत्रता-आंदोलन के महान नेता और अहिंसा-दूत की याद में यह मूर्ति लगवाई है। दिवंगत राष्ट्रपति आर्कबिशप मकेरियोस इस बात पर गर्व महसूस करते थे कि साइप्रस के स्वतंत्रता-संघर्ष में उन्होंने महात्मा गाँधी के पदचिहनों का अनुसरण किया है। इसके बाद हम बाइजंटाइन संग्रहालय और साइप्रस पुरातत्त्व संग्रहालय को देखने गए। इनमें साइप्रस के इतिहास और संस्कृति से सम्बन्धित ढेरों जानकारियाँ थीं। मुझे इस बात का दुख हुआ कि ऐसे गौरवमय इतिहासवाले देश को लड़ाकू ताकतों ने इस बुरी हालत में पहुँचा दिया है।

दोपहर बाद मैंने साइप्रस गणराज्य के हाउस ऑफ रिप्रेजेंटेटिव्य को सम्बोधित किया और निम्नलिखित बातें कहीं–

"साइप्रस और भारत की अनेकतावादी परम्परा और विभिन्न संस्कृतियों को आत्मसात करने के कारण हमें लचीलापन विकसित करने और चुनौतियों का सामना करने की क्षमता विकसित करने में मदद मिली है।

"भारत ने साइप्रस के त्रासद बँटावारे की निंदा की और अपनी स्वतंत्रता, क्षेत्रीय अखंडता और गुटनिरपेक्ष स्थिति को बचाए रखने के उसके प्रयासों का दृढ़ता से समर्थन किया।

"भारत को इस बात का संतोष है कि साइप्रस सरकार और खासकर राष्ट्रपति वासिलियू ने देश की एकता बहाल करने के लिए बातचीत और मेल-मिलाप के रास्ते पर चलना शुरू कर दिया है। इसी तरह हमने भी श्रीलंका-मामले में यही रुख अपनाया है और जातीय तमिलों की विभाजक गतिविधियों के खिलाफ उस देश की क्षेत्रीय अखंडता का समर्थन किया है।"

शेष भाषण में परमाणु निरस्त्रीकरण, आई.एन.एफ. संधि और उत्तर-दक्षिण-वार्ता के सम्बन्ध में भारत की सुपरिचित नीतियों को दुहराया गया। भाषण के अंत में सांसदों ने जोरदार तालियाँ बजाई, क्योंकि इसमें उनकी इच्छाएँ परिलक्षित होती थीं।

हाउस ऑफ रिप्रेजेंटेटिव्य में मेरे भाषण के बाद सदन के विभिन्न राजनीतिक दलों के नेताओं ने होटल हिल्टन में मुझसे अलग-अलग मुलाकात की।

साइप्रस के पूर्व राष्ट्रपति और डेमोक्रेटिक पार्टी के नेता कायप्रिआन् मुझसे मिलने आए। मैं उन्हें तब से जानता था, जब वे साइप्रस के विदेशमंत्री के रूप मे पहली बार मद्रास आए थे। साठ के दशक में वे राष्ट्रपति आर्कबिशप मकेरियोस के साथ भारत आए थे। इसके बाद मैं उनसे संयुक्त राष्ट्र प्रशासनिक पंचाट के अपने सहयोगी जेनॉन रोसिड्स के साथ न्यूयार्क में कई बार मिला था। आर्कबिशप मकेरियोस के निधन के बाद वे साइप्रस के राष्ट्रपति बन गए। उन्होंने साइप्रस के एक हिस्से पर से कब्जा हटाए बिना तुर्की प्रतिनिधियों से बातचीत से साफ मना कर दिया था। उन्होंने मुझसे कहा कि तुर्की प्रतिनिधियों से बातचीत निरर्थक रहेगी, क्योंकि उससे कोई हल नहीं निकलेगा। हालाँकि तुर्की प्रतिनिधियों से राष्ट्रपति वासिलियू की बातचीत में वे रोड़ा भी नहीं बनना चाहते थे। उन्होंने कहा कि नए राष्ट्रपति को उनके प्रयासों में सफलता की कामना करके ही वे संतुष्ट है। डेमोक्रेटिक पार्टी के अध्यक्ष क्लेराइड्स तुर्की प्रतिनिधियों से बातचीत करने के सबसे बड़े समर्थक थे। तुर्कीवालों के खिलाफ कायप्रिआन् के दृढ़ रुख की उन्होंने निंदा की। उन्होंने जोर देकर यह कहा कि साइप्रस के एक विवादग्रस्त हिस्से में बसे सभी तुर्कियों से बाहर जाने के लिए कहना अनुचित होगा, क्योंकि उन लोगों ने साइप्रस निवासी तुर्कियों से शादी कर ली है ओर उने बच्चे भी है। इसलिए क्लेराइड्स को 'छूट देने वाला' करार दिया गया था। दूसरी पार्टियों के पास बातचीत के लिए कुछ खास नहीं था। उन्होंने इस समस्या की उम्मीद-भर जताई।

शाम को मैंने साइप्रस में रहने वाले भारतीयों के बीच भाषण दिया। हामरे उच्चायुक्त द्वारा आयोजित स्वागत-समारोह में ये लोग इकट्ठे हुए थे। मैंने उन्हें आश्वस्त किया कि विदेशी प्रेस ने भारत में सांप्रदायिक झगड़ों, आतंकवादी हिंसा और सामाजिक उथल-पुथल की जो छवि बनाई है, उसके उलट भारत में जीवन सामान्य ढंग से चल रहा हैं मैंने पंजाब का उदाहरण दिया और कहा कि साम्प्रदायिक एवं आतंकवादी हिंसा के बावजूद वहाँ पिछले साल सबसे ज्यादा अनाज उत्पन्न हुआ है।

भारतीय अखबारों ने मेरी निंदा की और जो रपटें छपीं, उनका शीर्षक था : 'राष्ट्रपति ने भारतीय प्रेस की निंदा की।' जनसम्पर्क के मेरे कर्मचारियों ने मुझे राय दी कि मुलाकात में जो कुछ कहा गया है, उसे स्पष्ट किया जाना चाहिए। लेकिन मैंने विवाद को चलाते रहने से मना कर दिया।

20 सितम्बर को राष्ट्रपति और श्रीमति वासिलियू होटल हिल्टन में हमारे पास आए और लरनाका हवाई अड्डे तक हम सबका साथ दिया। वहाँ आनुष्ठानिक विदाई हुई और परम्परागत गार्ड ऑफ ऑनर तथा तोपों की सलामी दी गई। हम लोग चेकोस्लोवाकिया की राजधानी प्राग के लिए रवाना हुए।

स्थानीय समय से दोपहर 1.45 पर हम लोग प्राग पहुँचे और राष्ट्रपति गुस्ताव हुसाक ने हमारी अगवानी की।

प्राग-प्रसाद में एक और गार्ड ऑफ ऑनर दिया गया। चेकोस्लोवाकिया में यह खास बात है। प्राग-प्रसाद यूरोप की सबसे अच्छी इमारतों में से एक है। आस्ट्रिया-हंगरी के शासन के दिनों में बनी इस इमारत में विशालकाय हॉल, पूरे आकार के आईने, दुर्लभ पेंटिंग और सुनहरे रंग में रँगे फर्नीचर है। वहाँ पहुँचने के थोड़ी ही देर बाद हम लोगों ने ज़िजकोव हिल पर बने राष्ट्रीय स्मारक में अनाम सैनिकों के मकबरे पर पुष्प माला चढ़ाई। इसके बाद राष्ट्रपति से आधिकारिक बातचीत हुई। वे प्राग-प्रसाद के ही दूसरे हिस्से में रहते थे।

बातचीत के दौरान, हुसाक ने एक पखवाड़े पहले की गई अपनी चीन-यात्रा का जिक्र किया और चीन के बारे में अपनी राय व्यक्त की। उनकी राय में चीनी नेता अपने उद्योग के आधुनिकीकरण और अपनी जनता का जीवन-स्तर सुधारने के बहुत इच्छुक है। उन्होंने देख लिया है कि जापान अपने उद्योग के दुरुस्त करके विश्व की एक आर्थिक शक्ति के रूप में विकसित हो गया है।

इसलिए उन्होंने कहा कि वे भी अपने पड़ोसी की बराबरी करने के इच्छुक है। उन्हें यह एहसास हो गया था कि इस लक्ष्य को प्राप्त करने के लिए उन्हें देश के भीतर और पड़ोसियों के साथ शांति बनाये रखनी होगी।

हुसाक ने यह भी कहा कि बाद में जब उसी साल प्रधानमंत्री राजीव गाँधी चीन-यात्रा पर जाएँगे, तब यह उम्मीद की जा सकती है कि भारत-चीन सीमा-विवाद और अन्य द्विपक्षीय मसलों पर चीन का रुख लचीला रहेगा। जिन अन्य मुद्दों पर चर्चा हुई, उनमें अफगानिस्तान में शांति बहाल करना, ईरान और इराक के बीच युद्ध में नरमी, आई, एन. -एफ. संधि और परमाणु निरस्त्रीकरण शामिल है।

द्विपक्षीय मुद्दों, अपनी तकनीकी जानकारी की भारत के साथ साझेदारी करने और भारत तथा तीसरी दुनिया के देशों में संयुक्त उद्यम लगाने की सम्भावनाओं का पता लगाने पर भी दोनों ने सहमति जताई।

बातचीत के बाद मैंने प्राग में तैनात राजनयिकों से भेंट की और उनके साथ विचारों का आदान-प्रदान किया। बातचीत का सबसे आम विषय पेरेस्त्रोइका और परमाणु हथियारों पर नियंत्रण था। सोवियत संघ के प्रति राजनयिकों के रुख में काफी बदलाव आ गया था। बमुश्किल दो साल पहले उसे वे 'अछूत' मानते थे।

प्राग-महल के शानदार हॉल मे शाही भोज का आयोजन किया गया। इसमें पार्टी महासचिव मिलोस जेम्स समेत सौ से ऊपर मेहमान शामिल थे। हुसाक भारत-चेकोस्लोवाकिया सम्बन्धों और भारत के साथ औद्योगिक एवं तकनीकी रिश्तों के बारे में उत्साहपूर्वक बोले। भारत में ऐसी 60 विशेष परियोजनाएँ लगाई गई थीं और ये राँची, तिरुचि, हैदराबाद, बंगलूर और वाराणसी में थीं। उन्होंने सभी अंतर्राष्ट्रीय मामलों में दोनों देशों की समानताओं का भी जिक्र किया।

अपने जवाब में मैंने चेकोस्लोवाकिया की अपनी पिछली यात्राओं का जिक्र किया। इनमें पहली यात्रा 1983 में रक्षामंत्री के रूप में की गई थी। मैंने प्राग के चार्ल्स विश्वविद्यालय में भारत-अध्ययन केंद्र की स्थापना और प्रो. लेंसी जैसे प्रख्यात चेक विद्वान के योगदान की चर्चा की।

अंतर्राष्ट्रीय मसलों पर मैंने कहा कि निरस्त्रीकरण एक नकारात्मक पहलू है और इसका सकारात्मक पक्ष है नई अर्थव्यवस्था की स्थापना। मैंने कहा कि

हथियारों पर जो पैसे खर्च किये जा रहे हैं, उनका इस्तेमाल सैकड़ों विकास-कार्यक्रमों में किया जा सकता है। इससे लाखों लोगों की दिक्कतें कम होंगी।

21 सितम्बर को हम लोग कारलोवी वेरी गए। यह अपने झरनों के लिए प्रसिद्ध है। राष्ट्रपति और मैडम हुसाक भी हमारे साथ आए। कारलोवी वेरी न सिर्फ पर्यटक-केंद्र है, बल्कि स्वास्थ्य और प्राकृतिक चिकित्सा का केंद्र भी है। यहाँ लोग गंधक और अन्य खनिज मिले पानी से नहाते हैं। यहाँ के पानी का स्वाद सोडा वाटर जैसा है पीने में बहुत अच्छा लगता है।

हम लोगों को मोसर ग्लास फैक्ट्री में भी आमंत्रित किया गया था। यहाँ कट ग्लास की कुछ बेहतरीन चीजें बनाई जाती हैं, जो पूरे यूरोप में प्रसिद्ध है। 25 साल पहले मद्रास के उद्योगमंत्री के रूप में एक ग्लास फैक्ट्री चला चुका था। इसलिए मैंने शीशे के एक बल्ब को फुला लिया। इससे मजदूर काफी खुश हुए।

प्रागा लौटते हुए शाम को हम लोगों ने पैलेस ऑफ कल्वर थिएटर में 'उलेसेस' का प्रदर्शन देखा। प्रदर्शन के दौरान इसमें कलाकार और उनकी छायाएँ एक-दूसरे से मिल जाती है। पहली बार मैंने इसे 25 साल पहले अपनी पिछली प्राग-यात्रा के दौरान देखा था। तब से इसकी तकनीकी काफी विकसित हो चुकी है।

22 सितम्बर को महासचिव जिलोस मेक्स के साथ मेरी घंटे-भर लम्बी बातचीत हुई। उन्होंने हमें चीन के बारे में दुर्लभ जानकारी दी। वे तीन माह पहले वहाँ गए थे।

माओ जीडांग की नीतियों का मूल्यांकन करने के बाद पाया गया कि वे इनमें 60 प्रतिशत सफल रहे हैं और 40 प्रतिशत असफल। सांस्कृतिक क्रांति हालाँकि एक आवश्यकता है, पर इससे चीन को काफी नुकसान हुआ है और अब चीनी नेतृत्व सजग हो गए है।

चीन अपनी अर्थव्यवस्था बनाने के इच्छुक था और उसे उदार बनानेवाले कदम उठा रहे था। उसे पता चल गया था कि उसने कई गलतियाँ की हैं और अलग-थलग रहना महँगा पड़ा है।

वह सोवियत संघ को दोषी मानता है, क्योंकि उसने इसकी सीमा में घुसपैठ कर ली थी। वे लोग गोर्बाचेव का बहुत योग्य और बुद्धिमान नेता मानते थे,

जिसने समय रहते सही आर्थिक और राजनीतिक कदम उठाया था। चीन को उम्मीद है कि सोवियत संघ से वह मित्रतापूर्ण रिश्ते बना लेगा, पर उतनी नजदीकी नहीं बना पाएगा, जैसी 50 के दशक में थी।

भारत के मामले में, डेंग जियाओपिंग ने कहा कि 1962 में भारत को चीन पर हमले के लिए ख्रुश्चेव ने उकसाया था। उन्होंने कहा कि चीन भारत से सीमा-विवाद निपटाने के लिए तैयार है।

मैं यह जानकर दंग रह गया कि चीन के बारे में ऐसी दुर्लभ अंदरूनी सूचनाएँ कम्युनिस्ट नेताओं ने मुझे दीं। आमतौर पर ये बहुत औपचारिक होते हैं और बहुत सँभालकर बोलते हैं। मैंने यह निष्कर्ष निकाला कि चेक नेता अपने विचार प्रधानमंत्री को बताना चाहते हैं।

मैंने राजीव गाँधी को चिट्ठी भेजकर सामान्य यात्रा-विवरण के अलावा ये जानकारियाँ भी दे दी। उन्होंने जवाब दिया, ''इससे मेरी भावी-चीन यात्रा की तैयारियों में मूल्यवान मदद मिलेगी।''

हम लोग प्राग महल-संग्रहालय में गए। यहाँ आभूषण, कलाकृतियाँ, ऐतिहासिक दस्तावेज़ आदि रखे हुए हैं। यह एक विशाल इमारत है। इसे देखकर राष्ट्रपति भवन में संग्रहालय बनाने की मुझे फिर इच्छा हुई।

प्राग शहर के मेयर ने एक नागरिक अभिनंदन का आयोजन किया। मेयर और कौंसिलरों को धन्यवाद देते हुए मैंने एक व्यापारिक केंद्र के रूप में प्राग की ऐतिहासिक पहल का जिक्र किया, और फिर कला, वास्तुकला, शिक्षा, विज्ञान, संगीत आदि के महान केंद्र के रूप में उसके विकसित होने की चर्चा की। प्राग में तमिल अध्ययन का एक केंद्र के रूप में उसके विकसित होने की चर्चा की। प्राग में तमिल अध्ययन का एक केंद्र था। यह मेरे लिए अतिरिक्त आकर्षण था। मैंने शहर की संस्कृति की प्रशंसा की और कहा कि अपनी पिछली और इस यात्रा में मैंने आनंद उठाया है।

हॉल ऑफ मिरर में हुसाक के साथ एक विदाई भेंट थी। उत्साहपूर्ण स्वागत और शानदार आतिथ्य के लिए राष्ट्रपति का आभार जताने के बाद मैंने चेक नेताओं के साथ हुई सफल बातचीत पर गहरा संतोष जताया। मैंने हुसाक को भारत-यात्रा का दुबारा निमंत्रण दिया।

हुसाक ने मेरी यात्रा और बातचीत के परिणामों पर प्रसन्नता व्यक्त की। उन्होंने उम्मीद जताई कि बातचीत हर स्तर पर जारी रहेगी।

प्राग पहुँचने पर हम लोगों का दो बार स्वागत हुआ था। उसी तरह जाने के समय भी दो बार आनुष्ठानिक विदाई हुई। पहली प्राग महल-परिसर में पूरे सैनिक सम्मान के साथ और दूसरी हवाई अड्डे पर राष्ट्रपति हुसाक द्वारा।

इस तरह चार यूरोपीय देशों की 12 दिन लम्बी मेरी यात्रा खत्म हुई। जिन देशों की यात्रा हुई, उनमें मीडिया कवरेज काफी बढ़िया रहा। बातचीत और भाषण की रपट विस्तार से छापी गई। इससे इन देशों के भारत से लगाव की जानकारी मिलती है। सभी देशों ने भारत में संयुक्त उद्यम लगाने की इच्छा जताई। भारतीय मीडिया ने भी यात्रा के परिणामों और उससे बनी आर्थिक सहयोग की सम्भावनाओं पर सकारात्मक टिप्पणी की।

नाथद्वारा मंदिर-प्रवेश का विवाद

अक्तूबर में मिखाइल गोर्बचेव सोवियत संघ की सुप्रीम सोवियत के राष्ट्रपति चुने गए। मैंने उन्हें यह संदेश भेजा ''भारत में हम लोग आपको मिले इस सम्मान से काफी खुश है। मुझे यकीन है कि राजकीय मामलों में आपके नेतृत्व और दिशा-निर्देशन में हमारे द्विपक्षीय सम्बन्धों को और प्रेरणा मिलेगी।'' मैंने उनसे मास्को में हुई पिछली मुलाकात की चर्चा की और कहा कि मैं उनकी भारत-यात्रा के इंतजार में हूँ। मैंने विश्वशांति और निरस्त्रीकरण के लिए सोवियत नेता के निजी योगदान की प्रशंसा की। इससे अंतर्राष्ट्रीय सम्बन्धों में नया माहौल विकसित हुआ था। अंत में मैंने लिखा, ''अच्छे स्वास्थ्य और प्रसन्नता के लिए मैं आपको शुभकामनाएँ देता हूँ और कामना करता हूँ कि अपनी नई जिम्मेदारियों को आप अगले कई वर्षों तक सफलतापूर्वक निभाते रहें तथा अपनी जनता के कल्याण एवं सम्पन्नता के साथ-साथ विश्व-शांति एवं सद्भावना बनाये रखने की दिशा में काम करते रहें।''

5 अक्तूबर को मैंने कोझिकोड (कालिकाट) में वी. के. कृष्णमेनन की प्रतिमा का अनावरण किया। मैं उनसे संयुक्तराष्ट्र के प्रतिनिधिमंडलों, कांग्रेस की राजनीति और कई अन्य गतिविधियों में नजदीकी से जुड़ा रहा था। चूँकि मैं उनकी योग्यताओं की प्रशंसा करता था, इसीलिए मैंने पूरे उत्साह से भाषण दिया। स्वतंत्रता-आंदोलन के दौरान लंदन में इंडिया लीग के सचिव और फिर

लंदन में उच्चायुक्त के रूप में उन्होंने स्मरणीय भूमिका निभाई थी। संयुक्तराष्ट्र की जनरल असेम्बली में भारतीय प्रतिनिधिमंडल के नेता के रूप में उन्होंने भारत की अच्छी छवि बनाई। काश्मीर मसले पर सुरक्षा-परिषद में उनका भाषण भारत की ओर से आज तक पेश किए गए स्पष्टीकरण में सबसे श्रेष्ठ माना जाता है।

कई निर्माण-इकाइयों के जरिए रक्षा-क्षेत्र में आत्मनिर्भरता लाने में कृष्ण मेनन के योगदान के लिए भी मैंने उनकी भूरि-भूरि प्रशंसा की। मेरी राय में 1962 की हार के लिए कृष्ण मेनन की निंदा अनुचित है। इसके लिए पुरानी नीतियों को जिम्मेदार माना जा सकता है, जबकि 1965 और 1971 की सफलताओं का श्रेय रक्षा-उपकरण, हथियार और गोला-बारूद में भारत को आत्मनिर्भर बनानेवाली उनके कार्यक्रमों को है।

मेरे कार्यकाल के दौरान राज्यपालों का दूसरा सम्मेलन 10 और 11 अक्तूबर को हुआ। अपने भाषण में मैंने आतंकवादी की निंदा की और कहा कि पंजाब-समस्या का हल संविधान के प्रावधानों के तहत ढूँढा जाना चाहिए। पंजाब और काश्मीर के उग्रवादियों को पाकिस्तान से मिलनेवाली मदद की कटु निंदा की गई। तत्काल ध्यान दिए जानेवाले मुद्दों के रूप में साम्प्रदायिकता, मँहगाई और विदेशी कर्जों की पहचान की गई। राज्यपालों से मैंने मुख्यमंत्रियों के गाइड, दार्शनिक और मित्र की भूमिका निभाने की अपील की और कहा कि सम्भावित गड़बड़ीवाली स्थितियों और ऐसे मामलों में केंद्र से पूरा सम्पर्क बनाकर रखना चाहिए।

3 अक्तूबर को एक घटना ने मुझे काफी विचलित किया। आर्यसमाजी नेता स्वामी अग्निवेश के नेतृत्व में दलितों और हरिजनों के एक दल ने नाथद्वारा मंदिर में घुसने की कोशिश की। आरोप लगाया गया कि उनकी पिटाई की गई। फिर 15 अक्तूबर को स्वामी अग्निवेश, सांसद रामबिलास पासवान और कुछ अन्य लोगों का एक दल मेरे पास आया और नाथद्वारा मंदिर में हरिजनों से किये जानेवाले बर्ताव की कटु निंदा की। वे चाहते थे कि संविधान की अवमानना के लिए राजस्थान सरकार को बर्खास्त कर दिया जाए। मैं स्वयं दुखी था कि स्वतंत्रता के 40 वर्षों बाद भी बराबरी का प्राथमिक अधिकार भी नहीं दिया जा सका है।

अपनी युवावस्था में मैं तमिलनाडु में राजाजी के मंदिर-प्रवेश-कार्यक्रम का उत्साही समर्थक था। मैंने मिलने आये दल से कहा कि मैं हमेशा छुआछुत के विरुद्ध रहा हूँ और इससे घृणा करता हूँ। मैंने कहा कि 1957 में जब मैं तमिलनाडु में मंत्री बना तो मैंने एक हरिजन को अपना निजी सचिव बनाया था और उद्योगों के आला अफसरों को भी मदद के लिए उनके पास जाना पड़ता था। मैंने कहा कि मैं अपने साथ कुछ हरिजनों को लेकर नाथद्वारा मंदिर जाने के लिए तैयार हूँ। यह अखबारों में अलग-अलग शीर्षकों के तहत छपा। मसलन, 'आर. वेंकटरमन के नाथद्वारा मार्च के नेतृत्व की पेशकश की' और 'वेंकटरमन हरिजनों को मंदिर में ले जाएँगे।'

कुछ दिनों बाद जब मुझसे प्रधानमंत्री की मुलाकात हुई तो मैंने उन्हें हरिजनों के साथ होनेवाले भेदभाव के बारें में बताया। कहा कि जब हम लोग रंगभेद के खिलाफ अभियान चला रहे है, ऐसे समय में इससे हमारी अंतर्राष्ट्रीय छवि खराब होगी। राजीव गाँधी को यह विश्वास ही नहीं हो रहा था कि भारत में अब भी ऐसा होता हैं उन्होंने मुझे विश्वास दिलाया कि वे मुख्यमंत्री शिवचरण माथुर से बात करेंगे। कुछ समय बाद मुख्यमंत्री मुझसे मिले और शिकायत की कि पूरे मामले को बिना वजह तूल दे दिया गया था। 13 अक्तूबर को दल के सिर्फ एक व्यक्ति का विरोध हुआ था। वे जूते पहनकर मंदिर जा रहे थे। फिर भी, मैंने उनसे कहा कि यह सुनिश्चित किया जाना चाहिए कि मंदिर में हरिजनों को बिना रोक-टोक जाने दिया जाए।

मुझे लगता है कि राजीव गाँधी ने भी मुख्यमंत्री को स्थिति में सुधार लाने के लिए कहा होगा। माथुर ने एलान किया कि पहली नवम्बर को कांग्रेस कार्यकर्ताओं, विधायकों और सांसदों के साथ हरिजनों को मंदिर में ले जाएँगे। तय तारीख को वे 250 हरिजनों और देश-भर से आए कई कांग्रेसी नेताओं के दल को मंदिर में ले गए। सभी लोगों ने शांतिपूर्वक ईश्वर के दर्शन किए। मुझे पता चला कि देश-भर के कांग्रेस नेताओं को शामिल करने का फैसला राजीव गाँधी ने लिया था, ताकि हरिजन-कल्याण और मंदिर-प्रवेश के गाँधीजी के कार्यक्रम में पार्टी का प्रतिबद्धता दिखाई जा सके।

भूटान-यात्रा

18 अक्तूबर, 1988 से मैं भूटान की चार दिवसीय राजकीय यात्रा पर था।

वी. वी. गिरि की यात्रा के बाद भारतीय राष्ट्रपति की यह पहली भूटान-यात्रा थी। भूटान नरेश के साथ मेरे बड़े अच्छे निजी सम्बन्ध थे। 1980 के बाद से वे जब कभी भारत आए, उनसे मेरी मुलाकात हुई थी।

भूटान की राजधानी थिम्पू के हैलीपैड पर उतरने के बाद राजा जिग्मे सिंगे वांगचुक ने हम लोगों की अगवानी की। उन्होंने अपने शाही परिवार के सदस्यों, मंत्रियों और विशिष्ट लोगों से हमारा परिचय कराया। राजा की बहनें मंत्रिमंडल की सदस्य भी हैं। हम लोगों को 21 तोपों की परम्परागत सलामी दी गई और राजकीय अतिथिगृह तक के पूरे रास्ते में भूटानी लड़कों और लड़कियों ने अपनी रंग-बिरंगी 'ख्रो' और 'किरा' परिधानों में सजकर हमारा स्वागत किया।

आधिकारिक बातचीत दोपहर बाद शुरू हुई और 75 मिनट तक चली। शुरुआती 30 मिनट तक दोनों पक्षों के सहायक भी मौजूद थे। इसके बाद आमने-सामने सीधी बातचीत हुई। इसके लिए मैं महल में नहीं गया, बल्कि राजा ने असाधारण सदाशयता दिखाई और स्वयं अतिथिगृह में आए। हम लोगों ने मुख्य रूप से आर्थिक विकास, शिक्षा और स्वास्थ्य के क्षेत्र में भारत-भूटान-सहयोग पर बातचीत की। निजी चर्चा के दौरान राजा ने सीमा-सम्बन्धी मामले में चीन से हुई बातचीत का विवरण दिया और कहा कि यह अभी जारी है। उन्होंने कहा कि वे चीन से व्यापारिक सम्बन्ध बनाने के हक में नहीं हैं और भारत से सुदृढ़ व्यापार, उद्योग तथा सांस्कृतिक सहयोग बनाने को प्राथमिकता देंगे। हालाँकि भारत एक बड़ा पड़ोसी है, फिर भी भूटान को विश्वास है कि भारत हर तरह की सहायता छोटे देशों को देगा। राजा ने कहा कि वे भूटान की पुरानी विरासतों, उसकी परम्पराओं और संस्कृति को संरक्षित करना चाहते हैं और इस बात के इच्छुक नहीं हैं कि पर्यटक आएँ और शांत वातावरण को खराब करें। उन्होंने बताया कि भूटान-यात्रा पर आये बांग्लादेश के राष्ट्रपति एरशाद ने कहा था कि मेघना नदी पर भारत जो बाँध बनानेवाला है, नदी का पानी उससे उत्तर की ओर मुड़ जाएगा और यह भूटान के लिए हानिकर होगा। उन्होंने सुझाव दिया था कि नदी-जल बँटवारे के पूरे मामले पर चीन समेत सभी देशों को चर्चा करनी चाहिए। उन्होंने कहा कि एरशाद को उन्होंने बता दिया था कि इस मसले को भारत और बांग्लादेश को आपस में निपटा लेना चाहिए। राजा ने कहा कि वे नदी-जल के मामले का क्षेत्रीयकरण करने के पक्ष में नहीं है। मैंने स्पष्ट किया कि मेघना से सम्बन्धित भारत की कोई योजना नहीं है।

इसके बाद राजा ने नेपाल-नरेश से हुई अपनी बातचीत का जिक्र किया। नेपाल-नरेश चाहते थे कि नेपाल को शांति-क्षेत्र घोषित किया जाय। भूटान-नरेश ने कहा कि वे इस विचार के हक में नहीं हैं, क्योंकि उनकी राय में शांति-क्षेत्र घोषित कर दिए जाने से एक अकेले देश को कुछ हासिल नहीं होगा। मैंने कहा कि भारत पिछले 15 वर्षों से इस विचार का विरोध कर रहा हैं, क्योंकि न तो ऐसा किया जा सकता है और न इसका कोई लाभ है।

भूटान-नरेश ने कहा कि राजा वीरेंद्र ने चीन से हथियार और सैनिक उपकरण प्राप्त करने का आग्रह का भी खुलासा किया था, क्योंकि भारत ने कुछ साल पहले ऐसे आग्रह का नामंजूर कर दिया था। मैंने राजा से कहा कि नेपाल ने कभी ऐसा आग्रह नहीं किया।

मैंने, 1958 में की गई जवाहरलाल नेहरू की भूटान-यात्रा और भूटान-नरेश के पिता महामहिम दोर्जे वांगचुक से उनके अच्छे सम्बन्ध के बनने और लगातार बढ़ते जाने का जिक्र किया। भूटान-नरेश को मैंने अपनी अर्थव्यस्था और लोगों का बेहतर जीवन-स्तर बनाने के लिए भारत की हर सम्भव सहायता का आश्वासन भी दिया।

चीन के मामले में मैंने कहा कि दुनिया तेजी से बदल रही है और वैर-भाव की जगह अब बातचीत एवं चर्चा ले रही है। चीन से सम्बन्ध सामान्य करने की भारत की इच्छा को इसी संदर्भ में देखा जाना चाहिए। यह बातचीत आपसी सहयोग और सद्भावना की इच्छा जताते हुए समाप्त हुई।

भोज के समय राजा ने कहा कि उन्होंने आठ साल पहले मुझे तब आमंत्रित किया था, जब मैं वित्तमंत्री था। उन्होंने यह भी कहा कि इतने दिनों तक वे इतंजार करते रहे। कृषि, उद्योग, विज्ञान तथा तकनालॉजी के क्षेत्र में भारत की तरक्की और भूटान की पंचवर्षीय योजनाओं के लिए भारत द्वारा दी जा रही तकनीकी व आर्थिक सहायता की तारीफ करते हुए उन्होंने कहा कि चुखा पन-बिजली परियोजना दोनों देशों की दोस्ती और सहयोग का उत्कृष्ट उदाहरण हैं। उन्होंने अंतर्राष्ट्रीय मामलों और विश्व-शांति एवं सुरक्षा को बढ़ावा देने के लिए गुटनिरपेक्ष आंदोलन में भारत की भूमिका की भी तारीफ की। उन्होंन कहा, "दोनों देशों के बीच दोस्ती और समझदारी के सम्बन्ध हमारी ऐतिहासिक विरासत से समृद्ध हुए है। सैकड़ों साल तक हमारे लोगों ने धर्म, संस्कृति, व्यापार और

वाणिज्य के क्षेत्रों में नजदीकी पारस्परिक सम्बन्ध बनाए रखा है। दक्षिण एशियाई परिवार के होने के नाते हममें एक दूसरे के लिए गहरा अपनत्व है

सलामती के जाम के जवाब में मैंने शाही स्वागत और मेजबानी के लिए महामहिम को धन्यवाद दिया। मैनें कहा, ''हमारे सम्बन्ध बहुआयामी हैं और इसके गहरे ऐतिहासिक, धार्मिक, व सांस्कृतिक आधार है। इन सम्बन्धों को विकसित करने और मजबूत बनाने के मार्ग में कोई बाधा नहीं आ सकती।'' मैंने आगामी वर्षों में भूटान की जरूरतें पूरी करने के लिए उनकी सहायता जारी रखने की भारतीय-प्रतिबद्धता दुहराई।

20 अक्तूबर को हम लोग दृश्यावलोकन के लिए गए। हेलीकॉप्टर से पारो पहुँचे। राजा ने हम लोगों की अगवानी की। पारो भूटान की पूर्व राजधानी और सबसे खूबसूरत घाटी है। हम लोगों की गाड़ी उगेनपेलरी महल के गेट तक गई। यहाँ गायकों, नर्तकों, ग्रामीण अधिकारियों और बौद्ध साधुओं ने हमारी आनुष्ठानिक अगवानी की। इसे देखकर मुझे उन स्वागत-समारोहों की याद हो आई जिनका आयोजन 1952 में मेरे चुनाव-प्रचार के दौरान स्थानीय लोग करते थे। इसके बाद हम लोग किचु नामक सुप्रसिद्ध मठ में पहुँचे। इसे आठवीं शताब्दी में बनाया गया था।

महल को लौटते वक्त हम लोगों ने पारो और थिम्पू की टीमों की तीरंदाजी-प्रतियोगिता देखी। इसके साथ-साथ वहाँ लोक-नृत्य और मुखौटा-नृत्य चल रहा था। प्रदर्शन देखते समय राजा ने मेरा ध्यान मंच की ओर खींचा। यहाँ से जवाहरलाल नेहरू ने 1958 में भाषण किया था और इसे अब तक सँभालकर रखा गया है।

21 अक्तूबर को मैंने 244 करोड़ रुपए की लागत से बनी चुखा पन-बिजली परियोजना का उद्घाटन किया। इसकी 84 मैगावाट की चार इकाइयों को मिलाकर कुल स्थापित क्षमता 336 मैगावाट की है। यह बिजलीघर जमीन के नीचे अवस्थित है और भारी जोखिम उठाकर पहाड़ी क्षेत्र में इसे पूरा किया गया था। पूरा होने के बाद यह इस इलाके में इंजीनियरिंग का चमत्कार बन गया है। इस दिन परियोजना के महांप्रबंधक नारायण राव वाकई सबसे खुश थे।

परियोजना के निरीक्षण और पट्टिकाओं के अनावरण के बाद हम लोग एक अभिनंदन समारोह में शामिल हुए। राजा ने एम. एस. शुभलक्ष्मी के संगीत

गायन का एक संक्षिप्त आयोजन किया था। उन्होंने शिव-वंदना का एक गीत गया। माना जाता है कि भगवान शिव हिमालय में रहते थे और उसी की गोद में बैठकर यह गाना सुनाया मेरे लिए पारलौकिक आनंद जैसा था। कहते हैं कि गंगा शिव की जटा से निकलती है और पन-बिजली के उद्घाटन-अवसर पर इस गाने की यह भी उपयुक्तता थी। संगीत मोहक थी और जैसे भूटानी श्रोता स्तब्ध हो गए हैं।

इस मौके पर राजा ने कहा, ''चुखा हर मायने में एक वास्तविक सहकारी उद्यम है। इसे न सिर्फ संयुक्त रूप से बनाया गया, बल्कि इसके लाभ भी दोनों देशों को बराबर-बराबर मिलेंगे।'' उन्होंने माना कि भारत की उदार सहायता के बिना यह परियोजना पूरी नहीं हो सकती थी। राजा ने कहा कि पहले भारत-भूटान सम्बन्ध आपसी मित्रता पर आधारित था, पर इस परियोजना से सम्बन्धों को एक नया आयाम मिला है।

अपने उद्घाटन-भाषण मैं मैंने परियोजना को पूरा करने के लिए इंजीनियरों और कर्मचारियों को बधाई दी। इसके तहत वांगचू नदी के पानी को पहाड़ी सुरंग के जरिए जमीन के नीचे पावर हाउस में ले जाया जाना था। मैंने इसे 'इंजीनियरिंग का कमाल' कहा। मैंने आश्वासन दिया कि भारत भूटानी हिमालय क्षेत्र की परियोजना को सहायता देना जारी रखेगा। विशाल औद्योगिक परियोजनाओं से पारिस्थितिकी को होनेवाले नुकसान पर अफसोस जताते हुए मैंने कहा कि मुझे खुशी है कि चुखा परियोजना में इन बातों का ख्याल रखा गया है।

24 अक्तूबर को मैं वापस नई दिल्ली आया। यहाँ मैंने एक भव्य समारोह में भारतीय सेना के सबसे पुराने और वरिष्ठतम् रेजीमेंट–'राष्ट्रपति का अंगरक्षक' को चाँदी का बिगुल और बैनर दिया। 1733 में वारेन हास्टिंग्स ने इसकी शुरूआत की थी और इसका नाम रखा था, 'द गवर्नर्स ट्रूप्स ऑफ द मुगल्स'। वारेन हास्टिंग्स 1784 में जब गवर्नर-जनरल बने तो इस रेजीमेंट का नाम 'द गवर्नर जनरल्स बॉडीगार्ड' हो गया। जब ईस्ट इंडिया कम्पनी से सम्राट को सत्ता मिली तो रेजीमेंट को अनौपचारिक तौर पर 'द वाइस रॉयज़ बॉडीगार्ड' कहा जाने लगा और जब भारत गणतंत्र बना तो यह 'द प्रेसिडेंट्स बॉडीगार्ड', यानी 'राष्ट्रपति का अंगरक्षक' हो गया।

अपने अस्तित्व के 215 वर्षों में यह रेजीमेंट 1965 और 1971 की लड़ाइयों में शामिल हो चुकी है। इसने श्रीलंका में शांति सेना के कामों में भी हिस्सा लिया है। मैंने रेजीमेंट की प्रशंसा करते हुए संक्षिप्त भाषण दिया और जोरदार तालियों के बीच चाँदी का बिगुल व राष्ट्रपति का बैनर सौंपा।

इंदिरा गाँधी की हत्या के मामले में ट्रायल कोर्ट ने 1986 में सतवंत सिंह, केहर सिंह और बलबीर सिंह को मौत की सज़ा दी। दिल्ली हाईकोर्ट ने दिसम्बर 1986 में सज़ा की पुष्टि की। 3 अगस्त, 1988 को सुप्रीम कोर्ट ने बलबीर सिंह को दोष मुक्त कर दिया और सतवंत सिंह एवं केहर सिंह की पुष्टि की। केहर सिंह की पुनरीक्षण-याचिका भी सुप्रीम कोर्ट ने सितम्बर 1988 में खारिज कर दी।

आपूर्ति और निपटान महानिदेशालय के पूर्व कर्मचारी केहरसिंह की ओर से राष्ट्रपति के कार्यालय में 14 अक्तूबर, 1988 को संविधान के 72वें अनुच्छेद के तहत एक दया याचिका दाखिल की गई। याचिका में फाँसी पर रोक लगाने की भी माँग की गई थी। 18 अक्तूबर को सुप्रीम कोर्ट के वरिष्ठ वकील राम जेठमलानी ने मुझे 'पूरी नम्रता से' लिखा कि केहर सिंह को दोषी मानकर सुप्रीम कोर्ट ने 'एकदम गलत' किया है और राष्ट्रपति को न्याय की 'सम्भावित चूक से बचाव' करना चाहिए। 18 अक्तूबर को सुप्रीम कोर्ट ने सतवंत सिंह और केहर सिंह की फाँसी पर 1 नवम्बर, 1988 तक रोक लगा दी।

21 अक्तूबर को एक कैबिनेट मंत्री ने मुझे सरकार की इस राय से परिचित कराया कि केहर सिंह की ओर से दायर याचिका को खारिज कर दिया जाए। सरकार का मानना था कि सुप्रीम कोर्ट से मौत क सजा पाए कैदियों के मामले में दखलंदाजी नहीं होनी चाहिए। सरकार की राय में यह हत्या का सामान्य मामला नहीं था, बल्कि देश की बाकायदा निर्वाचित प्रधानमंत्री की हत्या का मामला था।

इस बीच जेठमलानी ने मुझसे केहर सिंह की आरे से उनकी मौखिक सुनवाई का आग्रह किया। मैंने दया-याचिका के मामले में ऐसी सुनवाई से सम्बन्धित पुराने मामलों को देखा। गवर्नर जनरल के रूप में राजाजी ने दया-याचिका पर ऐसी सुनवाई से मना कर दिया था। गृहमंत्री डॉ, कैलाशनाथ काटजू ने भी एक

फाइल पर ऐसी ही टिप्पणी की थी। मैंने अटार्नी-जनरल से सलाह की। उन्होंने इन विचारों की पुष्टि की। उन्होंने अपनी यह राय भी दी कि संविधान के 72वें अनुच्छेद के तहत दया-याचिका के मामले में भी राष्ट्रपति संविधान के 74वें अनुच्छेद के मुताबिक मंत्रिपरिषद का राय बँधा होता है। अटार्नी जनरल ने शमशेर सिंह के मामले में सुप्रीम कोर्ट के 1974 के फैसले के आधार पर विचार दिया था। तद्नुसार राष्ट्रपति के सचिव प्रेमकुमार ने जेठमलानी को लिखा, "दया-याचिकाओं पर विचार के मामले में पूर्व स्थातिम व्यवस्थाओं के अनुपालन में दोषी की ओर से सुनवाई का आग्रह स्वीकार करना सम्भव नहीं हो सकता है।"

जेठमलानी उन लोगों में हैं, जो कभी ना नहीं सुनते। उन्होंने फिर एक लम्बा पत्र भेजा। जिसमें लिखा कि उनका प्रतिवेदना दया-वाचिका नहीं था, बल्कि उसमें सुप्रीम कोर्ट के फैसले को ही चुनौती दी गई थी, और ब्रिटिश परम्परा के अनुसार सम्राट न्याय की चूक या विफलता को ठीक करने के लिए किसी नई सूचना पर विचार कर सकता है।

इस बीच, मुझसे पहले मिल चुके कैबिनेट मंत्री फिर मेरे पास आए और दया-याचिका को खारिज करने की सरकारी सिफारिश को मान लेने की अपील की। चूँकि फाँसी देने पर सुप्रीम कोर्ट द्वारा 'स्टे' दिया गया था, इसलिए मैंने दया-याचिका को खारिज करने की वैधता और उपयुक्तता पर अटार्नी-जनरल की सलाह दी। उन्होंन स्पष्ट किया कि अनुच्छेद 72 के तहत कार्यवाही हालाँकि सांविधानिक तौर पर सुप्रीम कोर्ट की कार्यवाही से अलग और स्वतंत्र होती है, फिर भी उपयुक्त यही रहेगा कि मैं अपना फैसला तब तक न दूँ, जब तक फाँसी देने पर लगा 'स्टे' अंतिम तौर पर खत्म न कर दिया जाए। इसलिए मैंने कैबिनेट मंत्री से नम्रता, किंतु दृढ़तापूर्वक कहा कि जब तक मामला सुप्रीम कोर्ट में है, तब तक मेरे लिए कोई फैसला लेना उपयुक्त नहीं है। कुछ दिनों बाद सुप्रीम कोर्ट ने केहर सिंह की आरे से दायर विशेष अनुमति याचिका खारिज कर दी। मुझे अटार्नी जनरल से आदेश की एक प्रति मिल गई। इसके बाद मैंने गृहमंत्री की वह सिफारिश स्वीकार कर ली, जिसमें याचिका को खारिज करने की बात कही गई थी।

मैंने कैबिनेट मंत्री को सलाह दी कि दया-याचिका को मैंने भले ही खारिज कर दिया है, फिर भी बेहतर यही होगा कि 23 नवम्बर, गुरु नानक के जन्मदिन से पहले फैसले पर अमल न किया जाए। इसके अलावा गरु नानक जयंती के उपलक्ष्य में मैंने 21 नवम्बर को राष्ट्रपति भवन में एक प्रार्थना-सभा का आयोजन किया। मैं यह नहीं चाहता था कि उसमें बाधा आए। सरकार ने इस सुझाव को सहर्ष स्वीकार कर लिया।

अक्तूबर में मैंने प्रधानमंत्री को दो पत्र भेजे। पहला केंद्रीय माध्यमिक शिक्षा बोर्ड द्वारा संचालित स्कूलों में संस्कृत को वैकल्पिक भाषा-समूह से हटाने के बारे में था। बदलाव से पहले इन स्कूलों के छात्र अंग्रेजी, हिंदी या संस्कृत नहीं ले सकते थे और उन्होंने कन्नड, उर्दू या पंजाबी जैसी कोई 'आधुनिक' भाषा लेनी पड़ती। मुझे अभिभावकों, शिक्षकों और धर्म प्रमुखों के कई प्रतिवेदन मिले थे। मैंने राजीव गाँधी से कहा कि संस्कृत को तीसरी वैकल्पिक भाषा के रूप में बहाल करने की व्यवहार्यता की जाँच कराई जाए।

राजीव गाँधी ने कहा कि परिवर्तन का उद्देश्य त्रिभाषा मामला को लागू करना है, जिसके तहत छात्रों को वह भाषा पढ़नी होगी, जिसका इन दिनों देश के कुछ हिस्सों में इस्तेमाल हो रहा है। उन्होंने कहा कि यह राष्ट्रीय एकीकरण की दिशा में सकारात्मक कदम है और मानव-संसाधन विकासमंत्री मुझे स्थिति बताएँगे।

दूसरा सुझाव प्रत्यक्ष करों में और सुधार के कुछ प्रस्तावों से सम्बन्धित था। राजीव गाँधी ने लिखा, 'सुझावों की जाँच की गई। आपको सूचित करते हुए मुझे खुशी हो रही है कि वित्त मंत्रालय...के बारे में प्रस्तावों से मोटा-मोटी सहमत है...इन परिवर्तनों को प्रभावी बनाने के लिए उपयुक्त संशोधन किए जा रहे है।'' मैं ये उदाहरण यह बताने के लिए दे रहा हूँ कि राष्ट्रपति और प्रधानमंत्री के बीच विचार-विमर्श, सलाह और दिशा-निर्देश का स्तर केसा था।

मौलाना अब्दुल कलाम आज़ाद का शताब्दी समारोह 11 नवम्बर को विज्ञान भवन में पूरी भव्यता और धूम-धाम के साथ मना। आजाद एक सिद्धांतवादी व्यक्ति थे और हिंदू-मुसलिम एकता तथा धर्मनिरपेक्ष राष्ट्र यकीन करते थे। उन्होंने मोहम्मद अली जिन्ना के द्विराष्ट्र सिद्धांत को खारिज कर दिया था और भारत

के बँटवारे का जोरदार विरोध किया था। वे बँटवारे को हार मानते थे और इसे टालने के लिए स्वतंत्रता को भी कुछ समय तक टालने को पसंद करते थे।

मेरे साथ उपराष्ट्रपति और प्रधानमंत्री ने भी दिवंगत नेता को श्रद्धांजलि दी और लोगों से अपील की कि वे साम्प्रदायिक सद्भावना के लिए मौलाना आज़ाद के आदर्शों का अनुकरण करें।